文革史料叢刊第二輯

第二冊：文論類（二）

李正中　輯編

只有不漠視、不迴避這段歷史，中國才有希望，中華民族才有希望！忘記歷史意味著背叛！

——摘自「文革史料叢刊．前言」

蘭臺出版社

巴金先生说在文革
受盡火与血磨煉
的人是不会沉默的

八十又五叟
李正中

著名中國古瓷與歷史學家、教育家。
李正中　簡介

祖籍山東省諸城市，民國十九年（1930）出生於吉林省長春市。

北平中國大學史學系肄業，畢業於華北大學（今中國人民大學）。

歷任：天津教師進修學院教務處長兼歷史系主任（今天津師範大學）。
　　　天津大學冶金分校教務處長兼圖書館長、教授。
　　　天津社會科學院中國文化研究中心主任、研究員。

現任：天津理工大學經濟與文化研究所特聘教授。
　　　天津文史研究館館員。
　　　天津市漢語言文學培訓測試中心專家學術委員會主任。
　　　香港世界華文文學家協會首席顧問。
　　　（天津理工大學經濟與文化研究所供稿）

為加強海內外學術交流，應邀赴日本、韓國、香港、臺灣進行講學，其作品入圍德國法蘭克福國際書展和美國ABA國際書展。

前言：忘記歷史意味著背叛

文學巨匠巴金說：

應該把那一切醜惡的、陰暗的、殘酷的、可怕的、血淋淋的東西集中起來，展覽出來，毫不掩飾，讓大家看得清清楚楚，牢牢記住。不能允許再發生那樣的事。不再把我們當牛，首先我們要相信自己不是牛，是人，是一個能夠用自己腦子思考的人！

那些魔法都是從文字遊戲開始的。我們好好地想一想、看一看，那些變化，那些過程，那些謊言，那些騙局，那些血淋淋的慘劇，那些傷心斷腸的悲劇，那些勾心鬥角的醜劇，那些殘酷無情的鬥爭……為了那一切的文字遊戲！……為了那可怕的十年，我們也應該對中華民族子孫後代有一個交代。

要大家牢記那十年中間自己的和別人的一言一行，並不是讓人忘記過去的恩仇。這只是提醒我們要記住自己的責任，對那個給幾代人帶來大災難的「文革」應該負的責任，無論是受害者，或者害人者，無論是上一輩或是下一代，不管有沒有為「文革」舉過手點過頭，無論是造反派、走資派，或者逍遙派，無論是鳳或者是牛馬，讓大家都到這裡來照照鏡子，看看自己為「文革」做過什麼，或者為反對「文革」做過什麼。不這樣，我們怎麼償還對子孫後代欠下的那一筆債，那筆非還不可的債啊！

（摘自巴金《隨想錄》第五冊《無題集•紀念》）

我高舉雙手讚賞、支持前輩巴老的呼籲。這不是一個人的呼籲，而是一個民族對其歷史的反思。一個忘記自己悲慘歷史和命運的民族，就是一個沒有靈魂的民族，沒有希望的民族，沒有前途的民族。中華民族要真正重新崛起於世界之林，實現中華夢，首先必須根除這種漠視和回避自己民族災難的病根，因為那不意味著它的強大，而恰恰意味著軟弱和自欺。這就是我不計後果，一定要搜集、編輯和出版這部書的原因。我想，待巴老呼籲的「文革紀念館」真正建立起來的那一天，我們才可以無愧地向全世界宣告：中華民族真正走上了復興之路……。

當本書即將付梓時刻，使我想到蘭臺出版社出版該書的風險，使我內心感動、感激和感謝！同時也向高雅婷責任編輯對殘缺不全的文革報紙給以精心整理、校對，付出辛勤的勞累致以衷心得感謝！

感謝忘年交、學友南開大學博導張培鋒教授為拙書寫「序言」，這是一篇學者的呼喚、是正義的伸張，作為一個早以欲哭無淚的老者，為之動容，不覺潸然淚下：「一夜思量千年事，人生知己有一人」足矣！

李正中於古月齋

2014年6月1日文革48周年紀念

序言：中國歷史界的大幸，也是國家、民族之大幸

張培鋒

李正中先生積三十年之功，編集整理的《文革史料叢刊》即將出版，囑我為序。我生於1963年，在文革後期（1971-1976），我還在讀小學，那時，對世事懵懵懂懂，對於「文革」並不瞭解多少，因此我也並非為此書寫序的合適人選。但李先生堅持讓我寫序，我就從與先生交往以及對他的瞭解談起吧。

看到李先生所作「前言」中引述巴金老人的那段話，我頓時回想起當年我們一起購買巴老那套《隨想錄》時的情景。1985年我大學畢業後，分配到天津大學冶金分校文史教研室擔任教學工作，李正中先生當時是教務處長兼教研室主任，我在他的直接領導下工作。記得是工作後的第三年即1987年，天津舉辦過一次大型的圖書展銷會（當時這樣的展銷會很少），李正中先生帶領我們教研室的全體老師前往購書。在書展上，李正中先生一眼看到剛剛出版的《隨想錄》一書，他立刻買了一套，並向我們鄭重推薦：「好好讀一讀巴老這套書，這是對「文革」的控訴和懺悔。」我於是便也買了一套，並認真讀了其中大部分文章。說實話，巴老這套書確實是我對「文革」認識的一次啟蒙，這才對自己剛剛度過的那一個時代有了比較深切的瞭解，所以這件事我一直記憶猶新。我記得在那之後，李正中先生在教研室的活動中，不斷提到他特別讚賞巴金老人提出的建立「文革紀念館」的倡議，並說，如果這個紀念館真的能夠建立，他願意捐出一批文物。他說：「如果不徹底否定「文革」，中國就沒有希望！」我這才知道，從那時起，他就留意收集有關「文革」的文獻。算起來，到現在又三十年過去了，李先生對於「文革」那段歷史「鍾情」不改，現在終於將其裒輯付梓，我想，這是中國歷史界的大幸，也是國家、民族之大幸！

前兩年，我有幸讀到李正中先生的回憶錄，對他在「文革」中的遭遇有了更為真切的瞭解。「文革」不僅僅是中國知識分子的受難史，更是整個民族、人民的災難史。正如李先生在「前言」中所說，忘記這段歷史就意味著背叛。李先生是歷史學家，他的話絕非僅僅出於個人感受，而是站在歷史的高度，表現出一個中國知識分子的真正良心。

就我個人而言，雖然「文革」對我這一代人的波及遠遠不及李先生那一代人，但自從我對「文革」有了新的認識後，對那段歷史也有所反思。結合我個人現在從事的中國傳統文化教學與研究來看，我覺得「文革」最大的災難在於：它對中華優秀傳統文化做出了一次「史無前例」的摧毀（當時稱之為「破四舊，立新風」，當時究竟是如何做的，我想李先生這套書中一定有非常真實的史料證明），從根本上造成人心

的扭曲和敗壞，並由此敗壞了全社會的道德和風氣。「文革」中那層出不窮的事例，無不是對善良人性的摧殘，對人性中那些最邪惡部分的激發。而歷史與現在、與未來是緊緊聯繫在一起的，當代中國社會種種社會問題、人心的問題，其實都可以從「文革」那裡找到根源。比如中國大陸出現的大量的假冒偽劣、坑蒙拐騙、貪汙腐化等現象，很多人責怪說這是市場經濟造成的，但我認為，其根源並不在當下，而可以追溯到四十年前的那場「革命」。而時下一些所謂「左派」們，或別有用心，或昧了良心，仍然在用「文革」那套思維方式，不斷地掩飾和粉飾那個時代，甚至將其稱為中國歷史上最文明、最理想的時代。我現在在高校教學中接觸到的那些八十年代、九十年代後出生的年輕人，他們對於「文革」或者絲毫不瞭解，或者瞭解的是一些經過掩飾和粉飾的假歷史，因而他們對於那個時代的總體認識是模糊甚至是錯誤的。我想，這正是從巴金老人到李正中先生，不斷呼籲不要忘記「文革」那段歷史的深刻含義所在。不要忘記「文革」，既是對歷史負責，更是對未來負責啊！

記得我在上小學的時候，整天不上課，拿著毛筆——我現在感到奇怪，其實就連毛筆不也是我們老祖宗的發明創造嗎？「文革」怎麼就沒把它「革」掉呢？——寫「大字報」，批判「孔老二」，其實不過是從報紙上照抄一些段落而已，我的《論語》啟蒙竟然是在那樣一種可笑的背景下完成的。但是，僅僅過去三十多年，孔子仍然是我們全民族共尊的至聖先師，「文革」中那些「風流人物」們今朝又何在呢？所以我認為，歷史是最公正、最無情的，是不容歪曲，也無法掩飾的，試圖對歷史進行歪曲和掩飾其實是最愚蠢的事。李正中先生將這些「文革」時期的真實史料拿出來，讓那些並沒有經歷過那個時代的人們真正認識和體會一下那場「革命」的真實過程，看一看那所謂「革命」、「理想」造成了怎樣嚴重的後果，這就是最好的歷史、最真實的歷史，這也就是巴老所說的「文革紀念館」的一個重要組成部分啊！我非常讚成李正中先生在「前言」中所說的，只有不漠視、不回避這段歷史，中國才有希望，中華民族才有希望！

是為序。

中華民族最黑暗的年代「文革」48周年紀念於天津聆鍾室

〔注〕張培鋒：現任南開大學文學院教授博士班導師

古月齋叢書4　文革史料叢刊　第二輯

内部参考
不得外传

关于文化艺术工作的学习材料

首都出版系統革命造反委員会資料組編印
天津市文艺界革命造反联絡委員会翻印
一九六七年四月

最高指示

你們要关心国家大事，要把无产阶級文化大革命进行到底！

編者的話

毛主席、林副主席和中央其他負責同志历年来对文化艺术工作作了不少指示。这些指示，长期为旧中宣部、旧文化部所抵制，未能貫徹执行。为了徹底打碎旧文化部，把文化艺术系統的无产阶級文化大革命进行到底，我們就所搜集到的有关指示，作了摘录，彙編在一起，以供文化艺术系統的革命同志进行斗、批、改的参考。

材料摘录基本上按时間先后編排。其中仅有个别条文系摘自毛主席著作正式文本，其余均系內部传抄，疵誤之处，在所难免，請勿公开引用。

目　录

一、文化战綫上的阶級斗爭

毛主席的指示（摘录）

革命文化，对于人民大众，是革命的有力武器。革命文化，在革命前，是革命的思想准备；在革命中，是革命总战线中的一条必要和重要的战线。而革命的文化工作者，就是这个文化战线上的各級指揮員。"沒有革命的理論，就不会有革命的运动"，可見革命的文化运动对于革命的实踐运动具有何等的重要性。

〔摘自毛主席：《新民主主义論》〕

在我們为中国人民解放的斗爭中，有各种的战线，就中也可以說有文武两个战线，这就是文化战线和軍事战线。我們要战胜敌人，首先要依靠手里拿枪的軍队。但是仅仅有这种軍队是不够的，我們还要有文化的軍队，这是团結自己、战胜敌人必不可少的一支軍队。

〔摘自毛主席：《在延安文艺座談会上的讲話》〕

在許多作者看来，历史的发展不是以新事物代替旧事物，而是以种种努力去保持旧事物使它得免于死亡；不是以阶級斗爭去推翻应当推翻的反动的封建統治者，而是像武訓那样否定被压迫人民的阶級斗爭，向反动的封建統治者投降。我們的作者們不去研究过去历史中压迫中国人民的敌人是些什么人，向这些敌人投降并为他們服务的人是否有值得称贊的地方。我們的作者們也不去研究自从1840年鴉片战爭以来的一百多年中，中国发生了一些什么向着旧社会经济形态及其上层建筑（政治、文化等等）作斗爭的新的社会形态，新的阶級力量，新的人物和新的思想，而去决定什么东西是应当称贊或歌頌的，什么东西是不应当称贊或歌頌的，什么东西是应当反对的。

〔摘自毛主席写的1951年5月20日《人民日报》社論《应当重視〈武訓传〉的討論》〕

事情是两个"小人物"做起来的，而"大人物"往往不注意，并往往加以阻拦，他們同資产阶級作家在唯心論方面讲統一战线，甘心作資产阶級的俘虏，这同影片《清宮秘史》和《武訓传》放映时候的情形几乎是相同的。被人称为爱国主义影片而实际是卖国主义影片的《清宮秘史》，在全国放映之后，至今沒有被批判。《武訓传》虽然批判了，却至今沒有引出教訓，又出現了容忍俞平伯唯心論和阻拦"小人物"的很有生气的批判文章的奇怪事情，这是值得我們注意的。

〔摘自毛主席1954年10月16日給中共中央政治局的同志和其他有关同志的一封信〕

在解放以后，胡风更加施展了他的两面派手法：公开的是"不要去碰"，"可能的地方还要順着"党和人民；而暗中却更加紧地"磨我的剑，窺測方向"，"用孙行者钻进肚皮去的战术"，来进行反革命的活动。当他向党举行猖狂的进攻失敗以后，他就赶紧指揮他的党羽布置退却，"在忍受中求得重生"，准备好每人一套假检討，以便潛伏下来，伺机再起。

这就证明了胡风及其集团的反革命阴謀的极端严重性。我們必須加倍提高警惕，决不可中了他們假投降的詭計。

〔摘自毛主席写的《关于胡风反革命集团的第二批材料》的按語，見1955年5月24日《人民日报》〕

过去說是一批单純的文化人，不对了，他們的人钻进了政治、軍事、经济、文化、教育各个部門里。过去說他們好像是一批明火执仗的革命党，不对了，他們的人大都是有严重問題的。他們的基本队伍，或是帝国主义国民党的特务，或是托洛茨基分子，或是反动軍官，或是共产党的叛徒，由这些人做骨干組成了一个暗藏在革命陣营的反革命派别，一个地下的独立王国。

〔同上〕

我們这里曾经有一个时期搞过教条主义，对这种教条主义，我們进行过长期的斗爭。但是現在学术界也好，经济界也好，还是有一些教条主义，应当继续作批判工作。

〔摘自毛主席1956年4月《論十大关系》〕

我党有大批知识分子新党員（青年团員就更多），其中一部分确实具有相当严重的修正主义思想。他們否认报紙的党性和阶級性，他們混同无产阶級新聞事业与資产阶級新聞事业的原則区别，他們混同反映社会主义国家集体经济的新聞事业与反映資本主义国家无政府状态和集团竞爭的经济的新聞事业，他們欣賞資产阶級自由主义，反对党的領导。他們贊成民主，反对集中。他們反对为了实行計划经济所必須的对文化教育事业（包括新聞事业在內的）必須的但不是过分的集中領导、計划和控制。他們跟社会上的右翼知识分子互相呼应，联成一起，亲如兄弟。

〔摘自1957年5月毛主席写的：事情正在起变化〕

阶級敌人是一定要寻找机会表现他們自己的。他們对于亡国、共产是不甘心的。不管共产党怎样事先警告，把根本战略方針公开告訴自己的敌人，敌人还要进攻的。阶級斗爭是客观存在，不依人的意志为轉移的。就是說，不可避免的。人的意志想要避免，也不可能。只能因势利导，夺取胜利。反动的阶級敌人为什么自投罗网呢？他們是反动的社会集团，利令智昏，把无产阶級的絕对优势，看成了絕对劣势。

〔摘自毛主席写的1957年7月1日《人民日报》社論：《文汇报的資产阶級方向应当批判》〕

再批判什么呢？王实味的《野百合花》，丁玲的《三八节有感》，蕭軍的《論同志之"爱"与"耐"》，罗烽的《还是杂文时代》，艾青的《了解作家，尊重作家》，还有别的几篇。

…………

……去年下半年，文艺界展开了对丁玲、陈企霞反党集团的斗爭和批判。許多同志在文章和发言里，重新提起了他們十五年前发表出来的这一批毒草。

一九五七年，《人民日报》重新发表了丁玲的《三八节有感》。其他文章沒有重載。"奇文共欣賞，疑义相与析"，許多人想讀这一批"奇文"。我們把这些东西搜集起来全部重讀一遍，果然有些奇处。奇就奇在以革命者的姿态写反革命的文章。鼻子灵的一眼就能识破，其他的人往往受騙。外国知道丁玲、艾青名字的人也許想要了解这件事的究竟。因此我們重新全部发表了这一批文章。

謝謝丁玲、王实味等人的劳作，毒草成了肥料，他們成了我国广大人民的教員。他們确能教育人民懂得我們的敌人是如何工作的。鼻子塞了的开通起来，天眞烂縵、世事不知的青年人或老年人迅速知道了許多世事。

〔摘自1958年1月毛主席写的《文艺报》“再批判”的按語〕

有多許同志，对于思想战线上的斗爭无动于衷，如批判胡风、梁漱溟、《武訓传》、《紅楼梦》、丁玲等。本来消灭資产阶級的基本观点，在七届二中全会的决議中已经有了。在过去民主革命中，就经常讲革命分两个阶段，前者为后者的准备。我們是不断革命論者，但許多同志对于什么时候搞社会主义，土地改革后搞什么都不去想，对社会主义萌芽熟視无睹。

〔摘自毛主席1958年3月22日在成都会議上的讲話〕

我在北戴河提出三个問题：阶級；形势；矛盾。阶級問题。提出这个問题，因为阶級問题沒有解决。国内不要讲了，国际形势有帝国主义、民族主义、修正主义存在，那是資产阶級国家，是沒有解决阶級問题的。所以我們有反帝任务，有支持民族解放运动的任务。就是要支持亚、非、拉三大洲广大的人民群众，包括工人、农民、革命的民族資产阶級和革命的知识分子。我們要团結这么多的人，但不包括反动的資产阶級，如尼赫鲁，也不包括反动的資产阶級知识分子，如日共叛徒春日庄次郎，主张結构改革論，有七、八个人。

那么，社会主义国家有沒有阶級存在，有沒有阶級斗爭？現在可以肯定，社会主义国家有阶級存在，阶級斗爭肯定是存在的。列宁曾经說：革命胜利后，本国被推翻的阶級，因为国际上有資产阶級存在，国内还有資产阶級残余；小資产阶級的存在，不断产生資产阶級，因此，被推翻了的阶級还是存在的，甚至要复辟的。欧洲資产阶級革命，如英国、法国等都曾几次反复。封建主义被推翻以后，都经过了几次复辟，经过了几次反复。社会主义国家也可能出現这种反复，如南斯拉夫就变质了，是修正主义了。由工人、农民的国家变成一个反动的民族主义分子統治的国家。我們这个国家要好好掌握，好好认识，好好研究这个問题。要承认阶級长期存在，承认阶級与阶級斗爭，反动阶級可能复辟，要提高警惕，要好好教育青年人，教育干部，教育群众，教育中层和基层干部，老干部也要研究、教育。不然我們这样的国家还会走向反面。走向反面也沒什么要紧，还要来个否定的否定，以后又会走向反面。如果我們的儿子一代搞修正主义，走向反面，虽然名为社会主义，实际是資本主义，我們的孙子肯定会起来暴动的，推翻他們的老子，因为群众不满意。所以我們从現在起，就必須年年讲，月月讲，天天讲，开大会讲，开党代会讲，开全会讲，开每一次会就都讲，使我們对这个問题有一条比較清醒的馬克思列宁主义的路线。

〔摘自1962年9月24日毛主席在八届十中全会上的讲話〕

利用小說进行反党活动，是一大发明。凡是要推翻一个政权，总要先造成輿論，总要先做意识形态方面的工作。革命的阶級是这样，反革命的阶級也是这样。

〔摘自1962年9月24日毛主席在八届十中全会上的讲話〕

戚本禹的文章（12月8日）很好，我看了三遍，缺点是沒有点名。姚文元的文章也很好，对戏剧界，历史界，哲学界震动很大，缺点是沒有击中要害。《海瑞罢官》的要害是罢官，嘉靖罢了海瑞的官，彭德怀是海瑞。

〔摘自1965年12月21日毛主席同陈伯达等同志的談話〕

以前对知识分子实行包下来的政策，有利也有弊，現在許多文化部門被資产阶級知识分子掌握着实权，許多文化部門要問：到底掌握在哪些人手中！吳晗、翦伯贊是党員，也民共（按：原文如此）实际上是国民党。对这些資产阶級学术"权威"要进行切实的批判。要培养青年人，不要怕青年人犯"王法"。不要扣压他們的稿件，中宣部不要成为"农村工作部"。（注：农村工作部在1962年被解散）

〔摘自1966年3月17—20日毛主席在中共中央政治局常委会上的讲話〕

无产阶級文化大革命所要解决的根本矛盾，是无产阶級和資产阶級两个阶級、社会主义和資本主义两条道路的矛盾。运动的重点，是斗爭那些党內走資本主义道路的当权派。

〔轉摘自1966年9月23日《解放軍报》《庆祝中华人民共和国成立十七周年連队讲話材料》〕

你們要关心国家大事，要把无产阶級文化大革命进行到底！

〔1966年8月10日毛主席在中共中央群众接待站的讲話〕

这个运动規模很大，确实把群众发动起来了，对全国人民的思想革命化有很大的意义。

〔1966年8 18日毛主席同百万群众共庆文化大革命时的讲話〕

你們要政治挂帅，到群众里面去，和群众在一起，把无产阶級文化大革命搞得更好。

〔1966年11月10日毛主席第七次接見革命师生和紅卫兵小将时对一些負責同志的讲話〕

林彪同志的指示（摘录）

十六年来，文艺战线上存在着尖銳的阶級斗爭，誰战胜誰的問題还沒有解决，文艺这个陣地，无产阶級不去占領，資产阶級就必然去占領，斗爭是不可避免的，这在意识形态領域里极为广泛、深刻的社会主义革命，搞不好就会出修正主义，我們必須高举毛澤东思想伟大紅旗，坚定不移地把这一場革命进行到底。

〔摘自林彪同志1966年3月22日給聶荣臻等同志的信〕

上层建筑的各个領域，意识形态，宗教、艺术、法律、政权，最中心是政权。政权是什么，孙中山說是"管理众人之事"，但他不理解政权是一个阶級压迫另一个阶級的工具。反革命是这样，革命也是这样。

〔摘自林彪同志1966年5月19日在中央政治局扩大会議上的讲話〕

我們取得政权已经十六年了，我們无产阶級政权会不会被顚覆被篡夺？不注意就会丧失，苏联被赫魯晓夫顚覆了，南斯拉夫早就变了，匈牙利出了納吉，搞了十多天小灾难，也是顚覆。这样的事情多得很。現在毛主席說这个問題，把我們一向不注意的問題提出来了。

多次找負責同志談防止反革命政变問題。难道沒有事情，无緣无故这样說不是？有很多迹象，"山雨欲来风滿楼"，《古文观止》里的《辨奸篇》有这样的話："見微而知著"，"月暈而风，础潤而雨"。坏事事先是有征兆的。任何本質的东西，都由現象表現出来。最近有很多鬼事、鬼現象，要引起注意，可能发生反革命政变，要杀人，要篡夺政权，要搞資本主义复辟，要把社会主义这一套搞掉。有很多現象，很多材料，我在这里不去詳細說了。你們经过反罗瑞卿，反彭眞，反陆定一和他的老婆，反楊尙昆，可以嗅到一些味道，火药味道。資产阶級代表人物，混进我們党內，混进党的領导机关，成为当权派，掌握了国家机器，掌握了政权，掌握了軍权，掌握了思想战线的司令部。他們联系起来搞顚覆，鬧大乱子。

罗瑞卿是掌握軍权的，彭眞在中央书記处抓了很多权，罗的手很长，彭眞的手更长。文化战线、思想战线的一个指揮官是陆定一，搞机要、情报联絡的是楊尙昆。搞政变，有两个东西必須搞，一个是宣传机关、报紙、广播电台、文学、电影、出版，这些是做思想工作的。資产阶級搞顚覆活动也是思想領先，先把人們的思想搞乱。另一个是搞軍队，抓枪杆子，文武相結合，抓輿論，又抓枪杆子，他們就能搞反革命政变。要投票有人，要打仗有軍队，不論是会場上的政变，战場上的政变，他們都有可能搞得起来。大大小小的邓拓、吳晗、廖沫沙，大大小小的"三家村"不少哩！毛主席說，十六年来思想战线我們沒有占領。这样下去，人家就会不投我們的票，不投毛主席的票，而投他們的票。打起仗来，人家就会跟他們走，拿起枪来打我們。笔杆子、枪杆子，夺取政权靠这两杆子，所以很値得我們注意，思想上不能麻痹，行动上要采取具体措施，才能防患于未然。要把資产阶級代表人物，定时炸弹、地雷事先发現挖掉，不然一旦时机成熟，就会发生反革命政变，或者发生天灾，或者发生战爭，或者毛主席百年之后，这样政权危机就出来了，七亿人口的大国就会乱起来，这是很大的問題。当然，还有两个前途，他們的阴謀不一定能得逞，不一定能胜利，不一定能实現，因为我們的党是毛主席領导下几十年革命的党，是用馬克思列宁主义毛澤东思想武裝起来的党，不是幼稚的党，是成熟的党。我們的党紧紧地掌握着枪杆子，始終沒有离开过枪杆子，沒有搞过什么議会活动，和欧洲的党不同的。我們的党是同广大劳动人民群众血肉相連的，是有长期的革命传統的，是有丰富的革命经验的。

〔摘自林彪同志1966年5月19日在中央政治局扩大会議上的讲話〕

現在我們把剝削阶級打倒才十六年，他們的人还在，心不死。地主把他們的地契还秘密保存起来。被推翻的地主和資产阶級随时都在梦想恢复他們的天堂。他們的枪杆子被繳械了，他們的印把子被夺过来了，但是他們在思想文化陣地上还有相当的优势。他們拚命利用这种优势到处放毒，为資本主义复辟制造輿論准备。当前进行的无产阶級文化大革命，就是这种資产阶級阴謀复辟和无产阶級反复辟的尖銳的阶級斗爭。它是关系到党和国家的命运、前途和将来面貌的头等大事，也是关系到世界革命的头等大事。

我們一定要严重注意資本主义复辟这个重要問題，不要忘掉这个問題。而要念念不忘，要念念不忘阶級斗爭，念念不忘无产阶級专政，念念不忘突出政治，念念不忘高举毛澤东思想伟大紅旗，不然的話，就是糊塗虫。不要在千头万緒，日理万緒的情况下，丧失警惕性，否則一个晚上，他們就要杀人，很多人头落地，国家制度要改变，政权要变顏色，生产关系就会改变，由前进变成倒退。

〔摘自林彪同志1966年5月19日在中央政治局扩大会議上的讲話〕

思想，社会意识，世界观，风俗习惯，政治观点，法律观点，艺术观点，艺术中間的电影、戏剧、造型艺术、文学，以及教育制度，等等，概括起来叫做文化。我們为什么要搞这个文化革命呢？要搞这个社会意识領域里面的革命呢？决定的因素，就是因为我們社会的经济基础发生了根本的变化。

〔摘自林彪同志1966年10月25日在中央工作会議上的讲話〕

经济基础既然发生了变化，我們的社会意识形态这个上层建筑，一定要跟着变化，一定要赶上去。如果我們不赶上去的話，就妨碍社会主义所有制的巩固，就会使我們进步緩慢，就会使新的社会生产力不能得到发展，就会使革命既得的成果不能巩固，就会走到資本主义复辟，就会使保护社会公有制的人民民主政权遭到顛覆，就会使社会主义公有制度被推翻，就会走到修正主义統治中国，使中国退到半封建半殖民地的地位。所以，搞不搞文化大革命，是一个关系无产阶級政权能不能巩固、革命成果能不能发展的重大政治問題，是一个关系革命成败的重大政治問題。

〔摘自林彪同志1966年10月25日在中央工作会議上的讲話〕

无产阶級革命，无产阶級进行的阶級斗爭，有三个方面：一个方面是政治，一个方面是经济，一个方面是意识形态。

通过軍事战爭，推翻一个政权，这是暴力的行动。我們从一九四六年到一九四九年四年的时間（当然以前还有很多年），就把国民党打垮了，我們取得了胜利，夺取了政权，建立了自己的国家，建立了无产阶級专政的国家。至于搞两种所有制的革命，即推翻封建所有制、資产阶級所有制的革命，时間就短些。可是，另外一个战线就需要更长的时間，更曲折的斗爭，这就是思想領域里面的斗爭。这要比取得政权需要的时間更长，比搞所有制的变化需要的时間更长。苏联的革命胜利到明年就是五十周年，你看它的資产阶級思想肃清了多少？无产阶級的思想增长了多少？五十年来的一个結果，斯大林死了以后，不是前进而是倒退了，走向修正主义，走向資产阶級采取新的形式来复辟，走向資本主义制度用一种新的形式在不同的程度上表現出来。南斯拉夫是第一个复辟的。除此之外，不单是苏联，还有若干“社会主义”国家都是胜利一、二十年，因为这一方面的斗爭沒有抓紧，放松了，因此革命停頓、倒退、复辟等等現象都发生了。如果我們不抓紧这一点的話，我們同样的要发生像苏联那样，南斯拉夫那样的情况。苏联搞了近五十年，今天修正主义上台統治。我們如果不始終一貫地来抓文化革命，也会产生这个結果。所以毛主席提出，“你們要关心国家大事，要把无产阶級文化大革命进行到底！”毛主席是把文化革命当作国家大事，当作政治。毛主席在今年三月間，修改部队文艺工作座談会紀要，同意写上了一切阶級斗爭都是政治斗爭，重申了馬克思列宁主义的这种经典的观点，把它当成国家大事，当成政治問題。如果我們不抓紧文化革命，不把无产阶級文化大革命进行到底，那我們中途也要变顏色。

我們平常抓经济建設是抓得紧的，这是好的。但是，对于文化上的破和立，思想領域上的破和立，不是所有的同志都像我們毛主席这样抓得紧，这样的重視。有人还觉得是一个額外負担，他觉得不是好好的嗎，为什么又要搞文化革命？其实，我們取得了政权以后，一方面，固然要搞经济建設，但是另一方面从长远意义来看，更重要的是要搞思想建設。思想，对社会政治经济的发展有巨大的能动作用。旧的思想，是为旧的经济基础服务的，反映了反动阶級的要求，对社会的发展起着阻碍作用；新的思想，是为新的经济基础服务的，反映了先进阶級的要求，对社会的发展起促进、加速的作用。先进思想一旦掌握了群众，就会变成推动社会发展的强大的物质力量。所以我們必須大破（不是小破，也不是中破）旧思想，大立新思想。代表新思想的，代表人民的思想的，代表无产阶級思想的，代表共产主义思想的，代表馬克思列宁主义思想的，是以对抗旧思想的，就是我們毛主席的思想，应該大立这一个思想。这一点也是很多同志沒有抓紧的。大破的方面沒有很好地抓，大立的方面也沒有很好地抓。在中央工作的同志，刘、邓对毛主席思想的传播所采取的态度，这几天大家都知道了。过去宣传部陆定一所采取的态度，大家是知道的，那簡直是令人憤慨和不能容忍的。

〔摘自林彪同志1966年10月25日在中央工作会議上的讲話〕

我們在夺取政权之后，就国内任务来說，除了鎮压剝削者的反抗和搞经济建設以外，就是要搞文化建設，文化方面的破和立。不单我們如此，历史上所有的統治阶級都是这么干的。任何一个国家，任何一个統治阶級，它是不許可同它相反的阶級立場的思想传播的，它一定要堅持它的思想，以便巩固它的政治制度和经济制度。历史上，每一个时代的統治思想，尽管以代表全社会的面貌出現，但是，实际上是代表那一个占統治地位的剝削阶級的利益的。每一个时代的統治阶級的思想都是代表統治阶級利益的思想。劳动人民的思想，在过去那些时代，不能占統治地位。而劳动人民大部分是长期被愚弄的，被欺騙的。我們是一个馬克思列宁主义、毛澤东思想的党，根据馬克思主义、毛澤东思想的学說，要同旧的所有制实行彻底的决裂，要同旧的传統观念实行彻底的决裂。我們有权力、有必要来建立我們无产阶級在思想上的統治。

〔摘自林彪同志1966年10月25日在中央工作会議上的讲話〕

現在我們在政治上取得統治地位，在经济上取得統治地位，但是在思想上还沒有完全取得統治地位。我們在经济上推翻了旧的阶級，在政治上推翻了旧的阶級，可是在思想的領域，旧阶級的东西还是很占势力的。所以，我們有必要在这条战线上坚持不懈地、进行到底地来开展这个斗爭。斯大林搞了几十年，并沒有解决这个斗爭問題。毛主席及时提出了这个問題，要我們来解决，是我們的幸运，也是极其光荣而伟大的任务。

〔摘自林彪同志1966年10月25日在中央工作会議上的讲話〕

看来远远不是几十年，恐怕是百把年或者是几百年，才能够肃清旧的思想。当然，旧的事物和新的事物的对立在将来的社会也是存在的，二百年、三百年、四百年，一千年，一万年，它总有新旧对立的，这样，就必然还有一个思想領域里面的斗爭，总有新的要反对旧的，也总有旧的要保存，不让，不肯退出历史舞台。那个情况，同今天我們进行的这种阶級斗爭在性质上是有区别的。但是有共同点：新的要战胜旧的。

相信将来还有思想上的矛盾，思想上的斗爭。所以，这个文化方面、思想領域的斗爭是长期的斗爭，不是一个簡单的容易的事情。

〔摘自林彪同志1966年10月25日在中央工作会議上的讲話〕

我們斗爭的方式有的时候是采取报刊批判的式，例如以前对《武訓传》《〈紅楼梦〉研究》的批判，对胡适、胡风的反动思想的批判，对楊献珍的批判，以及对吳晗、邓拓、翦伯贊、周揚等的批判，等等，这些，都是毛主席亲自領导的运动，有很深刻的意义。可是发展到一定的阶段的时候，就要有像五个月以来的这种轰轰烈烈的，全社会都动起来的大扫蕩，大破除。这种运动，这种大战役，搞它半年或者一年，打下一个坚固的基础。这种运动的作用决不是那种报刊上的批判可以代替的，这有它的特大的作用，有它的特大的威力。这次运动是一个伟大的創举。但是，大战役和小战役可能是交替进行的。

〔摘自林彪同志1966年10月25日在中央工作会議上的讲話〕

旧文化、旧思想的本质是什么呢？我們可以用很多不同的語言来表达，叫旧文化，旧思想，毒草，牛鬼蛇神，反动权威，旧学术，旧道德，旧艺术，旧法律，旧教育制度，旧世界观等等，这些东西，最本质的旧，就是旧在一点上，旧在一个私有制上。概括来說，旧在一个字上，旧在“私”字。那个新东西，新思想，又新在哪一点上？概括来說，新在一个“公”字上。

〔摘自林彪同志1966年10月25日在中央工作会議上的讲話〕

我們現在是社会公有制的社会，土地也好，工厂也好，生产資料統統归公。在这种情况下，要想巩固这个制度，那就必須要破除資产阶級和其他剝削阶級的旧文化，破除各种各样形式所表現出来的維护私有制、恢复私有制的旧意识形态。剝削阶級意识形态的存在和影响，最后势必要恢复維护私有制的政权。反对破除旧文化旧意识形态的那些人，一定要压制革命，压制群众。我們要巩固社会主义制度，经济上的制度，政治上的制度，就必須提倡为公的观念，就是要塑造新的人来建設新的社会，塑造共产主义精神的人。

〔摘自林彪同志1966年10月25日在中央工作会議上的讲話〕

周总理、陈伯达、江青同志的論述（摘录）

这次无产阶級文化大革命，具体地說就是夺权斗爭。首先是每个人要破四旧，立四新。有了这个初步的思想基础，才能斗垮那些走資本主义道路的当权派，才能打垮那一小撮頑固执行資产阶級反动路线的人。只有这样，我們才能有造資产阶級反的权利。当然夺权斗爭，有各种形式。我們在此以前，也已经进行了准备，毛主席就进行了战略布署。一九六二年，毛主席就提出了矛盾、阶級、阶級斗爭，也提出了当时的阶級斗爭的表現形式，六三年提出农村社教运动的前十条。一九六五年又提出了农村四淸的二十三条紀要，这是社教的纲領性的文件，这就为四淸提出了明确的方向。在四淸刚开始时，同时随之而来的是进行了文艺方面的改革，戏剧、舞蹈、音乐等的改革，这些改革都是从上而下的，教育了干部，教育了群众。在四淸运动中，在农村依靠了貧下中农积极分子进行了阶級斗爭，也是有領导地分期分批进行的。在这个基础上，我們才提出了文化大革命。反党分子是不甘心退出历史舞台的，这就是彭眞，楊尙昆的問題比他要早些，陆定一早就一直被注意了，彭、陆、罗、楊，一个个被毛主席、林副主席揭出来了。毛主席亲自揭出了彭眞，林副主席亲自揭出了罗瑞卿。

〔摘自周总理1967年1月21日接見軍队参加地方四淸和参加文化部文化大革命原工作队革命造反者联絡站代表时的讲話〕

* * *

历史上的文化革命，常常是从文艺方面开头的。我們現在进行的无产阶級文化大革命，也正是这样。

我国的无产阶級文化大革命，以毛澤东思想为指南。毛澤东同志創造性地发展了馬克思列宁主义的文艺理論，用无产阶級宇宙观，系統地、彻底地解决了我們文艺战线上的問題，同时，系統地、彻底地給我們开辟了无产阶級文化革命的一条完全嶄新的道路。

一九六二年，在党的八届十中全会上，毛主席提出了要抓意识形态領域里的阶級斗爭。在毛主席的这一伟大号召下，在毛澤东思想的直接指导下，掀起了京剧改革，芭蕾舞剧改革，交响音乐改革等古为今用，洋为中用．推陈出新的革命改革的高潮，用京剧等形式，表达中国无产阶級領导下的群众英勇斗爭的史詩。这个新的創造，給京剧、芭蕾舞剧、交响音乐等以新的生命，不但內容是全新的，而且在形式上也有很大的革新，面貌改变了。革命的現代剧，到处出現在我們的舞台上。这种无产阶級新文艺空前地吸引了广大群众。但是，反动派，反革命修正主义分子，他們却咒駡它，恨死它。不为别的，就是因为这种新文艺的作用，将大大加强我国人民群众的政治觉悟，将大大加强我国的无产阶級专政和社会主义制度。

我在这里想說，坚持这种文艺革命的方針，而同反动派、反革命修正主义分子进行不屈不挠的斗爭的同志中，江青同志是有特殊的貢献的。

历史打破了反动派、反革命修正主义分子的迷梦。党的八届十中全会以来的文艺革命，成为我国无产阶級文化大革命的眞正的开端。

文艺史上充滿着剧烈的冲突。新和旧的冲突，現代和古代的冲突，这些都是反映社会阶級斗爭的冲突，这些都是反映社会阶級斗爭的冲突。处在革命时期的資产阶級，用当时的新文艺，作为摧毁封建制度的一种重要武器。現在无产阶級，同样必須用自己为工农兵服务的新文艺，作为摧毁資产阶級和一切剝削阶級的武器。无产阶級在夺取政权之后，資产阶級并不甘心退出历史舞台。毛主席经常給我們指出：被推翻了的資产阶級采用各种方法，企图利用文艺陣地，作为腐蝕群众、准备資本主义复辟的溫床。因此，我們在文艺上的任务，不是减轻了，而是加重了。我們在文艺战线上的領导，不是应該削弱，而是相反地，应該更加强。我們的革命文艺团体，要实行自己的光荣任务，必須把无产阶級文化大革命进行到底！

在阶級还存在的时候，否认文艺上的冲突，是完全錯誤的。在将来共产主义社会，阶級消灭了，阶級矛盾、阶級斗爭不存在了，但仍然会有新和旧的冲突，会有我們現在还不能完全預見或者不可能預見到的冲突，那些冲突，当然也会反映到文艺上来。

〔摘自陈伯达同志1966年11月28日在文艺界无产阶級文化大革命大会上的开幕詞〕

* * *

十六年来，文化战线上存在着尖銳的阶級斗爭。事实上，在我国革命的两个阶段，即新民主主义阶段和社会主义阶段，文化战线上爭夺領导权的斗爭，我們党的历史上，反对“左”右傾机会主义的斗爭，也都包括文化战线上的两条路线斗爭。王明路线是一种曾经在我們党內泛濫过的資产阶級思想。一九四二年开始的整风运动中，毛主席先在理論上彻底地批判了以王明为代表的文化路线，毛主席的«新民主主义論»、«在延安文艺座談会上的讲話»和«看了〈逼上梁山〉以后写給延安評剧院的信»，就是对文艺战线上两条路线斗爭最完整、最全面、最系統的历史总結、是馬克思列宁主义世界观和文艺理論的继承和发展。在我国革命进入社会主义阶段以后，毛主席又发表了«关于正确处理人民內部矛盾的問題»和«在中国共产党全国宣传工作会議上的讲話»两篇著作，这是我国和各国革命思想运动，文艺运动的历史经验的最新的总結，是馬克思列宁主义世界观和文艺理論的新发展。……

毛主席的前三篇著作发表到現在已經二十几年了，后二篇也已经发表将近十年了。但是文艺界在建国后的十五年来，却基本上沒有执行。被一条与毛主席思想相对立的反党反社会主义的黑线专了我們的政，这条黑线就是資产阶級的文艺思想，現代修正主义的文艺思想和所謂三十年代文艺的結合。“写眞实論”、“現实主义广闊的道路”論、“現实主义的深化”論、“反題材决定”論、“中間人物”論、“反火药味”論、“时代精神汇合”論，等等，就是他們代表性論点，而这些論点，大抵都是毛主席《在延安文艺座談会上的讲話》中早已批判过的。电影界还有人提出所謂“离经叛道”論，就是离馬克思列宁主义、毛澤东思想之经，叛人民革命战爭之道。在这股資产阶級、現代修正主义文艺思想逆流的影响或控制下，十几年来，眞正歌頌工农兵的英雄人物，为工农兵服务的好的或基本好的作品也有，但是不多；不少中間状态的作品，还有一批是反党反社会主义的毒草，我們一定要根据党中央的指示，坚决进行一場文化战线上的社会主义革命，彻底搞掉这条黑线；搞掉这条黑线之后，还会有将来的黑线，还得再斗爭。

〔摘自1966年2月江青同志召开的部队文艺工作座談会紀要〕

过去十几年的教訓是：我們抓迟了。毛主席說：他只抓过一些个別問題，沒有全盘地系統地抓起来，而只要我們不抓，很多陣地就只好听任黑线去占領。

〔摘自1966年2月江青同志召开的部队文艺工作座談会紀要〕

×××同志却在党中央指出文艺界十五年来基本上沒有执行党的方針以后，还說部队文艺方向問題已经解决了，主要是提高艺术水平的問題，这种观点是錯誤的，是缺乏具体分析的。

〔摘自1966年2月江青同志召开的部队文艺工作座談会紀要〕

文艺上反对外国修正主义的斗爭。不能只提丘赫拉依之类小人物。要提大的，提肖洛霍夫，要敢于碰他，他是修正主义文艺的鼻祖。他的《靜靜的頓河》《被开垦的处女地》《一个人的遭遇》对中国的部分作者和讀者影响很大。可以組织一些人加以研究，写出有分析有說服力的批判文章。这对中国、对世界都有很大影响。

〔摘自1966年2月江青同志召开的部队文艺工作座談会紀要〕

二、文化工作的方針

毛主席关于文化工作的指示（摘要）

为着革命战爭的胜利，为着苏維埃政权的巩固与发展，为着动員民众一切力量加入于伟大的革命事业，为着創造革命的新时代，苏維埃必須实行文化教育的改革，解除反动統治阶級所加在工农群众精神上的桎梏，而創造新的工农苏維埃文化。

…………

这里一切文化教育机关，是操在工农劳苦群众手里，工农及其子女享受教育的优先权。

苏維埃政权用一切方法提高工农的文化水平。为了这个目的給予群众政治上与物质条件上的一切可能的帮助。

苏維埃文化教育的总方針在什么地方呢？在以共产主义的精神来教育广大的劳苦民众，在于使文化教育为革命战爭和阶級斗爭服务，在于使教育和劳动結合起来，在于使广大中国民众成为享受之文明幸福。

〔摘自1934年1月毛主席在中华苏維埃共和国中央执行委員会对第二次全国苏維埃大会讲話〕

要使文艺很好地成为整个革命机器的一个組成部分，作为团結人民、教育人民、打击敌人、消灭敌人的有力的武器，帮助人民同心同德地和敌人作斗爭。

…………

在現在世界上，一切文化或文学艺术都是属于一定的阶級，属于一定的政治路线的。为艺术的艺术，超阶級的艺术，和政治并行或互相独立的艺术，实际上是不存在的。无产阶級的文学艺术是无产阶級整个革命事业的一部分，如同列宁所說，是整个革命机器中的“齿輪和螺絲釘”。

〔摘自毛主席：«在延安文艺座談会上的讲話»〕

我們的文艺，第一是为工人的，这是領导革命的阶級。第二是为农民的，他們是革命中最广大最坚决的同盟軍。第三是为武裝起来了的工人农民即八路軍、新四軍和其他人民武裝队伍的，这是革命战爭的主力。第四是为城市小資产阶級劳动群众和知识分子的，他們也是革命的同盟者，他們是能够长期地和我們合作的。这四种人，就是中华民族的最大部分，就是最广大的人民大众。

我們的文艺，应該为着上面說的四种人。

…………

我們的文艺工作者一定要完成这个任务，一定要把立足点移过来，一定要在深入工农兵群众、深入实际斗爭的过程中，在学习馬克思主义和学习社会的过程中，逐漸地移过来，移到工农兵这方面来，移到无产阶級这方面来。只有这样，我們才能有眞正为工农兵的文艺，眞正无产阶級的文艺。

…………

我們的文学艺术都是为人民大众的，首先是为工农兵的，为工农兵而創作，为工农兵所利用的。

〔摘自毛主席：«在延安文艺座談会上的讲話»〕

随着经济建設的高潮的到来，不可避免地将要出現一个文化建設的高潮。中国人被人认为不文明的时代已经过去了，我們将以一个具有高度文化的民族出現于世界。

〔摘自一九四九年九月毛主席在中国人民政治协商会議第一屆全体会議的开幕詞〕

有步驟地謹愼地进行旧有学校教育事业和旧有社会文化事业的改革工作，爭取一切爱国的知识分子为人民服务。在这个問題上，拖延时間不願改革的思想是不对的，过于性急、企图用粗暴方法进行改革的思想也是不对的。

〔摘自1950年6月6日毛主席在七届三中全会上的报告：«为爭取国家財政经济状况的基本好轉而斗爭»〕

文章和文件都应具有这样三种性质：准确性、鲜明性、生动性。准确性属于概念、判断和推理問題，这些都是邏輯問題。鲜明性和生动性，除了邏輯問題以外，还有詞章問題。現在許多文件的缺点是：第一，概念不明确；第二，判断不恰当；第三，使用概念和判断进行推理的时候又缺乏邏輯性；第四，不讲究詞章。看这种文件是一場大灾难，耗費精力又少有所得。一定要改变这种不良的风气；做经济工作的同志在起草文件的时候，不但要注意准确性，还要注意鲜明性和生动性。不要以为这只是語文教师的事情，大老爷用不着去管。重要的文件不要委托二把手、三把手来写，要自己动手，或者合作起来做。

〔摘自1958年1月31日毛主席写的《工作方法六十条》（草案）〕

开会的方法应当是材料和观点的統一。把材料和观点割断，讲材料的时候沒有观点，讲观点的时候沒有材料，材料和观点互不联系，这是很坏的方法。只提出一大堆材料，不提出自己的观点，不說明贊成什么反对什么，这种方法更坏。要学会用材料說明自己的观点。必須要有材料，但是一定要有明确的观点去統帅这些材料。材料不要多，能够說明問題就行，解剖一个或几个麻雀就够了，不需要很多。自己应当掌握丰富的材料，但是在会上只需拿出典型性的。必須懂得，开会同写大著作是有区别的。

〔摘自1958年1月31日毛主席写的《工作方法六十条》（草案）〕

紅与专，政治与业务的关系，是两个对立物的統一。一定要批判不問政治的傾向。一方面要反对空头政治家，另一方面要反对迷失方向的实际家。

政治和经济的統一，政治和技术的統一，这是毫无疑义的，年年如此，永远如此。这就是又紅又专。将来政治这个名詞还是会有的，但是內容变了。不注意思想和政治，成天忙于事务，那么会成为迷失方向的经济家和技术家，很危险。思想工作和政治工作是完成经济工作的和技术工作的保证，它是为经济基础服务的。思想和政治又是統帅，是灵魂。只要我們的思想工作和政治工作稍一放松，经济工作和技术工作就一定会走到邪路上去。

〔摘自1958年1月31日毛主席写的《工作方法六十条》（草案）〕

大学教育应当改造，上学的时間不要那么多。文科改造不得了。不改造能出哲学家嗎？能出文学家嗎？能出历史家嗎？現在哲学家搞不了哲学，文学家写不了小說，历史学家搞不了历史，要搞就是帝王将相。戚本禹的文章（如《为革命而研究历史》）写得好，缺点是沒有点名。姚文元的文章（《評新編历史剧〈海瑞罢官〉》）好处是点了名，但是沒有打中要害。

〔摘自1965年12月21日毛主席在杭州的讲話〕

人民解放軍应該是一个大学校。这个大学校，要学政治，学軍事，学文化，又能从事农副业生产，又能办一些中小工厂，生产自己需要的若干产品和与国家等价交换的产品。这个大学校，又能从事群众工作，参加工厂、农村的社会主义教育运动；社会主义教育运动完了，随时都有群众工作可做，使軍民永远打成一片；又要随时参加批判資产阶級的文化革命斗爭。这样，軍学、軍农、軍工、軍民这几項都可以兼起来。当然，要調配适当，要有主有从，农、工、民三項，一个部队只能兼一項或两項，不能同时都兼起来。这样，几百万軍队所起的作用就是很大的了。

工人以工为主，也要兼学軍事、政治、文化。也要搞社会主义教育运动，也要批判資产阶級。在有条件的地方，也要从事农副业生产，例如大庆油田那样。

公社农民以农为主（包括林、牧、副、漁），也要兼学軍事、政治、文化。在有条件的时候，也要由集体办些小工厂，也要批判資产阶級。

学生也是这样，以学为主，兼学别样，即不但学文，也要学工、学农、学軍，也要批判資产阶級。学制要縮短，教育要革命，資产阶級知识分子統治我們学校的現象，再也不能继续下去了。

商业、服务行业、党政机关工作人員，凡有条件的，也要这样做。

〔摘自1966年5月7日毛主席給林彪同志的信：对軍委总后勤部《关于进一步搞好部队农业的报告》的批示〕

关于出版、文物工作的方針

认眞做好出版工作

〔1950年10月毛主席为全国第一届出版工作会議的題詞〕

新聞出版界有很多业务可做，現在你們已在鬧文化革命。特别是出版界，你們要多多出版毛主席著作。告訴大家一个好消息：去年毛主席著作印了三千万套。今年打算印八千万套。要表揚，要感謝出版界職工們的努力。

如果我們能生产更多的紙张，把不必要的书，特别是过去的坏书的紙张节約下来，就能印更多的毛主席著作，还有很多机关印了許多不必要的公文表报，就可以节約下来。紅卫兵要提倡节約紙张，多印毛主席著作。

〔摘自周总理1967年1月4日在工人体育場接見全国文艺界、新聞出版界、体育界等革命同志时的讲話

（一月二十六日下午，陈伯达、江青、王力等同志，在人民大会堂接見了革命造反派出版毛主席著作委員会筹委会和人民出版社、农村讀物出版社遵义战斗兵团以及北京新华印刷厂職工革命造反团的代表共十五位同志。这是毛主席、党中央和中央文革对全国革命造反派，对全国出版系統革命造反派的最亲切的关怀，最坚决的支持，最巨大的鼓舞！代表們說：“我們已经把出版毛主席著作的大权夺过来了！”）

江青同志說：“你們夺权夺得好！”

（代表們說：“現在我們要联合全国的革命造反派，特别是出版系統的革命造反派，一起大出特出毛主席著作，要使今天的中国成为毛澤东思想的中国，明天的世界成为毛澤东思想的世界。”）

江青同志听了非常高兴，加重語气地說：“好，你們的气魄很大，我們坚决支持你們！”

陈伯达同志接着說：“有气概，支持你們！”

陈伯达同志和江青同志馬上要接見另外一批同志，起身告辞。他們再次表示：“我們坚

决支持你們；我們感謝你們。"代表們請江青同志向我們最最伟大的領袖毛主席問好。

王力同志說："北京、上海出版毛主席著作的大权首先要掌握好。你們已经夺了权，就要行使权力，不一定派人到各地去串連，可以发号召，如果一定要派人去，也不是串連，而是正常的派出工作，行使权力。

"凡是夺了权的地方，如山西，你們就不一定要派人去，而是要把任务交給山西革命造反总指揮部，叫他們承担起来，要他們派主要的負責人来抓毛主席著作出版工作。"

王力同志說："成立全国革命造反派出版毛主席著作委員会筹委会是可以的。你們要坚决反对经济主义。经济主义是破坏毛主席著作出版的。坚决揭露他們两面派的阴謀。粉碎資产阶級反动路线的新反扑。"

王力同志說："要对外单位的群众做工作，要爭取他們。对中間派、保守派也要做工作，爭取他們；反革命、右派是另外一回事。你們气魄很大，要加强核心領导，还要得到群众的支持，你們就一定能够把毛主席著作出好。"

王力同志还談到革命造反派內部的团結問題。他說："有的是敌人在挑拨离間，有的是队伍本身不純，大量的是思想問題，有山头主义，有小团体主义……。从明天开始，《人民日报》要陆续刊登《关于糾正党內的錯誤思想》和《反对自由主义》等文章。大家要好好学习。"

〔摘自陈伯达、江青、王力等同志1967年1月26日接見革命造反派出版毛主席著作委員会筹委会代表时的讲話〕

*　　　　*　　　　*

今天有一件事与大家商量，在你們文化部的档案中存有我們伟大的导师、伟大的領袖、伟大的統帅、伟大的舵手毛主席的手稿、魯迅的手稿。現在大家来造反，各派的观点不一样，文化部的情况也不穩定。这些手稿继续存在你們这里，我們不放心。中央文革小組决定，将这些手稿收归中央文革保管，你們贊成不贊成？（众答：贊成。）我們先把它保管起来，等情况改变以后再处理。

〔摘自戚本禹同志1967年1月14日在文化部門前辯論大会上的讲話〕

戚本禹同志：陈伯达同志、康生同志有个意見讲一下。和大家商量一下。在文化大革命中抄了不少书，有的当废紙卖了，版本书不能造紙，要鉴别一下。

文物管理工作要抓一下，看存在什么問題，提些什么办法。抄出不少东西，大家想个办法，大家研究一下。

大家先談談情况。

（中国书店：中国书店現在古书不收。有些学校认为古书沒有用了。建筑科学研究院滿楼道都是书，我們拉回了几車，住戶有烧字画的。）

戚本禹同志：为什么？（中国书店：怕。）

（新华书店：旧书現在停售了，內部同志也有这个意見。地方上反映：县里烧书較多，八月份破四旧时烧了不少。目前烧的不多了。讀者对出售的古旧书給查封了；內部的同志也在倡議。有些造反派同志来信要求：十一中全会以前除馬列主义、毛主席的经典著作外，都需鉴别后再发售。）

（造紙总厂：古旧书現在收了一部分，有些已经造了紙。大部分还沒造紙。但这些古旧书都当成原料了。师大刘盼遂的书部分送了造紙厂。）

戚本禹同志：問題很严重。

（北京图书館：北京图书館清理了书庫；送造紙厂的不少。）

戚本禹同志：要注意有些党內走資本主义道路当权派的破坏。

（中国书店：現在沒人买旧书，不敢收购。）

戚本禹同志：我就要去买，有些需要看。当然这些书不要大量到群众中去。你們造反派也不贊成烧书。你們可以搞个倡議，线装书不要烧，你們看怎么办？有的书可以低价收购，低价售出。搞文科的要看这些书。将来可以內部发行。少数人要搞这些东西。不論那个阶級起来造反，都要拿这些东西来制造輿論。吳晗、翦伯贊都是拿古东西来反党，反社会主义。无产阶級要和他們进行斗爭。你也要用这东西来批判。过去批判《武訓传》、《"紅楼梦"研究》；今天批判《海瑞罢官》；将来还可能有。我們要批判也要看这些书，要保存。有些古书一部几百册，今后大批印不可能，还是要收下来。收书沒地方放，我給解决。

图书館送給你你就要（指中国书店）。北京图书館的书是国家財产，任何人不許动，这是群众的財产嗎！

上海造紙厂发現不少东西。你們造紙单位可联合开个会，历史研究所、文物局、北京图书館、中国书店、科学院图书館出人帮助搞。

收旧书賠点錢不要紧。

阿英的书封着，告訴他們不要动。

旧书要很好管理，不要烧，造紙要鉴定，搞个原則給我。

（造紙总厂：通县紙厂有几千吨线装书。）

戚本禹同志：书原来在那里，可封在原地。不管你是那一派，都要执行。銷毀书要給个单子，送伯达同志看看。

书过去是专家管，現在是无产阶級革命造反派管。要先学习，造紙厂也要学点业务。

解放后出版的书也不要全烧。有的印数不多，需要保存。无聊的可以銷毀。批判黃色的书找不到书也不行。有的要銷毀不要随便的看。

十一中全会前的书，你們先提个意見。

《三国》《紅楼梦》可以放在家里沒什么，大观园不就是地主庄园嗎！可以教育人，連賈宝玉都不願呆在里面。

你們搞个倡議給我們看看。难处理的，可給搞个单子。

紅卫兵批評的对，过去图书館供书有級別，只有专家要什么都借。革命小将借书就刁难。紅卫兵要砸是有道理的。北京图书館、科学院图书館是否也有这样的現象呀？（答：是。）是有路线問題。

秦始皇焚书是有道理的，商鞅也焚过书，他代表新生产力么！他是为了統一思想。他們当时不懂得批判。我們无产阶級不能这么办。要批判才能解决問題。

有的书广大青年是不需要看的。办事靠的是什么？是毛澤东思想还是经史子集呢？是靠孔孟呢？越学孔孟那些东西越反动。刘少奇就是提倡孔孟，要搞修养。他的修养就是当个大人物，就是当官做老爷。我們是为人民服务，当个螺絲釘，这是我們的修养。你們在崗位上也是这样，要向雷鋒学习，向张思德学习，他們无愧于人民。

刘少奇搞两种教育制度，就是从这些观点出发的。使一些人当官做老爷。文化大革命打破了过去的旧观点。一个青年讀这些古书干什么？广大群众不看那些古东西是个大解放。

但少部分人要看这些东西。研究历史可以看。这是为了批判。为了发展馬克思列宁主义，发展科学。不是为了吹捧这些东西。过去经史子集是每个知识分子都讀，这是套在我們头上的枷鎖。現在不讀这些东西是大解放。搞理工的讀它干什么。

你們的倡議要写破四旧。文化大革命中紅卫兵烧些书是革命行动！恨起来一把火烧了但是不能解决問題。所以不能再烧了。过去有点損失这是不可避免的。要看到大成績。倡議要把主流写出来。烧了不能触及灵魂，要批判，要化毒草为肥料。在田地里长点草是合理的，鋤草是经常的。

（中国书店：古旧书刊别人送来沒地方放怎办？）

书送来先收下，全国这么大地方就沒地方存这么点书？孔庙可先給你們，不够再說。

中华书局二十四史还标点沒有？

（中华书局：現在全停了。）

戚本禹同志：停了不对，还要继续标点，出版，这是主席的意思。

（中华书局：主席提的是前四史。）

戚本禹同志：那我回去查一下。（問中华书局）书都不出版了？罗尔刚的《太平天国史稿》也不出啦？不出的书搞个名单給我。中华书局本来就是个毒草书局嗎！《紅楼梦》主席說还要出版，要搞个好序言。让一些青年从封建統治家庭看統治阶級。出版这些书要加个好序言。搞了几年全沒有个好序言。

（中国书店：今后古旧书怎样发行，解放后的古典文学是否可以收购回来？）

戚本禹同志：有些书发行面积小一些，可以内部发行。古典文学可以收购回来。

（中国书店：現存的淫书淫画如何处理？）

戚本禹同志：淫书淫画先封了再說，不能随便看，以后研究处理。荣宝斋出些东西价格貴，少量出点，搞点尖端还是可以的。

下面談談文物管理。

（插話：地方上有的搞过倡議。）

戚本禹同志：文物抄来了不少，放在那里調查一下。写个报告。和紅卫兵一起商議一下。

（插話：財政局实物庫里有。）

（文物局：現在文物保护单位文化部不敢管。）

戚本禹同志、古物、古书画現有的集中起来。有些代表时代的艺术的，（古建筑）要保管，可以写个倡議。我是不贊成烧的，眞的烧了就烧了，沒什么了不起，要想开一点，以后要保护。紅卫兵抄了多少，放在那里調查一下，写个报告。古书画、古物先集中保管起来，这是全国性的。这些东西将来归故宫，归历史博物館保管。

地方上的东西不少，要送文物局选，抄家的文物要管起来。有的可交文物商店。瓷器也要調查一下，文物商店是否可以收。

（插話：沒人敢去卖。）

戚本禹同志：珠宝商店，外貿部門都可以去那里搞个調查。东西不要落入个人手中。一切交回国家。文物局、故宮博物院、中国历史博物館共同搞。

（考古所：运动中有的重要遺址在基建时发現了，一去就不少人。）

戚本禹同志：你們可以改进一下，不要为古而古，考古繁瑣得不得了。

这些事明天就組织搞。不管是那一派都要管。第一、图书鉴别；第二、文物保管；第三、不要烧。

〔摘自戚本禹同志1967年1月27日与图书、文物、考古、博物館等单位代表座談时的讲話記要〕

关于文艺工作的方針

百花齐放，百家爭鳴，长期共存，互相监督，这几个口号是怎样提出来的呢？它是根据中国的具体情况提出来的，是在承认社会主义社会仍然存在着各种矛盾的基础上提出来的，是在国家需要迅速发展经济和文化的迫切要求上提出来的。百花齐放、百家爭鳴的方針，是促进艺术发展和科学进步的方針，是促进我国的社会主义文化繁荣的方針。艺术上不同的形式和风格可以自由发展，科学上不同的学派可以自由爭論。利用行政力量，强制推行一种风格，一种学派，禁止另一种风格，另一种学派，我們认为会有害于艺术和科学的发展。艺术和科学中的是非問題，应当通过艺术界科学界的自由討論去解决，通过艺术和科学的实践去解决，而不应当采取簡单的方法去解决。

〔摘自毛主席：«关于正确处理人民內部矛盾的問題»〕

文艺批評有两个标准，一个是政治标准，一个是艺术标准。……

又是政治标准，又是艺术标准，这两者的关系怎么样呢？政治并不等于艺术，一般的宇宙观也并不等于艺术創作和艺术批評的方法。我們不但否认抽象的絕对不变的政治标准，也否认抽象的絕对不变的艺术标准，各个阶級社会中的各个阶級都有不同的政治标准和不同的艺术标准。但是任何阶級社会中的任何阶級，总是以政治标准放在第一位，以艺术标准放在第二位的。我們的要求則是政治和艺术的統一，內容和形式的統一，革命的政治內容和尽可能完美的艺术形式的統一。缺乏艺术性的艺术品，无論政治上怎样进步，也是沒有力量的。因此，我們旣反对政治观点錯誤的艺术品，也反对只有正确的政治观点而沒有艺术力量的所謂“标語口号式”的傾向。我們应該进行文艺問題上的两条战线斗爭。

〔摘自毛主席：«在延安文艺座談会上的讲話»〕

历史是人民創造的，但在旧戏舞台上（在一切离开人民的旧文学旧艺术上）人民成了渣滓，由老爷太太少爷小姐們統治着舞台，这种历史的顚倒，現在由你們再顚倒过来，恢复了历史的面目，从此旧剧开了新生面，所以値得庆賀。

〔摘自毛主席1944年1月9日看了«逼上梁山»以后写給延安評剧院的信〕

世界各民族的艺术，在基本原理方面是相同的，在形式和风格方面又是互有区别的。社会主义各国的艺术都以社会主义为內容，而又各有自己的民族特色。有同，有异，有共性，有个性，这是自然法則。一切事物，不論自然界，社会界，思想界都是如此。

〔摘自毛主席1956年8月24日同音乐工作者的談話〕

世界各民族的艺术，都有自己独特的民族形式和民族风格。有些人不了解这一点，他們否认自己的民族特点，盲目崇拜西方，以为一切都是西方的好，甚至主张“全盘西化”，这是錯誤的。“全盘西化”是行不通的，是中国老百姓所不能接受的。艺术和自然科学不同。例如，割闌尾、吃阿斯匹灵，这些医疗方法，就沒有什么民族形式。但是，艺术却不同，艺术就有民族形式問題。这是因为艺术是人民生活、思想、感情的表現，同民族的习慣和語言有密切的关系，它的历史发展具有民族范围內的继承性。

「摘自毛主席1956年8月24日同音乐工作者的談話〕

中国的艺术，中国的音乐、繪画、戏剧、歌舞、文学，有自己的发展历史。那些主张全盘西化”的人，为了否定中国的东西，就說中国的东西沒有自己的規律。这样說法对不对呢？不对。中国的音乐、繪画、戏剧、歌舞、文学，都有自己的規律。沒有自己的規律，就不会形成中国老百姓所喜聞乐見的中国艺术的民族形式和民族风格。抱有这种錯誤思想的人，只是沒有去研究中国艺术的規律，不願去研究和发展中国的东西。这是对于中国艺术的一种民族虛无主义的态度。

〔摘自毛主席1956年8月24日同音乐工作者的談話〕

世界上的各个民族都有自己的历史，都有自己的长处和短处。历史上的东西，有精华，有槽粕，混杂在一起，积累的时間又很长，要把它整理出来，分清精华和槽粕，是一个困难的任务。但是，不能因为困难就不要历史，把历史割断，把遺产都抛弃，是不行的，老百姓不会贊成的。

〔摘自毛主席1956年8月24日同音乐工作者的談話〕

当然，这决不是說，我們不需要向外国学习，外国的很多东西，我們都要学，而且要学好。基本理論尤其要学好。有些人主张什么“中学为体，西学为用”，这种主张对不对呢？不对，所謂“学”，就是基本理論。基本理論是中外一致的，不应分中西。

馬克思主义这种基本理論就是在西方产生的，这难道能够分中西？我們难道能够不接受？中国革命的实践证明，不接受馬克思主义，对自己不利的，也沒有不接受的道理。过去，第二国际曾经企图否定和修正主义馬克思主义的基本原理，讲了些否定和修正的道理，都被列宁完全駁倒了，馬克思主义是放之四海而皆准的普遍眞理，我們必須接受。但是，这个普遍眞理又必須同各国革命的具体实践相結合。中国人民正是接受了馬克思主义，并且把它同中国革命的实践相結合，这才取得了中国革命的胜利。

学习外国的东西，是为了研究和发展中国的东西，就这一点說来，自然科学和社会科学是一样的。一切外国的好东西，我們都要学好，学好了都要在运用中加以发展。在自然科学方面，我們也要作独創的劳动。并且要用近代外国的科学知识和科学方法来整理中国的科学遺产，直到形成中国自己的学派。例如西方的医学和其他有关的近代科学，生理学，病理学，生物化学，細菌学，解剖学，你說不要学？这些近代科学都要学。但是学了西医的人，其中一部分又要学中医，以便运用近代科学的知識和方法来整理和研究我国旧有的中医和中药，以便把中医中药的知識和西医西药的知識結合起来，創造中国統一的新医学新药学。

社会科学、自然科学是这样，艺术当然更是这样。要向外国学习，吸收外国的好东西。但是，学了外国的东西，要用来研究和发展中国各民族的艺术，否則就沒有研究和发展的对象了。我們学习外国的艺术，学习它們的基本原理和基本技巧，其目的就是为了創造中国各民族自己的具有独特的民族形式和民族风格的社会主义的新艺术。

要承认，在近代文化上，西方的水平比我們高，我們是落后了。艺术方面是不是这样呢？在艺术上，我們有长处，也有短。必須善于吸收外国的好东西，以收取长补短之效。故步自封，外国的文学不研究，不介紹，外国的音乐不会听，不会演奏，是不好的。不要像慈禧太后那样，盲目排外。盲目排外，同盲崇外一样，都是錯誤的，有害的。

在学习外国的問題上，旣要反对保守主义，又要反对教条主义。在政治上，我們吃过教条主义的亏。什么都是照抄外国，硬搬外国，結果是一个大失敗，使白区党組织損失了百分之百，使革命根据地和紅軍损失百分之九十，把中国革命的胜利推迟了許多年。其原因就是有些同志，不从实际出发，而从教条主义出发，沒有把馬克思列宁主义的基本原理同中国革命的具体实践相結合。这样教条主义，假使我們不反掉，就沒有今天中国革命的胜利。

在艺术方面，我們也应当吸取这个教訓，注意不要吃教条主义的亏。学外国的东西，不等于統統进口，硬搬外国的一套，要批判地吸收。向古人学习是为了今人，向外国人学习是为了中国人。

〔摘自毛主席1956年8月24日同音乐工作者的談話〕

外国的好东西要学到，中国的好东西也要学到。半瓶醋是不好的，要使两个半瓶醋变成两个一瓶醋。中国的东西和外国的东西，两边都要学好，两边都要机地結合起来。鲁迅就是这样，他对于外国的东西和中国的东西，两边都很熟悉，但是他的光彩，首先不在于他的翻譯，而在于他的創作。他的創作即不同于外国的，也不同于中国古式的，但是它是中国的。我們应当学习鲁迅的精神，精通中外，吸收中外艺术的长处，加以溶化，創出新的具有独特的民族形式和民族风格的艺术。

当然，要把中国的东西和外国的东西很好地結合起来，是不容易的。这要有一个过程。中国的东西里面也可以掺杂一些外国的东西。例如写小說，語言、人物、环境，必須是中国的，但是不一定是章回体。不中不西的东西也可以搞一点，非驴非馬成了騾子也并不坏。两者結合是要改变形象的，完全不改是不可能的。中国的东西要变化。无論在政治上、经济上、文化上，中国的面貌都正在大起变化。但无論怎变，中国的东西还要有自己的特点。外国的东西也变。十月革命以后，世界的面貌就发生了根本的变化。第二次世界大战以后，这种变化又有新的发展。我們要注意批判地吸收外国的东西，特别注意吸收社会主义世界的东西和資本主义世界的进步的人民的东西。

〔摘自毛主席1956年8月24日同音乐工作者的談話〕

艺术要有独創性，要有鲜明的时代特点和民族特点。中国的艺术，即不能越搞越古，也不能越搞越洋化，应当越搞越带有自己的时代特点和民族特点，在这方面妥不惜“标新立异”。特别像中国这样的国家，历史悠久，人口众多，更必須有适合中国各民族需要的“标新立异”。这种为中国各民族老百姓所欢迎的“标新立异”越多越好，不要雷同，雷同就成为八股了。土八股也好，洋八股也好，都是沒有生命的东西，都是中国老百姓所不欢迎的。

〔摘自毛主席1956年8月24日同音乐工作者的談話〕

在座的都是音乐家，学西洋音乐的，你們有很多重要的責任。整理和发展中国的音乐，要靠你們学西洋音乐的人，好比整理和发展中医要靠西医一样。你們学的西洋东西是有用的，只是你們应当把西洋的东西和中国的东西，两边都学好，而不要“全盘西化”。你們要重視中国的东西，要努力研究和发展中国的东西，要以創造中国自己的有独特的民族形式和民族风格的东西为努力目标。你們掌握了这样一个基本方向，你們的工作就是前途远大的了。

〔摘自毛主席1956年8月24日同音乐工作者的談話〕

詩当然应以新詩为主体，旧詩可以写一些，但是不宜在青年中提倡，因为这种体裁束縛思想，又不易学。

〔摘自毛主席1957年1月12日《关于詩的一封信》〕

戏剧要推陈出新，不应推陈出陈，光唱帝王将相，才子佳人和他們的丫头保鏢之类。

〔摘自毛主席1963年9月在中央工作会議上的指示〕

文艺部門，戏曲、电影方面也要抓一下推陈出新問題，舞台上尽是帝王将相，家員丫环，內容变了，形式也要变，如水袖等等。推陈出新，出什么？封建主义、社会主义？旧形式要出新內容。按这样子，二十年后就沒有人看了。上层建筑总要适应经济基础。

〔摘自毛主席1963年9月27日的批示〕

对于过去时代的文艺形式，我們也并不拒絕利用，但这些旧形式到了我們手里，給了改造，加进了新內容，也就变成革命的为人民服务的东西了。

〔据1966年7月21日《解放軍报》〕

《紅楼梦》可以讀，是一部好书。讀《紅楼梦》不是讀故事，而是讀历史。这是一部历史小說，作者的語言写得很好。

〔摘自毛主席与王海蓉談学习問題〕

研究历史不結合現实不行，研究近代史不去搞村史、家史就等于放屁。研究古代史要結合現实，也离不开挖掘考古。尧、舜、禹有沒有？我就是不信。商有烏龟壳证明，可以相信。钻古书堆中去学，越学越沒有知识了。

〔摘自毛主席与毛远新的談話〕

无产阶級文艺的目的，就是团結人民，教育人民，鼓舞革命人民的斗志；瓦解敌人，消灭敌人，进行兴无灭資的斗爭。……

現在世界上有帝国主义、資本主义的文艺，有修正主义的文艺，有馬克思列宁主义和革命民族主义的文艺。帝国主义、資本主义和修正主义的文艺是反动的，頹废的，色情的，是麻痹人民、欺騙人民的；我們革命的文艺是教育人民、启发人民的智慧，鼓舞人民的革命干劲，引导人民前进的。

〔摘自林彪同志1964年5月9日对部队文艺工作的指示〕

革命的文艺，不能只有一个标准，要有两个标准，就是要有政治标准和艺术标准。两者不是混合，而是化合。

〔摘自林彪同志1964年5月9日对部队文艺工作的指示〕

我們的艺术作品，在內容上必須革命化、战斗化，必须以毛澤东思想为指針，反映現实生活，为工农兵服务，这是坚定不移的方向。在形式上要大胆創造，别出心裁，花样翻新，要敢想敢干，不怕人家說标新立异，要有創造性，要引人入胜，发人深思，要眞正感染人，为人民所热爱。在质量上要千錘百炼，精雕細刻；反对粗制濫造，反对公式化、概念化，反对标語口号式的东西。只有这样的作品才能站得住脚，才能受群众欢迎，才能起到鼓舞人民和教育人民的作用。

〔摘自林彪同志1964年5月9日对部队文艺工作的指示〕

文艺工作抓什么？我认为，关鍵还是要抓創作。……

要搞好創作，要做到三結合。一个是領导，一个是专业人員（包括专业創作人員、文工团員、电影演員等），一个是群众（包括业余創作和业余文化活动）。要三个方面一起抓，把他們都发动起来。……

文艺工作者搞好創作，要有过硬的功夫。就是要三过硬：学习毛主席著作过硬，深入生活过硬，练基本功过硬。……

搞創作的人要做到“四边”，就是要边看、边想、边写、边改。……

……我們部队的文化艺术工作要行行出“状元”。“状元”是比出来的。要先在軍区比，全軍范围比，然后在全国比，也要爭取够得上在世界范围內比的水平。通过“四比”，我們的东西才能过硬。

……要抓好“三結合”、“三过硬”、“四边”、“四比”。这样，部队的文艺工作就可以做得更好，达到一个新的境界。

〔摘自林彪同志1964年5月9日对部队文艺工作的指示〕

* * *

这里，我想从大量外国同志和朋友贊揚我国文艺改革的言論中，摘出一小部分，来看看我們这些嶄新創造的伟大的世界意义。

英国伯明翰大学教授左派共产党人湯姆逊，早在一九六四年就称贊京剧改革和工农学哲学运动是两件划时代的大事。这是毛澤东思想的体現。这在馬克思主义发展历史上，在人类文化发展历史上，具有重大的意义。

刚果（布）作家隆达和阿巴連续看了几出京剧現代戏，他們說：“好几年前，我們在巴黎看过京剧。老实說，我們都是不喜欢的，因为我們想从中国的艺术作品中了解新中国的現实生活，但是京剧却都是描写过去生活的，那种生活是我們不能接受的，所以我們革命者不喜欢。法国的資产阶級倒是喜欢的。这一回我們看了表現現代斗爭生活的京剧，戏里面的人物，誰是敌人，誰是朋友，我們非洲人，不用翻譯，都能理解。”

同志們請看：世界上的革命人民是何等热爱我們新的革命京剧啊！他們是何等期望我們的京剧能够表現現代的斗爭生活啊！他們說得多么深刻啊！

日中文化交流协会理事长中島健藏說：“京剧演出現代戏，用京剧来教育人民，其意义是很深远的，对人的启发教育是大的。”团員杉村春子（著名話剧演員）說，“日本戏剧界的朋友都很关心京剧演現代戏問題。站在第一线的（中国）演員們的任务很重大，不仅要把中国的戏搞好，同时也是日本戏剧界的榜样。人們的眼睛都在注視着中国戏剧界的朋友。”他們从京剧革命中看到了戏剧的方向。

許多外国朋友談到了京剧改革的世界意义。英国友好訪华小組一位成員說：“京剧現代戏对于世界文化（革命）具有重要意义。”他說：“我相信，这对世界文化会是一个貢献。

中国将会为世界树立一个榜样，特别是对那些受英、美帝国主义文化影响的国家，对亚、非、拉美国家来說，更是这样。对于那些民族文化受摧残的国家，如希腊也是如此。”他們从中国京剧革命中看到了工农兵登上舞台的伟大意义。危地馬拉一个剧作家說：“沒有理由来阻碍戏剧改革，应該用社会主义內容来代替封建主义資本主义的內容，让社会主义时代的新人物登上舞台。”这种态度是多么鮮明！他們从京剧革命的成就，看到了新中国革命人民的英雄姿态，看到了无产阶級英雄人物新的精神面貌，看到了毛主席为工农兵服务方向的輝煌胜利！

外国朋友們不仅从政治上肯定了文艺革命的成就，而且认为：这些京剧革命的样板戏，在艺术上也是成功的，十分杰出的。越南的一位同志对现代京剧很称贊。他說：“这是毛澤东文艺方針的胜利。现代京剧在唱腔方面有很多的改进，念白也好懂了，看了演員的表情，观众对剧情就更容易理解了。”日中友协总部理事长宫琦世民說：“老实讲，以前我对京剧的改革能否成功是有怀疑的，但看了演出，我放心了，你們改得对，改得好。你們不仅保持了京剧固有的特色，而且有了新的发展。”日本的一位評論家看了《智取威虎山》的演出后說：“非常好，我早就听說中国在尝試給京剧以新的主題，反映現代生活，这次看了演出以后，很受教益。你們給旧的程式賦予了新的生命。剧中滑雪、登山等場面，都保持并发揚了京戏翻打的美的特色，这个尝試是非常成功的。舞动步枪的动作，一点也看不出有揮舞青龙大刀的痕迹，大花脸夸张很适当，与現代服装配合在一起，一点也沒有不調和的感觉。总之，一切都超出了我的想象。”

就是一些反对无产阶級文艺的資产阶級評論家，也不得不在铁的事实面前，承认革命京剧在艺术上“取得了相当大的成功”，“非常出色”。

〔摘自周总理1966年11月28日在文艺界无产阶級文化大革命大会上的讲話〕

我在文艺方面是个外行，是个不成功的支持者。在方針上，我是坚持革命化、大众化、战斗化和民族化的，但在实践上，常常犯指导性的錯誤。例如，在音乐方面，我是外行中的外行，我只强調中西乐的不同处，强調反对崇洋思想，强調中西音乐分开做基本訓练，不认识洋为中用，不认识可以批判地吸收西洋音乐为我所用。在这个問題上，江青同志直接帮助了我。我也在学习革命歌曲的实践中，得到了深刻的体会。

〔摘自周总理1966年11月28日在文艺界无产队級文化大革命大会上的讲話〕

我国对古老的芭蕾舞剧的改革，也使得世界各国艺术家十分欽佩。《紅色娘子軍》已经在阿尔巴尼亚演出了，受到了人民十分热烈的欢迎，认为是“世界上最好的戏”。

一九六六年“五一”节来华的各国外宾，对我們芭蕾舞剧《白毛女》反映也十分强烈。阿根廷外宾瓦洛塔說：“《白毛女》是革命的芭蕾舞，演技高超，布景是令人难以想象的好，具有深远的社会意义。”“苏联的《天鵝舞》則是苏联政治和艺术僵化的象征。”

加（拿大）中友协代表团普遍反映革命的芭蕾舞有很大教育意义。爱德华兹表示他原来不大喜欢看芭蕾舞，但中国的这种芭蕾舞他是喜欢看的。团員丹紐森說：“在資本主义国家里，我們不可能看到这样的剧，因为西方的戏剧都是資本主义性质的，苏联也是如此。”

日本松山芭蕾舞团参观中央歌舞剧院时，团长清水正夫說：“我了解到中国的芭蕾舞不仅要演剧，还要胸怀祖国，放眼世界，这是对日本人民的很大支持。要学到眞正的芭蕾舞必須到中国来。”

〔摘自周总理1966年11月28日在文艺界无产阶級文化大革命大会上的讲話〕

当然我們不是沒有准备的，毛主席早就作了战略布置。毛主席早在62年八届十中全会公报中指出我們的社会主义社会存在着阶級矛盾和阶級斗爭，也指出当前形势有利于我們进行阶級斗爭。所以63年提出十条，65年又提出二十三条，这都是社会主义教育纲領性文件。同时又进行文艺改革。即戏剧的改革，舞蹈的改革，音乐的改革等等。当然这些改革是从上而下，干部和群众进行，以及发动群众，在农村依靠貧下中农的力量，在厂矿中依靠工人中积极分子来进行这个斗爭。有領导地分期分批的发动运动。这个基础打下来了，才提出进行文化大革命。

〔摘自周总理1967年1月21日接見軍队参加四清工作队員同志时的讲話〕

* * *

文化革命要有破有立，領导人要亲自抓，搞出好的样板。資产阶級有所謂“創新独白”，我們也要标新立异，要标社会主义之新，立无产阶級之异。要努力塑造工农兵的英雄人物，这是社会主义文艺的根本任务。我們有了这样的样板，有了这方面成功的经验，才有說服力，才能巩固地占領陣地，才能打掉保守派的根子。

在这个問題上，不要有自卑感，而应当有自豪感。

要破除对所謂三十年代文艺的迷信，那时，左翼文艺运动政治上是王明的“右傾”机会主义路线，組织上是关門主义和宗派主义，文艺思想实际上是俄国資产阶級文艺評論家別林斯基、車尔尼雪夫斯基、杜勃罗留波夫以及戏剧方面斯坦尼斯拉夫斯基的思想，他們是俄国沙皇时代資产阶級民主主义者，他們的思想不是馬克思主义，而是資产阶級思想。資产阶級民主革命，是一个剝削阶級反对另一个剝削阶級的革命，只有无产阶級的社会主义革命，才是最后消灭一切剝削阶級的革命，因此，决不能把任何一个資产阶級革命家的思想，当成我們无产阶級思想运动、文艺运动的指导方針。

〔摘自1966年2月江青同志召开的部队文艺工作座談会紀要〕

在創作方法上，要采取革命的現实主义和革命的浪漫主义相結合的方法，不要搞資产阶級的批判現实主义和資产阶級的浪漫主义。在党的正确路线指引下涌現的工农兵英雄人物，他們的优秀品质是无产阶級的集中表現。我們要滿腔热情地、千方百計地去塑造工农兵的英雄形象。要塑造典型，毛主席說：“文艺作品中反映出来的生活却可以而且应該比普通的实际生活更高，更强烈，更有集中性，更典型，更理想，因此就更带普遍性。”不要受眞人眞事的限制。不要死一个英雄才写一个英雄，其实活着的英雄比死去的英雄形象多得多。……

写革命战爭，首先明确战爭的性质，我們是正义的，敌人是非正义的。作品中一定要表現我們艰苦奋斗，英勇牺牲，但是也一定要表現革命的英雄主义和革命的乐观主义，不要在描写战爭的残酷性时，去宣染革命战爭的残酷性。革命战爭的残酷性和革命的乐观主义，革命斗爭的艰苦性和革命的乐观主义，都是对立的統一，但一定要弄清什么是矛盾的主要方面，否則位置摆錯了，就会产生資产阶級和平主义。此外，在描写人民战爭的时候，不論是以游击战为主、运动战为輔的阶段，还是以运动战为主的阶段，都要正确表現党領导下的正規軍、游击队和民兵的关系，武装群众和非武装群众的关系。

〔摘自1966年2月江青同志召开的部队文艺工作座談会紀要〕

辽沈、淮海、平津三大战役及其它重大战役的文艺創作，要趁着領导、指揮这些战役的同志健在，抓紧搞起来。許多重要的革命历史題材和現实題材，急需我們有計划、有步驟地組织創作，《南海长城》一定要拍好，《万水千山》一定要改好，并且通过这些創作，培养鍜炼出一支眞正的无产阶級文艺骨干队伍。

〔摘自1966年2月江青同志召开的部队文艺工作座談会紀要〕

要破除对中外古典文学的迷信。斯大林是一个伟大的馬克思列宁主义者，他对資产阶級的現代派文艺的批評是很尖銳的，但是，他对俄国和欧洲的所謂经典著作却无批判地继承，后果不好。中国的古典文艺，欧洲（包括俄国）古典文艺，甚至美国电影，对我国文艺界的影响是不小的，有些人就当做经典、全盘接受。我們說应当接受斯大林的教訓。古人，外国人的东西也安研究，拒絕研究是错誤的，但一定要批判的眼光去研究，做到古为今用，外为中用。

对十月革命后出現的一批比較优秀的苏联革命文艺作品，也要有分析，不能盲目崇拜，更不要盲目的模仿，盲目的模仿不能成为艺术。文学艺术只能来源于生活，只有生活才是文学艺术的唯一源泉。

〔摘自1966年2月江青同志召开的部队文艺工作座談会紀要〕

在文艺工作中，不論是領导人員，还是創作人員，都要实行民主集中制，提倡“群言堂”，反对“一言堂”，要走群众路线。……搞創作的干部，对待文艺創作，应該经常記住这两点：第一、要善于傾听广大群众的意見；第二、要善于分析这些意見，好的就吸收，不好的就不吸收，完全沒有缺点的作品是沒有的，只要基調还好，要指出其缺点錯誤，把它改好。坏作品不要藏起来，要拿出来交給群众去評論。我們不要怕群众，要坚决地相信群众，群众会給我們提出許多宝貴意見的。……

要提倡革命的战斗的群众性的文艺批評，打破少数所謂“文艺批評家”（即方向錯誤的和軟弱无力的那些批評家）对文艺批評的垄断，把文艺批評的武器交給广大工农兵群众去掌握，使专門批評家和群众批評家結合起来。在文艺批評中，要加强战斗性，反对无原則的庸俗的捧場。要改造文风，提倡多写通俗的短文，把文艺批評变成匕首和手榴弹，练出二百米內的硬功夫；当然也要写一些系統的、有理論深度的較长的文章。反对用名詞术語吓人。只有这样，才能繳掉那些所謂“文艺批評家”的械。《解放軍报》《解放軍文艺》要开辟定期的文艺批評专栏，对好的或基本好的作品要热情支持，也可以善意地指出它的特点；对坏作品，要进行原則性的批評，对于文艺理論方面一些有代表性的錯誤論点，和某些人在一些什么《中国电影发展史》《中国話剧运动五十年史料集》《京剧剧目初探》之类的书中企图伪造历史，抬高自己，以及散布的許多錯誤論点，都要有計划地彻底的批評。不要怕有人罵我們是棍子，对我們說我們簡单粗暴要有分析。我們有的批評基本正确，但分析不够，論据不充分、說服力差，应該改进。……对敌人把我們正确的批評罵做簡单粗暴，就一定要坚决頂住。文艺評論要成为经常的工作，成为开展文艺斗爭的重要方法，也是党領导文艺工作的重要方法，沒有正确的文艺評論，就不能繁荣創作。

〔摘自1966年2月江青同志召开的部队文艺工作座談会紀要〕

三、关于旧文化部及其文化革命运动

对旧文化部的批判

《戏剧报》尽宣传牛鬼蛇神，文化部不管文化，封建的帝王将相、才子佳人很多，文化部不管。

〔摘自毛主席1963年11月在×××汇报朝鲜文艺情况后的讲話〕

《戏剧报》尽是牛鬼蛇神，听說最近有些改进，文化方面特别是戏剧大量是封建落后的东西，社会主义的东西很少，在舞台上无非是帝王将相。文化部是管文化的，应当注意这方面的問題，为之检查，认眞改正。如不改变，就要改名帝王将相、才子佳人部，或者外国死人部。如果改了，可以不改名字。

把他們統統赶下去，不下去，不給他們发工資。

〔摘自毛主席1963年11月的讲話〕

各种艺术形式——戏剧、曲艺、音乐、舞蹈、电影、詩和文学等等，問題不少，人数很多，社会主义改造在許多部門中，至今收效甚微。許多部門至今还是“死人”統治着。不能低估电影、話剧、民歌、美术、小說的成績，但其中問題也不少。至今，戏剧等部門的問題就更大了。社会主义经济基础已经改变了，为这基础服务的上层建筑之一的艺术部門至今还是一个問題。这需要从調查研究着手，认眞抓起来。許多共产党人热心提倡封建主义和資本主义的艺术，却不热心提倡社会主义的艺术，岂非咄咄怪事。

〔摘自毛主席1963年12月12日对柯庆施同志报告的批示〕

这些协会和他們所掌握的刊物的大多数（据說有少数几个好的），十五年来，基本上（不是一切人）不执行党的政策，做官当老爷，不去接近工农兵，不去反映社会主义的革命和建設。最近几年，竟然跌到了修正主义的边缘，如不认眞改造，势必在将来的某一天，要变成象匈牙利裴多菲俱乐部那样的团体。

〔摘自毛主席1964年6月在全国文联和所属各协会整风时的談話〕

可能不只两部影片，还有別的都需要批判。使修正主义材料公布于众。

〔摘自毛主席1964年8月在《中央宣传部关于公开放映〈北国江南〉、〈早春二月〉的請示报告》上的批示〕

《清宫秘史》有人說是爱国主义的，我看是卖国主义的，彻底的卖国主义。

〔摘自毛主席1965年12月21日在杭州的讲話〕

陶铸領导下的几个部都垮了，那些部可以不要，搞革命不一定非要部門，教育部管不了，文化部也管不了，你們管不了，我們也管不了，紅卫兵一来就能管了。

〔摘自毛主席关于陶鋳問題的指示。系根据斗爭彭、陆、罗、楊筹备处××所听总理办公室电話記录传达，精神可靠。〕

中宣部可以不要，让那些人在那里吃飯。現在看来，許多事情中宣部管不了，文化部、教育部管不了，你們管不了，我也管不了，紅卫兵一来就管住了。

〔摘自毛主席1967年1月9日对中央文革的指示〕

文化，思想战线被坏家伙控制了。彭眞、陆定一控制的中宣部是为資产阶級服务的中宣部，他們控制的文化部是为資产阶級服务的文化部。他們仇視毛澤东思想，他們阻碍毛澤东思想的传播。毛澤东思想一定要广泛的同人民群众見面。不同人民群众見面，我們国家的面貌就不能改变。我們一定要把毛澤东思想深入到人民群众中去。毛澤东思想和人民一結合，无論哪一方面，就会发生很快的变化。

〔摘自林彪同志1966年5月19日在中央政治局扩大会議上的讲話〕

*　　　*　　　*

当时改組(按：指改組文化部)，調解放軍的同志，陆定一通过中央組织部，向解放軍要人，找到蕭望东，这个人政治上不太强，担任文化部长实际上不够条件，我問陈毅同志，他也說不太行。因为解放軍支持，就調来了。这里陆定一是否和安子文、罗瑞卿有什么默契，不知道。現在他执行資产阶級反动路线，看来不是适当人选。他的几个助手也不行。如石西民，上海市委、华东来的，也不行。从华东第一任調夏衍，夏衍是三十年代人物，調他离开上海，打破他那一伙，始終让他担任党組书記。后来調徐平羽，也不行。石西民也不行。在柯庆施領导下，他可干些工作，但到文化部不行。赵辛初是湖北省委书記处书記，做农村工作有些見解，但是調到文化部当副部长也不行。班子不强。調来一个一軍的政委，后来当武汉軍区政治部主任的顔金生，两年前搞机关革命，推荐他来的，他搞軍队机关革命有些经验，但到文化部不合适。这个班子是陆定一組织的，不是强班子。当时正赶上陆定一把持中宣部，未认眞地搞文化部革命，領导班子不强，有若干問題。这样調来，沒有帮手，故在去年春天，蕭望东提出增强文化部，我們那时就想从解放軍調人加强文化部，因为文化部有許多群众团体，十个协会，問題成堆，需要一批人。当时中央討論了的，要一千五百人来加强改造文化部各級机构和各单位。

这一决定，是中央决定的，也报告了主席，派干部加强文化部。至于到文化部干什么，那是中宣部、文化部的事。

〔摘自周总理1967年1月11日接見解放軍参加文化部文化革命原工作队革命造反联絡站代表的讲話〕

两年前，从1964年下半年开始批判文化部，毛主席說文化部跌到了修正主义的边緣，实际上已证明毛主席所讲的，文化部是修正主义的部，指的是陆定一、周揚、齐燕銘、夏衍等人所管的文化部。

〔摘自周总理1967年1月11日接見解放軍参加文化部文化革命原工作队革命造反联絡站代表的讲話〕

64年文艺改革，他們（指陆、周、齐、夏等人）反对毛主席的文艺路线，表面敷衍，实际反对，65年整风，他們又蒙混过关了。当时的領导不是好人，是在陆定一、周揚領导下。另一方面，北京是彭眞領导的，表面上和文化部不一致，实际上他們暗中合作，把文化部搞得烏烟瘴气。毛主席的許多指示不传达，他們的文件经刘、邓一批就下发。

〔摘自周总理1967年1月11日接見解放軍参加文化部文化革命原工作队革命造反联絡站代表的讲話〕

在政府部門中，如文化部烂了，除了文化出版工作以外，可以停一个时候(按：指业务)。

〔摘自周总理1967年2月18日在接見財貿口部长、司长、局长干部时讲話〕

对电影的批判

××創作会議共看过国产影片68部，加上外国片共80部。建国以来共出影片300多部，这68部是与××关系大的。这68部中有7部好的，“南征北战”、“平原游击队”、“战斗里成长”、“上甘岭”、“地道战”。故事好，但线条粗些。“汾水岭”复員軍人还不够突出。“海鷹”有点小缺点，吉普車上两人吃苹果，有点吉普女郎的劲头，出征时唱“宁願出征，不願在家盼断腸”是小資产阶級情調。

好的影片，体現了主席思想，写了人民战爭，人民軍队，軍民关系，是眞正按主席思想写的。

其余影片的問題分以下几种：1.反党反社会主义的毒草；2.宣传錯誤路线，为反革命分子翻案；3.丑化軍队、老干部，写男女关系爱情；4.写中間人物。具体情况如下：

1.“狼牙山五壮士”。影片开头是岳飞題詞：“还我河山”，还有荆軻詞：“风蕭蕭兮易水寒，壮士一去兮不复还。”用岳飞写五壮士很不恰当，不能类比，用此比当时英雄不好，沒写出当时历史的眞实情况，有編造。沒写出五壮士在当时起何重大意义，五壮士在影片出現时很难看，丑化了軍队，把战爭写的很残酷，整个音乐是哀乐。五战士与整个战爭无关系，写我們軍队把五壮士丢下不管了，是歪曲了我軍。敌旅团长拿刀冲上了山，不符合事实，日旅团长等于师长，不可能这样干，影片改改还可以用。

2.“独立大队”。毒草，整个是描写土匪，宣揚了土匪，丑化了軍队，丑化了政工干部，对土匪改造不依靠政治，而是土匪之意气，造土匪改造土匪，我們对土匪低三下气，好像离了他們不行，馬龙轉变不知为什么。

3.“铁道游击队”。沒有写主席关于游击队的战略战术原則，写的是主席批判的游击主义，游击队不依靠群众，都是神兵，只有芳林嫂一个群众，有政委，看不到政治工作，不像有高度組织性紀律性的无产阶級的游击队，象一帮农民、小資产阶級的队伍。沒写党的領导，不象八路軍領导的，单純的搞惊险神奇的工作，宣传个人主义，影片插曲很不健康。

4.“战火中的青春”。主要宣传了个人，个人英雄主义，有点梁山泊与祝英台的意思。沒写政治工作，完全宣揚了单純軍事观点，排长軍閥主义，歪曲部队生活，丑化軍人形象。

5.“黑山阻击战”。这支部队是打錦州的，阻击廖耀湘兵团南下的，叫暴露部队，廖兵团是早7点跑出，晚6点跑回。这是辽沈战役之重要战役。这个部队在北，南边还有个塔山阻击战，看起影片来好像就黑山阻击战起了作用。影片沒有树立一个英雄，师长吊儿浪当，軍长打仗还談恋爱，丑化了軍长、师长、政委，沒写我軍的頑强勇敢，沒写出战斗的激烈，拚刺好像玩似的，把后勤工作写的一团糟。

6.“碧海丹心”。把英雄連长写成吊儿浪当，不懂政策，就知蛮干，解放海南島还是很成功的战役囉！这么写是极大的歪曲，硬插入一段爱情，开支委会不讲是非，抓螃蟹，把一个老紅軍連的党支部写的很糟，把敌人写的很頑强，逃跑时还閲兵。

7.“林海雪原”。有严重缺点，这是写剿匪的，在东北搞土改的基础上搞的，影片沒写土改，这是四平保卫战后，部队分出工作队搞土改，为巩固后方剿匪，影片只有一个部队干，沒群众，好像部队脫离群众似的，影片充滿了土匪气，有一場化装土匪审訊，这是歪曲。打威虎山好像就是楊子荣，夸大了楊子荣的个人作用，个人英雄主义，楊子荣化装土匪后比土匪还像土匪，是歪曲，沒写阶級斗爭，土匪临死还很頑强，沒有矛盾。

8.“五更寒”。违背阶級路线，美化乔凤（地主小老婆，破鞋），宣传乔凤在关鍵时刻起了重要作用，比党員还好，写党員均动搖，长了敌人志气，充滿了人性論，乔凤对游击队一見鍾情，叛徒回家还搞团圓，夫妻还溫情。

9.“英雄虎胆”。美化特务阿兰，跳搖摆舞一場是資产阶級生活大展覽，歪曲了偵察部队的形象，曾參謀长化装后，比敌人还敌人，剿匪不发动群众，只靠派进去。与“林海雪原”都是学苏联。

10.“紅日”。連水一战是违背主席指示的，七战七捷了，不按主席的指示干，还要再打，就打敗了。

11.“战上海”。是写国民党的戏，我方沒有一个英雄人物塑造起来。都是面条，当时南京已解放，敌人大势已去，敌人要跑了，敌人洋相很多，內部矛盾厉害，而我們却写的敌人很神气，很排場，是不符合实际的。写打城市不能开炮，造成战士为保卫城市拿生命換，写在影片上是不好的。即使也有个别情況，对刘义作用夸大了，刘义成了让人同情的正面人物。最后一句話（母亲）說：“22年前我們疏远了”，这客观上为陈独秀辯护。

12.“两个巡邏兵”。把边防战士写的愚蠢，跟着敌人后边跑，把敌人写的頑强，一个人是发电报才当俘虏，丑化了我們，我們是两个战士也抓不住一个敌人，老战士蠢，少数民族只知談爱情、吃喝，丑化少数民族。

13.“岸边激浪”。写敌人頑强、坚决，亲手杀死儿子也平，我們麻痹，地主婆隐藏十年也沒发现。把我們写的沒有党的領导，沒軍民联防，民兵沒政治工作，阿炳、阿兰也是一見鍾情。

14.“列兵邓志高”。写的是典型的中間人物，部队有打兎子、偸瓜的？指导員不讲原則和稀泥，宣传教条主义，政治工作走过場，邓志高为何轉变也不清楚。

15.“哥俩好”。也是写中間人物，沒写新軍委成立后部队之新面貌，沒写到政治工作落实到軍队之情况，沒写大虎为什么好，二虎为什么轉变，充滿了低級趣味，二虎爬到将軍肩上搜軍銜，点坏了豆腐出洋相。

16.“长空比翼”。写中間人物，英雄屡犯錯誤，蛮横骄傲，无法无天，是飞机被敌人击落后才觉悟，写飞机击落后很孤单，把师长写的簡单粗暴，常用“我的自由主义战士”及“吊儿浪当的兵”的話，政委不作政治工作，传消息，光牵线，梅花写的怕死。

17.“三年早知道”。违背阶級路线，似乎合作化离了富裕中农就不成，对富裕中农的违法行为不靠人民群众起来斗爭，不靠政治，靠物质刺激，党团組织一团糟，支书是老奸巨滑，影片中落后人物均未轉变，写軍队有錢，用錢支援上中农发家致富。

18.“布谷鳥又叫了”。把农村党支部均写的落后，只有小資产阶級知识分子才是先进的，用小資产阶級面貌改造党，說党不关心人，只关心牛猪，沒有人情。辱罵干部生孩子是老母猪生娃子，宣揚跳舞唱歌玩为幸福，充滿了个人主义，插曲为“茉莉花”的翻版。

19.“青山恋”。歪曲主席的話，把主席讲的“未来属于你們”說成未来属于落后分子，歪曲老干部对知识分子不搞教育，不靠政治思想工作，只搞溫情，有人都是极端个人主义者，但場长說这些人都是革命的，进步的，这些人来后，青年中唯一的正面人物是一个不懂事的女孩子，沒写与工农結合，对上海青年上山下乡，是很大的歪曲。

20.“花好月圓”。名字就沒有阶級性，对合作化全面歪曲和攻击，农村沒有一个好人，沒有一个进步的，全是落后分子，一团漆黑。38式的村长是老落后，其他的人不是怕老婆就是搞投机，新党員李梅只知搞恋爱，只写一个貧农，还写成小丑，对上中农的資本主义傾向不斗爭，只搞物质刺激，把合作化只为了提高生活，把落后的势力写的凶恶頑强，似乎他們专政，我們沒办法，写多角恋爱，似乎男女見了就走不动了，低級。

21.“我們村里的年青人（续）”。写三角恋爱，四对，歪曲农村青年人的新面貌，沒英雄人物，丑化干部，老社員是老保守，会計是反面人物。

22.“五朵金花”。整个影片写了一男一女，别人都是陪衬，他們談恋爱的，少数民族不說他們的进步，政治成长，精神面貌的变化，尽是吃喝爱情，情歌很有問題。

23.“星星之火”。以五卅惨案为背景，表現星星之火，“五卅”发生在1925年，那是我沒有根据地，主席还沒有提出星星之火，說五卅就是星星之火，是歪曲，实际上是宣揚了立三路线，提倡城市暴动，領导工人空手夺武器，飞行集会，歌詞中有一句“等我們需要时搞武装”，那就是說这以前不需要搞武装斗爭了，把一个农村妇女写成一个中心人物，不写工人，不符合历史事实，把工人阶級写的很軟。

24.“革命家庭”。歪曲历史事实，歌頌王明路线，不写武装斗爭，农村包围城市，只写地下工作，把地下工作者生活写的很豪华，机关越大越闊、生活越豪华，脫离群众，影片充滿了人情味。

25.“聶耳”。为阳翰笙、田汉立传，似乎上海地下党是他們領导的，聶耳是他們領导培养的，他們是革命音乐、戏剧、电影的“祖师爷”，似乎反文化围剿的主将是阳翰笙、田汉，是他們在主席之前提出了文艺与工农相結合，为工农兵服务，写战爭是从四次反围剿开始写的，不写一、二、三次，是写王明路线的。影片夸大聶耳作用，借聶耳来吹他們自己，似乎中国革命之源泉是“义勇軍进行曲”唱出来的，是阳翰笙、田汉指出来的，是与主席思想爭領导权，是搞反革命复辟之輿論准备，把聶耳写的很轻浮。

26.“地下航线”。违背历史事实，影片写地下組织遭破坏，游击队围在山下，不强調从战場上消灭敌人，夺武器，而靠地下送武器，写地下工作不是靠群众，而是靠个人智謀，神出鬼沒，靠投机商、船老大，影片写很多迷信，对迷信欺騙沒揭露，掩盖了敌人之残酷，最后保持了航线，是违背地下工作的眞实的。

27.“烈火中永生”。严重問題是为重庆市委书記翻案（叛徒），小說里許云峰是工委书記，而在电影里成了市委书記，这是根本不同的，歪曲白区工作，市委书記在飯館里談工作，江姐一被捕就承认为党員，地下办“挺进报”是盲动主义，把华蓥山游击队写成由重庆市委領导的，而重庆市委又受上海局領导，是城市領导农村斗爭，既违背主席思想，又不符合历史事实，当时不是上海局，而是党中央直接領导。許、江两人的形象不好，許象旧知识分子，江有些骄气，华子良为疯子，有些台詞不好，如特务头子沈醉对江姐說：我可以把你全身扒光，一面写生死斗爭，一面写天安門联欢，把天安門联欢写在这个場合不好。

28.“女飞行員”。1956、57年时招了些女飞行員，是彭德怀、黄克誠領导的，影片却把林总的話写在那里，为彭、黄翻案。宣揚了个人与技术的矛盾，宣揚了技术第一，对留用的国民党教員，只强調教育改革，不强調改造思想，所有人物情节都是一切为了上天，写女飞行員只为了給妇女爭口气，山沟里出凤凰，女飞行員写的很軟弱，一遇問題就哭鼻子。不写政治思想工作，思想轉变簡单，楊大娘一說，項菲就轉变。

29．“万水千山”。主席批評：写了分裂主义，只写一方面軍，沒写二、四方面軍，草地一場凄慘低沉，一个教导員还死了。沒写主席的軍事路线，沒写出长征是主席思想的胜利。由于长征在历史上的重大意义，由于这部片子在群众中有一定影响，要組织力量，重新拍摄。

30．“柳堡的故事”。是渙散斗志，瓦解士气的片子，在紧张的斗爭中，战士陷于爱情不能自拔，宣揚了爱情与紀律之矛盾，最后冲破了紀律取得了胜利，写二妹子一家遭遇，阶級斗爭是虛，爱情是实。指导員不作思想工作，反而說媒拉线，认为軍队可以搞恋爱結婚。影片的手法、歌曲都利用了人情，問題大，很多手法恶毒，反紀律，用艺术手法使人回味，使人感到軍队的残酷。

31．“前方来信”。題材、主題都是錯誤的，是对革命干部的歪曲，对革命战爭写的很慘，独生子牺牲，两代寡妇，最后通过假信还安慰。将战爭写的凄慘，宣揚了和平主义（独生子一般不征兵）

32．“农奴”。有缺点，揭露有余，歌頌农奴不足，情調低，强巴解放后还沒有翻身求解放的要求，还是农奴，沒有革命的浪漫主义，迷信色彩重，調子低，有不好的宣传效果。

33．“带兵的人”。宣传中間人物，四連落后分子太多了，不象两年的四好連队，連长只是严格要求，沒有耐心說服。指导員工作很少，班长粗暴，敲木魚都打不上点子，四好連队好象就是为了得紅旗打轉轉，阶級教育不够，欧小龙轉变好象就是他姐姐唱了一段歌，歌也是軟的。

34．“雷鋒”。有缺点，把雷鋒的好事都集中到一天来做，不合理。影片中的毛主席像不好，是政治性錯誤。将雷鋒之好事由中間人物王大力来继承不好。防汛指揮部主任的形象也不太好，他对雷鋒說：“好接班人”，結果雷鋒就死了，这不好。

35．“水手长的故事”。把敌人写的很高明，估計我們的情况很准确，把我們写的很被动，故事不眞实，后半部分离奇的很。

36．“大李小李和老李”。低級、庸俗，把故事安排在屠宰場，是别有用心的，影射我們像猪一样被宰了，写干部不是胖猪，就是瘦猴。把車間主任关在冷藏室，把干部写得像猪一样。

37．“赤峰号”。舰长水平低，不懂武器，鬧个人主义，政委沒有原則性，跟舰长跑，只讲了半句話，孤儿的处理不恰当，插曲不健康。

38．“冰山上的来客”。作者是伪滿人員，沒有党的領导，夸大个人作用，整个影片沒有政治工作，排长凭笛子指揮战斗，凭歌子辨别特务，音乐从头到尾都是靡靡之音，情歌都是伪滿歌曲的翻版。

39．“野火春风斗古城”。爭取关团长起义，沒有和当时环境联系起来，看不到爭取的必要性。美化了关敬陶，似乎非爭取他不可。把汉奸写的正义爱国，我們非常相信他，事实是危險的，是冒险主义。楊晓东在关鍵时刻軟弱，金环是泼妇，拔釵刺敌人不合理，銀环是中間人物累犯錯誤，与楊晓东一見鍾情，过分写了这段爱情，楊母三次出場，两次是給儿子說媳妇，歪曲了革命母亲的形象。

40．“51号兵站”。对党的秘密工作是歪曲污蔑，干秘密工作是整天搞投机取巧，整天和敌人地痞流氓混在一起，不依靠群众，有些搞法是敌人搞特务的作法，写上海党什么也不行，一个小青年就解决問題了。

41.“今天我休息”。把先进工作者的事迹，都写在一天做，不合理，有些有劳无逸，馬天民写的傻呼呼的，有些是为了取笑。

42.“三个战友”。丑化革命軍人形象，看不到党的領导，看不到阶級斗爭，三个人一个怕老婆，一个搞恋爱，一个于自发，充滿了低級趣味。

43.“碧空雄师”。写中間人物，林大海轉变写成主要是姐姐的教育，沒写四个第一，連长官僚主义，又粗暴，指导員是非不清，不解决問題。

44.“紅河激浪”。为高崗，习仲勛翻案。

45.“怒潮”。美化彭德怀，为彭德怀翻案。最后写攻打城市，不建立农村根据地，是錯誤的軍事路线，插曲有問題。

46.“人民的巨掌”。歪曲党的肃反政策是宽大无边的，为反革命楊凡翻案，把地下党写的比老八路高明的多。解放后上海似乎还由敌人控制（敌人的电台等），改造特务不是依靠群众，而是靠家庭、大学生。

47.“女籃五号”。沒有党的領导，宣传球队的指导治队，美化資产阶級小姐，最后叫小姐爱上了穷运动員，宣传阶級調和，合二为一。

48.“紅霞”。宣揚假投降，美人計，是不符合历史事实的。紅霞在临死前之歌調，宣揚了活命哲学，情調是小資产阶級的。

49.“生活的浪花”。是暴露社会主义阴暗面的电影，攻击社会主义制度，攻击党組织无能。对問題不敢管，或是溫情主义，宣传家长专政，教授专政，宣传人在前进的道路上一定要摔跤，也不用学习，摔了跤就会爬起来。

50.“抓壮丁”。

51.“兵临城下”。

52.“阿詩瑪”。

53.“逆风千里”。

54.“青春的脚步”。

〔江青同志談：关于电影問題〕

在看“横扫五气”时江青同志不止一次气憤地說：“太丑恶了”、“太糟糕了”、“簡直烏七八糟”。在看到“五气”的丑恶表演时，江青同志生气地說：“我們的干部就这样呀？簡直是糟塌我們。”

“横扫五气”刚开始放不久。陈伯达同志就說：“簡直不敢看。”气憤地离开了。影片快放完才回来。还一再气憤地說：“簡直不敢看。”

看到魁星点出横扫五气大跃进字样时，他們都非常气憤。江青同志說：“新聞片可以放这些东西？”康生同志說：“怪事！”

〔摘自1937年2月4日陈伯达、康生、江青同志对中央新聞紀录电影制片厂革命群众代表談話紀要〕

看“在激流中”时江青同志看到筏木工人在激流中搏斗时：“这很危险嘛！”（我們說：“这是故意搞的。工人操作时都有保险带。他們拍片让工人拿掉。工人和过去一样生命沒有保障。”我們汇报說：这影片得邓拓的贊賞，还得到“百花奖”。）看到一些惊险鏡头时，

江青同志問是怎样拍的？（舒士俊同志做了介紹。）

江青同志說：“他們下功夫哪？”听到一些解說詩，我們說这都是黑話。江青同志点头。

〔摘自1967年2月4日陈伯达、康生、江青同志对中央新聞紀录电影制片厂革命群众代表談話紀要〕

看到詩人杜甫（我們介紹这部影片拍摄时国内外阶級斗爭形势。看到职員表时），康生同志說：“噢！还有阿英、馮至、王冶秋，是这些人搞的呀？”当听到解說中引用杜甫的詩句时，江青同志說：“这些东西符合阿英他們阴暗心理，这个表現手法很隐晦，工农兵看不懂，只能麻痹革命意志，但是他們的人听得懂。”

看到一些外地外景时；江青同志問：“怎么拍的？”（舒士俊同志作了解释。）江青同志惊奇地說：“他們花了許多功夫，拿着国家的錢，任意揮霍还放毒。”

（我們汇报說：“一九六二年胶片很困难，他們把农村簡报都停了，工农业片子很少拍，但却花很多胶片去拍这些片子。他們說：‘拍工农兵沒有形象。’”）江青同志惊奇地問：“什么拍工农兵沒有形象？”影片的后部分杜甫死后拍了一个滿地落花的鏡头，江青同志看了，很气憤地說：“很灰暗，怎么能这样表演。”

看了片子中毛主席参观杜甫草堂时江青同志很气憤地說：“真糟糕，旁边有个李井泉。”（我們說：“他們故意乱用主席来抬高杜甫身价。”）江青同志点头。（影片解說說：“毛主席翻閱各种版本杜詩，对杜甫給予很高評价。”）江青同志說：“那才不是哪！毛主席才不那么喜欢他的詩哪！”康生同志說：“影片中引用的杜詩都不是杜甫的好詩句。”江青同志說：“他們选的都是很阴暗的，符合他們心理的詩句。”

〔摘自1967年2月4日陈伯达、康生、江青同志对中央新聞紀录电影制片厂革命群众代表談話紀要〕

（新影厂代表汇报了該厂文化大革命运动的概况，談到主席接見紅卫兵的影片美化了刘、邓。）

江青：“国庆节影片第一次看时很不象話，打回去了，第二次看时更不象話了，我們又打回去了，这是什么东西。（江青同志当时很气憤）赵辛初你們斗了沒有？（答：我們斗爭了一次）这家伙岂有此理！主席三次接見紅卫兵的影片完全违背了十一中全会的精神，美化了刘、邓、陶。主席最不願意拍电影，我在延安认识他的时候就这样。但是革命的摄影师都想拍領袖的材料，主席就是不让拍办公的鏡头。而那些資产阶級代表人物，連那么一个鏡头都要爭。刘少奇这个人也很怪，他老靠近主席讲話，自己犯了錯誤，也不自觉往后站站。”

戚本禹：“这完全是陶铸安排的。”

江青：“你們回去能否把一、二、三次主席接見紅卫兵的影片中刘、邓、陶的鏡头剪掉，关于这方面我每次和赵辛初斗爭很厉害，我对赵辛初說，你們那个部（文化部）岂有此理，完全是刘、邓路线的。你們要赵辛初交代他如何美化刘、邓、陶的，要好好斗他，把斗的家伙統統斗倒。”

（有人建議把刘少奇、王光美訪問印尼的影片与毛主席接見紅卫兵的影片在一起上演。）

戚本禹：“有人說把赫魯晓夫訪問美国与刘少奇訪問印尼的片子同时演。”

江青：“可以作为教育材料，刘少奇訪問印尼的影片是宣揚資本主义的宮殿生活的。”

（問：“是否我們可以另加上解說，重新編輯一下。”）

江青：“不是說你們把編余片烧了？”

（答：“不会全部烧，会留一些資料的。”）

戚本禹：“你看文化部至今还欺騙我們。”

江青同志听取了新影厂两派不同的意見。

江青：“我不可能給你們解决具体問題，如果你們沒有基本的原則分歧，不要把話說得那样絕，应該在大方向一致的基础上团結起来。”

“新聞片和故事片不同，新聞片要眞实；不能虛构。可是不管怎么样，要生产，要报导重大的政治事件。你們厂不同于电台，电台天天要广播，但是你們也要出品，不能停产。主席接見紅卫兵的片子，你們拿不出来，小将們就要到你們厂来砸。你們是新聞制片厂，而且是負有政治任务的厂，为什么主席几次接見的片子拿不出来，回去想想办法。現在要夺权，要抓革命，促生产。現在黑白底片多，給助理一些片子，培养培养。一些人犯有严重錯誤，只要不是敌我矛盾，可以监督他，但不許他丑化劳动人民，如果不好好干，就扣他工資。”

戚本禹：“对于这些人，用这一条还是挺起作用的。”

江青：“修正主义的片子不能看，低級下流极了，看了以后几天睡不着觉。电影如果不是表現工农兵的形象，不为工农兵服务，还要它干什么？不要糟蹋胶片了。白浪費人民財产，还放毒，拍点工农兵就歪曲。我看了点，气坏了。电影《三年早知道》《花好月圓》坏透了。《探亲記》也很坏，难道我們农村的人都死絕了，就这么一个孤老头。周立波的《暴风驟雨》給捧上了天，他的創作思想是好人总要死掉，坏透了。你們新聞片要好一些吧？”

（众：“也拍了不少毒草片，有一部《横扫五气》的电影是恶毒攻击大跃进、攻击毛主席的。还拍了《詩人杜甫》《梅兰芳》《迎春》《在激流中》等等。）

江青：“你們新聞片不反映現实生活，去拍这些干什么？这些毒草片我倒想看一看。”

（众：“《詩人杜甫》和《梅兰芳》都是阿英当顾問的。”）

江青：“阿英（錢杏邨）是个叛徒。錢筱璋、徐肖冰（按：新影的走資本主义道路的当权派）怎么能当紅旗？（按：新影厂是旧中宣部、旧文化部的紅旗单位）怎么能让他們舒服？”

（众：“錢筱璋有三个秘书。”）

〔摘自江青、戚本禹同志1967年2月1日接見中央新聞紀录电影制片厂革命群众代表时的談話〕

关于文化部的文化革命运动問題

我們的文艺团体，是无产阶級文化大革命的重点单位之一。过去长期在彭眞、陆定一、周揚、林默涵、夏衍、田汉、阳翰笙等反革命修正主义分子的統治下，文艺界成为他們抗拒毛主席文艺思想和革命路线，散布修正主义毒素，制造資本主义复辟輿論的一个重要地盘。我們一定要在无产阶級文化大革命中，坚决把一小撮盘踞在文化界的反党反社会主义反毛澤东思想的資产級阶右派分子，統統揭露出来，把他們斗倒，斗臭，斗垮。

〔摘自周总理1966年11月28日在文艺界无产阶級文化大革命大会上的讲話〕

关于蕭望东問題。戚本禹同志說：“蕭望东是刘、邓路线的忠实执行者，是急先鋒、是干将、是打手。”“蕭望东的文化部，不是什么新文化部，陆定一的部长，还是旧文化部。你們千万不要被这个‘新’字而迷惑，只有眞正用毛澤东思想武裝起来的，执行毛主席革命路线的，才是眞正的新文化部。”

〔摘自戚本禹同志1967年1月8日接見山西紅色造反联絡站等单位时的談話〕

你們是否来造蕭望东的反的？（众：是）我們支持你們造蕭望东的反。蕭望东所領导的文化部不是新文化部，是旧文化部。蕭望东是刘邓司令部的人，是刘邓路线的忠实保卫者，我們拥护毛主席的革命路线就必須彻底打倒蕭望东，蕭望东在二月份与彭眞一起搞出了"二月提纲"，彭眞的阴謀被揭发以后，他继续与刘邓司令部相結合，反对毛澤东思想。十一中全会以后，还在頑固地坚持錯誤，执行陶铸的資产阶級反动指示，干了很多坏事，同志們斗爭蕭望东是对的。大方向是完全正确的。

〔摘自戚本禹同志1967年1月14日在文化部門前辯論大会上的讲話〕

蕭望东是个野心家，到文化部以后招降納叛，营私結党。什么叫招降納叛？革命群众在毛澤东思想的指导下，刚刚把夏衍打倒，蕭望东又在前年九月文化局长会議上把夏衍請到台上去坐；什么叫营私結党？他从南京軍区調来許多亲信，对他們实行軟化收买，調来以后，有人提两級，让他們跟着自己跑。当然，南京軍区調来的同志不都是坏的。你們不应当跟他同流合污，要起来揭发蕭望东。文化部政治部的同志应当在毛澤东思想的旗帜下与文化部的革命群众站在一起，政治部的工作同志应当成为革命的战士，不能保陶铸、蕭望东，要把蕭望东打倒，要保卫毛主席的革命路线，不能保蕭望东。

〔摘自戚本禹同志1967年 、月14日在文化部門前辯論大会上的讲話〕

毛主席接見紅卫兵小将的电影，是在十一中全会召开以后，他还在突出刘邓，突出他們的司令員。之后，被中央文革小組识破了。还有赵辛初，赵辛初来了沒有？你們抓得对。赵辛初应当同时抓。（众喊：蕭望东被电影学院毛澤东共产主义公社垄断起来了，保起来了）应当請他出来让大家斗。

〔摘自戚本禹同志1967年1月14日在文化部門前辯論大会上的讲話〕

（当談到蕭望东散布說：陶铸批准他去休养时）关鋒插問：什么病这么厉害？

〔摘自关鋒、戚本禹同志1966年12月27日接見文化部等单位机关干部的談話〕

（当談到："部里有的司局长散布风声說蕭望东，中央保定了"）戚本禹說：陶铸同志保不保我們不知道，中央文革沒有保，我們声明。

〔同上〕

*　　　*　　　*

顏金生也不是好东西！

〔摘自陈伯达、江青、王力等同志1967年1月26日接見革命造反派出版毛主席著作委員会筹委会代表时江青同志的讲話〕

*　　　*　　　*

当前我国正在开展的无产阶級文化大革命，是一場极其广闊的，极其积刻的，更高阶段的无产阶級革命运动。这場革命具有极其伟大的意义。这場革命，发动了亿万群众，触及了每个人的灵魂。这場革命，震动了全世界，震动了整个社会，震动了整个文艺界。

〔摘自周总理1966年11月28日在文艺界无产阶級文化大革命大会上的讲話〕

文艺界的无产阶級文化大革命，要靠文艺工作者自己动手来解决。我們相信你們，一定能够正确地、全面地、不折不扣地貫徹执行文化革命十六条。要用文斗，不用武斗。要掌握原則，掌握政策，懂得策略，努力团結大多数，包括受蒙蔽的人，集中力量打击一小撮走資本主义道路的当权派和反动的資产阶級“权威”。我們一定要坚决执行毛主席的正确路线，徹底批判資产阶級反动路线，把文艺战线上的斗、批、改搞深、搞透、搞徹底。我們一定能够用无产阶級的新文艺来代替一切剝削阶級的腐朽的文艺！在毛澤东思想的照耀下，我們一定能够創造出人类历史上最光輝灿烂的文艺。

〔同上〕

文艺界的同志們，你們的要求我們知道，中央文革正在起草文艺界鬧革命的規定，准备同你們座談几次。有了这規定，你們就可以深入、积极地鬧革命。

完全同意江青同志建議，最好尽可能徒步到工厂、农村中去进行革命串連，一方面向工农兵学习，另一方面也通过文艺形式宣传毛澤东思想。

〔摘自周总理1967年1月4日在工人体育場接見全国文艺界、体育界、新聞出版界革命同志时的讲話〕

* * *

文化部的同志要求戚本禹同志对文化部的运动讲几句話。戚本禹同志說：你們自己先搞着吧，需要我发言，我就发言。

关鋒同志說：你們先干起来嘛！实践論嘛。

戚本禹同志又說：你們文化部需要一場风雷，你們現在是文质彬彬，太文了。毛主席教导我們說：“革命不是請客吃飯……”有什么問題你們可以造反嘛！你們今天提的問題，許多你們自己都可以解决。

〔摘自关鋒、戚本禹同志1966年12月27日接見文化部等单位机关干部的談話〕

最后，关鋒同志做了簡短的讲話。关鋒同志說：这个座談会就开到这里，我簡单說几句。把以刘少奇、邓小平为代表的資产阶級反动路线徹底批判倒还要費很大力气。这条路线，决不只五十几天事，十七年来就存在着毛主席的社会主义路线和刘少奇为代表的資本主义路线之間的斗爭。再远可以追到七大以后。要眞批倒批臭这条反动路线，还要花費很大力气。打倒一小撮党內走資本主义道路的当权派，完成斗批改也要花很大力气。要在全国范围內开展阶級斗爭，在更大的規模上发动群众。中央工业十条、农业十条都已下去了。以后工矿、农村掀起了新的革命高潮。广机关革命干部，多数是要革命的，应当发揮重要作用，也能够发揮重要作用。中央很注意、重視这个問題。委托我們开这个座談会。毛主席讲，从群众中来，到群众中去。机关文化大革命是否搞它几条，能更充分地发动广大革命群众。目的就是这个。

刚才大家談了許多意見和情况，我們回去好好研究一下，是不是你們也研究一下，你們干部多，经验多，可以議它几条。（戚本禹同志插話：跟群众在一起議）和革命群众一起研究研究。今天到会的和沒有到会的同志。煤炭部、文化部、高等法院各有各的特点，議的时候会有所偏重。議几条交給我們考虑，再綜合一起。如大家同意，可以和群众商量共同搞，或者即几个人单独写一个也可以。（整理者按：指起草机关文化大革命文件）

〔摘自关鋒、戚本禹同志1966年12月27日接見文化部等单位机关干部的談話〕

文化部××同志汇报以后，××同志做了补充汇报。戚本禹同志說：我知道你，你給我写过信。接着××同志叙述了文化部机关在8·15出現的鎮压革命群众事件。其中談到了文化部的很多同志，过去在旧中宣部閻王殿蒙蔽下都有“辮子”可抓，被反动路线抓。

关鋒同志說：不怕他們抓不行嗎？我們这些人也都有辮子嘛！

戚本禹对××同志說：大概你是有“辮子”可抓的吧！

对于“抓辮子”，这个問題，戚本禹同志还說：今后要抓大“辮子”，就抓他是拥护毛主席还是拥护刘少奇？这才是大是大非。

〔摘自关鋒、戚本禹同志1966年12月27日接見文化部等单位机关干部的談話〕

新影厂王映东同志汇报厂里文化大革命情况时問到：很多十七級以上业务干部，顾虑重重，他們又不是当权派，但又是十七級以上，（煤炭部同志也就此作了补充，說有人放出风說十七級以上都是冲击对象）。戚本禹同志說：級别就应該打破，你們不要承认它，这个东西本来就不是无产阶級的。这个不合理。当然，黑帮有些是十七級以上。关鋒同志插話：八、九級十級。

新影厂同志还談到电影学院同学来厂造反，被厂里保字号的人，以厂是新聞单位为招牌給轰走了。

关鋒同志說：你們可再請他們来。

戚本禹同志說：你們的办法太少了。

〔摘自关鋒、戚本禹同志1966年12月27日接見文化部等单位机关干部的談話〕

*　　　*　　　*

江青同志着重地讲了北京京剧一团的文化大革命的問題。她說，北京京剧一团是北京首先接受这次京剧改革光荣任务的一个单位。在毛澤东思想指引下，短短的几年內，你們在創造革命現代戏的工作中，确实做出了成績，为全国的京剧改革树立了一个样板。

她指出，为了国庆节演出革命現代戏，我們做过多次討論，支持了你們演出，反对了那种企图抹杀你們革命成績的錯誤观点。为了你們的《沙家浜》能够上演，也是为了《紅灯記》、《智取威虎山》、《海港》、《奇袭白虎团》，舞剧《紅色娘子軍》、《白毛女》，交响音乐《沙家浜》……等等的演出，我們对各方面都做了一些工作。向他們說明：这些創作是无产阶級文化大革命的伟大胜利，是毛主席为工农兵服务的文艺思想的伟大胜利。事实证明：广大的人民是承认我們的成績的。世界上革命的馬克思列宁主义者和革命人民是給予我們以好的評价的。毛主席和他的亲密战友林彪同志，恩来同志，伯达同志，康生同志，以及其他許多同志，都肯定了我們的成績，給过我們巨大的支持和鼓舞！

她說，我希望：经过这次无产阶級文化大革命的斗爭和鍛炼，我們还要经常和工农兵相結合。这样，我們一定能够为京剧改革和其他文学艺术的改革做出新的成績！我們的任务是艰巨的。但我們一定要勇敢地担負起这一光荣而又艰巨的革命任务来。

江青同志說，北京京剧一团的无产阶級文化大革命，存在着十分尖銳、十分复杂的阶級斗爭，存在着无产阶級和資产阶級的夺权斗爭。对旧北京市委的反革命修正主义路线，你們还沒有眞正地进行深入、广泛的揭发和批判。在这里要严肃地指出：北京京剧一团的某些負責人，还沒有认眞地同旧北京市委划清界限，沒有深入揭发旧北京市委的罪行，也沒有对自己的錯誤进行认眞的检討。他們貫彻执行了旧北京市委的反革命修正主义路线，阴一套，阳一套，軟一套，硬一套，抗拒毛主席的指示，破坏京剧改革，两面三刀，进行了种种阻挠破坏活动，玩弄了許多恶劣的手段，打击你們，也打击我們。旧北京市委、旧中宣部、旧文化部互相勾結，对党，对人民犯下的滔天罪行，必須彻底揭发，彻底清算。对于我們党內以反对毛主席为首的党中央的无产阶級革命路线为目标的資产阶級反动路线，也必須彻底揭发，彻底批判。否則，就不能保障革命的胜利果实。北京京剧一团的某些負責人必須彻底交代，彻底揭发，只有这一条路，除此以外，沒有別的出路！经过群众的充分批判，如果他們眞正进行了彻底的揭发和交代，“革面洗心，重新做人”，他們还是可以参加革命的。如果他們眞正努力改过自新，走上党的正确道路上来，他們还有可能爭取做好的干部。

她指出，由于沒有彻底批判旧北京市委、旧中宣部、旧文化部的反革命修正主义路线，沒有肃清这条反革命修正主义路线在剧团的影响，你們的无产阶級文化大革命就不可能搞彻底，你們剧团的运动就有可能走向邪路，被个别别有用心的人篡夺了領导权。这对将来剧团的建設将会发生很不利的影响。

她指出，你們剧团內，并不是所有干部、党員、团員都犯了錯誤，也不是所有干部都犯同样性质的錯誤，而是必須区别对待，摆事实，讲道理，采取“懲前毖后，治病救人”的态度，允許改正錯誤，允許革命。

她强調說，在无产阶級文化大革命中，要用文斗，不用武斗。不要动手打人。武斗只能触及皮肉，文斗才能触及灵魂。

她指出，我建議你們：牢牢掌握斗爭的大方向，掌握党中央、毛主席制定的正确方針和政策，反对一小撮走資本主义道路的当权派，在斗爭中逐步壮大左派队伍，团結大多数，包括那些受蒙蔽的人，帮助他們走上正确的道路。

她在談到“少数”和“多数”的問題时說，不能离开阶級观点去談什么“少数”“多数”，要看馬克思列宁主义、毛澤东思想的眞理掌握在誰的手里，誰眞正站在无产阶級的革命立場上，誰眞正执行了毛主席的正确路线。对不同的单位，要作不同的具体分析。

〔摘自江青同志1966年11月28日在文艺界无产阶級文化大革命大会上讲話〕

*　　　　*　　　　*

你們所在院校、文工团領导和前工作組犯了执行資产阶級反动路线的錯誤，虽然沒有核实，你們說的是可信的，对这些錯誤应彻底揭发批判。你們受围攻，受打击，被打成“反革命”、“假左派，眞右派”……我們宣布一律平反，恢复名誉。当然还有些材料，就是被整、被迫写的一些材料，被領导挑起一些同学写你們的材料，应按緊急指示、补充規定处理，这两个文件适用于軍队院校和文艺团体。如果不能解决，由上級派人去检查协助解决，軍事院校要比地方院校解决更快一些，把材料集中，除本人检討归本人外，其它一燒了之。在这方面，軍队院校、文工团要作出榜样。

〔摘自周总理1967年1月4日接見軍队院校和文艺单位代表时的讲話〕

关于工作队

……紛紛派是六月分中下旬，从軍队調了很多人，参加学校、工厂、机关的文化大革命，有的还直接带队。到处有工作組，这是受当时的空气的影响，未认识文化大革命的性质、任务、特点和前途。对文化大革命很不理解。未把主席的指示认眞对待，形成了一条反对毛主席正确路线的資产阶級反动路线。因此，你們两部分工作組客观上受影响。你們是奉命調来文化部的，虽然是解放軍，但是来工作的。第二部分人是調来参加工作組的。……前一种受文化部的影响，因文化部已坚决执行了刘、邓資产阶級反动路线，也受影响，你們由于个人政治修养、鍛炼不同，都或多或少地执行了。直接作工作組的，和新市委、各部机关、厂矿一样，也执行了一条錯誤路线。

〔摘自周总理1967年1月11日接見解放軍参加文化部文化革命原工作队革命造反联絡站代表的讲話〕

你們是新来的，不論是文化部的各工作組和工厂的工作組，都是走馬上任，面临文化大革命的高潮，发展很快，来势很猛，精神毫无准备。……以后工作組撤退，一部分人留下叫联絡員，是变相工作組，支持筹委会了，继续把錯誤搞下去，这是客观情况。主观上，也不能說你們沒有錯誤。

〔摘自周总理1967年1月11日接見解放軍参加文化部文化革命原工作队革命造反联絡站代表的讲話〕

有些单位找你們去检查批評，自己要說得深一些，坦率一些，群众是会理解的，不会糾纏很久。

〔摘自周总理1967年1月11日接見解放軍参加文化部文化革命原工作队革命造反联絡站代表的讲話〕

至于到文化部干什么（指中央討論要抽一千五百人来加强改造文化部各級机构和各单位），那是中宣部、文化部的事。得到中央指示，总政很热心，从沈阳、南京軍区、各軍种、兵种、各总部調来了一批干部。調来时已经是六月份了。陶铸兼宣传部长，陶铸、蕭望东直接負責这件事。目的是达到加强、改造文化部的各直属机构、直属单位，目的很清楚，不是为了参加文化大革命調来的。但調来以后，正碰到文化大革命展开了。这个問題，好像和工作組有点联系了，但目的、任务不同。

〔摘自周总理1967年1月11日接見解放軍参加文化部文化革命原工作队革命造反联絡站代表的讲話〕

*　　　*　　　*

江青同志指出，在今年五月以后，进入了全国性的几乎涉及整个意识形态領域的无产阶級文化大革命。她在談到派工作队的問題时說，在无产阶級文化大革命中，派工作队这个形式是錯誤的，他們的工作內容尤其是錯誤的！他們不是把斗爭鋒芒对准党內一小撮走資本主义道路的当权派，以及反动的学术权威，而是对准革命的学生。斗爭的鋒芒对准什么，这是一个大是大非的問題，这是馬克思列宁主义、毛澤东思想的原則問題！我們的毛主席早在今年六月間，就提出过不要急急忙忙派工作队的問題，可是有的同志沒有請示毛主席，就急急忙忙地派出去了。但要指出，問題不在工作队的形式，而在它的方針、政策。有些单位并沒有派工作队，依靠原来的領导人进行工作，也同样犯了錯誤。也有一部分工作队采取了正确的方針、政策，并沒有犯錯誤的。这就可以說明，問題究竟在那里。

〔摘自江青同志1966年11月28日在文艺界无产阶級文化大革命大会上讲話〕

*　　　*　　　*

（当談到文化部里有人散布流言蜚語說“工作队是林彪同志派来的”时，戚本禹同志插話）：这是造謠。

〔摘自关鋒、戚本禹同志1966年12月27日接見文化部等单位机关干部的談話〕

*　　　*　　　*

今天参加座談会的有中央文革小組的成員戚本禹、謝镗忠同志。我們的工作做得不好，軍队派到各艺术院校去的一些工作組在运动中犯了方向錯誤、路线錯誤。据我了解，錯誤最严重的是中央音乐学院，其次是电影学院、戏剧学院。

他們不去斗爭走資本主义道路的当权派，而是去"肃清外围"，組织学生斗学生，不是文斗而是武斗，就是打。这种行为，不仅违犯了紅軍的光荣传統，而且也丧失了解放軍的荣誉。我狠狠地批評了他們。現在他們正在集中检查，以后再回到各院校向你們检討，承认錯誤。

〔摘自叶剑英同志1966年9月25日接見北京13个艺术院校团体部分师生代表的讲話〕

关于经济主义

（上海同志讲，上海一些印刷厂的走資本主义道路当权派，不叫工人印毛主席著作，每人发給一百元，让他們到北京来"串連"。）陈伯达同志說："这就是经济主义。"江青同志接着說："这就是破坏生产，破坏革命！"

〔摘自陈伯达、江青、王力等同志1967年1月26日接見革命造反派出版毛主席著作委員会筹委会代表时的讲話〕

听說文化部就来了二、三十万人，是陶铸搞的，每天还补助七角錢（会上有人說：元旦每人还补助五角錢）。他們来干什么？

〔摘自江青同志1967年1月18日在召开大中学校、党政机关、文艺团体、軍事院校革命造反派座談会上的讲話〕

电影学院的彭宁来了沒有？（众：他就在这儿！）彭宁在造反中起过些作用，但是后来听說蕭望东給了他們錢（群众說五千元），是否軟化了！？如有軟化，希望他改正錯誤与大家一块战斗。不要人家的錢嘛！我們的毛主席开始革命时，沒有要过人家的錢。要了汽車、房子就不革命了。

〔摘自戚本禹同志1967年1月14日在文化部門前辯論大会上的讲話〕

（談到目前文化部大多数机关干部被安排去搞接待外地来京串連的文艺单位群众，妨碍大家搞文化大革命时，戚本禹插話）：有什么問題，可以造反嘛！

〔摘自关鋒、戚本禹同志1966年12月27日接見文化部等单位机关干部的談話〕

关于文化工作的建制問題

……文化部实际上无存在必要，除了电影局和一些业务局外，其他的由政治机关領导就行了。

〔摘自周总理1967年1月11日接見解放軍参加文化部文化革命原工作队革命造反联絡站代表的讲話〕

我支持和同意江青同志的讲話，热烈欢迎北京的四个剧团納入軍委領导，我希望以后有更多的文艺团体归軍委領导。

〔摘自周总理1966年11月28日在文艺界无产阶級文化大革命大会上的讲話〕

随着无产阶級登上历史舞台，就开始出現了同旧的剝削阶級的文学艺术相对抗的新的人民大众的文学艺术。

〔摘自周总理1966年11月28日在文艺界无产阶級文化大革命大会上的讲話〕

我們的文艺革命获得了伟大的胜利。近几年来，京剧改革，芭蕾舞剧改革，交响音乐改革，雕塑改革，都取得了划时代的成就。这是文艺革命化、大众化、民族化的一个大飞跃。这些成就，都是经过严重的阶級斗爭，冲破了旧中宣部、旧文化部、旧北京市委反革命修正主义路线的重重障碍而取得的。这些都是在毛主席的为工农兵服务的方向和厚今薄古、古为今用、洋为中用的方針指导下取得的。这是在普及的基础上的提高，又是在提高指导下的普及。在这些样板的影响和带动下，已经产生了一批新的革命的文学艺术作品，广大的工农兵登上了戏剧舞台。这个革命运动必将在各个文艺領域里进一步深入地开展起来，必将对我們的未来产生极其深远的影响。

〔摘自周总理1966年11月28日在文艺界无产阶級文化大革命大会上的讲話〕

毛主席的文艺方向，就是全世界革命文艺方向。我們正在开辟的道路，是全世界无产阶級文艺将要走的道路！我們应当有充分的信心，在这条正确的道路上继续前进！当然，我們还有許多新的問題有待解决，要做許多艰苦的工作，但只要坚持不懈地朝着毛主席的方向走下去，就一定会不断取得新的胜利！

〔摘自周总理1966年11月28日在文艺界无产阶級文化大革命大会上的讲話〕

*　　　*　　　*

几年前，我較比系統地接触了一部分文学艺术。首先我感觉到，为什么在社会主义中国的舞台上，又有鬼戏呢？然后，我感到很惊异，京剧反映現实是不太敏感的，但是，出現了《海瑞罢官》《李慧娘》……等这样严重的反动政治傾向的戏，还有美其名曰"挖掘传統"，搞了很多帝王将相、才子佳人的东西。在整个文艺界，大談大演"名"、"洋"、"古"，充滿了厚古薄今，崇洋非中，厚死薄生的一片恶浊的空气。我开始感觉到，我們的文学艺术不能适应社会主义的经济基础，那它就必然要破坏社会主义的经济基础。

江青同志說，多少年以来，随着社会政治经济方面新旧斗爭的变化，在文学艺术方面，也出現了新的文学艺术，以与旧的文学艺术相对抗。就是号称最难改革的京剧，也出現了新的作品。大家知道，在三十多年前，魯迅曾经是領导文化革命的伟大旗手。毛主席則在二十多年前，提出了文艺为工农兵服务的方向，提出了推陈出新的問題。

她說，推陈出新，就是要有新的、人民大众的內容，人民喜聞乐見的民族形式。內容有許多是不能推陈出新的，如鬼神，宗教，我們怎么能批判地继承呢？我认为不能。因为我們是无神論者，我們是共产党員，根本不相信世界上有什么鬼神上帝。又例如地主阶級的封建道德，資产阶級道德，它們天经地义的道德，是要压迫人、剝削人的，难道我們能批判地继承压迫人、剝削人的东西嗎？我认为不能。因为我們是一个无产阶級专政的国家，我們是要建設社会主义，我們的经济基础是公有制度，坚决反对那些压迫人、剝削人的私有制度。我們无产阶級文化大革命的一个重要方面，就是扫蕩一切剝削制度的残余，扫蕩一切剝削阶級的旧思想，旧文化，旧风俗，旧习慣。她接着說，对于旧的艺术形式，不能采取虛无主义的态度，也不能采取全盘肯定的态度。一个民族，总有它的艺术形式，艺术特色。我們如果不把祖国最美好的艺术形式、艺术特色加以批判地继承，采取虛无主义的态度，那是錯誤的。相反，全盘肯定，不作任何推陈出新，也是錯誤的。对于全世界各族人民的优秀艺术形式，我們也要按毛主席的“洋为中用”的指示，来做推陈出新的工作。

江青同志指出，帝国主义是垂死的、寄生的、腐朽的資本主义。現代修正主义是帝国主义政策的产物，是資本主义的变种。他們什么好作品都搞不出来了。資本主义已经有几百年了，他們的所謂“经典”作品，也不过那么一点。他們有一些是模仿所謂“经典”作品，死板了，不能吸引人了，因此完全衰落了；另一些則是大量泛濫，毒害麻痹人民的阿飞舞，爵乐，脫衣舞，印象派，象征派，抽象派，野兽派，現代派，……等等，名堂多了。一句話：腐朽下流，毒害和麻痹人民。

她說，試問：旧的文学艺术不能适应社会主义的经济基础，古典的艺术形式不能完全适应社会主义的思想內容，那要不要革命？（群众高呼：要！）要不要改革？（群众高呼：要！）我相信，大多数同志們和朋友們，会认为需要革命的，需要改革的，只是这是一場严重的阶級斗爭，又是一件非常細致、相当困难的工作。再加上过去旧中宣部、旧文化部长期的反党反社会主义的領导，制造了种种“理由”，反对革命，破坏改革，就更加深了一般人的畏难情緒。还有一小撮人，則是別有用心的。他們破坏革命，反对改革。京剧的改革，芭蕾舞剧的改革，交响音乐的改革，就是这样冲破重重困难和阻挠搞起来的。

〔摘自江青同志1966年11月28日在文艺界无产阶级文化大革命大会上的讲話〕

近三年来，社会主义的文化大革命已经出現了新的形势，革命現代剧的兴起就是突出的代表。从事京剧改革的文艺工作者，在党中央的領导下，以馬克思列宁主义和毛澤东思想为武器，向封建阶級、资产阶級和現代修正主义文艺展开了英勇頑强的进攻，鋒芒所向，使京剧这个最頑固的堡垒，从思想到形式，都起了极大的革命，并且带动文艺界发生着革命性的变化。革命現代京剧《紅灯記》《沙家浜》《智取威虎山》《奇袭白虎团》等和芭蕾舞剧《紅色娘子軍》，交响音乐《沙家浜》，泥塑《收租院》等，已经得到广大工农兵群众的批准，在国內外观众中，受到了极大的欢迎，这是对社会主义文化革命将会产生深远影响的創举。它有力地证明：京剧这个最頑固的堡垒也是可以攻破的，可以革命的；芭蕾舞、交响乐、雕塑这种外来的古典艺术形式，也是可以加以改造，来为我們所用的，对其它艺术的革命就更应該有信心了。……革命現代京剧正在对京剧传統的批判地继承，是眞正的推陈出新，京剧的基本功不是丢掉了，而且不够用了，有些不能够表現新生活的，应該也必須丢掉，而为了表現新生活，正急需我們从生活中去提炼，去創造，去逐步发展和丰富京剧的基本功。……

近三年，社会主义文化革命的另一个突出代表，就是工农兵在思想、文艺战线上的广泛的群众活动。……

当然这些还只是社会主义文化革命的初步战果，是万里长征的第一步……。

〔摘自1966年2月江青同志召开的部队文艺工作座談会紀要〕

关于重整文化工作队伍問題

这里有一个对待受过西方教育的資产阶級知识分子的問題。这个問題，如果处理不好，不但对艺术事业不利，对整个革命事业也不利。中国民族資产阶級及其知识分子，有几百万人。他們人数不多，但是有近代文化，我們一定要团結、教育和改造他們。……只要我們政策正确，把他們教育和改造过来，就可以使他們为社会主义事业服务。能不能把他們教育和改造过来呢？能够的。

〔摘自毛主席1956年8月24日同音乐工作者的談話〕

一切可以到农村中去工作的这样的知识分子，应当高兴地到那里去。农村是一个广闊的天地，在那里是可以大有所为的。

〔摘自毛主席1956年为《在一个乡里进行合作化規划的经验》一文所写的按語〕

中央各部、省、专区、县三級，都要比培养“秀才”。沒有知识分子不行，无产阶級一定要有自己的秀才。这些人要較多地懂得馬克思主义，又有一定的文化水平、科学知识、詞章修养。

〔摘自1958年1月31日毛主席写的《工作方法六十条》（草案）〕

要把唱戏的，写詩的，戏剧家，文学家赶出城，統統轰下乡，分批分期下放到农村、工厂，不要长期住在机关，这样写不出什么好东西。你不下去就不給你开飯，下去就开飯。

〔摘自毛主席1964年2月13日春节談話〕

文艺界为社会主义为工农兵服务做得不够，有时还有毒草，旧的意识存在，就会在文艺中表現出来。去除旧的思想意识和作风，是文艺界当前的重要任务。社会主义的文艺，应不断扩大。文艺工作者必須过好五关：一是思想关，二是政治关，三是生活关，四是家庭关，五是社会关。

〔摘自周总理1963年2月8日在文艺界元宵晚会上的讲話〕

在无产阶級文化大革命中，必須彻底整頓我們的文艺队伍。在火热的革命斗争中，促使文艺工作者思想革命化，肃清修正主义文艺路线的恶劣影响，坚决貫彻执行毛主席的文艺路线，认眞地同工农兵相結合，使我們的文艺大軍成为无产阶級化的革命化的战斗化的文艺队伍。所有的做文艺工作的同志，都要在斗爭中努力活学活用毛主席著作，认眞改造自己的世界观，在火热的阶級斗爭中考验自己，不做那种只在口头上讲讲的“口头革命家”，要努力做一个眞正言行一致的无产阶級文艺战士。

正如江青同志所說，文艺团体中犯錯誤的人員，要区别对待。要分清是人民內部矛盾还是敌我矛盾。少数混入文艺队伍的坏人，是要从革命的文艺队伍中清洗出去的。对于大量的犯錯誤的人，要分别錯誤的不同性质，采取“懲前毖后，治病救人”的方針，只要他們眞正的认识錯誤，眞正的改正錯誤，就应当欢迎他們，帮助他們，允許他們革命。

〔摘自周总理1966年11月28日在文艺界无产阶級文化大革命大会上的讲話〕

你們应向广大工农兵学习，学习他們高举毛澤东思想紅旗，很好地学习毛主席著作，活学活用毛主席著作。学习他們坚定的政治立場，劳动人民的立場，无产阶級立場，以及艰苦朴素的作风，特别是知识分子，尤其要艰苦朴素，保持无产阶級的光荣传統，要向解放軍学习三大紀律，八項注意，这是要文艺、体育、新聞出版界注意的。

〔摘自周总理1967年1月4日在工人体育場接見全国文艺界、新聞出版界、体育界等革命同志时的讲話〕

* * *

重新教育文艺干部，重新組织文艺队伍。由于历史的原因，在全国解放前，我們无产阶級在敌人的統治下培养自己的文艺工作者要困难一些。我們的文艺水平比較低，我們的经验比較少，我們的許多文艺工作者，是受資产阶級的教育培养起来的，在从事革命文艺活动过程中，有些人经不起敌人的迫害叛变了，或者经不起資产阶級思想的腐蝕烂掉了。在根据地，我們培养过相当数量的革命文艺工作者，特别是《在延安文艺座談会上的讲話》发表之后，他們有了正确的方向，走上同工农兵相結合的道路，在革命过程中起过积极的作用。缺点是，在全国解放后，进了大城市，許多同志沒有抵抗住資产阶級思想对我們文艺队伍的侵蝕，因而有的在前进中掉队了。我們的文艺是无产阶級的文艺，是党的文艺。党性原則是我們区别于其它阶級的最显著的标志。須知其它阶級的代表人物也是有他們的党性原則的，并且很頑强。不論是創作思想方面，組织路线方面，工作作风方面，都要坚持无产阶級的党性原則，反对資产阶級思想的侵蝕。同資产阶級思想必須划清界限，决不能和平共处。現在文艺界存在的各种問題，是教育提高的問題。

〔摘自1966年2月江青同志召开的部队文艺工作座談会紀要〕

八月十八日，毛主席接見了百万革命小将，主席是那样尊重群众的首創精神，是那样相信群众，是那样爱护群众，我觉得自己学习很不够。这以后，紅卫兵小将們走向社会，大破四旧，我們中央文化革命小組的同志們拍手称快。但是过了些天，又遇到了新的問題，于是我們赶快找材料，調查研究，这才又追上不断发展的革命形势。我就叫做紧跟一头，那就是毛澤东思想；紧追另一头，那就是革命小将的勇敢精神，革命造反精神。

〔摘自江青同志1966年11月28日在文艺界无产阶級文化大革命大会上的讲話〕

关于夺权

河北大学毛泽东思想八·一八紅卫兵东方紅公社

最　高　指　示

——代　序

……这个攻击的形势，簡直是急风暴雨，順之者存，違之者灭。其結果，把几千年封建地主的特权，打得个落花流水。地主的体面威风，扫地以尽。地主权力既倒，农会便成了唯一的权力机关，眞正办到了人們所謂“一切权力归农会”。

《湖南农民运动考察报告》

毛主席关心夺权

毛主席与周总理关于夺权問題的对話

毛主席問周总理：夺权怎么样？公安局是专政机关。

周总理：才夺一天多。

毛主席：要抓典型。

周总理：市局委（市公安局党委——轉抄者注）开了会，夺权有几种形式：干部是当权派：（1）是黑帮，影响很深，变黑帮。（2）走資本主义道路的当权派。（3）頑固坚持資产阶級反动路綫。（4）承认错誤，但还有严重錯誤。（5）有个别一般錯誤（这样人为多）。

毛主席：前面两种面要划小，孤立打击最少数。接管本身就是革命，建立新的。根据不同情况也有五种形式：（1）全部改組。（上海张春桥、姚文元）。（2）接管后对当权派不同形式处理，边检討，边工作，监督留用（根据指示工作）（3）停职留用。（4）撤职留用。（5）撤职查办。

周总理：哪种办法好，撤职一面斗爭一面留用。有了对立面就可壮大队伍。把許多事压在身上（指革命造反派）也很被动。留用，一面斗爭，一面工作。科学院左派队伍壮大了，抓革命，促生产，搞得很好。让那些当权派扫街，扫完就休息，睡大觉，太便宜他們了，前一事都叫他們办了。不要把自己陷于事务之中（你們要注意这个問題）你們要掌大权，监督他們。

七个单位，几个战斗队观点不同，不奇怪，有事商量比不商量好，接管是个大事情，会引起一系列的变动，是个大革命。

要解决接管的目的，解决什么問題，接管方法遇到問題怎么处理？要有灵活策略。（局、科、部科員怎么办？）现在夺了权，也許还会夺走。有的单位夺过来，夺过去，是个鍛炼，要巩固住。主要靠左派力量壮大，夺权力量小时，夺权小，夺过去很快要夺走。左派要壮大。我支持夺权，但夺权后，一定要抓革命，促生产。

第　一　部　分

一、政权問題是革命的根本問題

……上什么綱？把权夺在无产阶級的手里，才能解决，不然是解决不了的。党內走資本主义道路的当权派，掌握部份党权、政权、財权，不夺权怎么能把他們打倒，革命同志怎么能不受压迫？……

《紅旗》杂志发表了評論員的文章，中心意思是夺权。政权掌握在无产阶級手中，才能解决一切問題。掌握在无产阶級手中，才能解决一切問題。要不上海經驗总結到一点，就是联合起来，向走資本主义道路的当权派夺权。……

只要把无产阶級专政的命运掌握，一切問題就好解决了。政权不掌握在无产阶級手里，还是掌握在資产阶級代理人手里，那么到北京来一万次也不行！

——关鋒1.17

……革命的新阶段，不限于在一个单位里夺权，而是在一个市的范围，一个省的范围內这样，我們在无产阶級文化大革命中，上海是首創，山西是这样，提供了革命的經驗，越就丰富了中国革命的經驗。总結这个經驗，提高这个經驗，才能使无产阶級文化大革命搞好。

——王力1.17

……毛主席是支持联合起来的。毛主席批准聶元梓的大字报是在一个单位、一个学校、一个机关里夺权。批准上海的是在一个城市里夺权。一定要联合，不要小集团主义。上海工人向我們提供适当的組織形式，要掌握大的运动，最主要的是工人起来掌握。不执行毛主席的无产阶級革命路綫，就要把它打倒，踩在脚下，打翻在地。

——王力1.16

……在新的阶段摆在我們面前的头等重大問題，就是无产阶級革命派联合起来，向党內一小撮走資本主义道路的当权派和执行資产阶級反动路綫的頑固分子夺权，夺权！……上海的經驗很丰富，归納起来两个字，就是夺权！……上海是这样，其他地方也是这样，就是无产阶級革命派联合起来，向資产阶級夺权，向党內走資本主义道路的当权派夺权，向执行資产阶級反动路綫的頑固分子夺权！一切这样的行动，都是革命行动，我們都是坚决支持！

——王力1.17

你們开完会回去鬧革命，确实要夺权的，参加夺权。沒有夺权的要夺。

——謝富治1.17

……你們夺权还定什么框框？資产阶級司令部的权就应該夺。如組織部是資产阶級司令部就应該夺权，上海市委曹荻秋是走資本主义道路的当权派，就应該夺他的权。

——戚本禹1.18

現在，斗批改要同夺权相結合。夺权是一場大革命，是目前无产阶級文化大革命的中心任务。上海的經驗，就是无产阶級革命派联合起来，进行夺权。他們的經驗千条万緒，集中到两个字：夺权。 ——王力1.19

毛主席亲自决定了广播“告上海市人民书”“紧急通告”。从此文化大革命开始了新阶段，主要任务是无产阶級革命造反派联合起来向一小撮走資本主义道路的当权派夺权！在被走資本主义道路的当权派篡夺了領导权的地方，把政权夺过来。只有革命派夺了权才能打倒資产阶級反动路綫的新反扑，打倒經济主义。

——总理1.22

我們要打回老家去彻底鬧革命，现在是大好形势，机不可失，赶快回去鬧革命，从走資本主义道路的当权派手里夺权！

——总理1.22

我們要夺权！以毛主席为首的无产阶級革命派要夺党內一小撮走資本主义道路的当权派的权！坚决不允許走資本主义道路的当权派和地、富、反、坏、右分子夺无产阶級革命派的权。

——总理1.22

二、革 命 大 联 合

革命左派在大原則下联合，一定要在斗爭的过程中达到眞正的团結，只有左派联合才能打退資产阶級反动路綫的新反扑。

大学、中学的革命左派要实行大联合，对走資本主义道路的当权派要斗、要批判。看自己的思想，每个人的思想都有阴暗面、光明面。对自己的阴暗面要检查。把自己的缺点看得重些，把别人的优点看得多些。多看自己的阴暗面，多看别人的长处，这样左派組織不就联合起来了嗎！

……左派联合有两个原則問題：第一、在原則基础上不能折衷，不能让步。第二、不要搞小集团，不要搞小动作，要搞大动作。

——江青1.18

要接管必須由北京所有革命派联合起来，开联席会議，共同商量，不能有一个单独的革命派，独一的垄断。如果这样做的話，就会引起其他革命派不满意，他們就要来夺，这样夺来夺去，对革命派不利，对无产阶級文化大革命不利他們不要把自己和其他革命派对立起来，如果他自己造成这种对立，这样他們的結果是会不好的。請他們照顾大局，好好想一想。

——陈伯达1.20

現在祝賀同志們夺权。在我們进城时叫做軍事接管，就是夺权。現在是革命人民大联合夺走資本主义道路的当权派的权。一切权利归革命工人、农民、革命的知識分子和其他劳动人民。

——江青1.18

我們要把夺权斗爭汇成一个总的运动。目前主要斗爭是粉碎資产阶級反动路綫的新反扑，`这里面关鍵問題是夺权斗爭。如果那个单位还是被走資本主义道路的当权派和頑固坚持資产阶級反动路綫的人所掌握，那么我們就不能搞好文化大革命，因此一定要夺权。我們十几年前夺权是人民解放軍在毛主席領导下把蔣介石的八百万軍队扫到大海里去了。簡单說来就是打江山。……这次不同了，这是我們无产阶級专政十七年了，但是还存在着一小撮走資本主义道路的当权派，这个領导权必須夺过来，怎么夺，就是在毛主席領导下，自下而上，群众自己动手夺取領导权。这个权，上面是毛主席授給我們的，下面是群众授給我們的。

——总理1.18

左派大联合，內部的无政府状态，小地方主义要整风，要自我批評，把自己缺点看得重些，对別人优点看得多些，就能团結起来。下厂、下乡，北京十个县彭眞都搞反攻倒算，不要下得过远。外地来的，让他們回去夺，在北京要夺权的要联合。

——江青1.17

我們的斗爭是一个阶級推翻一个阶級，一个阶級夺一个阶級的权，而不是个人主义爭权夺利和小团体主义的爭权夺利。必須提倡革命派大联合，提倡无产阶級的組織紀律性，提倡民主集中制，坚决反对个人主义，反对小团体主义，反对分散主义，反对无政府主义等等不良傾向。

——总理1.22

你們要大联合，大联合有二个原則。第一要坚持原則，不搞折衷主义。第二要搞大动作，不搞小动作。眞正革命的，需要夺权，就回去夺权。

——江青1.17

我們不仅为今天的会議庆賀，而且应該为你們进一步組織全国財貿系統革命造反派大联合大組織庆賀。而現在革命造反派的联合还是整个系統的全体革命职工的一个开始，你們不能以現在由各个組織的革命造反派发起的組織而滿足，应該有各个单位的革命造反派。

因此每个单位，你們革命造反派联合广大群众要进行夺权的形式不一定一样，而且可能不一样，你們要很实事求是地一个一个来解決，这样就真正实現毛主席的号召。

——总理1.18

三、怎 样 夺 权

再如北京市公安局夺权了，夺权以后有許多問題，需要补充，中央文革是会帮助你們研究的，关于夺权以后的問題，中央文革要准备个意見，請示林付主席和主席，搞个条条，先夺了权，有的形式可以监督。我們夺权是夺領导的权嘛！（江青同志插話：业务权也要夺，但是慢慢地熟悉业务）夺业务領导权要慢慢来，否則一堆事务性的事都推到你身上，現在正在摸索，根据你們的經驗，再帮助提高。

——总理1.18

一九四九年，全国是一次大夺权。那时是由乡村进攻城市，夺取城市，那时夺权干部是由上面派的軍事接管，那个夺权是不彻底的，現在要革命群众自下而上的进行夺权，这是上海革命群众的伟大創造，毛主席是加以支持肯定的。全国胜利后，我們有些干部起了变化，变修了，現在要把他們手中的权夺到无产阶級手中来。一九四九年是軍队接管，人民贊助，現在是人民接管，軍队支持。有人主张軍队不介入地方斗爭，不参加地方的文化大革命，这是錯誤的。問題是怎样介入。軍队的同志应支持地方的革命造反派，支持革命造反派，不叫挑动群众斗群众。

——王力1.19

有了組織，有了联合，就面临新的課题，在党內走資本主义道路的当权派和执行資产阶級反动路綫的頑固分子控制的地方要不要夺权？要夺权。«紅旗»文章很清楚，应該夺权，需要夺权。

需要夺权，应該夺权的地方应該夺。（江青：有的可以先监督后夺权）科委的造反派有一套完整的經驗，应該开个大会让他們介紹。他們五个月由少数变成多数，把以韓光为首的一小撮党內走資本主义道路的当权派完全暴露出来了，可以先夺权，再逐步改造。政治系統、北京公安局就夺了权嘛！中央文革要帮助他們。条件成熟的就先夺权，条件不成熟先监督，夺权第一是領导权，就是要管他，监督他。（江青：业务不懂也要夺，业务不懂可以慢慢学嘛！）这个方面我們沒經驗，要靠你們的革命实践，經过你們实践，我們再总結提高一点。

——总理1.17

1.必須实行各革命組織的大联合。在接管中必須实行大联合，要有組織有計划地进行，反对各自为政。

2.各单位必須以本单位的革命組織为主体，外面的革命群众組織起帮助作用。

3.原来业务机构，能照常起作用的应继續工作，外单位起监督作用。反对小集团主义，反对个人爭权夺利，必須提倡无产阶級革命派大联合。

——总理1.23

出現了三种夺权形式：第一种是基层造反派力量很强，业务上很熟，在外力支持下夺权，上海“文汇报”就是个例子，夺了权以后面目一新，南京公安厅也是这样，在外力支持下夺了权是好的。第二种是沒有准备好，造反派力量沒有形成，外来造反派在那里頂着，当权派睡覚，或者看我們的笑話，这是一种准备不足的夺权。第三种是当权派作假的接管，自己躲在后台，这是变种，是当权派的阴謀。現在看来，第一种、第三种是少数的，第二种是多数。

考虑成立一个联合委員会，新的联合委員会就叫《大庆公社》也未尝不可，我不强加于你們。总之，要建立一个委員会，掌握石油系統的文化大革命。

第一：几方面发表联合宣言，接管文化大革命的領导权。

第二：大庆这面紅旗不能倒，过去生产受了影响，是能搞好。

第三：文化革命要夺領导权，生产还是监督好。

——总理1.16

上海革命群众研究了接管的情况，总結出来几条經驗。

第一，机关接管应該机关內部接管，外部只能起帮助作用，这一条是好的。第二，群众組織成立保卫无产阶級文化大革命的組織。建立联合委員会，在几方面来个大联合，不是一个組織把这个机关接管了，另外一个組織又接管它，……这不是有計划互相配合的結果。第三，就是接管后，原机关机构的人員，要在群众的监督下执行任务，权要掌握在群众手中，掌握在无产阶級革命派手中。

公安机关是无产阶級专政的机构，应該保卫无产阶級专政，如果这个机关不是站在革命派方面，应該怎么办？造反！

——王力1.17

同志們，要好好学习毛主席著作，用毛泽东思想来武装头脑，爭取夺权，爭取一时受蒙蔽群众。

——王力1.17

具体的工作要原单位的人員做。我們去接了他們，监督他們，只許他們好好工作。夺权是一个严肃問題，大家应当认眞地研究这个問題，要把这个权夺过来。我們上面有毛主席的領导，下面有广大群众，我們就一定能胜利。

——总理1.18

不要輕視机关，特别是領导机关，要密切注視，不能輕視它。机关里主要依靠机关內部，别的单位只能是支持，不能一下說我占了，权夺了。

——王力1.16

你們开完会回去鬧革命，确实要夺权的，参加夺权。如果那个地方权已經夺了，你們也要巩固。巩固后我們还要加强专政。

——謝富治1.17

我們的工作，一方面是接受毛主席的指导，一方面接受群众的經驗，在毛泽东思想的指导下总結群众的經驗，現在就是用毛泽东思想总結群众夺权的經驗。

——陈伯达1.18

四、軍队支持左派

毛主席給林彪同志的一封信

林彪同志:

应派解放軍支持左派广大革命群众。以后，有眞正革命派要求軍队支持，都应該这样做。

所謂不“介入”是假的，早已介入了。此事望发出命令，以前的命令作废，斟酌。

毛泽东　1.23

在毛主席的領导下，无产阶級文化大革命，开始了一个新阶段。这个新阶段的主要特点，就是无产阶級革命派大联合，向党內一小撮走資本主义道路的当权派和堅持資产阶級反动路綫的頑固分子手里夺权。这个夺权斗爭，是无产阶級对資产阶級及其在党内的代理人，十七年来猖狂进攻的总反击。这是全国全面的阶級斗爭，是一个阶級推翻另一个阶級的大革命。

人民解放軍是毛主席亲手締造的无产阶級革命軍队，是无产阶級专政最重要的工具。在这場伟大的无产阶級向資产阶級的夺权斗爭中，人民解放軍必須堅决站在无产阶級革命派一边，堅决支持与援助无产阶級左派。最近毛主席指示人民解放軍，应該支持左派广大群众。以后凡有眞正革命派要我軍队支持、援助，都应該滿足他們的要求。所謂“不介入”是假的，早已介入了。問題不是介入不介入的問題，而是站在哪一边的問題，是支持革命派还是支持保守派甚至右派的問題。人民解放軍应該积极支持左派，我軍全体指战員，必須堅决执行毛主席的指示。

一、以前关于軍队不介入地方文化大革命，以及其他违犯上述精神的指示，一律作废。

二、积极支持广大革命左派群众的夺权斗爭。凡是眞正的无产阶級左派要求軍队去援助他們，軍队都应当派出部队积极支持他們。

三、坚决鎮压反对无产阶級革命左派的反革命分子，反革命組織，如果他們动武，軍队应当坚决还击。

四、重申軍队不得做一撮党內走資产主义道路的当权派和坚持資产阶級反动路綫顽固分子防空洞的指示。

五、在全軍深入地进行以毛主席为代表的无产阶級革命路綫和以刘少奇、邓小平为代表的資产阶級反动路綫斗爭的教育。

这一指示要原原本本地传达到每个解放軍战士。

——中共中央国务院、中央軍委、中央文革小組

1967年1月23日

我們的人民解放軍是毛主席亲自締造的伟大的无产阶級軍队，在无产阶級向党內一小撮走資本主义道路的当权派夺权的斗爭中担負着重大的任务。人民解放軍坚决支持工人的无产阶級革命派，和他們站到一面，共同战斗。人民解放軍是无产阶級文化大革命的工具，对于一小撮破坏文化大革命的反革命分子，必須坚决鎮压。

——总理1.22

东北局宋任穷今天夜里赶往哈尔滨，支持你們的行动，我告訴他第一个目的是哈尔滨支持你們夺权。（代表們提出軍区态度不明朗。）軍区不明朗不行，現在火燒眉毛了，他們不到燒眉毛不着急。

——总理1.21

第　二　部　分

中央軍委命令

所定八条，很好，照发。

毛　澤　东　　1 28.

根据毛主席的指示，无产阶級文化大革命已进入全面阶級斗爭的新阶段，軍队必須改变过去不介入地方文化大革命的規定。为了适应两个阶級、两条路綫斗爭发展的新形势，特規定如下：

一、必須坚决支持眞正的无产阶級革命派，爭取和团結大多数，坚决反对右派，对那些証据确凿的反革命組織和反革命分子，坚决采取专政措施。

二、一切指战員、政治工作人員、勤务、医疗、科研、和机要工作人員，必須坚守崗位，不得擅离职守。要抓革命促战备、促工作、促生产。

三、軍队內部开展文化大革命的单位，应該实行大鳴大放、大字报、大辯論，充分运用摆事实、讲道理的方法。严格区别两类矛盾。不允許用对待敌人的方法来处理人民內部矛盾，不允許无命令自由抓人，不允許任意抄家、封門，不允許体罰和变相体罰。例如，戴高帽、挂黑牌、游街、罰跪等等。认眞提倡文斗，坚决反对武斗。

四、一切外出串联的院校师生、文艺团体、体工队、医院和軍事工厂的职工等，应迅速返回本地区、本单位进行斗批改，把本单位被一小撮走資本主义道路的当权派篡夺的权夺回来，不要逗留在北京和其他地方。

五、对于冲击軍事領导机关問題，要分别对待。过去如果是反革命冲击了，要追究，如果是左派冲击了，可以不予追究。今后則一律不許冲击。

六、軍队內战备系統和保密系統，不准冲击，不准串联。凡非文化革命的文件，档案和技术資料，一概不得索取和搶劫。有关文化革命的資料暫时封存，听候处理。

七、軍以上机关应按規定分期分批进行文化大革命。軍、师、团、营、連和軍委指定的特殊单位坚持采取正面教育的方針，以利于加强战备，保卫国防，保卫无产阶級文化大革命。

八、各級干部，特别是高級干部，要用毛泽东思想严格管教子女，教育他們努力学习毛主席著作，认眞与工农相結合，拜工农为师，参加劳动鍛炼，改造世界观，爭取做无产阶級革命派。干部子女如有违法乱紀行为，应該交給群众教育，严重的，交給公安和司法机关处理。

以上規定，从公布之日起，立即生效。全体指战員、院校师生、文艺团体、体工队、医院和軍事工厂的职工同志，必須严格遵守，违者要受紀律处理。

中共中央軍事委員会　　1967.1.28.

林付主席关于夺权的指示

四个人的問題是有联系的，有共同点，主要是彭眞，其次是罗瑞卿，陆定一，楊尙昆。这里最大的問題是反革命政变，防止颠复。生产关系固然是基础，但是依靠夺取政权来发展。永远不能忘記政权，要念念不忘政权。政权是鎭压大权，当然不光是鎭压，但主要鎭压。

毛主席最近几个月特别注意防止反革命政变，采取很多措施，調兵遣将，防止他們占領要害部分，电台，毛主席这几个月就写这个文章，这是沒有写出来的文章，我們要学好这个沒有写出来的毛主席著作。毛主席好多天沒有睡好覚，就是为了这件事。

无产阶級专政可能变成資产阶級专政。这方面的問題至少是我們这几年来想的少，想的多是打仗，战爭問題，我們通过反罗瑞卿及彭眞及陆定一和他的老婆，及楊尙昆，可以嗅到点味道，火药的味道，罗瑞卿是掌握軍权的，彭眞是书記处书記，抓去了許多权，罗瑞卿的手长，彭眞的手更长，文化思想战綫的指揮陆定一，楊尙昆是搞机要情报的。

文武相結合，抓輿論，抓枪桿子，要投票有人，要打仗有軍队，会場上的政变，战場上的政变，他們都搞得起来。毛主席說："十几年来思想战綫，我們沒有去占領。"投票他們就不会投我們的票，不投毛主席的票，打仗就会不跟我們走，拿起枪桿搞我們。笔桿子，枪桿子，干革命少一个也不行。

假如他們敢动手，搞反革命政变，我們就杀他們的脑袋！

正因为形势好，要看到阴暗面，有一批王八蛋，他們想冒险，待机而动，他們是假革命，假馬克思主义。毛主席还健在，他們就想叛变，他們想杀人。陆定一就是一个，他的老婆就是一个，罗瑞卿就是一个。……"

周总理談夺权

总理首先談到左派，革命組織，部里，学校的革命組織的行动应光明正大，不要对党中央，对毛主席，对我們公安部，卫戌司令部，无产阶級的专政机关采取保密。你們应該告訴我們，你們的行动是光明正大，不告訴会受損害的，对我們不利。在文化大革命中一点不損害是不可能的，但力求少損害，批判一小撮走資本主义道路的当权派，批判資产阶級反动路綫是党中央和毛主席号召的，是光明正大的，有什么不可告人的？我再三再四說，左派不要秘密行动，我最反对窃听，这是对反革命或在白色恐布区域的办法，現在是毛主席領导下搞大民主，对后一代是一个教育。

夺权是本单位造反派和本单位外的造反派大联合。十六号以来，我們提倡无产阶級革命派联合起来。你們夺权目的是对的，但手段还是不对的，鉄道部把呂正操弄到了一个地方，四五天不出来，你除非想弄到一点材料出来，他本人也想休息一下，这样事我們心里有数，現在有坏人把好人抓走的。

总理举了天津市的一个例子，一月十八号夺权斗爭开始以后，天津市委召开干部大会，传达中央对各区委的讲話，天津市委书記处是新組織的，万曉塘死后，中央工作会議后，最近改組的，中央指定了一个解学恭，胡昭衡，赵武成，閻达开，×××五个，那天散会之后，天津市工农学联合战斗团，天津市荣复轉退战斗兵团的人一拥而上，把五个书記抓住了，天津工农学联合战斗兵团，天津市荣复轉退战斗兵团，遭到社会上的反对，天津工农学联合战斗兵团，社会輿論还是反对的，不贊成的，社会上不贊成联合行动，这是对的。

天津工农学联合战斗兵团，迫着要求市委承认他們是革命組織，并解决他們的物质問題，赵武成就是弱得很，签字給了两辆汽車，四千块錢，我在八届十一中全会上見过赵武成，現在群众好象有油水可捞，至今抓住不放，有些不敢坚持原則，在强压下就签名，你們說对不对？

天津工农学联合战斗兵团，荣复轉退战斗兵团扣书記的地方非常秘密，从18号到20号晚先后轉移了六个地点，不让他們看报紙，听广播，打电話，只是叫写检查，設了三层崗哨把守，把书記还单独看住。

……。

总理說，搶汽車，万万不可提倡，学生革命組織，主席提出要艰苦朴素。反对物质第一，提倡政治精神第一。

总理說，对印为什么兴趣那么大，主要是权嘛！……。

我們要学习上海革命群众的榜样。同那些資产阶級和他們的代理人手里夺权，把无产阶級文化大革命的命运，把无产阶級专政的命运，把社会主义制度的命运，把生产和工作的命运紧紧地掌握在自己手里。同志們提出了許多問題，如果是各地斗争中能够解决的問題，需要我們无产阶級革命派和革命群众眞正联合起来夺了权、我們就有权处理过去一切的問題。上海的工人阶級联合其他革命群众接管了許多机关单位，取得了极其重要經驗。为了继續胜利，搞好革命組織的大联合，在接管中必須实行大联合，有計划有組織的进行，不要分散，我們各自为政，……各单位的接管必須以各单位的革命組織为主体，外边的群众組織起帮助作用。

总理　1.23.

无产阶級司令部就不能夺，資产阶級司令部就应該夺，沒有什么首先不首先的，要有策略，但不能变成策略派。对于一些单位首先接管，其次再夺权，資产阶級司令部不应該监督的，就是要夺权。接管以后再监督。革命权不监督，无产阶級文化大革命的权不监督，而应該紧紧掌握在左派手中，……。应該以左派为核心，讲究策略，作的时候想点办法，把权牢牢掌握在革命左派手中，接管以后再监督，工資权利要接管，你（指走資本主义道路的当权派），不来，就不发工資。这样他就怕了。

戚本禹　1.17.

这次毛主席这个伟大号召，总結了上海的經驗，提出了伟大的号召，无产阶級革命派大联合，团結广大革命群众，向一小撮党內走資本主义道路当权派手里夺权，这样一个伟大的号召，北京的学生运动沒有赶得上，而且暴露北京市学生运动的两个大弱点。第一大弱点，就是在一些領导人中間存在着分散主义，小团体主义，个人主义，各树支各自为政，互不服气，互相鬧摩擦，互相拆台。在毛主席号召无产阶級革命派大联合这样的一个伟大的号召，就联合不攏，各人要打起一个旗子，战斗呢，是打两轉就跑，不断的开辟战綫，不断的延长战綫，"猴子摘桃子——咬一口丢一个，"不是打歼灭战，都是求新奇新鮮，已經打响的战斗不把他歼灭。第二个弱点就是同工人运动結合不够，沒有在工人运动中生根，有点浮飄，象浮平草一样缺少根基，……。一个大城市，一定要工人为領导，各个要害都掌握在工人手里，經济命脉掌握在工人手里，重要的崗位。这一方面沒有做艰苦的工作夺权斗爭就有这个問題，夺权斗爭首先要有无产阶級革命派的大联合，要做艰苦的群众工作，要同工人相結合。　　　　王　力　1.25.

第三部分

主席最新指示

在軍委扩大会議上的講話

一九六七年一月二十七日周总理传达

一、軍队对文化大革命的态度，在运动开始时是不介入的，但实际上已介入（如材料送到軍队保管，有的干部去軍队），在現在的形势下，两条路綫斗爭非常尖銳的情况下，不能不介入，介入就必須支持左派。

二、老干部多数到現在对文化大革命还不了解，多数靠吃老本，过去有功劳，要很好在这次运动中鍛炼改造自己，要立新功，要立新劳。（这时毛主席引用《战国策》上的触說赵太后）要坚决站在左派方面上，不能和稀泥坚决支持左派，然后在左派的接管和监督下搞好工作。

三、关于夺权。报紙上說夺走資本主义道路当权派和坚持資产阶級反动路綫的顽固分子的权，不是这样的能不能夺？現在看来不能仔細分，应該夺来再說。不能形而上学，否則受限制。夺来后是什么性质的当权派，在运动后期再判断，夺权后报国务院同意。

四、夺权前的老干部和新夺权的干部要共同搞好业务，保守国家机密。

关于夺权問題的指示

如果权落在右派手里，权本来就在右派手里，夺过来。如果再被別人夺过去，仍然在右派手里，沒有什么了不起，还可以再夺。世界上一切革命斗爭都是为着夺取政权，巩固政权。而反革命的拚死，同革命势力斗爭，也完全是为着維持他們的政权。

张春桥同志传达

四　点　指　示

一、今年搞文化革命的指导思想是《紅旗》和《人民日报》元旦社論，开展全面的阶級斗爭。

二、要抓住四个重点：北京、上海、天津、东北，主要責任落在造反派身上，团結多数造反派队伍，要超一半以上。

三、上海很有希望，学生、工人、机关干部都起来了，这是适应当前文化大革命形势。

四、紅卫兵一定要艰苦朴素，学习解放軍。

张春桥同志于二月四日传达

林付主席的指示

一、造反派继續发揚五敢精神，革命到底。

二、在斗爭中讲求科学性。

三、加强組織性、紀律性，发揚三八作风，会唱四个歌：三八作风歌、国际歌、三大紀律八項注意，大海航行靠舵手。（第四支歌主席謙虛沒提，第四支也是主席思想）

四、一部分干部过不了关，什么时候采取組織行动，革命群众自己考虑。部分人过不了关，要帮助过关，但不得包庇。

张春桥、姚文元传达

周总理关于夺权的指示

第一：首先靠自己，工作靠自己。你們先站起来，外部再支持你們。

权不能退回，也不能下放，也不能上交給我，我也不能接，要自己站起来吆！

第二：……

第三：……大家还是不要排斥，手不要伸太长了，都包下来就什么也做不好，最后必定要走到反面。十几个学院至少要照顾吆，兄弟院校阶級弟兄吆！

1.27.

哪一个机关都不会百分之百的都是走資本主义道路当权派和执行資产阶級反动路綫

的頑固分子。現在是連鎖反应，夺权从上海一月五日文汇报提倡，当然九号、十一号登了报，十六号决策，十七、十八号发表，大势所趋，我們估計就在十天左右連鎖反应。夺权不能看成統統是走資本主义道路的当权派和执行資产阶級反动路綫的頑固分子，你們想想全国的党政領导机关都是走資本主义道路当权派，执行資产阶級反动路綫的頑固分子，一小撮走資本主义道的当权派，再一划，就划到三反分子去了，要統統都是，那还有一小撮？还有什么区别对待？毛泽东思想的出发点就是从实际出发，在毛主席領导下，在中央領导下"长"字号都是鉄板一块？不会这样。

夺权有各种形式，是个大問題。

夺权，政府各部門要夺，一般說，首先是夺取領导革命的权。現在搞文化革命，文化大革命要横扫一切錯誤的东西，不管当权派是哪种性质的錯誤，有的是反党的，如彭、罗、陆、楊或者是一小撮走資本主义道路的当权派，或者是执行資产阶級反动路綫的頑固分子，或者是已經改正了，但还有严重錯誤的，还有不是以上四类的……

……北京市各部夺权，一般說分两步走好一些，第一步夺領导文化大革命的权，文化大革命归革命造反派領导，（不管过去是官办的，还是勉强拼凑的，現在都处于夺权地位）首先是要在本单位夺权，再走向系統夺权。……

总之，

1.革命組織夺权要有三个大前提：高举毛泽东思想伟大紅旗；党的領导；社会主义道路；两个斗争綱領。

2.革命造反派大联合由下而上，逐步发展。

3.本单位为主，革命不要靠外因，否则有个风吹雨打，是站不稳的。所以帮助人的，不要包办代替，把人家看成阿斗，去垄断：

4.先在本单位夺权，然后发展为全系統夺权。有的是特殊的，如鉄路，即要本单位和系統結合。因为运輸不能中断。

——1.26.

現在无产阶級左派要联合起来，有的认为越少越好，只团結一部分，这样联合行动就不統一。当然我們不反对造反派內部有不同观点，但是要在斗爭实践中联合起来，在伟大的毛泽东（思想）指引下进行夺权斗爭，在这个基础上联合起来。我們要反对小集团主义，反对分裂主义，这是一切无产阶級革命派要注意的。当然允許大同小异，但是要在夺权中联合起来。……联合是夺权的第一步，还不是結束，还要爭取沒有参加造反派組織的中間派的同志联合起来，同时还要孤立打击一小撮頑固分子。还要吸收全国各学院各部的同志参加夺权斗爭。向上要同中央保持密切关系，不能孤立夺权，要有領导地夺权，最高領导就是党中央，就是毛主席。

——1.25.

三、有些工厂也开始了夺权，要把这个夺权斗爭汇成总的运动，抓革命，促生产，粉碎資产阶級反动路綫的反扑，关鍵問題在于夺权，如果那个单位还有部分权力掌握在一小撮走資本主义道路的当权派及頑固执行資产阶級反动路綫的人的手里，总不会把抓革命促生产搞好，应說明这个斗爭牵扯到夺权斗爭。

七、夺权不要怕，不要陷入到事务主义里面去。工人、农民、革命干部，革命知識分子联合在一起，不会的总要学会，只要把群众发动起来，全部权就夺在自己手里。

十、夺权以工人为主，联合革命的学生。

——1.18.

不要互相指責，不要总覚得自己比別人强，你說我，我說你，总在斗爭中比长短。要在斗爭中爭取群众多，批得深。

——1.28.

在談到应当站到什么立場上，采取什么态度进行夺权时，总理說要有革命性，科学性，組織紀律性，总理强調毛泽东思想不仅是革命的首創精神而且是最严格的科学。毛泽东思想最有科学性，需要我們认眞学习毛主席著作，不管你怎么忙，也要保持每天学习1——2小时。单学語录还不够，还要学全文，这就是向上請敎主席和他的著作，下向群众学习。

——1.25.

第一、毛主席党中央号召无产阶級革命造反派大联合，很多人是这样做的，这样很好，可惜現在有些人，反而鬧小团体主义、宗派主义、个人风头主义，这过去也有，好象現在特别厉害一些。对于这个問題要用阶級观点来观察。这是資产阶級作风，不是无产阶級作风。

第二、毛主席、党中央号召无产阶級文化大革命的矛头針对走資本主义道路当权派及刘、邓所代表的資产阶級反动路綫，可惜現在有些大反而把矛头指向革命派，指向中央文革，指向周总理、康生、江青同志，指向王力、关鋒戚本禹同志。对这种情况，难道不要用无产阶級世界观来观察一下嗎？

第三、毛主席、党中央号召无产阶級革命派要夺走資本主义道路当权派的权，有的单位夺得好，但也出現一些小团体互相夺，形成內部斗爭。我有这样一个想法：在全市范围內夺权，应当是巴黎公社式的，可以用工、农、兵、学、商代表会議形式进行全国夺权。工人、农民、革命师生、店員和街道居民，大家先考虑一下，成立一个筹备委員会，全北京市代表会議的筹委，包括工农、革命师生、店員和街道居民，这样一个夺权机关，不是临时的。不要因为夺权发展小团体主义。所以大联合和夺权分不开。我建議工、农、兵、学、商开一个临时政协会議，再筹备一个比較大范围的工农兵学商代表会議。无产阶級文化大革命是从北京开始的，可現在北京許多工作落后了，小团体主义鬧得成为全国模范了。这种現象不好。如不搞总結，合作、大联合，我們会要走比較曲折的路。不必要的弯路就不一定要去走。其办法——总結經驗。

——陈伯达同志　1.24.

我們建議在北京的紅卫兵中搞一个代表会議。先在北京搞，然后再考慮全国的紅卫兵中搞一个代表会議。

——陈伯达同志 1.24.

……我們現在正在向走資本主义道路的頑固堅持反动路綫的当权派夺权。在世界上我們支持各国革命派向美帝国主义为首的帝国主义陣营、苏联赫魯晓夫集团的修正主义、以及世界各国的反动派夺权。站在天安門，放眼全世界。

不仅向中国的修主主义夺权，而且要支持世界的革命左派向帝国主义、反动派修正主义去夺权。

——康 生同志 1.25.

要联合有两条：一是在团結一致基础上，一是不要突出个人，不要搞小团体，你們联合不够，但不要搞折衷，不要突出个人，不要搞小动作，要搞大动作。

——江 青同志 1.17.

（轉抄材料　仅供参考）

毛主席
关于教育改革和教学改革的
最高指示

（內部文件・請勿外传）

东风大学东风公社教育革命办公室

一九六七年五月

說　明

一、这本“最高指示”基本上是毛主席未曾公开发表过的文章、讲話和一部分語录，都是有关教育工作的。

二、文章、讲話及其摘要都开出目录；語录穿插其間，未列目录。另有題詞和資料摘編。

三、文章、讲話、語录均按年代排列。

四、由于本編未经領导部門审核和詳細的校訂，訛誤、遺漏很多，所以仅供学习参考，請勿公开引用或翻印。革命的同志們如发現有传抄中的錯誤，請給我們指出。

东风大学东风公社教育革命办公室

1967.5

目 

1917——1921年

第二次国内革命战争时期

抗日战争时期

第三次国内革命战争时期

新中国建立以后

毛主席在長沙第一师范学校
讀书筆記摘抄

（一九一七年——一九一八年）

閉门求学，其学无用，若从天下国家万事万物而学之，则汗漫九垓，遍游四宇尚已。

世界上一切之事业及文明，因无不起于抵抗决胜也。

河出潼关，因有太华抵抗而水力益增其奔猛，风回三峡，因有巫山为隔而风力益增其怒号。

盖历史生活之形式，不外于善恶相竟之力，与时扩充而已。

我是极高之人，不是极卑之人。

拿得定，见得远，事无不成。

日記一則（片断）

修身，人情多耽安逸而惮劳，懶惰为万恶之渊薮。人而懶惰，农则废其田畴，工则废其规矩，商则废其翳，士则废其所学，业既废矣，无以为主。而杀身亡家乃随之矣。

国而懶惰，始则不进，继则退矣，继则衰弱，終则灭亡。可畏哉！故曰懶惰万恶之渊薮也。

奋斗，夫以五千之卒敌十万之军。策罢乏之兵，当新羁之马。如此而欲图存，非奋斗不可。

朝气，少年须有朝气，否则暮气中之。暮气之来，乘疏懈之隙也，故曰怠惰者生之坟墓。

工人夜校招生广告

（一九一七年）

列位工人来听我们说句白话：列位最不便利的是什么？就是俗话说的，讲了写不得，写了认不得，有数算不得。列位做工的人，又要劳动，又无人教授，如何才能写得几个字，算得几笔数呢？现今有个最好的法子，就是我们第一师范办了一个夜校。今年上半年学生很多，列位中想有听到过的。这个夜校专为列位工人设的。从礼拜一到礼拜五止，每夜上課两点钟。教的是写信算帐，都是列位时刻要用的。讲义归我们发给，并不要錢。夜间上課又于列位工作并无妨碍。

有说时势不好，恐犯了戒严的命令。此事我们可以担保。上学以后，每人发听課证一块，遇有军警查问，说是师范夜校学生就无妨碍。如有为难之处，我们替你们做保。此层只管放心。快来报名，莫再躭搁。

（毛泽东同志早在学生时代就认识到工人和农民是社会的中坚力量。一九一七年他利用学友会举办工人夜校，怀着深厚的阶级感情，亲自起草了这份热情洋溢、简明通俗的招生广告。）

体育之研究

二十八画生

（原载1917年4月1日“新青年”第三卷第二号）

前记：本文原载于1917年4月1日“新青年”第三卷第二号，是我国以近代科学的观点认真地系统地论述体育的最早的一篇文章，也是我国近代体育事业发展中的一件十分珍貴的文献。

这篇文章以古今中外的丰富事例和唯物辯证的观点，对体育的各項基本问题进行了精辟的分析和研究。文章里指出，天地是动的（“天地盖惟有动”），我们生活在天地间的人，应当以动为养生的要义。“今日之运动，承乎昨日之运动，又引起明日之运动”。动要有规律（道），人类有规律的动作，就是体育。生活要有规律，飲食要讲卫生。

人的身体也是在不断变化的，人体变易是由于新陈代謝。所以，身体强弱不是固定不变的。如不鍛炼，强者可以变弱；勤自鍛炼，弱者可以变强。鍛炼不能靠外力，要靠主观自覺，要引起兴趣，要专一、有恒，坚持不懈，要循序漸进，不要好高騖远。

文章还提出，体育的目的，不仅在于养生，还在于卫国。体育的效用在于：强筋骨，增知识，调感情，强意志。批判了“精神、身体不能并完”的说法，指出身体和知识、感情、意志的辯证关系，运动和休息的辯证关系。身体健全，知识、品德自可发达，并且可以增强意志，引起快乐。身体衰弱，未老先衰，不仅知识、品德不能发展，同时生活减少乐趣，影响意志薄弱。于是，进而提出身体的平均发展和德育、智育、体育并重的全面教育方针。

文章里所批判的学校功课太重，特别是小学課程密如牛毛，忽视体育，无異摧残儿童身体发育；教育家多不知体育，出之不誠，行之无术；体育教师多无学识，徒有形式，而无精意；等等现象，直到今天仍还是存在的。

文章里还指出，体育应当具有勇猛和朴实的作风，所謂“进取宜蛮”，“方法宜拙”。体育应当和实用结合，如“浪桥所以适于航海，持竿所以适于逾高”。

这篇文章虽然是作者在四十年前写的，他用辯证唯物主义的观点和方法，从生理学、心理学、教育学等方面对体育及其在我国当时的实际状况加以考究，对一些不正确的认识加以批判，所得的结论正和党今天所指示我们的完全一致。中国每一个体育工作者和教育工作者都应当好好学习这篇文章。

文章虽是用文言写的，但说理深入浅出，很容易读，引证中外典故，也都是常识。为了便于体育工作者閱读，特又作了一些注释，并加新式标点。如有錯誤之处，尙希指正。

——本刊編輯部

国力苶弱（一），武风不振，民族之体质，日趋轻細。此甚可忧之现象也。提倡之者，不得其本，久而无效。长是不改，弱且加甚。夫命中致远，外部之事，结果之事也。体力充实，內部之事，原因之事也。体不坚实，则见兵（二）而畏之，何有于命中，何有于致远？坚实在于鍛炼。鍛炼在于自觉。今之提倡者，非不设种种之方法，然而无效者，外力不足以动其心，不知何为体育之眞义。体育果有如何之价值，效果云何，著手何处，皆茫乎如在雾中。其无效亦宜。欲图体育之有效，非动其主观，促其对于体育之自觉不可。苟自觉矣，则体育之条目，可不言而自知，命中致远之效，亦当不求而自至矣。不佞（三）深感体育之要，伤提倡者之不得其当，知海內同志，同此病而相怜者必多。不自惭赧（四），貢其愚见，以资商榷。所言并非皆已实行，倘多空言理想之处，不敢为欺。倘辱不遗，賜之教誨，所虛心百拜者也。

第一　释体育

自有生民以来，智识有愚闇，无不知自卫其生者，是故西山之薇（五），飢极必食；井上之李（六），不容不咽；巢木以为居；皮兽以为衣；盖发乎天能，不知所以然也。然而未精也。有圣人者出，于是乎有礼，飲食起居，皆有节度。故子之燕居，申申如也，夭夭如也（七）；食饐而餲，鱼餒而肉败，不食（八）；射于矍相之圃，盖观者如墙堵焉（九）。人体之组成，与群动无不同，而群动不能及人之寿，所以制其生者无节度也。人则以节度制其生，愈降于后而愈明，于是乎有体育。体育者，养生之道也。东西之所明者不一：庄子效法于庖丁（十），仲尼取资于射御（十一）；现今文明諸国，德为最盛，其斗剑之风，播于全国；日本则有武士道，近且因吾国之緒余，造成柔术，皝皝乎（十二）可观已。而考其內容，皆先精究生理，詳于官体之构造，脉絡之运行，何方发达为早，何部较有偏缺，其体育即准此为程序，抑其过而救其所不及。故其结论，在使身体平均发达。由此言之，体育者，人类自养其生之道，使身体平均发达，而有规则次序之可言者也。

第二　体育在吾人之位置

体育一道，配德育与智育，而德智皆寄于体。无体是无德智也。顾知之者或寡矣。或以为重在智识，道或曰德也。夫知识則誠可貴矣，人之所以異于动物者此耳。顾徒知识之何载乎？道德亦誠可貴矣，所以立群道平人己者此耳。顾徒道德之何寓乎？体者，为知识之载而为道德之寓者也。其载知识也如车，其寓道德也如舍。体者，载知识之车而寓道德之舍也。儿童及年入小学，小学之时，宜专注重于身体之发育，而知识之增进道德之养成次之。宜以养护为主，而以教授訓練为輔。今盖多不知之，故儿童緣读书而得疾病或至夭殤者有之矣。中学及中学以上，宜三育并重，今人则多偏于智。中学之年，身体之发育尚未完成，乃今培之者少而倾之者多，发育不将有中止之势乎？吾国学制，课程密如牛毛，虽成年之人，頑强之身，犹莫能举，况未成年者乎？况弱者乎？观其意，教者若特设此繁重之课，以困学生，蹂躪其身而残賊其生，有不受者則罰之；智力过人者，则令加读某种某种之书，甘言以餂之，厚賞以誘之。嗟乎，此所謂賊夫人之子歟！学者亦若恶此生之永年，必欲摧折之，以身为殉而不悔。何其梦梦如是也！人独患无身耳，他复何患？求所以善其身者，他事亦随之矣。善其身无过于体育。体育于吾人实占第一之位置。体强壮而后学问道德之进修勇而收效远。于吾人研究之中，宜视为重要之部。“学有本末，事有終始，知所先后，則近道矣。此之謂也。

第三　前此体育之弊及吾人自处之道

三育并重，然昔之为学者，詳德智而略于体。及其弊也，僂身俯首，纖纖素手，登山则气迫，步水则足痙。故有顏子而短命（一三），有賈生（一四）而早夭，王勃（一五）卢照邻（一六）或幼伤或坐废。此皆有甚高之德与智也，一旦身不存，德智则从之而隳矣（一七）。惟北方之强，任金革死而不厌（一八），燕赵多悲歌慷慨之士（一九）。烈士武臣，多出凉州（二十）。清之初世，顏习斋（二一）李刚主（二二）文而兼武。习斋远跋千里之外，学击剑之术于塞北，与勇士角而胜焉。故其言曰：“文武缺一岂道乎？”顾炎武（二三）南人也，好居于北，不喜乘船而喜乘马。此数古人者，皆可师者也。

学校既起，采各国之成法，风习稍稍改矣。然办学之人，犹未脱陈旧一流，囿于所习，不能驟变，或少注意及之，亦惟是外面铺张，不揣其本而齐其末。故愚观现今之体育，率多有形式而无实质。非不有体操课程也，非不有体操教員也，然而受体操之益者少。非徒无益，又有害焉。教者发令，学者强应，身順而心违，精神受无量之痛苦，精神苦而身亦苦矣。盖一体操之終，未有不貌瘁神伤者也。飲食不求洁，无机之物，微生之菌，入于体中，化为疾病；室內光綫不足，则目力受害不小；桌椅长短不合，削趾适履，则躯干受亏；其余类此者尚多，不能尽也。

然則为吾儕学者之计如之何？学校之设备，教师之教訓，乃外的客观的也。吾人盖尚有內的主观的。夫內斷于心，百体从令。祸福无不自己求之者，我欲仁斯仁至，况于体育乎，苟自之不振，虽使外的客观的尽善尽美，亦犹之乎不能受益也。故讲体育必自自动始。

第四　体育之效

人者动物也，则动尙矣。人者有理性的动物也，则动必有道。然何貴乎此动邪？何貴乎此有道之动邪？动以营生也，此浅言之也；动以卫国也，此大言之也。皆非本义。动也者，盖养乎吾生乐乎吾心而已。朱子（二四）主敬，陆子（二五）主静。静，静也；敬，非动也，亦静而已。老子（二六）曰无动为大。释氏（二七）务求寂静。静坐之法，为朱陆之徒者咸尊之。近有因是子（二八）者，言静坐法，自詡其法之神，而鄙运动者之自损其体。是或一道，然予未敢效之也。愚拙之见，天地盖惟有动而已。

动之属于人类而有规则之可言者曰体育。前既言之，体育之效，则强筋骨也。愚昔尝聞，人之官骸肌絡，及时而定，不复再可改易，大抵二十五岁以后，即一成无变。今乃知其不然。人之身盖日日变易者：新陈代謝之作用不绝行于各部组织之间，目不明可以明，耳不聪可以聪，虽六七十之人犹有改易官骸之效，事盖有必至者。又聞弱者难以转而为强，今亦知其非是。盖生而强者，滥用其强，不戒于种种嗜欲，以漸戕贼其身，自謂天生好身手，得此已足，尙待鍛炼？故至强者或終转为至弱。至于弱者，则恒自憫其身之不全，而惧其生之不永，竞业自持。于消极方面，则深戒嗜欲，不敢使有損失。于积极方面，则勤自鍛炼，增益其所不能。久之遂变而为强矣。故生而强者不必自喜也，生而弱者不必自悲也。吾生而弱乎，或者天之誘我以至于强，未可知也。东西著称之体育家，若美之罗斯福（二九）、德之孙棠（三十）、日本之嘉納（三一），皆以至弱之身，而得至强之效。又尝聞之，精神身体，不能并完。用思想之人，每歉于体；而体魄蛮健者，多缺于思。其说亦謬。此盖指薄志弱行之人，非所以概乎君子也。孔子七十二而死，未聞其身体不健；释迦往来传道，死年亦高；邪稣（三二）不幸以冤死；至于摩訶末（三三），左持经典，右执利剑，征压一世。此皆古之所謂圣人，而最大之思想家也。今之伍秩庸先生（三四），七十有余岁矣，自謂可至百余岁，彼亦用思想之人也；王湘綺（三五）死年七十余，而康健矍鑠。为是说者，其何以解邪？总之，勤体育则强筋骨，强筋骨则体质可变，弱可转强，身心可以并完。此盖非天命而全乎人力也。

非第强筋骨也，又足以增知识。近人有言曰：文明其精神，野蛮其体魄。此言是也。欲文明其精神，先自野蛮其体魄。苟野蛮其体魄矣，则文明之精神随之。夫知识之事，认识世间之事物而判断其理也。于此有须于体者焉。直观则賴乎耳目，思索则賴乎脑筋，耳目脑筋之謂体，体全而知识之事以全。故可謂间接从体育以得知识。今世百科之学，无论学校独修，总须力能胜任。力能胜任者，体之强者也。不能胜任者，其弱者也。强弱分，而所任之区域以殊矣。

非第增知识也，又足以调感情。感情之于人，其力极大。古人以理性制之，故曰"主人翁常惺惺否"（三六），又曰"以理制心"。然理性出于心，心存乎体。常观罢（三七）弱之人，往往为感情所役，而无力以自拔。五官不全及肢体有缺者，多困于一偏之情，而理性不足以救之。故身体健全，感情斯正，可謂不易之理。以例言之。吾人遇某种不快之事，受其刺激，心神震蕩，难于制止。苟加以严急之运动，立可汰去陈旧之观念，而复使脑筋清明，效盖可立而待也。

非第调感情也，又足以强意志。体育之大效，盖尤在此矣，夫体育之主旨，武勇也。武勇之目，若猛烈，若不畏，若敢为，若耐久，皆意志之事。取例明之，如冷水浴足以練习猛烈与不畏，又足以練习敢为。凡各种之运动，持续不改，皆有練习耐久之益。若长距离之賽跑，于耐久之練习尤著。夫力拔山气盖世（三八），猛烈而已；不斬楼兰誓不还（三九），不畏而已；化家为国，敢为而已；八年于外，三过其门而不入（四十），耐久而已。要皆可于日常体育之小基之。意志也者，固人生事业之先驅也。

肢体纖小者举止轻浮，肤理緩弛者心意柔鈍，身体之影响于心理也如是。体育之效，至于强筋骨，因而增知识，因而调感情，因而强意志。筋骨者吾人之身，知识感情意志者吾人之心。身心皆适，是謂俱泰。故夫体育非他，养乎吾生、乐乎吾心而已。

第五　不好运动之原因

运动为体育之最要者。今之学者多不好运动，其原因盖有四焉：一則无自覺心也。一事之见于行为也，必先动其喜为此事之情，尤必先有对于此事明白周詳知其所以然之智。明白周詳知所以然者，即自覺心也。人多不知运动对于自己有如何之关系，或知其大略，亦未至于亲切严密之度。无以发其智，因无以动其情。夫能研究各种科学孜孜不倦者，以其关系于己者切也。今日不为，他日将无以謀生。而运动則无此自覺，此其咎由于自己不能深省者半，而教师不知所以开之亦占其半也。一則积习难返也。我国历来重文，羞齿短后（四一），动有好汉不当兵之语。虽知运动当行之理，与各国运动致强之效，然旧观念之力尚强，其于新观念之运动，盖犹在迎拒参半之列。故不好运动，亦无怪其然。一則提倡不力也。此又有两种：其一，今之所称教育家，多不諳体育。自己不知体育，徒耳其名，亦从而体育之，所以出之也不誠，所以行之也无术，遂減学者研究之心。夫蕩子而言自立，沉湎（四二）而言节飲，固无人信之矣。其次，教体操者多无学识，语言鄙俚，聞者塞耳。所知惟此一技，又未必精，日日相见者，惟此机械之动作而已。夫徒有形式而无精意以贯注之者，其事不可一日存，而今之体操实如是。一則学者以运动为可羞也。以愚所考察，此实为不运动之大原因矣。夫衣裳襜襜、行止于于、瞻视舒徐而夷犹（四三）者，美好之态，而社会之所尚也。怱尔张臂露足，伸肢屈体，此何为者邪？宁非大可怪者邪？故有深知身体不可不运动，且甚思实行，竟不能实行者；有群行群止能运动，单独行动則不能者；有燕居私室能运动，稠人广众則不能者。一言蔽之，害羞之一念为之耳。四者皆不好运动之原因。第一与第四属于主观，改之在己；第二与第三属于客观，改之在人。君子求己，在人者听之可矣。

第六　运动之方法貴少

愚自伤体弱，因欲研究卫生之术。顾古人言者亦不少矣。近今学校有体操、坊间有书冊，冥心务泛（四四），終难得益。盖此事不重言谈，重在实行，苟能实行，得一道半法已足，曾文正（四五）行临睡洗脚、食后千步之法，得益不少。有老者年八十犹康健，问之，曰：“吾惟不飽食耳。”今之体操，諸法樊陈（四六），更仆尽之（四七），宁止数十百种？巢林止于一枝，飲河止于滿腹（四八）。吾人惟此身耳，惟此官骸藏絡（四九）耳，虽百其法，不外欲使血脉流通。夫法之致其效者一，一法之效然，百法之效亦然，则余之九十九法可废也。目不两视而明，耳不两听而聪，筋骨之鍛炼而百其方法，是扰之也。欲其有效，未见其能有效矣。夫应諸方之用，与鍛一己之身者，不同。浪桥所以适于航海，持竿所以适于逾高，游戏宜乎小学，兵式宜乎中学以上，此应諸方之用者也。运动筋骸使血脉流通，此鍛一己之身者也。应諸方之用者其法宜多，鍛一己之身者其法宜少。近之学者，多误此意，故其失有二：一则好运动者，以多为善，几欲一人之身，百般俱备，甚至无一益身者；一则不好运动者，见人技艺多，吾所知者少，则绝棄之而不为。其宜多者不必善，务广而荒，又何貴乎？少者不必不善，虽一手一足之屈伸，苟以为常，亦有益焉。明乎此，而后体育始有进步可言矣。

第七　运动应注意之項

凡事皆宜有恒，运动亦然。有两人于此，其于运动也，一人时作时輟，一人到底不懈，则效不效必有分矣。运动而有恒，第一能生兴味。凡静者不能自动，必有所以动之者。动之无过于兴味。凡科学皆宜引起多方之兴味，而于运动尤然。人静处则甚逸，发动则甚劳，人恒好逸而恶劳，使无物焉以促之，则不足以移其势而变其好恶之心。而此兴味之起，由于日日运动不輟。最好于才起临睡行两次运动，裸体最善，次则薄衣，多衣甚碍事，日以为常，使此运动之观念，相連而不绝，今日之运动，承乎昨日之运动，而又引起明日之运动。每次不必久，三十分钟已足。如此自生一种之兴味焉。第二能生快乐。运动既久，成效大著，发生自己价值之念。以之为学则胜任愉快，以之修德则日起有功，心中无限快乐，亦緣有恒而得也。快乐与兴味有辨。兴味者运动之始，快乐者运动之終。兴味生于进行，快乐生于结果。二者自異。

有恒矣，而不用心，亦难有效。走马观花，虽日日观，犹无观也。心在鳴鵠（五十），虽与俱学，勿若之矣。故运动有注全力之道焉。运动之时，心在运动，閑思杂虑，一切屏去，运心于血脉如何流通，筋肉如何张弛，关节如何反复，呼吸如何出入。而运作按节，屈伸进退，皆一一踏实。朱子论主一无适（五一），謂吃饭則想着吃饭，穿衣則想着穿衣。注全力于运动之时者，亦若是則已耳。

文明柔順（五二），君子之容。虽然，非所以语于运动也。运动宜蛮拙。騎突枪鳴十蕩十决（五三），喑鳴頹山岳，叱咤变风云，力拔项王之山，勇贯由基之札（五四），其道盖存乎蛮拙，而无与于纖巧之事。运动之进取宜蛮，蛮则气力雄，筋骨劲。运动之方法宜拙，拙則资守实，練习易。二者在初行运动之人为尤要。

运动所宜注意者三：有恒一也，注全力二也，蛮拙三也。他所当注意者尚多。举其要者如此。

第八　运动一得之商榷

愚既粗涉各种运动，以其皆系外鑠而无当于一己之心得。乃提挈各种运动之长，自成一种运动，得此运动之益，頗为不少。凡分六段：手部也，足部也，躯干部也，头部也，打击运动也，调和运动也。段之中有节，凡二十有七节。以其为六段，因名之曰六运动。兹述于后，世之君子，幸教正焉。

一 手部运动，坐势。

1.握拳向前屈伸。左右参，三次（左右参者，左动右息，右动左息，相参互也）。

2.握拳屈肘前側后半圓形运动。左右参，三次。

3.握拳向前面下方屈伸。左右并，三次（左右并者，并动不相参互）。

4.手仰向外拿。左右参，三次。

5.手复向外拿。左右参，三次。

6.伸指屈肘前刺。左右参，三次。

二 足部运动，坐势。

1.手握拳左右垂。足就原位一前屈，一后斜伸。左右参，三次。

2.手握拳前平，足一側伸，一前屈。伸者可易位，屈者惟趾立。臀跟相接。左右参，三次。

3.手握拳左右垂。足一支一揭。左右参，三次。

4.手握拳左右垂。足一支一前踢。左右参，三次。

5.手握拳左右垂。足一前屈，一后伸。屈者在原位，伸者易位，两足略在直綫上。左右参，三次。

6.手释拳。全身一起一蹲，蹲时臀跟略接，三次。

三 躯干部运动，立势。

1.身向前后屈。三次（手握拳，下同）。

2.手一上伸，一下垂，绷张左右胸肋，左右各一次。

3.手一側垂，一前斜垂。绷张左右背肋，左右各一次。

4.足丁字势，手左右横蕩，扭捩腰胁。左右各一次。

四 头部运动，坐势。

1.头前后屈。三次。

2.头左右转。三次。

3.用手按摩额、頰部、鼻部、唇部、喉部、耳部、后頸部。

4.自由运动。头大体位置不动，用意使皮肤及下顎运动。五次。

五 打击运动。不定势（打击运动者，以拳遍击身体各处，使血液奔注，筋肉坚实，为此运动之主）。

1.手部。右手击左手，左手击右手。

（1）前膊。上面、下面、左面、右面。

（2）后膊。上面、下面、左面、右面。

2.肩部。

3.胸部

4.胁部。

5.背部。

6.腹部。

7.臀部。

8.腿部。上腿、下腿。

六　调和运动，不定势。

1.跳舞。十余次。

2.深呼吸。三次。

注　释

（一）“苶”音涅，疲弱的样子。

（二）“兵”，就是武器。

（三）“不佞”，謙虛的自称。

（四）“不自漸赧”，自己不感到惭愧，表示謙虛的意思。

（五）“西山之薇”，见“史记”。伯夷、叔齐兄弟二人，不愿继承孤竹君的王位，逃到首阳山隐姓埋名。周武王起兵打殷紂王，他俩不以为然，曾拦马劝阻无效。周朝得了天下，伯夷、叔齐以吃周朝的粮食为耻，就在西山下采野薇吃。后餓死。

（六）“井上之李”，见“孟子”。陈仲子，战国时人，他的哥哥做了大官，他以为不义，不愿在他哥哥家里做寄生虫，便同自己的妻子逃到楚国，织麻鞋为生。有一次，他三天沒有吃饭，看见井上有被虫子吃了过半的李子，自己忍不住爬过去吃。

（七）“子之燕居”三句，见“论语”。说孔老夫子在休息时十分舒坦的样子。

（八）“食饐而餲”三句，见“论语”。是说孔夫子讲卫生，经久变味的饭和烂鱼敗肉，孔夫子是不吃的。

（九）“射于矍相之圃”二句，见“礼记”。矍相在山东曲阜县城內闕里以西，孔子当日在这里射箭，来看的人很多，象墙一般围着他。射箭在古时是一种礼制，又可以观察人的道德修养，不只是武人的事，孔子对射箭也很有造詣。

（十）“庄子效法于庖丁”，见“庄子”。庄周，战国时哲学家。他写一个炊事員宰牛的经验和技术，以解剖的路数悟出“依乎天理”、“因其固然”的道理来。于是联想到养生之道，写成一篇“养生主”。大意是说，养生有道，若不善养而反伤生，不是养生之主。

（一一）“仲尼取资于射御”，是说孔子从射箭和駕车这两項練习为养生之法。孔子以“礼、乐、射、御、书、数”六门技艺作教育內容，射与御都属体育。

（一二）“觥”，是大酒杯，“觥觥乎”，大的意思。这句是说大有可观。

（一三）“颜子而短命”，见“论语”。颜回，孔子最好的学生，爱学习，又有德行。但体弱，二十九岁头发都白了，死年三十二，孔子很伤心。

（一四）“賈生早夭”，见“史记”。西汉賈誼，有才学，对国事多所建议，为权貴所忌，貶于长沙，抑郁早死，年三十三。

（十五）“王勃”，唐朝人，六岁便能写文章，十四岁作“滕王閣序”，是初唐四个文豪（四杰）之一。二十九岁时，掉到水里淹死了。

（一六）“卢照邻”，也是初唐四杰之一，得手足痙攣病，成了残废，后自投水死。

（一七）“隳”，音灰，毁的意思。

（一八）“北方之强”二句，见“中庸”。说北方人强壮，为保卫国家，穿起甲、枕着戈睡觉，死而不厌。

（一九）“燕赵多悲歌慷慨之士”，是唐代韓愈的文句。燕指河北，赵指山西。韓愈用汉书“赵中山地薄人众，丈夫相聚游戏，悲歌慷慨”的情况，想到荆軻、高漸离行刺秦始皇的故事，说明这些地方民情强悍，出勇士和俠客。

（二十）“凉州”，指甘肃。

（二一）“颜习斋”，名元，清朝人。研究学问主张实践，勤劳动，忍嗜欲，苦筋骨，习六艺，讲世务，以备天下国家之用。他兼长武术。

（二二）“李刚主”，名塨，清朝人，和颜元是一派。通五经六艺，主张学问要结合实用。

（二三）“顾炎武”，明末江苏昆山人，曾与同志起兵反清复明，兵败逃走。清朝屡次請他出来作官，都不应；周游四方，心存光复。以后埋头读书，讲经世实用，有民主思想。同时研究国家制度、地方利弊、天文、地理、兵农之学，著作甚多，年高望重，为清代学术大师。

（二四）“朱子”朱熹，宋朝的理学家。

（二五）“陆子”陆九渊，宋朝的理学家。

（二六）“老子”，姓李名耳，又名老聃，周朝人，著道德经。

（二七）“释氏”佛教创始者释迦牟尼。

（二八）“因是子”，名叫蔣維乔，习靜坐数十年，著有“因是子靜坐法”。

（二九）“罗斯福”，美国人，一九零一年任总统，后連任。其人好胜，体格亦强，总统卸任后，到非洲东部探险，著述甚多。一九三二年开始任总统的，是另一个小罗斯福。

（三十）“孙棠”，据日本“体育大辞典”载Sando，是德国鉄哑鈴操的普及者，常作巡回表演。

（三一）“嘉納”（1860—1938），日本东京大学教授，讲道館館长，曾将日本“柔术”改良为“柔道”，后被选为国际奥林匹克委員会委員。

（三二）“邪穌”，即耶穌，因改革犹太教，被釘死于十字架。

（三三）“摩訶末”，即伊斯兰教的创始者穆罕默德。

（三四）“伍秩庸”，即伍廷芳，是清朝留学美国的較早者，辛亥革命后，任外交、司法等部部长。

（三五）“王湘綺”，即王闿运，清朝曾在校经、船山几个大书院讲学，辛亥革命后，任国史館館长。

（三六）“主人翁常惺惺否”，是说以理性克制感情，经常警惕自己的意思。

（三七）“罢”，就是疲。

（三八）“力拔山气盖世”。項羽在垓下被围，作歌有“力拔山兮气盖世”一句。

（三九）“不斬楼兰誓不还”。楼兰是汉时西域国名，曾截杀汉使者，屡犯汉境。傅介子自請往击楼兰，说不斬楼兰王誓不回来。以后果然把楼兰王的首级斬了回来。

（四十）“八年于外，三过其门而不入”。夏禹一心治水，在外八年，手足都生了老茧，三次路过自己家门都顾不得进去。

（四一）“羞齿短后”。短后，是说衣的后幅較短，便于劳作。后来也称军人之衣为短后衣。本文“羞齿短后”是说重文轻武，文人向来耻于和武人并列。

（四二）“沉湎”，沉溺的意思。本文里是说終日飲酒，像浸在酒里的人，自己还说节飲，岂不是騙人？

（四三）“裱裱”，温文尔雅，很斯文的样子。“于于”，走路的样子。“瞻视舒徐而夷犹”，瞻前顾后，慢条斯理，要走不走的样子。

（四四）“冥心务泛”二句，是说只潜心去空想，而不实行，是得不到益处的。

（四五）“曾文正”，即曾国藩。他不论在工作时，行军时，都不间断地实行“临睡洗脚，食后千步”的健身方法。

（四六）“樊陈”，即杂列着。

（四七）“更仆尽之”。一个人数不完，换人去数完它。

（四八）“巢林”“飲河”两句，是说树林里枝椏虽多，鳥儿只巢宿一枝；河水虽多，飲者喝饱也就完了。不能把树枝和河水都占尽。体育运动也只要专精一种，长期坚持鍛炼，自然得到效果。

（四九）“藏”，就是五“脏”；“絡”，就是血脉神经。

（五十）“心在鴻鵠”，语意见于孟子：“一心以为鴻鵠将至，思援弓缴而射之。”意思是说在工作时不当心。

（五一）“主一无适”，是说专一不移。

（五二）“文明柔順”。古人称贊周文王“外文明而內柔順”，显现出有文化修养，而內心和順。

（五三）“十蕩十决”是说項羽力能拔山，勇气过人。“史记”载，項羽喑嗚叱咤，千人皆废。又载：羽在垓下（在今安徽灵壁县）被刘邦重重包围，只剩百十騎，十次突围冲蕩汉兵，都突破了缺口。

（五四）“勇貫由基之札”。养由基，春秋时楚国人，善射，能在百步之外射穿柳叶，百发百中。“札”是甲叶，左传上说，由基射力之强，能射穿七重甲。

（原载体育文丛）

湖南自修大学創立宣言

毛泽东　（一九二一年）

人是不能不求学的。求学是要有一块地方并且要有一种组织的。从前求学的地方在学院，书院废而为学校，世人便爭毁书院，爭誉学校，其实书院，学校各有其毁也各有其誉。所謂书院可毁，在它研究的內容不对。书院研究的內容就是“八股”干祿之具，这些只是一些玩物，那能算得上正当的学问。就这一点论，我们就可以说书院不对得很！但是书院也尽有好处。要晓得书院的好处，先要晓得学校的坏处。原来学校的好处很多，但坏处也就不少。学校的第一坏处是师生间沒有感情，先生抱一个金錢主义；学生抱一个文凭主义。“交易而退，各得其所”，什么施教，授教，一种商行行为罢了！学校的第二坏处，是一种划一的机械的教授法和管理法去戕贼人性的。人的资格各有不同，高才低能，悟解回則，学校則不管这些，只晓得用一种同样的东西去灌给你吃。人类为尊重人格，不应该誰“管理”誰，学校乃袭专制皇帝的余威，蔑视学生的人格，公然将学生管理起来。只有划一的教授，而学生无完全的人格。这是学校最大的缺点，有心教育的人所不能忽视的。学校的第三坏处，是钟点过多，课程过繁。終日埋头于课堂，而不知上课以外还有天地，学生往往神昏意怠，全不能用他们的心思为自动自发的研究。总括这些坏处，固然不能概括一切的学校，说他们尽是这样，并且缺点所在将来总还有改良的希望，但大体确是这样。欲想要替他隐諱也无从隐諱。他坏的总根，主使学生立于被动，消磨个性，减少性灵，庸懦的随俗浮沉。高才的相与垂足。回看书院，形式上的坏处虽然也有，但上面所举学校的坏处，則都沒有。一来是师生感情甚篤。二来沒有教授管理，但为精神往来，自由研究。三来课程簡，即研讨周，可以优游暇豫，玩索有得。故以“研究的形式”一点来说，书院比学校实在优胜得多。但是现代学校有一項特长，就是他研究的內容专用科学，或把科学的方法研究哲学和文字，这一点則是书院所不及学校的。自修大学之所以为一种新制，就是取古代书院之形，納入现代学校的內容，而为适合人性便利研究的一种特别组织。

以上是说书院学校各有利弊，自修大学乃取其利去其弊。现在再说自修大学独有的利。而书院和学校共有的弊，就是平民主义与非平民主义。书院与官式大学均有极严峻的程限，不及程限的不能入学，固工得言，实反了两偶极，即有木为优才经入学考試而见遺的，便从此乃绝其向学路。现在确实有些有志青年，沒有得到求学的机会，实在可叹可惜！是一。书院和官式大学。将入学者看得太神密了，认为久有……（下略）

（抄于毛泽东旧居韶山陈列館）

自修大学規則

（一九二一年八月）

一、自修大学，学生自己研究学问的主脑是“自己看书，自己思索”。自修大学里的图书館就是专为这項用的。

二、自修大学于“自己看书，自己思索”之外，又有“共同讨论共同研究”，各种研究会的组织，就是专为这項用的。

三、自修大学虽然不要贯注食物式的教員，但也有随时指导的人，作学生自修补助。

四、自修大学以学科为单位，学生研究一科也可，研究数科也可每科研究的时间和范围，都听学生依自己的自愿和程度去规定。

五、自修大学学生，不但修学，还要向工的意思，养成健全的人格，煎滌不良习惯，为学新社会的准备。

苏維埃区域的文化教育

（一九三四年一月）

为着革命战争的胜利，为着苏維埃政权的巩固和发展，为着动員民众一切力量加入于伟大的革命事业，为着创造革命的新时代，苏維埃必须实行文化教育的政策，解除反动统治阶级所加在工农群众精神上的桎梏，而创造新的工农的苏維埃的文化。

誰都知道：国民党统治下一切文化教育机关，是操縱在地主资产阶级手里的，他们的教育政策是一方面实行反动的武断宣传以消灭被压迫阶级的革命思想；一方面实行愚民政策，按工农群众排除于教育之外，反革命国民党把教育经费拿了作为进攻革命的经费，学校大部分停办，学生大部分失学，因此在国民党统治之下，造成了人民的愚昧无智。全国文盲数目占全国人口百分之八十以上。对于革命文化思想則采取极端残酷的白色恐怖。任何进步的文学家，社会科学家，一切文化教育机关中的革命知识分子，都要受到国民党的教育政策。

誰要是跑到我们苏区来看一看，那就立刻看见一个自由光明的新天地。

这里一切文化教育机关，是操在工农劳苦群众手里，工农及其子女享受教育的优先权。苏維埃用一切方法提高工农的文化水平。为了这个目的给群众政治上与物质条件上的一切可能的帮助。

苏維埃文化教育的总方针在什么地方呢？在于以共产主义的精神来教育广大劳苦民众，在于使文化教育为革命战爭和阶级斗爭服务。在于使教育和劳动联合起来，在于使广大中国民众成为享受文明幸福的人。

摘自《中华苏維埃共和国中央执行委員会对第二次全国苏維埃大会的讲话》

給抗大校長林彪同志的一封信

林彪同志：

你的信我完全同意。还有一点，就是三科的文化教育（识字、作文、看书报能力的养成）是整个教育计划中，最重要、最根本的部分之一，如你们所说的实际与理论并重，文化工具就是“实际”的一部分。如你所说的实际与理论联系，文化工具乃是能够而且必须用了去把二者联系起来的。如果学生一切课都学好了，但不能来看书、作文，那他们出校后的发展仍是很有限的。如果一切課学了許多，但不算很多，也不算很精，但学会了看书、作文，那他们出校后的发展，就有了一种常常用得的基础工具了。如果你同意此意见，那我想应在二、三两科，在以后的四个月中，把文化课（识字、看书、作文三门）更增加些，我意把它增加到全学习时间（包括自修时间）的四分之一或三分之一，請你考虑这个问题。定期检查时文化应是重要的检查标准之一。

布礼

毛泽东

一九三六年二月六日

給徐老的一封信

（一九三七年一月三十日）

徐老同志：

你是我二十年前的先生，你现在仍然是我的先生，你将必定还是我的先生。当革命失败的时候，許多共产党員离开了共产党，有的甚至跑到敌人那边去了，你却在一九二七年秋天加入共产党，而且采取的态度是十分积极的。从那时至今长期的艰苦斗爭中，你比許多青年、壮年党員要积极，还要不怕困难，还要虛心学习新的东西。什么“老”，什么“身体精神不行”，什么困难障碍在你面前都降服了。而在有些人面前呢？却做了畏縮不前的借口，你是懂得很多而时刻以为不足，而在有些人本来只有“半桶水”却偏要“滿得很”。你是心里想的，就是口里说的与手里做的。而在有些人他们心之某一角落，却不免藏着一些腌腌臜臜的东西。你是任何都是同群众在一起的，而在有些人却似乎脫离群众为快乐。你是处处表现自己就是服从党的与革命的纪律之模范，而在有些人却似乎认为纪律只是束縛人家的，自己并不包括在內。你是革命第一，工作第一，他人第一，而在有些人却是出风头第一，休息第一与自己第一。你总是拣难事做，从来也不躲避责任，而在有些人則只愿意拣轻松事做，遇到担当责任的关头就躲避了。所有这些方面我都是佩服你的，愿意继续地学习你的，也愿意全党同志学习你。当你六十岁生日的时候写这封信祝賀你，愿你健康，愿你长寿，愿你成为一切革命党人与全体人民的模范。

此　致

革命敬祝！

毛泽东

一九三七年一月三十日于延安

在抗大校舍落成大会上的訓詞（大意）

我要与同志们说的，在这次伟大的事业中获得成功的原因，把它总括起来说，就是能够克服困难与联系群众。过去十年的斗爭经验均证明着，你们这次挖窰洞也证明着，将来在抗战过程中还要证明着，如能如此，可以战胜一切！

克服自然困难战胜泥土与克服活的敌人战胜日寇，虽然有很多方面相同，然而有很多方面都不完全相同，它将更艰苦更困难些，所以在抗战中，不独要有克服困难与联系群众的方針，还要善于运用战略与战术，还要善于组织动員领导群众与爭取同盟军等工作补充起来才行。

你们现在已经有克服困难与联系群众的精神，只要在这个基础上经你们的天才把它继续发揚与发挥起来，战胜日本，驅逐日本出中国是完全有可能的。

——抗大校刊"我们的伟大事业"第十四期（一九三七年十月二十四日

論新阶段（节选）

（一九三八年十一月）

在一切为着战爭的原则下，一切文化教育事业均为使之适合战爭的需要，因此，全民族的第一个任务：在于实现如下各項的文化教育政策。第一，改訂学制，废除不急需与不必要的课程，改变管理制度，以教授战爭所必需的课程及发揚学生的学习积极性为原则。第二，创设并扩大增强各种干部学校，培养大批的抗日干部。第三，广泛发展民众教育，组织各种补习学校，识字运动，戏剧运动，歌咏运动，体育运动，创办敌前敌后各种地方通俗报紙，提供人民的民族文化与民族觉悟。第四，办理义务的小学教育，以民族精神教育新后代。一切这些，也必须拿政治上动員民力与政府的法令相配合，主要的在于发动人民自己教育自己，而政府结合恰当的指导与调整，给以可能的物质帮助，单靠政府用有限的财力办几个学校，报紙等等，是不足完成提高民族文化与民族觉悟之伟大任务的。抗战以来，教育制度已在变化中，在抗战政府有了显著的改进，但至今还沒有整个制度适应抗战需要的变化，这种情形是不好的。伟大的抗战必须有伟大的抗战教育运动与之相配合，二者间不配合的现象应免除。

在中共中央干部教育部动員大会上的講話（摘要）

（一九三九年五月二十四日）

……继由毛泽东同志讲话，他用通俗的话，扼要地指出在学习过程中可能发生的困难，和学习的方法；要在工作、生产的百忙中，以"挤"的方法，获得学习的时间。以

“鑽”的方法求得问题的了解与深入。

在抗大成立三周年紀念大会上的講話(摘要)

(一九三九年六月一日)

“今天是你们的三周年纪念日。抗大办了三年了，我们的抗战快两年了。抗大是抗日的，抗大的目的是要打倒日本帝国主义，彻底解放中华民族。抗大三年以来创造了很多的堅强的抗日干部，到前綫去。到敌人后方去，打击敌人，消灭敌人。”

今天，我们国內还有很多汪派的人，投降主义者，投降派；他们不贊成抗战到底，他们主张与日本帝国主义讲和，主张妥协、投降。我们要做什么？我们要反对投降。“抗战到底”这是蔣委員长所号召的，全国人民所拥护的。“反对投降，抗战到底”。我们抗大，一致的拥护。我们抗大的人，不能有一人不抗战到底，不能有一人不反对投降，不能有一人贊成和平妥协的；如果有一个，就不是抗大的学生，是抗大的败类，是中华民族的败类。全国各党派也是一样，不許有一人讲和，要全体一致的抗战到底！这就是抗大的根本主张。过去三年是这样，以后三年，以后很多年也是这样。“反对投降，抗战到底”，这就是抗大的方针。……

在延安模范青年給獎大会上的講話(摘要)

(一九三九年六月)

青年应该把坚定正确的政治方向放在第一位，模范青年是代表中国老百姓，要一生代表他们。

自己代表还不够，并且还要教訓儿子，中国革命沒有成功，要长期斗争，永远奋斗。

中共中央軍事委員会
《关于整理抗大問題的指示》

(一九三九年七月)

抗大以及一切由知识分子组成的军政学校及教导队之办理方针，应当如下：

一、把知识青年訓練成为无产阶级的战士或同情者，把他们訓練成为八路军的干部，确是一个艰苦的工作，我们应努力转变他们的思想，注意于领导他们思想转变的过程，用适当的方式组织学生中的思想上的争论和辩论，实际上这样的学校中一定有资产阶级思想与无产阶级思想的斗争。

二、学校一切工作都是为了转变学生的思想。政治教育是中心的一环，课目不宜太多，阶级教育，党的教育与工作必须大大加强。抗大不是统一战綫学校，而是党领导下的八路军干部学校。

三、教育知识青年的原则是：

1、教育他们掌握马列主义，克服资产阶级及小资产阶级的思想意识；

2、教育他们有纪律性组织性，反对组织上的无政府主义与自由主义；

3、教育他们决心深入下层实际工作，反对轻视实际经验；

4、教育他们接近工农，决心为他们服务，反对看不起工农的意识。

在中國女子大学开学典礼上的講話

（一九三九年七月）

同志们！今天大家都很高兴，我也高兴。……

女大的成立，在政治上是有着非常重大的意义。它不仅是培养大批有理论武装的妇女干部，而且要培养大批做实际工作的妇女运动的干部，准备到前綫去，到农村工厂去，组织两万万二千五百万妇女来参加抗战。假如中国沒有占半数的妇女的觉醒，中国的抗战是不会胜利的，妇女在抗战中是有非常重大的作用。教育子女，鼓励丈夫，教育群众，均需要通过妇女，只有妇女都动員起来，全国人民也必然会动員起来了，这是沒有问题的。

女大现在办起来，将来还要維持下去，要維持下去，就要经过更大的持久的奋斗。我们办女大，有些人不贊成，首先就是那些“頑固分子”，他们不贊成，他们設关卡，阻止各地学生到延安来学习，不愿妇女得到徹底的解放。

其次，还需要与轻视妇女运动的观念作斗爭，因为他们看不出妇女的作用，忽视妇女在革命中的伟大力量。只有克服这些阻碍，才能使现在的女大发展起来。

我们希望女大多教职員同志们，要安心工作，准备长期工作的决心，我们党应该有很多专门从事教育工作的人。……

全国妇女起来之日，就是中国革命胜利之时！

（全場报之以热烈的掌声，并高呼：女大万岁！毛泽东同志万岁！）

在"陕甘宁边区学生救國联合会"第一次代表大会上的講話(摘录)

(一九三九年八月十三日)

我们很高兴，因为同志们非常热烈的在这里开会，同志们开会的內容沒有问你们，但是我们已经知道了。在我们中国开的有两种：一种就是防止中国自由独立的会，是汉奸他们开的，頑固分子开的；一种是要求中国的自由独立……。沒有民主要打倒日本帝国主义得到最后的胜利是不能够的。亡国好还是不亡国好？我们说不要亡国好，但是要民主，沒有民主一定要亡国。民主是什么东西呢？民主就是走路的自由权，有这一点就够了，有了这一条，我们可以随便走到什么地方，可以去反对法西斯，反对汉奸托派，所以这两个字一定要。

孙中山有一个主义叫民权主义，现在有些人不记得了，他们偏偏说是孙中山忠实的信徒，信徒还不够，还是忠实的信徒……。

在中共中央举行的祝賀吳玉章同志六十寿辰大会上的祝詞

(一九四零年一月十五日)

今天大家欢聚一堂，为吳老祝寿，想起我在两年前为徐老祝寿时的感想，我那时就说过，我们替他祝寿，不是无原因的。记得我在青年的时候，很不喜欢老人，因为他们会欺负青年人的，青年人誰沒有点錯误呢？但是你，錯不得，他们对你是很凶的。一切事情，小孩子、青年人是沒有发言权的。中国的青年受封建家庭、封建社会的罪大了。但是现在世界改变了，青年人喜欢老年人，就象我们的吳老、林老、徐老、董老、謝老，都是很受青年欢迎的。为什么有这个转变呢？因为这些老同志不但不欺负青年，而且非常热心地帮助青年，他们的行为足为青年的模范，所以青年都十分热爱他们。党外也有許多受青年尊敬的老人，例如马相柏就是一个，他做寿时我们共产党还打了賀电去，因为他是主张抗日与民主政治。人总是要老的，老人为什么可貴呢？如果老就可貴，那么不可貴的人就多了。因此我们一生要有一个标准。就是说可貴的是他一輩子做好事，做坏事，做有利于人类的事，不做害人的事。如果前头做点好事，后来又做坏事，这就叫做沒有堅持性。一个人做点好事并不难，难的是一輩子做好事，不做坏事，一貫的有益于广大群众，一貫的有益于青年，一貫的有益于革命，艰苦奋斗几十年如一日，这才是最难最难的啊！

我们的吴玉章老同志就是这样一个几十年如一日的人。他今年六十岁了，他从同盟会到今天，干了四十年的革命，中间颠沛流离，艰苦奋斗，始終不变，这是很不容易的啊。从同盟会中留到今天的人，已经不多了，而始終为革命奋斗，无论如何不变其革命节操的更沒有几个人了。要这样做，不但需要有坚定正确的政治方向，而且需要有艰苦奋斗的精神，不然就不能抵抗各种恶势力恶风浪，例如死的威胁，餓饭的威胁，革命失败的威胁等等。我们的吴玉章同志就是经过这样无数风浪而来的。因此，我们要学习他的各方面的好处，但特别要学习对于革命的坚持性。这是最难能可貴的一件事，这是我们党的光荣，这是中国革命的光荣。我们今天欢欢喜喜庆祝他六十生日，我想主要意义是在这里。

（原载一九四〇年一月二十四日“新中华报”）

在陝甘宁边区
自然科学研究会成立大会上的講話

（一九四零年二月五日）

今天开自然科学研究会成立大会，我是很贊成的，因为自然科学是很好的东西，它能解决衣、食、住、行等生活问題，所以每一个人都要贊成它，每一个人都要研究自然科学。有人认为中国历来就沒有自然科学，这是不对的，中国自有人类生活以来都要吃饭。要吃饭就要进行生产，就有自然科学的萌芽，后来逐漸发展。不过过去沒有把自然科学发展成为一个体系罢了。

自然科学是人們爭取自由的一种武装。人們为着要在自然界里得到自由，就要用自然科学来了解自然、克服自然和改造自然，从自然里得到自由。自然科学是要在社会科学的指挥下去改造自然界，但是自然科学在资本主义社会里都被阻碍了它的发展，所以要改造这种不合理的社会制度。

边区在中国共产党的领导下，进行了社会的改造，改变了生产关系，因此就有了改造自然的先决条件，生产力也就日漸发展了，这从边区的生产运动和农工业展覽可以表现出来，所以边区现在的社会制度是有利于自然科学发展的。

边区经济是落后的，但是干起来也更有意义，只要大家努力，一定可以改造成一个更好的地方。

马克思主义包含有自然科学，大家要来研究自然科学，否則世界上就有許多不懂的东西，那就不算一个最好的革命者。

看了《逼上梁山》以后寫給延安平剧院的信

（一九四四年一月九日）

看了你们的戏，你们做了很好的工作，我向你们致謝，并請代向演員同志们致謝！历史是人民创造的，但在旧戏舞台上（在一切离开人民的旧文学旧艺术上）人民却成了渣滓，由老爷太太少爷小姐们统治着舞台，这种历史的顛倒，现在由你们再顛倒过来，恢复了历史的面目，从此旧剧开了新生面，所以值得庆賀。郭沫若在历史话剧方面作了很好的工作，你们則在旧剧方面做了此种工作。你们这个开端将是旧剧革命的划时代的开端，我想到这一点就十分高兴，希望你们多編多演，蔚成风气，推向全国去！

敬礼，

毛泽东

一九四四年一月九日

在延安大学开学典祁大会上的講話

（一九四四年五月二十四日）

现在边区教育已经开始走上軌道，而这是和边区及各个抗日根据地工作的进步有联系的。

所有我们一切工作只有一个目标，就是打倒日本帝国主义。要把日本打出去，沒有根据地不行，最恨我们根据地的是日本帝国主义，他不喜欢我们的根据地，……

根据地在敌人后方把敌人挤出去，打了百分之五十八的日军与百分之九十多的伪军，中国抗战的主要责任，是共产党担負起来了。有了根据地就要做工作，要作军事、政治、经济、文化、党务等項工作，以便给日寇以最后的打击。延大是政治经济文化的大学，这三項就是我们延大所要学习的，要学这一套，要做这一套。

在政治上要学习统一战綫、三三制、精兵简政的方針，要学习各种政策与方法。在经济上要学习如何发展工业、农业、商业、运輸；要帮助三十五万家农民做到耕三余一，要帮助老百姓訂一个植树計划，十年內把历史遺留给我们的秃山都植上树；还要使边区工业做到全面自给，达到每年出产三十一万匹布，四百七十万斤鉄。还有文化建設，要使边区老百姓每一个人至少识一千个字，要提倡卫生，要使边区一千多个乡每乡設立一个小医务所，还要教会老百姓閙秧歌、唱歌，要达到每个区有一个秧歌队，家家有新內容的年画、春联。

要为实际服务，不要閙教条主义，人总要落在一个地点，象飞机早上出去，晚上也得回来落在一个地点，不能到处飞不落地。教条主义就是不落地的，它是永远挂在空中。

共产党人在工作中有缺点错误，一经发觉，就要改正。他们应该不怕自我批评，有缺点，就公开讲出是缺点，有错误就公开讲出是错误，一经纠正之后缺点就不再是缺点、错误也就变成正确了。

在延安王家坪对長子毛岸英的談話

（一九四六年）

你已经大学毕业了，但学习的只是书本知识，只是知识的一半，你还要上一个大学，劳动大学。这个大学中国以前沒有，外国更沒有。

（注：一九四六年当时毛岸英刚从苏联留学回来，谈话之后，毛主席就让岸英到华北一农村参加劳动鍛炼去了。）

給前教育部長馬叙倫的兩封信

（一九五零年至一九五一年）

（一）

马部长：分别奉还，此事宜速解决，要各校注意健康第一，学习第二，营养不足，宜酌增经费，学习和开会的时间宜大减。病人应有特殊待遇，全国一切学校都应如此。高教会已开过，中、小两级宜各开一次。以上請考虑酌办。

此致

敬礼

毛泽东

一九五零年六月十九日

（二）

夷初先生：关于学生健康问题，前与先生谈过，此问题深値注意，提议采取行政步驟，具体地解决此问題。中共华东局一月十一日电报一件附上請察閱，其中第三項即谈到此问题，提出健康第一，学习第二的方针，我以为是正确的。請与各副部长同志商酌处理为盼！

敬礼

毛泽东

一九五一年一月十五日

应当重視电影《武訓傳》的討論

（一九五一年五月二十日）

《武訓传》所提出的问题带有根本的性质。象武訓那样的人，处在清朝末年中国人民反对外国侵略者和反对国內的反动封建统治者的伟大斗爭的时代，根本不去触动封建经济基础及其上层建筑的一根毫毛，反而狂热地宣传封建文化，并为了取得自己所沒有的宣传封建文化的地位，就对反动的封建统治者竭尽奴顏婢膝的能事，这种丑恶的行为，难道是我们所应当歌頌的嗎？向着人民群众歌頌这种丑恶的行为，甚至打出“为人民服务”的革命旗号来歌頌，甚至用革命的农民斗爭的失败作为反衬来歌頌，这难道是我们所能够容忍的嗎？承认或者容忍这种歌頌，就是承认或者容忍汚蔑农民革命斗爭，汚蔑中国历史，汚蔑中国民族的反动宣传为正当的宣传。

电影《武訓传》的出现，特别是对于武訓和电影《武訓传》的歌頌竟至如此之多，说明了我国文化界的思想混乱达到了何等的程度！

在許多作者看来，历史的发展不是以新事物代替旧事物，而是以种种努力去保持旧事物使它得免于死亡，不是以阶级斗爭去推翻应当推翻的反动的封建统治者，而是象武訓那样否定被压迫人民的阶级斗爭，向反动的封建统治者投降。我们的作者们不去研究过去历史中压迫中国人民的敌人是些什么人，向这些敌人投降并为他们服务的人是否有値得称贊的地方。我们的作者们也不去研究自从一八四〇年鸦片战爭以来的一百多年中，中国发生了一些什么向着旧的社会经济形态及其上层建筑（政治、文化等等）作斗爭的新的社会经济形态，新的阶级力量，新的人物和新的思想，而去决定什么东西是应当称贊或歌頌的，什么东西是不应当称贊或歌頌的，什么东西是应当反对的。

特别値得注意的，是一些号称学得了马克思主义的共产党員。他们学得了社会发展史——历史唯物论，但是一遇到具体的历史事件，具体的历史人物(如象武訓)，具体的反历史的思想(如象电影《武訓传》及其他关于武訓的著作)，就丧失了批判的能力，有些人則竟至向这种反动思想投降。资产阶级的反动思想侵入了战斗的共产党，这难道不是事实嗎？一些共产党員自称已经学得的马克思主义，究竟跑到什么地方去了呢？

为了上述种种緣故，应当展开关于电影《武訓传》及其他有关武訓的著作和论文的讨论，求得徹底地澄淸在这个问题上的混乱思想。

对增進学生健康减輕功課負担的指示

一九五三年五月，在中央政治局会议上討论教育工作时，毛主席曾经有如下的指示：

学生健康不好的原因是伙食不好，卫生不好，功课重，课外负担过重，太忙。要增进学生健康要增加营养，搞好卫生，减少负担，少紧张些。要吃的饱。学得太多，可少学点，要克服忙的现象。要一面增加收入，一面减少消耗。因此，要增加助学金，改善伙食。另方面克服忙乱现象。

所謂教学改革，就是教育內容与教学方法的改革，因此，应改編教材，編輯教学方法。

——摘自前教育部党的负责同志的笔记（一九五三年五月）

接見青年团第二次全國代表大会主席团的指示

（一九五三年六月三十日）

我给青年讲几句话：

一、庆祝他们身体好。

二、庆祝他们学习好。

三、庆祝他们工作好。

新中国要为青年着想，要关怀青年一代的成长，青年要学习要工作，但青年时期是长身体的时期，因此要充分兼顾青年的工作、学习和娱乐、体育、休息两个方面。

接見青年团第二次全國代表大会主席团时的指示(节录)

（一九五三年七月）

鬧独立性问题不存在，我们沒有这个印象。现在缺乏的是团的独立工作。过去缺点是这方面，而不是鬧独立性。青年团要配合党的中心工作，但配合党的中心工作当中要有青年团的独立工作。鬧独立性的问题早已过去了。馮文彬有一点，但也不多。团的工作要照顧青年的特点。（注：主席在1952年8月和团中央同志谈话时，出了两个题目要团中央研究，一个是党如何领导团？二是如何工作？）团的工作根据各地党委反映都是满意的，满意就是配合中心工作。听说满意得很，现在要来个不满意，就是适合青年特点，来些独立活动。团的领导机关要学会如何领导团的工作。党的领导机关也要学会，就是围繞党的中心任务，照顧青年特点，不断地组织群众。

过去团的工作在党的领导下，团的领导下，配合各方面的革命工作，得到很大成绩。成绩很显著。无论城市、工厂、农村、军队、学校，沒有他们革命就不能胜利。他们是很有纪律的，他们完成了各项任务……。现在转到建设工作，建设就要学习，学习如何领导青年和成年一道在农村把农业搞好，在城市把工业搞好，在学校把学习搞好，在机关把工作搞好，在军队把国防军練好，成为近代化军队，这些都是全国人民都要做的。除了小孩子。

但是十四至二十五岁是人们长身体的时间，（二十五岁以上就不长了）又是工作时间，又是学习时间，如果对长身体不重视，是很危险的。成年人也要学习、工作，他已学了多少年；但青年刚学习，刚工作，故与成年人不同，很多东西成年已会而青年不会。例如，种地青年人就不如老年，如果十八岁会种地，那是因为他以前学得好。十四——十八岁和十八——二十岁不能与成年取一样的强度去工作，不能按八小时工作制，不能挑重担子，他们就是要玩，娛乐，不玩不高兴，你们这个中央，人家不高兴，他们要跳跳蹦蹦。十八岁以后就要恋爱结婚，这与成年人不同，成年人这些问题已解决了。

我提议，学生的睡觉时间再增加一小时，现在是八小时，实际只有六、七小时，开始有一小时睡不着，普遍感到睡不够。要下一道通令，下一道命令就解决了。不要讨论，强迫执行。教师也要睡足，尤其青年们要睡好。（周总理：青年团要带头）我给青年们讲几句话，一庆祝他们身体好，二庆祝他们学习好，三庆祝他们工作好。只有八小时睡眠时间，学生是不够的，因为知识青年容易神经衰弱，他们往往睡不着，醒不来。如果九小时不行，就再加一小时，一共十小时睡眠时间。

革命带来很多好处，但也带来一个坏处，就是太积极、太热心，以致大家疲劳不堪。现在要保証大家身体好，军队、学生、干部都要身体好，当然身体好，并不一定学习好，魯智深、李逵学习并不高明，学习要有一些办法。

一定要规定九小时睡眠，只有九小时睡眠才能获得八小时睡眠。初中现在上五堂課多了一些，可考虑上四堂課。一定要把娛乐、休息时间计算在內。现在积极分子开会妨碍娛乐、休息、睡眠，应该减少这些活动，一方面学习，一方面娛乐、休息、睡眠，要两方面兼顾。现在是学习太厉害了，后者都不够了。（周总理：还有工作太厉害）工农兵青年们是工作中学习，工作学习时间与娛乐、休息、睡眠二方面要相称，二方面充分兼顾。

两头要抓紧，学习、工作要抓紧，睡眠、休息、玩也要抓。过去抓一点，那一点抓不紧或未抓（用手打比），跟教育部的人说，要说服他们，你如这样还是太松。工厂、学校搞得紧，会太多，五多，现在要抓紧，减少会议次数与时间。一定要搞些娛乐，要有时间，有设备。这方面也来个抓紧。党中央已决定减少会议学习时间，你们监督执行，有什么人不执行，就要质问他为什么不执行。

话多了，人家记不得，总之要使青年身体好，学习好，工作好。有些领导同志，只谈工作，而不顾青年的身体，则用这句话抵他一下。理由很充分，这就是为了保护青年一代的成长，为了青年一代更好的发展。我们一代吃小亏，大人不照顧孩子，大人有大桌子，小人沒有，娃娃在家里是沒有发言权的，如果哭，則一巴掌。现在新中国要把方針改一改，要为他们設想。

关于选青年干部当中委问题，周瑜那时当统帅，曹操下江南，誰当统帅都成问题，就找了个青年团員——周瑜。周二十岁当统帅，要指挥程普、黄盖等老将就发生问题，大家不服，后来加以说服，还是由他当，结果打了胜仗。

现在周瑜当中委大家就不贊成，党是否把年龄大的都选进来，年青的不选呢？党中央选的就有一部分年青的。自然要挑过去一批，不能通通按年龄，要按能力。原名单九个三十岁以下的，现在十六个，超过了四分之一，三十岁以上的占四分之三，还说少了，我说不少。这十余个青年人是否十分称职，可能沒有把握，如不称职，以后可改掉。可連选連任，也可不連选，基本方向是不会錯的。绝大多数甚至全体会胜任的。青年人不比我们弱。老年人当然强，有经验，但其他方面都在退化，眼睛耳朵不那么清楚，手脚慢，不如青年敏捷，这是自然的规律，要充分相信青年人，可能个别不称职，不要怕不称职。

要说通那些不贊成的同志，这样做，一是照顧青年特点，一是照顧团的系统工作，同时受各级党委领导，这是总不会錯的。这不是新发明，老早就有了的，马克思主义历来就这么讲。这是按事实从实际出发。青年就是青年，不然何必搞青年团。这是普遍大量存在的事实。青年人要长身体，要学习，因此工作情况就有不同。特别十四到十八，青年妇女与男子也不同。不照顧这些特点，就会脱离群众，你们不修改这一条，也許只有一百万拥护你们，八百万不拥护你们的。（注：当时是九百万团員。）

工作要放在照顧多数，同时注意先进青年。这样可能先进部分不过瘾，他们要严，但要说服他们。有人说团章义务多权利少，改了沒有？（答：八条已改了七条）还有七条之多！（答：已经緩和了些）是要緩和一下，照顧几百万群众，不要只照顧几十万，一百万最活动分子，要使多数能跟上去。重点要放在多数，不要只看到少数。

四个月不参加组织生活就算自动退团，这个太严了。党章是六个月，你们到党的前面去了。农村青年是比较散漫的，不能象学校、军队、工厂一样，搞六个月不行嗎？

办不到的厉害的，不要在团章上规定，只有一百万办到，八百万人办不到的，就不要在团章上规定。"不要背后乱讲"，也是这样，原则性要灵活执行。法律条文要执行，也还得几年。应当是那样，实际是那样，是有个距离的。如婚姻法要彻底实行至少三个五年计划。許多杂文，是带着綱领性的。不歧视妇女，不打老婆，有一百万人办到就很好了。把"不歧视妇女"划掉，也是因为办不到。反对自由主义是长期的，不是让人背后罵罵，不准在背后罵一句，实际上办不到。不要把框框括得太小，有的人可以在屋子里，有的在院里，有的在中南海，在北京，在中国，走来走去，还可以革命，只是不要到香港，最大原則是不到香港，台湾，敌我界限要分明，搞掉自由主义就搞死了，有許多人只能搞这一套，党內自由主义还不少。

威信是慢慢建立的，过去军队搞歌謠罵人我们就不禁也不查，军队还是沒垮。我们只抓住一些大的，三大纪律，八項注意，就慢慢上了軌道。群众对领导者眞正佩服要靠了解，真正了解，才相信他。

…………

小广播是因为大广播不发展，只要民主生活充分，当面揭了疮疤让他小广播，他就会说沒时间了，要休息了。抓住大的，慢慢就会好了的，问题总会是有的，不要以为一下都能解决，今天有，将来还会有问题的。

«一个受欢迎的农业技术学校»的按語

（一九五五年十二月）

这样的技术夜校，每个乡，在目前至少是大多数的乡，都应当办起来，青年团的各级组织应当管这件事。农民的学习技术，应当同消灭文盲结合，由青年团负责一同管起来。技术夜校的教員，可以就地选拔，并且要提倡边教边学。

中国和外国的关系

（一九五六年四月二十五日）

我们提出向外国学习的口号。这个口号，我想是提得对的。有一种国家领导人不敢提这个口号，也不愿意提。要有一点勇气，就是要把戏台上的那个架子放下来。

我们愿意学习世界上一切国家的长处，一切民族的长处。每个民族都有他的长处，不是说就沒有缺点，沒有短处。优点和缺点，长处和短处，这两点都会有。我们的支部书记，军队的連长、排长，他们都晓得，在小本本上写着，今天开会不为別的，总结经验有两条，一个是优点，一个是缺点。他们都晓得有两点，为什么我们只提一点，只有优点沒有缺点？那有这个事？一万年都有两点，那个时候有那个时候的两点，現在有現在的两点，个人有个人的两点。总而言之，是两点而不是一点。说只有一点，叫知其一不知其二。

我们提出学习外国的长处，当然不是学习他的短处。过去我们这里有些人鬧不清楚，人家的短处也去学，当着学到以为了不起的时候，人家那里已经不要了，结果栽了一个觔斗，象孙悟空一样，翻过来了。

有些人对任何事物都不加分析，完全以"风"为准，今天刮北风，他是北风派，明天刮西风，他是西风派，后来又刮北风，他又是北风派，他自己毫无主见，绝对主义，往往由这个极端走到另一个极端。我们不要这样。不可盲目地学，要有分析，要有批判地学。不可以搞成一种偏向，对外国的东西一概照抄，机械搬运。

我们这里曾经有一个时期搞过教条主义，对这种教条主义，我们进行过长期的斗争，但是現在，学术界也好，经济界也好，还有一些教条主义，应当继续作批判工作。

我们是这样提问题的：学习普遍眞理和中国实际相结合。我们的理论，是马克思列宁主义的普遍眞理和中国实际相结合。我们要能够独立思考。

我们公开的提出向外国学习的口号，学习外国一切先进的优良的东西。而且永远地学下去。我们公开地承认本民族的缺点，别民族的优点。

要向外国学习，就要认眞地学习外国文字，有可能，最好多懂几国文字。

我认为，我们中国有两条缺点，同时又是两条优点。

第一，我们过去是殖民地、半殖民地，受帝国主义压迫，工业不发达，科学技术水平低，除了地大物博，人口众多，历史悠久等等以外，很多地方不如人家，翘不起尾巴，驕傲不起来。但是做奴隶做久了，感覚事事不如人，有点过分，在外国人面前伸不直腰，象法门寺的賈桂一样，人家让他坐，他说站慣了，不想坐。在这方面要鼓点劲，要把我国人民的自信心提高起来，要象孟子所说的“说大人則藐之”，把抗美援朝中所提出的“藐视帝国主义”的精神发展起来。我们的方针是。一切外国人的长处都学，政治、经济、科学、技术、文学、艺术的一切好东西都学。

第二，我们的革命是后进的。虽然辛亥革命打倒皇帝比俄国早，但是那时没有无产阶级政党，革命也失败了。人民革命的胜利是在一九四九年，比苏联的十月革命晚了三十几年。在这一点上，也轮不到我们来驕傲。当然，我们比起其他一些殖民地国家来说，革命先胜利一步，也要防止驕傲。

前面这两点，是缺点，也是好处。我曾经说过，我们穷得很，又是知识不多。一为“穷”，二为“白”。“穷”，就是没有多少工业，农业也不算那么发达。“白”，就是一张白紙，文化水平、科学水平不高。穷则思变，才要革命，才要发奋图强。一张白紙，正好写字。当然，我是就大概而言。我国劳动人民有丰富的智慧，而且已经有一批不錯的科学家，不是说都没有知识。

一穷二白，使我们尾巴翘不起来。既使将来工农业很大发展了，科学文化水平大为提高了，我们也还是要把謙虛謹愼的态度保持下去，不要把尾巴翘起来，还是要向人家学习。一万年都学习嘛。这有什么不好呢？

（摘自《论十大关系》）

技术干部不一定要科班出身。高尔基只读了两年小学，鲁迅大学没有毕业，在旧社会他只能当讲师，不能当教授。肖楚女同志更没有上过大学，应当相信技术工人，他们在实践中学习，可以成为很好的技术干部。

——摘自《论十大关系》（一九五六年四月二十五日）

同全國音乐工作者协会負責人和其他同志的談話

（一九五六年八月二十四日）

世界各民族的艺术，在基本原理方面是相同的，在形式和风格方面又是互有区别的。社会主义各国的艺术以社会主义为內容，而又各有自己的民族特点。有同、有異、有共性、有个性，这是自然法則。一切事物，不论自然界、社会界、思想界都是如此。好比一棵树的叶子，看上去大体相同，仔細一看，每片叶子都不一样，要找出两片完全相同的叶子是不可能的。

阶级斗爭，社会革命，由资本主义向共产主义过渡，在基本原理方面各国都相同，而在基本原理指导下的一些小的原則和表现形式，各国又不相同。十月革命和中国革命就是这样。在基本原理方面，两个革命是相同的，在表现形式上，两个革命却有許多不同。例如，革命的发展，在俄国是由城市到农村，在我国是由乡村到城市，就是两个革命的許多区别。

世界各民族的艺术，都有自己独特的民族形式和民族风格。有些人不了解这一点，他们否认自己的民族特点，盲目崇拜西方，以为一切都是西方好，甚至主张"全盘西化"，这是錯误的。"全盘西化"是行不通的，是中国老百姓所不能接受的。艺术和自然科学不同。例如割闌尾，吃阿司匹林，这些医疗方法，就沒有什么民族形式。但是，艺术却不同，艺术就有民族形式问题。这是因为艺术是人民的生活。思想感情的表现，同民族的习惯和语言有密切的关系，它的历史发展具有民族范围內的继承性。中国的艺术，中国的音乐、繪画、戏剧、歌舞、文学，有自己的发展历史。那些主张"全盘西化"的人，为了否认中国的东西，就说中国的东西沒有自己的规律。这种说法对不对呢？不对。中国的音乐、戏剧、歌舞、繪画、文学，都有自己的规律。沒有自己的规律就不会形成中国老百姓所喜聞乐见的中国艺术的民族形式和民族风格。犯有这种錯误的人，只是沒有去研究中国艺术的规律，不愿意去研究和发展中国的东西。这是对中国艺术的一种民族虛无主义的态度。

世界上的各个民族都有自己的历史，都有自己的长处和短处。历史上的东西，有精华、有糟粕，混杂在一起，积累的时间又很长，要把它整理出来，分清精华和糟粕，是一个困难的任务。但是，不能因为困难，就不要历史，把历史割断，把遗产都抛棄，是不行的。老百姓不会贊成的。

当然这决不是说，我们不需要向外国学习。外国的很多东西，我们都要学，而且要学好。基本理论尤其是要学好。有些人主张什么应"中学为体，西学为用"，这种主张对不对呢？不对。所謂"学"就是基本理论，基本理论是中外一致的，不应分中西。

马克思主义这种基本理论就是在西方产生的，这难道能够分中西？我们难道能够不接受？中国革命的实践证明，不接受马克思主义，对自己是不利的，也沒有不接受的道理。过去，第二国际已从企图否定和修正马克思主义的基本原理，讲了一些否定、修正的道理，都被列宁完全駁倒了。马克思主义是放之四海而皆准的眞理，我们必须接受。但是，这个普遍眞理又必须同各国革命的具体实践相结合。中国人民正是接受了马克思主义，并且把它同中国革命的具体实践相结合，这才取得了中国革命的胜利。

学习外国的东西，是为了发展中国的东西。就这一点说来，自然科学同社会科学是一样的。一切外国的好东西，我们都要学，学好了都要在运用中加以发展。在自然科学方面，我们也要做创造性的努力，并且要用近代外国的科学知识、科学方法来整理中国的遺产，直到形成中国自己的学派。例如西方的医学和其它有关的近代科学、生理学、病理学、生物化学、細菌学、解剖学，你说不要学？这些近代科学都要学。但是学了西医的人，其中一部分又要学中医，以便运用近代科学的知识和方法来整理和研究我国旧有的中医和中药，以便把中医、中药的知识和西医、西药的知识结合起来，创造中国统一的新医学、新药学。

社会科学、自然科学是这样，艺术当然更是这样。要向外国学习，吸取外国一切好的东西。但是，学了外国的东西，要用来研究和发展中国各民族的艺术，学习他们的基本理论，基本技巧，其目的就是为了创造中国各民族的具有独特的民族形式和民族风格的社会主义新艺术。

要承认，在近代文化上，西方的水平比我们高，我们是落后了。艺术方面是不是这样呢？在艺术上，我们有长处，也有短处。必须善于吸取外国的好东西，以收取长补短之效。故步自封，外国的文学不研究，不介紹；外国的音乐不会听，不会演奏，是不好的。不要象慈禧太后那样，盲目排外，同盲目崇外一样，都是錯误的，有害的。

在学习外国的问题上，旣要反对保守主义，又要反对教条主义。在政治上，我们吃过教条主义的亏。什么都是照抄外国，硬搬外国，结果是一个大失败，使白区党组织损失百分之百，使革命根据地和红军损失百分之九十，把中国革命的胜利推迟了許多年，其原因就是有些同志不从实际出发，而从教条出发，沒有把马克思列宁主义的基本原理同中国革命的具体实践相结合。这种教条主义，假使我们不反掉就沒有今天中国革命的胜利。

在艺术方面，我们也应当吸取这个教訓，注意不要吃教条主义的亏。学外国的东西，不等于统统进口，硬搬外国的。要批判的吸收。向古人学习是为了今人，向外国人学习是为了中国人。

外国的好东西要学到，中国的好东西也要学到，半瓶醋是不好的，要使两个半瓶醋变成两个一瓶醋。中国的东西和外国的东西，两边都要学习好，两边都要有机地结合起来。魯迅就是这样，他对外国的东西和中国的东西两边都很熟悉。但是，他的光彩首先不在于他的翻譯而在于他的创作。他的创作旣不同于外国的，也不同于中国古代的，但是它是中国的。我们应当学习魯迅的精神，精通中外，吸收中外艺术的长处，加以溶化，创造出新的具有独特民族形式和民族风格的艺术。

当然，要把中国的东西和外国的东西很好地结合起来是不容易的，这要有一个过程。中国的东西里面也可以摻杂一些外国的东西。例如写小说，语言、人物、环境必须是中国的，但是不一定是章回体。不中不西的东西也可以搞一点，非驴非马，成了骡子也并不坏。两者结合是改变形象的，完全改变是不可能的。中国的东西要变。无论在政治上、经济上、文化上，中国的面貌都正在大起变化，但是无论如何怎么变，中国的东西还是要有自己的特点。外国的东西也变，十月革命以后，世界的面貌就发生了根本的变化。

第二次世界大战以后，这种变化又有新的发展。我们要注意批判地吸取外国的东西，特别注意吸收社会主义的东西和资本主义世界进步的人民的东西。

总之，艺术要有独创性，要有鲜明的时代特点和民族特点。中国的艺术，既不能越搞越复古，也不能越搞越洋化，应越搞越带有自己的时代特点和民族特点，在这方面要不惜"标新立異"，特别是象中国这样的国家，历史悠久，人口众多，更必须有适合中国各民族需要的"标新立異"。这种为各民族老百姓所欢迎的"标新立異"越多越好，不要雷同，雷同就成为八股了。土八股也好，洋八股也好，都是沒有生命的东西，都是中国老百姓所不欢迎的。

这里有一个对待受过西方教育的资产阶级知识分子的问题。这个问题如果处理不好，不但对艺术事业不利，对整个革命事业也不利。中国民族资产阶级及其知识分子有几百万人，他们人数不多，但是有近代文化，我们一定要团結、教育和改造他们。买办阶级有文化，那是奴隶文化，地主阶级的文化，那是封建文化。中国的工人和农民由于长期受压迫，文化知识还不多。比较起来，在沒有完成文化革命和技术革命以前，资产阶级知识分子在近代文化和技术方面有較高的知识和技能。只要我们政策正确，把他们教育和改造过来，就可以使他们为社会主义建设服务。

能不能把他们教育和改造过来呢？能够的。我们在座的許多人过去都是资产阶级知识分子，都从资产阶级那边转到无产阶级方面来了。为什么他们就不能转过来呢？事实上，已经有許多人转过来了。所以一定要团结他们，把他们教育和改造过来。只有这样做，才有利于工人阶级的革命事业，有利于今天的社会主义革命和社会主义建设。

在座的都是音乐家，学西洋音乐的。你们有很重要的责任。整理和发展中国的音乐要靠你们学西洋音乐的人，好比整理和发展中医要靠西医一样。你们学的西洋东西是有用的，只是你们应当把西洋的东西和中国的东西两边都学好，而不是"全盘西化"。你们要重视中国的东西，要努力研究和发展中国的东西，要以创造中国自己的有独特的民族形式和民族风格的东西为努力目标。你们掌握了这样一个基本方向，你们的工作就是前途远大的了。

我们要加强工、农、兵、学、商的政治思想工作。现在大学里专门搞业务，危险得很，省委书记要亲自出马到大学作报告。

《在全国省市委书记会议上的总结》（一九五七年一月二十七日）

高中要增加政治課，教材要另編生动的，包括基本知识和做人的道理，隔二、三年要修改一次。宪法課这样教不行。……要教育学生艰苦奋斗，招生时要说清楚艰苦奋斗，不要讲得太好，师生要同甘共苦，共同办学，发挥创造精神。要劝导青年迟婚。各省市宣传部长、教育厅局长，要有一人专管政治思想教育。……教育工作是思想工作，很重要，省市地委第一书记要管政治思想教育，我就是第一书记，要管思想教育。如果忙，每年开几次会，就可以解决问题。

（一九五七年三月七日毛主席在七个省市教育厅局长座谈会上对当前教育工作的指示）

課程不要那么多，那么高，要砍掉一半，只要入门就行了。

…………

教材要减轻，課程要减少，古典文学要减少，詩经大部分沒有詩意，减少门数，减少分量。为的是全面发展。

摘自《一九五七年三月七日晚毛主席对七个省市教育厅局长谈话记要》

戴帽子学校是先进经验，群众是欢迎的，拥护的，不愿摘掉，这就是好的，要继续办下去。你们专家要求过高，并要正规化，这就不对。有困难，可以补助一些教师，发一些经费，要求放低一些，先使普及，便于生产，課程可简单一些。……

这种学校是为了满足人民对文化的要求，学生将来主要的是参加农业生产，課程简单一些才容易办，学生学得好的，同样可以升学。……

戴帽子学校可以继续办下去，民办小学也可以提倡，群众需要而又能办的可以办。

（一九五七年三月七日毛主席在七个省市教育厅局长座谈会上对当前教育工作的指示）

中国是六亿人口的国家，情况很复杂，不能采取划一的办法。科目要减少，七、八门，九、十门就可以，材料要适合各地方情况，要允許各地方自編地方教材，如地理（如湖南省）、文学（如当地文学家的作品）、动物、植物……。现在这样的文学課本，不行，要改編。

（一九五七年三月七日毛主席在七个省市教育厅长座谈会上对当前教育工作的指示）

现在学校有許多问题还沒有解决。比如課太多，学生负担太重，我看我们中国人就是这样，要末一个字不认识，叫文盲，要认识字，一天给你堆一大堆。

（一九五七年三月十二日在中国共产党全国宣传工作会议上的讲话记录稿）

在莫斯科大学祀堂給中國留学生的講話

（一九五七年十一月十七日）

同志们好！（热烈的掌声）

世界是你们的，也是我们的，但是归根结底是你们的。（热烈的掌声）我们已经老了，但我们也有优点，我们有经验，换句话说就是有实际知识。你们青年人朝气蓬勃，而我们的精力已经减退了。但青年人也有缺点，就是沒经验。你们正在兴旺时期，我们好像下午四点钟的太阳，而你们好像早晨八、九点钟的太阳，希望寄托在你们身上。

我还是八年前来过苏联，当时不十分愉快。这一次苏联同志很好眞誠地和各国来的同志在一起开会。苏联领导同志精力十分充沛。这一次有民主也有集中，也就是实现了列宁的民主集中制。我们社会主义陣营要有个头，沒有头是不行的。你们有头嗎？（全体回答：有）我们的头就是苏联。我们的敌人也有个头，这就是美国。如果沒有头，就只会有民主而无集中了，也就是无政府主义，力量就会削弱。

世界的风向变了。去年的"天气不太好"。而今年的"天气好了"。社会主义陣营和资本主义陣营之间的斗爭不是西风压倒东风，而是东风压倒西风。你们读过《红楼梦》嗎？（大家说：读过）这句話是林黛玉说的。两个陣营之間有个中间地带。西方有四亿人口，其中有很多是我们的人，我们可以在那里"挖坑"，那里会发生"地震"。我们有十亿人口，同样在我们中间也有他们的人，例如右派分子，这种人比較少，在中国占百分之二。两个陣营里同样都有属于对方的人，这可以用明初赵明福的妻子所写的关于爱情的詩来比喻，两个泥菩薩打碎了，用水滲合了，再做两个泥菩薩，在你的身上有我的，在我的身上有你的。这个詩说的是爱情，我们就是用它来比喻，便更形象化。在帝国主义陣营里有我们的人，在我们陣营里有他们的人，但在他们中间我们的人多，而在我们中间他们的人少。

据統計现在全世界共有二十七亿人口，社会主义各国人口将近十亿，帝国主义陣营有四亿人口，还剩下多少？你们都是数学家，马上就能算出来。（大家说：十三亿人口）这十三亿人口基本上住在亚洲、非洲、拉丁美洲三大洲上。其中七亿人口已经获得了民族独立，像印度、印度尼西亚、巴基斯坦、埃及、苏丹、突尼斯、摩洛哥、加納。这方面还有六亿人口，像日本、台湾、南朝鲜、南越、土耳其。在帝国主义陣营里德国、意大利、日本不准备打仗，即便是想打，也打不起来。英美之间沒有合作。两个陣营都在爭取这个中间区域的十三亿人口。其中大部分人是倾向我们。（鼓掌）因为美国和德国执行殖民主义政策，而我们不执行，我们不在那里建立军事基地。

所有同志都说中国是个大国，对不对？（齐声回答：对）但是我说中国同时是个小国。（笑声）在政治上和人口方面中国是个大国，而在经济上是个小国。他甚至于比不上比利时。你们大概不喜欢这点，（有人说：不喜欢）有什么好伤心的呢？可以比，就比，不可以比，就不比。最近几天我们在开会，大概你们也知道。（大家回答：知道）

这是马克思、恩格斯死后一百多年来最大的一次代表大会，参加会的有六十二个国家。这些天来十二个社会主义国家开会讨论了很多问题。南斯拉夫声明参加这个会议有困难。好，不能参加就不参加吧！这个会议进行得很好，决定了很多事，决定了社会主义的头是苏联。你们不反对这个吧？（不反对，热烈的鼓掌）这几天六十多个国家的共产党举行了会议。今天是礼拜天，休息，明天继续举行，后天就要结束了。

十月社会主义革命毫无疑问是人类历史上一个伟大的转折点，但是个别的历史阶段也还有它自己的转折点，例如斯大林格勒大血战，就是第二次世界大战的转折点，现在正在进行的六十二个国家共产党的会议也同样是一个转折点。这是两个世界的斗争，西风不能压倒东风，而东风一定能压倒西风。（经久不息的掌声）

眞正的彻底的社会主义革命不是一朝一夕就可以成功的。我国的转折点就是今年：眞正的社会主义革命胜利不是在一九五六年，而是在一九五七年。一九五六年我国所有制的改变是件比较容易的事情，例如这点可以用指表现出来，（毛主席作了一个适当的手势）就像中指为其他各指所迫可被压倒一样，资本家们一方面受人民政府，另一方面受工农兵群众所迫而弯下腰去了。

有些外国人说，我们的思想改造是洗脑筋。依我看来这样说也对，正是清一下脑筋！我的脑筋也是被洗过的，参加革命之后逐渐洗的，在几十年的过程中才洗好的。因为我所受的是资产阶级教育，甚至于还受过一部分封建主义教育，读了不少四书，那时我们根本就不知道马克思、恩格斯，只知道有华盛顿、拿破侖。（笑声）你们是很幸福的，因为你们还很年青，但早就知道了马克思、恩格斯、赫鲁晓夫、杜克洛、多烈士、陶里亚蒂。在那个时候，我们有誰知道中国革命到底在什么时候才能胜利。

我们应该割尾巴，我也希望你们都把尾巴割掉，我们中国有句老格言：“藏起尾巴，做个人。”这句格言有着很深的意义。现在人们都已进化，能够摸到的那个尾巴现在已经沒有了，但是无形的尾巴却还存在。右派分子就是把尾巴翘的太高了，（笑声）青年人要有二种好的品质：第一，要作一个充滿朝气的人，第二，要作一个謙虛謹愼的人。

今年的四、五、六月，我国的整个天空布满了阴云，我们的立場就是保持鎮靜，硬着头皮頂住，（毛主席将手举过头頂，全体笑）让右派分子来罵我们。右派分子罵共产党无能，说共产党不能领导革命，社会主义建设成绩少，錯误多，我们把这些全登在人民日报上了，并命令党政机关保持沉默和忍耐。

在我国貼出了无数的大字报，在你们这个大学里并沒有貼这样的大字报，是这样吧？在北京大学貼出了几万张大字报，人民日报也就是个小字报。好，要放，你就放吧！向全体人民公布，让人民来讨论！现在右派是打垮了，我们工作中的缺点还是有的，你们还沒有工作过，所以也就不知道，对你们来说一切都是容易的、愉快的。你们当一个厂长、区委书记、小学校长、副校长、教授、工程师试试看，只要一开始工作，你们就得犯一些錯误。在近八年来，当然有过不少錯误。这次整风运动是件很大的事，我们应该认眞地改。在世界上怕就怕“认眞”二字，共产党就最讲认眞。在这次整风中，很多机关的許多干部都要下放，要深入群众。农民们说：“老八路又来了。”（笑声）违法乱纪，离脱群众为群众所不滿意的干部只占百分之一，绝大多数干部都是好干部。有些人犯了錯誤，甚至是很严重的錯誤，但是这些錯誤是可以改正的。

我国人口已有六亿四千万，而不是六亿了。（掌声）要想把六亿四千万人都参加工作，都能够滿意。改变风俗习惯，改变世界是一件复杂的任务。你们读过四十条农业发展綱要沒有？（答：读过了）现在的四十条是新的，老四十条基本上还是正确的，但是那里面有些是主观主义的东西，这应由我負责。例如在新的綱要中規定，在第二个五年计划中要把粮食产量增加到一千五百万吨，以使合作社社員的生活水平和消费水平超过富裕中农的水平。例如刘晓是一个富裕中农，他的生活水平比我们高，因而他就不愿順从我们，如果我们的生活水平超过了刘晓，那他就会順从我们了。

我去过很多省，和很多地方的区委书记谈过話。问过他们能不能达到这点，都說完全可以，而在某些情况下还可以超过。还有，例如消灭"四害"这也不是一件简单的事。有些人說麻雀不需要消灭，在这种情况下我们作了这样的附带条件，就是城市里的麻雀不消灭。这里有沒有四川人？（答：有）四川老鼠很多。在北京曾把所有的蒼蝇消灭了，但过了二年又出现了。这个例子说明解决这个问题同样要有决心，要有普遍的积极性和普遍的动員。这样才能移风易俗。在这件事情上也同样不是西风压倒东风，而是东风压倒西风。

我们的生产力，现在还很低，鋼的产量是五百二十万吨左右，再过一个五年计划將生产一千二百万吨，而第四个五年计划里將生产四千万吨。我问过波立特同志，他說十五年后英国只能生产三千万吨。这样一来，三个五年计划以后我们將超过英国。而苏联將超过美国。（热烈的掌声）那时世界的面貌將大大地改变。为了完成这个任务，还需要十五年或者換句話說还剩下个"尾巴"。这个任务基本上落在你们的肩上。我也有个五年计划，再活上五年我就完全滿意了。（听众表示不同意，高呼毛主席万岁）当然，能超额完成任务那就更好。不过不可能预见到將要发生的一切。这是自然辯证法。如果孔子到现在还沒死，如果两千多年以前的事现在还存在，那么这成了个什么世界？（高呼：毛主席万岁）因此我一开始就对你们谈了世界是你们的。现在我再重复一遍，祝賀你们，世界是你们的。

（全場起立，高呼毛主席万岁）

努力学习，和苏联同志紧密团结在一起！

祝你们身体健康，学习好，工作好！

工作方法六十条（草案）摘录

（一九五八年一月）

我国人民在共产党领导下，一九五六年在社会主义所有制方面取得了基本的胜利，一九五七年发动整风运动，又在思想战綫和政治战綫方面取得了基本的胜利，就在这一年又超额完成了第一个五年建设计划。这样，我国六亿多人民就在共产党的领导下，认清了自己的前途，自己的责任，打击了从资产阶级右派分子方面刮起来的反党反人民反社会的妖风，同时也纠正了和正在继续纠正党和人民自己从旧社会带来的由于主观主义造成的一些缺点和錯誤。党是更加团结了，人民的精神状态是更加奋发了，党群关系大为改善。我们现在看见了从来沒有看见过的人民群众在生产战綫上这样高涨的积极性和创造性，全国人民为在十五年或者更多一点时间內在鋼鉄及其他主要工业生产品方面赶上或者超过英国这个口号所鼓舞。一个新的生产高潮已经和正在形成。为了适应这种情况，中央和地方党委的工作有作某些改变的需要。这里所说的几十条并不象是新的。有一些是多年积累下来的，有一些是新提出的。这是中央和地方同志，一九五八年一月先后在杭州会议和南宁会议上共同商量的结果。这几十条，大部分是会议上同志们的发言启发了我，由我想了一想写成的，一部分是直接记录同志的意见。有一个重要条文（关于规章制度）是由刘少奇和地方同志商量而由他起草的，由我直接提出的只占一部分。这里讲的也不完全是工作方法，有一些是工作任务，有一些是理论原则，但是工作方法占了主要地位。我们现在主要目的，是想在工作方法方面求得一个进步，以适应已经改变了的政治情况的需要。这几十条，现在只是建议，还待征求意见。条文或者要减少，或者要增加，都还未定。請同志们加以研究，提出意见，以便修改，然后提交政治局批准，方能成为一个正式的內部文件。

毛泽东

一九五八年一月三十一日

（上略）

二十二、红与专、政治和业务的关系，是二个对立物的统一。一定要批判不问政治的倾向。一方面要反对空头政治家，另一方面要反对迷失方向的实际家。

政治和经济的统一，政治和技术的统一，这是毫无疑义的，年年如此，永远如此，这就是又红又专，将来政治这个名詞还是会有的，但是內容变了。不注意思想和政治，成天忙于事务，那会成为迷失方向的经济家和技术家，很危险。思想工作和政治工作是完成经济工作和技术工作的保证，它们是为经济基础服务的。思想和政治又是统帅，是灵魂。只要我们的思想工作和政治工作稍为一松，经济工作和技术工作就一定会走到邪路上去。

现在，一方面有社会主义世界同帝国主义世界的严重的阶级斗爭，另一方面，就我国内部来说，阶级还沒有最后的消灭，阶级斗爭还是存在的，这两点必须充分估计到。同阶级敌人作斗爭，这是过去政治基本內容，但是在人民有了自己的政权以后，这个政权同人民的关系就基本上是人民內部的关系了。采用的方法不是压制而是说服。这是一种新的政治关系。这个政权只对人民中破坏社会主义秩序的犯法分子采取暂时的程度不同的压服手段，作为说服的輔助手段。在由资本主义到社会主义的过渡时期，人民中还隐藏一部分反社会主义的敌对分子，例如资产阶级右派分子，对这种人我们基本上也是采取由群众鳴放辯论去解决问题。只对严重反革命破坏分子采取鎮压的手段。过渡时期完结，彻底消灭了阶级之后，单就国內情况来说，政治就完全是人民內部的关系。那时候，人和人的思想斗爭、政治斗爭和革命一定还会有的，并且不可能沒有。对立统一的規律，量变质变的規律，肯定与否定的規律，永远普遍存在。但是斗爭和革命的性质与过去不同，不是阶级斗爭，而是人民內部的先进和落后之间的斗爭。由社会主义过渡到共产主义是一場斗爭，是一个革命。进到共产主义时代了，又一定会有很多很多的发展阶段，从这个阶段到那个阶段的关系必然是一种从量变到质变的关系。各种突变、飞跃都是一种革命，都要通过斗爭，“无冲突论”是形而上学的。

政治家要懂些业务。懂得太多有困难，懂得太少也不行，一定要懂得一些。不懂得实际的是假红是空头政治家，要把政治和技术结合起来。农业方面是搞試验田，工业方面是抓先进典型，試用新技术，試制新产品。这些都是用的“比較”法，在相同条件下，拿先进和落后比，促进落后赶先进。先进和落后是矛盾的两个极端，“比較”是对立的统一。企业和企业之间，企业內部车间和车间，小组和小组，个人和个人之间，都是不平衡的。不平衡是普遍的客观规律，从不平衡到平衡，又从平衡到不平衡的变化，循环不已，永远如此，但每一循环都进到高的一级。不平衡是经常的，绝对的，平衡是暂时的，相对的。我国现在经济上的平衡和不平衡的变化，是在总的量变过程中許多部分质变。若干年后，中国由农业国变成工业国，那时候，将完成一个飞跃，然后再继续量变的过程。

评比不仅比经济，比生产，比技术，还要比政治，就是比领导艺术。看誰领导的比較好些。

（中略）

三十九、学点自然科学和技术科学。

四十、学点哲学和政治经济学。

四十一、学点历史和法学。

四十二、学点文学。

四十三、学点文法和邏輯。

（中略）

四十七、中央各部，省、专区、县三级，都要培养“秀才”。这些人要較多地懂得马克思主义，又有一定的文化水平，科学知识，詞章修养。

四十八、一切中等技术学校和技工学校，凡是可能的，一律試办工厂或者农場，进行生产，作到自给或半自给。学生实行半工半读。在条件許可的情况下，这些学校可以多招些学生，但是不要国家增加经费。

一切高等工业学校的可以进行生产的实验室和附属工厂，除了保证教学和科学研究需要外，都应当尽可能的进行生产。此外，还可以由学生和教师同当地的工厂訂立参加劳动的合同。

四十九、一切农业学校除了在自己的农場进行生产，还可以同当地的农业合作社訂立参加劳动的合同，并且派教师住到合作社去，使理论和实际结合，农业学校应当由合作社保送一部分合乎条件的人入学。

农村里的中小学都要同当地的农业合作社訂立合同，参加农、副业生产劳动。农村学生还应当利用假期、假日或者课余时间回到本村参加生产。

五十、大学校和城市里的中等学校，在可能条件下，可由几个学校联合设立附属工厂或者作坊，也可以同工厂、工地或者服务行业訂立参加劳动的合同。

一切有土地的大、中、小学，应当设立附属农場，沒有土地而临近郊区的学校可以到农业合作社参加劳动。

（下略）

在成都座談会議上的講話

（一九五八年三月二十二日）

要提高风格，讲眞心话，振作精神，要有势如破竹，高屋建瓴的气概。要做到这一点，必须抓住马克思主义的基本理论和工作中的基本矛盾。但我们的同志现在并不企图势如破竹，有精神不振的现象，这很不好。是奴隶状态的表现，象賈桂一样，站惯了，不敢坐。对于经典著作要尊重，但不要迷信，马克思主义本身就是创造出来的，不能抄书照搬，在这一点上斯大林比较好一些，联共党史结束语说："马克思主义个别原理不合理的可以改变。如一国不能胜利（按：应指社会主义不可能在一国內首先取得胜利）。"中国的儒家对孔子就是迷信不敢称孔丘。唐朝李賀就不是这样，对汉武帝直称其名，曰刘彻，刘郎，称魏人为魏娘。一有迷信就把我们脑子压住了，不敢跳出圈子想问题。学习马列主义沒有势如破竹的风格，那很危险。斯大林也称势如破竹，但有些破烂事。他的语言学、经济学，列宁主义基础是比较正确的，或者基本正确的。但有些问题值得研究，例如在社会主义阶段中，价值法则的作用如何，是否拿劳动准备时间消耗得多少来定工资的高低。在社会主义中，个人私有财产还存在，小集团还存在，家庭还存在，家庭是原始共产主义后期产生的，将来要消灭。有始有終。康有为的书《大同》即看到此点。家庭在历史上是个生产单位，消耗单位，生下一代劳动力的单位，教育儿童的单位。现在工人不以家庭为生产单位，合作社中的农民也大都转变了，农民家庭一般为非生产单位，只有部分副业。至于机关部队的家庭，又不生产什么东西，变成消耗单位，生产劳动后备并撫育成人的单位。教育的主要部门在学校。总之将来家庭可能变为不利于生产力发展的东西。现在的分配制度是按劳（分配）付酬，家庭还有用，到共产主义分配关系是变为各取所需，各种观念形态都要变，也許几千年，至少几百年家庭将要消灭。我们許多同志对于这許多问题不敢去设想，思想狹窄得很。这些问题经典著作已讲过，如阶级、党的消灭等，这说明马列风格高。我们很低。

怕教授，进城以来相当怕，不是藐视他们，而是有无穷的恐惧。看人家一大堆学问，自己好象什么都不行。马克思主义者恐惧资产阶级知识分子，不怕帝国主义，而怕教授，这也是怪事。我看这种精神状态也是奴隶制度，"謝主戴恩"的残余。我看再不能忍耐了，当然不是明天就去打他们一顿，而是要接近他们，教育他们，交朋友。他们自然科学可能多学一点，但社会科学就不见得。他们读马列主义比我们多，但读不进去，懂不了，如关景超读了很多书，但一有机会就反马克思主义。

不要"自惭形秽"，伯恩斯坦，考茨基，后期普列汉諾夫，马列主义比我们读得多，但他们并不行，把第二国际变成了资产阶级的仆从。

现在这种情况已有转变，标志是陈伯达同志的一篇演说（厚今薄古），一封信（给主席的），一个通知（准备下达），有破竹之势，但有許多同志，对于思想战綫上的斗争无动于衷，如批判胡风、梁漱溟、《武訓传》、《红楼梦》、丁玲等。本来消灭资产阶级的基本观点，在七届二中全会的决议中已经有了。在过去民主革命中，就经常讲革命分二个阶段，前者为后者的准备。我们是不断革命论者，但許多同志对于什么时候搞社会主义革命，土地改革后搞什么都不去想，对社会主义萌芽熟视无睹，而社会主义萌芽早已誕生，比如在瑞金，在抗日根据地，就产生了社会主义萌芽互助组。

王明、陈独秀是一样的，陈独秀是主张资产阶级革命成功以后，让资产阶级掌握政权，然后壮大无产阶级，再搞社会主义革命，所以陈独秀不是马列主义者，而是资产阶级民主革命的激进派。但是经过三十多年，还有这样的人，坏人如丁玲、馮雪峰，好人如×××，完全是资产阶级民主派那一套。搞"四大自由"，讲农民怕冒尖，他就跟我尖銳对立。河南的富裕中农有好东西不让干部看，装穷，无人时，才向貨郎买布。我看很好，这表示貧下中农威力很大，使富裕中农不敢冒尖，这说明社会主义大有希望。但有些人认为不得了，要解除怕冒尖的恐惧，即大出布告，搞"四大自由"，旣不請示，也不商量，这明明是和三中全会方针作对，他们有搞社会主义的精神准备，现在被说服了，积极了。

从古以来，创新思想、新学派的人，都是学问不足的青年人。孔子二十三岁开始，耶穌有什么学问？释加牟尼十九岁创佛教，学问是后来慢慢学来的。孙中山青年时有什么学问？不过高中程度。马克思开始创立唯物论，年纪也很轻，他的学问也是后来学来的。马克思写共产党宣言时，不过三十岁左右，学派已经形成了，在开始著书时就有二十九岁，那时马克思所批判的都是一些当时的资产阶级（不淸）学家，如李嘉图、亚当斯密、黑格尔等。历史上总是学问少的人推翻了学问多的人，章太炎青年时代写的东西是比较生动活泼的，充滿民主革命精神，以反滿为目的。康有为亦是如此。刘师培成名时还不过二十岁，死时才三十岁。王弼注《老子》的时候，不过十几岁，因用脑过度早死，死时才二十九岁。顏渊（二等圣人）死时才三十二岁。李世民起义时只有十九岁，当了总司令。二十四岁登基当了皇帝，年纪不甚大，学问不甚多，问题是看你方向对不对。秦叔宝也是年轻的，年轻人抓住一个眞理，就所向披靡，所有老年人是比不过他们的。罗成、王伯当都不过二十几岁。梁启超年轻时也是所向披靡，而我们在教授面前就那么无力，怕比学问。刊物出后，方向不錯，就对了。雷海宗读了本马列主义，不如我们，因为我们是相信马列主义，他越读得多还当右派。现在我们要办刊物，要压倒资产阶级知识分子，我们只要读十几本书就可以把他们打倒。刊物搞起来，就逼着我们去看经典著作，想问题，而且要动手写，这就可以提高思想。现在一大堆刊物吸引了我们的注意力，不办刊物大家也会去看书，尽讲抽象的不算。

各省可办一个刊物，成立一种对立面，并且担任向中央刊物发稿的任务。每省一年六篇就够了。总之，十篇以下，由你们去组织，这样会出英雄豪杰的。

从古以来创新学派、新教派都是学问不足的青年人，他们一眼看出一种新（事物）东西，就抓住向老古董开战，而有学问的老古董，总是反对他们的。马丁路德创新教，达尔文主义出来后，多少人反对。发明安眠药的，旣不是医生，更不是有名的医生，而是一个司药，开始德国人不相信，但法国人欢迎，从此才有安眠药。据说盘尼西林是一个染房洗衣服的发明的。美国富兰克林发明了电，他是卖报的孩子，后来成了传记作家、政治家、科学家。高尔基只读了两年小学。当然，学校也可以学到东西，不是把学校都关门了，而是说不一定住学校，看你的方向对不对，去不去抓。学问是抓来的，从来创立学派的青年，抓到眞理就藐视古董，有所发明，哲学家就来压迫，历史难道不是如此嗎？我们开头搞革命，还不是一些娃娃，二十多岁，而那时的统治者袁世凱、段祺瑞都是老气横秋的，讲学问，他们多，讲眞理，我们多。

談破除迷信

（一九五八年五月八日）

我讲一讲破除迷信。

我们有些同志有几“怕”。

怕教授，怕资产阶级教授。整风以后，最近几个月，慢慢地不大怕了。有些同志，如柯庆施同志，接受了复旦大学的聘书当教授，这是不怕教授的表现。

另外一种“怕”，是怕无产阶级教授，怕马克思。马克思住在很高的房子上，要搭很长的梯子才上得去，于是乎说：“我这一辈子沒希望了。”这种怕是否需要？是否妥当？

不要怕吧。马克思也是两只眼睛两只手，跟我们差不多，只是他那里头有一大堆马克思主义。他写了很多东西给我们看，我们不一定都看完……马克思那么多东西，时间不够，不一定都要读完，读几份基本的东西就可以了。我们实际做的，許多超过了马克思。列宁所说的，許多超过了马克思。马克思沒作十月革命，列宁作了。中国这样的革命，马克思沒有作，我们作了。我们的实践，超过了马克思。实践当中是要出道理的。马克思革命没有革成，我们革成了。这种革命的实践，反映在意识形态上，这就是理论。我们的理论水平不高，要提高，我们要努力。我们可以进楼梯，而且可以造升降机。不要妄自菲薄，看不起自己。中国被帝国主义压迫了一百多年。封建主义宣传那一套，要服从孔夫子。“非圣則违法”。反对圣人，就是违犯《宪法》。对外国人说：“我不行”；对孔夫子说：“我不行”。这是什么道理？

我问我身边的同志：“我们是住在天上，还是住在地上？”他们摇摆头：“就是住在地上。”我说，不，我们是住在天上。如果别的星球有人，他们看我们，不是也是住在天上嗎？所以我说，我们是住在地上，同时，也是住在天上。

中国人喜欢神仙。我问他们(指主席身边的同志)：“我们算不算神仙？”他们说：“不算！”我说，不对，我们是住在天上，为什么不算神仙呢？如果别的星球有人，他们不是把我们看成是神仙嗎？

中国人算不算洋人？大家说，外国人才算洋人，我们不算洋人。我说不对，我们叫外国人叫洋人，在外国人看来，我们不也是洋人嗎？

有一种微生物叫細菌。我看細菌虽小，但是，在某一点上，它比人厉害。它不讲迷信，他干劲十足，多快好省，力爭上游，目中无人，天不怕，地不怕，它要吃人，不管你有多大，即使你有八十公斤的体重，你有了病，它也要吃掉你。它的这种天不怕，地不怕的精神，不比某些人强？

自古以来，发明家，创立新学派的人，在开始时都是年轻的，学问比较少的，被人家看不起的，被压迫的。这些发明家到后来才变成壮年，老年，变成学问多的人。这是不是一个普遍规律？不能肯定，还要调查研究。但是可以说，多数是如此。

为什么？这是他们的方向对。学问再多，方向不对，等于无用。“人怕出名猪怕壮”。名家往往是最怕事的，最无创造性的，是比较落后的。为什么？因为他们已经出了名。当然不能全盘否定一切名家，有的也有例外。

年轻人打倒老年人，学问少的人，打倒学问多的人，这种例子多得很。

战国的时候，秦国有个甘罗，是甘茂的孙子，十二岁当上了正卿。还是个红领巾，就帮宰相吕不韦出了一个好主意，他当全权大使，到赵国去解决了一个大问题。

汉朝有个賈誼，十几岁就被汉武帝找去了，一天升三次官，后来貶到长沙，写了两篇赋：“弔屈原赋”和“鵩鳥赋”。后来又回到朝廷，写了一本书，叫做《治安策》。他是秦汉专家。范文瀾同志你说是不是？他写了几篇作品，留下来是两篇文学作品（两篇赋），两篇政治作品——《治安策》和《过秦论》。他死的时候只有三十三岁。

刘邦的年纪比较大，项羽起兵的时候只有二十四岁。三年到咸阳当楚霸王的时候，应当还是比较年轻的时候，现在舞台上唱的霸王别姬的扮相不对，应当叫他扮小生。他死时只有三十一岁。韓信也是一个被人看不起的人，他年轻的时候，曾受到胯下之辱。人家要他鑽裤裆，他一看沒办法，只好鑽。

孔夫子当初也沒有地位。开始时，当吹鼓手，帮人家喊礼，后来才教书。他虽然做过官，在魯国当过“司法部长”，但时间很短，魯国当时只有几十万人口，和我们现在一个县差不多，他那司法部长相当于我们现在的县政府的司法科长。他还当过农业社的会計，做过管仓庫的小官，可是他学会了許多本领。

顏渊是孔夫子的徒弟，是个“二等圣人”，他死的时候，也只有三十二岁。

释迦牟尼创立佛教的时候，也只有十几岁，二十岁，他的民族是一个被压迫的民族。

红娘不是很出名嗎？她是个奴隶。这个人很公正，很勇敢，她帮助张生做了那样的事，是造反“婚姻法”的。她打了四十大板，可是并不屈服，转过来把老夫人责备了一頓。你们说究竟是红娘的学问好，还是老夫人的学问好？红娘是“发明家”，还是老夫人是“发明家”？

晋朝有个荀灌娘（河南临潁县人），是个十二岁的女孩子，頂多不过“初中程度”，她和父亲被困在襄阳的时候，带领几十人杀出重围去搬救兵，你看她有多大本事。

唐朝詩人李賀（河南宜阳人）死的时候只有二十七岁。

唐太宗李世民，起兵的时候只有十八岁，做皇帝的时候只有二十六岁，唐末的罗士信（山东历城人）十四岁就跟人家打仗，很勇敢。还有杜伏威（山东章邱人）十八岁就当大将。作《滕王閣序》的王勃，唐初四杰之一，也是一个年轻人，死的时候才二十九岁。

宋朝名将岳飞，死的时候才三十八岁。

范文瀾同志你说对不对？你是历史家，说的不对，你要訂正呀！

马克思的马克思主义并不是壮年、老年时候创造出来的。而是在年轻的时候创造出来的。写“共产党宣言”才二十九岁。

列宁也是三十一岁（1903年）创造布尔什維克主义的。

周瑜、孔明都是年轻人。孔明二十七岁当军帅。孙吳原来的统帅程普是个老将，但孙吳打曹操，却用周瑜挂帅，封为左将军，程普为右将军。程普不服，但是周瑜打了胜仗。周瑜死时才三十六岁。有个黃盖，是我的老乡，湖南零陵人，他也在这个战役中立了功，我的老乡也不胜光荣之至。

晋朝的王弼，做庄子和易经的注释，他十八岁就是哲学家。他的祖父王肃，他死时才二十四岁。

发明安眠药的不是什么专家，据说是一个小药店的司药。我是在一个小册子上看到的，他发明安眠药，在做试验的时候，几乎丧失生命，试验成功了，法国不贊成他，说他犯法。德国人把他接过去了，给他开庆祝会，给他出书。

盘尼西林——青霉素的发明者是一个染匠，因为他的女儿病了，无錢进医院，就在染缸边抓了一把土，用什么东西和了和，吃了就好了，后来经过化验，这里头有一种东西就是盘尼西林。

达尔文，大发明家，他也是青年人，这人开始信宗教，也被人轻视。他研究生物学，到处跑，南北美洲、亚洲都跑了，就是沒有到上海。最近胡适回到台湾，搞科学，选院士，把在美国的两个发明家李政道、杨振宁也选上了，这两个人也是年轻人。

郝建秀，全国人民代表，他在十八岁的时候，创造了先进的紡织方法。作国歌的大音乐家聶耳也是年轻人。

哪吒——托塔天王李靖的儿子，也是青年人，他的本事也不小啊！南北朝的兰陵王（北齐人，高欢的孙子，叫高孝瓘）也是年轻人，他很会打仗，很勇敢。有一个歌頌他的曲子，叫兰陵王八陣曲。据说这个曲子现在在日本。

举这么多例子目的就是要说明青年人是要胜过老年人的，学问少的人可以打倒学问多的人。不要被名人、权威所吓倒，不要被大学问家所吓倒，要敢想、敢说、敢做，不要不敢说、不敢想、不敢做，这种束手束脚的现象不好，要从这种现象里解放出来。

一九五八年視察天津大学时的指示

毛主席在天津大学视察时，指示："高等学校应抓住三个东西：一是党委领导；二是群众路綫；三是把教育和生产劳动结合起来。"并说："以后要学校办工厂，工厂办学校。老师也要参加劳动，不能光动嘴，不动手。"又说："学校是工厂，工厂也是学校，农业合作社也是学校，要好好办。"

毛主席又指示："要讲实际，科学是反映实际，是讲实际的道理。不知道实际，老讲书本上的道理怎么成？……"还说："不仅学生要搞勤工俭学，教师也要搞。机关干部也要办点附属工厂，不然光讲空的，脫离实际。"

（摘自《毛泽东同志在南开大学和天津大学视察时的讲话》新聞报道一九五八年八月十六日《人民日报》第一版；以及《把领袖的关怀变成巨大的力量》新聞报道，一九五八年八月十九日《光明日报》第二版。）

一九五八年視察武漢大学时的指示

学生自覚地要求实行半工半读，这是好事情，是学校大办工厂的必然趋势，对这种要求可以批准，并应给他们以积极的支持和鼓励。

在視察武鋼时的指示

（一九五八年九月）

象武鋼这样的大型企业，可以逐步地办成为綜合性的联合企业，除生产多种鋼铁产品以外，还要办点机械工业、化学工业和建筑工业等。这样的大型企业，除工业外，农、商、学、兵都要有一点。

搞基本建设，凡是采用大包干的办法好，这样可以大大地降低建设成本。

学生自覚的要求实行半工半读，这是好事情，是学校大办工厂的必然趋势，对这种要求可以批准，并应给他们以积极的支持和鼓励。在教学改革中，应注意发挥广大师生的积极性，多方面的集中群众的智慧。

每年暑假回乡一次，极为有益。此文写得很好。住半月不够，最好住一个月。

（毛主席看了北京实验中学高三学生王桂芹的《假期回乡日记》后的批语。转抄自《中国青年》一九五八年第四期）

农业大学办在城里不是见鬼嗎？农业大学要统统搬到农村去。一切学校都要办工厂。天津音乐学院还办几个工厂，很好。

《在北戴河中央政治局扩大会议讲话》（一九五九年八月十七日）

建议将此件印发给全国一切大专学校，科学研究机关的党委、总支、支委閲读，并讨论一次，端正方向，争取一切可能争取的教授、讲师、助教、研究人員，为无产阶级的教育事业和文化科学事业服务。

《毛主席对“清华大学物理教研组对待教师宁‘左’勿右的一文的指示》（一九五八年十二月二十二日）

«中央关于認眞進行調査研究工作問題給各中央局、省、市、区党委一封信»（摘录）

（一九六一年三月二十七日）

毛主席提倡教学要走出課堂，走出书斋，毛主席讲：眞理在誰手里，我们就跟誰走，挑大粪的人有眞理，我们就跟挑大粪的人走。

給江西共產主义劳动大学的一封信

同志们：

你们的事业我是完全贊成的。牛工牛读，不要国家一文錢，小学、中学、大学都有，分散在全省各个山头，少数在平地。这样的学校确是很好的。在校的青年居多，也有一部分中年干部。我希望不但在江西有这样的学校，各省也应有这样的学校。各省应派有能力有见识的负责同志到江西来考察，吸收经验，回去试办。初时学生宜少，逐漸增多，至江西这样有五万人之多。再则党、政、民（工、青、妇）机关，也要办学校，牛工牛学。不过同江西各类的牛工牛学不同。江西的工，是农业、林业、牧业这一类的工，学是农、林、牧这一类的学。而党、政、民机关的工，则是党、政、民机关的工，学是文化科学、时事、马列主义理论，这样一些学，所以两者是不同的，中央机关已办的两个学校，一个是中央警卫团的，办了六、七年了，战士、干部们从初识文字进小学，然后进中学，然后进大学，一九六零他们已进大学部门了。他们很高兴，写了一封信给我，这封信，可以印给你们看一看。另一个是去年（一九六零年）办起的。是中南海的各种机关办的，同样是牛工牛读。工是机关的工，无非是机要人員，生活服务人員，招待人員，医务人員，保卫人員及其他人員。警卫团是军队，他们也有警卫职务，即是站崗守卫，这是他们的工。他们还有严格的军事訓練。这些，与文职机关的学校是不同的。

一九六一年八月一日，江西共产主义劳动大学三周年纪念，主持者要我写几个字。这是一件大事，因此为他们写了如上的一些话。

毛泽东

一九六一年七月三十日

关于哲学問題的講話

（一九六二年春）

一、阶級斗爭与哲学的关系：

有阶级斗爭才有哲学。学哲学的应当下去，今冬明春下去，身体不好的死不了，多穿点衣服就行了。大学文科这样搞法不成，从书本到书本，从概念到概念不成，书本怎么能出哲学呢？马列主义有三部分：科学社会主义、哲学、政治经济学。基础是科学社会主义。空想社会主义者想说服资本家发善心，不行，要靠无产阶级斗爭。

研究哲学的人，第一是哲学？不是，第一位不是哲学，是阶级斗爭，因为有压迫者，被压迫者就要反抗找出路。从这一点出发，才有马列主义，才找到了哲学。文科大学生，今冬明春都下去。理工科不动，动一些也可以，其他统统下去。学政治经济学，哲学，历史的统统下去。教授，助教，行政人員一起下去，到农村五个月，看一看，得到感性知识，现在总可以看到土地，房子，马牛羊，鸡犬猪，稻黍薯稷等感性知识。搞点阶级斗爭，至少可以看到土地和人，那是一个大学。可以学到很多东西。什么北大、人大，我就不是大学生。我是小学教員，中学教員，綠林大学。过去读孔夫子书、读六年，相信它。读资产阶级书七年，学资本主义一套。自然科学和社会科学，相信康德二元论。过去是资产阶级知识分子，教过书，后来才搞革命参加了党，只知道要革命，革什么，怎样革法，不懂。学了十三年，学点文化，反帝以后才了解的。今冬明春分期分批下去，去参加阶级斗爭，才能学到阶级斗爭，学到革命。下去无非是鬧点伤风感冒，知识分子天天坐在机关，住得好，吃得好，穿得好，也不走路，所以鬧伤风感冒。……不搞阶级斗爭，搞什么哲学。下去搞搞看，不行再回来。有人搞资本主义也可以，现在社会上很复杂，只搞社会主义，不搞资本主义，不是太单调了嗎？不是沒有对立统一，只有片面性了嗎？让他们去搞上街游行，我都贊成。因为社会主义很复杂，沒有一个人民公社不一分为二，过去搞四大自由，过去搞民主革命，分配封建土地，搞个体经济，还是资本主义范畴，后来有人提出包产到戶，这就是搞资本主义。我们搞了这么些年，才三分天下有其二，有三分之一掌握在敌人或敌人同情者手里，可以收买人，更不用提娶地主女儿了，问题不少。关于哲学材料收到了，资本主义怎么讲的，修正主义怎么讲的，马列主义怎么讲的，这三种主义都搞上了。斯大林在中国革命问题上犯了錯误，是对六亿人口的錯误，不让我们革命，夺取政权我们准备了多年，从抗战开始，請同志看看文件，都讲任务，新民主主义论是完整的綱領，政治、经济都讲了，只是军事沒讲，新民主主义讲的无产阶级领导的人民民主专政，这是第一步。第二步搞社会主义。有些外国党、军队、农村、政权都不搞，这是陈独秀那一套。我研究了十几年农民问题，一九二六年在讲习所研究了这个问题，同别人谈了话；在过去沒有党，是自发的阶级斗爭，誰懂得马列主义，只知道拿枪搞革命。过去好多事我们沒有听第三国际的，遵义会议沒有听，后来搞整风，搞历史就是沒有听。社会把我们推向了历史的政治舞台，誰想马列主义。教条主义不研究中国的特点，到农村不研究农村情况。一九二五年开始我研究了十几年（农村问题）。

富兰克林说：“人是创造物质财富的动物。”马克思说：“人是社会的动物，还是思想的动物。”人是万物之灵，在封建社会就有了。要从进化的观点看问题。人至少经过百万年才发展了大脑和双手。我就不相信只有人才有双手，将来动物就不发展了？只有一种猴子才能进化？马、牛、鸡、犬、猪就不进化了？地球原来是死的，后来氢和氧结合才有水，以后才产生了万物。所以人要研究自然科学史，不研究不成，要读些书，为需要而读书。有知识很重要。

二、关于綜合和分析問題：

分析和綜合有許多哲学家讲不清，历史綜合和分析就讲不清楚。关于綜合我想讲几句，现在只讲概念的分析的綜合，不讲客观。

过去我们搞过国共合作。国民党和共产党无非是多少力量，多少党员，多少根据地，武器怎样，多少人，大城市多大。我们有延安，他有上海，延安七千人，上海有几百万人。他们的长处：城市大，有外援，人多，兵多，武器好，但兵是抓来的，官兵对立。当然有些人能打仗，不是一打就垮。我们的长处是，联系人民，过去他们編了歌罵我们，綠眼毛，綠眼睛，杀人放火样样都干，反而给我们作了宣传。有个人的孩子听了，问他爸爸，共产党怎么样？他爸爸说：“长大了就知道了。”又向他叔叔再问，他叔叔说：“我就打你，不要相信反动宣传。”那时听了反动宣传，就不相信。要用阶级观点分析比较，研究历史，不研究阶级斗争是弄不清的，只有用阶级的分析观点，才能清楚，《红楼梦》我看了五遍，就是当历史看的，不受影响。有人说，第四回必看，其实四回是总綱，四大家族都交代了，统治者不过二十几人。

怎么綜合？共产党和国民党是对立面，他们军队来，我们一块块吃，把他一块块吃掉，不是杨献珍的合二而一，不是两方面和平共处，他们是不要和平的，我们就一块块吃掉，因为他们要吃掉你，不然为什么进攻延安？你有你的自由，你的军队来，我能吃就吃，不能吃就走，他们全军消灭了，不就綜合了嗎？刘戡几万人进攻，结果被打死，就綜合了。军队被俘虏，愿留下就留下，不愿发路费就走，把武器拿过来不就綜合了嗎？辽沈、平津一战，傅作义四十万人沒有打，不就綜合了嗎？大鱼吃小鱼，一个吃掉一个。两个对立统一，有一个主导方面，一个吃掉一个，就綜合了。

这些问题从来沒人写过，马、恩、列、斯都沒有写过，我的书也沒有写。杨献珍讲合二而一，不可分割的联系。世界上有什么不可分割的联系，有联系一定要分割，沒有不可分割的联系。从生活讲，人天天吃饭，吃蔬菜，沒有吃马牛羊吃的草而吃大白菜，为什么不吃砂子，神农尝百草，经过分析，什么能吃，什么不能吃，达到南方人吃蛤蟆、蛇，陕北人不吃鱼。

三、关于社会发展問題：

恩格斯辯证法有三个范疇，对立统一，质量互变，否定之否定。我就不相信后二个范疇。三个并列就是三元论，不是一元论。基本东西是对立统一，质量互变就是对立物的矛盾转化，沒有什么否定之否定。奴隶否定原始，对封建就肯定，封建对奴隶是否定，对资本主义是肯定。怎么綜合？原始社会作为一个制度，和奴隶社会并存，但主体是消灭原始社会。社会发展有許多阶段，开始男人服从女人，以后女人服从男人，一个消灭一个，一个推翻一个，一个阶级消灭一个阶级。社会都不是很純的，看主体是什么，资本主义也是不純，再先进的资本主义社会也有封建残余，如美国南方还有奴隶制。总之，一个消灭一个，从来发展如此，任何东西都是如此。看到孔夫子还了得，地球上就住不下了。死了人应当开庆祝会，应当庆祝辯证法的胜利。庄子老婆死了，鼓盆而歌嘛！发生、发展、到消灭。恩格斯说的，从必然王国到自由王国，自由是对必然的理解和改造，单有理解还不行，还必须对客观有改造。对客观弄清楚了，加以改造，才能自由，辯证法的生命力走向反面，人类最后灭亡，产生更高級的东西。说人类灭亡，有人很恐怖。我想那时人类可向更高级发展了，将来就那么自由。北京有一万輛公共汽车，东京有八十万輛，因此车祸很多，我们沒有，无非是对汽车司机教育得好。百年之后，还是一万輛？列宁说要搞空中交通。我也曾说过，我奖励空中飞人，坐上就走。我不相信共产主义不分阶段，不发生质变。列宁说，分子可分，原子可分，电子也可分。现在科学家研究原子分裂成质子，中子都分裂了，电子还沒有分裂，但总有一天要分裂。庄子说：“一尺之箠，日取其半，万世不竭。”这是眞理，事物是发展的，无限的，如有“竭”就沒有科学了。所以说，科学家百年之后，总有事可做，总要提出新东西，不然要我们有什么用？

对柯庆施同志有关曲藝革命化改革总結报告的批示

（一九六三年十二月十二日）

此件可以看一看，各种艺术形式：戏剧、曲艺、音乐、美术、舞蹈、电影、詩歌和文学等等，问题不少，人数很多。社会主义改造在許多部门中至今收效甚微。許多部门至今还是死人统治着，不能低估电影、话剧、民歌、美术、小说的成绩，但其问题也不少，至于戏剧等部门的问题就更大了。社会主义经济基础已经改变了，为这个基础服务的上层建筑之一的艺术部门，至今还是一个问题。这需要从调查研究着手，认眞抓起来。許多共产党人热心提倡封建主义、资本主义的艺术，却不热心提倡社会主义艺术，岂非咄咄怪事。

对中央宣傳部关于全國文联和各协会整風情况的批示

这些协会和他们所掌握的刊物的大多数（据说有少数几个好的），十五年来基本上（不是一切人）不执行党的政策，做官当老爷，不去接近工农兵，不去反映社会主义的革命和建设，最近几年，竟然跌到了修正主义的边緣。如不认眞改造，势必在将来的某一天，要变成象匈牙利裴多菲俱乐部那样的团体。

毛 泽 东

一九六四年一月二十七日

对毛远新同志的談話（一）

（这个文件是毛主席在一九六四年二月同毛远新同志谈话记要，根据毛远新同志回校后汇报的记录整理而成，可能有遺漏和不准确的地方。）

当毛远新同志向主席汇报在寒假到农村参加社会主义教育，感到以前虽然读了农村若干问题的规定（草案）和决定（草案）两个文件，但感到自己对两个文件的理解远不如农民深的时候，主席笑着说：你亲身有两个感覚了，很好。以前我当过小学校长、中学教員，又是中央委員，国民党的部长，但当我到农村去和农民在一起时，深感到农民知道的东西很多，知识很丰富，就不如他们，应当向农民学习。你还不是中央委員吧，怎么能比农民知道多呢？回去告你訴们政委，就说是我说的，今后你们每年都应该到农村一次，这样很有好处。

主席七十寿辰时，毛远新写信检查自己，着重进行了自我批评，主席提到这封信时说：现在你能够认识到自己的缺点，并且能够进行思想斗爭了，这很好，你主要的缺点还是不懂辯证法，不会辯证的分析自己和分析别人，不懂得一分为二，以前把自己看得了不起，现在又把自己看得一錢不値，这都是不对的。辯证法这个很好的东西，虽然你知道的东西不多，但是你会运用这个方法去分析，是能够分析出的。比如我吧，我知道的东西也不多，但我会分析问题，不明白的问题一分析就明白了。要好好学会辯证法，这个作用很大。

当毛远新谈到学院有个学生因犯錯误被开除和处分时，主席说：你们学院的性质我不太了解，对于这些具体的处理我提不出什么意见。但是你以为应该怎样对待这些人呢？当犯錯误的人知道自己犯了錯误的时候，你对他主要是鼓励，要指出他的优点，事实上他的优点是很多的，同时又得给他洗澡，要洗溫水澡，热了受不了，冷了也受不了，溫度要适合。对于犯錯误的人，只讲开除是解决不了问题的。开除倒很簡单，但是你把对立面也搞沒有了，你不是到农村去了嗎？对待那些地富坏分子主要是放在群众中监督改造，而不是要送法院，送交法院只是把矛盾上交，但是这不解决问题。傅作义、杜聿明、康泽那样复杂的都改造过来了，青年人有些党員，有些是团員还改造不过来？

毛远新提到对干部子弟的看法时，主席说：这些人也是可以分成左中右三派的，看来你好象是属于左派，我看到一个文件（指学院关于干部子弟情况的报告）表揚了你，但这不是好事。象你们这样的人挨罵是少的，应该多挨些罵。作事情都是逼出来的，我写《实践论》《矛盾论》就是逼出来的。你好象是先进分子，什么叫先进分子你知道嗎？先进就是作落后人的工作，不然那叫什么先进？

主席女儿要下乡，问主席别人要知道我是你的女儿怎么办？毛主席说：你就说我念了十几年书，什么也不知道，越念越蠢。

談办軍事院校

军事学校办得一塌糊涂，正在整理，过去沒有军事院校可好了，打了几十年仗，就是沒有军事学校，我们的军队百分之几十以上是不识字的和小学程度的。国民党尽办军事学校，什么陆军大学毕业，就是我们这些不识字的兵打倒了它。

进军事院校的时间太长了，蒋介石办的黄埔军事学校，两个月入伍訓練，几个月学校毕业。蒋介石的军队主要就是这些人，还比较能打。陆军大学毕业的实在不能打。

书可以读一点，但是读多了害人，的确害人。是革命斗爭培养干部。战場就是学校，军事学校我不反对，可以办，但不要学得太长了。一读二、三年太长了，几个月就行了。什么海陆空军学校，不怎么高明。有些现代科学需要长一些时间学，例如导弹、原子弹，这是讲研究和制造。学学武器的使用和訓練，士兵不要很长的时间。訓練炮兵一个月就行了，訓練駕駛員、飞行員几个月就行了。最多一年，主要是在战場上訓練，和平时间要在夜间練习，战爭时期斗爭就是学习。

关于課程和考試方法的批示

（一九六四年三月十日）

现在学校课程太多，对学生压力太大。讲授又不甚得法。考试方法以学生为敌，举行突然袭击。这三項不利于培养青年们在德、智、体諸方面生动活泼地主动地发展。

六四年六月八日
在中央常委会上的講話

要自学嘛！靠自己学嘛。肖楚女沒有上过学校，不但沒有上过洋学堂，私塾也沒有上过。我是很喜欢他的。农民讲习所教书主要教員靠他。他是武汉茶館里跑堂的，能写很漂亮的文章。农民讲习所，我们就是拿小册子给人家看，什么广东的农民运动，广西东兰县的农民运动，我们就是拿这些小册子给人家看。现在学校不发讲义（我是讲大学），叫学生记笔记，叫学生死抄。为什么不发讲义？据说是怕犯錯誤。其实还不是一样，记笔记就不怕犯錯誤？应该印出来叫学生看，研究。你应该少讲几句嘛！主要是学生看材料，包括烏龟壳、青铜器。你讲历史就应该把材料给人家。材料不止发一方面的，两方面的（正、反面）都要发，新学旧法都要发嘛！把新民学报，苏报印下去，单发梁启超的不行。我写的革命战争战略问题，就是红大的讲义，写了就不要讲了。书发给你们，你们看嘛！现在的教員懶得很，蠢得很（有人说写出讲义发给学生，教师就沒有讲的了）。这样好嘛，自己不讲腾出时间来，可以研究问题。

談接班人的五个条件

（一九六四年六月十六日下午在十三陵讲，摘录）

帝国主义说，我们的第一代沒问题，第二代也不会变，第三代，第四代，他们就有希望了。帝国主义这个希望能不能实现呢？帝国主义这个話讲得灵不灵？我们希望他讲得不灵，但也可能灵。苏联就是出了修正主义，我们也可能出修正主义，如何防止修正主义，我们怎样培养操权的接班人？我看有五条：

第一条、要教育干部懂得一些马列主义，懂得多一些更好。就是要搞马列主义的，不搞修正主义的。

第二条、要为大多数人民謀利益，为中国人民大多数謀利益，为世界人民大多数謀利益，不是为少数人，不是为地富反坏右。沒有这一条，不能当支部书记，更不能当中央书记、主席。赫鲁晓夫是为少数人，我们是为大多数人。

第三条、要能够团结大多数人。所謂团结大多数人，包括从前反对自己反对错了的人，不管他是哪个山头的，不要记仇。不能一朝天子一朝臣。我们的经验证明，如果不是“七大”的正确方针，我们的革命就不能胜利。对于搞阴謀詭計的人要注意，如高、饒、彭、黃、习、周、譚等十多人出在中央。事物一分为二，有的人搞阴謀，有什么办法，现在还有要搞的嘛！如吳自立、白銀厂，还有陈伯达讲的小站。各部门各地方都有搞阴謀的人，朝中有官，下有群众，沒有这种人不成其为社会。搞阴謀的人，我上一次就說过，不是我喜欢这种人，而是客观存在，不然就沒对立面嘛！一切事物都是对立的统一，五个指头，四个指头向一边，大母指向另一边，这才捏得攏。什么搞干净了，搞彻底了，我就不信，沒有那回事。就等于自然界沒有純粹物质，沒有绝对眞空一样，有个百分之九十九点九九，还有零点零一。物质绝对的純，完全的純是沒有的，这个道理許多人沒有想通。不純才成其为自然界，成其为社会。完全的純就不成其为自然界，不成其为社会。不合乎辯证规律。不純是绝对的，純是相对的，这就是对立的统一。扫地，一天到晚扫二十四个钟头，还是有尘土。你们看，我们哪年純过嘛？我们党的历史上有过五朝领袖，第一朝是陈独秀，第二朝是瞿秋白，第三朝是向中发（实际是李立三），第四朝是王明、博古，第五朝是洛甫(张聞天)。五个领袖都不好，但是却沒有搞垮，搞垮是不容易的，这是历史经验。帝国主义也好，我们自己家里冒出来的修正主义也好，都沒有把我们搞垮。解放后又出了高崗、饒漱石、彭德怀，搞垮了我们沒有？沒有。……

第四条、民主作风。有事要跟同志们商量，要充分酝酿，要听各种意见，反对意见，反对意见也让讲出来。不要一个人说了算，不要"一言堂"。……人是可以改变的，牛可以馴来耕田，为什么人不可以改变？有少数人是不能改变的，如于学忠、章伯鈞、章乃器，党內有陈光、李杰英，他们是变不了的，吃了饭就罵人。还有郑位三也是不变的。各省都有一点，是极少数，不变也可以，让他们去罵。要团结大多数人。我看对吳自立，不要开除党籍，要劝他改好。要团结两个百分之九十五，要讲民主，不要光是我一个人说了算。开了会贊成了，又翻案。形式的民主，开会自己讲几个钟头，好象眞理都在我手里。我自己年青的时候，对毛泽譚发脾气，敲棍子，他说"共产党不是毛氏宗祠"，我看他这个話有道理。共产党要搞民主作风，不能搞家长作风。……

第五条、自己有了錯误，要自我批评，不要总是自己对……一个指挥員打仗，三个仗，胜二个，败一个，就可以当下去。打主意，对立多，转的少一点，就行了。……不要搞过火斗爭，要帮助人家改正，只要他认眞改正了，就不要老是批评沒个完。

接班人要马列主义的，要为人民大多数謀利益，要团结大多数，要发揚民主作风，要自我批评。我想的不完全，你们自己再研究一下，部署一下，都要搞几个接班人，不要总是认为只有自己才行，别人什么都不行，好象世界上沒有自己，地球就不转了，"死了张屠夫，就吃带毛猪"。什么人死了也不怕，马克思不是死了嗎？死了一个人有什么了不起损失，沒有那么事。人总是要死的，死有各种死法，被敌人打死，坐飞机摔死，游泳淹死，細菌鑽死，无病老死等等包括被原子弹炸死。每个人都要准备好接班人，要有三綫接班人，有一、二、三把手。不要怕大风大浪。……

和毛远新同志的談話(二)

（一九六四年七月）

主席：这半年你有沒有进步？有沒有提高？

新：我自己也糊涂，说不上有什么进步，有也是表面的。

主席：我看还是有进步，你现在看问题不那么简单了，你看过《九评》沒有？接班人的五个条件看了沒有？

新：看过。（叙述略）

主席：讲是讲了，懂不懂？这五条是互相联系的，不可分割的。第一条是理论，也是方向，第二条是目的，到底为誰服务，这是主要的，这一条学好了，什么事情都好办，三、四、五条是方法问题，要团结多数人，要搞民主集中制，不能一人说了算。要有自我批评，要謙虛謹愼，这不都是方法嗎？你要学马列主义还是学修正主义？（在讲第一条时间）

新：我当然要学马列主义。

主席：那不一定。誰知道你学什么？什么是马列主义？你知道嗎？

新：马列主义就是要阶级斗爭，要革命。

主席：马列主义的基本思想就是要革命，什么是革命？革命就是无产阶级打倒资本家，农民打倒地主，然后建立工农联合政权，并把它巩固下去。现在革命任务还沒有完成，到底誰打倒誰还不一定。苏联还是赫鲁晓夫资产阶级当权，我们也有资产阶级把持政权的，有的生产队、工厂、县委、地委、省委都有他们的人。文化部是誰领导的？电影戏剧都是为他们服务的。你说是誰领导？学习马列主义就是学习阶级斗爭，阶级斗爭到处有，你们学院就有，你们学院出了一个反革命，你们知道不知道，他写了十几本反动日记，天天罵我们，这还不是反革命分子？你们还是感觉不到阶级斗爭嗎？你旁边不是有嗎？沒有反革命还有什么革命呢？

新：在工厂里听了五反运动情况……

主席：那里都有反革命，工厂怎么沒有？国民党中将、少将、县党部书记都混进来了。什么地方都有阶级斗爭。反革命陈××不睡在你旁边嗎？你们揭发的两份材料我都看了，你同反革命睡在一起还不知道？你们学校的政治思想工作怎么样？

新：上課讨论轟轟烈烈，空空洞洞，不解决实际问题。

主席：全国都大学解放军，你们是解放军学院的学生为什么不学？学校有政治部嗎？那是干什么的？有政治教育沒有？都是上課讨论有什么用处？应该到实际中去学，你们就是思想第一沒落实，你们是一点实际知识都沒有，讲那些东西怎么能听懂？

× × ×

（一次在北戴河游泳，浪来了）

主席：你敢不敢到浪里去游泳？

新：敢！（说完便游到大浪中去了，过了一会回来后）

主席：你还敢去嗎？（新又去了，半天才回来）

新：这次差点沒回来。

主席：水，你已经认识它了，已经制服了它，这很好。你会騎马嗎？（答略）当兵不会騎马，不应该。要去学騎马。你打过枪嗎？（答略）现在民兵打枪都打得很好，你们还沒有打枪，你跟×××讲一讲，那有当兵不会打枪的。

× × ×

（有一次游泳，天气較冷）

新：还是水里舒服些。（主席瞪了他一眼）

主席：你就是喜欢舒服，怕艰苦。

（讲接班人第二条时）你就是知道为自己着想，考虑的都是自己的问题，你父亲在敌人面前坚强不屈，絲毫不动搖，就是因为他是为多数人服务的，要是你还不双膝跪下，乞求饒命？我们許多人都是叫国民党跟美帝国主义杀死的。你吃蜜糖长大的，从来不知道什么叫苦。你将来不当右派，当个中间派我就满足了。你沒有吃过苦嗎？怎么当左派呢？

新：我还是有点希望吧？

主席：有希望好，超过我的标准就更好了。（在谈到接班人第三条时）

主席：这点你已有了进步了，有点自我批评了，但还刚刚开始，不要认为什么都行了。

× × ×

主席：你们学院最根本的是四个第一不落实。你不是说要学马列主义嗎？你们是怎样学的？只听讲，能够学到多少东西？最主要的是到实践中去学习。

新：我们是学工科，和文科学校不一样，沒有安排那么多时间去接触社会。

主席：不对。阶级斗爭是你们一门主課，阶级斗爭是一门必修課。我已和×××讲过了。你们应当到农村去搞四清，全部下去，从干部到学員全部下去，一个不留。教师、学生、职員都去。今年冬明年春就下去，越早越好，早去比晚去好，一定要去。对于你不仅要参加三个月四清，还要到工厂搞半年“五反”，你们对社会一点不了解嗎！不搞四清你不了解农民，不搞“五反”你不了解工人，这样一个政治教育完毕才算你毕业，不然军工学院让你毕业，我不承认你毕业！阶级斗爭都不知道，怎么能算大学毕业呢？你毕业了我也给你安排这个课。

听说你们的政治干部很多，就是不抓基层工作，你们就是政治沒落实，反革命在你身边都不感覚。

新：他是听敌人广播太多了。

主席：听敌人广播就那么相信，你听了沒有？卫立煌就是在香港作小生意賠了本回来的。敌人連吃饭的本錢都沒有了。你就相信？卫立煌人家都不相信，人家相信你（指越境叛国的反革命分子）？四个第一你知道了，为什么不抓活思想？学校虽然有成绩，出了毛病沒什么了不起，军工（技术学校）才办十年。军队办技术学校我们也沒有经验，好象一九二一年我们学打仗一样，开始不会打，老打败仗，后来就学会了，你们的教改怎样？

新：去年是开卷考试，但是同学们还是为五分而奋斗。

主席：早就该这样办了，你能认识到就好了，这也不能怪你，整个教育制度就是这样，公开号召青年去爭取个五分，你不要爭那个全优，那样会把你限制死了的，你姐姐也吃了这个亏。北大有个学生，平时不记笔记，考试也是三分、四分，可是毕业论文水平最高，人家把那一套看透了，学习也主动了。就有些人把分数看透了，大胆主动地学。你们教員就是会灌，天天上课讲什么？教員应该把讲稿发给学員，让大家研究，讲稿还对学員保密？我过去在抗大讲课时，就是把讲稿发给学生，只讲三十分钟，让学生自己去研究，然后提出问題，讲的那么多干什么？在学校全优工作上就不一定是全优。中国历史凡当状元的都沒有眞才实学。唐朝两个最大的詩人連举人也未考取。不要把分数看重了，一定要把精力集中在培养訓練分析问題的能力和解决问題的能力上。不要装样子吓唬人。为什么不把讲稿发给你们，与你们一起研究问題，高年级学生提出的问題老师也只回答百分之五十。其它就说不知道，这就是不錯了。注入式連资产阶级也反对了，我们为什么不反对？只要不把学生当成打击对象就好了，教改的关鍵就在教員。

× × ×

（远新动員主席去看科学展覽）

主席：你怎么对这个问題这么感兴趣，对马列主义感兴趣？不然平时怎么很少听你问起这方面的问題呢？你平时看什么报紙？《人民日报》沒什么可看的，要看《解放军报》、《中国青年报》，工人战士写的东西从实际出发，又能说明问題，“合二而一”的讨论你看了嗎？

新：看了，很少看，看不太懂。

主席：你看看工人、团干部是怎样分析的，他们分析得很好，比《人民日报》好懂，你们的政治课主要是讲课，能多少东西？你为什么对专业感兴趣？研究历史不结合现实不行，研究现代史不搞村史、家史等于放屁，研究古代也要结合现实，尧、舜、禹，有什么？我就是不听，鑽到书堆里去越学越沒有知识了。

（毛远新，毛主席之侄，哈尔滨军工学院学生）

和王海蓉同志的談話

（王海蓉是外国語学院英語专修科学生）

王：我们学校的阶级斗爭很尖銳，听说发现了反动标语，还有用英语写的。就在我们英语系的黑板上。

主席：他写的是什么反动标语？

王：我就知道这一条，蔣万岁。

主席：英语怎么讲？

王：LONG LIVE蔣。

主席：还写了什么？

王：别的不晓得，我就知道这一条，章会娴告訴我的。

主席：好嘛！让他多写一些貼在外面，让大家看一看，他杀人不杀人？

王：不知道杀人不杀人，如果查出来，我看要开除他，让他去劳动改造。

主席：只要他不杀人，不要开除他，也不要让他去劳动改造，让他留在学校里，继续学习，你们可以开一个会，让他讲一讲，蔣介石为什么好？蔣介石做了哪些好事？

你们也可以讲一讲蒋介石为什么不好？你们学校有多少人？

王：大概有三千，人其中包括教职員。

主席：你们三千人中间最好有七、八个蒋介石分子。

王：出一个就不得了，有七、八个还了得！

主席：我看你这个人啊？看到一张反动标语就紧张了。

王：为什么要七、八个人？

主席：多几个就可以树对立面，可以作反面教員，只要他不杀人。

王：我们学校貫彻了阶级路綫，这次招生，70%都是工人和貧下中农子弟。

主席：你们这个班有多少工农子弟？

王：除了我以外还有两个干部子弟，其他都是工人、貧下中农子弟，他们表现很好，我向他们学到很多东西。

主席：他们和你的关系好不好？

王：我认为我们关系还不錯，我跟他们合得来，他们也跟我合得来。

主席：这样就好。

王：我们班有个干部子弟，表现可不好，上课不用心听讲，下课也不練习，专看小说，有时在宿舍睡覺，星期六下午开会有时也不参加，星期天也不按时返校，有时星期天晚上，我们班或团員开会，他不到，大家都有意见。

主席：你们教員允許你们上课打瞌睡，看小说嗎？

王：不允許。

主席：要允許学生上课看小说，要允許上课打瞌睡，要爱护学生身体，教員要少讲，要让学生多看，我看你讲的这个学生，将来可能有所作为。他就敢星期六不参加会，也敢星期日不按时返校。回去以后，你就告訴这学生，八、九点钟回校还太早，可以十一点、十二点再回去，誰让你们星期日晚上开会哪。

王：原来我在师范学院时，星期天晚上一般不能用来开会的。星期天晚上的时间一般都归同学自己利用。有一次我们开支委会，几个干部商量好，准备在一个星期天晚上过組织生活，结果很多团員反对。有的团員还去和政治輔导員提出来，星期天晚上是我们自己利用的时间，晚上我们回不来。后来政治輔导員接受了团員的意见，要我们改期开会。

主席：这个政治輔导員作得对。

王：我们这里尽占星期日的晚上开会，不是班会就是支委会，要不就是班里开会，要不就是党课学习小组。这学期从开学到我出来为止，我计算一下沒有一个星期天晚上不开会的。

主席：回去以后，你带头造反。星期天你不要回去，开会就是不去。

王：我不敢，这是学校的制度规定，星期日一定要回校，否則别人会说我破坏学校制度。

主席：什么制度不制度，管他那一套，就是不回去，你说：我就是破坏学校制度。

王：这样做不行，会挨批评的。

主席：我看你这个人将来沒有什么大作为。你怕人家说你破坏制度，又怕挨批评，又怕记过，又怕开除，又怕入不了党。有什么好怕的，最多就是开除。学校就应该允許学生造反。回去带头造反。

王：人家会说我，主席的亲戚还不听主席的話，带头破坏学校制度。人家会说我驕傲自滿，无组织无纪律。

主席：你这个人哪！又怕人家批评你驕傲自滿，又怕人家说你无组织无纪律，你怕什么呢？你说就是听了主席的話，我才造反的。我看你说的那个学生，将来可能比你有所作为，他就敢不服从你们学校的制度。我看你们这些人有些形而上学。

王：现在都不准看古典作品。我们班上那个干部子弟尽看古典作品，大家忙着練习英语，他却看《红楼梦》，我们同学对他看《红楼梦》都有意见。

主席：你读过《红楼梦》沒有？

王：读过。

主席：你喜欢《红楼梦》中哪个人物？

王：誰也不喜欢。

主席：《红楼梦》可以读，是一部好书，读《红楼梦》不是读故事，而是读历史，这是一部历史小说，作者的语言是古典小说中最好的一部，你看曹雪芹把那个凤姐写活了。凤姐这个人物写得好，要你就写不出来。你要不读一点《红楼梦》，你怎么知道什么叫封建社会？读《红楼梦》要懂四句話：“賈不假，白玉当作马（賈家），东海缺少白玉床，龙王請来金陵王（王家），丰年好大雪，珍珠如土金如鉄（薛家），阿房宫里三百里，住不下金陵一部史（史家）。”这四句是读《红楼梦》的一个提綱。杜甫的一个《北征》你读过沒有？

王：沒读过。

主席：在《唐詩别裁》上。（当时主席把书拿出来，把《北征》这首詩翻出来要王閱读）。

王：读这首詩要注意什么问題？要先打点预防针才不会受影响。

主席：你这个人尽是形而上学，要打什么预防针罗？不要打！要受点影响才好，要鑽进去，深入角色，然后再爬出来，这首詩熟读就行了，不一定要背下来。你们学校要不要你们读圣经或佛经？

王：不读，要读这些东西干什么？

主席：要做翻譯又不读圣经、佛经学，这怎么行呢？你读过《聊斋》嗎？

王：沒有。

主席：《聊斋》可以读。《聊斋》写的那些狐狸精可善良啦！帮助人可主动啦！“知识分子”英文怎么讲？

王：不知道。

主席：我看你这个人，学习半天英文，自己又是知识分子，不会讲“知识分子”这个詞。

王：让我翻一下“汉英詞典”。

主席：你翻翻看有沒有这个詞。

王：糟糕，你这本“汉英字典”上沒有这个字，只有“知识”这个詞，沒有“知识分主席：等我看一看。(王把字典送给主席)只有“知识”沒有“知识分子”，这本“汉英字典”沒有用，很多字都沒有。回去后要你们学校編一部质量好的“汉英詞典”，把新的政治詞汇都編进去，最好举例说明每个字的用法。

王：我们学校怎么能編字典呢？又沒时间又沒人，怎么編呢？

主席：你们学校这么多教員和学生，还怕編不出一本字典来？这个字典应该由你们来編。

王：好，回去后我把这个意见向学校领导反映一下，我想我们可以完成这个任务。

× × ×

王：外宾跟你讲英语，你能不能听懂？（接见外宾后）

主席：我听不懂，他们讲得太快。

王：那你接见时讲不讲英语呢？

主席：我不讲。

王：你又不讲又不听，那你学英语做什么？

主席：我学英语是为了研究语言，用英文和汉文做比较，如有机会还准备学点日文。

× × ×

主席：假如敌人把你抓去了，你怎么办？

（主席让王海蓉读《文天祥传》）

王：人生自古誰无死，留取丹心照汗青。

主席：对了。你回去读一、二十本马列主义经典著作，读点唯物主义的东西。看来你这个理论水平不高。在学习上不要什么五分，也不要搞什么二分，搞个三分、四分就行了。

王：为什么不搞五分呢？

主席：五分累死人了。不要那么多东西，学了害死了。譬如说汉高祖的《大风歌》：“大风起兮云飞揚，威加四海兮归故乡，安得猛士兮守四方。”这首詩写得好，很有气魄。写詩的汉高祖就沒读过什么书，但是能写出这样的好詩来。我们的干部子弟很令人担心，他沒有生活经验和社会经验，可是架子很大，有很大的优越感。要教育他们不要靠父母，不要靠先辈，而完全靠自己。

旧社会的知识分子不改造不行。过去是我们沒有抓紧。

誰战胜誰的问题，是无产阶级战胜资产阶级，还是资产阶级战胜无产阶级？这个问题还沒有解决。有些人不懂。赫魯晓夫就是这样。你们看苏联搞了四十年，现在资本主义复辟了。列宁建立的党，列宁创立的苏联，四十多年，资本主义复辟，搞修正主义。我们还是只搞了十五年，将来马列主义会胜利。教育青年是个大问题。如果我们麻痹、睡大觉、自以为是，资产阶级就会起来夺取政权、资本主义复辟。马克思主义不克服修正主义，修正主义就克服马列主义，资本主义就复辟。

——接见老撾战綫党文工团团长及主要团員时谈話（一九六四年九月五日）

接見尼泊尔教育代表团时关于教育問題的談話（节选）

（一九六四年）

我们的教育正存在很多问题，其中主要的问题是教条主义。从教育制度来说，我们现在正在改革。现在的学制年限太长，课程太多，教学方法有很多是不好的，学生读了课本还是课本，学了概念还是概念，别的什么也不知道。四体不勤，五谷不分，許多学生不知什么是牛马羊鸡犬豕，也分不出什么是稻粱菽麦黍稷。学生要读到二十几岁才能读完大学，学习年限太长，课程太多，采取的方法是注入式，而不是启发式，考試的方法是把学生当敌人看待，举行突然袭击（笑声），所以我劝你们千万不要迷信中国的教育制度，不要认为他是好的。现在还要改革，还有好多困难，有很多人就不贊成。目前贊成新方法的少，不贊成的多，这就可能泼了你们的冷水。你们希望看好的，我就专讲坏的（笑声），但是也不是一点好的也沒有。比如，拿工业方面的地质来说，旧社会给我们留下的地质学家和技术工人有二百多人，现在就有二十多万人。

大体上可以说，搞工业的知识分子比较好些，因为他们接触实际，搞理科的，也就是搞純科学的差一些，但是比文科的还好一些，最离脱实际的是文科，无论学历史的也好，学哲学的也好，学经济的也好，都太离脱实际，他们最不懂得世界上的事情。

我已经说过，我们沒有什么伟大，就是从老百姓那里学来一点东西而已。当然我们也学了一点马列主义，但是学马列主义还不行，要从中国的特点和事实出发，来研究中国的问题。

我们中国人，比如象我这样的，开始是对中国的情况并不太了解，知道了反对帝国主义，反对帝国主义的走狗，但是就不知道如何反法。这就要求我们研究中国的情况，同你们研究你们国家的情况一样。我们花了一段时间，由中国共产党的成立到全国解放，整整花了二十八年，才逐步形成一整套适合中国的政策。

力量的来源就是人民群众，不反映人民群众的要求，那一个也不行。要在人民群众那里学得知识，制定政策，然后再去教育人民群众。所以要想当先生，就得先当学生，沒有一个教师先当教师的，而且当教师之后，也还要向人民群众学习，了解自己学习情况。所以在教育学中有心理学、教育学两门科学。不懂实际学不会，学了也不会用。

清华大学有工厂，那是一所理工科学校。学生如果只有书本知识，而不做工是不行的。但是大学文科不好，沒有工厂，不好设什么文学工厂，什么史学工厂，经济学工厂，或者小说工厂。文科要把整个社会作为自已的工厂。师生应当接触农民和城市工人，接触工业和农业，不然学生毕业用处不大。如学法律，如果不到社会中去了解犯罪情况，法律是学不好的，不可能有什么法律工厂，要以社会为工厂。所以比较起来，我国文科最落后，就是因为接触实际太少，无论学生也好，教师也好，都是一样。就是在课堂里讲课，讲哲学就是书本上的哲学，如果不到社会上、人民中间去学哲学，不到自然界去学哲学，那种哲学学起来沒有用处，仅仅懂得点概念而巳。邏輯学也是如此。可以读一篇課文，但不会懂得很多，只有在运用中才会逐步理解。我读邏輯学的时候就不太懂，运用的时候才逐步懂得的。这里我讲的是邏輯，还有些比如文学要学语法，读的时候也不太懂，要在写作中才能理解语法的用处。人们是按习惯写文章，按习惯讲话，不学语法也可以。我国几千年来就是沒有语法这门科学。但古人文章，有的写得相当好。当然我并不反对学语法。关于修辞学，学也可以，不学也可以，伟大的文学家并不是什么修辞学家，我也学过修辞学，但不理解它，你也是先学了修辞学再写文章的嗎……。

毛主席談哲学

（談話記录稿）

今天找你们来，主要是研究板田的文章。板田说，基本粒子不是不可以分的，他这是站在辯证唯物主义立場上的。宇宙是无限的，无论是从时间上，还是从空间上都是无限的。从小的来说，它是无限的。原子可以分，电子也可以分，可以无限地分下去。因此我们对世界的认识是无穷无尽的，如果认识是有穷有尽的，还要我们这些人干什么呢？

人对于事物的认识，总是经过多次的反复，要积累大量的感性材料，才能实现由感性认识到理性认识的飞跃。

从实践到感性认识，再由感性认识上升到理性认识，这两个飞跃的道理，马克思沒讲清楚，列宁也沒讲清楚。列宁的《唯物主义与经验主义》只讲清了唯物论，沒讲清认识论，这一点艾思奇同志在高级党校讲的是对的。列宁只解决了一个反映论，《实践论》解决了实践在认识中的作用，主观能动性的问题。物质变精神，精神变物质，这在双十条中《人的正确思想是从那里来的？》解决了。

什么叫哲学？哲学就是认识论，沒有别的。双十条的第一个十条的前一段是我写的，这些话触及了一些人的疼处，所以搞了一个"合二为一"来反对我。

我们的地球现在变得越来越大，〔因为(不清)不断有别的星球上的隕石掉到地球上——編者〕是青年时期。太阳是中青时期，不象以前那样热了。我们应当研究天体的变化，现在有了人造卫星的研究，这方面的科学有了更好的条件。

（于光远同志问主席："我们能不能把望远鏡，人造卫星等看作是认识工具？"）

毛主席回答说，有道理，工具是人的器官的延长，钁头是人手的延长，望远鏡是人眼睛的延长。

关于冰的问题，现在还在争论。李四光说一百万年（前）有冰，有冰期。古时候的恐龙就是因经不住冰川时期的困难而灭亡了。我们人也要准备万一冰川的来临，当然要有几千万年。

（于光远同志问主席："哲学书上通常是以个人作为认识的主体。而在人类社会中，认识的主体往往是集体，这个问题究竟怎么看才对？）

毛主席回答说：阶级社会（阶级）就是一个认识的主体，由自在阶级到自为阶级，这说明了整个阶级是个认识的主体。党就是一个认识的主体。

地球上的水不是一开始就有的，氢和氧合成水要几千万年，有水才能有它的发生、发展和灭亡。人总是要死的。张三是人，张三就要死。我们今天看不到孔夫子，因为他死了。人类是产生出来的，所以人类也会灭亡。地球有产生，也有灭亡，但同基督教说的“人类末日”不同，这是因为会有更高级的东西来代替它。不承认马克思主义会灭亡，就否认了马克思主义本身。

事物是在运动中，地球围繞太阳转。欧洲有哥白尼、伽利略等三人相信，我国一个也沒有相信的。（这里主席引用了不少古书古传记证明我国有不少理论接近太阳中心说，但沒有最后认识——編者）任何东西都是即守衡又不守衡。世界沒有绝对不变的东西，即要又变又不变，由此组成了世界，即守衡又不守衡。

世界一切都在变。孙中山开始不会打仗，我在国民革命军里当过宣传部长，讲过打仗，到了井岡山以后，开始打了一次胜仗，两次败仗，在实践斗爭中，逐步学会打仗，搞出了十六个字（即游击战略方针），“敌进我退，敌駐我挠，敌疲我打，敌退我追”——偏者），这些还应当感謝蔣介石，感謝我们党內那些百分之百完美的布尔什維克。我写的那本《中国革命战爭的战略问题》，凱来(即周揚——編者)说我是在抄孙子兵法，我写这本书的时候，的确看了不少书，但是就是沒有看《孙子兵法》。

我们这些人不生产粮食，也不生产机器，只生产路綫和政策，这些路綫和政策也不是我们发明的，是群众发明的。社教也是群众发明，这里倒要感謝广东的一个反革命，他寄信给陶鑄和陈郁，要我们交出政权。

中国知识分子有几种，工程技术人員接受社会主义改造好些，理科其次，文科最差。北大的那个馮定，就是一个修正主义的例子。

分析很重要。“庖丁鲜”就因为他掌握了分析的要领，恩格斯在接触医学时，就很重视解剖学。

关于生命的起源要研究一下。苏联的一位女科学家研究了这个问题，还沒有得出结论。

《关于学习解放軍加强政治工作的指示》批示

（一九六四年）

现在全国学解放军，学大庆，学校也要学解放军。解放军好是政治思想好，也要向全国城市农业、工业、商业、教育的先进单位学习。

国家工业各部门现有人提议从上至下（即从部到厂矿）都学解放军，设政治部、政治处和政治指导員，实行四个第一和三八作风，看来不这样作是不行的，是不能振起整个工业部门（还有商业部门，还有农业部门）成百万成千万的干部和工人的革命精神的。

毛主席一九六四年春节座谈会时对教育的指示(記录稿)(摘录)

今年二月十三日（阴历正月初一）下午三点，毛主席在人民大会堂北京厅召开了座谈会，参加会议的有刘××、邓××、康生同志、杨××、郭沫若同志……以及党外人士陈叔通、黃炎培、章士釗、許德珩等十六人。

一开始主席向章、許、陈、黃说："你们说，我们会不会垮台？苏美合作会不会出兵？会不会占领北京？我们是有准备的，頂多退到延安。那时我们只有一百五十万人，还頂住了。他们子弹多，会不会把我们打死呢？"章说："不会。"主席："你们都上了贼船，下不来了怎么办？"章说："我们不下来。"

主席说："目前国际国内形势很好。帝国主义的日子不好过，修正主义的日子也不好过。走狗不那么走，美国就要搞掉它。例如南越的吳庭艳。伊拉克有个卡塞姆，也是美国搞掉的。搞掉了吳庭艳，蔣介石很伤心。一月十日台湾开紧急会议，决定与法断交，形式上是蔣与法断交，实际上是法国与蔣断交。"

主席说："我最近对外国人員讲話，要印给他们看。許德珩，你是一党之魁，不看还行？"

主席说："人就是要挨罵，人挨罵有好处。修正主义公开罵我们，我们就公开反击，公开了就好办。一九四〇年我们在重庆有个办事处，蔣介石暗中搞了个限制異党办法，他们內部发行。比修正主义高明（原文如此）。后来，一九四一年搞皖南事变，他们消灭了叶挺九千人，又搞三次反共高潮，教育了我们全党和全国人民，使我们做了准备。抗战胜利后，我到重庆谈判，正在谈判期间，打了上党战役，把閻錫山的几万人消灭了。后来又打了邯鄲战役，俘虏了高树勛，几千人沒有跑多少。"（康生同志说：高树勛还是共产党員。）主席说："可见人是会变的。"

主席说："我来介紹一下章士釗的历史吧！我们相识可能是一九一八年在北大时。"（章说：还早一点。）主席说："那时我是个小职員，八块大洋一月。章士釗当过黃兴的参謀长。袁世凱想提他当北大校长，就是陆×的那个角色，他知道袁要做皇帝，不干，跑到日本。在日本出了个甲寅杂志，又叫老虎杂志，因为寅属虎，在日本出比后来在国內出的好。回国后，与戴传賢一唱对台戏，出了个杂志，封面画了个狗屁股，后面画了两条杠杠，表明'狗屁不通'。后来又当了教育总长，又参加了马厂誓师。"（章：我沒参加。）"黃任老是个立宪派，我是革命派……。陈叔通是研究系。許德珩你这个水产部很有前途，海岸綫很长。"主席说："无论是立宪派，革命派，研究系，今天都在一块。"康生同志说："溥仪皇帝给拜年。"主席说："皇帝还给你拜年！"康生同志说：

"到政协拜年我也在。"主席说："听说皇帝只拿一百多元，是否太少了。要长些薪金。光緒，宣统，都是我的頂头上司，我那时是他们统治下的公民。"（章说：他的叔叔戴涛，听说生活很困难。）主席说："他是过去陆军总长，军机大臣·留学过德国。可由你把稿费与他一些，使他改善改善生活，不要'食无鱼'。"

主席说："我现在不看《左文辞类纂》了，看《昭明文选》、《海赋》写得很好，庄子秋水篇可以看一看。"对章说："你是桐城遗种，我是选学余孽。"

主席说："国际形势，帝国主义、修正主义、反动派輸定了。现在还有神气，还张牙舞爪，但是他们离脱群众，到处碰壁。在波兰、罗马尼亚，都碰了壁。古巴是一半，不听一半，听一半是因为古巴沒有石油，不能造武器，无可奈何。日本是要反美的。中法建交是戴高乐主动的，戴高乐还不是大资产阶级嗎？他也反美。"问章士釗："你知道沈崇事件嗎？"章说："沈崇文嗎？"主席说："不是，是北大一个女学生，被美帝强奸，就激起了全国人民的反美浪潮。"

主席说："人是要挨罵的，他们愈是罵我们，我们愈好。帝国主义、修正主义、蔣介石愈是公开罵我们，我们愈好。最近蔣介石不大公开罵了，他们说我们讲空话，假革命，旣其如此，为什么不登我们的讲話，那就说明我们有些东西。最近赫鲁晓夫来信讲了四件事：要派专家，要做生意，要谈判边界，要停止公开论战。"主席问："来了你们敢不敢要呢？"（大家说：不敢领教，来了以后再走，反而增加困难。）主席说："停止公开爭论呢？他们罵了我们两千多篇，我们才写了七篇。边界谈判，可以谈，在北京，二十五号已经开始，生意上可以做一点，但不能多。因为他们的机器一貫二笨。"（他们一套化肥设备一千八百吨重，要三千多亩地，用三千多个工人，意大利只有一百八十吨重，占三百亩地，用三百工人就可以了。）××说："质量还差。"主席说："是呀！质量差，还留一手。我们和他们做生意吃亏，不如与日、德、法、意做生意有利。"

主席说："过去几年缺点主要有两条，一条瞎指挥，一条高征購，现在都改了，可是又转到反面，成了不指挥，下边沒有劲了，还是要将他们鼓动起来。最近石油部大庆油田出了六百万吨石油，建立了一百万吨炼油厂，只花三年时间，七亿多元，成本少，效果大。大家不是要学解放军嗎？要派人去学，解放军对敌人是战斗队，对人民是工作队，解放军內部官兵关系好，比地方好，大庆文件要发给在座的。"问蔣××："大学生是否要学解放军。"蔣说："要学，已派人去学。"

主席说："今年要把工作搞得比去年好一些，錯误要少些。发揚好的，树标兵多表揚，以表揚为主，批评为輔。现在高征購、瞎指挥沒有了，看老天爷如何？去年北方大水，湖南大旱。"

主席说："工厂、农村、机关、学校都要学解放军，对犯过錯误的都要改掉。国内问题是根本的。现在有几个国家要和我们建交，一个是突尼斯，一个是布拉柴維尔刚果。另一个刚果搞自力更生，他们无枪无炮，用的张飞的长矛，关云长的大刀，养由基的箭，是关、张、赵、马、黄的武器。"康生同志说："最近他们还用箭射到直升飞机上，射中了油箱，飞机起火。箭有毒，射死一个美国参謀。"

主席说："中国一开始也沒有自己的部队，教过一年级，二年级，三年级，三、四年级，怎样打仗，那时也不知道。”

主席：“今年工作要比去年搞得好点，要把成绩搞得更好点，今年可能是较好的年成，如果老天爷帮助。现在工业有了进步，教育也要改一改。今天主要谈谈教育问题，請××同志讲吧。”

主席：“我看学制可以縮短。”

主席：“十七岁可以当预备兵。不但男生，女生也可以搞娘子军，十六、七岁的女孩子，可过半年或一年的部队生活。”

主席：“现在就是多，课太多了，害死人。使学生天天处于紧张状态。课程多，负担重，近视眼成倍增加，我看课程可以减掉一半。孔夫子只搞了六门功课，叫礼、乐、射、御、书、数，出了顏回、曾子。学生成天看书，不能搞文化娱乐，不能搞游泳，不能跑跑跳跳，不能看课外读物，这怎么能行呢？”

主席：“历来的状元沒有一个有学问，唐朝有志的人物李白、杜甫既非进士，又非翰林。韓愈只是一等进士。罗贯中、王实甫、关汉卿都不是进士。曹雪芹是拔貢，比举人还小一点。凡当了进士、翰林的都是不成功的。读书多了害死人，读多了不好。明朝只有两个皇帝搞得好，一个是明太祖，文盲。一个是明成祖，半文盲，还做了些事情。到了嘉靖、万历是知识分子当政，反而糟了，国家管不好了。梁武帝有文化，懂佛经，开始还好，后来当和尙，结果餓死了，亡了国。宋徽宗写字画画很好，结果当了俘虏。”

主席：“现在的考试办法，是对敌人的办法，不是对人民的办法，突然袭击，出偏题，出古怪题，是考八股的办法，要完全改。我主张先出一批题目公布，让学生研究，看书。例如考《红楼梦》，出二十个题，如学生答出十题，其中有几个答得好，有创见，可以打一百分，完全答出了，但无突出见解的，只给五、六十分。考试可以交头接耳，可以冒名頂替，但要自己抄一遍，交头接耳，冒名頂替，过去不公开，现在让它公开。我不会，你写了，我抄一遍也可以，可以试试。

先生讲话有的罗罗索索，允許学生打瞌睡，与其睁开眼睛听着沒味道，不如打打瞌睡，养养脑筋，可以不听，稀稀拉拉。”

主席：“现在这个办法是摧残人才，摧残青年。读那么多的书，考试办法是对敌人的办法，害死人。”

主席：“这不是孔夫子的，孔夫子不是这个办法，孔夫子沒有那么多课，只有六门课。”

主席：“大水冲掉了教条主义，土教条、洋教条都要搞掉。”

主席：“要把唱戏的、写詩的，都轟下去，不許住在城市，到工厂农村去。不下去不开饭，下去就开饭，在城里那能写出好剧本，好詩歌。”

主席：“现在有些人不重视下乡劳动，明朝李时珍，长期自己下乡采药。祖冲之也沒有上过大学中学。孔夫子也沒有上过什么大学中学，他只是找了一门职业，死了人，他去吹吹打打象个道士，又会弹琴，又会射箭、駕车子。书是什么？是书法还是历史？”

（问章士剑，章说可能是书法。）

主席：“不是，大概是讲历史，还有会计，他沒有讲过大学，课目少，只有礼、乐、射、御、书、数。”

“孔夫子这个人还比较老实，小时比较穷，放过牛羊，当过会计，常与人接近。后来在鲁国当了官，官也不大，鲁国只有一百多万人口，他常常挨駡，后来有了子路，恶声才不入耳，大概是請子路当了孔子的保鏢的，誰说孔子，子路就揍他。”

“我们的教育，路綫不錯，方法不对。我们的方针是正确的，但书多课多，压的太重，我很不贊成。考试办法也要改，是摧殘人的办法。”

主席：“高尔基只念过两年书，完全是自修的。发明电的富兰克林是个卖报的，瓦特是工人，沒有念过多少书，发明了蒸汽机。多给学生们思考时间比读死书好。”

主席：“还有军队。”

康生：“苏联中学毕业后，劳动二年，但理工科升学，課程不銜接。”

主席：“对！要多样化。”

主席：“书多，作业多。”

主席：“中学有些課只要讲一下，象学点邏輯语法，不用考试就行了，让学生将来在工作中去理解。”

主席：“这是煩瑣哲学，煩瑣哲学是一定要灭亡的。如经济学那么多注解，现在统统消灭了。我看用这种办法轟出来的学生，无论是中国的也好，美国的也好，苏联的也好，都要消灭，都要走向自己的反面。如讲经那么多，唐玄奘考证的金刚经就比较简化，只有一千多字。古经、十三经不是也行不通了嗎？书不能读太多了，马克思主义的书不能读得太多，读几十本就行了。读多了就会走向反面，成为书呆子，成为教条主义、修正主义。孔夫子学问沒有工业、农业，因此四体不勤、五谷不分，这方面我们要想办法。”

这方面的革命（指文化大革命）要靠青年，党中央号召你们青年要敢想敢说敢做敢闖敢革命。你们青年批判到那里，党中央就支持到那里。

——共青团九届三中全会上的指示（１９６４）

对徐寅生同志《关于如何打乒乓球》一文的批語

徐寅生同志的讲话和賀龙同志的批语，印发中央工作会议同志们一閱。幷請你们回去后，再加印发，以广宣传。同志们，这是小将们向我们这一大批老将挑战了，难道我们不应该向他们学习一点什么东西嗎？多年以来，沒有看过这样好的作品。他讲的是打球。我们要从他那里学习的是理论、政治、经济、文化、军事。如果我们不向小将们学习，我们就要完蛋了。

毛泽东

一九六五年一月十二日

"战場就是学校，军事学校我不反对，可以办，但不要学得太长了，一读二、三年，太长了，几个月就行了。什么海陆空学校，不怎么高明。"

"有些现代科学需要长一些时间学，例如导弹、原子弹，就是讲研究和制造。单单武器的使用和訓練士兵不需要很长时间。訓練炮兵一个月就行。訓練駕驶員、飞行員，几个月就够了。最多一年。主要是在战場上訓練。和平时期要黑夜里練习，战爭时期，战爭就是学习。……"

"有些外国人在中国上学、学军事。我劝他们回去。不要学太长。几个月就行了。讲堂上尽讲，沒有什么用处。回去参加打仗，最有用。有些道理只要讲点就行了。不讲也可以。大多数时间可在本国，或者根本不出国，就可以去那里。"

——摘自《接见巴勒斯坦解放组织代表团时的讲話》

1965.3

对卫生工作的指示

（一九六五年六月二十六日）

告訴卫生部，卫生部只给全国人民百分之十五的工作，而且这百分之十五主要还是老爷。广大农民得不到医疗。一无医，二无药。卫生部不是人民的卫生部，改成城市卫生部或城市老爷卫生部好了。

医学教育要改革，根本用不着收什么高中，初中生、高小毕业生学三年就够了。主要在实践中学习提高，这样的医生放到农村去，就算本事不大，总比騙人的医生与巫婆医的好。而且农村也养得起。书读的越多越蠢。现在医院的那套检查医（治）疗方法根本不符合农村，培养医生的方法，也是为了城市。可是中国有五亿人都是农民。

脱离群众，工作把大量人力、物力放在研究高、深、难的疾病上，所謂尖端。对于一些常见病，后发病，普通存在的病，怎样预防，怎样改进治疗不管或放的人很少。尖端的问题不是不要，只是应该放少量的人力、物力，大量的人力、物力应该放在群众最需要解决的问題上去。

还有一件怪事，医生检查一定要戴口罩，不管什么病都戴，是怕自己病传给别人？我看主要是怕别人传染给自己。要分别对待嘛！什么都戴这肯定造成医生与病人间的隔閡。

城市里医院应该留下一些毕业一、二年本事不大的医生，其余的都到农村去。四清到××年就扫尾基本结束了，可是四清结束，农村的医疗卫生工作是还沒有结束的！把医疗卫生的重点放在农村去嘛！

"七三"指示

对北京师范学院調查材料报告的批示)

(一九六五年七月三日)

学生负担过重，影响健康，学了无用。建议从一切活动总量中砍掉三分之一。邀請学生代表讨论几次，决定执行。

今后的几十年对祖国的前途和人类的命运是多么宝貴而重要的时间啊！现在二十岁的青年，再过二、三十年是四、五十岁的人，我们这一代青年人，将亲手把一穷二白的祖国建设成伟大的社会主义强国，将亲手参加埋葬帝国主义的战斗，任重而道远。有志气有抱负的中国青年，一定要为完成我们伟大的历史使命而奋斗終身！为完成我们伟大的历史使命，我们这一代要下决心一辈子艰苦奋斗！

政治工作要走群众路綫，单靠首长不行，你能管得这么多嗎？很多好事坏事你们是看不到的，你只能看一部分。所以要发动人人负责，人人开口，人人鼓励，人人批评。每个人都长着眼睛和嘴巴，都应让他们去看，让他们去说。群众的事由群众来办。我们的政治是群众的政治，民主的政治，要靠大家来治，而不是靠少数人来治，一定要发动人人开口，每个人既长了嘴巴，就要担负两个责任，一个吃饭，一个说话。在坏事、坏作用面前就要说话，就要负起斗爭的责任来。

沒有党的领导，单靠首长个人来领导，事情是一定办不好，一定要党和同志们来办事，而不是单靠一个人在那里办事，不是首长一个人办，群众不动，要形成群众动手动口的风气。上面要靠党的领导，下面要靠群众，这样才能把事情办好。

接見錢信忠、張凱时的講話

(一九六五年八月二日)

不脱产卫生員訓練半个月太短了吧！这还可以，三、四个月学十几种病，半农半读，二年就是读一年书，三年就是读一年半书，这方法好（卫生員140万，拿工資80万，不拿60万，80%在城市）。

高等教育要五年，读那么长时间值得研究。

医生一定要政治好，这一点很重要。

北京50多万公费医疗，80多万劳保。

城市医务人員下农村，每年去三分之一，留校学生三年以后一边工作，一边上课，护士也一边工作，一边学习。光念书是不行的。要考虑打仗！你们分科那么細，打起仗來怎么办？只念內科不会外科怎么成？

搞科研的人看不看病？（答：一部分看病，一部分不看病。）什么人不看病？（答：搞基础科学的，如搞生理、药理、生化的，研究理论的不看病。如张香相研究細胞、生理，有一定成就，后来看到针灸麻醉后，想到他的理论与针灸麻醉的实际结合起来。）理论还要结合实际嘛！科学尖端还是要搞的。

（此讲话仅供参考，可能与原文有出入）

办教育也要看干部，一个学校办得好不好，要看学校的校长和党委究竟是怎么样，他们的政治水平如何来决定。

《毛主席接见几內亚教育代表团、几內亚总检察长及夫人谈话记录》（一九六五年八月八日）

学校的校长、教員是为学生服务的，不是学生为校长、教員服务的。

《毛主席接见几內亚教育代表团、几內亚总检察长及夫人谈话纪要》（一九六五年八月八日）

那些不相信突出政治，对于突出政治表示阳奉阴违，而自己另外散布一套折中主义（即机会主义）的人们，大家应当有所警惕。

毛主席看了林彪同志的来信后对于突出政治所作的指示（一九六五年十二月二日）

反对折衷主义的問題

（一九六五年十二月二日）

我认为这是突出政治和反对突出政治的斗爭深入发展到一个新的阶段。现在公开站出来反对突出政治，反对坚持四个第一，反对抓政治思想的人，还有，譬如你们浙江有个信用社主任说："政治就是理论，理论就是会说，会说就是吹牛。"但是这种人不多了。公开提出业务第一，数字第一的人，大大减少了。他们学的比较聪明了，但是他们又不愿意突出政治，不愿意单純放棄单純业务观点。这根"腊肉骨头"不是突出政治。形势逼人，于是就改头换面，来个折衷主义。

在政治和业务关系上，有三种摆法，第一种摆法是政治第一，业务第二，政治统帅业务；第二种摆法：业务第一，政治第二，政治为业务服务；第三种摆法，政治和业务都第一，叫两个第一。这三种摆法，第一种是正确的，第二种是錯誤的这很明显，第三种摆法是正确的还是錯誤的？不用说是錯誤的。但是有些人就是分辨不清，为什么有些人对"政治和业务都第一"的錯誤观点模糊不清？这是他对折衷主义的面貌还认识不清的緣故。

现在我来讲一讲折衷主义的特点。

折衷主义有五个特点：

第一个特点就是用二元论来代替、冒充、偷换马克思主义的两点论（两点论即一分为二）。马克思主义的两点论，在认识事物，分析矛盾的时候，都看到它的两个方面。例如在总结的时候，既肯定成绩，又看到缺点，既总结成功的经验，又总结失败的教訓。但马克思主义看认识事物的两个方面，并不是把他们看做都一样，各占一半，半斤八两，而是严格地把它们分为主要的和次要的方面，分为重点和一般，主流和支流。例如林彪同志对政治思想工作领域中四对矛盾的分析，人和物的关系，两个都重要，但活的思想更重要，活的思想第一。这就是重点论，有第一和第二，统帅和被统帅的关系。又如解决实际问题，两个都重要，但主要的是解决思想问题。

马克思主义坚持重点论，因为事物的性质是由事物的主要方面规定的。把矛盾的主要方面和次要方面混淆起来，就认不清事物的本质，就不能判断事物的是非，就不能进行工作。折衷主义用二元论代替、冒充、偷换马列主义的两点论，就是它把两点中间的重点偷偷地抽去了。他们把事物的两方面，矛盾的两方面平列起来、等同起来，不分第一和第二，不分主要和次要，不分主流和支流，结果就掩盖了事物的眞象，模糊了事物的本质，使人的工作中分不清是非界限，把人们引到错误的路上。

马克思主义认为，政治、军事与经济，政治与业务，政治与技术的关系，政治总是第一，政治总是统帅，政治总是头，政治总是率领军事，率领经济，率领业务，率领技术的。政治与业务这一矛盾中，主要矛盾方面是政治，把政治抽去了，就等于把灵魂抽去了。没有灵魂就会迷失方向，就会到处碰壁。所以政治第一，政治统帅业务，不能平起平坐。如果把它们并列起来就是折衷主义。

把政治和业务平列起来，或者主张轮流坐庄的思想和看法，一类人认为既要突出政治又要突出业务，“今天突出政治，明天又要突出业务”，“闲时候突出政治，忙时候突出业务”等等。这是一种折衷主义的倾向，是错误的。

第二个特点是用混合论，调和论和马克思主义的结合论是根本不合的。折衷主义的混合论和调和论是不分敌我，不分阶段，不分是非。例如现代修正主义主张社会主义和帝国主义这两个根本对立的体系和平共处，和平竞賽，主张取消军队，主张不要斗争，主张资本主义国家共产党不搞武装斗争，不叫工人罢工，不叫农民斗地主，而搞什么和平过渡等等。从这里我们可以看出，折衷主义实际上就是修正主义。修正主义就是不要斗争，不要革命的。

折衷主义不分敌我，不分是非，不要斗争的调和论和混合论，例如有的人就不讲阶级斗争的，他们对不法资本家不批评，不斗争。敌我不分。你们浙江不是有这样一件事，有一个地主分子表现不老实，一个党員职工批评了这个地主分子，这件事给经理知道了，经理就找这个党員谈话，批评这个党員说：“地主分子本来就想国民党，你这样一斗他，他就更想国民党了，以后不要斗了。”这位经理好人主义讲人情，看到别人有缺点，见到有损害党和国家利益的事，明知不对，也不批评，不斗争，听之任之，这样不讲是非，不讲思想斗争，只求一团和气，只求得无原则的暂时的团结，态度是混合主义，调和论，就是修正主义，折衷主义。但臭味相投，很容易混到那个臭水坑里去。好人主义也不少，大家要小心点，提高警惕。

第三个特点是用似是而非模稜两可的东西来冒充和代替辯证法。折衷主义在判断事物的时候，总是这样也对，那样也对。他们慣用这种手法，来冒充辯证法，这样就容易打“马虎眼”，容易偸梁换柱，混水摸鱼，容易欺騙群众。例如列宁在“国家与革命”这篇文章里批评折衷主义的时候说：“把马克思主义偸偸的换回机会主义的时候，用折衷主义冒充辯证法是最容易欺騙群众。”

如有人说：“我既不是单純业务观点，也不是单純的政治观点，在我那个单位既突出政治，也突出业务，只有政治和业务都突出这才是全面观点。光强调突出政治或者突出业务都是片面的。”他这种讲法，初听起来好象滿有道理，考虑得很全面，既照顾了政治又照顾了业务。但仔細想一想，这是彻头彻尾的折衷主义。这不过是以全面的面目出现，它卖的完完全全是折衷主义的貨色，所以很容易模糊群众，很容易蒙蔽群众。

第四个特点，有折衷主义倾向的人，总以为自己很有政治，充其量不过是脑子里政治缺得很，少得可怜。这些同志所謂很有政治，充其量不过是“口号在嘴上，保証在紙上，决心在会上”而已。他们在小声地喊了一句突出政治的話为名，唯恐人家把突出政治的話听去了，于是紧跟着高喊：“要突出业务”，好象不这样做，就很不舒服似的，这些人唯恐政治思想工作做好了，刁难政治干部，实在感到奇怪。

第五个特点是哲学上的折衷主义，必然导致政治上的机会主义，修正主义。因为他把军事与政治，政治与经济，政治与业务，政治与技术的关系搞錯了，把灵魂抽去了，其结果就一定是：小则只是单純业务观点，大则陷入修正主义泥坑。

以上讲的是折衷主义的五个特点。

凡是有折衷主义观点及倾向的，他们都是有一个共同之点，这就是从他们的思想深处来说，是反对突出政治的，他们不是把突出政治放在第一位。

对哲学工作者的講話

（一九六五年十二月二十一日于杭州）

这一期哲学研究（指一九六五年第六期工农兵哲学论文特輯）我看了三篇文章。

你们搞哲学的，要写实际的哲学，才有人看，书本式的哲学，难懂，写给誰看？一些知识分子，什么吳晗啦，翦伯贊啦，越来越不行了。现在有个孙达人，写文章针对翦伯贊所謂封建地主阶级对农民的“让步政策”。在农民战爭之后，地主阶级只有反攻倒算，哪有什么让步？地主阶级对太平天国就沒有什么让步，义和团先“反清灭洋”，后来又变成“扶清灭洋”，得到了慈禧的支持。清朝被帝国主义打败了，慈禧和皇帝逃跑了，慈禧就搞起“扶洋灭团”。“淸宫秘史”有人说是爱国主义的，我看是卖国主义的！彻底的卖国主义。为什么有人说它是爱国主义的？无非认为光緒皇帝是个可怜的人，和康有为一起开学校，立新军，搞了一些开明措施。

清朝末年，一些人主张“中学为体，西学为用”。“体”好比我们的总路綫，那是不能变的。西学的“体”不能用，民主共和国的“体”不能用，“天賦人权”，“天演论”也不能用。只能用西方的技术。当然，“天賦人权”也是一种錯誤的思想。什么天賦人权？还不是人賦人权。我们这些人的权是天赋的？我们的权是老百姓賦予。首先是工人阶級和貧下中农賦予的。

研究一下近代史，就可以看出，那有什么“让步政策”。只有革命勢力对于反动派的让步，反动派总是反攻倒算的。历史上每当出现一个新的王朝，因为人民艰苦，沒有东西可拿，就采取“轻傜簿賦”的政策。“轻傜簿賦”政策对地主阶級有利。

× × ×

希望搞哲学的人到工厂农村去跑几年，把哲学体系改造一下，不要照过去那样写，不要写那么多。

南京大学一个学生，农民出身，学历史的，参加了四清以后，写了一些文章。讲历史工作者一定要下乡去，登在南京大学学报上，他作了一个自白，说：我读了几年书，脑子里一点劳动的影子都沒有了。在这一期南京大学学报上，还登了一篇文章，说道：本质就是主要矛盾，特别是主要矛盾的主要方面。这个話，我也还沒说过。现象是看得见的，刺激人们的感官，本质是看不见，摸不着的，隐藏在现象的背后。只有经过调查研究，才能发现本质，本质如果能摸得着，看得见，就不需要科学了。

要逐渐的接触实际，在农村搞上几年。学点农业科学，植物学、土壤学、肥料学、細菌学、森林学、水利学等等。不一定翻大本子，翻小本子，有点常识也好。

现在这个大学教育，我们怀疑。从小学到大学，一共十六、七年，二十多年看不见稻、粱、菽、麦、稷、黍，看不见工人怎样做工，看不见农民怎样种田，看不见怎样做买卖，身体也搞坏了，眞是害死人。我曾给我的孩子说：你下乡去，跟貧、下中农说，就说我爸爸说的，“读了几年书，越读越蠢。請叔叔伯伯姊妹兄弟做老师，向你们来学习。”其实入学前的小孩子一直到七岁，接触社会很多。二岁学说话，三岁哇喇哇喇跟人吵架，再大一点，就拿小鋤头挖土，模仿大人劳动。这就是观察世界。小孩子已经学会了一些概念。狗是个大概念。黑狗，黄狗，是小些的概念。他家的那条黄狗，就是具体的。人，这个概念，已经舍掉了許多东西，男人女人不见了，大人小人不见了，中国人外国人不见了，革命的人和反革命的人都不见了，只剩下区别于其他动物的特点。誰见过“人”？只能见到张三，李四。“房子”的概念，誰也看不见，只能看到具体的“房子”，天津的洋楼，北京的四合院。

大学教育应该改造。上学的时间不要那么多。文科不改造不得了。不改造能出哲学家嗎？能出文学家嗎？能出历史学家嗎？现在的哲学家搞不了哲学，文学家写不了小说，历史系搞不了历史，要搞就是帝王将相。戚本禹的文章（指“为革命而研究历史”）写得好，缺点是沒有点名。姚文元的文章（指“评新編历史剧《海瑞罢官》）好处是点了名，但是沒有打中要害。

要改造文科，大学生下去搞工业、农业、商业。至于工科，理科，情况不同，他们有实习工厂，有实验室，在实习工厂做工，在实验室作实验。

高中毕业后，就要先做点实际工作。单下农村还不行，还要下工厂，下商店，下連队。这样搞几年，然后读两年书就成了，大学如果是五年的話，在下面搞三年。教员也要下去，一面工作，一面教。哲学、文学、历史不可以在下面教嗎？一定要在洋楼里教嗎？

大发明家瓦特、爱迪生等，都是工人出身。第一个发明电的富兰克林，是个卖报，报童出身。从来的大学问家，大科学家，很多都不是大学出来的。我们党中央里面的同志也沒有几个大学毕业的。

× × ×

写书不能象现在这样写法。比如讲分析、綜合。过去的书都沒有讲清楚。说"分析中有綜合"，"分析和綜合是不可分的"，这种说法恐怕是对的，但有缺点。应当说分析和綜合既是不可分的又是可分的。什么事情都是可分的，都是一分为二。

分析也有不同的情况，比如对国民党和共产党的分析。我们过去是怎样分析国民党的？我们说他统治的土地大，人口多，有大城市，有帝国主义的支持，他们军队多，武器强。但是最根本的是他们脱离群众，脱离农民，脱离士兵。他们內部有矛盾。我们是军队少，武器差（小米加步枪），土地少，沒有大城市，沒有外援，但是我们联系群众，有三大民主，三八作风，代表群众的要求。这是最根本的。

国民党的军队，陆军大学毕业的，都不能打仗。黄埔军校只学几个月，出来的人就能打仗。我们的元帅，将军，沒有几个大学毕业的。我本来也沒有读过军事书。读过"左传"，"资治通鉴"，还有"三国演义"。这些书上都讲过打仗，但是打起仗来，一点印象都沒有了。我们打仗，一本书也不带，只是分析敌我斗爭形势，分析具体情况。

綜合就是吃掉敌人。我们是怎样綜合国民党的？还不是把敌人的东西拿来改造。俘虏的士兵，不杀掉，一部分放走，大部分补充我军。武器粮秣，各种器材，统统拿来。不要的，用哲学的话说，就是揚棄，就是杜聿明这些人。吃饭也是分析綜合。比如吃螃蟹，只吃肉，不吃壳。腸胃吸收营养，把糟粕排泄出来。你们都是洋哲学，我是土哲学。对国民党的綜合，就是把它吃掉，大部分吸收，小部分揚棄。这是从马克思那里学来的。马克思把黑格尔哲学的外壳去掉，吸收他们有价值的內核，改造成为唯物辯证法。对费尔巴哈，吸收他的唯物主义，批判他的形而上学，继承，还是要继承的。马克思对法国的空想社会主义，英国的政治经济学，好的吸收，坏的抛掉。

马克思的资本论，从分析商品的二重性开始。我们的商品也有二重性，一百年以后的商品还有二重性，就是不是商品，也有二重性。我们的同志也有二重性，就是正确和錯误。你们沒有二重性？我这个人就有二重性。青年人容易犯形而上学，讲不得缺点，有了一些閱历就好些了。这几年，青年有进步，就是一些老教授沒有办法。吳晗当市长，不如下去当个县长好。杨献珍、张聞天也是下去好。这样才是眞正帮助他们。

最近有人写关于充足理由律的文章。什么充足理由律？我看沒有什么充足理由律。不同的阶级有不同的理由。哪一个阶级沒有充足的理由？罗素有沒有充足理由？罗素送给我一本小册子，可以翻譯出来看看。罗素现在政治上好了，反修、反美、支持越南，这个唯心主义者有点唯物了。这是说的行动。

一个人要做多方面的工作，要同各方面的人接触。左派不能光同左派接触，还要跟右派接触，不要怕这怕那，我这个人，就是各种人都见过，大官小官都见过。

写哲学能不能改变个方式。要写通俗的文章，要用劳动人民的语言来写。我们这些人都是"学生腔"。（伯达同志插话：主席除外。）我做过农民运动、工人运动、学生运动、国民党运动，做过二十几年的军事工作，所以稍微好一些。

哲学研究工作，要研究中国历史和中国哲学史的历史过程。先搞近百年史。历史过程不是矛盾的统一嗎？近代史就是不断地一分为二，不断地斗。斗爭中一些人妥协了，但是人民不滿意，还是要斗。辛亥革命以前，有孙中山和康有为的斗爭。辛亥革命打倒了皇帝，又有孙中山和袁世凱的斗爭。后来国民党內部又不断地发生分化和斗爭。

马列主义经典著作，不但要写序言，还要作注释，写序言，政治的比较好办，哲学的麻煩，不大好搞。辯证法过去说是三大规律，斯大林说是四大规律，我的意思是：只有一个基本的规律，就是矛盾的规律。质和量、肯定和否定、现象和本质、內容和形式、必然和自由、可能和现实等等，都是对立的统一。

说形式邏輯和辯证法的关系，好比是初等数学和高等数学的关系，这种说法还可以研究。形式邏輯是讲思維形式的，讲前后不相矛盾的，它是一门专门科学，任何著作都要用形式邏輯。

形式邏輯对大前提不管的。要管也管不了，国民党罵我们是“匪徒”，“共产党是匪徒”，“张三是共产党”，所以“张三是匪徒”。我们说：“国民党是匪徒，蔣介石是国民党，所以说蔣介石是匪徒”，这两者都是合乎邏輯的。

用形式邏輯是得不出多少新的知识的。当然可以推论，但是结论实际上包括在大前提里面。现在有些人把形式邏輯和辯证法混淆在一起，这是不对的。

对毛远新同志的談話(三)

（一九六六年二月十八日）

当谈到军事工程学院先搞二、三年，然后搞两年半工半读并结合预分配时，毛主席说：

理工科还要有自己的语言，六年中先搞三年試試看。不一定急于搞二年，尖端科学搞三年，要有针对性。三年不够将来再补一点。

有针对性才能有少而精，有针对性才能一般和特殊相结合。六年改成三年，这样作以后，步驟稳妥，方向对头。

新事物干它几年，不断总结经验才行。

理工科有它的特殊性，有它自己的语言，要读一点书。但是也有共性，光读书不行。黄埔军校就读半年，毕业后当一年兵，出了不少人才，改成陆军大学以后（沒有记下读几年）结果出来尽打败仗，作我们的俘虏。

理工科我是不懂的，医科我多少懂一点。你要听眼科大夫说話神乎其神，但人总有一个整体。

科学的发展由低级到高级，由简单到复杂。但讲课不能按照发展顺序来讲。学历史主要学近代史。现在才三千年历史，要是到一万年该怎么讲呢？

尖端理论，包括通过实践证明了的有用的基础理论中要去掉通过实践证明沒有用的和不合理的部分。

讲原子物理只讲坂田模型就可以了，不要从丹麦派玻尔理论开始，你们这样学十年也毕不了业。坡田都用辯证法，你们为什么不用？

人认识事物总是从具体到抽象。医学才讲心理学，讲神经系统那些抽象的东西，我看不对，应该先讲解剖学。数学本来是从物理模型中抽出来，现在就不会把数学联系到物理模型讲，反而把它进一步抽象化了。

关于学术批判問題

苏联“二十三大”我们不参加了。苏联是在内外交困情况下开这个会。我们靠自力更生，不靠它，不拖泥带水。要人家不动摇，首先要自己不动摇。我们不去参加，左派腰板硬了，中间派向我们靠近了。“二十三大”不去参加，无非是兵临城下，不行，就是笔墨官司。不参加可以写一封信，我们讲过叛徒，工賊，苏联反华好嘛，一反我们，我们就有文章可作。叛徒，工賊总是要反华的，我们旗帜要鲜明，不要拖泥带水。卡斯特罗无非是豺狼当道。（有人问主席，这次我们沒参加，将来修正主义开会，我们还发不发賀电？）主席讲：发，还发发，是向苏联人民发。（在东北局传达时，任旁同志补充一句话说，这次中央说，苏联的信中有两句话过去沒提过，1、以苏为中心，2、郑重的马克思主义。）

学术问题，过去我们被蒙在鼓里，許多事，我们都不知道（指学术界，教育界的问题）。事实上，学术界和教育界是资产阶级和小资产阶级手里掌握。我们对民族资产阶级及其知识分子，过去区别于买办资产阶级。这种区别政策改变了苏区的政策。区别政策是很灵的。小资产阶级，资产阶级和买办阶级等同起来是不对的。小学、中学、大学都被小资产阶级，中产阶级垄断了，解放以来，把这些人包下来是对的。现在搞学术批判也要保护几个，如郭老范老（文瀾）也是帝王将相派。每一个中等以上的城市，都有文史，法学史，自然科学史，物理，化学都有它的历史。现在自然科学尙未动，讲一讲道理，眞正培养无产阶级的接班人。自然科学史无产阶级和资产阶级看法也不一样，唯心论和唯物论也都牽涉到自然科学问题。范老对帝王将相有兴趣，他们反对放空炮，讲史实。（林彪：这是一場阶级斗爭。）是呀，是严重的阶级斗爭，将来的修正主义就是这些人。吳晗、翦伯贊都是共产党員，都是反对共产党反对唯物论的。（林彪：这是一場社会主义思想建设。）这是一場广泛的阶级斗爭。全国二十八个省有十五个动了，现在还有十三个省沒有动。（吳德同志说：十三个省里咱们也在内。）过去把他们包下来当教授，当校长，当出版社的领导者。这些人实际上从思想上讲是一批国民党員。（林彪：报紙要抓，报紙是个大事，等于天天代替中央下命令。）北京有个“前綫”刊物，实际上是吳晗、邓拓、廖沫沙他们办的。有个“三家村”就是他们办的。阶级斗爭展开面很广包括各个方面，請各大区，省委注意一下。如学术学报，出版、文艺、电影、戏剧等，各方面都要搞搞。××同志写一篇文章出来后，好多个报都要登载，这篇文章压了一年半。

对于好的坏的都要登，不要怕触犯了罗尔綱、翦伯賛，反正不夺取他们的吃饭錢。不要怕触犯了“权威”。

（××说：文艺界、医院、医务界都组织工作队下乡。）他们都下乡好，尽读古文书不行，要接触实际。××写不出好东西来，学文学不要从古文学起。包括鲁迅，我的，要学写，以能写为主。就象学外国文，以学听，说一样，我们部队的人，那些将军、师长，什么尧舜皇帝都不知道，孙子兵法也沒有学过。（林：书本上那么多条条到时候也找不着是那一条，大大小小，仗沒有相同的。）是呀，我们的政策，不要压制青年，就象戚本禹批判罗尔綱，不要怕触犯翦伯賛、罗尔綱。赫鲁晓夫反华集我们都出版。（林：我们要搞物质建设，他们搞精神建设。）（×：实际上领导权在他们手里。）要把学生、助教都解放出来。还有一部教授也解放出来。其余部分沒有改造好的。（××年纪小，学问小，要打倒那些年纪老，学问多的。）现在的权威是戚本禹、姚文元，接班人要自然形成好，不要象斯大林那样，培养马林科夫那样不行。要叫那些年纪小、立場稳，有政治经验的做接班人，这个问题很大。

“五七”指示（給林彪同志的信）

（一九六六年五月七日）

林彪同志：

你在五月六日寄来总后勤部的报告，收到了，我看这个计划是很好，是否可以将这个报告发到各军区，請他们召集军、师两级干部在一起讨论一下，以其意见上告军委，然后报告中央取得同意，再向全军作出适应的指示，請你酌定。只要在沒有发生世界大战的条件下，军队应该是一个大学校，即使在第三次世界大战的条件下，很可能也成为一个这样的大学校，除打仗以外，还可以做各种工作，第二次世界大战的八年中，各个抗日根据地，我们不是这样做了嗎？这个大学校要学政治，学军事，学文化。又能从事农村副业生产。又能办一些中小工厂，生产自己需要的若干产品和与国家等价交换的产品，又能从事群众工作，参加工厂、农村的社教四清运动，四清完了，随时都有群众工作可做，使军民永远打成一片，又要随时参加批判资产阶级的文化革命斗爭。这样，军学、军农、军工、军民这几項都可以兼起来。但要调配适应，要有主有从，农工兵三項，一个部队只能兼一項或两項，不能同时都兼起来。这样，几百万军队所起的作用就是很大的了。

同样，工人也是这样，以工为主，也要兼学军事、政治文化。也要搞四清，也要参加批判资产阶级。有条件的地方，也要从事农副业生产，例如大庆油田那样。

农民以农为主（包括林、牧、副、漁），也要兼学军事、政治、文化，在有条件的时候，也要由集体办些小工厂，也要批判资产阶级。

学生也是这样，以学为主，兼学别样，即不但学文，也要学工、学农、学军，也要批判资产阶级。学制要縮短，教育要革命，资产阶级知识分子统治我们学校的现象，再也不能继续下去了。

商业服务行业、党政机关工作人員，凡是有条件的，也要这样做。

以上所说，已经不是什么新鲜意见，创造发明，多年以来很多人已经是这样做了，不过还沒有普及。至于军队已经这样做了几十年，不过现在更要有所发展罢了。

毛泽东

一九六六年五月七日

高举无产阶级文化革命的大旗，彻底揭露那批反党反社会主义的所謂“学术权威”的资产阶级立場，彻底批判学术界，教育界，新聞界，文艺界，出版界的资产阶级反动思想，夺取在这些文化领域中的领导权。

转摘自《通知》（中共中央文件）（一九六六年五月十六日）

不破不立，破，就是批判，就是革命。破，就是要讲道理。讲道理就是立，破字当头，立也就在其中了。

转摘自《通知》（中共中央文件）（一九六六年五月十六日）

会見大区书記和中央文革小組成員时講話

（一九六六年）

今天各大区书记和中央文革小组的成員都到了。会议的任务是搞好文件，主要是改变派工作组的做法，由学校师生和中间状态的一些人组成学校文化革命小组来领导文化大革命。学校的事只有他们懂得，工作组不懂，有的工作组搞了些乱事，学校文化大革命无非是斗和批，工作组起了阻碍运动的作用，我们能斗能改嗎？象翦伯贊写了那么多书，你还沒有读，怎么斗？怎么改？学校的事是“庙小神灵大，池浅王八多”，所以要依靠学校內部力量，工作组是不行的，我也不行，你也不行，省委也不行，要斗要改都得靠本校、本单位，不能靠工作组。工作组能否改成联絡員？改成顾问权力太大，或者叫观察員。工作组阻碍革命，也有不阻碍革命的。工作组阻碍革命势必变成反革命。西安交大不让人家打电话，不让人家派人到中央。为什么怕人到中央，让他们来包围国务院，文件上要写上，可以打电话，也可以派人。那样怕能行嗎？所以西安，南京报社被围三天，吓得魂不附体，就那么怕？你们这些人呀！你们不革命，就革到自己头上来了。有的地方不准围报社，不准到省委，不准到国务院，为什么这么怕？到了国务院接待的又是无名小将，说不清，为什么这样？你们不出面，我出面。说来说去怕字当头，怕反革命，怕动刀枪，哪有那么多反革命？这几天康生、陈伯达、江青都下去了，到学校看大字报，沒有感性知识。南京做得比较好，沒有阻挡学生上中央来。（康生插话：南京搞了三次大辯论：第一次辯论新华日报是不是革命的；第二次辯论江苏省委是不是革命的，辯论结果，江苏省委是不革命的；第三次辯论匡亚明是否戴高帽子游行。）在学校革命的是多数，不革命的是少数。匡亚明是不是戴高帽游行，辩论的结果自然就清楚了。

开会期间到会的同志要去北大，广播学院去看大字报，要到出问题最多的地方去看一看，今天要搞文件就不去了。你们看大字报，就说明是来学习的，来支持他们闹革命的，去那里点火支持革命师生，不是听反革命右倾的话。搞了两个月，一点感性知识也没有，官僚主义去了会被学生包围，要他们包围，你和他们几个人谈话，就会被包围起来。广播学院被打一百多人，我们这个时代就有这个好处，左派挨右派打锻炼左派。派去工作组六个月不行，一年也不行，还是那里人行。一是斗，二是改。斗就是破，改就是立。教材半年改过来不行，要首先删繁就简，錯误的，重复的砍掉三分之一到一半，（王××插说：砍掉三分之二学习主席语录。）政治教材，中央指示，报紙社论是群众的指南，不能当作教条。打人的问题，通知上沒写也不行，这是方向，是指南，赶快把方针定下来，改过来，要依靠学校的革命师生和左派，学校的文化革命委員会，就是有右派参加也不要紧，有用的，可以当反面教員，右也不要集中起来。北京市委也不要那么多人，人多了就打电话，发号施令。秘书通通砍掉，我在前委的时候，有个秘书叫項兆，以后撤退的时候就沒有秘书了，有个收发文件的就够了。（康生插話：主席讲了四件事，一是改组北京市委，照办了；二是改组中宣部，也照办了；三是取消文化革命五人小组，也照办了；四是有些部门改成科沒有办。）是呀，部长，部长管事的可以不改。称部长、司长、局长，不管事的就改。改成冶金科、煤炭科。（有人插話：北大进行四次大辯论“六一八”事件是不是反革命事件，有的说因为里面有流氓，有的说不是，有的说工作组有錯误。附中有四十多人提出撤消工作组长张承先的职务。）有許多工作组阻碍运动，包括张承先在內，不要随便捕人。什么叫现行反革命？无非是杀人、放火、放毒，这些人可以捕，写反动标语的暂时不捕，树立个对立面斗了再说。

在八屆十一中全会閉幕式上的講話（摘录）

（一九六六年八月）

关于第九次大会的问题，恐怕要准备一下第九次大会什么时候召集的问题，要准备一下，已经多年了，自八大二次会议到后年就十年了，现在要开几次大会，大概在明年一个适当的时候再开，现在要准备，建议委托中央政治局，同他的常委来筹备这件事，好不好？

至于这次会议所决定的问题，究竟是正确的还是不正确的？要看以后实践。我们所决定的那些东西，看来群众是欢迎的，比如中央的一个重要决定，就是关于文化大革命，广大的学生和革命的教师是支持我们的，而过去那些方针广大的革命学生跟革命教师是抵抗的，我们是根据这个抵抗来制定这个决定的，但是究竟这个决定能不能实行，还要我们在座的与不在座的各级领导去做。比如讲依靠群众吧，一种是实行群众路綫，一种是不实行群众路綫，决不要以为决定上写了，所有的党委，所有的同志就都会实行。总有部分人不愿意实行，可能比过去好一些，因为过去沒有这样公开的决定，并且这决定有组织的保证，这回组织有些改变，政治局委員，政治局后补委員，书记处书记，常委的调整，就保证了中央这个决定以及公报的实行。

对犯錯误的同志总是要给他们出路，要允許改正錯误。不要认为别人犯了錯误，就不允許他改正錯误，我们的政策是"懲前毖后，治病救人"，一看、二帮、"团结——批评——团结"。我们这个党是不是党外无党，我看是党外有党，党內有派，从来都是这样，这是正常现象。我们过去批评国民党，国民党说："党外无党，党內无派。"有人说："党外无党，帝王思想，党內无派，千奇百怪。"我们共产党也正是这样，你说党內无派，它就是有，比如说群众运动就有两派，不过是占多占少的问题，如果不开这次会，再搞几个月，我看事情就会坏得多。所以这次会议是开得好的，是有效果的。

对中央首長的講話

（一九六六年）

"五、二十五"聶元梓大字报是二十世纪六十年代的中国巴黎公社的宣言书，意义超过巴黎公社，这种大字报我们写不出来的。

（几个少先队員给他爸爸貼大字报，说爸爸忘记了过去，沒有给我们讲毛泽东思想，而是问我们在学校的分数，好的给奖賞。）

毛主席叫陈伯达同志转告这些小朋友，大字报写的很好。

我向大家讲，青年是文化大革命的大军！要把他们充分发挥出来。

回到北京后，感到很难过，冷冷清清，有些学校大门都关起来了。甚至有些鎮压学生运动。誰去鎮压学生运动？只有北洋军閥！共产党怕学生运动是反马克思主义，有人天天说走群众路綫，为人民服务，而是走资产阶级路綫，为资产阶级服务。

团中央应该站在学生这边，可是他站在鎮压同学那边。

誰反对文化大革命？美修、苏修、日修反动派。

借"內外有别"是怕革命，貼出来又盖起来，这样的情况不能允許，这是方向性錯误，赶快扭转，把一切框框打得稀巴烂！

我们相信群众，作群众的学生，才能当群众的先生，现在这个文化大革命是个惊天动地的事情，能不能，敢不敢过社会主义这一关？这一关是最后消灭阶级，縮短三大差别。

反对，特别是资产阶级"权威"思想，这就是破，如果沒有这个破，社会主义的立就立不起来，要做到一斗二批三改。

坐办公室听汇报不行，只有依靠群众，相信群众，鬧到底。准备革命革到自己头上来。党政领导，党員负责同志，应当有这个准备。现在要么把革命鬧到底，从这方面鍛炼自己，改造自己，这样才能赶上，不然就只能靠在外面。

有的同志斗别人很凶，斗自己不行，这样自己永远过不了关。

靠你们引火烧身，煽风点火，放不放？因为是烧到自己头上。同志们这样回答：准备好，不行就自己罢自己的官，生为共产党員，死为共产党員，坐沙发，电风扇生活不行。

給群众定框框不行。北京大字报看到学生起来，定框框，美其名曰："納入正軌"，其实納入邪軌。

有些学校给学生戴反革命帽子。

（外办的张颜跑到外面给人扣二十九个反革命帽子）毛主席说，这样就把群众放到对立面去了。

（有人提出乱的时候打乱档案怎么办？）

毛主席说：怕什么人，坏人来证明是坏人，好人你怕什么，怕字换来一个敢字，要最后证明社会主义关是不是过。

你们学校的"六·一八"事件究竟是什么性质？（按：北大同学不滿意北大工作组的錯誤路綫，出于革命义憤在六月十八日自发地把走资本主义道路的当权派等牛鬼蛇神斗了一通，其中发生了打人现象，后称"六·一八"事件。）张承先说是反革命事件，那时主席不在北京，在武汉，毛主席看了有关的全部材料。他在一个条上写了"'六·一八'不是反革命事件，而是革命的事件。"这两句话，把条子寄到北京来。同学们！毛主席是支持你们的革命行动的。

（江青同志七月二十五日在北大的讲话）

江青同志讲了，毛主席叫我们向你们学习，这不是謙虛，因为毛主席说过了，一个革命的正确领导都是从群众中来到群众中去，只有当群众的小学生，然后才能当群众的先生……有人把北京市委派来的工作组都说成是党中央派来的，毛主席派来的，你们别听那一套，毛主席一个工作组也沒派。

（康生同志七月二十五日在北大的讲话）

給清華大学附中紅卫兵的一封信

清华大学附属中学红卫兵同志们！

你们在七月二十八日寄给我的两张大字报，以及转给我要我回答的信，都收到了。你们在六月二十四日和七月四日的两张大字报，说明对一切剝削、压迫工人农民、革命知识分子和革命党派的地主阶级、资产阶级、帝国主义、修正主义和他们的走狗表示憤怒和声讨，说明对反动派造反有理。我向你们表示热烈地支持，同时我对北京大学附属中学"红旗"战斗小组说对反动派造反有理的大字报和彭小蒙同志于七月二十五日在北京大学全体师生員工大会上代表他们"红旗"战斗小组，所做的很好的革命演说，表示热烈地支持。在这里我要说，我和我的革命战友都是采取同样态度的。不论在北京，在全国，在文化革命运动中，凡是同你们采取同样革命态度的人们，我们一律给予热烈地支持。还有我们支持你们，我们又要求你们注意团结一切可以团结的人们。对犯有严重錯誤的人們，在指出他们的錯误以后，也要給以工作和改正錯誤的重新做人的出路。马克思说，无产阶级不但要解放自己，而且要解放全人类。如果不能解放全人类，无产阶级自己就不能最后得到解放。这个道理也請同志们予以注意。

毛泽东
一九六六年八月一日

炮打司令部——我的第一張大字报

全国第一张马列主义的大字报，"人民日报"评论員的评论写得何等好啊！請同志们重读一遍这张大字报和这个评论。可是五十多天里，从中央到地方某些领导同志，却反其道而行之。站在反动的资产阶级立場上，执行资产阶级专政，将无产阶级轟轟烈烈的文化大革命运动打下去。顚倒是非，混淆黑白，围剿革命派，实行白色恐怖。自以为得意，长资产阶级威风，灭无产阶级志气，又何其毒也。联系到一九六二年的右倾和一九六四年形"左"而实右的錯誤倾向，豈不是可以令人深省的嗎？

毛泽东
一九六六年八月五日

在中共中央群众接待站对首都革命群众的談話

（一九六六年八月十一日）

你們要关心国家大事，要把无产阶級文化大革命进行到底！

給陈伯达同志一个报告的批示

（一九六六年八月十五日）

可以这样做。

毛 泽 东
八月十五日

（附：八月十三日，陈伯达同志給主席的一个报告）

主席：

昨夜文革小组开会，讨论了有关问题，讨论的主要意見是：

1、强调各学校，各单位认眞学十六条，掌握十六条，按十六条办事，拟由《人民日报》連续发表几篇社论。

（总理批示：强调各学校、各单位认眞学习十六条，掌握十六条，按十六条办事。学习才能熟悉，掌握才能应用，要狠抓用才能学好。）

2、自然科学技术各单位都要举起无产阶级文化大革命这个綱，但应做适当的分工布署，一部分人处理文化大革命的问题，一部分人照常处理原訂工作计划，特别是要害的，尖端的科学部门，必须继续进行，不得中断，保证如期完成，保证高质量。

（总理批示：现在世界都望着北京，中国无产阶级文化大革命搞好就是为了推动世界革命，就是为了把中国建设得更好。我们搞革命，需要以双倍精神把工作搞好。）

上述意见，曾在上午的中央会议上讨论过，是否妥当，請批示。

陈伯达

八月十三日

在同百万群众共慶文化大革命大会上对林彪同志的談話

（一九六六年八月十八日）

这个运动规模很大，确实把群众发动起来了，对全国人民的思想革命化有很大的意义。

毛主席说：“全国的工作组几乎百分之九十以上犯了方向性、路綫性錯誤。”

（周总理八月二十二日在清华大学的讲话）

在中央工作会議上的講話

（一九六六年八月二十三日）

主要问题是各地所謂乱的问题，采取什么方针，我的意见乱他几个月，坚决相信大多数是好的，坏的是少数。沒有省委也不要紧，还有地委、县委呢。“人民日报”发表了一个社论，工农兵不要干涉学生的行动，提倡文斗不要武斗。我看北京乱得不厉害，学生开了十万人大会，把凶手捉回来惊慌失措。北京太文明。发呼吁书，流氓也是少数，现在不要干涉。

团中央改组原想开会改组，现在看不准，过四个月再说，急急忙忙做出决定，吃了很多亏。急急忙忙派出工作组，急急忙忙斗右派，急急忙忙开十万人大会，为什么反不得？我出一张大字报"炮打司令部"，一些问题要快些决定，如工农兵不要干涉学生的文化大革命，他们上街就上街，写大字报上街有什么要紧，外国人照相就照相，无非是照我们的落后面，让帝国主义讲我们的坏话有什么要紧。

对四个美国人所寫的大字报的批示

我同意这张大字报。外国革命专家及孩子要同中国人完全一样，不許两样。請你们考虑一下，凡自愿的，一律同样作。如何請酌定。

毛泽东

一九六六年八月

毛泽东同志反复地告訴我们，我们无产阶级文化大革命是一場触及人们灵魂的大革命。又说，实现这一場文化大革命要用文斗，不用武斗。

（一九六六年九月五日《人民日报》社论）

"九·七"指示

林彪、恩来、××、康生、伯达、××、江青等同志：

此件請看一看，青島、西安、长沙等地的情况是一样的，都是组织工农反学生，这样下去是不能解决问题的，似宜由中央发一指示，不准各地这样，然后再写一篇社论劝工农不可干预学生运动。北京就沒有调动工农整学生，除人民大学调六百农民入城保郭影秋，其他都沒有，以北京的经验告地方照办。

（附：中共中央九月十一日轉交的四項决定）

主席的指示一针见血，指出了当前全国各地运动中出现了紧张形势的症结所在。怕学生，调动工农整学生的作法是十分錯誤的，望各中央局、各省、市、自治区党委、中央各部委立即根据主席指示，对前阶段文化大革命运动进行总结，检查吸取教訓，改进

领导，为此中央决定：

1、不准用任何借口、任何方式挑动和组织工人、农民、市民反学生。

2、凡是发生挑动和组织工人、农民、市民反学生事件的地方必须公开承认错误，承担责任，平息工农、市民同学生之间的糾紛，绝不允許把责任推给群众。

3、劝说工人、农民、市民不要干预学生运动，相信学生中的绝大多数是革命的，是能够自己教育自己的，对他们的言论有意见，可以向上级机关提出，不要直接同学生辯论，不要同学生发生冲突。

4、各级党委负责人，不要怕学生、怕工人、怕农民、怕群众，要放下架子站到学生中去，同他们商量问题，坚持走群众路綫，坚持党的政策、原则，坚持十六条，沒有什么不可以解决的问题。在北京，有些同志这样作了，效果很好。

关于組織外地来京革命师生進行政治軍事訓練的指示

（一九六六年十月）

由军队负责将外地来京革命师生，按解放军的編制，編组成班，排，連，营，团，师。編好的进行訓練，学习政治，学习解放军，学习林彪同志和周恩来同志的讲话，学习三大纪律八項注意，学习解放军的三八作风，学习編队队形，学习队列基本动作，学习步法，每个人都要学会三大纪律八項注意的歌子，使外地的革命师生有秩序地接受检閱。

給陈伯达同志"总結"的批示

直送伯达同志：

改稿看过了，很好。抓革命，促生产，这两句话在什么地方加进去，請考虑，要大量印行，印成小本子，每个支部，每个红卫兵小队起码有一份。

毛泽东

一九六六年十月十四日二十三时

大串連，是群众在无产阶级文化大革命中的伟大创造，我们敬爱的领袖毛主席一直是极力支持大串連，并且主张把这种革命行动大大推广。

（一九六六年十月二十日《人民日报》）

在中央政治工作汇报会議上的講話

（一九六六年十月二十四日）

（一）

邓小平耳朵聋，一开会就在离我很远的地方坐着。一九五九年以来，六年不向我汇报工作。书记处的工作他就抓彭眞。你们不说他有能力嗎？

对形势的看法，两头小，中间大。"敢"字当头的只有河南，"怕"字当头的多数。眞是"反"字的还是少数。反党反社会主义分子有薄一波、何长工、汪鋒，还有一个李范伍。

眞正的四类干部（右派）也就是百分之一、二、三。（总理说：现在已经大大超过了。）多了不怕，将来平反嘛！有的不能在本地工作，可以调到别地方工作。

河南一个书记搞生产，其余五个书记搞接待。全国只有刘建勛写了一张大字报，支持少数派，这是好的。聶元梓现在怎么样？（康生说：还要保。李先念说：所有写第一张大字报的人都要保护。）主席说：对。

（谈到大串联问题时，总理说：需要有准备地进行。）主席说："要什么准备，走到那里没饭吃？"

对形势有不同看法，天津万晓塘死了以后，开了五十万人的追悼会，他们认为是大好形势，实际上是向党示威，这是用死人压活人。

（二）

有什么可怕呢？你们看了李雪峰的簡报沒有，他的两个孩子跑出来，回去教育李雪峰说："我们这里的老首长，为什么那么怕红卫兵呢？他们又沒有打你们，你们就是不检讨。"伍修权有四个孩子，分为四派，有許多同学到他家里去，有时或十几个人，接触多了就沒有什么可怕的了，覚得他们很可爱。自己要教育人，教育者首先要受教育，你不通，不敢见红卫兵，不和学生说眞话，做官当老爷。少奇给江渭清（江苏省委第一书记）的信批评他，说他蠢，他自己就聪明了嗎？（主席问刘瀾涛）你们回去打算怎么办？（刘瀾涛回答："回去看看再说"。）主席说：你们说话总是那么吞吞吐吐的。（毛主席问总理会议情况，总理说会议开得差不多了，明天再开半天，具体问题回去按大原则解决。毛主席问李井泉、廖志高怎么样？李答："开始不大通，后来一段较好。"）主席说：什么一贯正确，你自己就溜了，吓得魂不附体，跑到军区去住，回去要振作精神，好好搞一搞。把刘、邓的大字报貼到街上不好，要允許人家革命，允許改嘛。让红卫兵看看《啊Q正传》。这次会议开得比较好些。上次会是灌而不进，沒有经验，这个会议有两个月的经验。一共不到五个月的经验。民主革命搞了二十八年，犯了多少錯誤，死了多少人，社会主义革命搞了十七年，文化革命只搞了五个月，最少得五年才能得到经验。一张大字报，一个红卫兵，一个大串連，誰也沒有料到，連我也沒有料到，弄得各省市烏呼哀哉！連学生也犯了一些錯误，主要是我们这些老爷犯了錯误。

（问李先念）你们今天开会开得怎样？（李答：财经学院要开声讨会，我要检查，他们不让我说话。）你明天还去检查，不然人家说你溜了。（李说：明天我要出国。）你也告訴他们一下，过去是三娘教子，现在是子教三娘。我看你精神有点不足，他们不叫你检讨，你就偏要检讨，他们声讨，你就承认錯误。鬧事是中央鬧起来的，责任在中央，地方也有责任。我的责任是一、二綫，为什么要分一、二綫呢？一是身体不好，二是苏联的教訓。马林科夫不成熟，斯大林死前沒有当权，每次会议都敬酒，吹吹捧捧，我想在我沒死之前树立他们的威信，沒想到反面。××说："大权旁落。"这是故意旁落的，现在倒鬧成独立王国了，許多事不与我商量，如土地问题，大肆讲話，山西合作社，否定调查研究，大捧王光美，本来应经中央讨论，作个决定就好了。邓小平从来不找我，从四九年到现在，什么事情都不找我。六二年忽然四个副总理，李先念、譚震林、李富春、薄一波到南京找我，后又到天津，我马上答应，四个又回去了，可邓小平就不来。武昌会议我不满，高指标弄得我毫无办法，到北京开会，你们开六天，我要一天都不行，完不成任务不要紧，不要如丧考妣，遵义会议后，中央比较集中，三八年六中全会后，項英，彭德怀，新四军皖南事变，彭的百团大战，搞独立王国，那些事都不打招呼。七大后，中央沒给个人，胡宗南进攻延安，中央分两路。我同周恩来、任弼时在陕北。刘少奇、朱德到华北还比较集中，进城后就分散了，各搞一摊，特别是搞一、二綫，就更分散了。五三年财经会议以后，就打过招呼，要大家相互通气，向中央通气，向地方通气。刘邓二人是公开的不是秘密的，与彭真不同。过去陈独秀、张国涛、王明、罗龙章、李立三都是公开的，这不要紧。高崗、饒漱石、彭德怀是搞两面派。彭德怀和他们勾结上了，我不知道。彭、罗、陆、杨搞秘密的沒有好结果。犯錯误路綫要改。陈、王、李沒改。（周总理讲話：李立三思想沒改。）不管什么小集团，什么门都要关紧关严，只要改过来，意见一致，团结一致就好。要准許刘邓革命，允許改。你们说我是和稀泥，我就是和稀泥的人，七大时陈其瑗说，不能把犯王明路綫的人选为中央委员，王明和其他几个人都选上了中央委员了，现在只走了王明，其他都在嘛。洛甫不好，王稼祥我有好感，东崗一綫他是贊成的。宁都会议洛甫要开除我，周、朱他们不同意，遵义会议他起了好作用，那个时候沒有他们不行，洛甫是顽固的，××同志是反对他们的，聶荣臻也是反对的。对××同志不能一概抹煞，他们有錯误就改嘛，改了就行。回去振作精神，大胆放手工作。这次会议是我建议召开的，时间这样短，不知是否通，可能比上次好。我沒料到一张大字报，一个红卫兵，一个大串連，就鬧起来这么大的事。学生有些出身不大好的，难道我们出身都好嗎？不要招降納叛，我的右派朋友很多，周谷城，张治中，一个人不接近几个右派，那怎么行呢？那有那末干净的？接近他们就是调查研究嘛！了解他们的动态，那天在天安门上，我特意把李宗仁拉在一起，这个人不安置比安置好，无职无权好。民主党派要不要？一个党行不行？学校党组织不能恢复太早。一九四九年以后，发展党员很多，翦伯贊、吳晗、李达都是党员，都那么好嗎？民主党派就那么坏？我看民主党派比彭、罗、陆、杨就好。民主党派还要，政协也还要，同紅卫兵讲清楚，中国的民主革命是孙中山拉起来的，那时沒有共产党，是孙中山领导起来反康、反梁、反帝制。今年是孙中山誕生一百周年，怎么纪念，那要和紅卫兵商量一下，还要开纪念会。我的分一綫二綫走向反面。（康生同志插话，八大政治报告是阶级熄灭论的。）报告我们看了，是大会通过的，不能单叫他们两个负责。

工厂、农村还是分期分批，回去打通省、市同学们的思想，把会议开好，上海找了安静的地方开会，学生鬧就让他们鬧去。我们开了十七天会，有好处。像林彪讲的，要向他们做好政治思想工作。斯大林在一九三六年讲阶级斗爭熄灭了，一九三九年又搞了肃反，还不是阶级斗爭?!

你们回去振作精神，搞好工作，誰会打倒你们?

毛主席是支持同志们步行串連的。

——一九六六年十一月四日《人民日报》

你们要政治挂帅，到群众里面去，和群众在一起，把无产阶级文化大革命搞得更好。

（一九六六年十一月十日毛主席第七次检閲二百多万文化革命大军时对一些负责同志的谈话）

凡是鎮压学生运动的人都沒有好下場。

——一九六六年关于学生运动的指示

关于《天津延安中学以教学班为基础实現全校大联合整頓、巩固、发展紅卫兵的体会》的批示

（一九六七年三月七日）

林彪、恩来，文革小组各位同志：

此件可转发全国，参照执行。军队应分期分批对大学、中学和小学高年级实行军訓，并且参与关于开学整頓组织建立三结合领导机关和实行斗、批、改的工作。先做試点，取得经验逐步推广，还要说服学生，执行马克思所说：“只有解放全人类，才能最后解放无产阶级自己”的教导，在军訓时不要排斥犯錯误的教师和干部，除年老和生病以外要让这些人参加，以利改造。所有这些只要认眞去做，问題并不难解决。

毛泽东

一九六七年三月七日

題　詞

要造就一大批人，这些人是革命的先鋒队，这些人具有政治的远见。这些人充满着斗爭精神与牺牲精神。这些人是胸怀坦白的、忠誠的、积极的，与正直的。这些人不謀私利，唯一的为着民族与社会的解放。这些人不怕困难，在困难面前总是坚定的，勇敢向前的。这些人不是狂妄分子，也不是风头主义者，而是脚踏实地富于实际精神的人们。中国要有一大群这样的先鋒分子，中国革命的任务就能够顺利的解决。

——〈为陕北公学成立开学纪念的題詞〉一九三七年十月二十三日

为消灭文盲而斗爭

——〈新中华报〉一九三九年二月十日

现在一面学习，一面生产，将来一面作战，一面生产，这就是抗大的作风，是足以战胜任何敌人的！

——〈为抗大生产运动題詞〉一九三九年

为教育新后代而努力

——〈东北日报〉一九四八年八月六日

一面战斗，一面学习，百折不回，再接再厉。

——〈八路军军政杂志〉第二卷第一期一九四〇年一月二十五日

努力学习

——参观中央教导大队生产学习展覽会題詞一九四〇年二月七日

天天向上

——为儿童节題字《新中华报》一九四〇年四月十一日

儿童们团结起来学习做新中国的新主人

——延安《解放日报》一九四二年四月四日

好好学习

——《中国儿童》创刊号一九四九年九月九日

要做人民的先生，先做人民的学生。

——《给湖南第一师范題詞》人民日报一九五〇年十二月二十九日。

向雷鋒同志学习

——《人民日报》一九六三年三月五日

資料摘編

毛主席关于半工半讀的教育思想

——中央教育科学研究所伍棠棣摘编

目　录

一、半工半读，毛主席早就提倡，远在一九一八年，他就积极组织湖南青年赴法国勤工俭学。

1、“毛泽东同志认为‘革命必须作长期预备，周密的计划’，……他主张派人去俄国和欧洲了解革命运动的情况，吸收新的思想学说，以解决中国革命问题。当毛泽东同志听到有留法勤工俭学的机会时，他和蔡和森、杨昌济先生在会員（按：指新民学会会員）和湖南进步青年中间竭力宣传和组织这件事。在他们积极活动下，一九一九年至一九二零年间，新民学会許多会員陆续到了法国，他们和一般留学生不同的特点是，他们‘出洋’的目的是探讨新思想和追求眞理，以便结合中国特点，吸取中国人民文化遗产，寻找中国革命的规律。”

（摘自《五四时期期刊介紹》，中共中央马克思、恩格斯、列宁、斯大林著作編譯局研究室編，第一集，第153页—154页）

2、“毛泽东同志和蔡和森同志等少数人留在北京，办理各种手续，帮助经费困难的人筹款（那时有一个侨工局可以貸款）。华法教育会要湖南来的学生提出一个赴法勤工俭学的计划。大家推毛泽东同志执笔，写出了一个计划。计划的大体內容是说明勤工俭学的意义，继续号召湖南青年参加，以及怎样在国內完成一切准备工作……。为了帮助先去的人筹划旅费，安頓他的家庭以及准备行李等，毛泽东同志各方奔走，尽力最多。”

（摘自《毛泽东同志的初期革命活动》，第85—86页）

3、在毛泽东同志倡导下，“周南女校的蔡畅、向警予同志等幷成立女子留法勤工俭学会，发动各校女学生参加这个运动。最引起社会震动的，便是在湖南教育界工作了一二十年的已经四十三岁的著名教育家徐特立同志，和年已五十多岁的蔡母（蔡和森、蔡畅同志的母亲）也到法国去‘半工半读’，‘当老学生’。”

（摘自《毛泽东同志的初期革命活动》，第86页）

二、一九二一年，毛主席创办湖南自修大学，强调脑力劳动与体力劳动相结合，在校內设园艺、工厂，以供劳动鍛炼。

1、“湖南自修大学是一九二一年八月间毛泽东同志在长沙创办的一所传播马克思列宁主义和培养革命干部的学校，也是当时党在湖南地区的一个公开活动的場所。……为了加强党和团的干部的马克思主义的理论学习，和团结社会上进步的知识分子进修马克思列宁学说，毛泽东同志便利用船山学社的经费和社址，创办了湖南自修大学。自修大学，这是毛泽东同志很早的一个理想。采用古式讲学和现代学校二者之长，结合同志，自由学习，互相研究；同时将脑力劳动与体力劳动紧密结合，德育、智育、体育全面发展，以培养具有先进思想的体魄健壮的革命干部和社会活动分子。”

2、“关于湖南自修大学的教育內容，最值得注意的一点，就是它非常注意劳动教育，强调脑力劳动与体力劳动的结合，幷在校內设置园艺、工厂，以供劳动鍛炼。在该校组织大綱第二十一条这样规定：本大学学友为破除文弱之习惯，图脑力与体力之平均发展，幷求知识与劳力两阶级之接近，应注意劳动。本人学为达到劳动之目的，应有相当之设备，如园艺、印刷、鉄工等。”

（摘自《五四时期期刊介紹》，第二集，第32、34页）

三、1934年1月，毛主席提出了苏維埃文化教育的总方针，强调教育为革命战争与阶级斗爭服务，强调教育与劳动相联系。

1、毛主席在《中华苏維埃共和国中央执行委員会与人民委員会对第二次全国苏維埃代表大会的报告》中，说："苏維埃文化教育的总方针在什么地方呢？在于以共产主义的精神来教育广大劳苦民众，在于使文化教育为革命战争与阶级斗爭服务，在于使教育与劳动联系起来，在于使广大中国民众都成为享受文明幸福的人。"

（摘自《中华苏維埃共和国中央执行委員会与人民委員会对第二次全国苏維埃代表大会的报告》，《苏維埃中国》，中国现代史资料編輯委員会翻印本，第282～285页）

2、毛主席在《长崗乡调查》（1933年12月15日）的《文化运动》一节中记述小学的情况部分提到：

"列宁小学，四个，每村一个，各有校长，教員。"……

"学生年龄，七岁至十三岁。也有十四岁、十五岁的，则因生产忙，只读半天。"

在这个《调查》的《儿童》一节中，提到：

"工作：一、做扩大红军与归队运动的宣传……。二、竞賽者拣狗粪入'肥料所'，劏草皮入'肥料区'……六、最大多数入了列宁小学。……"

"过去九岁十岁小孩，为地主富农看牛，现在没有了。过去，儿童不论在家或帮人，每天劳动时间总在十小时以上，同于一个大人，可说全无休息与教育。现在，每日大部分时间受教育，做游戏，只早晨约一点半钟看牛，或做别事。农忙时，则劳动时间较多些一向老师請假，帮助父母做工。……"

（摘自《农民运动与农村调查》，毛泽东著，新民主出版社，1949年7月初版，第142～143页，第153页）

3、毛主席在《才溪乡调查》（1933年）的《文化教育》一节中，提到："上才溪：

日学：四个，共一校长，各一教員。教員伙食，群众募集款子，每天一角三分计算。学生共一四一人，多六岁至十岁的。十一岁至十四岁的多进苏区义务劳动学校（由儿童工作訓練所改）。……"

（摘自《农民运动与农村调查》，毛泽东著，新民主出版社，1949年7月初版，第180页）

四、1937年抗大成立以后，毛主席提出了三句话的教育方针并亲手创造抗大的教育传统。"现在一面学习，一面生产，将来一面作战，一面生产"；实行理论与实践相结合，教育与生产劳动相结合，知识分子与工农群众相结合。

1、"1939年毛主席在为纪念抗大成立三周年而写的文章里再一次明确指出：'抗大的教育方针是：坚定正确的政治方向，艰苦朴素的工作作风，灵活机动的战略战术。'这三者是造成一个抗日的革命的军人所不可缺的。抗大的职員、教員、学生，都是根据这三者去进行教育、从事学习的。"

2、"抗大师生在非常困难的条件下，坚持自力更生，勤俭办校。……毛主席为此专门给抗大写了题詞：'听说你们建筑校舍的劳动热情很高开始表现了成绩，这是很好的，这将给你们一个证明：在共产党与红军面前，一切普通所謂困难是不存在的，最严重的困难也能克服，红军在世界上是无敌的。'”

3、“抗大的教学，不仅非常重视对学員进行毛主席著作和党的方针政策的教育，而且也非常重视组织学員，特别是知识青年到阶级斗爭和生产斗爭的实践中去学习鍛炼，实行理论与实践相结合，教育与生产劳动相结合，知识分子与工农群众相结合。”

“一九三九年四月，毛主席为抗大写了一个重要题詞：‘知识分子之成为革命的或不革命的或反革命的分界，看其是否愿意并且实行结合工农民众，他们的分界仅仅在这一点。'”

“一九三九年毛主席为抗大的生产运动题詞说：“‘现在一面学习，一面生产，将来一面作战，一面生产，这就是抗大的作风，是以战胜任何敌人的。，”

（摘自《中国人民抗日军事政治大学校史展覽內容介紹》，中国人民革命军事博物館編印，第4、5、7、8页）

4、一九三九年，毛主席在《青年运动的方向》中，指出：“……延安的青年们干了些什么呢？他们在学习革命的理论，研究抗日救国的道理和方法。他们在实行生产运动开发了千亩万亩的荒地。开荒种地这件事，連孔夫子也沒有做过。孔子办学校的时候，他的学生也不少，‘賢人七十弟子三千’，可謂盛余。但是他的学生比起延安来就少的多，而且不喜欢什么生产运动。他的学生向他請教如何耕田，他就说：‘不知道，我不如农民。'又问如何种菜，他又说：‘不知道，我不如种菜的。'中国古代在圣人那里读书的青年们，不但沒有学过革命的理论，而且不实行劳动。现在全国广大地方的学校，革命理论不多，生产运动也不讲。只有我们延安和各敌后抗日根据地的青年根本不同，他们真是抗日救国的先鋒，因为他们的政治方向是正确的，工作方法也是正确的。”

（摘自《青年运动的方向》（1939年）《毛泽东选集》，第二卷，第556页）

5、一九四三年，毛主席在《开展根据地的減租、生产和拥政爱民运动》中，还指出：“……一切机关学校部队，必须于战爭条件下厉行种菜、养猪、打柴、烧炭、发展手工业和部分种粮。……各地应开办七天至十天为期的种菜訓練班、养猪訓練班和为着改善伙食的炊事人員訓練班。在一切党政军机关中讲究节省，反对浪费，禁止貪污。各级党政军机关学校一切领导人員都须学会领导群众生产的一全套本领。凡不注重研究生产的人，不算好的领导者。一切军民人等凡不注意生产反而好吃懶做的，不算好军人、好公民。”

（摘自《开展根据地的減租、生产和拥政爱民运动》，（一九四三年）《毛泽东选集》，第三卷，第914页）

五、一九五七年，毛主席提出了社会主义的教育方针，强调“使受教育者在德育、智育、体育几方面都得到发展，成为有社会主义覺悟有文化的劳动者。”

一九五七年，毛主席在《关于正确处理人民內部矛盾的问题》中，提出：“我们的教育方针，应该使受教育者在德育、智育、体育几方面都得到发展，成为有社会主义覚悟的有文化的劳动者。要提倡勤俭建国。要使全体青年们懂得，我们的国家现在还是一个很穷的国家，并且不可能在短时间內根本改变这种状态，全靠青年和全体人民在几十年时间內，团结奋斗，用自己的双手创造出一个富强的国家，社会主义制度的建立给我们开辟了一条到达理想境界的道路，而理想境界的实现还要靠我们的辛勤劳动。有些青年人以为到了社会主义社会就应当什么都好了，就可以不费气力享受现成的幸福生活了，这是一种不实际的想法。”

（摘自《关于正确处理人民内部矛盾的问题》第23页）

六、一九五八年二月，毛主席在《工作方法六十条》（草案）中，提出有关的一些类型学校的学生实行半工半读的政策和方法。

“一切中等学校和技工学校，凡是可能的，一律试办工厂或者农場，进行生产，作到自给。学生实行半工半读。在条件許可的情况下，这些学校可以多招些学生，但是不要国家增加经费。”

“一切农业学校除了在自己的农場进行生产，还可以同当地的农业合作社訂立参加劳动的合同，并且派教师住到合作社去，使理论和实际结合。农业生产劳动，农村学生还应当利用假期、假日或者课余时间回到本村参加生产。”“大学校和城市里的中等学校，在可能条件下，可以由几个学校联合设立附属工厂或者作坊，也可以同工厂、工地或者服务行业訂立参加劳动的合同。”

“一切有土地的大中小学，应当设立附属农場；沒有土地而邻近郊区的学校，可以到农业合作社参加劳动。”

（摘自《中共中央和毛主席有关教育工作的一部分指示摘录》，全国城市半工半读教育会议編印，第6页）

七、一九五八年八月，毛主席在视察天津大学时，指示：以后要学校办工厂，工厂办学校；高等学校应抓住三个东西。

1、毛主席在天津大学视察时，指示：高等学校抓住三个东西：

一是党委领导；二是群众路綫；三是把教育和生产劳动结合起来。毛主席还指示：学校是工厂，工厂也是学校，农业合作社也是学校，要好好办。

2、毛主席又指示：要讲实际，科学是反映实际，是讲实际的道理。不知道实际，讲书本的道理怎么成？……毛主席还指示：不仅学生要搞勤工俭学，教师也要搞。机关干部也要办点附属工厂，不然光讲空的，脱离实际。

（摘自《毛泽东同志在南开大学和天津大学视察时的谈话》（新聞报道），一九五八年八月十六日《人民日报》第一版；以及《把领袖的关怀变成巨大的力量》（新聞报道），一九五八年八月十九日《光明日报》第二版）

八、一九五九年，江西共产主义劳动大学实行半工半读毛主席很高兴，他在为这个学校成立三周年纪念（一九六一年）写的庆賀信中，提出：这样的学校确实很好，希望不但在江西有这样的学校，各省也应有这样的学校。

一九六一年七月，毛主席给江西共产主义劳动大学的一封信，写道：

“同志们：

你们的事业我们是完全贊成的，半工半读，勤工俭学，不要国家一文錢小学中学都有，分散在全省各个山头，少数在平地。这样的学校确是很好。在学校的青年居多，也有一部分中年干部。我希望不但在江西有这样的学校，各省也应有这样的学校。各省应派有能力有见识的负责同志到江西考查，吸取经验回去试办，初时学生宜少，逐渐增多，江西这样有五万人之多。再则党、政、民（工、青、妇）机关也要办学校，半工半学。不过同江西这类半工半学不同。江西的工，是农业、林业、牧业这一类的工，学是农、林、牧这一类的学。而党、政、民机关的工则是党、政、民机关的工，学是文化科学、时事、马列主义理论这样一些的学。所以两者是不同的。中央机关已办的两个学校。一个是中央警卫团的，办了六七年了，战士、干部们从初识文字进小学，然后进中学，然后进大学，一九六零年他们已经进大学门了。他们很高兴，写了一封信给我，这封信，可以印给你们看一看。另一个，是去年（一九六零年）办的，是中南海党的各种机关办的，同样是半工半读。工是机关的工，无非是机关人員，招待人員，医务人員，保卫人員，及其他人員。警卫員是军队，他们也是警卫职务，即站崗守卫，这是他们的工。他们还有严格的军事訓練。这些，与文职机关的学校是不同的。一九六一年八月一日，江西共产主义劳动大学三周年纪念，主持者要我写几个字。这是一件大事，所以我写了如上一些话。”

毛泽东

一九六七年七月三十日

（转抄自新北大红色风暴战斗队的大字报，这张大字报还写有一则按語：“这次在江西共产主义劳动大学学习取经，参观了共大总校的展覽館，一进館迎面就是我们伟大导师、伟大领袖、伟大统帅、伟大舵手毛主席在一九六一年给江西共大全体同志的一封信。这封信是按照展覽館影印照片原件抄写的，与原件核对无誤。”）

九、一九六六年五月，毛主席在给林彪同志的一封信中指出：“学生也是这样，以学为主，兼学别样，即不但学文，也要学工、学农、学军，也要批判资产阶级。学制要縮短，教育要革命，资产阶级知识分子统治我们学校的现象，再也不能继续下去了。”

一九六六年五月，毛主席在给林彪同志的一封信中，指出：人民解放军应该是一个大学校。“这个学校，要学政治，学军事，学文化。又能从事农副业生产，又能办一些中小工厂，生产自己需要的若干产品与国家等价交换的产品。这个大学校，又能从事群众工作，参加工厂、农村的社会主义教育运动；社会主义教育运动完了，随时都有群众工作可做，使军民永远打成一片；又要随时参加批判资产阶级的文化革命斗爭。这样，军学、军农、军工、军民，这几項都可以兼起来。当然，要调配适当，要有主有从，农、工、民三項，一个部队只能兼一項或两項，不能同时都兼起来。这样，几百万军队所起的作用就是很大的了。”

“工人以工为主，也要兼学军事、政治、文化。也要搞社会主义教育运动，也要批判资产阶级。在有条件的地方，也要从事农副业生产，例如大庆油田那样。”

“公社农民以农为主（包括林、牧、副、渔），也要兼学军事、政治、文化。在有条件的时候，也要由集体办些小工厂，也要批判资产阶级。”

“学生也是这样，以学为主，兼学别样，即不但学文，也要学工、学农、学军，也要批判资产阶级。学制要縮短，教育要革命，资产阶级知识分子统治我们学校的现象，再也不能继续下去了。”

“商业、服务行业、党政机关工作人員，凡有条件的，也要这样做。”

（摘自《全国都应该成为毛泽东思想的大学校》一九六六年八月一日《人民日报社论）

毛主席在这封信的末尾，还着重指出："以上所说，已经不是什么新鲜意见，创造发明，多年以来，很多人已经是这样做了，不过还没有普及。至于军队，已经这样做了几十年，不过现在更要有所发展罢了。"

（摘自《毛泽东同志给林彪同志的信》，中共北京市委办公厅秘书处一九六六年八月七日印）

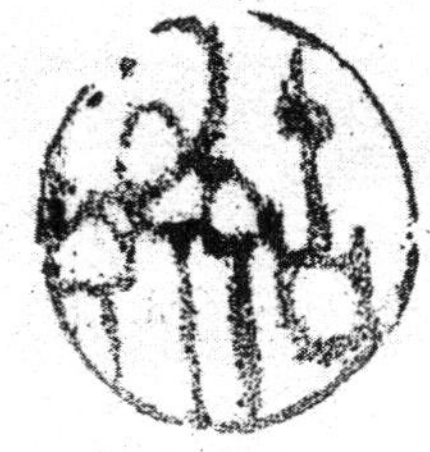

毛主席革命實踐活动

毛主席的回忆

天津市劳动局第二半工半讀中等技术学校

紅旗造反团（原紅旗紅卫兵）

-5 史诺写的版，内容不同
史诺写出身为"中农"，本书承认
是"富裕中农"。家住七间大瓦房，到省城读书
何许人也？

毛主席革命实践活动

（毛主席故居陈列館马玉卿同志报告）

共分四个問題讲：第一，毛主席的家庭；第二，毛主席的青少年时代；第三，毛主席一貫英明、正确、伟大；第四，全世界人民热爱毛主席。

（一）毛主席的家庭

毛主席于一八九三年十二月廿六日（农历十一月廿九日）．生在湖南省湘潭县韶山冲，二十六日这一天对外国人是保密的，他們知道了，就要开会庆祝，向我們发电报祝賀，我們不理又不好，显得沒有礼貌，回了电报表示感謝，这就說明我們同意了祝寿。毛主席是坚决反对这一点的，所以我們对外就只讲到十二月为止，再要問我們就說只知道农历，現在还沒有推算出来。

毛主席的家庭有两个特点。

一、是一个劳动人民的家庭。毛主席家里祖祖代代都是农民，都是劳动者，全家每一个人都参加劳动，他的祖父是一个貧农，他父亲青年时期也是貧农，到后期才发展成为一个比較富裕的中农，也就是我們在旧居所看到的情况。

毛主席的父亲叫毛顺生（一八七〇年十月至一九二〇年三月），是个文盲，一生勤劳生产，持家很严，一九二〇年得伤寒病死的，当年五十岁。

母亲叫文氏（一八六七年至一九一九年十月），她和蔼公正，終年从事家务劳动，她非常乐于帮助穷苦的农民，农民都很敬爱她。一九一九年因得急性扁桃腺炎死去，当时五十二岁。毛主席对母亲非常怀念，一九五九年六月二十五日回韶山时看到他父、母亲的照片时說："要是現在就好了，他就不会死。"他們的病拿到現在来是很好治的，由于当时的医疗条件极差，年岁幷不大就死去了。毛主席的这句話充分反映了劳动人民新旧社会地位的不同，旧社会的生活困难，那里有錢治病。

毛主席出身于这样一个普通劳动人民的家庭，从小就参加劳动，生长在劳动人民之中，对劳动人民最同情，最热爱。由于他出身于这样一个家庭給他影响很大，特别是母亲的优良的品德，对幼年的毛主席影响很大。

在国际共产主义运动中，是农民出身的領袖只有毛主席，从小就参加劳动的只有毛主席，这一点在国际上是很惊奇的。

二、是一个革命的家庭。一九二〇年以前毛主席的家是一个劳动者的家庭，一九二〇年以后就成为了一个革命的家庭，毛主席一九一〇年离开家庭去学习寻求革命眞理，一

九二〇年回家后，首先就是教育自己家庭里的人参加革命，他的一家都是革命者，都是革命的硬骨头，毛主席的家庭在中国人民解放事业中有六位烈士牺牲了。这六位烈士是：

毛泽民同志。他是毛主席的大弟弟，一八九六年生，比毛主席小三岁。毛泽民同志原来是农民，毛主席回家后首先就是教育他参加革命，那时是他管家，我們知道，农民一般是不願离开自己家的，特别是那时的生活又比較好，毛泽民同志走后，家里就沒有人当家了。毛主席对他进行了很多耐心的教育工作，教育他要顾大家，不能只顾小家，如今是困难当头，要捨家为国，为祖国为革命尽自己的一份力量。在毛主席的教育下，他去长沙参加革命，在毛主席創办的自修大学工作，一九二二年入党，是我們党最早的党員之一，当时只有九十多名党員。入党后，毛主席派他到江西的安源煤矿同刘少奇一起开展工人运动，到工人运动中去鍛炼和改造自己。他担任过安源工人俱乐部消費合作社經理，为党筹备資金，掩护党的工作。一九二五年党派他去上海，当出版社的社长、长江书店經理，建立党的刊物发行系統。一九二七年革命失敗后，跟毛主席当紅軍。一九三〇年担任閩粵贛边区紅軍后勤部长，那时叫国民經济部。一九三二年到江西瑞金，在苏区中央工农民主政府当国民銀行行长，是我們党的第一个銀行行长。一九三四年参加长征，一九三五年十月到达陕北后任中央政府国民經济部部长（即現在的財政部长），一九三八年党派他去新疆开展抗日民族統一战綫工作，是当时我党駐新疆的負責人之一，作了許多的工作，一九四二年九月在第二次反共高潮的后期，国民党反动派在新疆逮捕了他，当时被捕的有一百五十多人，我們在新疆工作完全是合法的，蔣介石他背信弃义抓了我們的同志。当时他和陈潭秋同志在獄中建立了地下支部和反动派进行了英勇斗爭。电影“两代人”的历史背景就是写的毛泽民、陈潭秋同志同反动派斗爭的情况；当时他們的斗爭是很英勇很艰苦的，經过一年的斗爭，四三年九月国民党杀害了他，是用毒酒毒死的。当时只有四十七岁。去年訪問老同志和他的亲属时，他們說：毛泽民同志牺牲的最慘，每天都受敌人的刑法，这种情况是大家可以想象得到的。

毛泽覃同志。这是毛主席的小弟弟，生于一九〇五年，比毛主席小十三岁。一九一八年主席接他来长沙上学，二二年在毛主席創办的自修大学补习班学习，同夏明翰是同学。一九二三年毛主席派他去湖南长宁水口山开展工人运动，看来主席对家庭成員的培养是很有計划的，都是来自农村，然后派他們到工人中去鍛炼。一九二四年入党，一九二五年回长沙担任社会主义青年团长沙地委书記（当时二十岁），二七年参加秋收起义，同毛主席一起上井崗山，在毛主席的那个团第三营，曾当过赤卫大队的党代表，中心县委书記（即現在的地委书記），紅軍主力师师长，軍政委（也有的說是纵队政委），一九三五年四月在瑞金东部长汀地区作战英勇牺牲，当时还不滿三十岁。毛泽覃同志是我們党的一个好干部，經过多方面的考驗。由于他接受毛主席的教育很早也很能干，待人非常謙虛，同志們都非常尊敬他。一九三一年王明来了后，对拥护毛主席的同志，采取宗派主义的打击，当时开展了一个反邓（小平）毛（泽覃）謝（为俊）博（古）的斗爭，左倾机会主义用对待敌人的方法对待同志，他被排挤、打击，最后撤职，毛泽覃同志等表現了对党忠心耿耿，毫无怨言，老同志回忆說，当时他們白天同国民党反动派斗，晚上受左傾机会主义的斗爭。毛泽覃同志在这种情况下經受了严重的考驗，直到英勇牺牲。他受的宪屈到四二年整风时才搞清楚。

毛泽建同志。毛主席的妹妹（一九〇六年生），她本来是毛主席的堂妹妹，六岁时家里很穷，在外討飯，主席家里沒有女孩，他母亲便把她收养过来，撫养大，当成亲生女一样看待。一九二〇年主席回去时带她到长沙，以后在衡阳第三师范女师部学习，同陶鑄、张平化、张际春都是同学。这里是毛主席在湖南学校中最早建党的地方之一，为革命培养了很多的干部。毛泽建同志一九二三年入党（十八岁），入党后党派她开展过学生、妇女和农民运动，她化名为毛达湘，在湘潭地区工作很有名望，一九二八年二月参加朱德、林彪同志領导的湖南暴动，也就是年关暴动。当时她在来阳任妇女主任。朱德、林彪同志去井崗山后，她留在湖南开展武裝斗爭任游击队长，是湖南第一个女队长。一九二九年同反动派作战时同她爱人陈芎(譯音)同志一起被捕，陈当場就被杀害。当时把她关在衡山县的监牢中，受尽了各种苦刑，敌人知道她是毛主席的妹妹，对她百般利誘，她对党都忠心耿耿。后来游击队把她从牢中搶救出来，突围后敌人追上来了，因为她伤势太重行动不便，她坚决要求留下掩护同志們撤走，第二次被捕，一九二九年八月被杀于衡山，当时不滿廿四岁，反动派当时发出布告，不准任何人收尸，当时群众冒着生命的危险，把她的尸体搶了出来，安葬在南雁凤凰山下。湘潭人民为了紀念这位死去的烈士，編排了一出戏叫“毛达湘”，就是写的毛泽建同志的斗爭历史。

楊开慧同志，是毛主席的爱人（一九〇一年生），一九二一年同毛主席結婚，同年入党，是最早的社会主义青年团团員和共产党員之一。后在湖南省委担任交通、秘书等工作。一九二五年随毛主席到韶山开展农民运动，担任过农民夜校的教員，她身体很好，工作很泼辣。过去妇女在旧社会是不能进祠堂的，她和毛主席就发动妇女进祠堂，向封建势力作斗爭，开展妇女工作。二七年大革命失敗后，毛主席上了井崗山，她留在长沙做地下工作，一九三〇年被捕，敌人要她同毛主席脫离夫妻关系，她感到这不是关系到夫妻关系的問題，是关系到党的大事，她坚决地拒絕了。在獄中受国民党反动派三次重刑，打得遍体鱗伤，表現了我党的硬骨头作风，使敌人的阴謀遭到了可耻的失敗。这次四清，查出一个当时当监獄长的傢伙，从他口中也証实了这一点。楊开慧同志在獄中对党忠心耿耿，毫不动搖屈服。一九三一年时被杀害于长沙浏阳門外，当时只有廿九岁多一点。

毛岸英同志，他是毛主席的大儿子，一九二二年生干长沙清水塘，三〇年同他母亲一起被捕入獄，以后党把他营救出来，三一年和他弟弟毛岸勤一起去上海找党的关系，因为当时党的地下机关被破坏了，他和弟弟在上海就过着流浪生活，卖报要飯度日。我們的毛主席为了中国的革命事业，連自己的孩子都沒有时間过問。这几年毛岸英他們在上海的生活是很苦的，后来党找到了他們。一九三六年把他們送到延安，一九三七年去苏联莫斯科大学学习。一九四三年在苏联入党，一九四六年回到延安，主席同他談話說：“外国的大学你是毕业了，但是在中国的大学还沒有毕业，中国的大学是劳动的大学，你必須到劳动人民中去补課，向工农群众学习，到劳动中去鍛炼。于是他穿着农民的衣服，拿着干粮到农民中去了，回来后在主席身边做翻譯工作，毛岸英同志很聪明，中央有的同志很喜欢他，就叫他同干部在一起吃飯。主席发現后，就叫他同战士一起吃。一九五〇年他在中央宣传部工作。抗美援朝时，毛主席派他去支援朝鮮人民，五〇年十一月壮烈牺牲在朝鮮战場，朝鮮人民为了悼念他，他的尸体如今还埋葬在朝鮮开城的土地上。

毛楚雄同志，是毛主席的侄子，毛泽覃的儿子，一九二七年生，一直放在外婆家里带大。抗日时通过地下党的关系知道了他的下落，一九四五年王震、王首道同志領导的三五九旅南下时，找到了他，毛主席叫他参加了革命，在南下支队工作，一九四六年北上时，部队打到湖北和陝西交界处，在那里做了一段时間的群众工作，后被国民党活埋了，牺牲时只有十九岁。

从以上六位烈士的牺牲，我們可以看出两个問題。

第一，毛主席崇高的共产主义精神。他老人家不仅自己为中国人民，从一九一〇年到現在整整奋斗了五十六年，总是辛勤地工作着，他的一床被子从四二年盖起整整用了廿年，六四年别的同志发現后才把它拿去送到陈列館。在六〇年生活困难时期，毛主席三年沒有吃肉。他今年七十三岁了，他一年总是有四分之三的时間在下面工作，为我們操心，在对待家庭問題上，也看到他那种崇高的共产主义精神，公字当头，毫无自私自利之心，教育全家献身于革命事业，毛主席眞是掏尽紅心为革命，同志們想想他还有什么沒有貢献給人民呢？他的一家都是这样，在每个革命时期，他总是派自己的亲人到最危险，最困难的地方去工作，去战斗，因此在每个革命时期毛主席的家里都有人牺牲。第一次国內革命战爭时牺牲了三个，毛泽覃、毛泽建、楊开慧同志；抗日战爭时期牺牲了毛泽民同志；解放战爭时期牺牲了毛楚雄同志；抗美援朝战爭时牺牲了毛岸英同志。

一九六四年时，毛主席和他的侄儿說：要記住我們这一家人都是被反动派杀死的。毛主席这不是对他一个人讲的，是对我們大家讲的，毛主席教导他侄儿，为死去的烈士和他的亲人报仇雪恨，我們是毛主席的好学生，我們不应該忘記，要很好的为毛主席的亲人报仇，（全場呼口号：“为毛主席亲人报仇”“将革命进行到底！”）同志們，我們想想，我們跟随主席革命得到了什么，失去了什么，毛主席为革命把全部亲人都牺牲了，毛主席他老人家为我們的幸福，他付出了多大的劳动，他的全家付出了多大的牺牲。当我們工作一段时間后，同我們的爱人孩子一起团聚时，想到过我們的毛主席沒有；我們都有弟弟妹妹，当我們看到他們的时候，我們想到了毛主席沒有。毛主席为了創造我們的幸福，为全人类的解放，失去了爱人、孩子、弟弟、妹妹等。死去的六个烈士，他們都是毫无私心，全心全意为革命服务，每个同志的全部历史都是这样。毛主席号召我們学习白求恩同志的共产主义精神，国际主义精神，可是毛主席他老人家就生动的表現了这一点。我們的同志在对待家庭問題上又做得怎样呢？毛主席給我們做出了光輝的榜样，这是我們每一个同志应該考虑的問題，我們能不能做到对党毫无私心，忠心耿耿，直到英勇牺牲。

第二，中国革命的胜利是无数烈士用鮮血換来的。毛主席的家庭，是一个典型的革命家庭；是中国革命家庭的縮影。中国革命是經过艰苦的里程，从中国共产党成立到現在四十多年中，牺牲了多少革命同志，才換得今天的胜利。那一次斗爭沒有我們的同志倒下去流血牺牲。一九二七年革命失敗后，国民党反动派对待我們是："宁可錯杀三千，不能走漏一个，有多少同志和我們的兄弟姐妹牺牲了，据統計，一九二七年五月二十一日长沙发生"馬日事变"，反动軍官許克祥从五月二十一日到六月十日廿天中，在长沙就屠杀了一万多人。一九二七年到一九三七年的十年土地革命中，湖南有很多同志英勇牺牲，醴陵县牺牲八万人。平江、浏阳、茶陵、来阳四个县，牺牲廿九万人。仅是几个县的統計，整个湖南省被国民党杀害了多少人，全国有多少被敌人杀害。抗日战爭时期，全国有一千万人牺牲。我是河北人，当时日本帝国主义在冀中地区实行"三光政策"，那一个村子不知杀害了多少人，当时流传着这样一句話："无村不带孝，处处鬧哭声。"江西有个老同志，現在邯鄲地区当副专員，他家里就有十一人被杀害。过去紅廿五軍軍长徐海东同志，他們的家族里就有七十多人被杀。請同志們想想，我們的革命胜利是来自多么不易，都是付出了流血的代价。我記得临汾战役时死了七千多人，当时为了下一个战斗胜利，不顾敌人的枪林弹雨，一下子冲上去，我們的同志是不怕死的，一个倒了下去，后面的又上来，他們沒有看到最后胜利。南下时有的同志牺牲了，最后囑咐我們："打到南方去，解放全中国"。我們作为他們的后来人，他們的同志、他們的战友，我們怎么样，这十几年来战友的話，我們記住了沒有，革命革的怎么样。成都解放前敌人暗地杀害了我們的党員和同志两千多人。解放后，我們开了一个党員会师的庆祝大会，地下党員和我們在一起紧紧的拥抱着，都說不出話来，那种无产阶級的革命感情是多么深厚，如今我們同志的阶級感情是加深了，还是减弱了呢？这是值得我們每个同志深思的。

毛主席說过，无数烈士抱着对阶級敌人的終身之恨死去，希望我們替他們报仇雪恨，我們是否像他們那样对敌人那样恨呢？在敌人面前那样坚貞不屈呢？如楊开慧同志三次受重刑，不說一个字的口供。烈士們的这种共产主义的精神，我們是否继續和发展了。我們一定要記住毛主席的教导，一是对敌人百般仇恨，如今一小撮資产阶級右派分子，一小撮牛鬼蛇神，反对我們的党、反对我們的毛主席，要我們下台，对我們进行破坏，企图复辟資本主义，我們应該怎么样呢？我們要永远記住我們的革命是无数烈士用鮮血換来的，忘記了过去就是背叛。我們一定要紧跟毛主席，将无产阶級文化大革命进行到底。

（二）毛主席的青少年时代

毛主席的少年时代，也就是一八九三年到一九一〇年，这十六年中，是在他的故乡韶山度过的。这段时期大致可分三个阶段：六岁开始就在家参加一些另星的劳动，八岁至十三岁上学，十三岁至十六岁因为家庭沒有劳动力，他是大儿子，就沒有讀书了，在家全年劳动。也就是說这段时間是經过劳动、讀书、劳动三个阶段。讀书和劳动各占五年时間。在这段时間里，毛主席表現了三个特点：

第一个特点：从小就热爱劳动。主席参加劳动很早，很会劳动，特别是十三岁以后学会了各种劳动，是一个劳动能手，因此得到很好的劳动鍛炼。讲一个故事，他七岁时放牛，旧居的后山上就是他放过牛的地方。从小时主席就喜欢讲故事、做游戏、看书，放牛时他就把从书上看来的故事，听别人讲的故事，讲給小朋友听。为了做游戏、讲故事，不影响放牛、割草，他就把小朋友組織起来，一些人割草，，一些人放牛，然后大家分配，这样便挤出了时間来讲故事，因此小朋友很願意同他一起放牛。五九年主席回韶山时，还专門去看望了当年和毛主席小时候一起放牛的小朋友，这些人現在是好几十岁的人了。

亚非作家听了后說，主席从小很有組織天才，很受人佩服。

后来主席总結的农业“八字宪法”，这是有世界意义的，这与他从小参加劳动，在延安时又亲身参加劳动，开荒生产，以后又很关心农业生产，走遍全国的农村分不开的。毛主席也是农业科学家，这个“八字宪法”沒有本身参加过劳动，对农业生产有深刻地体会，光看“資本論”是总結不出来的。

第二个特点是：从小就热爱劳动人民。他很同情穷人，他的母亲对他影响很大，这种朴素的阶級感情，从小就扎下了根子。他在桥头湾小学讀书时，中午带飯去吃，可是每天下学回来后，晚上吃的特别多，几天后他母亲发現了这个問題，就問他，你怎么晚上吃这么多飯，是不是带的中午飯不够吃，毛主席就把眞实情况告訴了他母亲，說：我們班上新来了一个同学，家里很穷，中午沒有飯可以带，所以我就把我的飯分做二份，我們一起吃了。毛主席小时候身体就很好，个子长的也很大，一个人的飯两个人吃当然就更不够了。毛主席的母亲知道这个情况后就說：你怎么早不向我讲呢？以后每次带飯就給主席带两个人吃的飯。在冬天冷时，有时主席就把自己的棉衣服送給同学穿。

他在韶山私塾讀书时，当时韶山有个姓彭的鉄匠，因同官府打官司失敗了，回来后就組織一些人到山上搞暴动，同官府对抗，被捉住杀害了，毛主席便把这件事情，組織私塾的同学討論，他首先肯定的說：“鉄匠是一个农民英雄。”以后在回忆中又說：“我脑子里第一个农民英雄就是这个鉄匠”。

一九一〇年时，湖南发生了灾荒。那时灾荒并不严重，第二年国民党反动派有意識抬高物价，粮食从廿文錢一升抬高到七十文錢一升，从洞庭湖一带来长沙的难民不少。有一个姓胡的一家靠卖水为生，一天賺了七十六文錢，他老婆到粮舖子去买米，排着队把錢数了又数，粮价长到七十八文一升了。錢不够又去借錢，等借来錢，粮价又涨到八十文一升了。这个妇女看到这日子实在沒法过了，就跳湘江里自杀了。他的男的看到一天还賺不到一升米錢，一家四口怎么办，也就領着儿子跳江自杀了。这件事在长沙引起了很大的震动，居民組織起来打衙門（現在青少年宫处），当时反动政府同帝国主义勾結，把这次暴动鎮压下去了，杀了很多人。这次暴动在历史上叫“灰日事件”。以后有很多难民逃到韶山，主席从他們的交談中知道了这件事情，后来主席回忆說：我虽然不认識这些人，但和他們的亲人一样，由于他們沒有飯吃，被反动派杀害，所以內心里感到非常难受，非常不平，这是影响我一生的重大事情，于是下定决心要参加革命，改变这个世界。

第三个特点，从小就热爱学习，追求眞理。他学习时功課很好，十三岁参加劳动，白天不能上学，就借了很多书来看。以后韶山地区的书都借完了，就反复的看，就跑到外地几十里路去借，现在展覽館陈列着一张借书的条子，字写得非常流利，一个日本人看了后很敬佩說：主席少年时候就写出这样好的字，可見他的学习是很不錯的了。当时主席的求知慾是很强的，白天沒有时間看书时就晚上点个小油灯看书，父母亲不让他看，說：你白天劳动了一天，明天还要劳动，应該好好休息，不要把身体搞坏了。于是主席就用床单把門窗堵起来，不使灯光跑出去，躲在屋里看。現在外国人看了那时毛主席晚上讀书时点过的灯、很受感动的說："看来讀书是个革命精神問題，現在我們在电灯光下都讀不好书。"

主席讀书是很会独立思考的，小时候他看了很多小說，水滸传，岳飞传、三国演义等等，他提出来一个問題和同学一起討論，他說："为什么写的这些书，沒有写种田人的事，沒有写关于如何种田的問題，同学們都答不出来，毛主席当时也答不上来。以后毛主席想了两年把这个問題想通了，他說，主要是：①这书不是农民写的，因为农民不識字，②写书的人不会种田，所以他写不出种地人的事情，他写的书也不是給劳动人民看的。

在毛主席的少年时代，正是中国人民遭受深重灾难的时候，很多帝国主义侵略我們，从一八四〇年鴉片战爭开始，到一九一〇年主席十六岁时，正是帝国主义瓜分中国的狂潮。一八九四年甲午战爭，电影"甲午风云"就是描写这个战爭的。一八九五年被强迫同日本帝国主义签定"馬关条約"，賠銀二亿三千万两。一九〇〇年八国联軍战爭以美帝国主义为首的帝国主义进攻中国，一九〇一年被强迫签定"辛丑条約"賠銀四万万五千万两。当时在中国有很多地方都有外国人的租界，交界的地方写着"华人与狗不能入內"。当时我們的国家和民族就是这样蒙受恥辱的，他們同封建势力，官僚資本一起勾結起来压迫我們，我們不要忘記阶級仇恨和民族仇恨。毛主席說过：中国人民是有革命传統的，中华民族是英雄的民族，从来是不屈服的，为了国家和民族的解放，中国人同帝国主义、封建主义、官僚資本主义进行了长时期的斗爭。主席十六岁时，中国人同帝国主义就斗爭了七十年，这些斗爭情况給少年的毛主席发生了很大的影响。在十三岁后，主席就开始讀到了一些救国进步的书籍，知道了中国的情况，如讀到"論中国有被外强瓜分之危险"一书后，深为祖国的前途担扰，他开始考虑如何救国的問題。他想我是一个中国人，怎能看着他們瓜分中国？在这亡国灭种的时候，怎能安心在家种田，袖手旁观呢？他决心离开家庭去寻求革命的眞理。当时他父亲是准备让他去湘潭县学生意的，以后他托了一些亲戚同他父亲讲，才沒让他去学生意，而去宁乡的山东小学讀书。少年时代的情况大致就是这样。

下面接着讲青年时代，也就是讲一九一一年到一九一八年，从十六岁到二十四岁。一九一一年这段时期，他在长沙湘乡駐省中学讀书，他参加了孙中山的反清运动。一九一一年黄花崗事件，对毛主席的影响很大，給他下定了反清的决心，他把辮子剪掉了，发表了反清的文章，沒地方貼，就貼到学校門口，表示自己和滿清政府决裂。后来发生了辛亥革命，毛主席参加了革命軍，也就是湘南的新軍，那时中学生当兵是少見的。新軍住在現在的长沙烈士公园处，那时每月七块錢，三块伙食費，剩下的四块錢，主席都用来訂报紙买书籍了。当时資产阶級領导的革命是很軟弱的，各方面都不彻底，他想光割了辮子，其他方面不割不行，毛主席对他們很失望，认为跟着他們沒什么希望，第二年就离开了新軍，考入长沙的第一中学（即現在的一中），得了第一名，学习时他感到課文程度太低，沒有什么讀得，一九一二年，他就去长沙市定王台图书館自修，一九一三年考入湖南第一师范，讀了五年半，一九一八年夏天离开。

这个时期活动簡单的說，就是一条紅綫，四个方面。一个紅綫就是为革命作准备，寻找革命道理，組織革命活动，四个方面是：

第一、为革命事业广泛地研究古今中外各种理論，博覽群书，打下了学問的基础，成为一个很有学問的人，也就是为革命刻苦的完成了学习任务。学习时是很艰苦的，晚上沒有地方学就到伙房旁边的路灯下学。到人多的大街上拿本书去学习，来鍛炼自己在任何复杂的情况下都能学习的毅力。主席学习时总是带着批判研究的眼光去看，讀得很认眞。在"伦理学原理"这本十万字的书上，他写了一万二千多字的批語。这本书現在放在陈列館，书頁內都是写得滿滿的，各种顏色的批語都有，很多批語也写得很有意思，有的地方用商量的口气說："这个地方很好，我同意你的观点，""你这个地方讲的是錯的，我不同意，""你这个地方讲了半天，还是沒有說服我，我不同意。"……完全采取批判的态度来学习，讀外国书时用中国的书对照，讀中国书时用外国书来对照，所以說他在讀书时是很有造就的，很有独到的見解。

一九一四年冬，毛主席写了一个讲堂录，也就是在課堂里写的笔記，共有七十二頁，这次展出了一頁，写了三个問題：

第一个問題是写的"修身"。原文是"人情多耽安佚，而憚劳苦，懶惰为万恶之渊藪。人而懶惰，农則废其田畴，工則废其規矩，商則废其鬲，士則废其学，并既废其矣，无則为身而杀身亡家。乃随之矣，国而懶惰，如則不进，继而退己，继而衰弱；終則灭亡，可謂矣，故日，懶惰万恶之渊藪也。"这就是說，很多人受剝削阶級的影响，喜欢追求享受，不願劳动、害怕艰苦、这种懶惰的行为是万恶之源也。下面又具体解，人要是懶惰，农民废其田畴，种田的就会荒了田园，得不到收获；工則废其規矩，做工的人要是懶惰，則工具就要生銹；商則废其鬲，商人要是懶惰，做生意就賠本；士則废其学，学生懶惰，就会荒了学习，讀不进去书；旣废其矣，无則为身，既然是自己的事业都懶得去搞，等于就沒有生活內容，沒有奋斗的目的，即就等于死亡。对于一个人是这样，要是"国內懶惰"，一个国懶惰开始，如不进步，接着就是"继而衰弱"，最后就"終則灭亡"，所以說："懶惰万恶之渊藪也"。国家一懶惰就要出修正主义，苏联就是很好的例子。去年苏軍歌舞团来长沙时就懶饞得要命，总想找好吃的。参观省委自己动手种的无核密桔园时，到了那里后总想吃，問我們可以不可以吃，我們說可以吃，那些人就拚命的在那里吃起来。以后又問我們可不可以带，我們說："你想願意带多少就带多少。"还問我們带着能放多少天，意思是想带回去給老婆孩子去吃。我們問他："你們在莫斯科能不能吃到无核密桔"？他說："别說无核密桔，有核的都吃不到。"有一次三十多人来韶山参观，其中有十二个是苏修。我們招待所請他們吃鴨块，就用手往碗里抓，吃水菓都把它带去，裝得口袋里滿滿的，饞得要命，一点脸皮都不要了。当时一九一四年主席写这篇文章时，只有二十岁，离开現在五十多年了。現在有的人蛻化变质就是从懶字开始，沿着懶饞占貪变的黑綫滑下去变了质的。而主席五十年前就把这个問題指出来了。

写的第二个問題是“奋斗”，原文是“夫以五千卒，敌十万之軍，策罢乏之兵，当亲羈之馬，为此而欲图存，非奋斗不可。”也就是說：如何以五千胜十万，以弱胜强，以少胜多呢？要想求存，非自己起来奋斗不可，不能靠外国，不能靠孙中山，主席讲的这些話告訴我們，自力更生是非常的重要。

写的第三个問題是“朝气”。原文是：“少年須有朝气”，否則暮气之中，暮气之来，乘疏懈之隙也。故怠惰者，生之墳墓。”这就是說青年人必須有朝气，否定就会有暮气，暮气一来了，乘我們自己不注意、麻痺、驕傲自滿时，就会开始懈怠，这样就等于进了活棺材，政治生命就沒有了，等于精神死亡。

主席的这个讲堂录，帮助我們认識毛主席的英明伟大是很好的，一个美国朋友看了以后很受感动，他說，这是一个建国大綱，建議这个讲堂录要印成教科书，发給每一个学生讀。

一九一七年八月廿三日，主席在給李君起（晋）、楊怀中（晋）（李当时是北大的教授，康熙字典的作者，現安徽省的人大代表。楊怀中，北大教授，以后是主席的岳父）信中說：东方落后我同意，但西方的思想也同时需要改造，在那个时候說这个話是很了不起的，这个时候还沒有发生十月革命，很多人都是崇拜西方，說中国要革命要富强就必須学习西方，很多知識分子都是到西方去求学，追求革命的眞理，当时有的知識分子不是說，美国的月亮比中国的都圓嗎？那时提出要改造西方的，就只有我們毛主席，所以毛主席在青年时代是很有远見和独立見解的。那时他对康有为、梁启超等人提出的主张就批判說：他們沒有提出治国之本。一九一六年他給一个朋友的信中写到，在亚洲中国和日本是会要爭夺的，有仗要打的，我們不努力就要受日本的欺侮，他說：“我們是四万万之国，怎么忍受三千島国之欺，”历史完全証实了这一点。那时主席还讲什么叫有志气，有志气就要为眞理而战斗，什么叫学問，有学問就是写的东西是为劳动人民，不然就是胡說八道。所以我們現在要破除迷信，不要相信权威，他們越是讲得你听不懂，越是显得他有学問。胡适过去上課就这样讲了一堂課，别人都听不懂，有的人还說胡适不錯，有学間，讲得我們都听不懂。这純粹是奴才思想。

毛主席青年时讀了很多书，很多东西都背得下来，是非常有天才的，我們很受启发。一九二七年以前我們查到的，主席共写了一百卅多篇文章，在第一卷上只发表了两篇。在整个四卷著作中，有的人統計了一下，共写了一百六十多个典故，这些故事批判地接受过来，用得非常好，很有說服力。如主席說，我們的党委之間要互通情报，就說“不能鸡犬之声相聞，老死不相往来。”这句話是老子讲的，說我們过去有的农民住在一起，鸡犬之声都听得很清楚，就是互相不来往，我們共产党的党委会就不能象他們那样，不互通往来。在《論人民民主专政》一文中就引用朱熹的一句話，“即以其人之道，还治其人之身”。这句話的故事是出自武則天当皇帝时，手下有两个臣子，一个叫周兴，一个叫朗振成，都是坏蛋，想造武則天的反，他們两个有点矛盾，武則天下了一道圣旨，要朗振成把周兴抓起来．朗知道周兴这傢伙很坏，很难对付，要他招供是不容易的，他带看圣旨就到周兴的家里去了，他就問周兴，有人犯了罪死也不肯招供怎么办，特向你来請教。周兴說：那有办法，你把一鍋油，烧得开开的，放在一边，他要是不招供，你說把他放进油鍋里去，那他就一定会招的。朗振成听了很高兴，并要他把油鍋烧起来看看，等周兴把油鍋烧好后，朗振成把武則天皇帝的圣旨拿出来了，說：你犯了造反的罪，你今天招不招？不招就把你放到油鍋里去。周兴沒有办法，只好招了。这里主席說敌人用专政的办法来对付我們，我們也必須用专政的方法去对待他們。

毛主席在調查研究中讲要反对“走馬观花”。这也是一个故事。說有一个男的，各方面都不差，就是腿有些跛；有个女人的各方面也都不錯，就是鼻生的太矮。两个人都找不到对象，有个媒婆去了，說我有办法，一定給你們找个对象。那天就要这个男的騎着大馬去看那个女的，要那个女的拿着一支花放在鼻子旁边，站在門口去看那个男的。男的是騎着馬看不出腿跛了，女的是用花挡住了鼻子，看不到鼻子矮。男的在門口騎着馬一走，互相看了，双方都很滿意，等到入洞房才发現一个是跛子一个是矮鼻子。这就告訴我們光走馬观花的进行調查研究是不行的，一定要进行深入的研究。

在軍事上还引用了林冲打洪教头的故事（略）

在一九四九年写的元旦社論《将革命进行到底》就讲了一个樵夫和毒蛇的故事（略），这个故事就出自希腊。

总之，毛主席在青少年时讀了很多的书，他的各种知識非常渊博。

第二、为革命刻苦的顽强的鍛炼身体，培养坚强的革命意志，毛主席在青少年时代是很注意鍛炼身体的，夏天他就脫去衣服，在烈日下晒皮肤，增强自己的抗热能力，以适应热的环境。一年四季坚持洗冷水澡，在第一师范讀书时，每天清早都上井边去洗冷水浴。在大风雨天时，毛主席就頂风雨去爬山。毛主席从小就喜欢游泳的。特别是喜欢上大风大浪大江中去游泳。一九五六年至一九六六年，毛主席連續八次横渡长江。最长的是一次游了二十六华里。一次二十八华里，今年七月十六日再一次乘风破浪暢游长江，历时一小时〇五分，游程近卅华里。我們走路一般地卅里都得将近走三小时，可是毛主席不但在馬列主义上是当代的頂峰，在游泳上也是頂峰，这件事情使我們多么高兴，多么激动，毛主席这样健康，这是全国人民和全世界人民的最大幸福。

毛主席在体育上不但是实践家，而且还是理論家。毛主席一九一七年在《新青年》上发表了一篇文章，叫《体育之研究》，很好的闡述了体育与德育、智育的三者关系。毛主席說：体育不是一般爱好問題，兴趣問題，是为了鍛炼我們顽强的革命意志，为了鍛炼我們坚韧不拔，无所畏惧，勇往直前的精神。《体育之研究》这篇文章国家体委正在进行认真的研究和学习．日本已經翻譯过去了，引起了日本各界很大的震动，因为毛主席在四十九年前，就把体育各个方面讲得非常透彻了。

毛主席在青年时代还写过一首詩，“与天奋斗，其乐无穷，与地奋斗，其乐无穷，与人奋斗，其乐无穷。”这就是最大的快乐和幸福。在青年时代，毛主席就有这样一个幸福观，也是人生观的一个重要方面。有的人問什么是最大的幸福，毛主席老早就回答了这个問題。

另外还讲一个故事，馬克思在德国鬧革命时，反动派不让他住在德国，他就去法国住，在那里鬧革命，法国反动派怕他，不让他住在法国，他就又搬到比利时，以后又搬到德国和法国，最后在英国住了三十多年。馬克思說：我是一个世界的公民。那时候鬧革命，馬克思的生活是很苦的，他有六个孩子，其中有三个都是因为沒有錢治病而死去的。馬克思工作的精神也是很了不起的，經常是通宵工作，他死时是坐在办公桌上死的。有天淸早恩格斯去看他，推开門时他已死在桌上了。他的女儿燕妮过去問过馬克思。她說："我有几个問題要問你，你只能用最簡单的話来回答我。"馬克思說："那你就問吧！"他女儿問了三个問題：第一是："你认为最大的幸福是什么？"馬克思答是："斗爭。"第二个問題是："你认为最大的痛苦是什么？"馬克思答是："屈服。"第三个問題是："你的生活原則是什么？"馬克思答是："朴素。"我們的毛主席在青年时代就表現了这个特点。在培养革命意志上，毛主席在靑年时代就打下了良好的基础。毛主席工作是非常艰苦的，一年他有四分之三的时間不在北京，是在下面的，一天要工作十七个小时以上。今年春节时，毛主席有一个老表去北京看他，問主席說："家乡的人民都很想念你，都希望你回去看看。"主席說："我也是很想家，很想看看家乡的人民，可是工作太忙，現在不但要为中国人民服务，还要为世界的人民服务。"同志們，你們看看我們的毛主席，为着中国人民和全世界人民操尽了多少心血。在这个方面毛主席給我們树立了很好的榜样。

第三、深入社会实际，联系工农群众，进行社会調查。

毛主席很注意理論和实际相結合，知識分子和工农群众相結合，摸索着知識分子和工农相結合的道路。毛主席經常出去調查研究，大規模的調查有几次。一九一六年一次，一九一七年夏天一次，一九一七年那次是在暑假时进行的。我們誰不想利用暑假休息一下，誰不想回家去看一下自己的父母呢？可是毛主席他想到的是普天下的劳动人民的解放。他深入农村作調查研究，走了五个县，步行了九百多华里，那个时候才二十三岁，去調查时是很艰苦的，穿着草鞋，拿着雨伞，沒有錢就带着笔墨去帮助别人写对联，写信，毛主席青年时字是写得很好的，賺几个錢換点飯吃，就象过去古时代的游学先生一样。有一次毛主席和一个同学外出調查。走到湘潭和珠洲之間一个叫易家湾的地方，晚上沒有地方住，就向赵山寺的一个和尙庙去住宿。当时和尙說，我們这里是和尙庙，不能住生人。毛主席說："你不让我們住，我們就不住吧！那我們就住在外面山上，住在山上还可以鍛炼胆量。"半夜里那个老和尙看看过意不去了，就又把毛主席請进来住在庙里。主席当时去搞調查研究是很艰苦的，生活很困难，同学們都說毛主席"身无分文，心怀天下。"我們想想，如果毛主席那时沒有崇高的革命精神，又怎能产生这样崇高的行动呢？中央政治局委員，国务院付总理譚震林同志来韶山参观时說："这在国际共产主义史上写下了光輝的一頁，国际共产主义运动从一八四八年馬克思发表共产党宣言到現在一百一十八年了，在这期間还有那个人在廿三岁，在那样的情况下，进行这样大的調查呢？只有我們的毛主席。"

对工人农民群众，毛主席是下过苦功夫研究的，只有他老人家最了解工人农民群众，只有他老人家永远和我們站在一起。

一九一七年他在湖南第一师范讀书时，以学校名义，創办了工人夜校，同工人建立了密切的联系。办夜校时，他写了一个《招生广告》，毛主席写的都是白話文，在历史上都是第一篇，表現了对工农群众的深厚阶級感情。这个广告上說："列位工人来听我們說句白話，列位最不便利的是什么，就是俗話說的，讲了写不得，写了記不得，有数算不得，列位做工人的，又要劳动，又无人教授，如何才能写的几个字，数得几笔数呢？現今有个最好的法子，就是我們第一师范办了一个夜校，今年上半年学生很多，列位中想有听到过的，这个夜校专为列位工人設的，从礼拜一起至礼拜五止，每夜上課两点钟，教的是写信，算帐，都是列位时刻要的，讲义归我們发給，并不要錢，夜間上課又与列位工作并无妨碍，約是要求学的，請赶快于一礼拜內到师范学校号房报名。有說时势不好，恐怕犯戒严的命令，此事我們可以担保，上学以后，每人发讲牌一块，遇有軍警查問，說是师范学校学生就无妨碍了。若有为难之处，我們替你做保，此属只管放心，快快来报名，莫再躭擱。"这广告写得多好，几个大学教授看了非常感动，他們說："我們搞教育搞了几十年，还写不出那样一个广告来。"这不是文化程度問題，这是阶級感情。这个广告字里行間，充滿了对工人的深厚阶級感情。毛主席对工人的生活，語言非常熟悉，所以工农一看就懂，这个广告就开辟了工人文化一个新的历史时期。

可是这个广告貼出去两三天，只有两个人来报名，毛主席想这是为什么，就同同学一起研究，找了原因，主要是工人对广告不关心，因为过去所貼的一些广告都与他們沒有什么关系，于是毛主席又把广告写成好几份，找几个同学深入到工人家里去宣传，两三天后就有一百廿多个工人来报名入学。毛主席在接近工人上是下过苦功夫的。为了了解鉄路工人的情况，就搬到車站旁边去住，同工人在一起搬东西。了解人力車工人的情况，就打了票不坐車，同工人一起走，一同談心。要知道过去的知識分子要接触工人是不容易的，那个时候知識分子同工人群众多半是压迫和被压迫的关系，过去的工人也是看不起知識分子的，可是毛主席就很能同工人群众結合。

毛主席在夜校教书时，現在还展出了一部分教学日記。教育中他很善于总結經驗，在那时他就提出来教学要"少而精"。在教学日記中写道："实驗三日矣，覚国文似太深太多，太多宜減其份量，太深宜改用通俗語（介乎白話，文言之間）。常識分量亦嫌太多（指文字），宜少用文字，其讲义宜用白話，簡单几句标明，初不发給，单用精神演讲，終于讲义略讀一遍足矣。本日历史，即改用此法，覚活泼得多。"这段話我們讀起来很亲切，在无产阶級文化大革命中也說：学制要縮短，教育要革命。毛主席早期說过的話，如今还是一个很重要的任务，还須努力完成。教学就需要改革，不能文縐縐的，尽是些学生腔，你讲的别人听不懂有什么用　主席說：那你不如让学生去睡覚，还可以休息一下。因此，我們一定进行彻底的教育改革。毛主席提过的这个任务，过了四十九年，我們还沒有完成，也看出毛主席多么伟大，看的多么远。毛主席讲，学习要靠学生的自覚，不能靠老师的灌輸。毛主席創办的自修大学，就是靠学生的自覚。資产阶級的学校，老师同学生是沒有一点感情的，一个要錢，一个要文凭，学习完毕，各得其所，完全是商业行为在教学的表現。那时候毛主席說，自修大学的宣言是共产主义运动的討伐书，討伐資本主义、封建主义的教育制度。那个时候主席提出来要搞文化大革命。

第四、組織革命团体，进行革命活动。

一九一五年国内人民开展了反袁世凱的斗爭，反对他向日本帝国主义的卖国行为。他組織了学生的反袁斗爭，并在自己讀过的“明耻篇”的封面上写道：“五月七日，民国奇耻，何日报仇，在我学习。”五月七日是袁世凱签訂卖国条約的一天，这里就看出主席当时树立了坚定的爱国主义思想，以后他考虑到干革命一个人不行，須組織起来和敌人斗，于是就写了一个广告叫《廿八划征友启事》（廿八划是毛泽东三个字有廿八划），希望要革命的青年同我們做朋友。把他們这个广告貼到长沙的大街上，有个报館里看到他这个广告很有意思，就給他在报上发表了，一九一七年进行筹备工作，当时有五个人参加，一九一八年四月在第一师范正式成立《新民学会》，有七八十人参加，团結了一些先进的青年知識分子，如李富春、蔡暢、郭亮、蔡和森、向井予等同志都是《新民学会》的会員、积极地研究和寻求中国革命的正确道路。学会的宗旨提出来要“改造中国和世界。”毛主席通过《新民学会》，領导了湖南的“五四”运动，成为“五四”运动前后湖南革命的核心組織。

第一次世界大战期間，中国留法学生发起組織留法勤工俭学会，号召青年到法国去半工半讀，毛主席积极地組織《新民学会》的会員和湖南进步青年知識分子参加了这一运动。他还主张，《新民学会》的会員，一部分到法国和苏联去，一部分留在国內，一方面批判地研究各国的先进思想，作为中国革命的参考，一方面考察中国的情况，批判地研究中国的情况。毛主席他自己留下来在国內进行研究，以后到农村作过很多調查。毛主席与許多人机械搬运西方东西的风气显然不同，表現了理論和实践相結合的精神，由于毛主席通过《新民学会》培养了很多干部，所以湖南党的力量是很雄厚的，数量，质量在全国都是占全国第一位。毛主席在这方面为我們树立了光輝的榜样。

譚震林同志在参观韶山时說：“那一个敢吹这个牛，世界上那一个青少年是象毛主席那样渡过的呢？进行了全面的鍛炼，为革命作好准备。”这一点对我們理解毛主席一貫英明、正确、伟大是有好处的。

（三）毛主席一貫英明、正确、伟大

中国革命的胜利，是毛泽东思想的胜利。这个題目很大，时間很长，从一九一八年开始到現在（一九六六）共四十八年。这段时間內容无限丰富，只能介紹个簡单的綫条。为了讲解的方便，共分八个时期来讲，每个时期的划分不一定合适，只是为了好記一点。

第一个时期：党的創立时期（一九一八年冬至一九二三年十二月）。主要是創建中国共产党的問題。毛主席讲，千条万条，創建了一个馬克思列宁主义的政党是首要問題。这一段时間（一九二〇年至一九二二年），在湖南省立第一师范附属小学任主事（即校长）和师范部的語文教員，以教育为掩护，领导革命斗爭。这时的主要活动有三个方面：

一、完成了急进的民主主义向共产主义的轉变。很多領袖都是以急进的民主主义轉变过来的，不是一生下来都是馬列主义者。一九一八年冬第一次去北京，是送留法的勤工俭学的学生。当他們去到黄河边上时，鉄桥坏了不能通过，有的人就餒了气，这等什么时候能修好，有的說，我們就慢慢等吧！等桥修好了我們再过去，反正我們不能游过去。可是毛主席說：这是进行农村調查的好机会，于是主席就到河南农村里去进行調查了。到北京后，在北大图书館工作，和李大釗同志有了初步的接触，利用各种机会，刻苦地研究当时各种先进的文化思想，并开始研究馬克思列宁主义，讀了《共产党宣言》等书（一九一八年冬天，十月革命的理論才传到中国）。一九一八年三月，毛主席經过上海回到湖南长沙后，向大家介紹了十月革命的情况，这时他有了共产主义的信仰，是一个有了共产主义覚悟的知識分子，在"五四"运动时，創办了"湘江評論"。开始时，大部分文章都是毛主席写的，提出要敢字当头，去掉怕字，去爭取胜利。这个刊物給全国影响很大，上海、北京、重庆等地的刊物，都轉載了他的文章。李大釗同志主編的《新青年》，以及"每周評論"、"星期日"等进步刊物，都发表文章推荐主席的《湘江評論》。当时的《湘江評論》是深受广大讀者的欢迎。主席在《湘江評論》創刊号上写了这样一段話，非常精采。他說："自'世界革命'的呼声大作，人类解放的运动猛进，……这种潮流，任何什么力量，不能阻住，……世界什么力量最大？吃飯問題最大。什么力量最强？民众联合的力量最强。什么不要怕？天不要怕，鬼不要怕，死人不要怕，軍閥不要怕，資本家不要怕。"主席那时候就相信十月革命以后，社会主义革命的潮流，必不可阻的要迅速发展，社会主义、共产主义是不可抗拒的，一定要在中国实現，一定要在全世界实現。主席讲的"六个不怕"，表現了敢字当头，頂天立地的英雄气概，敢于斗爭，善于斗爭。什么帝国主义……，統統不在話下，表現了中国无产阶級一登上政治午台，就显示出大无畏的精神，毛主席就是典范。

毛主席是很相信群众的，认为"民众联合的力量最强"，主席在一九一九年讲过这个話时，敌人有一百多万軍队，并有很多帝国主义国家的支持，而毛主席那时的新民学会才几十个人，看起来敌人是强大的，我們是弱小的，而毛主席认为眞正强大的是民众的联合，表現了毛主席坚信群众的力量是无穷无尽的。当时毛主席领导了驅逐湖南軍閥张敬尧的斗爭，声势浩大，取得了胜利。

一九一九年三月，毛主席离开长沙，第二次去北京。毛主席在北京深入的研究了馬列主义的著作，一方面进行宣传，一方面开展革命运动，总結經驗。这个时候完成了急进的民主主义者向共产主义的轉变，也就是一九二〇年夏天建立了坚定的共产主义世界观，成为伟大的馬克思列宁主义者，中国知識分子中第一批馬列主义者就是毛主席，是以毛主席为代表的。

二、創建党的活动。解决的問題是如何創建一个党的問題，一九二〇年初，主席去上海筹建党的工作，当时生活是很困难的，靠同别人洗衣服来維持生活。一九二〇年七月，回长沙向大家宣传十月革命的經驗，是由于有一个馬列主义的党作指导，有廿五万党員联系的广大群众，經过长期的准备，取得了胜利，我們如今还不够条件走十月革命的路，必須首先建立一个党，这个党必須以馬列主义为基础，同时在湖南长沙等地建立了文化书社，宣传馬列主义。八月建立湖南俄罗斯研究会，九月份在湖南成立共产主义小組。十月份筹建社会主义青年团，一九二一年一月正式成立，在会上再三讲，要建立一个馬列主义的党是一个根本問題。当时有人說，我們只要有个組織教育群众就可以了。毛主席說："不对，党是个根本問題。"这一年，毛主席为党作了許多工作。一九二一年六月，毛主席去上海出席党的成立大会，在"一大'上就是有斗爭的。上海的代表李达（前武汉大学校长，黑帮）李汉成等人就反对建立政党，认为只要成立一个俱乐部或宣传机关就行了。毛主席坚决反对这一点。事实上他們两个人在革命失敗后都脫离了党，如今李达反对毛主席不是一时的，毛主席在那个时候就同这些人做过斗爭。同时，还同张国燾关門主义作过斗爭。毛主席主张联系广大革命群众，領导他們斗爭。所以毛主席是党的創始人．毛主席是党的正确路綫的伟大代表。"一大"后，毛主席回到湖南任湘区委书記（包括当时江西安源在內）。

三、开展工人运动。我們的党是工人运动中产生的，为了加强与工人联系，毛主席这时又集中力量，从事工人运动。毛主席很注意調查研究，四次到安源进行調查。当时生活是很苦的，为了联系工人，一起爬到煤洞里同工人去談話。回来后，又派刘少奇去安源开展工人运动。当时毛主席很注意教育工人，亲自担任夜校的教員，实际上文化課变成了政治課。如讲"工"字就說，"工"字上面一横代表天．下面一横代表地，中間这一直就代表我們工人阶級，所以工人阶級是頂天立地的意思。我們是英雄好汉，社会的主人，用这种方法来启发工人的觉悟，一个字讲得如此生龙活虎。

毛主席在安源煤矿罢工宣言上第一句就写着："从前是騾馬，現在要做人。"用这个口号来动員大家。主席在安源做了很多工作的，一九二一年湖南发生了十几次大罢工，主席都是亲自领导。如安源煤矿大罢工，水口山大罢工，粤汉铁路大罢工，运輸工人大罢工等等，都取得了胜利，对全国影响是很大的，使湖南成为全国罢工最发达的地方，安源是全国的紅旗，为全党树立了榜样，在湖南工人运动蓬勃发展的基础上，一九二二年十一月，成立了"湖南省工团联合会"，毛主席被选为总干事。而当时湖南工业幷不发达，工人少，条件是不好的。当时論工人，上海最多；論学术　北京最发达；論革命形势，广州最好。为什么湖南工人运动搞得这么好，这就是毛主席領导的英明伟大。

以上就是建党时期的活动。

一九二三年发生了"二·七"惨案以后，中国工人运动暫时轉入低潮。毛主席总結了这次的經驗，如果单凭自己一个阶級的力量，是不能取得胜利的，必須团結一切革命的阶級和阶层，必須建立革命的統一战綫。

第二个时期：毛主席在第一次国内革命（一九二四年一月至一九二七年七月）。

主要問題是解决无产阶級領导权和农民同盟軍問題。一九二四年一月，毛主席到广州出席国民党第一次代表大会。这次大会是孙中山接受了我党提出的改組国民党的計划。当时，毛主席、林伯渠、李大釗等同志，代表我党参加了大会，全部文件是我們起草的，統一战綫正式形成。

一九二四年八月，毛主席到上海担任中央工作，另外从事統一战綫工作。这时，有人滿足城市工作，忽視农村，滿足城市轰轰烈烈的工作，忽視扎扎实实的工作。毛主席看到了这个危险，指出統一战綫只能是手段，不能是目的。提出要以統一战綫为桥梁，去发动群众。特别是农民群众。为了解决这个間題，一九二五年初，毛主席回到湖南湘潭韶山冲，他亲自到湖南开展农民运动。他的中心工作轉移代表了我党的中心工作方向的轉移，也就是說，党这时經过了建党——工人运动——統一战綫——农民运动几个过程，都是以毛主席为代表的。毛主席回到韶山，銀田寺一带，走遍了周围几十里，訪貧問苦，扎根串連，組織了廿多个农民夜校，来提高他們的文化和阶級覚悟。教的第一个字是“手”字，第二个字是“脚”字。他說：“世界上一切劳动財富都是我們的双手創造的，但是我們穷人却沒有飯吃，沒有房住，我們落到的是双手空空，而地主老財却过着很好的生活……。这是为什么，請大家想一想，我們穷人穷得上无片瓦，下无立足之地，地主老財也长着一双脚，可他出門不走，要我們抬着他，这又是为什么，請大家想一想。”当时夜校是对农民进行教育的一种很好形式，在韶山，銀田寺一带，毛主席还建立了廿多个农民协会，开展了对地主阶級的斗爭。二五年夏天时，毛主席在韶山建立了党支部，最早的五个党員是毛主席亲自培养和介紹的，是我們党的第一批农民党員，以后都是党的重要干部，在革命中都牺牲了。韶山党組織是很堅强的，后来划为湘潭特別区委，发展了一百一十多名党員，大革命失敗后，有的跟着主席外出了。如彭紹輝付参謀长就是韶山人。有的留下来，有卅多人牺牲了。八月底，主席离开韶山去长沙，十月去广州，担任的工作是主編《政治周报》，政治讲习班律师(系李富春同志办的)，主要是担任全国农民讲习所的所长。讲一个故事：一九二五年十一月，主席在广州塡有一张表，很有意思的，現在放在陈列館。这个表是少年全国协会改組委員会发的，表上問他：“你在中国內忧外患的情况下，信仰什么主义？”毛主席說：“本人信仰共产主义，主张社会主义的无产阶級革命。”又問：“你对本会务改进抱何态度？”毛主席說：“你这个协会会員观点不統一，很多人精神不振，干脆解散了吧，中国共产党正式成立了，你这个协会有什么用。”看，开門見山，写的是多么有风格。

主席办的这个农民讲习所，也就是把他在韶山創造的农民运动經驗推广到全党，以便为进一步开展农民运动，作好干部的准备和理論的准备。他共讲三門課程，《中国社会各阶級分析》就是他讲的課程之一。这篇文章解决了中国革命一定要无产阶級領导。領导权的問題，是毛主席提出的。陈独秀因为在一九二三年提出革命的資产阶級領导革命的无产阶級，进行資产阶級民主革命，而毛主席提出中国革命要无产阶級来領导。这篇文章內容极为丰富，一开始就說：革命的首要問題是分清敌我，念念不忘阶級斗爭。其次分析了各个阶級，分清敌我。如今我們就是要正确分析两类矛盾。三是从各种方面分析了各个阶級，念念不忘阶級分析。分析的方法有五个：1.从經济地位，政治态度来分析，經济地位决定了政治态度。2.从中国的社会性质来分析中国的阶級，如都是工人阶級，中国的同外国的就不同，因为中国是半殖民地，所以它最受压迫、最穷。中国工人要受三座大山的压迫，同农民有天然的联系，工人大部分都是从农民破产中出来的，人在城市，家在农村，中国的工农联盟有它的特殊性，中国的工人阶級比中国的資产阶級資格老。因为帝国主义来中国办工厂，工人阶級先发展起来了。并集中在沿海几个大城市，因此組織性、团結性又不同。再如中国有两个資产阶級，一个官僚資产阶級，一个民族資产阶級，官僚資产阶級是革命的对象，民族資产阶級在革命中有两重性，这在馬列主义上是沒有的，是毛主席的創造。3.要分析各个阶級的阶层，农民中有很多阶层，有富农、中农、貧农，中农又分上、中、下三种，以中找出来农民中革命的主要力量是貧农、雇农。資产阶級又分大小，小資产阶級又分左、中、右。总之进行具体的分析非常詳細。4.要从革命的形势来分析阶級，不同时期，一个阶級在不同形势下表現不同，在革命高潮时，小資产阶級左翼要革命，中間也参加革命，右翼也附合革命，到低潮时，小資产阶級的右翼就跑了，当了資产阶級的尾巴，所以我們在分析阶級时，一定要用发展的眼光来看，不能一下子就看死了。如現在的資产阶級反对我們，不同的时期反对我們的形式也不同，六二年是一样，現在又是一样，我們一定要看清它的本质，掌級斗爭的特点，它的本质和特点是不会变的。5.要从国际形势来分析阶級，要从全世界范围內来看我国的阶級关系。毛主席在这篇文章中說："当时豎起了两面大旗，一面是紅色的革命大旗，第三国际高举着，号召全世界一切被压迫阶級联合起来；一面是白色反革命的大旗，国际联盟高举着，号召全世界一切反革命分子集合其旗帜下。在这种情况下，中国的資产阶級要想搞資本主义是不可能的，是一种幻想。"中国的阶級斗爭离不开国际阶級斗爭，如一九五六年，波匈事件和苏共廿大以后，五七年中国的資产阶級就来搞我們，六〇年我国有困难时，国际上的反动派搞反华大合唱，我国国內的牛鬼蛇神也就在这个时候活动得很凶。以上是我对这篇文章的領会，不对的地方請大家批評。我們从各个方面来分析阶級情况是有好处的。

在这篇文章中，我們主要領会四个問題：1.念念不忘阶級和阶級斗爭的思想。2.正确处理两类矛盾。3.要从各个方面进行阶級分析。4.牢記党的总路綫、总政策，这样才会成为一个清醒的革命者。毛主席这篇文章是馬列主义在分析阶級方面的頂峰，还沒有一篇馬列主义著作对殖民地半殖民地国家的阶級这样分析过。如过去的馬列主义者对流氓无产阶級分析它的破坏性很大，毛主席分析它就有两重性，主席說："这批人很能勇敢奋斗，但有破坏性，如引导得法，可以变成一种革命力量。"这是很有独到之处的。

一九二六年七月，毛主席离开广州去上海，这时革命向北方发展。毛主席去上海領导全党的农民运动。他当时任全国农民运动指导委員会主任，还去江苏、浙江一带考察过农民运动，以后又回汉口工作。

一九二六年十二月湖南召开全省的工人和农民代表大会。大会請毛主席回来参加領导，在会上发表了几次演說，指出国民革命的中心問題是农民問題，号召大家把重心轉到农村去，可惜这些意見沒有被当时的陈独秀所采納。

一九二七年一月，毛主席到湖南去考察农民运动，一共走了五个县，历时卅二天，途中是很艰苦的，三月份发表了《湖南农民运动考察报告》。这篇文章是中国共产党和国际主义运动开展农民运动的經典文献，主要問題有四个：1.无产阶級領导的中心問題是农民問題。这是我党的中心任务。2.党在农村的阶級路綫。3.党在农村斗爭的主要內容，夺取政权，建立武装。4.党領导农民的基本指导思想，放手发动群众。滿腔热情地支持，歌頌和放手发动农民运动。毛主席堅定地批判了一些反对农民运动的謬論。这篇文章对我們当前的文化大革命，特别是树立彻底的群众观点，貫彻群众路綫有很大的指导作用，当时这篇文章在湖南的刊物上是全文登出的，在中央的刊物上，由于右傾机会主义陈独秀的把持，只登了前面的一部分，后面十四件大事沒有登，这篇文章就是同陈独秀开展了全面的斗爭，由于在毛主席正确的思想的指导下，湖南的农民运动工作猛烈地开展起来。当时有农民协会会員一千二百万人，而湖南一省就有农民协会会員五百一十八万人，成为全国农民运动的中心。

以后陈独秀来了，排除毛主席的領导，把革命引到了錯誤的道路上。一九二七年四月廿七日在汉口召开党的第五次代表大会，这次大会是在蔣介石举行"四·一二"反革命政变，中国革命处在紧急关头时召开的。毛主席在大会上提出要迅速、彻底的解决农民的土地問題，放手发动农民、武装农民。可是这次大会被陈独秀把持，不討論毛主席的意見，剝夺了毛主席的表决权和发言权，排斥了毛主席对大会的領导，革命失败了。一方面造成了党內的混乱，一方面鼓励了資产阶級的叛变。首先是蔣介石在上海发动了"四·一二"政变，四月十五日广州发生了政变，五月廿一日駐长沙的反动軍官許克祥发生反革命政变，也就是历史上称为的"馬日事变"（二十一日的电报代号是馬字），七月十五日汪精卫在汉口发生了反革命政变。資产阶級的政变，这是他的本质所决定，不足为奇，主要是当时沒有毛主席的正确思想作指导，不能抗抵反革命的进攻，如长沙在許克祥发动"馬日事变"前，当时工人有武装，湘潭农民有七万支梭标，可是陈独秀把工人糾察队的武装交給了反动派。到二十一日时，反动派下令解散了湖南总工会和农民协会，很多共产党員和革命群众被捕、被杀。这时也有很多共产党員就到乡下去发动群众，在十天內，也就是五月三十一日，发动了十万农民围攻长沙。农民的口号是："梭标亮堂堂，擒賊又擒王，打倒蔣介石，活捉許克祥"。当时长沙城內只有两千軍队，长沙都快打下来了，东面过了老刁河，就是现在的軍区过去一点的地方，南面打倒了易家湾，可是陈独秀慌了手脚，赶忙跑了出来，以中央的名义，不准农民进攻长沙，要同資产阶級談判。当时上了当，农民撤退了，反动派得了喘息的机会，反过来对我們进行了血腥的鎮压。六月一日至十日，十天內許克祥在长沙杀了一万人，革命受到严重损失。不久，汪精卫和蔣介石合流起来，轰轰烈烈的第一次国內革命战爭就这样遭到了失败。"从此內战代替了团結，独裁代替了民主，黑暗的中国代替了光明的中国。"这都是失去了毛主席的正确領导，使中国革命遭到失败。上面的两个問題，从正面反面充分的說明了这一点，中国的历史也証明了这条眞理。

第三个时期：第二次国內革命战爭时期（一九二七年八月至一九三七年七月）。

这个时期的中心問題是解决中国的革命道路問題，工农武装的割据从农村包围城市的問題。

革命失败后，我党面临着两个問題，一个問題是敢不敢进行革命。因为革命已失败，受到残酷的鎮压，在革命高潮时，我們党将近有六万党員，失败后，很大一部分被杀害，有的坐牢，有的逃跑，有的叛变了，有的經不起考驗，公开声明脫离中国共产党，剩下的10%多一点，也就是七、八千人跟毛主席继續干革命。我們可以想想，由于沒有毛主席領导中国革命，有多少人头落地。工会会員廿八万人，革命失败后只有三万多人了，农民协会的会員一〇〇五万，失败后，基本上被打散了。党的斗爭受到很大損失。

"八一"起义三万多人，經过几次战爭后，剩下的不到一千多人，毛主席秋收起义的七、八千人，上井崗山时只有几百人了，也是損失90%。面对这样情况，敢不敢再干，是个很严重的考驗。陈独秀等人当时是吓破了胆，自己不革命，还反对別人革命，自己也变成了反革命，写毛主席領导的“秋收起义”是流寇，是土匪，他們帮資产阶級說話，說：“資产阶級革命成功了，我們应当帮助資产阶級巩固政权。”只有这时毛主席挺身出来，率領我們党进行英勇战斗，毛主席冒着生命的危险，从汉口来到长沙，組織秋收起义。当时曾遭到反动派的逮捕，毛主席从牢中逃了出来，几次碰到危险。毛主席对革命是赤胆忠心的，革命的紅旗举得最高。以后毛主席回忆說：“中国共产党党員和中国人民并沒有被吓倒，被征服，被杀絕，他們从地下爬起来，揩干淨身上的血迹，掩埋好同伴的尸首，他們又继續战斗了。”这年秋天領导了起义，开展了武装斗爭，这时毛主席的中心工作，集中到抓武裝斗爭。在这以前毛主席是很注意抓武装，特别是武裝农民，把全党都武裝起来。

面临着第二个問題是怎样进行革命。革命失败了，在城市站不住脚，革命向那里发展、有人主观上想革命，如何搞不知道。現在城市搞武裝暴动，这都是錯誤的。如十二月时，有人乘长沙搞了“灰日暴动”想同敌人去拼命，結果使党的力量受到很大损失。是我們的毛主席，給我們指出了一条光明的大道，去建立武裝，开辟农村根据地。这时是毛主席說服了大家后，十月份带領大家上了井崗山，这就是井崗山的方向。井崗山是一个小地方，人口不到两千，粮谷不到百石，毛主席說：“星星之火，可以燎原”。它的发展前途是无限的。以后其它地区按着井崗山的榜样，全国举行了很多起义，发展了十五个根据地，紅軍发展到十万人。到一九三三年紅軍发展到卅万人，党員也有三十多万，革命从失败中得到了教訓，从失败中找到了道路，中国革命又发展起来了。从三〇年到三三年，革命有了很大发展，从无到有的发展了紅軍。毛主席是我們紅軍的創造者，組織者，天才的統帅，一次一次地战胜了敌人的围攻，在毛主席領导下开辟了革命的道路。可是正当革命向前发展时，又受到一次左倾机会主义的袭击。一九三一年时，王明在白区城市工作，搞的一个組織也沒有留下。一九三三年中央就搬到苏区来工作，排斥了毛主席的領导，特别是排斥了毛主席对紅軍的領导，撤消了毛主席苏区中央局书記，紅軍总政委、紅軍前委书記的职务，保留了一个主席的职务，还是有职无权，使革命遭到严重的失败。一九三三年第五次反围攻时，从一九三三年十月到一九三四年十月，进行了一年的斗爭，但是沒有毛主席的領导，就沒有粉碎敌人的进攻。这年的十月份开始了二万五千里的长征。开始长征时，中央苏区有八万人，到一九三五年一月时，仅三个月的时間，因为王明的錯誤領导，紅軍又只剩下三万多人了。这时紅軍处于非常困难的境地，中国革命面临着新的危险。在这期間，主席苦口婆心对同志們进行說服工作，多数同志觉悟过来了，于一九三五年一月召开了遵义会議，撤换了王明的領导，确定了毛主席在全党的領导地位。遵义会議是在最困难的时候召开的，也是胜利的起点，由于主席的領导，从胜利走向胜利。召开遵义会議以后在毛主席正确的領导下，紅軍由黔北向川南和云南东北进軍，蔣介石急忙調四川和貴州的軍队沿江設防，阻止紅軍西进，并命令他的中央軍从湖南赶来，几十万人尾追着我們。这时紅軍却揮师向东，返回貴州北部，重新占領遵义城，一举消灭貴州軍閥二个师和蔣介石中央軍增援部队两个师的大部分，取得了长征以来的第一个大胜利。接着紅軍再入川南，蔣介石以为紅軍要渡长江，急忙調大軍沿江設防，企图消灭紅軍于长江南岸。但紅軍却突然由川南折回貴州，强渡烏江，直逼貴阳，并分兵围攻貴州东部。在貴阳督战的蔣介石怕我們从貴州又跑回湖南去，赶忙調兵堵湘、黔边境，同时又命令云南的部队来援助貴阳。这个时候，紅軍主力則轉向西南，乘云南兵力空虛之际，直插云南。在云南，紅軍連續打下十几个县城，威逼昆明。蔣介石和云南軍閥集中全力在昆明防守。紅軍却虛晃一枪，直指金沙口。至此，紅軍跳出了数十万敌軍围追堵截的圈子，取得了长征中有决定意义的胜利。这都是毛主席英明指揮的結果。所以我們說，有了毛主席，革命就无往不胜。

整个长征內容是非常丰富的，我今天就讲一首“长征詩”，来結束这一个时期。毛主席不但是伟大的馬克思列宁主义者，而且还是最伟大的文学家。长征是一件大事，整整經历了一年的时間，走了二万五千里，我們毛主席的“长征”詩只写了八句，包括了所有的过程。长征詩写道：“紅軍不怕远征难，万水千山只等閑，五岭逶迤騰細浪，烏蒙磅礴走泥丸，金沙水拍云崖暖，大渡桥横鉄索寒，更喜岷山千里雪，三軍过后尽开颜。

“紅軍不怕远征难，万水千山只等閑”。这两句是长征的一个綱，当时天上几十架飞机偵察轰炸，地下几十万大軍围堵追截，路上遇着了說不尽的艰难险阻。但是在毛主席領导下的紅軍不怕远征难，問题就在这“不怕”两个字上。有了毛主席的領导，我們的战士是沒有战不胜的困难，沒有攻不下的堡垒，沒有打不过的敌人，表現了让河水让路，让高山低头的精神，万水千山都不在話下，等閑視之，沒有什么了不起。这就是当时紅軍的精神状态。“五岭逶迤騰細浪，烏蒙磅礴走泥丸”。紅軍长征时，經过的第一个山是五岭，它在湖南、江西、广东、广西四省的交界处，綿延数千里，紅軍在这个山上經过了长征，可是在毛主席和他的战士脚下，那連綿不断的五岭山脈，就象河里的小沙子那样細小，那高山就象小浪头那样渺小。紅軍經过五岭后，走到烏蒙山。烏蒙山是綿延在云南、貴州的山脈，山大气势雄伟，可是，在毛主席和他的战士看来，那高大的山头，就象泥丸那样的渺小。因为紅軍每日以一、二百里的速度前进，从这个山头走到那个山头，就象泥丸一样在脚下滚过去，正显示出紅軍的高大，說明紅軍越过千重山看作平常的事，也形容紅軍走的速度是非常快的，一年內走了二万五千里。“金沙水拍云崖暖，大渡桥横鉄索寒。”金沙江的水是很猛的，江水拍打那两岸高入云雾的峭壁悬崖。过金沙江是很危险的，可是紅軍只用了几只小船，历时九天九夜，胜利地渡过了。那时敌人派了一个敢死队在围追我們，这股敌人坏得很，毛主席打了他一个回馬枪，一个伏击，消灭敌人五个团，等我們过去后，把所有的船都給破坏了，敌人只好望洋兴叹，一点法子也沒有。从此以后，我們便摆脫了敌人的围追。渡金沙江后就过泸定桥，我們在南岸，敌人在北岸，当时林彪同志領导的第一軍团五个团来搶占这个桥，十八个小时走了二百四十里，到南岸时，敌人把桥上的木板都拆掉了，只剩下几根鋼索，我們派廿二个战士强渡了泸定桥，这种为革命决死向前的精神，使敌人胆战心惊，表現了我軍革命英雄气概。“更喜岷山千里雪，三軍过后尽开颜。”岷山在四川、西康交界处，山上空气稀薄，滿山是雪，行軍非常困难，沒有吃的，一个一个地慢慢走，在雪山上走了卅多天，主席用了“更喜”两个字，显得紅軍不光不怕过雪山的艰苦，还更喜爱雪山上景色的壮丽，表現了紅軍乐观的精神。“三軍过后尽开顏”，过了岷山后，长征已經接近尾声，快到陜北了，战士們心里都充满着胜利的微笑，等待着一个新的局面开始。主席写的詩是非常有文学天才的。

主席到达陜北后，我們只有三万多人，有些人悲观起来。毛主席說：“我們不是弱了，是强了，我們有了經驗。”这时写了不少的文章，提高了全党的馬列主义水平，使我們党在各方面都得到了鍛炼，政治上成熟起来。

第四个时期：抗日战爭时期（一九三七年七月至一九四五年九月）。这个时期的中心問題是毛主席組織領导了抗日民族統一战綫，进行抗日战爭，使抗日的胜利，成为人民的胜利。

抗日开始时，力量的对比，敌人四百万，国民党三百万，我們三万多，不到四万人。抗日时，是三种力量的較量，这种情况摆在我們面前是如何組織統一战綫，取得胜利。当时王明看不起自己的力量，认为我們不行，国民党行，我們抗战，一定要通过他們的領导才可以。毛主席說：“我們这三万人比过去卅万人是更强了，不是更弱了，中国人民完全可以进行战爭，只有中国共产党才能領导抗日战爭。”战爭开始后，我党提出了抗日的十大綱領，毛主席說：“抗日有两条路綫，一条是抗日路綫，一条是投降路綫。”这时候毛主席制定了一系列的政策。如在“統一战綫中，采取发展进步势力，爭取中間势力，反对頑固势力的政策”，“三有政策”，就是在統一战綫中进行“有理，有利，有节”的斗爭，反对了王明的投降路綫，坚持了我党的正确路綫。这个教导，对于我們今天同資产阶級搞統一战綫是很重要的。建国后，有人搞投降路綫，把資产阶級捧得很高，到底是我們改造他們，还是他們改造我們呢？如办教育，現在就看得很清楚，他們就是离不开教授，沒有他們就办不了教育一样，根本不高举毛泽东思想紅旗，不貫彻党的阶級路綫，不突出无产阶級政治。

在軍事斗爭上，規定了独立自主的方針，山地游击战，敌后广泛的发动群众，广泛的开展游击战。当然也不放松有利的陣地战。这段时期主席写了很多著作，如《論持久战》、《抗日游击战爭的战略問題》、《战爭和战略問題》等。

在党的建設上也有很大的发展，进行了整风。这段时期是主席三大法宝发揮威力的时期。

在党內，这个时期存在着两条路綫的斗爭，主要是同王明机会主义的斗爭。一九三七年至一九四〇年时，軍队发展到了五十万，建立了大批的根据地，党的力量有很大发展。当时有的地方受王明的影响，反对主席的思想，使党的发展受到很大影响。如毛主席写的《論持久战》这篇文章，这在馬列主义的軍事著作上是頂峰，說明了被压迫的无产阶級如何搞軍事斗爭，在国际上震动很大，国际上很多报紙都轉載了，在共产国际的刊物上有人說，有史以来，还沒有人把軍事問題，战爭問題說得这样透彻过，这是一部划时代的著作，而王明在长江局的报紙上不登(他当时担任长江局的书記)。中央問他为什么不登？他說文章太长了，不能登。中央說：文章太长了，一次登不完可以分成几次登。他分成几次也不登。以后他发表了一篇文章說：抗日战爭頂多四年就可以抗战結束，誰說抗战是持久的，是別有用心的。他的根据是：第一次世界大战沒有那一个国家打了四年，我們也不可能打四年就会胜利。他是这样同主席对抗。当时日本帝国主义只能占領一些大城市和交通綫，主席就要他去农村发动群众，建立农村根据地，他不去，就喜欢在城市搞轰轰烈烈的群众运动，据本不去农村发动群众，只想在城市搞暴动。

当时要不是王明把持着长江局，要是能够很好的执行毛主席路綫，在长江这一带的根据地，革命力量要发展多么大。抗日战爭胜利后，蔣介石就根本下不了山，失去了多好的革命形势。后来在一九三八年十月，党的六中全会上，批判了王明的錯誤，肯定了主席的地位。会上主席作了《战爭与战略問題》的报告，指出枪杆子里面出政权。以后中原局的項英不听主席的，在江南不传达主席的指示。在皖南事变前，把北上的路綫都告訴了国民党，相信敌人，不相信党，結果被敌人七个师八万多人的突然包围袭击，新四軍仓卒应战，打了七天多，损失了九千多人。当时陈毅同志在江北，传达了主席的指示，部队就沒有受什么损失。这件事情給大家震动很大，不按主席的指示就要吃亏，使大家受到了一次很大的教育。

抗日战爭，我們是处在非常困难的情况下进行的，由于日伪軍与国民党軍队的夹攻和封鎖，特别是四一到四二年，敌人对解放区实行残酷的扫蕩。在物质方面，我們曾經弄到几乎沒有衣穿，沒有油吃，沒有紙，沒有菜，战士沒有鞋袜，工作人員在冬天沒有被子盖……。在这种情况下，我們靠毛泽东思想取得了胜利。特别是整风运动以后，我們的力量得到了更大的发展。抗日开始时，我軍只有四万人，抗日战爭胜利后，发展到一百二十万人，建立了十几个解放区，一亿三千万人，党員一百多万人，民兵二百多万，歼灭日本軍队一百七十多万。还战胜了国民党三次反共高潮。

抗日时，毛主席同大家同样过着艰苦的生活，参加开垦生产，穿着粗布衣，补了又补。

抗日战爭，时間长，規模大，斗爭最复杂，最艰苦，又是中国人民第一次取得彻底胜利的反帝战爭。从这里也完全可以証明，在毛泽东思想指导下，是可以打敗任何敌人的。抗日胜利給全世界人民很大的鼓舞，所以說，抗日战爭的胜利是毛泽东思想的胜利。这时毛泽东思想有很大发展，现在出版的四卷中，有两卷都是在抗日战爭时写的。在那样艰苦的年代，主席为全国人民操尽了心。据說主席在写书时，桌上放一块石头，手写麻了以后，就用手握一握石头，調剂一下精神。同志們，我們想想主席的这种工作精神，多么使我們感动。

第五个时期：第三次国內革命战爭时期（一九四五年九月至一九四九年九月）。

这个时期的主要問題是彻底摧毁国民党的反动統治，夺取全国政权，打倒旧中国，建立新中国。簡单地說：就是解决战爭問題。我們要很好学习主席敢于斗爭、善于斗爭、敢于胜利的思想。这时期党內沒有路綫的斗爭，只有傾向性的斗爭。毛泽东思想是得到充分貫彻和发揮的一个时期。

一九四五年九月至一九四六年九月，是內战之前，两个战爭的过渡阶段。我們的任务就是保卫胜利果实。把全部工作轉移到迎接国內斗爭，准备打內战。这个时期的斗爭很复杂，我們以革命的两手对付反革命的两手，敢于斗爭、善于斗爭。这时毛主席两次去重庆，目的是教育人民，揭穿敌人的阴謀。去的时候是很危险的，住的周围都布滿了特务，全国人民很为毛主席的安全担心。一些民主人士說毛主席有“弥天大勇”，贊揚毛主席去重庆的行动，是“一身而系天下之安危”。把希望寄托在中国共产党的身上。由于毛主席去重庆，使我們的工作取得了全国人民的支持，爭取了主动。这时国民党搞了很多的阴謀，由于毛主席的坚定立場，灵活的战术，識破了敌人，取得了斗爭的胜利。这一点外国人是很受感动的，意大利的几个同志說：二次世界大战以后，我們党也掌握了武装，他們在談判中交出了軍队，当官去了，結果什么也沒有得着，把人民的果实都丢掉了。我們呢？武装一天也沒有交。毛主席說：“捆住手脚的官不好作，我們不做。要做，就得放开手脚做，自由自然的做……”。还說“人民的武装，一支枪，一粒子弹，都要保存，不能交出去”。这就是說，共产党必須保持独立的地位。回顾一下历史，当时是复杂，敌人非常狡猾。但我們有毛主席，什么也不怕，什么东西都能識破。

这时敌人来进攻，我們打了胜仗，一九四五年九月閻锡山进攻上党，一下子消灭他三万五千人，十月份蔣介石又派高树勳沿京汉路进犯晋、冀、魯、豫解放区，我們在邯鄲地区又消灭了他七万余人，取得了軍事斗爭的胜利。

总之，这个时期在文斗和武斗这两条战綫上都取得了很大的胜利。

一九四六年七月至一九四七年七月，这个阶段一年，我們的任务是粉碎敌人的重点进攻，他們四百三十万軍队，来势洶洶，不可一世。我們解放軍只有一百二十万人。在这种力量对比悬殊的情况下，国民党反动派揚言只要三个月到六个月的时間，就可以打败人民解放軍。在蔣介石的疯狂进攻的面前，毛主席指出：“一切反动派都是紙老虎”。蔣介石軍事力量的优势，只是暫时現象，只是临时起作用的因素”。毛主席的指示，武装了我国人民的思想，加强了我国人民的胜利信心，很快的粉碎了敌人的重点进攻，消灭一百二十万国民党軍队，使我軍轉入进攻。奠定了我軍歼灭全部敌軍，爭取最后胜利的基础（解放战爭第二年战略方針）。

一九四七年七月至一九四八年十二月，这是战略进攻阶段，主要是如何广泛地发动群众，歼灭国民党的主力軍。这个时間主要进攻三次战役。辽沈战役消灭敌人四十七，万淮海战役消灭敌人五十五万五千，平津战役消灭敌人五十二万，共消灭敌人一百五十多万。毛主席为这三大战役制定了总的方針，并作了很具体的安排。有个問題說一下，二次世界大战最大的战役，斯大林格勒大战只消灭敌人三十三万人，而毛主席领导的战役，每一个战役消灭的敌人数，都超过了斯大林格勒战役。三大战役的胜利，是毛主席战略战术思想的伟大胜利。毛主席指揮的英明，是最高統帅。

一九四九年一月至一九四九年九月，这个时期主要是把革命进行到底，把民主革命轉到社会主义革命的軌道上来。一九四九年元旦发表的一篇社論《将革命进行到底》。这是毛主席亲自写的。这个时期写了很多文章，如《評战犯求和》、《論人民民主专政》、《丢掉幻想准备斗爭》等等，都是讲的这个問題。

整个解放战爭从一九四六年算起就四年，从一九四七年算起就是三年，我們共消灭敌人八〇七万人，平均每年消灭二百万人，这是历史上从来沒有的，我們就靠的是一百二十万人，充分說明毛主席思想威力无穷，毛主席思想伟大，变成了巨大物质力量。

这个时期，美帝国主义給蔣介石的美援是六十亿元。毛主席說：这个战爭就是美国出錢、出枪，蔣介石出人的战爭。他們有的是大炮坦克，我們就靠毛泽东思想和小米加步枪。这些都沒有挽回他們的失敗，我們的装备都是他們送来的，都是运輸大队长的“功劳”。

一九四九年十月一日，毛主席在天安門上向全世界宣告新中国的成立，我們胜利了，从一八四〇年鴉片战爭开始，中国人民为了推翻压在自己头上的三座大山，进行了一百〇九年的战爭，以后在毛主席的領导下取得了胜利，在中国共产党成立以前的八十多年中，所有的困难都比不上現在的廿八年，要是沒有毛主席的思想作指导，是不能取胜的。太平天国革命时，被反动派屠杀的人有两千五百万人，那是一种什么情况，現在又是一种什么情况。通过这个历史事实，我們是可以看得出来的，所以全国人民拥护党，拥护毛主席，热爱党，热爱毛主席，是发自內心的感情。新疆和田专区歌舞团的同志，他們都是新疆一些少数民族組成的，来韶山参观时，走后在留言簿上写了一首詩，充分的表現了他們对毛主席的热爱。这詩是这样写的：“把蓝天变成紙，把世界上的人，都变成詩人，也歌頌不完我們对毛主席的恩情。”有的同志讲：“世界上有很多东西是苦的，最苦的就是旧社会；世界上有很多东西是甜的，最甜的就是毛主席領导我們翻身。”这都充分表达了他們对党和毛主席最眞摯的感情。

第六个时期：国民經济恢复时期（一九四九年十月至一九五二年十二月）

这个时期的中心問題是把民主革命轉到社会主义革命的軌道上去，恢复战爭的創伤，作好社会主义改造和社会主义建設的准备工作，一万面完成民主革命留下来的任务，如土地改革。一方面进行社会主义革命。土地改革时，使三万万农民翻了身，得到了七万万亩土地；这是农民第一次得到自己的土地。这段时間內，我們还进行了“三反”、“五反”、“鎭压反革命”　“知識分子改造”等运动，国外进行了抗美援朝，这是个大事，我簡单的說几句：抗美援朝时，美国是唯一掌握原子弹的国家，每年生产七千万吨鋼，作过长期的战爭准备，糾集了十六个国家，发动了侵朝战爭，矛头实际上是指向中国。我們建国还不到一年，那时鋼产量才十五吨，連續进行了二十二年的战爭，国民經济受到了很大的破坏，沒有得到恢复。那个时候提出来三个人的飯五个人吃，政权在广大地区还不巩固，条件是很不好，形势是很严重的。在这种情况下，毛主席領导我們派兵出国，进行抗美援朝的战爭。毛主席說；战爭胜利的重要因素是人不是物，眞正强大的力量是属于人民的。这时毛主席給抗美援朝战爭制定了一系列的正确方針，使战爭胜利的結束了。三年战爭中消灭敌人一〇九万，击落击伤一万二千架飞机，其中消灭美帝国主义軍队三十九万七千人。美国参加过两次世界大战，第一次世界大战时伤亡三十三万人，第二次世界大战伤亡九十万人。我們在抗美援朝时，仅仅在那么一小块土地上，消灭他的人数比他打第一次世界大战时死亡的人数还多六万，并且彻底地打敗了它，大大的长了自己的志气，灭了敌人的威风。这說明毛主席領导的軍队是不可战胜的，这就是精神的巨大作用。这次战爭的胜利，震动了美国統治集团，內部矛盾百出，参謀长联席会議主席弗来德林說：“我們是在錯誤的时間、錯誤的地点、同錯誤的敌人，进行一場錯誤的战爭。”当然，他們是不会接受敎訓的、在越南还在继續犯着錯誤。这次对他們的打击是很沉重的，死的人很多，出动了三分之二的陆軍，海、空軍的大部分，除了原子弹外，其他武器都使用过了，也沒能挽回他悲慘的敗局。

抗美援朝战爭这是社会主义国家第一次打敗美帝国主义，再一次証明美帝国主义是只紙老虎。侵朝美軍司令麦克阿瑟說："美国軍队一定不能进入到中国去，不然就会出不来。"克拉克說："我是美国第一个在沒有打胜仗的协定上签字的美国将軍。"

第七个时期：第一个五年計划，社会主义改造时期（一九五三年一月至一九五七年十二月）。

这样划分可能不恰当，从政治意义上看不足。这个时期的主要問題，是社会主义改造和社会主义建設同时并举，又以社会主义改造为重点，这是这个时期的特点和工作重点。这时期胜利的完成了"三大改造"。第一个五年計划，毛主席在这时发表了很多重要的文章。如《关于农业合作化問題》、《关于正确处理人民內部矛盾的問題》、《在中国共产党宣传工作会議上的讲話》。在領导合作化时，毛主席走遍全国农村，在編写《中国农村的社会主义高潮》一书时，主席亲自給一〇四篇文章写了按語，很多稿子是毛主席亲自修改的，《誰說鸡毛不能上天》、《合作化的方向》等文章的按語，主席是反复的修改了好几次，在陈列館有的同志看到了这个修改的稿件，眉批的地方都写滿了字，紅兰笔划了又划。有的記者看了这些修改的稿件說：我們作为一个新聞工作者，搞文字工作的人，看了主席修改文章的精神，一个字一个标点符号，反复的改，很値得我們学习，毛主席六十多岁时，晚上一个字一个字的修改文章，为我們工作着，眞是高度負責的精神。

第八个时期：第二、三个五年計划时期（一九五九年至一九六六年）。

这个时期內容很多，大家也很熟悉，就靠大家来归納。主要是高举"三面紅旗"——总路綫、大跃进、人民公社，进行三大革命——阶級斗爭、生产斗爭、科学实驗，包括政治思想革命，战胜連續几年的严重自然灾害。目前正轰轰烈烈开展了史无前例的文化大革命。

在国际上主要是"两个支援""两个反对"。支援亚非拉人民的民族民主的解放斗爭，支援資本主义国家无产阶級的斗爭，反对以美帝国主义为首的帝国主义，反对以苏联修正主义領导集团为中心的修正主义。

第六至第八个时期，总的来說是社会主义建設和社会主义革命时期。我考慮主要我們要抓住三个問題。这个时候在建設上成績很大，从十五万吨鋼到三顆原子弹爆炸，这是一个很了不起的成績。中国爆炸原子弹是世界一件特大的事情。我們的原子弹是在什么样的条件下制成的呢？是在六〇年連續三年自然灾害的情况下，是在修正主义疯狂反华，撕毁了几百个建設协定的情况下，处在种种困难条件中制造出来的。据說我們的原子弹的水平很高，是鈾235制的，美国人說比他們的第一个水平高多了（今年又发射导弹核武器試驗成功）。所以，毛主席說：我們中国人是最有志气和骨气的。不管敌人如何强大，中国人民在毛主席的領导下，中国人民是不会弯一下腰的，具体的东西大家还可以补充，大家来讲。

主要抓的三个問題。

第一个問題是：以阶級斗爭为綱。毛主席領导我們进行社会主义革命和社会主义建設时，再三再四的告訴我們，一定千万不要忘記阶級斗爭，违反了这一点就会迷失方向和灵魂，就会要出問題。我們搞社会主义革命有两条战綫，物质战綫和精神战綫但根本的是精神战綫。毛主席在党的七届二中全会上提出，中国革命有两个矛盾，一个是中国人民同帝国主义的矛盾，一个是无产阶級同資产阶級的矛盾，并及时地警告资产阶級的“糖衣炮弹”将成为无产阶級的主要危险，要我們千万不要忘記。但是有的人忘記了，所以毛主席搞了一个“三反”、“五反”，大家清醒了一点。三大改造后有的人脑子里又淡薄了，他們被資产阶級敲鑼打鼓的声音冲昏了头脑。五七年資产阶級向我們发动了猖狂进攻，毛主席领导着我們进行反右派斗爭，擦亮了我們的眼睛。一九五八年我們搞了大跃进后，五九年又展开了反右傾机会主义的斗爭，六〇年在国家困难时，大家集中力量搞經济建設去了，牛鬼蛇神都出来了。六二年十中全会上又告訴我們不要忘記阶級斗爭。这次文化大革命中，我們可以看看敌人是如何搞我們的，大家可以回忆一下。如办教育吧，毛主席說要培养无产阶級接班人，可是現在有几个大学貫彻了主席这一思想？有几个大学是眞正由我們党领导的？我知道的是沒有。現在有些学生，初中毕业以后看不起农民，高中毕业以后看不起工人，大学毕业以后就看不起干部。到大学就分家了，我們是脑力劳动者，看不起劳动人民了。湖南师范有的学生第一年还好一点，一年一年的脑子里就糊涂了。有一个女学生不认老农民是她的父亲，这个老貧农辛辛苦苦地送女儿上了大学，很感激党和毛主席对女儿的培养，上了几年大学，总想来看看女儿，可是来学校，在馬路上女儿不同她父亲走在一起，总是拉开一段距离，別人問她这是誰，她不說是她父亲，說是她們的一个邻居，你們看这个学生讀了几年书变成什么样了。我个人看大学办在城市里有問題，就要办到农村里去，来城市讀书就不想回农村去了，不行，同劳动人民的感情会越来越远，这样就不是为自己培养接班人，这个陣地不抓还得了，教育脫离劳动，脫离无产阶級政治还得了。师范学院的奖品，不发毛主席著作，发“燕山夜話”这还了得。

再說我們的电影，有几个是宣传毛泽东思想的，我看不多，很多都是宣传資产阶級、地主阶級、国民党的，如“兵临城下”，“抓壮丁”，“逆风千里”，“不夜城”等等毒草。“不夜城”这个电影就是宣传資产阶級是劳动起家，是很爱护工人的，用的是最好的彩色胶卷，最有“名”的演員来拍，花了很高的代价。“刘三姐”这个电影也是有問題，一个姑娘就能用歌声把地主斗倒，地主会那样甘心，那样好斗的。还有“女兰五号”这个电影，那个兰球队的主力队員，哪一个是我們的工农子弟，都是資产阶級、小資产阶級出身的，生活都是資产阶級那一套。为了显示女子兰球队的成績，把个工人球队打得一塌糊涂。这个作者为什么要这样安排呢？“青春之歌”这个电影也是有問題的，毛主席說：知識份子一定要同工农結合，让工人和农民去改造知識份子。但是这个电影却看不出工人农民去改造知識份子，而是知識份子在改造我們。有工人也只是当当配角。过去都是写书的人乱编，为他們本阶級利益在編。所以我們干什么都要以阶級观点来分析，不然就会上当。

第二个問題是彻底革命的精神。我們要学习毛主席全面彻底的革命精神，包括政治、思想、軍事、文化、技术五条战綫，技术战綫包括生产在里面，我們要接受苏联的教訓，接受斯大林的教訓，他只抓了一个經济战綫結果出了修正主义。毛主席总結了国际共产主义运动的經驗，特别是政治思想战綫、文化战綫要抓紧，很多問題現在要重新考虑。如办大学都办在城市里，这是否合乎毛主席的教导，是否有利于消灭城乡差别。有的来到城市后再也不想回农村，設想一下，是否可以在农村或工厂。校长問題是否可以不要，由文化革命委員会来代替，这是发表我个人的意見。对小学教員也抓得不紧，能教識字就行，对政治质量就注意得很少，其实小学很重要。在領导方面是否可以中学由公社領导，小学由生产大队領导。大家可以摸索是否合乎毛主席思想，我們要大破大立，以毛泽东思想来办一切事业，以毛泽东思想来批判一切，重新认識世界，我們要打垮那些資产阶級的“权威”。“权威”們认为他們了不起，那是什么权威，只有掌握了毛泽东思想的工农兵才是权威。他們的“权威”是假的，不会种田，不会炼鋼，不会打仗，他們連个机耕面积都不懂，劳动創造世界都不懂。我們有理由蔑視这些权威，他們学不好毛主席著作，掌握不了眞理。他們是“一看就懂，一放就忘，一用就錯”。工农兵学习就是“一看就懂，懂了就用，用了就会”，就变成了巨大的物质力量。因此我們当前一定要努力学好毛主席著作，文化革命就是一个学习毛主席著作的运动。

現在看来，政治思想战綫上的革命特別艰巨，我們就是要建設共产主义社会，这是我們的目的，我們一定要很好学习毛主席彻底革命的精神。許多老同志是如何保持革命的晚节，革命到底，不作同路人。有的人过去是功臣，現在是祸首，不能革命到底．过去那些都是假象。我們一定要革命到底，永远跟着毛主席，永远跟着共产党。

第三个問題是大搞群众运动。毛主席一切依靠群众，相信群众。回忆建国以来哪一个运动不是彻底地发动群众的呢。这是毛主席的一貫教导，这是我們領会主席思想的一个重要方面。我参加过四清，文化大革命中也参加过工作队，搞过工作队的同志就很有体会。有的人总喜欢发号施令，向群众学习差，总喜欢划框框，指导群众不願接受群众的教育，群众提出不同意見时，就压制打击，結果打击了左派，犯了錯誤。我們有的工作队不是当参謀，是当了嫁姆，生怕他出問題，那怎么能让别人学会走路呢？四清运动就是依靠生产大队的群众，我們去能知道多少情况？我們要多、快、好、省就是要搞群众运动。所以我們在文化大革命中，要重新学习毛主席著作，学习主席关于群众路綫的論述。群众是我們的老师，是我們的母亲，我們是学生，是儿子，不能当了官就当老爷，一定要很好地領会、眞正地掌握群众观点。

以上讲的毛主席一貫英明、正确、伟大，是毛泽东思想的胜利。毛主席領导我們克服重重困难，从一个胜利走向一个胜利。毛主席是我們的伟大导师、伟大領袖、伟大統帅、伟大舵手，毛泽东思想是当代馬列主义的頂峰。

以上讲的只是一部分，百分之一还不到，大家还可以补充。

（四）全世界人民热爱毛主席

这方面的材料太多了，无限丰富，現在全世界沒有那个国家，那一个地区，不出版毛主席著作，不在学习毛主席著作。从五一年至六四年十一月統計，出版毛主席著作的有六十多种文字（地下党的还不算），出版毛著同我們有联系的，我們統計了三分之一，共四百八十万册，推算出来已經知道的是一千五百万册（地下党和一些左派出版的一些宣传毛泽东思想的小册子还不算，有些也沒法統計），我們国家向世界一百三十多个地区和国家发行的外文版，从五一年至六四年出版数(具体数字就不讲了,是保密的)，如果一本一本打起来，可以从广州沿着鉄路舖到山海关，你們自己高兴算可以算一下，算出来的数字是你們算出来的，不是我讲的。

在亚非地区主席的著作传播发展是很快的，五三年时毛主席著作在非洲只有三个国家可以发行，共五百册，到一九六三年在非洲就有四十一个国家发行，发行数量是十万册，外国人学习毛主席著作成了风气。一九五八年时，摩洛哥毛主席著作在群众中，学生中广泛地传播，我們知道摩洛哥这个国家是很反动的，当时法国一个菲得罗报的記者去了解，为什么毛主席著作在那里发行那么快？到了摩洛哥的首都拉特以后，找了三家书店的經理，就問他們："你們为什么把毛主席著作放在这么显眼的地方，其它的书籍放旁边？"（这个記者是很坏的），他得到的回答都是一样，这些經理說："买这个书的人特别多，这个书最受人欢迎，我放在这里拿出来都方便。"这个記者还訪問了所有的大学，沒有一个大学生不拿毛主席著作的，他們拿着毛主席著作走来走去很神气。摩洛哥今天的社会风气沒有讀过毛主席著作的，不叫知識分子。有的国家拿不到主席著作，有的人便偸越国境，走三个月买来几本毛主席著作。在安哥拉我們的記者訪問民族解放陣綫总部，总书記在接待我們記者，給烟抽，划火柴时說：你别小看这点火，"星星之火，可以燎原"，这是伟大的毛泽东說的，你們中国燎原了，我們安哥拉也会燎原的，我們每当碰到困难时，我們就讀这本书，可以增加无限的力量。我們知道安哥拉是一个在进行武装斗争的国家，武装斗争搞得很活泼。

在喀麦隆，我們訪問游击队的总指揮时，他們的书記对我們說："我們的总指揮为什么仗打得那么好，他是学习毛主席著作学得最好的，作战时他們都是毛主席著作貼着胸，放在衣服里面，很多軍事著作他都能一段段背得下来。

刚果（利）武装部队司令謬勒尔，学会了中国武装斗爭的經驗后，第一条就搞了个"三大紀律，八項注意"他說：非洲人民解放非靠毛泽东思想不可。摩洛哥一学生代表团說："毛主席领导六亿人口领导得那么好，领导我們摩洛哥一千万人口一定会领导得更好，我們就是少了一个毛主席。

在日本学习毛主席著作也成了风气，一年出"两論"就出了卅万册，日本北海道一个老人七十多岁了，儿子在第二次大战时牺牲了很悲观，后来在听中国广播时知道中国的胜利，就是毛泽东思想的胜利，他就学了一年中文，同青年一起学习毛主席著作。日本有个瞎子叫河天东的，从听中国广播中认識到毛泽东著作的伟大意义，就把"两論"翻譯成盲文，供給别人学习，表現了他对毛主席的热爱这种精神是多么宝貴。还有一个叫早日茂的日本人，因为宣传毛泽东思想被关进监獄，在獄中得了重病，还坚持讀书，后来被反动派残害病死在牢中。这方面的例子是很多的。

在拉丁美洲很多人家里都挂着毛主席的象，把毛主席当做他們救星，一个受压迫的民族是多么盼望自己的解放，他們都跑到中国来取經来学习，我們在韶山工作的同志更有这个机会，他們把韶山当做革命的圣地，革命的搖籃，革命的大学校，游山逛景的不到韶山来，他們都到杭州西湖去了，来韶山都是来学习毛泽东思想的，他們把参观韶山看成是終身最大幸福。象牙海岸的同志說："来中国不来韶山就等于犯了一个大錯誤"，越南留学生說：虽然来中国几年，到了北京、上海，但沒有来毛主席的旧居就等于沒来中国"。还有的說："参观了毛主席故乡就是在抗美救国斗爭中牺牲了，也甘心情願。"同志們，这是一种对毛主席多么无比热爱，无比眞摯的感情啊！

在参观韶山时，非洲一个同志說："一个人飢渴时想起来的是泉水，一个人受压迫时，想念的是毛主席。"今年春天一个老撾代表团的陶溧說：我們在老撾是在毛主席的像片下宣誓入党的，今天我們来到毛主席的故乡怎么使人不高兴呢！不激动呢！"入党是庄严神圣的时刻，一个外国党在毛主席像下面宣誓，把毛主席看成是自己領袖、导师，宣誓終身要战斗到共产主义。越南同志来韶山参观的人很多，他們看的时間最长，看得最认眞，越南劳动党中央书記处书記黎文良同志，政治局委員春水同志参观后用毛笔写中文詩："日自韶山出，日出东方紅，当今紅四面，四面起东风。"全世界人民在毛主席的紅旗下进行革命斗爭。来韶山参观的外国同志和朋友越来越多，一九六五年有六十多个国家，一百四十四批七百一十二位外宾、而今年八月份来参观的就有九百多人，超过去年一年的总数还多，他們对主席的热爱，很使我們感动。今年三月七日，越南代表团四十八个同志参观完了后，要求在毛主席的家乡住一个晚上，說住一个晚上是我們最大的幸福，而韶山招待所只有四十个人的床位，陪同他們一起来的共七十多人，沒有床位住不下，我們再三地同他們讲沒有地方住，他們說沒有床，不要紧，我們就打地舖，在地板上睡一晚也是很幸福。我們想这怎么行呢？怎么也过意不去，不能让他們睡地下，沒有办法，还是把他們劝回去了，第二天他們又来参观了一天，当时天很冷，他們說：天冷，可是我們心是暖的，晚上在韶山吃晚飯，六点吃飯，吃到八点，一边吃、一边写詩，一边歌頌毛主席，写了十七篇留言，最长写了一千多字，他們写道："中国的今天，就是我們的明天，中国是越南人民的后盾。"他們說："毛主席时刻以崇高的国际主义精神和切实的革命行动，援助世界被压迫民族的斗爭，給予巨大的援助。等到了十点多，他們怎么也不肯走，从韶山到长沙坐汽車还得两个多小时，第二天他們还安排有活动，可是我們又不好催他們走。最后，团长起来代表大家說："我們是軍人，回国后一定要听毛主席的話，一定要按毛主席的指示办事，打敗美帝国主义走时他們面向招待所用中文連續高唱"东方紅"五遍，上車时絕大多数同志都流下了眼泪，說不出話来。我是个当兵的出身，我知道軍人一般是不容易流眼泪的，这是眞正的感情流露。他們回到长沙后，第二天討論参观韶山的感想，又打电話要我們同他們去座談，最后向我們提出了两条意見：一、沒能在主席的家乡韶山住上一晚；二、沒有能在主席劳动过的土地上劳动一下，表示表示自己的心意。一位越南南方来的政委同我們談起越南的形势，就高呼"毛主席万岁"。老撾同志說：我們热爱毛主席胜过热爱自己的生命，为了毛主席我們什么都可以牺牲。去年十月二十七日印尼抵制美国行动委員会代表团一行六人，在团长瓦尔多納率領下，来韶山参观（当时是九卅事件后的一个月），他們看到国內反动派破坏我国大使館商务参贊处，破坏了两国的关系．他們很不滿，很生气，要求开一个大会把情况說明一下，我們說毛主席教导我們，我們一定要把反动派和人民分开，人民同我們是友好的。走的时候在留言簿上写道："对我們来說，毛主席的伟大和領导，不仅是为了中国人民，而且也是为了包括印度尼西亚在內的整个全世界人民，毛主席思想的正确，不仅适应于現代，而且他的思想和指示也将适应于千秋万代。我們結合印尼的具体情况，应用毛泽东思想的指示的决心，不仅只是今天和明天的事，如果我为革命牺牲了，倘若我們能再生，而又有人問我們选择那一条道路的話，那么我将毫不犹豫的說："我們将选择毛泽东的路"。多么坚定，这是什么感情，这是对毛泽东思想无比热爱，无比坚定的感情。去年一个拉丁美洲的同志来中国就是冒着生命危险来的，六二年因为他拥护毛主席和国內的修政主义作斗爭，他要求到中国来学习毛泽东思想，后来被叛徒出卖，送进监獄，坐了三年牢，六五年放他出来，反动派对他說，以后每月查你一次戶口，不准你去中国，要是我們发現你去了，我們就要杀了你的全家。他来这里参观后我們祝他一路平安。他說："一路平安，这是对同志最好的祝福，可是我还不知道能不能平安回得去，从中国到欧洲好办，从欧洲到拉丁美洲也好办，到了拉丁美洲，我还不知道如何回到我們国家去，現在我們国家正在搜捕。"这三万里路他还不知道如何走，回去以后还不知道是怎么样，我們很为他出了一把汗。可是他們干革命就是不怕杀头，学习毛泽东思想就是不怕困难，这种精神是多么高尙，走的时候同我們握手，非常热情，手握得非常紧，这握手也是有阶級性的，同那些資本主义国家的人握手，就是走形势，輕輕的拉一下完了，可是自己的同志握手，就是紧紧拉着不放，烏干达的一个朋友开完亚非拉团結会議后，要求来中国学习，他对我說，这次收获很大，同反动派讲理是不行的，一定要搞武装斗爭，我們回去后一定要搞起来。錫兰的拉光希曼·特納拉因过去宣传毛泽东思想两次入獄，这次参观韶山后，我們給他挂韶山紀念章，他說："不要挂在外衣上，要挂在內衣上，使他与我的心貼得更紧"。并感慨地說："高山大海也不能把我們的心，把我們团結的友誼分开"。对于錫兰人民的革命斗爭充滿信心，他說："任何人生来都可以变成奴隶，也可以变成伟大，这完全在于自己"并滿怀激情地对我們說："当我們錫兰人民革命胜利的时候，請你們到我們錫兰去共庆胜利"。他以后又到长沙，去湖南第一师范看到了毛主席一年四季洗冷水浴的井，很受感动，眼泪不停的往下掉。

馬拉維的契西扎，为了追求眞理，冒着生命危险来到中国，馬拉維这个国家在非洲中部是很反动的，今年二月十二日从上海到长沙，在机場上只休息了十多分钟，即乘汽車来韶山，到韶山后已經五点多了，他沒有休息就去毛主席的旧居参观，晚上同他座談农民問題，談到十点多钟，契西扎回到房間后，心情非常激动。毛主席領导农民运动的动人事迹，給他很大的鼓舞，他怎么也睡不下，他打开法文本的《湖南农民运动考察报告》一文，聚精会神的讀到第二天清早四点钟。他說："我那一次讀也沒有这一次讀得这样亲切。"他們这种学习精神是多么可貴。

日本今年来个代表团，专門研究中国农民問題。他們来到韶山后，要我們同他們座談。他們說：我們不是驕傲，我們讀毛主席的农民运动的书，讀了五十多篇，看有关于写中国农民运动的小說，看了三个月，我們不希望你們一般地座談，希望你們同我們一起总結日本的經驗，我們把日本的情况，向你們汇报，你們来給我們提意見。他們就是抱着这个态度来学习毛泽东思想，指导本国革命的。

很多去韶山的外国朋友，一个个滿怀着对毛主席的祟高信仰和无限爱戴，当場写下很多詩篇来表达自己的心情。参加亚非作家紧急会議的朋友，馬尔加什的安德里亚，蹲在旧居門前写了一首詩：

"韶山！
光輝灿烂的地方，
是驅除被压迫世界黑暗的伟大导师誕生地，
今天，
我踏着你那长滿翠草的塘堤，
我踏着你的紅土，
紅得象东方的朝霞一样。
……。"

北加里曼丹的朋友文銘权写了一首热情賀揚詩：

"热爱劳动，
热爱人民，
实事求是，
善于組織，
勇于反抗。
就这样
一个普通的人成为
当代的活的馬克思和列宁，
一个普通的人成为
世界人民的灯塔。"

厄瓜多尔一位詩人写道：

"他誕生在这里，
而現在生活在人們战斗的每一个地方！
他在这里召开了最早的革命会議，
而現在已經团結了世界各国人民！
他在这里讀了第一批书籍
而現在成了世界一切革命者的导师！
他在这里学会了农民的艰苦劳动，
而現在給劳动人民带来了幸福的生活！"

美国朋友李敦白的詩写道：

"毛泽东，
普通人民的先知，
革命的巨人，

中国人民的領袖，
世界人民的灯塔！
中国革命的星星之火，
今天已經燃遍了全世界！”

几內亚佐利巴舞蹈团的朋友們，在毛主席旧居的院子里，弹起他們的民族乐器，高声歌唱《东方紅》和他們新編的歌曲。歌詞唱道：

啊！毛泽东！我把你歌唱，我把你歌唱……，
你的著作啊，就是无穷的力量！
你的思想啊，是永远不落的太阳！
如果我去非洲，我将把这歌声献給黑人兄弟；
如果我去欧洲，我要对白人兄弟歌唱。
啊！不管去到那里，奔向何方，
我都要把这眞理的声音传揚。
这眞理，就是普照宇宙的光輝思想！
你的光輝啊！我永远唱不尽，
但我要永远把你歌唱，永远把你歌唱！

象这样的例子是太多了，上面讲的远远表达不了全世界人民热爱毛主席，崇拜毛主席，歌頌毛主席的感情。現在要求来韶山的外宾太多了，根本就接待不下。中央要求我們到一九六九年每年接待一万外宾，如今正在計划逐步扩大。

我今天要說的就这么多，有錯誤的地方請同志們多多提出批評。

一九六六年九月在湘潭地委党校的报告，根据記录整理。

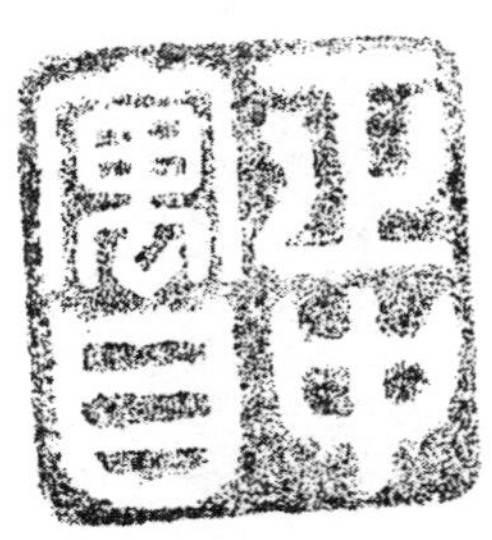

天津市劳动局第二半工半讀中等技术学校
紅旗造反团（原紅旗紅卫兵）
电話：6.1841
3.0966
1967.1.15

毛泽东同志在几十年革命斗争中的偉大实践，处处可以做我們的榜样，作我們行动的典范。学习毛泽东思想，首先要学习毛泽东同志最坚定、最彻底的无产阶級革命精神和最灵活、巧妙的斗争艺术，学习毛泽东同志的世界观和方法論；学习他如何从无产阶級立場出发，利用辯証唯物主义和历史唯物主义的观点和方法来观察問題解决問題；学习毛泽东同志永远跟着紧紧地同人民站在一起，全心全意为人民服务的精神；学习毛泽东同志深入实际、联系群众的作风和刻苦学习的精神，每一个同志都必須以毛主席为榜样，彻底改造自己。

中共中央軍委扩大会議

《关于加強部队政治思想工作的决議》

毛主席的回忆

代　　序

爱德迦·史諾

这儿是一个声明

毛泽东自传，用的是第一人称，跟这儿发表的完全一样，可是毛氏原先是要求我改用第二人称发表的，如果这样一改就会失掉了許多正确和趣味性的价値。

美国一家杂志，愿意分期揭載这部自传，但提出一个条件，就是要以自传的形式，而不是要用传記的形式发表，其实，我无法晤見毛氏，也就沒法得到他的許可，然而，这稿子如果为了毛氏个人这一点謙逊态度，而不能在美国发表，这实在覺得牺牲性太大，所以就由我个人負責，保持了原来自传的形勢。后来此稿在《亚西亚》分期連載，曾引起了各方面广大的注意与討論。

末了譯者尙須向讀者略告一二：

本传单由毛氏在陝北窑洞內口述，史諾依据他所說的用英文記录下来以后，又把这笔記托吳平先生重述为中文轉毛氏加以修正，因此，史諾很自信这部稿子“并无失眞之处”。国內外許多人都想知道毛氏个人历史，而不可得，史諾此书，实在可补文界出版界这一缺点，毛氏对史諾說过：“只把关于我生活的一个大略告訴你，你以为怎样？”史諾回答到：“我正需要你这样”于是乎本书在双方同意之中誕生。

1946.1协商会議揭
幕后于陪者

（原稿日期不清协商会議前也不清）

第一章　少年时代

我从一八九三年生于湖南省湘潭县的韶山，父亲的名字是毛仁生，母亲未出嫁时名字是文其美。

我父亲是个貧农，在年輕的时候，为了負債过多而被迫当兵。他当了很多年兵，后来回到了就是我生下来的乡村，做小买卖和一些别的事业，克勤克俭，稍稍积集了一笔小小的款了，他便买回了他自已的土地。

那时我家有十五亩田地，成了中农，从这几亩田上我們年年可以收六十担谷，一家五口，每年共食用三十五担——以每人七担計，这样一年有二十五担的积余，用这一点剩余，我父亲又积蓄一笔小資本，后来又买了七亩田，这样一来，我家就成了“富翁”那时，我家每年有八十四担谷的收入。

当时我只有十岁，家中只有十五亩田地的时候，家中的五个人是我父亲、母亲、祖父、一个弟弟和我。我們种了七亩地的时候，祖父去世了，却添了一个小弟弟。可是我們依旧每年有四十九担谷的积余，这样，我的父亲慢慢地发起来。

当我父亲还是一个中农的时候，他开始做販运谷米的买卖，用这种办法赚了一些錢。当他成了富农之后，他只继續这樁买卖，而且做为主要事业，用去了大部分的时間，至于田地的管理，則僱了一个長工此外，再叫孩子妻子都到田上劳动。当我六岁的时候，我就开始做田地上工作。我父亲并不开商店，他只是从貧农們那里把谷米收买下来，轉售給城里商人，如此，他赚到了錢。在冬天做米正忙的时候，他便添僱一个短工，所以在这个时候，吃飯的人便增加到七个，我們吃的很省，但終是吃的很飽。

当我八岁的时候，我开始在本地一个小学里讀书，在那里我直讀到十三岁，早上和晚上我在田間工作。白天我讀孔子“論語”和“四书”。我的国文教員是顽固派，粗暴而严历，常常痛打学生。为了这个緣故，我十岁的时候，曾經逃过学。我不敢回家，因为怕挨打。我莫明其妙的走到县城去。以为县里在某一个山谷里，瞎跑了三天之后終于被我家里找到了。我这才知道这次旅行只是兜了几个圈子，走了这許多时候，还沒离开我家門几里路。

可是我回家以后，（原著不淸，其大意是出乎我意料之外，家里不但沒有指責我逮学校老师对我也溫和的多了。）我的反抗行动得到如此結果，使我深受了影响，这是一个胜利的“罢工”啊！

等我学会了几个字之后，我父亲叫我記家里的帳，并且叫我学习打算盘。因为我父亲固执着要我学这些事，所以，在晚上我就开始学习这些东西了。他是个很严历的教师，对于我的懶惰，常常表示厌恨。假如沒有記帳的时候，他仍叫我到田間去工作，他为了性情暴，所以常常打我和我的弟弟們。关于錢这样的东西，他不給我們。而且給我們吃最不好的东西。每月十五日，他对于他的工人們，特别开恩，給他們鸡蛋和飯吃，可是永远沒有肉，对于我則旣无肉又无蛋。

我的母亲是个和善的女人，寬厚而富有感情，永远願意地把家里的所有分給别人。在飢荒的时候，他可怜那些穷人們，常送米給他們。但当父亲在場的时候，他不能那样作，因为他不贊成慈善的。关于这件事，我家里常常发生口角。

我們家分为两党，一党是父亲，是在朝的执政党，我，我的母亲，我的弟弟，有时候甚至工人們所組成的，是在野的反对党。可是在联合战綫上，意見不能一致。我母亲主张間接打击政策，她反对任何感情表現，她不贊成对統治力量的公开反叛。她說：“这不是中国人的办法。”

但当我十三岁的时候，我发現了一个方法，便是利用經书或是父亲的話，作为我自己有力辯护。我父亲貫用不孝和懶惰两种罪名来責怪我們，我却利用經书上的話来說服他，說父慈子才孝。說我懶惰，我則用长者应該比后辈多做些事的話来反駁。我說他年紀比我大三倍以上，所以应該多做工作。而且我宣言：等我到他那样大年紀的时候，我的力气要比他大的多。

这个老年人，我的父亲继續积聚財产。后来大家竟称他为这个小乡村里的小財主。他再用购买的方式来增加土地，却接受了許多别人田地的抵押。他的資本增加了两三千元。我对于他的不滿继續增高。在我們家庭里，辯証法的斗爭是始終不断的发展着。（注：毛氏追述到这些事，都是爱用这些政治术語，来做說明，一边大笑……史話）我特別記起一件事：当我十三岁的时候，我父亲請了很多客人到家里来。在当他們还在的时候我們倆人发生了爭論，我父亲当着大家的面責备我，說我貪吃懶做。这回触怒了我。我直接駡他，而且要脫离家庭，我母亲跟着追我，（不清……）我跑到一个池子傍边，用自杀来要挟，說若是再近一步，就投水。在这种僵局之下，为了停止內战起見，双方提出了要求和反要求。我父亲坚决要瞌头賠罪，做为求饒的表示。我同意如果他允許不打我，則我跪一只脚瞌头，于是战爭便在这样的条件下停止了。从此我知道了当我用公开反叛的方式来保护权力的时候，我的父亲就緩和些了。反之，当我馴善服从的时候，他只是把我打得更厉害。

回想到这一点，我以为父亲用严厉态度作为敎子的政策失敗了。我学会了去仇恨他，我們反对派眞正建立一个联合战綫去对付他，因为这样总是对我有利。如此之后，我們工作也勤快些，我很仔細地記帐，他沒有批評責备我的口实了。

我的父亲讀过两年书，认識一些字，記帐一些事是足以胜任的。我母亲是目字不丁的。他們两个人都是农家出身的，所以我成了家庭里的“学者”我讀会了經书，可是不喜欢經书，我最喜欢讀本国的传奇小說，而对于那些反叛的故事，則尤其喜欢。我讀过《精忠传》《水滸》《隋唐》《三国誌》和《西游記》。那时候我还年幼，是在我的敎师，提之下閱讀的，我的老敎师恨这些个书，认为都是坏书，我弟弟把这些书代到学校里讀，当老师走过的时候，就用一本經书把它們掩住。我的許多同学也都这样做，有許多这样的故事，我們几乎都能背誦了。而且常常再三地討論。象这种故事，我們所知道的比乡村的老人还要多。他們也爱听这些故事，而且常常地再三和我們互相交換讲述。我相信这些书对于我后来的影响很大，因为这都是在記忆力强盛的年紀里讀的。

最后我离开了小学，其实我是十三岁，我开始整天在田間帮助僱工工作。白天做一个成人所做的全部工作，晚間就帮父亲記帐。可是我还能继續讀书，除了經书之外，我一有机会，就吞嚥一切我所能够找到的东西，这使我父亲很懊恼，他希望我能熟讀經文特别是在他有一件公案失敗以后，事实是如此的，他的对方在法庭上引用一句很适当的經典，結果他敗訴，我常常在半夜里，把我房子里的窗戶，遮掩起来，使我父亲看不見灯光，就用这种办法，我讀了一本（盛世危言）这本书我非常喜欢，这本书的作者們是一些老式的改良主义者，他們以为中国积弱不振是因为缺乏西洋工具，鉄路、电話、电报、汽船等等，他們想介紹这些东西到中国来，而我父亲却以为看这些书籍是徒然費事野，他想我学些經书一样的实用东西，可以使他在訴頌中得到胜利。

我继續閱讀旧小說和故事，有一天我忽然发現到一件事，就是不知为什么在这些小說里沒有关于种田的农民的事蹟，所叙述的人物不外是些战士、官吏或者文人，永远看不見一个农民，对于这种事，整整有两年得不到解答，后来，我把小說的內容加以分析，我发現了小說里边的人物都是些著名的武人，人民的統治者，他們都不必从事操作因为他們是土地的所有人，很明显的有着农民們在替他們工作的。

我的父亲毛仁生，早年，中年不是一个信神的人，可是我的母亲都是虔誠的佛教徒，她把佛教的教訓給于她的孩子，而我們对父亲不相信神而焦虑过，当我还只九岁的时候我曾和我母亲郑重其事的把我父亲不信神的問題加以討論，那时和那时以后我們用了許多方法劝过他，可是結果失敗，他只罵我們，我們受了他攻击的威胁，只好让步，另想别法，但是，他总是不願意和神們有所来往。

可是，我所讀的书籍开始慢慢地在我思想上发生影响，我自已也慢慢地对神的信仰开始怀疑了。于是我母亲为我忧虑，責备我对宗教仪式的不虔誠，可是我父亲毫无表示后来有一天他去收帐，在路上遇見一只老虎，这只老虎瞧瞧他忽然慌张的逃跑了，可是我父亲更覚得惊恐了。事后，他对这次神密的脫难，总是不能忘怀，从此以后，他开始虔誠神信佛教了。并且常常烧香点烛，但是与我与日俱增的无神論，仍然置則不問，只是他遭困难的时候自已向神祈禱。

（盛世危言）使我所发生恢复学业的願望，对于田地上的工作，漸漸感覚到厌倦，我父亲当然反对它，我們常常为了这件事而爭論，最后我脫离了家庭，我走到了一个失了业的法律的学生的家里，在那里讀了半年书，此后又追随着一位中国老学者，讀了些經史古籍，也讀了許多时务文章和其他新书。

这时湖南发生一件事情，那事情影响了我整个生活，在我讀书的那个小学校外边，我們学生看見許多豆商，从长沙回来，我們問他們为什么而离开了长沙，他們告訴我們城里一件大事变的始末。

那年有一次严重的飢荒，长沙有成千成万的人流为餓孽安民們派了一个代表向撫台衙門請求救济，他撫台粗暴的回答他們說：“为什么你們沒有吃飯？城里多得很嗎？我常常吃得很飽的”。当人們听到了撫台这样的回答，他們怒吼了，随即举行了一个群众大会，并且发动了一个游行示威，我們攻打滿洲衙門，砍断了作为官的标誌旗杆，逐走了撫台事后，戶部派了一个姓张的大員，騎馬出来，晓喻人民，說政府正在想办法帮助他們很明显这个姓张的約言的是很誠意的可是皇帝不喜欢他，責备他和“乱党”勾結，于是撤了职，接着来了一个新撫台，立即下令逮捕事变的領袖，許多人被斬首，挂在旗杆上示众作为对将来“造反荐”的一种警告。

对于这件事变，我們在这里展开了几天的討論，給了我一个深刻的印象，大多数同学对“造反者”表示同情，但他們都是从旁观者的观点来看，他們不明白，对他們的生活有密切的关系的，他們之感覚兴趣的原因，只是因为这是一次杀人的事变，我却覚得“謀反者”們都是向我一样的普通人民，所以我对他們所受到的不公平的待遇非常痛恨。不久之后，韶山的哥老会和一个地主之間发生了冲突，这个地主去法院里去控告他們，因为他們有勢力，所以很容易得到一个对他有利的解决哥老会敗訴了，可是他們不但不屈服，反而反叛了地主和政府，逃到本地一个叫浏山的山里，建筑一个强固的根据地，政府派官兵攻打他們，那个地主并且散布謠言，，說哥老会举起反叛之旗时候，曾經杀死了一个小孩去祭旗，反叛者們的領袖，是一个姓宠的鉄匠最后他們被鎭压下去了，宠鉄匠被迫逃跑，后来他終于被捕杀了头，可是在他們学生来看，他确实是一个英雄。因为都同情这一次的叛变。

第二年青黃不接的时候，我們乡里异常恐慌。穷人們向富农要求帮助，他們开始了一种吃“大戶”的运动，我父亲是一米商，粮食虽然恐慌，可是仍然把大米谷从我們乡里运到城里去，他运出的米谷被穷苦的乡民扣留了于是他忿不可挡，我对他不表同情，可是我对乡的方法也不同意。

这时，在我們本地的小学堂出現了一个“維新派”教員对我思想产生了另一种影响，他是“維新派”因为他反对佛教，要想驅除神和上帝，他劝人們把庙产兴学，他是一个遭受指謫的人物。我贊佩他，同意他的意見。

这些連續发生的事情，在我年輕的心灵上，留着永远不可磨灭的印象。我的心灵早已是反叛了的了，在这个时期中，我也开始有了一些政治意識，特别是找了一本关于瓜分中国的小册子后，我到現在还清楚的記得这本小册子，开头就是这么一句：嗚呼！中国复云有日矣！它叙述日本如何占領高丽，台湾和中国在西南緬甸等地方主权的丧失。

在我讀到这些話的时候，我对于祖国前途，覚得非常可思，我开始意識到努力救国是每一个人的天职。

我父亲已經决定把我送到湘江的一家米店去学徒。这家米店他很熟識，在起初，我并不反对，覚得这或者会是有很多米味的事，可是后来，我只到一个有意思的新学校，我便不管我父亲的反对，决意到那里去，这学校是在湘江县，我外婆家所在的地方，我的一个表弟在哪里的学生，他告訴我，这里新学校和新教育的情况。那里不注意經书，而注意西方的新学教方法，也是很“維新”的。

我和我表弟一同到那里报了名，我說我是湘乡人，因为我誤认为这个学校专为湘乡人开的，后来当我发現这个学校是不限籍貫的，我又改用了湘潭人的真籍貫，在这个学校里，我繳了一千四百銅元，作为五个月的膳宿費及书管用品費。后来我父亲对于我进这个学校的事同意，因为許多朋友一竭主张这个学校可以增加我的賺錢能力，这是第一次我走到离家五十里路远的地方那时候我是十六岁，在这个学校里，我开始讀到了自然科学和一些西方学問的新科目，另一个可注目的事情是其中有一位教員是日本留学生，他戴着假辮子，可是很容易看出那辮子是假的。人們都笑他，叫他“假洋鬼子”。

我以前从沒有看見过有这許多儿童在一块，他們大都是地主們的子弟，穿着很値錢的衣服，农民們能够供給子弟們到这样的一个学校来是很少的，我穿戴比别人寒酸，我只有独套的較为体面的衣服，学生們不穿大褂，只有教員才穿，西洋服只有洋鬼子才穿，許多闊气学生都看不起我，因为我平常穿的衣服总是破烂不堪，可是我也有闊气学生，有两个同伴特别知己，有一个現在已成了作家住在苏联。

我不受人家喜欢的另一个原因，是因为我不是湘乡人，在这个学校里湘江人是很关重要的，而属于湘乡的某乡則更重要湘乡有上、中、下三乡，而上下两乡，为了地域关系，总是不断地斗爭。这一乡的人不肯与另一乡的人并存。我在这一斗爭的局面里严守中立，因为我并不是湘乡人，結果三方面的人都瞧不起，我覺得精神不非常痛苦。

在这个学校里，我进步很快，教員們都喜欢我，特别是那些教古书的教員們，因为我写得一手好古文，但是我却无心于經书，我正讀着我表兄送給我的两种书报，叙述着康有为的維新运动，一种叫做“新民众报”是梁启超主編的。我讀了又讀直到差不多背得出来和崇拜着康有为和梁启超。对我的表兄非常感激——那时我以为他是很进步的，但是他后来变成一个反革命者、土豪劣紳、阶級的一分子，在1935年到1937年的大革命中参加了反动营垒。

許多学生不喜欢那个“假洋鬼子”为了他那假辮子，可是喜欢听他讲述关于日本的事情，他教音乐和英文，他教一个日本歌,叫做《黃海之战》我还記得几句美丽的句子：“小雀唱，夜鶯舞，春天的綠野是可爱的啊！石榴紅，楊柳綠，仿佛是一张新的图画（注：这首詩歌显然是日俄战爭終了后，春天庆賀胜利宴会中唱的——史諾）在那个时候我只感到日本的美，在这个歌里感覺到日本的一些驕傲和能力。我沒有想到竟会有一个野蛮的日本——象我們今天一样。这便是我在“假洋鬼子”那里听学到的一切。

这时候，我才知道光緒皇帝和慈禧太后两人都死了——虽然新皇帝宣統（現在的溥仪，已經統治了两年，那时我还不是一个反君主制度的人，他們需要康有为維新的帮助，我那时埋头讀古文，对于范薛、秦皇、汉武等的政迹大为想往，那时候我又讀了一些外国史地在一篇讲美国革命的論文里，我第一次听到美国这一名詩里有这样的句子：“在八年的艰苦战爭之后，华盛頓获得了胜利建立了他的国家”。在一本叫做《世界杰传》的书里，我也讀到了拿破伦，，喀德邻女皇、彼得大帝、威灵頓、格兰斯頓卢梭、孟德斯鳴和林肯。

第二章　长沙时代

我开始想要到长沙去，这是一个大城，湖南省的省会，离我家有二十里之遥。听說这个城是很大的，里面有許許多多的人，許多的学校以及撫台衙門，总之，它是一个很繁华的地方，那时候，我很想到那里去进一个专为湘乡人設立的中学，在那一年冬天，我請求一我們高等小学校里的教員介紹我到那里去，他允許了，我步行到长沙，非常的兴奋、又怕也許不准我进城，根本不敢希望我眞会变成这个大的学校里的学生。可是，出乎我意料之外，我竟然毫无困难地进去了。但在政治急变的形势下，我在那里只住了半年。

在长沙我第一次看到报紙——民立报，这是一种民族革命的日报登載着广州反对滿清的起义和七十二烈士的殉难，这件事情是由一个名叫黃兴的湖南人領导的，我被这个故事深深地感动了，觉得民立报充滿了富于刺激性的材料，这报是由于右任主編的，在这个时候我也知道了孙中山先生和同盟会的綱領，国家这时正是在第一次革命的前夜，我竟兴奋的如此，写了一篇文章，貼在学校里的墻上，这是我第一次发表我的政治意見，思想是杂乱的，我还沒有放弃我对康有为、梁启超的崇仰，并且我也十分明了他們中間的不同，所以我的論文里我主张应該把孙中山先生从日本召回来，就任新政府的总統，康有为做国务总理，梁启超做外交部长。

反对外国投資运动，因为以汉路建筑而开始发动了，同时人民对于立宪的要求普遍的传播着，皇帝对于这个回营，只是下旨設立一个咨政院。在我的学堂里的学生越来越趋激烈，他們用反对猪尾巴辮发手段表示他們排滿的情緒，我和一个朋友把我們的猪尾巴先行剪去，但别的一些起先答应也要剪去的人，到后来都迟疑的反悔了，所以我和我的朋友在暗中攻击他們，而且后来用强迫手段把他們的辮子剪去，做我們的剪子的犧牲者有十余人之多，这样子在一个短短的时期中，我們譏笑“假洋鬼子”的假辮子，一跃而为主张取消一切辮子的人，政治思想之改变的人的观点的力量眞大啊！

我和一个在法律課堂的朋友发动了对猪尾巴故事的大尉論，双方都有相反而对立的論据，这个法律学生巳經书为抍論的根据，坚持着“身体发肤，受之父母，不可毁伤”但是我自已和其他反对蓄辮者，站在排滿的政治立場，提出了一种反对的理論，駁得他們体无完肤。

在黎元洪領导下的武昌起义发动之后，湖南宣布了戒严令、政治局面变得很剧烈，有一天一个革命党，得到了校长的允許，到中学堂里来，作了一次惊人的演讲，在大会上，七、八个学生站了起来，对滿淸加以猛烈的攻击，拥护他的主张，并且号召建立民主国家，人們都全神貫注地諦听着，当那个革命的演說家——黎元洪的一个官吏——在被激动起来的学生的演說的时候会場里面，差不多連呼吸的声音都停止了。

听了这次讲演之后四五天，我决定加入黎元洪的革命軍，我和几个朋友从同学那里集了一些錢决定到汉口去，听說汉口的街道是很潮湿的，非穿雨鞋不能行走，我就到一个在軍队里的朋友那里去借皮鞋，这个軍队駐扎在城外，我被駐防的軍队拦住了，因为这个地方巳經很紧张，士兵們巳經发給了子弹，他們正向这边冲过来，叛軍巳經沿着粤汉鉄路綫前进，战爭爆发了长沙城外发生了一次大战，同时城里起了一个叛变，城門被中国工人攻占，我得到了其中一个工人的援助，得已进了城，接着我便爬到一个高地上去观战，直等到我看見了“汉旗”在衙門上飘揚——所謂汉旗也者，是一个白布中間有一个“汉”字的布旗——我才回学校里，其实它已經在軍队守卫之下了。

第二天一个都督組織了起来，哥老会里两名有名的会員被举为都督和副都督，新政府設在以前省諮局的房里，議长是譚延闓，原来的省諮議局被取消了，在革命者所搜查出来的滿清文件是由几份請求召开国会的呈文，原稿是徐特立用血写成的，徐氏現在已經六十岁了，現在是苏維埃政府的教育委員，那时候他把他的手指斬断以表示他的誠懇的决心，他的呈文开头是下列的两句話，“請求召开国会，余敬向諸君派到北京去的省代表断指告別”。

新都督和副都督存在的时候很短，他們倆并非是坏人，的确是有些革命意志的，但他們很穷，代表被压迫阶級的利益，于是地主和商人对他俩表示不滿意，沒有几天之后当我去拜訪一个朋友的时候，我看見他俩的屍身倒在街上，譚延闓对他們发动了一个有組織的叛变，原来譚氏是湖南地主和軍閥的代表。

这时候有許多学生投軍，一个学生軍已經組織起来成功，但这些学生軍里有曹生智，我不喜欢学生軍，它是基础太复杂了，我决心改变方針，参加正式軍队，眞心的帮助革命，那时候清帝还沒有退位，所以这个战斗时間，經过相当长久。

我在軍队里的响銀是每月七元——可是这已經超过了我現在在紅軍里的响銀了，这七元錢，我按月用去二元錢伙食費，我还要买水，因为兵士必須到城外去挑水进来，但是我是学生出身，不願意去挑，只好向挑水夫去买水用，我每月把余下的錢都費在报紙上，我对于讀一件事簡直有些痴狂，鼓吹革命的报紙有《湘江日报》里面常討論社会主义，我就在这栏中第一次学习了这个名詞，我也和別的学生們和士兵們討論社会主义，但实际上只是社会改良主义而已，我讀了一些江亢虎的关于社会主义和社会主义原理的小册子，我很热心地写信給几个同級的同学，討論这一問題，可是他們之間只有一个写回信給我，并且表示同意。

在我那个队里，我最喜欢一个湖南矿工和一个铁匠，其余的都是鄙俗不堪，甚至有一个流氓，我曾經劝說过两个学生参加軍队，我和营长以及士兵之間，建立得很好的友誼，我能写讀过不少书，他們对于我的“大学問”都表示尊敬，我可以帮助他們写信或是諸如此类的事情。

革命党这时还沒定局，清朝还未完全放弃政权，而在国民党中却发生了关于領导权的問題，人們都說湖南免不了要发生第二次的战爭，有許多的軍队組織起来，反对滿清，反对袁世凱，湖南軍队也是其中之一，可是当湖南人准备开始行动的时候，孙中山和袁世凱成立了議和，予定的战爭取消了，南北統一了，南京政府被解散了，我覚的革命已經过去了，就决定退去軍队，回到书本子上去，我只当了半年兵。

我开始注意报紙上的广告，那时候正有許多学校在开办起来，而以报紙为媒介吸引新的同学，我对于学校的好坏沒有一定标准来評判，对于进什么学校也毫无主見，可是当我报考以前，我看到一个“肥皂”制造学校的广告，不需要什么学費，供給膳宿，并且还稍有津貼。这是很引人注意而且足以鼓舞人的广告，他說了許多关于制造肥皂如何与社会有利的話，說它如何能富国利民，于是我便改变了我的报警察学校的計划，而决定去做一个肥皂制造家，我在那里也交了一块錢的报名費。

在这个时候，我有个朋友成了一个政法学生，他摧促我进他的学校，这个政法学校我也讀到它的一个誘人的广告，这广告予約着許多美妙的事情。它允許在三年中教完等于法律知識的学程。并保証三年毕业之后，学生会立即变成宗旨，我的朋友不断地在我面前贊美这个学校，直到最后我写信給家里，把广告上予約的一切复述一遍請求他們寄书費給我，我把将来做法官和京官的前途，对家里描繪成一幅光明的图画，我就在法政学校交了一元錢的报名費，一方面等候着我父亲的回信。

命运又由一个商业学校广告形式来阻挡我了，另外一个朋友向我建議說国家現在是經济战爭之中，最需要的人才是能够建立国家經济的經济学家，他的議論打动了我，我也在这个商业学校里付了一元的报名費，結果我报考而且被录取了。可是同时我还继續看广告，有一天我讀了一則广告，述說一个公立高級商业学校的好处，这是由政府主办的，課程很丰富，听說教員們都很能干，我决定了最好能在那里学成一个商业专家。就又付了一元錢的报名費。以后写信給我的父亲告訴我的决定，他很高兴，我父亲素来是贊美經商的，我进了这个学校只住了一个月。

我发現了我和这个新学校之間有困难存在，因为那里的許多功課的讲授是英文的，我和許多别的同学不同，英文程度甚低，簡直只知道字母，感到这种局面是很討厌，便在一个月的末尾退了学，我又继續翻閱广告。

我第二次的学业冒险，是省立第一中学，我用一块錢报名，經过了入学考試，发榜时以第一名录取，这个学校很大，学生很多，毕业生也是很多的。那里有一个国文教員，对我很有帮助，因为我很爱好文学，所以很喜欢和这位教員接近，这一位教員借一部《御批通鑑》給我，这部书里有乾隆皇帝的圣旨和御批。

正在这个时候，长沙的官办火药厂爆炸了，起了很大的火，可是我們学生都覚得这件事新鲜有趣，好几吨的子弹和炸弹都爆炸了，火药都燃烧起来，变成一片强烈的火焰，比起爆竹来要好看得多了，一个月以后，譚延闓被袁世凱驅逐，袁賊正操纵着民国的政治机构代督譚延闓而他开始給袁賊筹备登基。

我对于第一中学不大喜欢，它的課程限制得很严，規則也是毫无足取，在讀了《御批通鑑》以后，我得到了一个結論，如果我自己閱讀，自己研究，也許对我更为有益，六个月以后，我便离开了学校自己排了一个自我教育課程，每天到湖南省立图书館里去讀书，我对于这件事很規矩认眞，在这样方法之下，所耗去的半年，我认为对我是极有价値的，每天早上当图书館开門的时候，我就进去。在正午的时候我仅仅休息片刻，去买两个糕餅吃，这是我每天的午餐，我每天停留在图书館里，直到它关門才出来。

在这个自我教育期間，我讀了世界地理和世界历史，在这里我第一次看到了世界地图，并且很有兴趣的加以研究。我讀了亚当斯密的《原富》达而文的《物种原始論》和本《穆勒名学》我讀了卢梭的著作斯密莎的《群学肄言》和一本孟德斯鳴写的《法意》詩小說，古希腊的故事，和关于俄、英、美、法以及别的国家的历史和地理的研究，我把他們胡乱混在一起了。

这时我冒充了湘乡县人住在湘乡会館，有許多兵也住在那里，都是从县里退伍的或被解散的兵，他們毫无事事而且都是很穷。在会館里学生和士兵常常吵架，一天晚上，这种怨愁暴发，继之用武，兵士攻击并且想打杀学生們，我躲避到厕所里，直等到战爭結束以后才出来。

这时候，我沒有錢，我的家里不肯供給我，除非我进学校。因此我不能再在会館里住下去了，便开始找寻新的住所，同时，我在认眞的思索我的前程，认为我最适宜教书，我又开始留意广告。这时候，湖南师范学校一则很动人的广告吸引了我的注意，我兴致勃勃的研究它的好处，不需要学費，膳宿費也很低廉等等。我有两个朋友也鼓励我去投考，他們需要我帮助他們准备入学考試的論文。我把我的計划写信告訴我的家庭，并且得到了他們的允許，我替我二位朋友写了論文，自己也写了一篇，結果三个人都被录取了，——所以，实际上，我录取了三次，那时候，我以为我为朋友作蔽的行为并不是不道德的，只是一件友誼的事情而已。

我在师范学校做了五年学生，对于后来一切广告的引誘，不再注意。最后我确实得到了毕业文凭，我在这里——湖南省立第一师范——的生活中，遇到了不少重要的事情，而在这时期中，我的政治观念也开始形成了，在这里，我把社会行动中的最后經驗学会了。

在这个新学校里，有許多的规矩，而我对这些规矩贊成很少，我反对自然科学规定必修課，我想专修社会科学，对于自然科学，我特别不感觉兴趣，我不願意讀，所以，在这些課程里我得到分数很少。我所恨的是靜物写生的必修課，以为这是极端愚蠢的事，我往往只能想些能够画的最簡便的东西，很快的画完就出教室，我記得有一次我画了一直綫上面加上一个半园，說是代表李白詩半壁見海口一句，又有一次，在图画考試中，我画了一个椭圓形，說这是混蛋，自己认为滿足了。图画这門課程我得了四十分、不及格。所幸我的社会科学都很好，所以一平均我的别种低級分数都給扯过了。

这里一位中文教員，学生們替他起个綽号叫“袁大胡子”，他嘲笑我的文章，說是新聞記者手笔，他瞧不起梁启超，认为他是一个半通半不通的文人，可是梁氏曾經是我崇拜的人，我只好改变我的文章作风，我就閱讀韓愈的文章，学习了旧的古文辞藻，所以敬謝袁大胡子，假使是需要的話，我今天还能够写出一篇可观的古文。

对我印象最深的教員是英国留学生楊昌济，他的生活后来和我发生了极密切的关系，他教的論理学，是一个唯心主义者，有高尚道德性格的人，他很坚决的信仰他的論理学，努力的把一种公正的，道德的，正义的而有益于社会的志願灌输給他的学生們，受了他的影响.我讀了一本关于論理书，是蔡元培翻譯的，我讀完这本书之后，写了一篇論文，題目叫做“心智的能力”那时我是一个唯心主义者，我的論文很受楊昌济老师的称贊，他給了我一百分，自然，他是从他的唯心观点来批評的。

一个姓唐的教員常給我一些旧的民报看，我讀报时，兴趣极为浓厚，上面我知道了同盟会的行动綱領。有一天我看到民报上登載着两个中国学生徒步旅行中国，一直到了西藏边境的打箭炉的事。这件事非常的鼓舞着我，我想要模仿他們，但是我沒有錢，所以，我想我应該先办到湖南全省的旅行。

于是我第一年夏天，我步行游历了湖南省，走遍了五县，和我在一起的一个叫肖瑜的学生，我們走遍这五县，不費一文錢农民供給我們吃食，供給我們睡觉的地方。我們足迹所至，都受到好的招待与欢迎。这个和我一同旅行的肖瑜，后来成为楊培基手下的，一位国民党官吏，楊氏那时就是湖南师范的校长，后来成了南京的高級官吏。他替肖瑜謀得了北京故宫博物館监守的职位，肖瑜盗卖了博物館里一些最宝貴的宝物，在一九三四年拐款潜逃了。现在他在大連藏身。

为了感觉到要向外发展，非有一些志同道合的侣伴不可，有一天我就在长沙的报紙上登了一个广告，邀集对有志于爱国工作的青年和我联系，我特别提出能耐艰苦有决心而能为祖国牺牲的条件，后来，我收到三封响应的信，一封是罗章龙的回信，他后来参加了共产党，以后又叛变了，两封是从两个后来变成极端反动的青年寄来的，但是慢慢地在我周围扰集了一群学生，这群学生，后来就是新民学会的核心。这个学会对于中国的国事和命运有着很大的势力，它是一群态度极端认真的人，絕不讲論身边鎖事的，而认为他們所說所作必定要有一个目的，他們沒有时間来談情說爱，而且认为时局太危急了，时間的需要是太迫切了，要討論女人和私人事情根本沒有时間。我对女人不感兴趣，我在十四岁时，我母亲替我娶了一个二十岁的女子，可是我从来沒有和她同居过——后来也一直沒有，我不承认他是我的妻子，而在这个时候，我一点也不想念她，关于女人的“媚”的討論在那时的青年生活中，通常是占有重要的一頁的，可是我的伴侶們不仅不討論这个，即使是日常生活普通的事情，也拒絕討論过。我回忆有一次在一位青年家里，这位青年对于談起要买些肉，他在我的面前把他的仆人喚来，同仆人討論了半天买肉的事，才叫他去买了一小片肉，心里非常不安，以后就不再和这位青年見面了。我和我的朋友們只高兴談論大事情——中国人类的本性和人类社会、世界、宇宙。我們成了热烈的体育鍛炼者，在冬季期間里，我們在田野里走着上山下山，繞行城墙，渡河过江，假如遇見下雨，我們就把衣服脫下，說这叫“淋浴”，当太阳很热的时候，我們也把衣服脫下說这就是“日光浴”，在春风里我們大声叫着，說这是一种叫做“风浴”的新游戏，已經下了霜的日子，我們还要露营，甚至于十一月里，我們还在冷水里游泳，这些都是在鍛炼身体这一个名詞下进行的，也許这件事对于我的体格的确有不少帮助。因为后来我在华南多次地进行軍之中，以及从江西到西北的长征里，受賜非浅的，那时候，我和許多的在別的乡鎮城市里的学生和朋友們，組成了一个很大的通信关系，慢慢地我开始覺得需要一种更严密地組織，1917年我和别的几个朋友发起組織新民学会，这学会有七、八十名会員，这七、八十人中有許多后来都变成中国共产主义和中国革命史上的著名人物，曾經加入新民学会的較好著名的共产党員有罗近——現在党組織委員会书記。夏曦——現在第二方面軍里面。何叔衡——中苏区中最高法院高等推事，1927年被枪杀。肖子章——作家，現在苏联。蔡和森——共产党中央委員会委員，1927年被枪杀。叶立雪——中央委員，后来轉入国民党，变成資本家工会組織者；肖靜——党的著名領袖，党成立时最初綱領的六名签名者之一，不久以前病故。新民学会大多数，在1927年反革命中都被枪杀了。

大約在同时候，另一团組織成功了，这是湖北的社会福利社，是类似新民学会的一种組織，他的許多会員，后来也成了共产党員。其中有惲代英——該社社长，在反革命中被枪杀；林彪——該社社員，現在紅軍大学校长。同样，张灏現在中央軍工作負責人員。在北平也有一个公社，叫作互社，有些会員后来也加入了共产党。在中国別的地方，主要是在上海、杭州、汉口、天津，一些青年战士組成了好几个急进团体，开始在中国政治上确立了一种势力，（注：这样的团体是在天津覚悟学会，吸引一些急进青年到这个組織中来，周恩来是創始人之一。此外还有邓頴超女士——現在的周恩来夫人。馬駿——1927年在北平被枪杀；孙兆俊——現任国民党官吏。——史諾）这些会社的大多数，多少都是受了《新青年》的影响才組織起来的，《新青年》是有名的新文化运动的杂志，由陈独秀主編，当我还在师范学校做学生的时候，我就开始讀这一本杂誌，我特别喜欢胡适、陈独秀的文章，他們代替了康有为、梁启超和做了我的崇拜人物。梁、康二人，我早巳抛弃了。

在这个时候，我的思想成了自由主义、民主改良主义、烏托帮社会主义等等思想的一种奇怪的混合物，关于十九世紀的民主主义、烏托帮主义和旧式的自由主义等，我都有一些模糊的感情，但是，我是确定的反对軍閥与帝国主义的。

我于1912年考入师范学校、1918年毕业。

第三章　革命的前奏

在长沙师范学校的几年当中，总共只用了一百六十块錢，許多次交的报名費也包括在內——从这个数目中，我要把三分之一耗弗在报紙上，因为通常訂一份报紙，总是按月一元，我还常常在书摊子上买些书和杂志，我父亲責罵我这种浪費，他說这是把錢揮霍在废紙上面，可是我养成了讀报习慣，从1911年到1927年，就是在我沒有走上井崗山以前，我对于北平、上海和湖南的各种的日报的閱讀，从沒中輟过。

我在学校的最后一年里，母亲死了，这样我回家的兴趣更加淡薄了，我决定那年夏天到北平，那时候是北京——去，湖南有很多学生都計划着回到法国去，用“工讀”的方法去讀书，法国在欧战中用这种方法招募中国的青年去为他做工，在离开中国以前，这些学生予备在北平学习法文，我帮助把这种运动組織起来。在这一群出洋的学生中間有許多是湖南师范学校的学生，他們大部分都成了著名的急进分子，徐特立也受了这一运动的影响，放弃了湖南师范学校的教員位置，跑到法国去，当时他已經四十多岁了，可是直到1927年他才加入了共产党。

我陪了一些湖南学生来到北京，可是，虽然我帮助組織了这个运动，而且新民学会还有帮助，我却不願意到欧洲去，我觉得关于国家的事，我知道的太少了，假使我把时間花在中国，那对祖国更为有利，那些決議要到法国去的学生，从李石曾——現在中法大学的校长——学习法文，可是我沒有，我个人另有計划。

我在北平，覚得費用不大，我是从朋友那里借了錢来北平的，来了以后，非馬上寻找职业不可，楊昌济——从前师范学校的伦理教員，現在是北京大学的教授，我請求他找寻一个职业，他把我介紹給北大的图书舘主任，这主任就是李大釗，他不久成了中国共产党的創立者，后来被张作霖杀了。李大釗为我找到了工作，是当图书舘的助理員，每月八块錢——数目不算少。

我的地位是十分低下的，人都不願和我接近，我担任的工作是登記到图书舘来看报的人們的名子，可是大多数的人們都瞧不起我。在这些来看书的人們当中，我认識了許多有名的文化运动的領袖。象傅斯年、罗家伦之类，我对于他們特別感兴趣，我想去和他們交換一些关于政府和文化問題的意見，可是他們都是忙人，沒有时間去傾听一个图书舘助理員的南方土語。

但是我并不失望，为了要旁听大学里的功課，我參加了哲学会，新聞学会，在新聞学会里我遇見了好几个同伴，象陈公博、譚平山，他后来加入了共产党，还有邵凤萍，特别是邵氏，給我很多的帮助，他是新聞学会的讲师，是一个自由主义者，充滿了热情理想，是性格完好的。1926年他被张作霖枪决了。

当我在北大图书舘当助理員的时候，我也遇見了张国涛，康百情——他后来参加了美国加利福尼亚州的三K党（“！！！”史諾）。还有段錫朋——現在是南京政府的教育次长。

我对政治兴趣继續增强，我的思想也越加急进，我已經把这种情形的背景告訴你了，可是在这个时候，我还是很混沌，用一句时髦的話，就是我正在寻找出路，我讀一些无政府主义的小册，很受了一些影响，我常常和一个叫朱謙之的北大学生，討論无政府主义和它在中国的可能性，在那时候，我贊同許多无政府主义的主张。

我自己在北京的生活是十分淸苦，可是在另一方面，这座古城的美給我了补偿，我住在一个叫三眼井的地方，一个小屋子里共有七个人拥住着，晚上我們七个人挨的紧紧的，睡在一个炕上，挤的透不过气来，当誰要翻身的时候，必須先警告睡在两边的人。但是在公园里，在故宫的广場上，我对于北京的早春，生了向往之情，当北海的冰面正結着坚冰的时的时候，素色的寒梅正盛开着，楊柳枝头悬挂着水晶似的冰柱子倒垂在北海上，使我想起唐朝詩人岭叁怺北海冬天珠玉树的名句："千树万树梨花开"北京的无数的树木，喚起了我的好奇心和贊美。

1919年之初，我和要到法国去的学生一同到上海，我的錢只够买到天津去的車票，到了天津以后，我就沒有办法向前进了。可是正象中国俗語所說的"天无絕人之路"。很幸运的有一位同学从北平孔得学校得到了一些錢，他借了十块錢給我，使我能买到一张到浦口去的車票。在往南京去的路上，我在曲阜停留了一下，去瞻仰孔子的坟墓，我到孔子的弟弟曾經洗过脚的那条小溪边，也到了圣人度他的幼年生活的小鎭曲阜大成殿旁边有一棵古树，我也在孔子一个有名的弟子——顔淵所曾經住过的河边停留过，并且也拜訪了孟子的生长地，在这次旅行中，我登了泰山——山东的神圣的山，馮玉祥曾經在这里隐居，而且写过爱国的对联的。

可是当我到了浦口，我又分文不名了，沒有車票，更沒有人可以借給我，我不知道如何能离开浦口，可是禍不单行，車上，一个賊偷了我仅有一双鞋子，唉呀！怎么办呢？又是"天无絕人之路"我又遇到好运气，在火車外，我遇見了一位从湖南来的一位老朋友，他成了我的"救命皇菩薩"，他借給我买鞋子以及买一张到上海去車票的錢。这样我安全地到达了我的旅程，同时为我还予备了一笔錢回到湖南，我送我的朋友們上了輪船之后，我就向长沙进发。

我所記得的，我第一次到北方去所值得紀念的旅行是这些。

我在北海溜过冰，曾經繞过洞庭湖走过、又在保定城墻上繞着走了一圈，在《三国誌》里有的徐州的城墙，以及历史上有名的南京城我都繞过了一个圈子，最后，我登过泰山，碣孔墓，这些事情在那时我覚得是徒步游湖南以外的有价值的成績。

当我回到长沙的时候，我的政治工作比以前更为积极，五四运动之后，我把大部分时間花在学生政治活动上面，我主編《湘江評論》一种湖南学生办的报紙，对于华南学生运动有很大的影响，我在长沙还帮助創办了文化书社——一个研究新文化和政治趋势的团体，这个书社，而且特別是新民学会，都猛烈地反对当时的湖南督軍张敬尧——一个坏极了的人，我們領导了一次学生总罢課，反对张敬尧，要求他去职，并且派遣代表到北京和西南——那时孙中山在那里已經很活动——鼓动反对他，于是张敬尧阻止了《湘江評論》的出版，作为学生反对他的一种报复行动。

此后我又跑到北京，代表新民学会在那里发动了一反軍閥运动，新民学会又把反张斗争扩大而普遍的反軍閥的运动，我担任一个通訊社社长来策进这个工作，在湖南这个运动是得到相当成功的，张敬尧被譚延闓所推翻，在长沙建立了一种新的統治局面起来，正在这个时候，新民学会分裂而成了两派——左派和右派——左派坚持一种更远見的社会、經济、政治的改革。

1919年，我第二次到上海，在那里我又遇到陈独秀，我第一次遇見他是在北京，当我在北大的时候，他之影响比任何人还大，那时候我也遇見过胡适，曾經去拜訪他，請他能贊助湖南的学生运动，在上海我和陈独秀討論关于組織《湖南改造联盟》的計划，然后我回到湖南开始着手組織，在那我覓得一个教員位置，同时继續我在新民学会里的活动，那时新民学会有一个湖南独立的綱領——意思是眞正的自治，对于北方政府非常不滿，相信假使能够和北京脫离关系，那末湖南的現代化当更为迅速，所以我們的团体竭力鼓吹和北京政府分裂，我那是美国的門罗主义与門戶开放主义坚决的拥护者。

譚延闓又被軍閥赵恒惕逐出湖南，赵恒惕以湖南自治为口号，达到攫取他私人利益的目的，他假意拥护自治，提出中国联省自治的一种主张，可是他一攫取了政权之后，却用着大力压制民主运动，我們的团体要求男女平权和代議制政府，贊成一种資产阶級民主政治的政綱，我們在自己办的《新湖南报》上，公开鼓吹这种改革。有一天我們領导了一次搗毁湖南省会議的話剧，省議会的大多数議員，都是軍閥指派，地主豪紳，这一次暴动的結果，把省議会里所张挂的充滿着胡說八道和吹牛的詞句的对联匾額，都扯了下来。

搗毁省議会这件事，被认为是湖南的一个大事变，把那些統治者都吓慌了，可是当赵恒惕握得了政权，他意背叛了他以前所提倡的一切主张，反而特别猛烈地禁止一切民主要求，所以我們的学会所攻击目标轉向了他，我記得在1920年有一段故事，那年新民学会发起了一个庆祝苏联十月革命三周年紀念的示威运动，这示威被軍警鎭压下去了，有些示威者曾經試想在会場升起紅旗来，可是被軍警所禁止，示威者指出依照当时的宪法第12条人民有集会、結社、言論的自由，但是軍警們置諸不理，他們說不管什么宪法不宪法，只知道执行赵省长的命令。从这次以后我漸漸相信只有由群众行动得来的群众政治力量，才能保障有力的改革的实現。

1920年冬天，我第二次以政治为目的把工人組織起来，并且开始被馬克思主义理論和俄国革命史的影响所指导，在我第二次北游期間，我讀了許多关于俄国近况的书，并且热烈地搜寻一切那时候能够找到的中文共产主义著作，有三本在我的思想上影响特别大，建立起我对馬克思主义的信仰，我一接受馬克思主义是历史的最正确介释之后，便从沒有动搖过，第一本是《共产党宣言》陈生道翻譯的，是用中文印行的第一本馬克思 主 义 的 书，考茨基的《阶級斗爭》和刻儿枯村的《社会主义史》，到了1920年夏天，在理論上——某种程度地也在实践上——我成了一个馬克思主义了，而且从此以后，便自认为是一个馬克思主义者。

第四章　国民革命时代

1921年5月，我到上海去参加中国共产党的成立大会，在这个組織中間的主要領导人物，是陈独秀和李大剑，两人都是中国最有名的知識界領袖，当我在北大任图书館助理員的时候，在李大剑領导之下，我就很快地发展，走上馬克思主义之路，我对于这方面的兴趣和发展，陈独秀的助力也不小，在我第二次到上海的时候，我曾經和陈独秀討論过我所讀过的馬克思主义的书籍，而陈的坚决的信仰在我生活中，这一轉变的时期对我的影响是极其深刻的。

在上海这有历史意义的第一次会議中，除我之外，只有一个湖南人，其余的出席这次会議的人物有：张国焘、包惠僧、周佛海、一共是12个人，共产党第一省支部在湖南組織起来了，而我是委員之一，接着在别的省份和城市也組織起来了，在上海的党中央委員会里有陈独秀、张国焘（現在是在紅軍第四方面軍里）楊明斋、譚平山、陈公博、刘燕青、殷秀松、施存統、沈玄庐、李汉俊（1927年在武汉被杀）、李达、李森等，在湖北的党員有高宗裕和一些有名的学生領袖，在北京的是李大剑、邓中夏、罗章龙、刘仁靜（現为托派）和一些别人，在广州的是林伯渠（現在苏維埃政府財政委員）彭湃（1929年在上海被杀）王俊美和邓恩明是山东支部的发起人。

同时在法国，許多工讀学生們也組織了中国共产党，他的成立差不多是和在中国国內的組織同时开始的，那里的党的发起人中有周恩来、李立三和向警予（蔡和森的妻子，是发起人中唯一的女子）罗近和蔡和森也是法国支部的发起人。在德国中也有中国共产党組織起来，不过那时間稍迟一些，党員有高語罕，朱德（現在紅軍总司令）和张申府（現任清华大学教授）莫斯科支部的发起人瞿秋白和一些别的人，而在日本是周佛海。

到1922年5月，湖南省委——我那时是书記——已經組織了廿个以上的工会，包括矿工、鉄路工人、雇員、印刷工人和政府造币厂的工人等。那年冬天，一个猛烈的劳工运动开始了，那时共产党的工作，主要集中到学生和工人身上，而在农民中做的工作很少，大的矿厂的大部分工人，而学生則几乎全部被組織起来了，在学生与工人两方面都有好几次斗争。1922年冬天，湖南省长赵恒惕下令枪杀两个湖南人——黄爱和庞人龙，結果引起了对于赵恒惕的一般的公憤被枪杀的两个工人之一——黄爱——是右派劳工运动的領袖，这一派的基本人員是工业学校学生，是和我們反对的。可是在这次事件中，以及其它許多斗爭中，我們是援助他們的，无政府主义在工会当中也有勢力。这些工会，那时候組織湖南省总工会，可是我們对无政府主义者妥协，經过磋商之后，阻止了他們所干的許多急燥而无謂的行动。

我被派遣到上海去帮助組織反赵恒惕的运动。第二次党代会（1922年）冬天在上海开会，我本想是要去参加的，可是忘記了开会的地点，又碰不到同志，所以錯过了机会。我回到湖南，猛烈地推动工会的工作，下一年春天，湖南又发生了几次要求增加工資，改善待遇与承认工会罢工，大部分都胜利了，五一劳动节，湖南全省組織一次总罢工，而这次罢工，表明了中国的工人运动，已經达到了空前成功的地步。

共产党第三次大会是1923年在广州举行的，通过了有历史意义的决議，加入共产党，国共合作，建立反对北洋軍閥的联合战綫，这时我到了上海，在党中央委員会工作。第二年（1924）年春，我到广州参加国民党的第一次党代大会，三月里回上海，一面担任共产党党部工作，国民党上海市党部的执行委員，除我之外，还有汪精卫和胡汉民，我和他們共同工作，調整国共两党的行动，那年夏黄浦軍官学校成立了，加伦将軍来任顾問，别的苏維埃顾問也从苏联来了，国共的联盟开始領导普遍全国的革命运动，那年冬天，我在上海拖病，回湖南休养，可是回到湖南以后，我把本省伟大农民运动的核心組織了起来。

在从前，我还沒有充分了解在农民中阶級斗爭的程度，可是在1925年五卅惨案，以及接着的政治运动的大浪潮中，湖南农民运动的斗爭性才十分明显，我离开我在休养的家，开始农村組織工作，在几月之中，我們組織了20多个农民协会，惹起了地主們的仇恨，他們請求当局逮捕我，赵恒惕曾派軍队追寻我，我便逃往广州去，我到那里，正是黄浦学生战败湖南軍閥楊希閔，广西軍閥刘震环的时候，广州城市和国民党內部充溢着乐观的空气，正当孙中山在北京逝世之后，蔣介石被任命为第一軍总司令，汪精卫为国民政府主席。

我担任了《政治周报》編輪，这是国民党政治部的喉舌，它后来在攻击和批評戴季陶所領导的国民党右派，有很活动的势力，我又負責担任了訓練农民运动組織者的工作，并且为这种目的开設了一个訓練班，由21个不同省份的代表来参加听讲，其中有从內蒙来的学生。来广州不久，我担任了国民党宣传部长和中央候补委員，其余林伯渠是国民党农民部长，另一个是共产党員譚平山是工人部长。

我那时文章写的很多，在共产党內，担任农民工作的特别任务，根据我們的研究和我在湖南組織农民的經驗，我写了两个小册子，一本叫做《中国社会的阶級分析》另一本叫做《赵恒惕的阶級基础和我們的当前的任务》陈独秀反对第一本小册子里所发表的意見，那本书主张一种急进的土地政策，和共产党加紧組織农民，陈独秀拒絕由共产党中央机关发表这一本小册子，后来在广州《农民月刊》和《中国青年》上发表的。第二篇論文是在湖南以小册子的形式发行的。大約在这个时候，我开始对陈独秀的右傾机会主义不滿意，我們慢慢地分离了，虽然我們中間的斗爭要从1927年才达到最高潮。

我继續在广州国民党工作，直到1926年3月的一次政变为止，在国民党左右两派协調，国共联合陣綫重行确立了后，我又到上海是1926年春天，国民党第二次全国代表大会是这年5月由蔣介石领导召开的。我在上海負責主持共产党的农民部，从这里又被派到湖南去視察那边的农民运动同时，在国共两党的联合战綫之下，在1926年秋天，开始了有名的北伐。

我在湖南視察了五县——长沙、醴陵、湘譚、衡山、湘乡的农民組織和政治情况，做报告給中央委員会，催促在农民运动里采取新路綫，次年早春，当我到了武汉的时候，举行了一个各省农民联席会議，我出席提出了建議，主张把土地重新分配，在这一次会議上，有彭湃、方志敏和两个俄国共产党委約克和窩隆，决議接受了我的建議，提交共产党五次大会討論，可是中央委員会加以否决了。

当共产党中央第五次全会于1927年5月在武汉召开的时候，党还是陈独秀操纵之下，虽然那时候上海和南京开始向共产党进攻，可是陈独秀还是抱溫和态度与武汉的国民党相妥协，而且压制了各方面的反对，执行了一种小資产阶級的右傾机会主义的政策，那时候，我对于党的政策非常不滿意，特别是关于农民运动一方面我現在想起来，假使那时候的农民运动，能更彻底的組織起来，把农民武装起来对地主斗爭，那么苏維埃也許能早一步而更有力地在全国发展起来。

但是陈独秀竭力反对，他不了解民主革命中的地位，并且在农民革命在这时候的可能性估計得太低了，結果，在大革命危急的前頁举行的第五次全会，不能通过一项完美的土地政綱，我的农民运动应該加速深入的主张，甚至沒有提出討論，因为那时的中央委員会为陈独秀所操纵，拒絕提出来考虑，全会决議以“有五百亩以上土地的农民”为地主，这样就把土地問題抛开了，用这一个地主的定义，要想发展阶級斗爭是完全不完备而沒有事实根据的，而且完全沒有攷虑到中国土地經济的特殊性，可是会議之后，一个全国农民协会組織成立了，我成了第一任会长。

到1927年春天，湖北、江西、福建，特别是湖南的农民运动，不管共产党对他的态度如何萎縮和国民党对他如何歧視，已經发展到惊人的程度，高級长官和軍队司令們开始要求鎮压这种农民运动。他們称农民协会为“流氓协会”认为它的行动……（注：不清）认为我应对湖南所发生的那些事情負責任，并且热烈反对我的意見。

四月間，南京和上海开始举行了对于有組織的工人們的大屠杀，广州也实行了同样的举动，5月21日，湖南发生了許克祥事变，好几千农民和工人被枪杀，不久以后，在武汉的国民党右派，取消和共产党合作，把共产党分子从国民党里，以及武汉政府里驅逐出去。可是武汉政府不久也消声匿跡了。

这时候，許多的共产党領袖們才接受党的命令离开中国，到俄国、上海或别的安全地方去，我被命令到四川去。我請陈独秀派我到湖南去做湖南省委书記，可是十天以后，他又急急地下令叫我回来，責备我組織反抗唐生智的暴动，唐那时是武汉的統治者，党委这时候混乱不堪，差不多每一个人都反对陈独秀的領导和他的机会主义路綫，最后，武汉国共合作的崩潰，促成了陈独秀領导的沒落。

第五章　新政权运动

1927年8月1日，在賀龙、叶挺領导之下的第二十軍和朱德合作，发动了历史上有名的南昌暴动，这就是紅軍組織的开始。一星期之后，8月7日，党中央委員会举行会議，开始了陈独秀的书話任务。我从1924年广州第三次会議以来，一直是党政治局的一員，对于这个决議，我是主动的，在这次到会的其他二十軍的之中，有蔡和瞿、彭孔法和瞿秋白，党采取了新路綫，一切和国民党合作希望，是暫时放弃了，长期的政治权力的公开斗爭就此开始。我彼派到长沙，去組織后来被称为"秋收暴动"的这个运动，我在那里的計划，是下列五点：

1.省党部完全脫离国民党；

2.組織工农革命武裝队伍；

3.沒收中、小、大地主的財产；

4.在湖南建立共产党的势力，和国民党脫离关系；

5.組織苏維埃。

第五点在那时候为共产国际所反对，直到后来，它才把这一点提出来作为口号。

当九月間，以湖南的农民协会为出发点，在发动普遍的暴动上我动已經成功了，工农軍队的基本单位已經成立，入伍者有三个主要来源。农民、汉阳矿工和国民党軍队中的譁变軍队，这时期的革命武裝队伍，被称为"工农第一軍第一师，其中第一旅是由汉阳矿工組成的，第二旅是由平江，汉阳，醴陵以及湖南另外两个县分里农民保卫队組成的，第三旅是由叛变了汪精卫的武汉卫队一部份組成的，这一支队組成，是得到湖南省委員会准許的，但湖南省委員会及我們軍队的一般綱领为党中央委員会所反对，不过那时的中央委員会只是一种观望政策，并不积极反对。

当我正在組織軍队，在汉阳矿工和农工保卫队之間奔走的时候，我被国民党通声气的一些民团扑获了那时恐怖手段到达了它的最高点，正面的有嫌疑的共产党被枪决了，我被送到民团总部去，那是一定要遭到枪决的，我从一个同志那里借了十元錢，想賄賂押送人員释放我，普通士兵都是唯利可图的，我的遭受枪决，对于他們沒特别利益，他們已經答允释放我了，可是負責的队长不肯，所以我决定打算逃脫，不过直到离民团总部不过二百碼的地方，我才得到逃脫的机会，在这个地点，我把绳子扭断，逃到田野里去躲着。我走到一个地方。在一个池子的上面，四周围长得很高的草，在那里有我躲着直到日落，兵士們搜寻我，并强迫一些农民帮助他們搜寻我，有好儿次，他們走得很近，有两次，我几乎碰得到他們了，可是我始終沒有被发觉，虽然有儿次，我认为已經无望，觉得我是一定要再被扑获了，到后来，黄昏到了，他們不再搜寻我了，我馬上出发，爬山越岭，整夜的跑着，我沒有鞋，脚上起泡。在路上，我碰到一个农民，他待我很好，允許我借宿，后来又领着我到了邻县，我身上还有七块錢，用来买了一双鞋子，一把伞和一些食物，当我最后安全的走到农民保卫队里的时候，袋里只剩下两个銅板了。

新軍成立以后，我担任了党前敌委会的主席，武汉卫戍司令俞希涛，担任第一軍总司令，兪氏多少是受他部下的逼迫而勉强出来担任的，不久以后，他背叛了紅軍，参加了国民党。

这支小小的軍队，一方面领导农民暴动，一方面向南移动穿过湖南省，它必須击破千万的国民党軍队的防綫，打了許多次的仗，敗退了几次，紀律很坏，政治訓練的水准很低，在士兵和长官之中，有許多的动摇分子，有許多逃兵、兪氏逃走后，軍队到达宁口，便又改編了一次。陈灏被任命为留守部队——約有一旅之众的指揮，可是后来，他也叛变了，不过在第一軍有多数人，自始至終忠实不渝，直到今天他們还在紅軍里——如罗荣桓，第一軍团政治委員，楊东生，現在紅軍司令，当这支小部队爬到井崗山的时候，人数只剩一千名左右。

因为秋收暴动的綱領，沒有得到党中央委員会的批准，又因为第一軍遭受到了一些严重的損失，又从城市的角度来看，这种运动无疑是要失败的，所以中央委員会决定排斥我們，我的政治局和前敌委員会的职务均被免职，湖南省委員会也攻击我們，称我們是“枪杆子运动”，可是我們还是軍队在井崗山团結着，十分相信自已所走的道路是正确的，而且后来的实事，也充分的为我們証明了。新兵参加了这一师人又补充了，我担任了总指揮。

从1927年冬到1928年秋，第一师在井崗山打定基础。1927年11月，在湖南边境茶陵地方成立了第一苏維埃，第一苏維埃政府也选举完成，他的主席是杜仲宾，在这个苏維埃中，我們实行了一种民主政綱，采取一种迟緩而能正常发展的溫和政策，这样，井崗山得到了党內盲动分子的責难，他們要求一种恐怖政策，焚掠杀戮地主来丧他們的胆去掉，第一軍前政委員会拒絕采用这种战略，所以头脑热烈的人就称他們为“改良主义者”，他們对我們攻击的最热烈，因为我們不采引一种較为急进的政策。

两个月以前在井崗山附近的土匪的领袖，名叫王佐、袁文才，在1927年参加了紅軍，使紅軍实力增强到三旅之众，王、袁都被任为旅长，其时我是軍长。这两人虽然是土匪出身，可是曾經投降过国民党軍队，現在他們准备对反动势力做战，当我在井崗山的时候，他俩目标是忠实的共产党信徒，执行着党的命令。可是后来，当他們单独被留在井崗山的时候，他們恢复了土匪脾气，結果被这时已經組織化，已經苏維埃化的有自卫能力的农民們所杀害。

1928年5月朱德到达了井崗山，我們的队伍汇合了，我們共同起草了一个計划，組織了一个六县的苏維埃区，慢慢的共产党势力在湖南、江西、广东边境各县中稳定团結起来。以此为根据地，再向更广大的地域发展，不过这个策略是与党的建議札冲突的，因为党有急速发展的伟大理想，在軍队里面，我同朱德同志同两种思想斗爭，第一是立即进攻长沙，这我們认为是冒险主义；第二种向南撤退到广东边境，这我們认为是敗退主义。那时候，我們看到的工作是：（1）分配土地；（2）建立苏維埃。我們想把群众武装起来，加速这些步驟，我們的政策主张自由貿易，寬和对待被俘的敌人部队，一般的說来是民主溫和主义。

1928年秋天，井崗山上召开了一个代表会議，到会的是井崗山以北的苏維埃代表，关于上面所說各点，苏区里的党代表中，意見还是很分岐，在这次会議中，各种不同意見，是充分的发表出来了。少数人說：“在某种基础上，我們前途很狹窄，大多数人則相信我們的政策会成功，当我們决議案提出来，并且說明苏維埃运动将来会得到胜利的，議案是容易的通过了，可党中央委員会还未有批准，这一运动，直到1928年冬天，在莫斯科举行的中国共产党第六次代表大会开会报告书到达了井崗山的时候，这批准才算接到了。

在这次会議里所采取的新路綫，朱德和我是完全同意的，从此以后，党的領袖中和在农业区域里苏維埃运动的領袖中，意見上的不协合才消除了，党的一致又重新的建立了起来。

第六次会議的决議案，綜合了1925——1927年的革命，南昌暴动，广州暴动，秋收暴动的种种經驗，下了贊成对于土地运动应該重視的結論，大約在这个时候，紅軍开始在別的地方发現，1927年冬天湖北的西部和东部发生了暴动，这些暴动，奠定了新苏区的基础，在西方的賀龙和东方的徐海东，开始組織他們自己的工农軍队，徐海东活动的区域，成了鄂、豫、皖苏区的中心，后来徐向前和张国燾也加入了，1927年冬，方志敏和邱式平在江西的东北部沿福建边界，也开始了一种运动，这后来就发展成了一个有力的苏維埃根据地。广州暴动失败以后，彭湃率領了一部分忠实的部队，在海陆、丰組織一个苏維埃，可是因为接受了盲动主义的政策，不久就被消灭了，不过他的軍队的一部分，在古大存指揮之下，离开那区域，与朱德和我取得了联系，后来成为紅軍第十一軍的基本队伍。

1928年春天，游击队在文李龙和李紹祖領导之下，开始在江西的兴口，东固一代活动，这一个运动，以吉安的周围为根据地，这些游击队，以后成为第三軍的中心干部，而吉安县，則成了中央苏維埃政府的根据地，在福建西部，由张鼎丞、邓子恢、传松翠（后变成了社会民主党）等主持組織了苏維埃。

在井崗山反对冒险主义之斗爭中，井崗山的确是我們所要創造的这种部队的絕好根据地，他有很好的天然屏障，而且所产的谷物，足够維持小小的軍队，它周围有五百里，直径約八十里，本地名称是叫大小五井（眞正的井崗山是附近的一小山，已經早已放弃了）这是从周围五个大井得的——大、小、正、下、中五个大井，在山上的五个村子，就根据这五口井命名的。

我們的軍队在井崗山上汇合之后，重新改編了一次，有名的紅軍第四軍創立了朱德任总司令，我任政治委員，1928年冬天，在何建的部队譁变以后，井崗山又增加了許多部队，紅軍第五軍就从这些部队中产生出来的，总司令是彭德怀，除了彭以外，还有邓平（在长征貴州、遵义迫害），黄公略（1931年广西被杀）和滕代远。

来了这些軍队以后，山上的情况变得很坏了，軍队沒有冬天的服装，粮食也非常稀少，有好几个月我們差不多靠吃紅薯过活，士兵呼作他們自己作的口号："打倒資本主义，吃紅蕃薯！——在他們看来，所謂資本主义，就是地主和地主的紅蕃薯，把彭德怀留在井崗山上，朱德冲破了周围的封鎖陣綫，1929年1月，我們第一次在井上逗留，就此告終。

这时候，第四軍开始打通江西南部的斗爭，发展的很成功，我們在东固建立了苏維埃，和本地的紅軍汇合了联合起来，我們把軍力分开继續向永定、上杭和发岩进发，在这几县里，都建立了苏維埃，在紅軍未到以前，在这些区域里旧有的武装民众运动，保証了我們的胜利，帮助我們把苏維埃政权建立在一种稳定的基础上，靠了发揚群众运动和游击战，紅軍的势力伸到几个別的县分，但共产党則到后来才完全握到这权力。

紅軍的情况在物质与政治方面都开始进步了，但还有不少的坏的傾向，譬如說："游击主义"是一种弱点，反映着缺乏紀律，夸张民主观念和組織的煥散等等，另一种需要克服的傾向是"土匪性质"——不肯安靜下来，认眞去做政府指派的工作，好动、好变、好新、好事，此到还有軍閥主义的遺留，有些司令官虐待甚至鞭打士兵，凭个人的好恶，对部下妄加軒輊。

1929年12月，駐在福建西部的紅軍第四軍，举行了第九次会議之后，許多弱点都被克服了，在这次会議上，討論了改善的方法，解释了許多誤会，采用新的方法，这在后来奠定了紅軍高級意識形态的領导的基础。在这以前，上面所說的那些傾向，是极严重的，而且被党和軍事領导中的托洛茨基分子，利用了来破坏这一种运动的力量，对于这种坏的傾向的一种猛烈的斗爭开始了，有几位因此被取消了党員的地位和軍事指导权，其中以刘恩康——一个司令为最好的例子，一度发覚他們企图把紅軍領导到抵抗敌人更为困难的地位上去的一种方法，破坏紅軍，几次失敗以后，他們的阴謀明显的暴露出来，他們竭力攻击我們的綱領以及其他我們所贊成的一切，經驗証明了他們的錯誤，他們被免除了职位，福建会議以后，他們的势力完全消灭了。

这次会議，准备了在江西建立苏維埃政权的道路，下一年就有了一些光明的胜利，江西南部，差不多全部被紅軍所占領，中央苏維埃区域的基础，已經建立起来了。

1930年2月7日，在江西南部召集了一个重要的地方党会議，討論了苏維埃未来的綱領，出席的代表是本地的党政軍代表。在这次会議上，土地政策經过一次长期的討論，对于机会主义——由那些反对重新分配土地的人們所領导者——的斗爭战胜了，会議又实行重新分配，加速組織苏維埃，到那时为止，紅軍只是維持了地方和县区的苏維埃，在这个会議上，决定建立了江西省苏維埃政府，这个新政策，得到农民热烈兴奋的拥护。

第六章　紅軍之长征

慢慢地紅軍对于群众的工作改进了，紀律严謹了，在組織方面的新技术也发展了，各地方的农民阶級开始帮助革命了，在井崗山时代，紅軍已經叫士兵坚守三条簡单的維持紀律的規律，那是：

(1) 迅速服从命令，(2) 不准沒收貧苦农民的任何物品，(3) 一切从地主阶級沒收而来的物品立即直接交給政府处理。1928年会議以后，为了要获得农民阶級的拥护起見，留作最大努力，在上面例举的三条外，又加上八条規則，这八条是：

(1) 离开一家人家时，把門板（睡覚用的）放在原处，

(2) 把你們睡覚时所用的草蓆捲好交还，

(3) 对老百姓要溫和客气，随时帮助他們，

(4) 一切借用的物品都要归还，

(5) 一切損坏了的东西都要賠償，

(6) 和农民的交易要規矩，

(7) 买东西，要付錢，

(8) 要讲卫生，厠所要設在离人家很远的地方。

最后两項是林彪所添加的，这八項实行的成績日見进步，到今天还是紅軍士兵的軍紀，牢牢記着，常常能背誦出来；另外还有三項别的責任，作为紅軍的基本目的：第一、对敌人要抵抗到底，第二、把群众武装起来，第三、要募集款帮助斗爭。

1929年初，有几队在李文龙、李紹九領导下的游击队，被改編加入了紅軍第三軍，由黃公略任指揮，朱德任政治委員，同时朱培德的一部分民团譁变入了紅軍。他們由罗炳輝領导着，来投共产党軍的，現在他是紅軍第二方面第三十二軍軍长，从福建的游击队和正式的基本干部，組織了紅軍第十二軍，伍仲豪任指揮，譚震林任政治委員，后来伍仲豪在战爭中陣亡，而由罗炳輝接任的。

就在这个时候，紅軍第一軍組織成功了，朱德任总司令，我任政治委員，它包含了由林彪指揮的第三軍，第四軍和罗炳輝指揮的第十二軍，党的領导权交給前敌委員会負責，而我是該委員会的主席，那时候第一軍团已經有了一万人以上，編成了十师，除了这支主力軍以外，还有許多的地方的独立旅，赤卫队、游击队。

对于軍事之胜利的发展，除了这一运动的政治基础之外，紅色战略也很有关系，我們在井崗山上采取了四个口号，供給了紅軍借以生长的游击战术将采取的方法的总綫索，这些口号是：

(1) 敌进我退 (2) 敌止我扰 (3) 敌避我击 (4) 敌退我进。

这四个口号，最初为許多有經驗的軍事家所反对，他們不贊成我們所主张的这种战术，但是后代的許多經驗，証明这种战术是正确的，大致說来，紅軍一放弃了这种战术，就不能胜利的，我們的軍队是很小的，敌人的力量要强过我們十倍至二十倍，我們只有巧妙的运用战术，斗爭才能获得胜利。

紅軍的最重要的唯一的战术，不論現在或将来，是在攻击中，能集中主要力量，而以后又很快决散开，这意思是要避免陣地战，而用一切方法去迎在行动中的敌人队伍而歼灭之，在这种战术的基础之上，紅軍的惊人的活动力和敏捷有力的突击力发展出来了。

在扩大苏維埃区域这一点上，紅軍的綱领是主张波浪形或潮形的发展，而不主张平衡的跳跃式推进方法，以至在占领区域是沒有深强的稳固力，这种政策很合适用，正如上面所說过的战术一样，它是从多年的集体的軍事与政治的經驗得来的，这些战略，李立三激烈的反对着，他主要集中一切武器于紅軍手中，并吸收一切的游击部队，他喜欢攻击，而不喜欢稳健，喜欢前进，而不喜欢保守后方，喜欢对大城市加以声势浩大的攻击，輔以暴动与极端的行动，那时候李立三路綫操纵了党与苏区以外的地方，势力很强大，在某种程度上，足以迫使紅軍违犯临陣經驗而去接受它，这条路綫的一个結果，是对长沙的攻击，另一个結果，是向南昌的攻击，但是在两次冒险中，紅軍不顾停止游击队的活动，而把后方暴露給敌人。

1929年秋天紅軍移到江西北部，攻击并且占领了許多城市，到离南昌很近的时候，第一軍团决然轉向西方，向长沙前进，在这一大的进軍中，第一軍团汇合了彭德怀的部队，彭的部队曾經一度占领过长沙，但为了避免为扩大优越的敌人軍队的包围，是被强迫撤退了的。1929年4月，彭德怀不得不离开井崗山，在江西南部活动，結果大大的增加了他的部队，1930年4月，他在瑞金联合了朱德和紅軍的主要部队，經过了（前）委会議之后，决定彭德怀的第三軍应在江西，湖南边境活动，而朱德和我向福建推动。1930年×月，第三軍和第一軍团重新建立了联系，开始第二次进攻长沙。第一和第三軍团合併成为第一方面軍，以朱德为总司令，我为政治委員，在这种领导之下，我們到达了长沙城外。

大約在这个时候，中国工业革命委員会組織成功了，我被推为主席，紅軍在湖南的势力是很普遍的几乎和在江西一样，我的名字在湖南农民中很有名，国民党政府为要扑获我，不論杀死或活捉，曾悬了很大的賞格，朱德和别的紅軍党领导也是如此。我在湘潭的田地，（从这些土地上所得到的租金，在大革命时期中，毛氏曾用来进行湖南的农民运动——史諾）被国民党沒收了，我的妻子和我的妹妹，我两个兄弟——毛泽洪、毛泽覃——的妻子以及我的儿子都被何健逮捕了。我的妻子和妹妹被枪决了，其余的后来得到释放，紅軍的威名，甚至伸张到我自己的乡村里，因为我曾听到人家讲，說当地的农民、深信我不久就要回到我自己的家乡去，有一天，一架飞机从天空飞过，他們一定說里面坐的是我，他警告那时正在耕种着我的田地的人，說我要回来視察我的田庄，来看土上的树木有沒有被砍伐，如果砍去了，我一定会要求賠偿的。

但第二次攻击长沙之举，失败了，大批的援軍开到城里，防围得甚为坚固。九月間，外加有新軍队开到湖南来攻打紅軍，在这一次围攻中，只有一次重要的战爭，这一股紅軍，虽然得到了初次胜利，可是还不能爭得长沙，几星期后，便向江西撤退。

这次的失败，促成了李立三路綫的傾复，防止了紅軍攻打武汉，而免遭失败——这是李立三要求的。那是紅軍的主要任务是招募新兵，新的农村区域的苏維埃化，而最主要的是在占领区域里，彻底巩固苏維埃的政权，在一种綱领之下，进攻长沙，显然是不需要的了。而且这种攻击的本身，就含有冒险的成份，如果把第一次的占领作为一种暂时行动，并不企图守住城市，建立国家政权，那么这种势力，想許可以认为是有益的，因为这在国民革命运动上所产生的反动是很大的。当苏維埃政权在后面还沒有稳定的时候，企图把长沙当作一个根据地，这是一种軍事和战术上的錯誤。

但是，李立三那时候把紅軍的軍事力量和在本国政治背景中的革命因素，估計得太高了，他相信革命将近成功，而且不久就可以掌握全国的政权了。他这个信念是被那时候正在进行的蔣介石与馮玉祥两人之間的长期而丧元气的內战所鼓励，表面上看来，彷彿是李立三十分有利的，但是依照紅軍的看法，他們是在准备对苏維埃的大举进攻，只要內战一停止，他們就要发动，所以紅軍应該加以戒备，决无余暇来从事那可以得到慘敗的盲动主义和冒险主义，这（不清），后来証明完全是正确的。

以后，南京方面（不清）苏維埃的革命潛力。在1930年之末开始向紅軍举行第一次围剿，軍队的（不清楚××万人），开始包围了紅色区域，在魯滌平的总指揮之下，分五路进攻，紅軍（不清）动員的軍队，总数約四万人，我們的运用战术，迎接并克服了这第一次的围剿，（关于这一次围剿，楊震所著的“中国共产党現状”一节1931年南京出版写的很詳細）得到了很大的胜利，沿用了迅速集中和迅速分散的策略，以主要軍力，向每一个单位分别攻击，我們让他們深入苏区，然后用超越的人数突然对这些孤立的軍队，集中兵力攻击，我們获得了便利游击的地位，包围他們，这样把軍队逆轉过来。

1931年1月，第一次围剿完全被击敗了。仅仅休息了四个月以后，南京又开始了第二次围剿，兵力超过了二十万，分七路向苏区推进，那时一般认为紅軍的形势是不利的，苏維埃政权所管轄的区域太狹窄，財源很有限，設备簡陋，而南京的物质力量，在任何方面，都大大超过了紅軍。可是迎接这次的进攻，紅軍仍旧抓住他以前賴以取胜的战略，仍旧让他們深入苏区，我們的主力突然集中，攻击他們的第二路，击敗了他們好几旅人，消灭了他們的进攻能力，接着我們很快的接連攻击他們的第三路，第六路，第七路，依次击敗他們，第四路沒有作战，就撤退了，而第五路的一部份，卒被歼灭，在十四天內，紅軍做了六次战爭，进軍八天，以决定胜利結束之。其他六路被击潰敗退之后，由蔣光鼎、蔡廷楷指揮的第一路軍，沒有經过重大战爭就撤退了。

一个月以后，南京又动員了三十万大軍，举行第三次的围剿，到十一月里，才因得不到效果而撤退。

这时候，紅軍进入了一个比較和平发展的时期，势力扩张的很快。第一次苏維埃代表大会，在一九三一年十二月十一日召开了，中央苏維埃政府也組織起来了，我被选为主席，朱德被选为紅軍总司令。在同月里发生了宁都大暴动，国民党第二十八路軍，有二万以上叛变了来加共軍，这些軍队是由董振堂、赵博生率領的，赵氏后来在江西陣亡，董氏今天仍是紅軍第五軍的司令。紅軍第五軍是从宁都暴动的軍队产生出来的。

紅軍現在开始他自己的进攻了，1932年在福建漳州打了一次大仗，占领了这个城池，南方則在南雄敗了陈济堂，在蔣氏的陣綫上，則大举进攻乐安、黎川、建宁、泰宁等县，一度攻打赣州，但沒有領袖。1932年10月以后，直到西北长征开始，我自己把我的时間差不多全部放在苏維埃政府工作上，而把軍事的指揮交給了朱德和其他人。

1932年4月，南京开始第四次围剿，在这一期間，第一次作战中，共軍就得到了大的胜利，陈誠曾为这次的失敗而辞去最高指揮的职业。

第五次，则最后一次围剿，动員了将近一百万人，采用最新的战术和战略，在第四次围剿中經德国顾問建議，已經开始采用封鎖和碉堡制度，在第五次围剿中，把全部力量放在这里面，用大量的軍队，实行严密的封鎖，正个包围了苏区，很小心的前进，建筑汽車路、碉堡和战壕，避免把主力軍接近共軍，他們謹愼地在防御工事后面作战，他們只作短距离前进，并用飞机大炮和机关枪掩护着。

在这一时期中，我們犯了两个严重的錯誤，第一个錯誤是一九三三年福建叛变中，沒有能和蔡廷楷联合；第二个錯誤是放弃了我們以前的运用战术，而采用了錯誤的单純防止战略，在陣地战上，迎接广大优越的围剿軍，是一个严重的錯誤，因为这种战爭上，共軍的技巧和精神都是落后的。

这些錯誤的結果，加上围剿的新的战略和新战术，以及围剿軍的惊人的数目和优越的技术，到了1934年，共軍及不得不改变它在江西的情形了。其次，民族的政治情形影响了正个局面，迫使我們决定将重要活动避移到西北去，随着日本的进攻，东北和上海苏維埃政府已于1932年2月正式对日宣战。这宣言为了围剿軍封鎖包围着苏維埃中国而不能实行，接着它又发表宣言，号召中国所有的武裝軍队結成联合陣綫，共同抵抗日本帝国主义。1933年初，苏維埃政府宣布，在下列三个条件下願意和任何的围剿軍合作：①停止內战，停止对苏維埃与共軍的攻占；②保障民众的公民自由和民主权利；③武装民众举行抗日战爭。

1933年10月，第五次围剿开始，1934年1月，第二次全中国苏維埃代表大会开会于苏維埃都城瑞金，举行了革命成績的检閱，在这次会上，我提供了一个长长的报告，就在这个会議上，选举了現在第一批中央苏維埃政府委員，不久以后，我們开始准备长征。这长征开始于1934年10月，正是最后一次围剿的一年以后，在这一年中，差不多毫无休止的作战和斗爭，双方都遭到很大的損失。1935年正月，紅軍主力部队到达了貴州遵义，接着而来的四个月中間，共軍不断的向前行进，并举行了最猛烈的持斗和战爭，經过了許多的困难渡过了中国最长最深最危险的河流，爬过了一些最崎岖的山道，經过凶猛的土人区域，穿过了曠无人烟的大草原，受尽了风暴雨雪，被中国軍队的半攻所追逐（中国軍队为国民党反对派——刻印者注）經过了一切自然障碍物，和当地的軍队作战，冲过了广东、湖南、广西、貴州、西康、四川、甘肃、陕西，最后在1935年10月到达了陕西北部，扩大了現在的根据地。

紅軍胜利的长征，到达了甘肃、陕西，而沒有損伤主力，是有两种原因第一是由于共产党的正确領导，第二是由于苏維埃人民的基本构子的伟大的才干、勇气、决心和超人的忍耐力与革命的热情，中国共产党过去、現在、将来、永远是忠于民全政治，继續对一切机会主义傾向斗爭在这种决心之中，它的不可征服的力量和最后的决定的胜利获得了解释。

它的不可征服的另一个原因，是由于革命干部的异乎寻常的英勇与忠实。朱德、周恩来、王稼祥、罗迈、邓发、徐海东、林彪、徐向前、陈昌浩、賀龙、肖虎等許許多多优秀同志們，还有許多已把生命献給革命的人們——他們都为同一目标而工作，創造了共軍和新民主运动——以及今后新起来的别的許多人們，是会把一个运动領导者达到最后胜利。

現在，我們正企图在中国造成一个統一战綫，請求各党各派各种职业的人們和我們联合起来，为建設新中华民国和彻底的中国民主政治，都是必要的。我的工作和目的，也正和党、軍工作和目的一样，以后要全力以赴，以期达到这一目标。

注意：重要文件內部发行，不得轉让万勿翻印

姚文元同志談旧的社会習慣势力

来自那些旧的社会习慣勢力的这一阻力，尽管它不是主要的，却是摆在我們革命面前的一块很大很大的絆脚石。

那些走資本主义道路的当权派老爷們为了保存自己現在的生存，維持自己現在的統治，以利于将来发展，他們会玩弄种种手段，要出种种阴謀詭計，他們会指使自己的亲信、走卒，买弄那些"政治商人"投机分子，私利小人，发暗箭，造謠言，散布流言蜚語，极力混淆革命和反革命界限，打击革命左派，更阴险的是这些走資本主义道路的当权派老爷們，会利用那些沒有从奴隶主义、教条主义、盲从主义、折衷主义、墨守成規、鼠目寸光等旧文化，旧思想，旧风俗，旧习慣，旧的习慣勢力的束縛下彻底解放出的糊涂同志，为他們服务，企图把运动引向邪路，以达到他們阻挡文化大革命卑鄙目的。我們这些同志（这些糊涂同志）却当了他們的打手，做了他們手中的御用目的，成了他們維持統治，阴謀复辟的强大的社会基础，我們这些糊涂同志，往往对那些敢說，敢干，敢革命，敢造反的本来不出名的革命闖将采取了极端錯誤的态度，这些闖将如果作对了他們不服气，不甘心不认輸。如果闖"錯"了，他們就幸灾乐祸，揪住不放，收集材料公布"老底"，企图一棍子打死，围剿革命派鎮压革命，造成人身攻击，自以为得意，长資产阶級威风，灭无产阶級志气，我們这些糊涂同志，往往总是认敌为友，混淆是非，处处以为自己，以为眞正革命，鬧对立，搞分裂，堅持錯誤路綫起到保护党內走資本主义道路当权派的恶劣作用。

正因为这种阻力"相当大"所以在运动初期眞正的革命左派一般处于少数和"孤"立状态、所以党的領导要善于发現左派壮大左派队伍，一切眞正革命的同志，要保护少数，因为眞理有时往往在少数人手里。

正因为这种强大的頑固的阻力，大量地表現在我們那些糊涂同志的灵魂里，大量的反映在人民內部矛盾当中，所以就使一場你死我活的阶級斗爭，显得更尖銳，更复杂、更艰巨、就必然要触及到每个人的灵魂。如六月五日人民日报社論所指出的无产阶級文化大革命开展，向教育者，向青年学生，向一切文化工作者，也向一切人提出了一个尖銳的問題，在无产阶級和資产阶級，社会主义和資本主义，两个阶級两条道路生死斗爭究竟站在那一边，是做无产阶級革命派还是做資产阶級保皇派，每个人必須做出自己选择。

因为旧的社会习慣勢力有强大的社会基础，所以一百年也不可能从根本上肃清，如果不把这种旧的社会习慣勢力从根本上肃清，社会主义革命就不能彻底胜利，国家就会有改变顏色的危险，共产主义就不能实現，如果不与这种旧的社会习慣勢力作堅决斗爭，毛主席的正确路綫就不能貫彻到底，毛泽东思想就立不起来，党內那些走資本主义道路当权派，就不能从根本上斗倒、斗垮，无产阶級文化大革命就不能进行到底，国家就会有变顏色的危险。

一切眞正的革命同志，让我們为了捍卫毛主席的正确路綫，堅决把无产阶級文化大革命进行到底。为了中国的前途和世界的前途，为了使我們国家不变顏色，永远立于不敗之地，时时刻刻与这种旧的社会习慣勢力，作出不屈不挠的斗爭，一直斗到共产主义在全世界胜利。

轉抄于广播事业局　1966.11.14.

石子高——轉抄于中宣部　1966.11.15.

(有錯由抄者負責)

北京市印刷一厂革委会轉印

在接見北京外院二外部分革命組織代表时

周总理对外事口文化大革命发出四点重要指示

周总理强調指出：外事口各单位都可以成立革命組織；可以相互进行革命串連；把外事口都动員起来，联系起来，深入地批判資产阶級反动路綫。

12月26日晚九时至27日凌晨三时，周恩来总理在中南海会議室接見了北京外国語学院和我院部分革命組織代表。我院由二外紅卫兵、教工赤卫队、首都紅卫兵等組織代表和高占明等同志参加。現将周总理談話記录整理如下：

周总理接見了我們以后，首先詢問了外語学院（以下簡称"一外"）和二外各个革命組織的情况。当問到一外各革命組織团結的情况时，总理說："現在是合的时候了，清华不是討論合了嗎？"（問一外）"保守派还有多少？"（一外答）"土崩瓦解了，还有几个战斗組。"

总理对炮打无产阶級司令部这股逆流很重視。問到一外："你們那里是否有接近李洪山观点的？"一外答："有。""与李洪山有沒有联系？""有。"总理說："揭出来沒有？对保守派要教育。"还說："对李洪山类似的人可以辯論，可以检举。"当一外同学又介紹了一个反动学生后，周总理說："反动的揪出几个来。"

二外同学問道："总理怎么不到二外去？"总理說："主席一回来，我就选中二外，江青、伯达同志到广播学院。原来想蹲点，后来被清华問題拖住了，以后就多了，一外也沾上了，还有中学。你們那里发展了沒有？要争取扩大队伍，但不要太急，把保守派瓦解一下。今年快結束了，不可能再和你們講話了，时間实在排不出来。"

周总理在听取了两院代表关于学院的情况介紹后，就开始了当晚的主題講話。

一、外事口各单位大势所趋，任何单位都可以成立革命組織。外交部成立了。过去对于外交机关是否成立紅卫兵和革命組織需看一看。現在看不一定成立紅卫兵。紅卫兵是青少年的組織。革命組織可以打破框框。既然外交部可以成立，那么对外文委、对外經委、外文出版局、外文印刷厂、国际問題研究所、世界知識出版社等都可以成立革命組織。这要靠內因和革命积极性。

二、外事口串連問題。是不是可以串連？既然成立革命組織就可以串連。要因势利导，把口子打开，把无产阶級文化大革命进行到底。

十一中全会以后，第一阶段是受資产阶級的压；第二阶段，主观上是高举毛泽东思想伟大紅旗。但到底怎么搞，要摸索出經驗来。現在研究工业、农业分期分批搞，写了文件，有的已經发下去了。

开始，对紅卫兵的成立有些限制。但是，这是个亿万人民的革命群众运动，雄伟的无产阶級文化大革命的洪流势不可挡。群众把一切框框都冲破了，这說明革命群众接受毛主席的領导和倡議非常快。任何压制、阻挡都是不可能的，不能按照你的軌道走。既然如此，又何必給自己找麻煩呢？还不如主动，迎潮而上，否則就会被潮水淹沒。魯迅在給柔石《二月》写的序言中就講到过三种人……过去一切运动都分步驟，这次不分了。

昨天与陈总討論过了，原則上支持你們，允許你們串連。过去为什么加以限制？因为有国际政策。过去有些事捅出去了。我們还不知道，香港已发了消息。北京城里的大字报，有些我們还不知道，在电訊里，香港报紙上就出現了。又要提倡串連，又要注意政策，怎么办？政策和业务要区分开来。政策可以討論，具体业务不要参与。总有一定的机密性。机密問題不是絕对的，而是相对的。一定时期是机密的。如原子弹的爆炸，爆炸之前是很机密的，打响后就不机密了。最尖端的东西是有时間性的，时間是很重要的。許多类似的东西都是这样。外交上的一些問題，不能都上大字报。今天国內有阶級斗争，国际也有阶級斗争。外交战綫包括业务情报，还有一个杠子。为什么中南海、公安部、外交部不能进来，党和国家机密总有一部分。

既然能搞革命組織，就一定要和外交部、对外文委、其他机关的左派、积极分子联系在一起。大字报有的不太恰当，有了革命組織，他們可以告訴你們那些問題了，帮助解决。外交部有机密的，拿到这里来，我們負責审查，要尊重业务。外交学院两派观点不明确，可以去搖动內在因素，可以去联系。外交部有一、二百人，你們可以去联系，但不要替人家革命。二外可以和文委联系，再影响外交学院。

外交部、外办，你們可以去串連。在那里找几間屋子，搞个联絡室。文委批判資产阶級反动路綫的大字报可以看。

三、黑材料問題。外交部又发現了一外的一部分黑材料，封起来了。二外的黑材料，找到宋寒毅追問，限他一周之內将所有的黑材料收回来。收不回来，不要讓他过年。他找不到，你們可以給他介紹，讓他带两个人一定要把黑材料追回来。一星期以后，有隐藏的就处理。

有人問：有人烧黑材料、撕黑材料怎么办？总理說："严加处理！"

四、把外事口都动員起来，联系起来。最近財經口联系起来了。財办的八个单位都有造反派，外事口还沒有，我今天点火。你們也可以去說。机关的我說了，学校就三个，外交学院两派态度不很明确，你們去做工作，斗争中再分化一些。外事口的单位和学校（外办、外交部、文委、經委、中侨委、外文局……）都活动起来，陣綫就比較广了，解决問題就集中了。要深入批判資产阶級反动路綫，不要一个目标，要把各方面的力量都动員起来，事情才能搞起来。

把外交战綫各个学校、各个部門联系起来，各个組織都发展起来。学校多数人都回来了，接待可結束了。回过头来，一、二月份把党、政、軍深入发动起来，各口就都起来了。你們都是学外語的，在斗争中业务也可以提高。我們也可以在这里学习、提高。我期待左派更快团結起来，保守派瓦解以后，要帮助他們，教育他們，争取多数，加强影响外交学院和其他部門。张彥問題和外办、文委联系起来，刘新权問題和外交部联系起来。外交战綫执行資产阶級反动路綫程度多深，时間多长，就可以搞清楚。

学校各革命組織联合問題，还要作准备，不要强加于人。沒联合前，共同联系一些問題。

有人問："保守派要加入少数派組織可以嗎？"总理說："有个考驗时期，覌察一个时期再吸收，不能无条件吸收，否則会垮了左派队伍。"

在插話中，总理还談到以下几个問題。

① 关于张彥問題。一个同学說："张彥要反攻了。"周总理說："他的一切把柄都在我手里，翻不了。""我刚下飞机，他就要求見我。来三次电話要見，我就是不見，最后說有份材料要給我，拿来文委打成'反革命'的二十九个人的材料，矛头是对准陈伯达同志的。我1号回来就負責审察他的案子。张彥是小饒漱石，是个两面派，是个个人野心家。他对我說：矛头絕对不是对准陈伯达同志。我說我看了材料再回答你。我看了馬上指出他有問題。张彥原在我办公室三年多，五八年成立外办，带着几个人过去了。刘少奇对张彥很賞識。他稍有才干，平常做些工作倒可以，到关鍵时刻就暴露出来了。张彥在饒漱石的时候就陷进了一些，到彭真的时候就陷的更多了。

张劲夫和张彥住在一个院。他們都是从华东来的。現在张劲夫孤立了。有一次张劲夫說到一句話，說是陈老总說的。我說你在科学院，陈老总也不管，你怎么知道的？他說他到科学院后，中央的消息很閉塞，每晚都到张彥家里，张彥对他說一堆消息。"

文委同志問：最近张彥为什么反攻？外办态度很不好。李昌的司机李振江被张彥打成反革命，住了二十多天公安局，文委革命同志要外办来平反，外办不管，郝德清却要文委革委会管，革委会就出个通告給李振江平反。如此草率，引起文委同志們极大不滿。

周总理說："要郝德清自己去检討。这个人作事太不認真！"

文委同志說："我們要求和二外师生一起搞张彥。"

总理說："我同意这样做。"

② 关于陈毅付总理的問題。周总理充分听取了大家的意見后，在結束講話时說："今天第一次听你們講这些情况。需要到外事口去講話了。不但在一外、二外，其他单位也要講了。陈毅同志做检查也要准备，我已經請他准备了。外事口比財貿口单位多，你們既然認为你們的覌点对，就宣传你們的主张，已經給你們开放了。現在更加証明我的四点建議的必要性。現在外事口可以串連了，我还要外事口各单位做工作。争取下月十号前，我先作报告。外事战綫上，从去年以来有很紧张的斗争。你們既然要在外交战綫上把毛泽东思想紅旗插到全世界去，你們就要把基本覌点弄清楚。所有口的工作都要做，先接触財貿口，第二个是你們外事口，你們也要做些准备工作。

张彥的六月二十四日报告坏极了，比在文委的还要坏，是最恶毒的报告。张彥在对外文委搞的完全是一套特务作风，你們好好的写一篇批評六月二十四日报告的文章。要揭其灵魂深处，挖得深一点。张彥沒死，不是死老虎。"

③ 关于去工厂和步行串連問題。总理說："去工厂第一步只是調查。步行串連我經过深入調查，得出結論，真正步行的不多，大城市不如中小城市，大学不如中学，干部子弟不如工农子弟，但也有例外。"

一位同学說："总理，长征搞接待站不好，妨碍与工农群众相結合。有的接待站条件很好，来到就住下了，不利于与工农群众相結合，建議取消。"

总理說："这个問題提的好，謝謝你！但是不是就取消？可不可以变变形式？""人多不利，人少可以脫开接待站，自己找地方住，和工厂 农村、机关、学校結合。"

（以上根据記录整理，未經总理本人审閱。仅供内部参考。）

外文局紅色造反团外印厂分团根据二外《赤卫报》第五期增刊翻印

1966年12月29日

最 高 指 示

那些不相信突出政治，对于突出政治表示阳奉阴違，而自己另外散布一套折衷主义（即机会主义的人們，大家应当有所警惕。

※ ※ ※

折衷主义必須徹底批判

——林 杰

折衷主义是伪君子的詭辯术，折衷主义是一种詭辯术，是伪君子的市儈哲学。折衷主义就是将两个极端調和起来，不分是非，借以达到維护旧事物的目的。在两个敌对的阶級和政治力量之間，在两种根本对立的理論对象之間，折衷主义故意含含糊糊，模棱两可，不分是非，不問眞假，打着全面的旗子，一方面，又一方面；旣是这个，又是那个；东抽一点，西取一点，摆出种种公正的面孔。旣批評这边，又批評那边，有理无理各打五十大板。最近，全国开展伟大的学习毛主席著作的运动，对政治和业务的关系展开了一場大辯論，究竟是否突出政治，突出阶級斗爭，这是一个是堅决革命还是不革命，是建設社会主义还是任由資本主义复辟的根本性的大問題。在辯論中，有一种很値得注意的观点，把政治同业务，政治同軍事，政治同經济平行起来，认为这个重要，那个也重要，他們企图用殭死的定調的折衷主义偷换生动活泼的辯証法。折衷主义实质上就是調和主义，从哲学来讲就是調和矛盾，反对矛盾的斗爭的轉化，从政治上来讲，就是調和阶級斗爭，反对革命变革，因此，折衷主义和詭辯术冒充辯証法，閹割馬克思列宁主义活生生的灵魂，是一切机会主义慣用的手法。列宁說：“这种做法幷不新奇，甚至在希腊哲学历史上也是常見。”把馬克思列宁主义偸偸地改为机会主义的时候，用折衷主义冒充辯証法是容易欺騙群众的，这样能使人感到一种似是而非的滿足，似乎考虑到了过程的各方面，发展的一切趋势，多方面的矛盾影响等等，但实际上幷沒有对社会的发展过程做任何完整的革命分析，现在全世界处在大动蕩、大分化、大改組的时代，我国思想战綫上正处在兴无灭資的社会主义革命斗爭越来越深入的历史时期，批判和揭露折衷主义的反动本质，宣传革命的辯証法，就成了政治思想战綫上的阶級斗爭的重要組成部分。

折衷主义同辯証法根本对立：

一、折衷主义平均对待矛盾的两个方面，反对主要矛盾和矛盾的主要方面，反对突出事物的本质和主流，强調事物的次要方面，从而模糊人們对事物本质的认識。

二、折衷主义調和矛盾，反对斗爭，用对立面的折中代替对立面的轉化，用折衷主义的杂拌来阻挠革命的变革。事物內部的斗爭是絕对的，是事物发展的动力。斗爭的結果必然发生矛盾性质的轉化，革命者的任务就是要領导革命的新生方面进行斗爭，战胜矛盾腐朽的方面，促成轉化，达到革命的目的。折衷主义借口矛盾的复杂性，不表明自己的态度，回避明确地肯定提出問題，企图在两种敌对的力量方面，在两种互相排斥的观点进行調和，认为自己的任务是設法把互相斗爭的力量調和起来，而不是領导一种力量进行斗爭。革命者明确地提出問題，坚持正确的观点，折衷主义就斥之为“片面”、“偏激”。矛盾是不能調和的，只有通过斗爭。

三、折衷主义所謂“全面化”是主观，是臆造出来的，而不是对客观事物內在矛盾的正确反映，它的所謂灵活性，就是反对原则的政治立場。折衷主义是机会主义的理論武器，机会主义主张調和阶級矛盾，反对阶級斗爭，迁就眼前事变，放弃原则，出卖无产阶級根本利益，因此，折衷主义最适合机会主义的口味，成了机会主义最喜爱的理論。伯恩施坦公开宣传折衷主义，他的箴言就是“旣是这个，又是那个”，“不窮二中选”，“折衷主义是选择現象的种种証明及評价方式的方法”．“一切理論就是狭窄的，应該經常悄悄地向折衷主义借債。”

必須坚决批判折衷主义，折衷主义是革命辯証法的死敌，是馬克思列宁主义毛泽东思想的狡猾的敌人，必須坚决批判。首先必須揭露它的阶級实质。資产阶級反对人民有两种手段，一种是赤裸裸地暴力鎮压，一种是伪善的德积主义。在理論上也是如此，一种是直接攻击馬列主义的革命辯証法，一种是用折衷主义詭辯的方法，閹割歪曲馬克思列宁主义的灵魂。每当理論上的阶級斗爭尖銳的时候，当反馬克思列宁主义的謬論受到致命的批判、群众已經觉悟起来的时候，馬列主义的敌人改变了自己的斗爭方式，采取折衷主义和詭辯术来欺騙群众。在无产阶級专政的国家，馬列主义是指导思想，反馬列主义的理論更常常以折衷主义和詭辯术的方式出現。

其次，又必須从理論上、从方法論上揭露折衷主义同辯証法的根本对立。我們知道，折衷主义总是离开具体条件，离开客观事实，玩弄概念游戏，把人們引入反对辯証法的折衷主义的泥坑，因此揭露他怎样用折衷主义偷換辯証法，在什么地方把人引入折衷主义，揭露它的形而上学唯心主义的实质，提高人們的政治鉴別能力。

第三、实践是检驗眞理的唯一标准，千百万革命群众的革命实践是揭露折衷主义最有力的武器。

第四，批判折衷主义归根到底要学习毛泽东思想，大力宣传革命的辯証法。

北京五中　八·一八紅卫兵
韶山·遵义战斗队
印一革委会轉印　12.17.

谁是折衷主义者，为何不指名批判
「批林批孔　批周公」，周公
何许人也？

最高指示

混进党里、政府里、軍队里和各种文化界的資产阶級代表人物，是一批反革命的修正主义分子，一旦时机成熟，他們就会要夺取政权，由无产阶級专政变为資产阶級专政。这些人物，有些已被我們識破了，有些則还沒有被識破，有些正在受到我們信用，被培养为我們的接班人，例如赫魯晓夫那样的人物，他們現正睡在我們的身旁，各級党委必須充分注意这一点。

陶铸的檔案材料处理

广州批陶联合委員会　广州工联《1.22战团》　紅司中大紅旗《星火燎原》　合編

1967.7.10.

前　言

在伟大的无产阶級文化大革命中，这个自吹为"基本上是无产阶級革命家"、"紧跟毛主席"的反革命两面派陶鑄，被广大革命造反派揪出来了，这是毛泽东思想的伟大胜利，是毛主席的无产阶級革命路綫的伟大胜利。

无数事实証明，陶鑄根本不是什么"无产阶級革命家"，而是一个长期隐藏在党內的資产阶級代表人物，是赫魯曉夫式的个人野心家和阴謀家，是中南地区党內最大的走資本主义道路的当权派，是埋在毛主席身边的"定时炸彈。"

长期以来，陶鑄凭着两面三刀，投机鉆营的手段，窃据了党、政、军的重要职务。在大革命时期，他混进了革命队伍。当革命处于低潮时，他就动搖、消极、以至逃跑、变节。在抗日战爭时期，他投机取巧，鉆營于党、政、军高級干部之間，撈取往上爬的政治資本。他对伟大的整风运动，抵触情緒很大，以个人的恩怨出发，经常指桑罵槐、牢騷滿腹。在解放战爭时期，他是刘少奇形"左"实右路綫的忠实执行者，同时与反党野心家高崗打得火热，是个漏网的高饒反党集团分子。解放后，他招降納叛，結党营私，在广州市、广东省和中南局，包庇叛徒，重用右派，扶植資产阶級反动学术"权威"，把广东省、中南局变成他进行資本主义复辟的独立王国。在一系列重大问题上，在每一个关鍵时刻，他都站在刘、邓黑司令部一边，对抗毛主席的正确路綫。他一贯抗拒社会主义改造，坚持走資本主义道路。他大肆販卖修正主义的"阶級合作"、"党內和平"的黑貨，极力宣揚阶級斗爭息灭论。他瘋狂地攻击三面紅旗，鼓吹刘少奇的"三自一包"，在工农业方面实行資本主义复辟。他极端仇視和瘋狂反对我们的伟大領袖毛主席，恶毒攻击战无不胜的毛泽东思想，瘋狂反对和污蔑广大革命群众学习毛主席著作。在城乡四清运动中，他极力吹捧和頑固推行刘少奇的形"左"实右路綫和王光美的"桃园经驗"，对抗毛主席亲自主持制訂的前"十条"和"二十三条"，破坏四清运动。在伟大的文化大革命期間，他更是赤膊上陣，与中国党內头号走資本主义道路的当权派——刘、邓狼狈为奸，参与制訂和坚持推行資产阶級反动路綫，残酷鎮压革命的群众运动，以图保护自己及其主子刘、邓过关。陶鑄反党反社会主义反毛泽东思想的罪恶累累，罄竹难书。

最近，广东地区掀起了一个規模空前、声势浩大的批陶、斗陶新高潮。为了配合这个批陶、斗陶的高潮，根据造反派战友的要求，我們編写了这份陶鑄罪恶史，供广大革命群众批判斗爭时参考。

由于我们編写的时間仓促，水平有限，錯漏和不妥之处在所难免，敬希同志们給予批評帮助。

我們編写这份材料时，得到中南局革命造反派的协助，特在此致謝。

編　者　　一九六七年七月十日

一九零八——一九一八年

▲一九零八年，中国最大的保皇派、反革命两面派、大叛徒陶鑄（又名陶鑄卿，曾用名陶磊）生于湖南省祁阳县潘家埠石洞源公社同心大队的一个破落地主家庭里。

▲陶鑄的祖父陶益斋拥有百余亩土地和大片山林，雇工剝削，每年收租谷数百担，并兼管祠堂和公产，是当地有钱有势的大地主。

▲其父亲陶铁錚在南麓师范毕业后継承其祖父家产，先后与人合股开办过煤矿、紡織厂、钱庄等，并且勾結当地土匪为非作　，搶掠燒杀欺压当地百姓，是一个作恶多端、民憤极大的劣紳，后被人杀死。

一九一八——一九二五年

▲一九一八年陶賊的狗父，狗叔父被杀后，陶鑄逃到汉口，在中药舖当过学徒，也讀过几年书，后来跟着本乡資本家陶瑞卿学做生意，学得了一套尔虞我詐、两面三刀的本事。

一九二五——一九二六年

▲一九二五年陶瑞卿破产，陶鑄就去投靠一个军閥蔣福生（陶父之友），蒋看中了他，把他带到广州，介紹到胡宗南手下当中尉书记官并入了国民党。一段时間以后，陶鑄以"羡慕南方军閥、崇慕许崇智"的动机鉆进黄埔军校（第五期）步兵科。陶鑄叫他的狗兄陶自强代替他书记官的职位。

▲在黃埔军校里，在蔣介石之下学会了反革命两面三刀的手法，学到了吹牛拍马屁的手段。

▲陶鑄不愧为蔣介石的得意門生。1960年他在与马良（越剧演员）談話时，恬不知耻地说："蔣委員长是我的校长，我是他的学生"。并且吹嘘说："他（指蔣介石）长得很漂亮，何故？"

▲一九二六年投机鉆入共产党，后混进北伐军随军北伐。

一九二七年

▲陶鑄随北伐军到上海。"四·一二"蔣介石发动反革命大屠杀后，陶鑄怕得要死，逃到武汉，混入中央政治军事学校，毕业后在叶挺部下当连长。

▲在南昌，陶鑄投机革命，参加了"八一"起义。起义失敗后，跟随叶挺的一支部队打到汕头，在普宁打了敗仗，陶鑄就悲观失望，为了保全狗命，带了一伙人逃到香港。

▲港英当局将陶鑄一伙人抓住交給广州的反动头子張发奎，張要陶一伙当国民党兵，陶竟说："好吧！反正在那里也是吃粮当兵"。便在国民党工兵营里当兵。

▲十二月十一日三时三十分，爆发了有名的广州起义。陶见有机可乘，便跑出国民党工兵营，混入革命队伍，只在起义部队团部吃了一餐午飯，看到張太雷等領导人牺牲了，便怕得要死，将紅袖章撕破丢到阴沟里，逃到一个朋友（做过陈烱明手下付官）家里躲了几天。后来通过私人关系，逃回湖南祁阳老家。

一九二八年

▲当时祁阳地下党县委在刘东干同志領导下組織暴动，陶鑄见有机可乘，又鉆入革命組織，后窃踞了军事負责人的职务（当时化名陶磊）。他不去放手发动群众，武装群众，而在军事会议上荒唐地提出和土匪合作去攻打唐生智的军队。土匪不干。結果不但达不成协议，而且泄露了党的秘密。

▲二月，地下党組織被破坏。其他同志被捕牺牲了，只有他与其狗兄陶自强逃出来。

▲三月，陶鑄和陶自强逃到北京，找不到党組織，陶鑄便逃到河南去投靠傅国期（唐生智、刘兴军队的团长），后来陶鑄回忆说："給我飯吃，留我住下，就是不給官做。"

一九二九年

▲由于陶鑄的"抱負"是"我做出了人就回家乡，否則就不回来了"，在刘兴那里，他的企图落空，便又去投机革命，跑到上海（当时临时党中央所在地）被介紹到中央苏区——閩西去工作，同去的有罗瑞卿。

▲夏，在福州被当时福建省委书记罗明叛徒）留下，調到厦門任军委秘书长。

一九三〇年

▲陶鑄写信給在北京的陶自强，要他到上海去恢复組織关系。

▲五月福建军委付主任王海萍同志領导部队攻打厦門监狱，怕死鬼陶鑄也参加了，生怕被包围，只放了几枪就躲起来。小说"小城春秋"就是以此为题材的，可是因为沒有吹捧陶鑄的"丰功伟績"，陶憤憤不平地说："基本上不符合事实。"

▲七——八月間，陶鑄任樟州特委。陶被殘酷的白色恐怖吓破了胆，便躲到樟州南山寺剃发为僧，燒香念经。

一九三一年

▲四月福建省委遭到破坏，成立閩南閩北特委（設在福州）陶鑄窃踞閩北特委书记。

一九三二年

陶鑄任福州市中心市委书记，为了掩护工作，与曾志（蔡协民同志的爱人）是假夫妻，两人臭味相投，关系很暧昧。

一九三三年

▲蔡协民同志是农民运动讲习所的毕业生，参加过秋收起义，在井崗山当过紅军31团的負责人，是毛主席的老部下，而陶鑄是对抗毛主席革命路綫的，便把蔡视为眼中釘、肉中刺，同时陶鑄想把曾志搞到手，便不擇手段打击迫害蔡协民同志，捏造罪名，硬将蔡的党籍开除。随后陶鑄便与曾志公开結婚了。

▲四月陶鑄到上海向中央汇报工作。因他的交通员王善堂被捕，供出他的地址，在农历五月十八日被伪督察处逮捕了，后押解到南京中央军人监狱。

一九三三——一九三七年獄中生活

▲在牢中陶鑄是一个十足的怕死鬼，正如他自白的"后来我并未被枪毙，而传来消息是说判成无期徒刑，马上要送监，这在我当然是一种欣喜，好容易从死神的威胁下解放出来，极緊張的心弦这以后是松下来了。"

▲曾志听到陶鑄被判无期徒刑便与陶脫离关系，与一个据说是国民党军官的人結婚。

▲在獄中发一份調查黃埔军校毕业生的表，据说是有提前释放或轉送苏州反省院去的可能，陶鑄好象捞到救命稻草一样急忙塡了此表。

▲因陶鑄是黃埔军校毕业生，故被押去见蔣介石，蔣批示"給他飯吃"。

▲狗兄陶自强（35年被捕公开登报自首叛党，后来任上海伪保安团少校军官）两次从上海带着钱財物品去南京牢中看陶鑄，陶鑄明知他已叛变，不但不拒絕接见，反而肉麻地说"我吃了许多年的官司，誰也未来看我，你从上海特意来看我，兄弟还是兄弟。"同时，两人还通信，陶无耻地吹噓陶自强"文字写得很好，在共产党里当头头，现在国民党里也当头头。"并把信給同牢人看，眞是可耻至极。

▲陶鑄在牢中行动自由，受到特别照顾，能够有条件学外文，睡铁床，还发有新棉被

新棉毯，亲属可以随意送财物給他。陶鑄写信要家里"以后少送东西和钱来"，原因是"因为不分（即分点給同牢难友）不好，分了自己就很少了。"这是何等自私，也说明陶鑄对"难友"毫无阶级感情。

▲陶鑄在牢中精讀曾国藩、希特勒和叶右（原名任卓宣、大叛徒）的书籍，胡说什么曾是"政治家"，希特勒是"英雄"，叶右"有学問。"

▲陶鑄为保全狗命叛党自首，由陶自强经紀章簡（国民党军統特务头子、劊子手、上海保安团团长）交給陈誠，下面是自首书：

校座钧鑒：

学生过去誤入歧途，参加异党，触犯国法，现已觉悟，决心脱离共党，抛棄以前政治主张，愿为党国出力，参加抗日工作，以贖前衍。伏望宽恕。

敬仰

钧安

学生陶鑄特謹上

七月十二日

注：因陶鑄是黄埔军校学生，故称蔣介石为校座。

一九三七年

▲八月十五日叛党出獄，后耍手段到南京八路军办事处弄到介紹信跑到武汉。

▲陶鑄到武汉后即写信給其兄要钱，陶自强马上汇去五十元并急忙到武汉去见他，两人共进午餐，搞得火热，十分投机，陶鑄对叛徒洩露党准备上山打游击的机密，并说："只要你以后不再干坏事，国家还会重用你。"

▲当时陶鑄住在武汉的八路军办事处。

▲陶鑄与曾志恢复关系，第二次結婚。

一九三八年

▲陶鑄任湖北省委宣传部长。（当时陶的亲信何伟任統战部长）。

一九三九年

三月份湖北省委派他到湯池搞武装，开了个"青年訓練班"。

▲六月李先念从河南东部带来两个连的兵力和陶鑄合拼，成立新四军豫鄂边区独立支队，陶任政委。

▲組織上派朱理治到湯池，代替陶的职位，調陶到区委統战部工作，陶不干，后叫他去路西指挥部任指揮长。

一九四零年

▲二月份，陶鑄指揮路西军队和四川国民党部队作战，沒打好。

▲三月份，陶鑄运用其两面派手法，捞到一个"七大"代表的資格。陶贼喜形于色，马上收拾行装，离开湖北省委，路经重庆、西安，直奔延安，准备参加即将筹备召开的中国共产党第七次代表大会，以为从此可青云直上。

▲初到延安时，他住在中央組織部，经常参加中央組織部长陈云主持的学习会，"积极"发言，并在陈云面前吹嘘自己。这个学习会的学习方法是一本书一本书的死啃（哲学、政治经济学、联共党史等），就是毛主席在1941年5月"改造我们的学习"的报告中所反对的那种教条主义。这种学习方法得到教条主义的头头黄克誠、張闻天等人的称贊和支持，他们亲自参加过討论会。陶鑄吹嘘自己是反对王明路綫的，但又积极支持王明路綫

的头头们王明、張聞天、博古等刮起的这种教条主义学习的黑风，又一次暴露他反革命两面派的丑恶咀臉。

▲剛到延安，陶鑄便与高崗反党集团份子王鶴寿（王曾与陶在南京一起坐过牢，前任工业部部长）、陈伯村（揪出时为东北局組織部长）等打得火热。

一九四一年

▲上半年，陶鑄在党务研究室当付主任，王首道当主任（后成立党务委員会，由任弼时同志当主任）。后来这个党务研究室撤銷，下面的干部調到王若飞主持的中央党务研究室工作，大概有雍文濤、欧阳方，邵学文等。

▲五月，毛主席在延安干部会议上作关于《改造我们的学习》的报告，号召开展全党范围的马克思列宁主义的教育运动，卽伟大的整风运动。陶鑄对这个伟大的整风运动抵触情緒很大，经常发牢騷，发泄自己的不滿。

▲经多方鉆营，陶鑄于1941年底当上了当时中央书记处书记、总政治部主任职务的王稼祥的秘书。

一九四二年

二月一日，毛主席在中共中央党校开学典礼会上发表了《整頓党的作风》的演说。2月8日毛主席又在延安干部会上发表了《反对党八股》的講演，延安开始全面整风。

▲在这段時間內，野心勃勃的陶鑄欲升官而不达，一再发牢騷说怪話。

五月十三日，他在“我对中宣部四三决定的認识（談整风文件笔记之一）一文中说：“一方面要反对明哲保身，另一方面又要反对专攻别人”，又说什么“下面是沒有讲话的余地的，因之有些領导者可以不負指导錯誤的责任，一切委员于下面执行不力，官腔一套，主观主义的尺到处量”，他还说：“过去我们发揚民主是很差的，而領导有时又是缺乏严正与認真，这就使得大家有話不愿講。”其用心是何其毒也！

一九四三年

▲陶贼帶領一个工作組到賀龙的120师檢查连队工作和了解武工队对敌斗爭的經驗，恰值120师集中大批干部在后方搞审干。当时賀龙胡说中央党校学員20%是特务，陶鑄在干部大会上做了一个动员坦白交代的报告，也是“特务如麻”的思想（后来受到毛主席的严厉批評），小組开会“规劝”嫌疑分子承認是特务，把当时政治部的宣传部长和敌工部长都錯整成特务。

▲陶鑄回到延安后，当时正值延安开展整风审干，組織上隔离追查陶鑄老婆曾志在上海时的历史，陶鑄大为不滿，恶毒地借哀悼当时牺牲的何云以发洩对党的不滿，指桑罵槐地说什么：“很憤慨于党內也有一些只看风色，明哲保身的人。”

▲当时在延安負責机关整风的，是刘少奇的寵臣彭眞。陶鑄出于个人的恩怨，因其老婆被隔离审查，便借口审干有問題，与彭眞狗咬狗地吵了一场，以此把自己装扮成正确路綫的执行者。同时对当时延安党校一部主任古大存也怀恨在心。

▲陶鑄凭着他反革命两面手法，拼命往上爬，当上了中央军委秘书和总政治部秘书长。到任不久便濫用职权，对军委机关的生活制度乱加指责，以达到打击别人，抬高自己的目的。有人反映滿腹牢騷的陶鑄总爱挑剔别人，主席听了说：“牛有角总爱打架嘛”。后来与当时的参謀长叶劍英的关系弄得很紧張，中央把陶鑄調走。

▲陶鑄在《论近代战爭的军事指揮与天才》（43.6.19）一文中说：“要眞具有革命军人的品質，主要依靠自己的反省与不断注意自我修养的工作，才有可能。”积极鼓吹刘

氏的所謂个人修养，只字不提学习马列主义、毛泽东思想。还说："军事上的成功与失敗，联系整个国家与阶級的命运，而战爭的胜利与失敗，又往往以个人的成功与失敗来承担"把战爭的胜負归結为个人的成功与失敗，公然与毛主席的人民战爭思想相对抗。

一九四四年

▲他让总政治部的干部下去调查了几个先进连队的事迹，編了一个小册子，他写的"前言"连同几个先进连队的介紹，送給主席审閱。字写得很潦草，龙飞凤舞，对主席很不尊重，主席只得叫秘书翻譯。主席对他所写的那个"前言"改动不少，文法不通，用字不当的地方都亲笔改了。陶鑄很怕在下面干部中影响自己的威信，装出一付伪君子的样子，自我解嘲地说："主席批評我这个人粗，说再細一点就好了。"还不知恥地吹噓自己："有些人什么問題都看不出来，我这样的人可以看出些問題，就是不够全面、不成熟。"眞是不知世間有"羞恥"二字。

▲这时期內，陶鑄常常向毛主席和林付主席写报告，显示自己的工作成績，想以此树立起自己的威信。因而，他也非常注意收买一些会耍弄文墨的"秀才"，作自己的亲信，替自己树碑立传。

▲陶鑄的心腹李心淸（总政宣传部），便是最会替陶鑄写碑立传的。陶为了博取朱德的欢心，还叫他为朱德写文章在报上发表，以此巴結人。后来，陶鑄到四野时，又把他安排到政治部当秘书长。解放后到广东时，还让他当华南分局宣传部长。（李心淸是什么人呢？他是个衣冠禽兽腐化墮落分子竟奸污亲生女儿，后被开除党籍。57年反右时，畏罪自杀身死）陶重用此无恥之徒，由此可看出陶的丑恶咀臉及其狠子野心。

▲在延安期間，他跟罗瑞卿打得火热。每当罗瑞卿从前方回来，他们就在一起打牌。他说他和罗是在广州起义失敗后在上海認识的。

▲他在延安总政治部时，除了和王鶴寿关系密切外，同陈正人（当时任西北局組織部长）关系也很密切。

一九四五年

▲四五年四月二十三日至六月十一日在延安召开"七大"，一心往上爬的陶鑄既沒被选为中央委员也未当上候补委员，而彭眞的亲信刘瀾濤却选上了，因此陶鑄很不滿，又眼紅又酸溜地说："刘瀾濤的中央委员是坐'紅椅子'的"（最后一位）。

▲"七大"以后，陶鑄被分配到湖南去創建根据地，并任命他为区党委付书记。据说当时彭眞曾找陶鑄談話，让他做区党委书记。陶鑄从当时的个人恩怨出发，（陶因老婆曾志被隔离审查一事同彭眞狗咬狗吵了一架），賭气不干，只接受做付书记。

▲陶鑄随部队从延安南下到河南，是时日本宣布投降，中央电令南下干部都去东北。陶即轉赴东北，大约九月間到达沈阳，窃据了辽宁省委书记的职位（以后簡称为辽西和辽北省委）。他一直是书记。

▲当时反党份子彭眞在东北执行了严重的右傾机会主义路綫，不执行毛主席关于建立巩固的农村根据地的指示，企图从苏联紅军手中接收各个大城市，"和平"取得东北。林彪同志坚决执行毛主席的指示，同彭眞进行了坚决的斗爭。高崗这个篡党野心家，看准了彭眞的弱点，打着拥护林彪同志的旗号，拼命反对彭眞一伙，想把彭眞打下去，树立自己的威信。而陶鑄这时则从延安时的私怨出发，站到了妄图通过反彭眞而实现自己的政治野心的高崗一边。

▲毛主席指示要在东北建立农村根据地，但在沈阳市堆集了三千多个干部，而附近各

县每县只派十几个干部，工作出不了县城。陶鑄任辽宁省委书记，直接領导沈阳市，对这种情况并沒提出反对意见，可见陶贼当时并沒建立农村根据地的思想，他反对彭眞完全是从个人恩怨出发的。

▲十二月我军撤出沈阳，陶鑄到辽西任省委书记，省委曾住法庫一个时期，此时林彪同志率領部队到达东北，在法庫住了几天，宣传建立农村根据地（在干部会议上作过报告），指出当时农村都是地主武装統治着，农民沒有发动起来，连偵察都派不出去，怎么打仗。随后国民党军队也空运东北，战爭打起来了。见风使舵的陶鑄此时也就大搞政治投机，大談建立农村根据地問題，冒充他是反对彭眞路綫的。

▲彭眞因犯錯誤調离东北，林彪同志主持东北局的全面領导工作。高崗这个野心家，窃取了地方工作的領导权。在反对彭眞的政治投机中，陶鑄和高崗及其一伙如黃克誠、張聞天等互相勾結，結成一伙。

▲当时，王明教条宗派集团分子張闻天、凱丰、楊尙昆等人对毛主席的革命路綫一直心怀不滿，对毛主席、党中央領导的反王明路綫的斗爭仍然不服，他们勾結高崗的心腹張秀山等，搞小集团，极力吹捧高崗，陶贼便是这个反革命小集团里的人。当时高崗很贊賞陶鑄见风使舵的"本事"高明。

▲当时有人提出留一些干部放到后面几个省巩固后方，陶鑄这个野心家惟恐調离其亲信，对此极为不滿，坚持"一个都不留"，得到了黃克誠（当时西滿分局书记）的支持，全部回到了辽西。

一九四六年

▲有一次，高崗去热河，经过辽西见一鎮子的商店照常營业，便信口表揚"这儿的工商业政策大概掌握得不錯"，陶鑄听了很高兴。其实陶鑄根本沒有到过这个地方，却貪天之功为己有，逢人便吹嘘自己。

▲在建立武装方面，陶只注意发展正規部队，不注意发展地方武装和民兵。而在发展正規部队方面，陶沒有貫徹好政策，把地主的爪牙、走狗和流氓吸收进来，形势一緊張，就出现了大量的叛变投敌的现象。在內蒙地区，他走上层路綫，实际上搞了一些地主武装，形势紧張时叛变投敌，并且杀了几百名汉族干部。

一九四七年

▲土改中，陶鑄学着刘少奇的"搬石头"、"踢开旧干部"，大搞"扫堂子"、"走马交权"的形"左"实右的土改路綫，分配土地絕对平均，造成乱杀，侵犯中农、工商业利益的现象。当时陶鑄任辽宁省委书记，这个省搞土改就杀了几万人。"靠杀人裹开局面"，高崗很誇奖他，说他有能力。这一形"左"实右的路綫在毛主席制訂了正确的工商业政策和土地政策后，才得到糾正。

▲在全国土地会议的結论报告上，陶鑄猖狂地攻击毛主席，含沙射影地说："世界上沒有十全十美的領导者，古今中外都沒有。如果有那就是装腔作势，猪鼻子插洋葱，装象"。

一九四八年

▲解放战爭中，我军轉入反攻阶段，蔣匪敗局已定。八月，陶鑄之狗兄陶自强（叛徒、军統特务）由南京逃往台湾。陶鑄与其通信联系密切，陶自强供認"我在台湾曾写信給他（陶鑄）联絡，后他写信給我同时催回"。而陶自强潛回时又与香港的军統特务头子紀章簡（陶自强曾是他的秘书）和左肇英联系过，在这里陶鑄究竟与其兄干了些什么勾当？

▲沈阳刚解放，陶鑄窃踞了市委书记、市军管会副主任的职务（陈云是主任）。他利用职权，大拍高崗的马屁，刚弄到一輛新轎車，便马上叫人送給高崗的老婆，说是这个婆娘早就提出要一輛汽車。

▲陶鑄这个野心家，这时非常注意培养自己的心腹党羽和亲信，招降納叛，結党营私。如许立群，在延安时是反党牆报“輕騎队”的主将，列为审干重点对象，一到东北，陶鑄就让他担任地委宣传部长，辽西省委党报的主編。在这以后，陶鑄每到一个地方，总要糾集一批这样的人，安插到要害部門，为自己篡党阴謀搖旗吶喊。

一九四九年

四九年初，陶鑄任沈阳市委书记时，经过他的提议，以市委的名义給中央发了一个电报，主張大城市郊区的土改政策要放寬一些。这是右傾机会主义路綫。沈阳郊区的民主革命进行不彻底，同陶鑄这个电报的指导思想有重要的关系。（当时陈云在沈阳市军管会会议上也講过，他主張在城市工作的政策上宁右勿左）。

▲沈阳解放后，陶鑄大概得悉他将調往第四野战军工作，于是便在干部大会上宣讀了林彪同志过去給中央的几个电报（关于东北工作的意见）和中央的指示，以及彭真如何違背中央指示等，以标榜自己。在这个大会上，陶鑄还宣揚自己因为在干部中印发了中央指示，而受到彭真的警告处分，说要去中央查看档案有沒有写进去，说写进去不合理，要取消。他还说到东北局分配工作时，屋子里坐滿了人，彭真像分苹菓似的一个一个地点名，你到那个省去，他到那个省去，簡直不象話。在这里，陶乘机发洩对彭真的个人不滿。

▲四九年春，第四野战军进关南下，陶鑄調任四野政治部副主任。这个野心家“任人唯亲”，在領导崗位上安插了一批臭味相投的亲信，妄图控制政治部，独攬大权。如叛徒王兰西，先任政治部秘书长，后又任宣传部长。

▲五月間，陶鑄之狗兄陶自强在陶鑄的“了解”、“联絡”和“催促”下，（陶自强自称：“如果沒有陶鑄对我的了解，我是不敢回来的。”）由台湾潜回湖南，竟仗陶鑄之权勢，公开組織匪军军官殘部成立所謂“湖南游击第四縱队”，企图鉆进我军。陶兄匪性不改，在土改大覇时竟敢窩藏大恶霸地主楊九林，为我人民解放军逮捕，在祁阳劳改，当地人民和土改队一致要求处决他。陶鑄之狗嫂忙到汉口告知陶鑄，陶鑄立即急电告湖南军管会，电文大意：我哥哥过去对革命作出一定貢献，后来他叛变了，但近几年他表现还好，你们是否可以把他列作統战对象？于是乎在当时军管会主任黃克誠的包庇下，将陶自强在由祁阳押解衡阳途中秘密释放了。影响很坏，民憤极大。

▲陶自强被释放后立即到汉口找陶鑄，陶对其十分亲热，对他说：“你已脫党（实为叛党），要向党交待清楚，如果未破坏組織，可以将功贖罪，希望你好好改造，多为人民服务，做个党外布尔什維克。”并安排他在四野政治部交际处。

▲后陶鑄，黃克誠、金明联合写了一个介紹信給灵陵地委，証明陶自强曾加入共产党。在陶鑄一手包庇下，血債累累的陶自强，竟然逍遙法外，当上了灵陵专区文科科长，后又当祁阳中学校长。

一九五〇年

▲陶鑄随军南下到汉口，大批国民党军官和党棍到汉口找陶鑄，陶鑄都一一接见，并安排他们的工作，陶鑄的爱憎可謂“分明”矣！

▲陶鑄到武汉后，把一些在武汉做木材生意的姓曾（因陶的老婆姓曾）与姓刘的同乡（投机商），介紹他们跟交通接管部和铁路局采购木材。居然“帮助”投机商走私！

▲陶鑄带領一个全付武装的警卫班，亲临祁阳看望其反革命哥哥陶自强，助长了反革命分子陶自强的反动气焰。陶自强曾公开说："犯錯誤沒有什么了不起，我有陶鑄，你们敢把我怎么样？"眞是狂妄至极。

▲陶鑄与狗兄陶自强合伙在祁阳建立一个以其父亲名字命名的"铁錚图书館"，陶鑄亲题"铁錚图书館"的金字牌匾，并先后三次邮寄图书以"充实""铁錚图书館"，为其地主父亲树碑立传。（一九六六年陶上調中央后，还要衡阳市委大兴土木建造"铁錚图书館"。）

▲陶鑄在干部会议上，恶毒攻击我党的統战政策。胡说"民主人士抬轎子，共产党人坐轎子。"并作反动打油詩："第一个抬轎子的人，揚眉吐气；第二个抬轎子的人，不敢放屁；第三个抬轎子的人，昏天暗地；第四个抬轎子的人，多走半里地。"

▲在武汉成立中南军政委员会时，陶鑄公开出面为其老婆曾志爭一个局长的位置。后又濫用职权，将其老婆捧上广州市委书记处书记。曾志长期以养病为名，不做工作，但几年前，赵紫阳又把她封为广东省委候补书记。

一九五一年

▲陶鑄担任广西省委第一书记。当时广西土匪活动猖獗，惨杀我革命干部六千余人，而陶鑄则从东北的形左实右滑到了右，致使土改不能順利进行。陶鑄对此写了报告檢查，受到毛主席的严厉批評。陶鑄对主席的批評不服，曾发牢騷："在广西工作近一年，对广西局面打开应该说我是起了一些作用的。"

▲听到高崗担任了国家计委主任，陶賊便吹捧他，并乘机恶毒攻击、貶低毛泽东思想，陶说："他（指高崗）沒有讀过毛主席著作，就自己創造了一套马列主义理论。"

▲陶在广西又拉了一批心腹，如当时省委付书记何伟等人。

▲陶母董唐姑（地主婆），仗着陶鑄的勢力，目空一切，土改时竟恶毒攻击和誣蔑人民政府和党的政策、大駡"土改杀人太多，不该枪决的也枪决了"。而"不孝男"陶鑄对其狗母言听计从，于51年亲自回乡調查土改一事，助长了其地主婆母亲的反动气焰。

▲五一年在武汉成立中南局，陶鑄骗取了信任，当上了中南局委员及华南分局第四书记。

一九五二年

▲主席批評全国有三个烏龟：广东、福建和广西。二个都爬上去了，只有广东还沒有爬上去。七月，在华南分局扩大会议上陶鑄把自己装扮成絕对正确的姿态，指责叶劍英、方方，趁机抬高自己。

▲反对地方主义（反方方）后，陶鑄从华南分局第五书记爬上第三书记，方方降为第五书記。叶劍英調走后，陶便窃踞了华南分局第一书记职务。

▲陶鑄在一次談思想时说："……我也想走，广东是是非之地。"企图要賴，把所有'对手'打下去或調走。当时中央派李雪峰当老中南局組織部长。

▲在中央召开的财经会议上，高崗、刘少奇爭权夺利，都想爭夺第二把交椅，以便实現篡党野心。陶鑄这时追随高崗。他对刘少奇的狐群狗党都能当上中央委员很为眼紅，忿忿不平地对人说："在北京坐牢过的（指刘少奇大叛徒集团）倒有很多人当上中央委员！"为自己在南京坐牢，沒有巴結上刘少奇而当不上中央委员叫屈。

▲湖南省委已批准枪斃陶自强，陶鑄知道后打电話給湖南省委说："等母亲死后才枪斃，如果現在枪斃会促使母亲早死"。結果保住了其兄的狗命。

▲十一月六日，在华南民主党派人士座談会上，陶鑄竟说某些方面民主党比党作用还大，主張“分工負責”，“工农主要由党来領导和发展，工农以外还有各阶层，大家分工，你們也搞一部份。完全丧失了共产党员的原则和立场。

▲陶鑄说叶劍英“沒有做地方工作的经驗，不会用干部，搞和平土改”，以貶低叶劍英来抬高自己。陶鑄就是通过种种手段爬上了华南分局第二书记的。接着陶鑄又把原来負责土改工作的同志一脚踢开，而把亲信赵紫阳提为秘书长掌握实权。

▲三反五反时，罗瑞卿来广州活动两、三个月，陶鑄与其关系密切。

一九五三年

▲反方方的分散主义后，撤消方方的书记职务，挤走了叶劍英和張云逸，陶任华南分局第一书记兼省委第一书记。野心家陶鑄为进一步控制华南分局，曾提出提拔亲信何伟当第二书记和赵紫阳为第一助手。

▲全国土地改革結束后，毛主席在确定对农业实行社会主义改造的同时，对刘少奇提出的巩固新民主主义秩序和发展农村資本主义经济的謬论进行了严厉的批判。陶鑄在这之后，仍然同刘少奇唱一个調子，积极提倡私有观念，说什么“私有观念对发展生产有好处。”大肆提倡借貸自由、雇工自由、土地出租自由、买卖自由的“四大自由”。

▲陶鑄在青年团华南工委扩大会议上说：“团员要积极宣傳保护农民私有制，确立新的生产关系。只有这样才能发揮农民的生产积极性，才能走向社会主义社会”，“凡是土改后妨碍农民私有制的确立和新的生产关系的确立的行为，都要制止和批判”，“团员应宣傳打开‘借貸之門’”。还鼓吹团员带头发家致富。

▲十月下旬，高崗伙同心腹張秀山从杭州坐专程列車到广州进行反革命串连，想把陶作为自己反党集团在中南的代理人。陶鑄这个野心家，一见时机已到，受寵若惊，立即卖身投靠。

为了博得高崗的欢心，陶鑄殷勤接待，亲自为之安排住处。高崗生活荒淫，带两个年輕的嫲姆，同居一处。陶鑄在为高崗“接风”的舞会上，把灯全熄，让高崗大要流氓手段。

在密談时，高崗对陶鑄说：“他们（指反党集团分子）都说我当党的副主席好，你看怎样？”陶領会旨意，立即奉承说：“你的实际经驗最丰富！”高崗封官许愿，答应篡党得逞后，陶鑄即“可到中央当个副总理”。

▲十一月，毛主席、党中央决定对粮食实行統购統銷政策。对此，陶鑄加以抵制，写报告給中央，要求全国不要搞。若要搞，广东、广西推迟一年实行，受到主席的严厉批評。

▲陶在广东党校作报告，公开对抗毛主席办党校的目的，胡说：“最重要的就是培养优良作风。一方面把工作总結一下，提高一下。”閉口不談学习马列主义和学习毛著，与刘少奇的“办党校的经驗”一唱一和。

▲陶鑄多次講話鼓吹“稳定新的生产关系，保护私有制的积极性，发展生产力。”公开对抗中央五三年二月十五日正式通过的有关社会主义改造的决议。

▲古大存把陶鑄与高崗勾結的材料和在广州拉赵紫阳、楊一辰和何伟一伙搞宗派的事呈报中央，邓小平接到古大存材料后便轉告陶鑄，陶聞訊气急敗坏，恶人先告状，在省委会议上大罵古大存“搞宗派主义”，“破坏省委团結”。……

▲有一次在韶关开会时，他带着秘书和警卫员，乘車去“視察”监獄。車子横冲直

撞，直駛进监獄（車子是不准駛入监獄的）但陶鑄以勢压人，不示出証件及介紹信。当时，負责同志要他拿出証件及介紹信，陶大怒，说“我就是陶鑄，我就是沒有証件，我就是沒有介紹信！”事后，陶鑄一直怀恨在心，并撤了那个干部的职。

一九五四年

▲一月二十日，陶鑄在广州文学艺术界学习討论会上发表了《关于創作上的一些问題》的講話，公然違背毛主席关于文艺工作者一定要在深入工农兵群众，深入实际斗爭的过程中，在学习马克思主义的过程中，把立足点移到工农兵这方面来，移到无产阶級这方面来，只有这样，才能真正为工农兵服务的，为无产阶級服务的文艺的伟大指示。

▲二月，党中央召开七届四中全会批判高、饒反党联盟的罪行。陶鑄见势不妙，连忙作假檢討，抵賴他的反党罪行，檢討了两次才勉强过关。高、饒的反党阴謀敗露后，陶鑄又搖身一变，投靠新主子刘少奇。

▲这时古大存也在广东省委。他知道陶和高崗在东北臭味相投的老底，加上在延安的私仇，陶鑄这个野心家对古大存恨之入骨，千方百计想把他打下去。

▲四中全会传达后，陶鑄亲自提出要把其老婆提升为市委书记处书记，当时党內有不同意见，陶鑄便大罵：“广东沒有一个不是野心家。”于是便硬捧了上去。

▲陶鑄在青年中一再販卖刘少奇《论修养》的黑貨，鼓吹青年成名成家，宣揚吃小亏、占大便宜的个人主义哲学。五月十日在广东省青年第一次代表大会上对青年講話时鼓吹说：“只要在自己的崗位上把工作做好，人民就会器重你……”，“事在人为，如果你是一个小学生，在生产工作中好好鍛炼，也是可以成为专家、科学家的。”

▲九月六日，陶鑄到省党校作报告，大肆攻击社会主义制度，说什么：“过去我们宣傳社会主义，只说好的，并不说困难，这是片面的、不对的。”胡说：“买东西要排长龙……主要原因是搞社会主义。”还说：“不搞社会主义则已，搞社会主义便出现了六条长龙（指排队成长龙）”。为推銷他的物质刺激的理论，陶鑄竟污蔑“华南的干部和群众是带着要求物质生活享受很高的情緒来建設社会主义的。”

▲陶鑄在一次地委书记以上干部的会议上作‘檢討’，一面承認“高崗曾许愿让当政治局委员、总政主任。”一面还公开为高崗辯护：“高崗有錯誤，但也有好处，会使用几个秘书。”

一九五五年

▲在全国农村社会主义合作化高潮即将到来之际，陶鑄追随刘少奇、邓子恢，推行右傾机会主义路綫，妄图把农村拉回到資本主义老路上去。他与赵紫阳合伙規定“农业集体合作化发展到占总戶40％就可以了。”一月卅一日，主席在中共中央召集的省、市、区党委书记会议上严正批判了这股反动思潮。

▲二月，陶鑄在一次有党员干部、私营企业資本家参加的会議上，談私营企业的改造问題时说：“中国民族資产阶級在抗日战爭、解放战爭中是有功劳的，解放后，买公債、接受改造，他好的一面多。”美化資本家，麻痺工人斗志。

▲三月二十一日，陶鑄在《全省組織工作会议上講話）大力歪曲党对待知識分子的政策。胡说：“培养新知識分子要依靠老知识分子。”甚至以后（六一年）竟无恥提出：“……要侍候人，要做好总务工作……为老教授服务。”

▲六月，陶鑄曾到省党校作报告，大肆攻击党的統购統銷政策，胡说：“作为农民来说，最好一点都不卖，但我们又非买不可，一个不愿卖，一个非买不可！就发生矛盾。”

陶鑄还在报告中污蔑貧下中农参加合作社是为了“揩中农的油”。

▲七月三十一日，陶鑄竟对抗毛主席《关于农业合作化问题》指示，大唱反調，在工作中一再强調要防“左”，規定比例，限制发展。

▲八月，陶鑄对五所高等学校教师作报告，在談到肃反问题时，竟替反革命分子开脱罪责，对反革命分子施以仁政。说：“他們为什么进行反革命活动呢？我看大多数是由于被欺骗。”并設身处地地替隐藏的反革命分子设想，说：“目前中国大陆上潛伏的反革命分子，精神状态和他们的处境是可怜的，心情是痛苦的，不是很愉快的。”还胡说：“人还是有用的，一个人长到这样大，不是很容易的，一刀杀掉，太可惜了”。

▲这年，邓小平来广州。陶鑄开所謂解决省委团結大会，专整古大存同志。邓小平也在旁帮腔说：“陶鑄是正确的，省委要团結在陶鑄周围。”

▲陶与胡耀邦关系密切，陶每到北京都要找胡，从胡那里領敎刘、邓黑指示。

▲冬，胡耀邦奉罗瑞卿“密令”，到东南沿海“視察工作”，后到广东，陶留胡在广州过春节，一起看花市，一起看为彭德怀歌功頌得的反动影片《怒潮》，密談到东南沿海“視察”等情況，这里有什么勾当待查。

一九五六年

▲合作化运动刚一結束，陶鑄就在广东省党代表大会上强調“要发揮个人积极性”，鼓吹資本主义自由化。結果在全省刮起了一股严重的退社、单干和投机倒把风。

▲陶说：“提拔干部要注意两点：第一，不是反革命，政治上可靠；第二，要有一定工作能力，思想意识較好。”又说：“只要他们不是反革命，有一定能力，工作积极……就应該提拔。只要不是杀头、就是劳改、管制分子，……如果改造好，将来也可以当科长。”公然違背毛主席的德才兼备的干部政策。

▲六月，刘少奇来广州听取省委汇报工作。陶鑄为了討好刘少奇，搜罗大堆所謂典型材料，安排不少人向刘少奇汇报。当时，刘少奇乘机大肆放毒，鼓吹資本主义的经营方式。陶鑄奉若神明，把刘少奇黑指示专門整理印发，組織干部学习并貫徹执行。

▲九月，中国共产党第八次代表大会召开。陶鑄掛了个广东省代表团团长、中南局代表团团长的銜头，洋洋得意地到了北京，滿以为能顺顺当当捞个中央委员。

那次，陶鑄这个个人野心家勉强当选为中央委员，名列倒数第三。

▲这年，毛主席亲自领导編輯了《中国农村的社会主义高潮》，在按语中主席对农村的阶級斗爭、农业的社会主义改造作了许多极重要的指示。高叫过“坚决收縮”的陶鑄听说后，连忙叫反革命修正主义分子王匡也編了一本，用自己的名义发表，妄图貶低毛主席坚定地引导亿万农民走集体化道路的伟大号召，进行政治投机。

▲在中共广东省第一次代表大会上，陶鑄作了一个“一定要把广东建設好”的报告。在报告中，陶鑄说：如何才能有效地高度发揮全省人民的劳动积极性呢？“在目前说来，我們认为最要紧的，莫过于在发展生产的基础上逐步改进劳动人民的生活。”竭力鼓吹物质刺激。

一九五七年

▲二月，陶鑄在广东召开农业生产积极分子会议时，他说：“要巩固合作社，首先要从经济上巩固”，又说：“赶上並超过上中农，是集体經济强于个体经济的标誌，也是合作社在经济上最后巩固起来的标誌”。

▲四月十日，刘少奇在广东省、市机关干部大会上作了所謂《处理人民内部矛盾》问

題报告、陶鑄完全按照刘少奇的調子，极力宣揚“阶級合作”和“党內和平”，鼓吹資产阶級自由化，歪曲和篡改毛主席《关于正确处理人民內部矛盾》的问题的伟大思想。

▲四月十七日，陶鑄在广东省宣傳工作会议上作了“关于人民內部矛盾和百花齐放、百家爭鳴问题”的报告，说什么：“国內敌我矛盾已经解决”，“我国国內阶級矛盾已经基本解决，反革命残余已經基本肃清，人民內部矛盾已上升到主要矛盾的地位”。

▲四月，陶在接见学生代表时，用資产阶級成名成家的思想毒害青年，说：“高中毕业生一般才十七、八岁，当三年学徒才廿一岁。英国的艾登廿四岁当了外交部长，……将来的乡长，党支书，社主任一定由你们当。工作做得好，群众拥护，将来县长、省长也就是你们当选了。”。並说：“古代的王賢是先养牛后当大官的”。

▲五月四日，陶鑄在《南方日报》上抛出了《关于人民內部矛盾和百花齐放、百家爭鳴问题》的大毒草。

五月五日，又在《南方日报》上抛出了《如何正确处理广东人民內部矛盾》一文。陶鑄在这里极力鼓吹阶級斗爭熄灭论，说什么：“不要忘记我们的国家是一个六万万人口的家庭，现在阶級斗爭已经基本消灭”，“解决这些矛盾，最根本的办法是搞好生产。……因为一切的矛盾都在于分配，所以解决这矛盾的前提是搞好生产”。

主席在那年指出：“……无产阶級和資产阶級之間在意識形态方面的阶級斗爭，还是长期的、曲折的，有时甚至是很激烈的”。陶鑄抛出这些大毒草，就是对抗主席提出的阶級和阶級斗爭的学说。

▲在广东省第一次学生代表会议上，陶鑄鼓吹“国內已经基本上消灭了阶級，国內的矛盾主要是人民內部矛盾，今后主要的任务是发展生产，搞好生产。”

▲反右斗爭时，他公然反对毛主席关于資产阶級右派和人民的矛盾是敌我矛盾这个英明论断，胡说什么：“对右派斗爭不能说是敌我之間的斗爭”。反右斗爭期間，他又到大学召集教授开会，一再强調“广开言路”，“自由思想”。

▲大右派秦牧放出了大毒草《地下水噴出了地面》，群众要求揪出来斗爭，这时王匡和陶鑄一起压制群众包庇他过了关。

▲他在省委整风和反右斗爭的报告会上说：“思想改选应該細水长流、和风細雨，不能妨阻业务，运动不可搞得过多……”。

▲今年，中央再次追查陶鑄和高崗的关系，他极力洗刷自己和高崗的关系，说什么：“我们尊重他（高崗），是因为他拥护林总，誰知道他有那样的野心。”

▲陶自强被广大群众揪出，材料上报衡阳市委和湖南省委。陶鑄却写了一封信給湖南省委说：“你们不要因我而不好处理我哥哥，你們覺得应該怎样处理就怎么处理，”暗示湖南省委要愼重考虑。周小舟之流即会意把材料扣压起来，省公安厅对于陶自强问题也不作刑事处理。

▲十月一日，《羊城晚报》創刊，陶鑄在創刊詞中说办报是“为了实现广州知識分子关于扩大爭鳴园地的要求”。他給晚报提出的办报方針是“移风易俗、指导生活”，“不要象机关报那样指导工作”。以后，他接二连三地发黑指示，极力鼓吹：“有多少缺点和困难，就講多少缺点和困难”，在“五层楼下”，“一个指头也可以议论”。陶鑄重用楊奇、秦牧等黑帮，並说：“《羊城晚报》不是党的机关报，秦牧可以当付总編輯。”把《羊城晚报》变成藏污納秽毒草丛生的資产阶級宣传陣地。

▲秋天，广东省委決定在地委、部份县以上干部中开展“历史大辯论”。清算地方主

义的錯誤。在这场政治斗爭中，陶鑄独断专横，对犯錯誤的同志，采取一棍子打死的办法，进行无情打击，以抬高自己、培植个人势力。

▲十二月，陶鑄在广东省委会议上談到一年来的农村工作时，提出用经济主义去"巩固"合作社，抹煞农村的两条道路斗爭。说什么："……光是靠斗資本主义思想是解决不了问题的。要巩固合作社，使社员坚决走社会主义的道路，最基本的还在于搞好生产，增加收入"。

▲五七年，刘少奇大力鼓吹"要允许有一部份資本主义工商业，工业，地下工厂，要让他们鉆空子。"陶鑄也一唱一和说"最近出现的一些地下工厂，应該对他们加强領导"，"应該加以具体帮助，使之合法化"，为資本主义复辟鳴鑼开道。

一九五八年

▲陶鑄在《上游》杂誌第一期发表了《从反"冒进"的錯誤中应吸取的教訓》一文，以反对我国经济建設工作中不走群众路綫为幌子，大反所謂"教条主义"，公开与毛主席关于反对修正主义的指示相对抗。

▲陶鑄在省委办公大楼五楼小礼堂的一次会议上说："毛主席万岁，唉！其实人总是要死的，总是不能活到万岁的！"这是陶鑄对我们伟大領袖刻骨仇恨的大暴露。

▲"五一"节清晨，主席由广州到长沙，决定不回北京参加"五一"节。主席的飞机已经起飞，大概要隔二十分鈡以后，才能再起飞另一架飞机。这时，彭德怀和陶鑄在机旁一唱一和地对起话来。

彭德怀：陶鑄，今年"五一"节你不上越秀山了？

陶鑄：是嘛！今年主席都不上天安門了，我不上越秀山也可以。

彭德怀：主席是可以随心所欲的，别人就不行。

陶鑄：主席嘛！他可以破規，旁人誰能破这个規？

彭德怀：中国的事只有他说了才能算。

陶鑄：你当国防部长为什么不回北京上天安門？

彭德怀：主席要到长沙去，我們还能不去嗎？

陶鑄：是嘛！

联系到五九年庐山会议上陶鑄和彭、黄、張、周反党集团的神秘关系，不是令人深思嗎？

▲六月，陶鑄在华南师院作了"我们是怎样取得彻底完成社会主义革命胜利"的报告，说什么"社会主义彻底胜利了"，反右斗爭以后，"最后从思想上政治上解决了消灭資产阶級的问题"，"彻底解决了两条道路斗爭的问题"。

▲八月，他在广东省科学工作会议上，依旧鼓吹阶級斗爭熄灭论，说什么"我们现在正处于一个新的时代，新的时代是什么內容呢？首先是阶級斗爭为主的时代已经过去了"。

▲八月，广东省委召开有县委书记参加的紧急会议，陶鑄在会上提出晚稻亩产翻一番、翻半番的口号，並胡说什么："全省再沒有比夺取荣誉更重要的事了"。办法是两条：一是"拔白旗"，改組各級領导，如果不是依照陶鑄的指示去做的就撤职。二是：对各級党委实行重奖政策。如果以县为单位晚造亩产达到一千斤以上，奖給"指揮檢查生产用"的小吉普車一輛，拖拉机五——十台，載重汽車十輛，年产量二千噸的化肥厂設备一套，大搞物質刺激。

▲秋天，刘少奇来广州，陶鑄即請他到中山紀念堂向干部作报告，并肉麻地吹棒："少奇同志是毛泽东同志最亲密的战友，是我们党的領袖之一"。刘少奇在报告中談到城市人口增加太快，动員干部家属回乡时，竟引用唐詩"少小离家老大回"的詩句、说什么"古代人外出做官，经商是不带家眷的""国民党要县长以上的官才能带家眷"，把我們的干部说得不如古代人、不如国民党。对于这样的大毒草，陶鑄还大加吹棒，并在党組織內部傳达学习。

▲九月，暨南大学成立，陶鑄亲自任校长。陶鑄企图把这座大学办成資本主义式的大学，不论在組織路綫上，教育路綫上都是如此。他网罗了一大批資产阶級学术"权威"右派分子任教。并提出："热爱劳动，努力学习，又紅又专，具有高度的社会主义的覚悟，这就是我们的教育方針，也是暨大的校风。""现在问題是运动多，……以后大学、中学应让学生好好念书。运动多了，不讀书質量就下降。"公然和主席的教育方針相对抗。

▲陶鑄看到有些地方大搞浮誇风，什么併田"高产""放卫星"，吹得天花乱墜，欺騙中央。一貫两面三刀的陶鑄当然也不甘心"落后"，在广东省大搞併田"放卫星"，把连县二十六亩地的产量併为一亩算，在番禺县搞了5亩合成一亩，放了亩产"一百多万斤的紅茨田"，又搞了个"广东稻田亩产十三万斤稻谷"的特級样板。他到处吹嘘，放空气，并向国內外广播影响很坏。后来被林付主席发現批評，才沒有継續搞下去。

▲秋收后，陶鑄极力歪曲人民公社的优越性，大力鼓吹什么放开肚皮吃飯，他在一次会议上说："过去几百年，农民沒有吃过一頓飽飯，现在广东粮食过关了，粮食问題解决了，以后放开肚皮吃飽飯，购粮食不限量。"結果粮食浪费极其严重，三个月后粮食就紧張了。

▲为了掩飾自己的錯誤（放开肚子吃飯），陶鑄又在全省大反所謂"瞞产"，把錯誤强加于农村的广大干部身上，打击了大量的农村基层干部。后来，农业部有一位同志向省委书记处如实反映情况，指出陶鑄提出吃三餐干飯是錯誤的。陶鑄知道此事之后，怀恨在心，并在干部会点了这个同志的名。打击别人，以掩盖錯誤，这是陶鑄貫用的手法。

▲中央有位負责同志来广州檢查关于广东农业生产的情況，陶鑄除了亲自陪同前往参观以外，还指定別人为这位負責同志代写一份报告，在《人民日报》上发表，以吹嘘自己的成績。

▲八届六中全会上，陶鑄破例地搞了个"甘蔗渣利用"的小型展覽会，并送給每个到会的同志一件以甘蔗渣試制的人造絲衣料，以显示广东工业方面的成績。事实上，当时这項技术，广东并未过关，而是上海最后加工搞出来的。

▲陶鑄到粵北连县一带檢查大炼鋼鉄工作，一路上大放厥詞，说什么："这样大炼鋼鉄只能搞这么一回，子孙万代再也不能搞了"。并把群众土法上马建成的"土高炉"罵成是"笔筒"。另方面，陶又在中央面前爭着要多分給生产任务，表示要"助一助威"，以此来騙取中央对他的信任。

一九五九年

▲四月二十九日毛主席給全国各省、地、县、公社、大队、生产队各級干部写了一封"党內通信"，对农业的几个问題作了科学的实事求是、辯証唯物主义的分析。这些极其重要的指示，陶鑄竟狗胆包天，不往下傳达，把主席的这封信扣压下来，直到第二年农村整风整社时才发下去。

▲五月，在广东省委常委扩大会议上，陶鑄竟大肆吹捧"海瑞精神"，他说："海瑞

的风格很高，共产党员要向海瑞学习，要有海瑞的风格，敢于提出自己的不同意见”。并伙同反革命修正主义分子周扬在海口大建海瑞祠堂，收集海瑞文物，大搞紀念海瑞活动，对“海瑞”等反动戏推崇备至，为右傾机会主义分子的猖狂进攻大造輿论准备。

八月

▲庐山会議上，彭德怀反党集团抛出了一个彻头彻尾的修正主义綱領，妄想推翻以毛主席为首的党中央的正确領导，陶鑄对这个反革命綱領拍手叫好，竭誠拥护。彭德怀的反党阴謀被揭穿以后，陶鑄一面匆忙作假檢討，对彭德怀进行假批判；一面却又与这个反党集团的另一头目黃克誠勾勾搭搭。庐山会議的前一阶段是各省第一书记参加的中央工作会議，揭发了彭德怀反党的滔天罪行。黃克誠沒有参加这个会。到第二阶段开中央全会时，黃克誠一到庐山，就緊張地找陶鑄密談了几个小时，商討对策。沒有多久，黃克誠的反党阴謀也开始敗露了，陶鑄慌了手脚，匆匆忙忙写了封公开信，要总理轉告黃克誠，妄图借总理威信洗刷自己，荒謬地说什么：“黃克誠犯了錯誤，应该老实交待，我这些人应对主席忠誠不二，象小媳妇一样，出了娘家就要守貞操。”

（某次中南会議期間，陶鑄在談天时说过：“我和黃克誠的私交是很好的”。）（庐山会议后沒过几年，这个反党集团的漏网分子，叛徒金明就成了陶鑄的得力亲信。在賀龙和陶鑄的指使和策划下，中南局书记处书记王首道伙同前湖南军区政委吳自主，以編写平江县誌为幌子，极力吹捧和美化反党篡军分子彭德怀，积极为其翻案作輿论准备。这个反党集团的另一头目周小舟，庐山会議上被罢官，劳动改造。陶鑄听说后，关怀备至地把他拉进中南科学院当副院长，并在八届十中全会上说：“你（指周小舟）与彭、黃、張不同。”陶鑄是人是鬼，不是昭然若揭了嗎！）

▲庐山会议时陶鑄与邓小平、罗瑞卿、李井泉每晚大打麻将，通宵达旦，别人插不进，他们也从不請别人。有人称之为“麻将俱乐部”。在牌桌上，他们密謀划策，通风报信，进行政治交易，很多事都在牌桌上作了决定。怪不得陶鑄生病时随行人員叫他别去，他还说：“不去不好意思”。

▲庐山会议上，有人揭发胡乔木講过誹謗毛主席的話，陶鑄挺身而出说：“胡乔木沒講过誹謗毛主席的話。”帮助胡蒙混过了关。

▲庐山会議上，陶鑄极力吹捧刘、邓修正主义綱領关于工业的“七十条”。

▲庐山会議后很长一段时間內，陶鑄一再胡说什么庐山会議“只反了右，沒有反‘左’，吃了大亏”，“使得过去的缺点錯誤沒有得到糾正，甚至更加严重了”，等等。这是陶鑄反党阴謀的大暴露。

▲十月陶鑄抛出了大毒草《太阳的光輝》，恶毒地说什么人民群众“以太阳来歌頌我们的党和領袖”，而太阳也还有“某些过失”和“黑点”，有时太阳的光和热也发射得太“过分”了，含沙射影地攻击我们伟大的領袖毛主席。

▲在《南方日报》創刊十周年庆祝会上，陶鑄竭力宣揚反革命修正主义的新闻观点，提出“专家办报”的資产阶級办报路綫。他说：“一張晚报有时事政策宣传材料，又有增知识，广见闻，提高文化的材料；人们吃了晚飯，看看体育消息和科学小常识等，至少也是一种娛乐”。

▲十一月刘少奇带着薛暮桥、王学文和他的老婆，到海南島某地别墅学习苏修的《政治经济学教科书》（第三版）。陶鑄闻訊，立即赶去陪同学习。在学习討论会上，刘修大放厥詞，恶毒攻击社会主义计划經济，陶鑄则与之一唱一和，吹捧这些謬论。学习結束后，

陶鑄责令省委办公厅将刘少奇所讲的黑話加以整理，广为印发。在这期間，刘少奇过生日，陶鑄特为之大摆筵席，并从广州特制一大寿糕，用飞机运去。

▲在《关于人民公社问题答港澳记者間》，《总路綫与工作方法》，《实现今年更大的跃进》等文章中，陶鑄胡说什么人们从事劳动“是为了不断地提高生活水平”，“为建立一个更合理、更美满、更幸福的家庭而努力”，宣揚資产阶級的人生观和幸福观。

▲陶鑄表面上反对“請客送礼”，而他自己却到处干請客送礼的勾当。别人問他是何緣故，他说：“你不送礼，到开党代会时誰投你的票？”

▲越秀牌香烟本来是不生产的，但因刘少奇喜抽此烟，故陶鑄特令广州一烟厂专門生产这种香烟，这間烟厂不得不抽調二十多人成立高級制烟組，每年生产若干箱，供陶鑄巴結刘少奇。

▲五九年后，中央和国务院三令五申，严禁基建楼、堂、館、所，但陶鑄却背着中央大搞宾館、大廈、旅社和别墅式的招待所，还亲自下令进口外国的百叶窗、冷风机等。

一九六零年

▲春节期間，陶鑄为了討好“上司”，与邓小平、彭眞、李井泉等黑帮及其老婆孩子百余人，組成龐大旅行团，到广东等地寻欢作乐。他动用外汇，进口麻将、电暖器等供他们享用。到海南游覽时，为博取“上司”欢心，竟派六架飞机，数十架小汽車来往迎接，还派两艘炮艇往返巡邏于琼州海峽。

▲二月，陶鑄在广东省教育工作会議的講话中，对广东中学毕业生升学率低的问题大发脾气。他提倡集中师資，办好全日制中学，保証更多的学生考上大学。他公然对抗毛主席制定的“教育为无产阶級政治服务，教育与生产劳动相結合的方針”，大量裁減58年以来所办的半工（农）半讀学校，砍掉全省90％的农业中学，多次叫嚷要办好重点中学，使“初中够能升高中，高中能够升大学”。他说“保証一部分重点学校的学生升学，是为了培养高級知识分子。”陶鑄所推行的是彻头彻尾的修正主义教育路綫。

▲三月林彪付統帅在军委扩大会議上号召全军开展学习毛主席著作的群众运动。就在林彪付統帅发出号召不久，陶鑄在广东省委学习班作报告时，狂热地鼓吹苏修的政治经济学，以此貶低光焰无际的毛泽东思想。他说“我们省以下各級党委和各部门，理论水平是不高的……对政治经济学就懂得不多，更不能很好地运用政治经济学的理论来指导实际工作。因此，有时候在工作中的盲目性很大”。又说：“不懂得和不会运用政治经济学，工作缺乏理论指导，盲目的去搞，就常常会发生乱碰乱撞的情况……。”妄图对抗林彪付統帅的号召，阻止革命人民学习毛主席著作。

▲四月，陶鑄在其家乡祁阳县潘家埠区召开的四級干部和社员大会上，大肆攻击三面紅旗，他说：“解放十多年了，天天建设建设，我看你们(指干部)搞得比国民党时期还不如了。搞跃进，现在鸡不叫，狗不叫了，再过年把，我看连走路的人也沒有了。”同时，他鼓吹“小自由、大开荒”，他说：“现在社员生活这样苦，我看搞集体也可以搞点小自由嘛，也可以增加自留地。在搞集体时，私人也可以开点荒活跃活跃嘛”，結果平均每人开荒达1—1.5亩，集体生产无人管，有的人干脆不开工，去搞自留地。

▲七月，北戴河中央工作会議决定重建中央局，并指定陶鑄担任中南局第一书记。一貫用人唯亲、招降納叛的陶鑄，伙同王任重，拟訂了一个中南局領导班子的名单。第一次经他提名的就有：李一淸、雍文濤、李尔重、周光春、王匡、王全国、吳南生等，这些人有的是叛徒，有的是“三反”分子。就这样，陶鑄利用这个机会把他的爪牙、心腹，安插到

书记处和各部委主要崗位，使中南局成为他的独立王国，成为他进行反革命复辟的黑窩。

▲九、十月間，陶鑄到粤西、海南各地"檢查"工作，沿途大发謬论，到处放毒，鼓吹单純生产观点，宣揚物質刺激。为扩大个人影响，要记者根据他的講話，写成通訊卄余篇，取名《隨行记談》，編成冊子，想在中央开会时显一显威风。中央一負責同志看后，打电話給他，指出："隨行二字不好，过去封建皇帝才爱这样的字眼"。于是改名《西行记談》，陶在序言中販买了苏修的"土豆燒牛肉"的黑貨，说什么"商品生产为发放工資提供了条件，发放工資的結果又刺激了人们发展生产的积极性。"《记談》一发表，香港的反动报紙《星島日报》卽为此发表了社论。《记談》是什么貨色，由此可见一斑。

▲一九六零年，国內外阶級敌人掀起反华逆流，陶鑄此时也赤膊上陣，惡毒攻击三面紅旗。六月廿日，陶鑄在广东省委扩大会議小組会上咒罵大跃进是"用秦始皇的办法完成任务：十天搞一个小水庫，很可爱，但有血腥味"。十月在《南方日报》新闻工作者座談会上鼓吹暴露阴暗面，说"报紙老講成績，不講缺点，就使人感到不够眞实……打开报紙，只有见这里做得很好，那里做得很好，这是高潮，那是高潮，但是看不见工作的缺点和问題，有的同志不敢提工作的缺点和问題，生怕这样一来就抹煞了工作的成績。"

▲十一月，广东省委连續召开各种会议，责令各地迅速开放农村自由市场。陶鑄一方面攻击我国经济是"血管硬化"、"整个市场死而不活"，同时大力鼓吹"自由市场"的"优越性"，说什么"活比死好，有比无好"，把自由市场当作活跃市场经济的救命稻草。他还说"我们不怕自发勢力，现在不是自发太多，而是統得太死了。""卽使有点資本主义自发勢力的活动，最多也是出几个'小販資本家'，这有什么可怕？"在陶鑄的狂热鼓吹下，投机倒把分子活动猖狂，严重地冲击了社会主义经济，助长了資本主义自发勢力的泛濫。

一九六一年

▲二月，陶鑄到广东番禺县大石公社与公社、大队干部座談，他以恢复和活跃农村经济为名，提出了一系列倒退措施，扶植資本主义勢力的发展，他主張把国营商业网中的一部分改为供銷社，供銷点。他还说"为了調动下面的积极性，供銷社的利潤，公社、大队要一部分，还要分一点股金紅利給社员。"主張"原由公社、大队经营的，应允许手工业者和服务业人員退出来，自由組合，独立经营，……。"

▲三月，陶鑄在对港澳出口会议上胡说什么："为資产阶級服务就是为无产阶級服务"，惡毒地攻击社会主义制度，他狂叫"你讲现在我们的东西有多余呀？沒有那一点是多余的……如果要出口，广东的蚊子、蒼蝇很多，消灭四害，这可以出口；痲瘋如果有人要，也可以出口；血吸虫是有的，但这些东西不能出口的。其它的东西，象猪肉，香港、澳門的人要吃猪肉，我们就不想吃猪肉？"

▲四月，以視察为名，回家一次，并濫用职权在其家乡的水庫安装发电机，增加了財政开支的困难。同时，还同意让家乡的人搬回原处（本来修水庫时已搬到别的大队）至使水庫的容积減少三分之一。

▲在国內外阶級敌人的一片反华叫囂声中，陶鑄迫不及待地赤膊上陣，到处扇阴风、点鬼火，瘋狂向党向社会主义发动进攻。他限着其黑主子刘少奇，叫嚷说"少奇同志说，搞总路綫、大跃进、人民公社犯了严重錯誤"，"三面紅旗应该講褪了色了，不那么紅了"。誣蔑总路綫"不完善"说"光有总路綫而不能按照客观所允许的条件进行工作是不行的……是一定要跌跤子，犯錯誤的。"胡说大跃进"搞得太快了"，"搞过头了"，

“不实事求是”，“违反了客观規律”，誣蔑我们在大跃进中“碰得焦头烂额”，“破坏了正常的生产发展”，国民经济“处于半瘫痪状态”，“整个市场死而不活”！“连死人用的棺材也沒有了”，声斯力竭地咒駡人民公社“搞早了”，“走得太快”，“搞得人民沒有生产生活的权力”。恶毒地把困难的情况归納为“高（过高的速度），大（一切都大办）；平（平均主义，共产风）；急（急于求成）；散（战綫长）；乱（比例失調）”。他在污蔑丑化攻击社会主义制度的同时，大肆吹捧和美化資本主义制度，他说“象我们现在这样的计划，在某些地方还不如資本主义经济；資本主义经济还有价值法则来調节，而我们什么都包在计划里，結果包而不管，沒有就沒有了”，“我们不仅沒有原子彈，而且鴨蛋、鴙蛋也不多。”他还提出了一系列复辟資本主义的主張，什么开放自由市场，三包一奖，恢复‘小自由’等等。他还恶毒攻击反右斗爭说“反右，掩护了我們一些‘左’的錯誤”“这二、三年来，实际上是言者有罪，闻者不戒”，“五八年来党內的主要錯誤是‘左’”，庐山会议后，党內民主受到相当大的損害”。“三年好象賭博，越賭越輸。现在輸光了”，幷公然叫囂为右傾机会主义分子翻案说：“和彭德怀有相同观点的，只要不通外国的就可以翻案”。他还瘋狂攻击我们伟大的領袖毛主席，他指桑駡槐地说“春秋战国时爭鳴很活跃，后来給孔夫子統死了，被捧到‘大成至圣先师文宣王’太过分了，实际上不见得他是先师”。“列宁写的文章改动很大，可见第一次写时是錯誤的，毛主席的稿也一改再改，就是最初不够准确。”

▲六月，陶鑄到广州市越秀、荔湾两个区的一些手工业厂、社作“调查”，在此过程中，他明目张胆地号召退厂退社、大肆推銷物質刺激、鈔票掛帅，非法协作等一整套資本主义黑貨。在陶鑄黑指示下广州市刮起了一股单干风，退厂退社风，当时有575国营厂、五万五千多人退化为合作社。

▲七月，粵剧界的头面人物在从化溫泉举行“夏休神仙会”，陶鑄在会上对資产阶級知识分子极尽吹捧之能事，封他们为“老革命”，还无耻的说：“我宁可不要一个共产党员，而要一个紅綫女”，幷要給上层艺人加薪。在陶鑄的黑指示下，广州艺术团体大搞“調整工資”，陶鑄对資产阶級知识分子可謂“关怀备至”。

▲八月五日，陶鑄在广州中学校长、党支书和教师代表座談会上講話，胡说什么中学不能由党支部来領导，而要实行“校务委员会領导下的校长责任制。”他说“中学不少党員負责人很年輕，沒有什么经驗，而党外的校长是有经驗的，这些经驗是可贵的”。因此，中学的支部不能領导学校，只能起“监督作用”和“保証作用”。陶鑄把“党外校长”凌駕于党的領导之上的荒謬主张，与“专家治校”的謬论是同一路貨色。

▲八月下旬，陶鑄在广州就城市工作問題作了一番所謂调查和討论之后，精心炮制了《广州市的建设方針与工作問題》，他違背毛主席在“鞍鋼宪法”中确定的五項基本原则的精神，从所有制、劳动工資、工业、手工业、商业、住宅等各方面，提出了一系列瓦解社会主义制度的措施。

▲九、十月間，陶鑄先后在广东、中南召开了高級知識分子座談会。在讲话中，一方面恶毒地攻击党、击攻社会主义制度，攻击无产阶級专政，一方面又竭力美化和吹捧資产阶級知识分子，为他们喊冤叫屈，忠实地执行了刘少奇的投降主义路綫。他说什么資产阶級知识分子是“最大的財富”，“我们和高級知识分子可以说是患难与共的”，“他们一不为名，二不为利，所为何来？还不是为了把国家建设搞好！”他公然对抗毛主席对知识分子所作的阶級分析，叫嚷要“重新估计”，幷狂妄地宣称：“今后在中南地区一般不

要用‘資产阶級知识分子’这个名詞了”，誣蔑党对待知识分子“象唐僧对孙悟空一样，动不动就念‘紧箍咒’。他以搞好“团結”为幌子，强調对資产阶級知识分子要“尊重他们，尊重他们的人格、专长”，陶鑄还采取了一系列措施，在物质生活方面給他们以种种照顧。他責令統战部开列大批“照顾名单”还成立“文艺俱乐部”等裘多非式俱乐部。

▲十一月，陶鑄在广州重型机械厂“蹲点”，他以改进企业经营管理为名，推行資本主义的管理制度。他在和工厂干部座談时，提出了組織工业生产要学习农村的办法，工厂对車間和个人实行定原料、定資金、定劳动、定任务的所謂“四定”，在“四定”的前提下，实行“包工包产，超产奖励”他認为“包工包产，超产奖励”或计件工資制是貫彻“按劳分配，多劳多得”的政策，是提高工人劳动积极性的好办法。陶鑄的措施，实际上是要取消經济工作中突出无产阶級政治的作用，而把物质刺激作为推动生产的动力，是地地道道的修正主义的貨色。

一九六二年

▲二、三月間，在周揚黑帮及其总后台刘少奇的策划下，文艺界一批牛鬼蛇神，田汉、阳翰笙、齐燕銘之流，云集广州，举行全国話剧歌剧創作会议。这是一个与大连創作会议南北呼应的大黑会。陶鑄以“主人”和“党务工作者”身份于三月五日亲临在会议上講話，在这講話中，提出了一整套反革命修正主义的文艺綱領，与毛主席的无产阶級文艺路綫相对抗。他用尽一切恶毒的詞句，丑化党的領导，竭力为牛鬼蛇神叫屈，大肆鼓励“自由創作”，宣传周揚的“无害有益论”，吹捧鬼戏。他把講話稿修改后在《戏剧报》和广州各报同时发表。

▲陶鑄一貫反对学习毛主席著作，经常鼓吹学习刘少奇的黑貨。三月，中南局党委会討论机关干部学习班学习內容时，陶鑄主张学习刘少奇在七千人大会的报告，并要仔細研究、学习，当有人提出应该学习马恩列斯著作和毛主席著作时，陶插話说：“马恩列斯五本，毛主席、少奇同志五本”，陶就是这样公开抬高刘少奇、反对学习毛主席著作。

▲在连継三年自然災害所造成的暫时困难时期，陶鑄提出資本主义复辟的倒退措施——“借地”，这是赤裸裸的“分田到戶”。陶鑄这一措施一提出来，就有人反对，说这样可能导致发展資本主义。陶鑄听了，大发雷霆，狂妄地说：“如果这也叫发展資本主义，我宁可要資本主义，不要餓死人！”还说：“不管黑猫、白猫，抓到老鼠就是好猫！”

▲四月，即毛主席亲自主持的七千人大会結束以后不久，在刘、邓的密謀策划下，抛出了“十年計划、五年調整”的右傾机会主义经济綱領，并大叫我国经济正处于“非常时期”。陶鑄秉承刘、邓的意旨，在武汉匆忙召开中南局常委扩大会议，大力貫彻这个黑綱領。胡说：“现在的经济形势是严重的，恐怕有些严重性还沒有完全暴露，我们估计不够。……”

▲九月，陶鑄的大毒草《理想、情操、精神生活》出籠。陶鑄在这本书里所鼓吹的和刘少奇的黑《修养》是异工同曲，其目的都是为复辟資本主义，推翻无产阶級专政制造輿论。

▲五月，陶鑄和王任重、李尔重等人到广西龙胜县調查农村单干风的問題。当时，龙胜的单干风是十分严重的，而陶鑄和基层干部、社員座談时却别有用心地反复强調要“划分”集体和单干的界限，縮小单干的范围，说什么“包上繳”，“超产奖励”；开垦熟荒地誰种誰收等，都是合法的，不能说单干，一再宣揚“退社自由”。陶鑄走后，那里的单

干风不是遏止了，而是更加发展了。可见，陶鑄龙胜之行，不是糾正单干，而是維护和鼓吹单干。但陶鑄却玩弄两面派手法，精心制作一个欺騙党中央、毛主席的所謂“紀要”到处招摇撞騙，販卖实际是包产到戶的“产量責任制”黑貨。

▲八月，在中央召开的北戴河会议上，陶鑄和王任重提出了“产量責任制”，“借地”和开放自由市场，立即受到刘、邓贊賞和支持。刘、邓盗用中央名义，打算将这三个問題整理成文件，推行全国。就在这股黑风掀起之际，我们的伟大領袖毛主席出来講話了，作了“形势，矛盾，阶級和阶級斗爭”的伟大指示，严励批判了单干风，粉碎了刘、邓、陶的阴謀，两面三刀陶鑄一看形势不妙，立即召集中南五省书记开会，統一口径，負隅頑抗。

▲在一次几百人的厅、局长会議上，陶鑄誣蔑说：“长征苦？长征没有大跃进苦。”并吹牛说：“我虽然没有經过长征，但我有資格講这种話，我老婆长征过（其实曾志根本沒经过长征），我老婆经过长征就是我经过长征。”

▲这年，在陶鑄亲自搆思导演下‘为敌张目’的反革命影片《逆风千里》出籠。

▲在一次干部会上，陶鑄这个野心家深恐自己阴謀敗露，责問古大存说：“你们以后还翻不翻案”，迫古大存立字为据。当古大存写了条子后，陶才罢休。

▲陶鑄在汕头喝到好茶，立即要地委送二斤給賀龙，巴結逢迎这个大土匪。

▲十月上旬，广东省三級干部会议上，不少同志就方針路綫，干部政策和思想作风向陶鑄和省委領导提出了尖銳的批評，陶不但不接受批評，反而杀气騰騰地把这些批評一一頂了回去。

▲十月下旬，陶开完八屆十中全会回来不久，就带他的亲信，大叛徒金明，到从化、清远、花县、新会、台山等县游说，推銷他的“产量責任制”。

▲十二月，中南局在海南島召开会议，討论开展社会主义思想教育的問題，絕口不提毛主席的伟大召号，不提农村中尖銳严重的两条道路斗爭。别人抓了阶級斗爭，陶也不支持。海南島会议之后，湖南省委在毛主席的領导下，提出“揭阶級斗爭盖子”的問題。当时，中南局秘书长雍文濤等人竟認为不符合中南局会议精神，联名写信給陶鑄，告湖南省委的状。陶看后却默不做声，事后也未加任何批評。事实証明，陶在十中全会前反对抓阶級斗爭，十中全会后还是反对抓阶級斗爭，頑固地同毛主席的革命路綫相对抗。

▲陶鑄不愧为地主阶級的孝子賢孙，他除了每月寄三十元給其地主婆母亲外，还要公社大队照顾。1962年其狗母死去时，陶鑄连忙汇款三百元，并打电报回去。电报上说“母去世，甚为悲痛，生前未能尽菽水之欢，死后当亲至坟前一奠，但因工作，不能奔丧。”同时还要中南局以办公厅名义給其送个花圈。不久，还与其反革命哥哥一起为其狗母立碑。

陶鑄与其兄陶自强为他们母亲写的碑文：

母姓董氏諱唐姑，书明大义，年十九，来归先子铁錚公，伉儷甚篤，事姑以孝闻。一九一八年为豪劣所杀，母年三十二，矢节撫孤，备极艰苦。大革命失敗后，不孝等从事地下活动。母弃家去閩参加掩护工作，履險如夷泪，于全国解放，仇人授首，母姑快意。母于一九六二年五月二十一日逝世，安葬此山之阳。銘曰：賢哉吾母，大节凛然。侃母修母，何多让焉。范式千秋，佳城郁郁。复表其阡，載福。

男自强，鑄刊石

一九六三年

▲二月，中央在北京召开工作会议。毛主席在会上提出了“阶級斗爭，一抓就灵”的

伟大指示。毛主席还肯定了湖南零陵地委“大揭阶級斗爭的盖子”的经驗，并指示要湖南的一个省委书记到大会来介紹经驗。但是，陶鑄和邓小平在麻将桌上否定主席的指示，沒有让那个省委书记在大会介紹，只在小会上談了一下就马马虎虎的应付过去，陶鑄还极力貶低湖南的经驗。

▲陶鑄于三月九日在广东省广州市文艺界集会的讲話中，不顧事实，大放厥詞，竭力为以周揚为代表的文艺黑綫涂脂抹粉。他说：“二十多年来，我们文艺工作者都是按照毛主席指出的这个方向去做的，所以产生了相当多的适合工农兵需要的好作品，文艺工作有很大的成就。”他在讲話中，再次鼓吹“有益无害论”，还对欧阳山的大毒草《三家巷》《苦斗》大加吹捧。

▲五月，中央杭州会议，毛主席亲自主持制定了《关于目前农村工作中若干問題决定》，即第一个“十条”。陶鑄对这个伟大的綱領性文件，完全采取阳奉阴違的态度。六月上旬，陶到广东花县炭步公社“蹲点”搞社教，但他根本不按这个第一个“十条”精神办事，自己另搞一套。他不是把矛头指向党內一小撮走資本主义道路当权派，而是把斗爭对象指向被推翻的地、富、反、坏、右分子，否認資本主义复僻危险，抹煞了农村中两条道路斗爭的实质，結果轉移了斗爭的大方向。

▲十月，陶鑄亲自經营大毒草影片《逆风千里》。影片拍完，经陶第一次审查就肯定下来，说“整个戏看来不錯”。第二次审查时，陶苦心思索以后指出让影片中一个叫紀鹏飞的战士在炸桥中牺牲，其效果不仅使全剧在悲剧气氛中結束，更严重美化国民党军官。康生同志看了《逆风千里》后，严厉指出这部影片的反动面目，但陶鑄还坚持改一改再发行。从这部反动影片的审查过程，清楚地暴露了陶鑄的反革命嘴臉。

▲×××給溫泉宾館写了幅毛主席詩詞《大栢地、菩薩蛮》宾館准备裱后掛在客厅。陶一看滿臉不高兴地说：“要把自己心里所想的东西写出来嘛！不要老是写别人的东西。”可是，陶鑄写的“松树的风格”，却叫人画成画，掛在宾館主要楼房正厅，凌駕于毛主席之上。

▲十一月，中南局召开全区社会主义教育运动座談会。陶在会上对毛主席亲自制定的第一个“十条”絕口不談，却大肆宣揚刘少奇炮制的《关于农村社会主义教育运动中的一些具体政策的规定（草案）》，即未经修定的第二个“十条”，并根据这个黑文件搞了一大堆政策框框。

▲此年，陶曾到东莞县。临行时说：“现在人民生活提高了，东莞也该有一間更好的招待所了吧？”于是下面人手忙脚乱地盖了一所高級招待所，鋼絲床、沙发、冷热水管……应有尽有。但第二年，陶鑄到时，仍然不滿意。因此，县委会又建起了一座更高級的大楼，門額曰“书记楼”。

一九六四年

▲一月，在接见中南农村宣传工作座談会代表时，陶鑄说：“农民版要有农民版的特点。主席的詩詞，农民看不懂，可以不登。你们爱詩，就自己买一套。認为登了保險，这种精神状态不健康。……。”这里充分暴露了陶鑄一貫反对毛泽东思想、仇視宣传毛泽东思想的丑恶嘴臉。

▲二月，中南局召开全区文艺工作座談会。陶在讲話中大肆吹捧刘少奇、周揚、陆定一，胡说什么“文艺方向主席提出来了，少奇同志发揮了，周揚同志也讲了，定一同志也讲了”。毛主席一九六三年十二月指出：“社会主义改造在許多部門至今收效甚微。許多

部門至今还是'死人'統治着"。而陶鑄却胡说"我们现在的文艺基本上是社会主义的"，公然与毛主席的指示相对抗。毛主席指出：不破不立。破，就是批判，就是革命。而陶鑄却别有用心地说："不立不破，拿不出新东西，怎么能破掉旧东西呢？"猖狂反对我们伟大領袖毛主席，反革命气焰何其嚣张！

▲二、三月間，正当全国人民响应毛主席的伟大号召，大学解放军，大学大庆，大学大寨的时候，陶鑄却扯起了"圣獅"这面黑旗，妄图与大寨相对抗；在工业方面积极鼓吹"評功摆好"，妄图以此代替阶級斗爭，扼杀城市社教运动。

▲八月，刘修带着其老婆王光美到广州，大肆鼓吹所謂"桃园经驗"，竭力否定在毛主席第一个"十条"指导下的前阶段四清运动，而陶鑄也竭力吹捧，要王光美介紹"经驗"。在七月二十三日他在广东省第二届代表大会第二次会议总結报告时说："广东省城乡社会主义教育运动可以说基本上还沒有形成伟大的群众运动，問題也基本上未解决；前一段运动最好的也只是低标准，差的连低标准也够不上，最差的根本談不上什么标准，而是走过场、溜过去。"与刘修一唱一和，竭力否定前"十条"的伟大指导意义。妄图抹煞在毛主席亲自領导下的四淸运动的伟大成績。

▲八月十四日，陶在中南局召开的常委会上说："經过中央工作会议，中南各省的同志们对开展社教运动有了进一步认识。过去我们搞的都是低标准的，少奇同志这次到中南各省講了过去的不算数，今后从头来。大家听了少奇同志的指示，认识更明确了，更統一了。"还说："今后搞社教，同时也要搞两种教育制度、两种劳动制度，不这样，社教成果也难以巩固。"把刘修的黑話、黑指示奉若圣旨。

▲九月，中央工作会议以后，刘修背着毛主席，抛出经过精心修改的第二个"十条"。九月八日，陶鑄在传达中央工作会议精神的报告中再一次吹捧刘少奇，恶毒攻击我们伟大領袖毛主席，胡说什么"第二个十条修改了，两个十条前后一致，大家口径一致了，全党統一起来了，解决了大問題。"，"前一段因为情况不明，方法不对，所以沒有象少奇同志那样看到問題，沒有看到'和平演变'与'反和平演变'反革命搞两面政权問題。"陶还把王光美的'经驗'翻印成册，发給工作队员，并到处放她的講話录音。

▲九月中旬，陶鑄在传达了中央工作会议精神以后，即带領大批人马到花县花山公社新和大队"蹲点"。九月十一日陶在花县向广州市社教工作团作了《大好形势与阶級斗爭新特点》的报告，在这个报告中再次瘋狂詆毁前"十条"，胡说"过去把社会主义教育运动看得太簡单了。第一，全党过去对阶級斗爭的新形势新特点认识不够；第二，搞了一年多的社会主义教育运动暴露了大量的严重問題，証明我们过去的搞法不行，不解决問題，所以必须重新搞过。"

▲陶鑄在花县"蹲点"的过程中，忠实地推行、发展了刘少奇形"左"实右的社教路綫。九月十一日，在花县提出一个只講生产，不要政治掛帅的反革命修正主义黑綱领，即所謂把花县建成社会主义先进县的"八条要求"，公然对抗毛主席六月提出的八条标准。十二月一日，他在"蹲点报告"中胡说"以基层干部为代表的富裕农民阶层对广大貧下中农所实行的剝削，他们的'四不淸'和农民反对'四不淸'的斗爭，是今天农村存在的主要矛盾"，十二月四日，在新和大队的講話中又胡说什么"现在有些干部是新的地主阶級"，"是保甲长，是土皇帝"，在这里，陶鑄把干部当作敌人来对待，混淆敌我陣綫，实质就是要保护一小撮"走資派"。陶鑄在蹲点报告还胡说什么"生产搞不好，整个运动也是无法搞好的"，公然同毛主席提出的"抓革命，促生产"的方針相对抗。

▲在四清运动中，陶鑄一直是与刘邓紧紧相勾結的。十二月五日，陶鑄专門写信給刘少奇，极力吹捧刘形“左”实右的社敎路綫，公然把刘修与毛主席相提并论，胡说什么“如果不是主席、中央和你不断地敎导告誡，我们还不知要犯多大的錯誤”。十二月十一日，陶在城市“五反”汇报总結发言中，胡说“沒有少奇同志講，我们理解不深刻，有反面经驗很有好处，重新試点，和农村一样，农村这样，城市也这样，城市比較复杂嘛！”，在这里，一方面肉麻地吹捧刘修，一方面妄想全盘否定城市社敎运动的成績，妄图把刘修形“左”实右的社敎路綫搬到城市中。

▲十二月下旬，在中央政治局召开的工作会议上，毛主席亲自批判和糾正了以刘少奇为代表的形“左”实右的“四清”路綫。毛主席还找陶鑄、王任重、赵紫阳等人談話，批評了陶提出的关于当前农村主要矛盾的荒謬论点。但陶等对毛主席的指示仍抱对抗态度，把陈伯达同志根据主席的指示写成的十七条只发到省委，不再往下傳达。

▲下乡搞四清时，陶为显示自己生活朴素，为迷惑群众，特地叫人到上海的旧衣商店买了一条旧式棉衣来穿，平时他也经常穿旧式衣褲，但在家里，他老婆却很讲究穿戴，內外完全两样。

▲年底，陶窃踞了付总理的职务。中央工作会议結束后，他留在北京。当他得知毛主席与一个中央局书记談話，談到在会议上提出的問題沒有为同志们接受时。陶马上大耍两面手法，建议把省委书记再通知来重新开会，妄想把自己打扮成拥护毛主席的模样。

一九六五年

▲一月，我们伟大領袖毛主席亲自主持制定了伟大的“二十三条”，宣告了刘修形“左”实右的社敎路綫的破产。但是，陶鑄拒不执行“二十三条”，反之，竭力詆毁、抵制，并为刘修的社敎路綫涂脂抹粉。在对《中南社敎簡报》編輯工作“指示”时说什么前段“运动发展是健康的，路子是顺当的”，“少奇同志说的，‘二十三条’不是糾偏”，“要充分估计前段运动的成績”。陶还在广东省委召开的貫徹中央工作会议精神的会上散发他一九六四年十二月的形“左”实右的“蹲点报告”。

▲二月上旬，在陶主持下中南局举行常委扩大会议，总結四年来的工作。陶在报告中，大耍两面派手法，混淆黑白，文过飾非。三月二日，以中南局名义写了一个报告給中央、主席，这个报告竭力掩护刘、邓，欺騙毛主席。对中南局成立以来在农业方面、工业方面、文敎方面、阶級斗爭方面的严重錯誤絲毫不作檢查，甚至在社敎問題上仍然坚持反动立场，胡说毛主席在杭州会議上的指示和前十条只是“起了煞住歪风邪气的作用，但是还沒有从根本上解决問題。”为刘、邓涂脂抹粉，说什么“直到去年夏天少奇同志来中南，才大大提高了我们对社会主义敎育运动的認识”。

一九六五年

二月十七日，陶鑄在广东省委二届三次全体会议上竭力为自己“打击一大片、保护一小撮”的罪行辯护，说什么“这次运动的中心是四清和五反，因而斗爭的鋒芒势必首先指向干部。……有的同志说鋒芒对准干部的提法不是马列主义的，我認为这个提法不能说一点马列主义都沒有，还有一点马列主义，不过有片面性就是了，那就是提的面寬了，沒有限制，沒有区别对待”。公然与主席提出的“这次运动的重点是整党內一小撮走資本主义道路的当权派”的英明指示相对抗。

▲二月二十日，陶鑄在对观摩学习京剧《紅灯记》的中南区戏剧代表的讲话《一定要演好革命现代戏》中，恶毒地说：“有的戏（指现代戏）使人看了不舒服，全身起鸡皮疙

▲四、五月間，陶鑄去粵北和湖南視察，对农业提出了四点要求：亩产一千斤；每人一头猪；每人每年集体分配一百元；每县上調一亿斤粮。大搞经济指标，物质刺激，反对突出政治，胡说“政治好表现在生产好。”

▲在視察途中，陶鑄专程赶到韶关与罗瑞卿密談。不久，陶与×××談到部队服装时，说广州军区可用尼龙服装备一个师作試点，并说中南局可以出钱。×××回答：“全国統一装备，那怎么行？”陶不以为然地说：“闊点独立性怕什么？将来可以到天安门前参加檢閱。”陶鑄与反革命修正主义分子罗瑞卿勾勾搭搭，目无中央，竟然提出改变解放军的服装，联系起北京的“二月兵变”阴謀，岂不值得令人深省嗎？

▲在第三届全国人民代表大会前，起初，刘少奇打算把政协副主席給陶鑄。但后来，彭眞突然亲自給陶鑄打电話，说决定让他当副总理，陶受寵若惊“簡直不敢相信自己的耳朵。”从此，彭眞与陶鑄在刘邓黑司令部之下得到了反革命的統一。事后陶鑄經常吹捧说：“彭眞的地位实际上是付总书记，邓小平的耳朵有点聾，打电話听不清，有事问中央，打电話給彭眞。”

▲二、三月間，各地革命群众掀起了大学毛主席著作的高潮，“二十三条”正在广泛深入宣传貫徹，但陶对此熟視无睹，带着一大批人马到粵北、湘南、桂北、百色等地“檢查”工作，一路上大肆推銷他的“三十二字”方針，即所謂“平整土地，提高排灌，改革技术，发展畜牧，广种綠肥，大搞多种经营，大搞造林綠化。”

▲五月，陶在对新和大队共青团员和武装基干民兵的講話中说什么：“团员是光荣的，，要尽很多义务，也有很多权利。……到外地去学习的、参观的，共青团都应该有优先权，以后培养接班人，提拔干部也先从共青团中挑选，发展党員就更不用说了，团员是党的后备军嘛！……我们说你来吧，我们的大門是打开着的，你自己死落后，又想得到革命的好处，是絕对不可能的。”在这里，陶鑄公然誣蔑青年要求进步是为了撈到革命的好处，这是他在青年工作一貫推行修正主义路綫的一次大暴露。

▲六月，中南局在广东从化召开五省（区）书記会议，总結“四清”試点经驗。在总結发言中，陶仍然鼓吹刘修的形“左”实右路綫，拒不承認錯誤。

▲七月，一贯反对戏剧革命的反革命两面派陶鑄看到在毛主席亲自关怀下，在首都举行了全国京剧现代戏观摩演出大会，获得很大声誉，便也赶忙拼凑一个中南区戏剧观摩演出大会，妄想从中撈取一大笔政治資本。但是，狗咀里永远吐不出象牙，在会演总結报告中，他公开发泄了对戏剧革命的不滿，他胡说什么“重視政治是好的，但是，不要神经过敏，更不要以为有政治就可以吃飯了”，“现在有个偏向，只要一談了政治，就不必談艺术了”；在会演閉幕时，他公开宣布：“从一九六六年七月一日开始，开放傳統剧目，傳統戏和现代戏二八开”，这就充分暴露了他极端仇視戏剧革命的丑恶咀臉，举行“会演”不过是一个騙人的幌子。在这次“会演”中就出现了不少毒草，如为刘修歌功頌德的“地下火焰”，歪曲毛主席的人民战争思想，为反党地方主义翻案的《山乡风云》，庸俗低級的才子佳人式的“补鍋”等等，而陶鑄却说：“曾经有人認为这次会演的一些剧目是大毒草，这意见对不对呢？不对。我今天代表中南局宣佈，这次会演的剧目，沒有一个是毒草”。

▲彭眞为美化自己，对抗毛主席“农业学大寨”的指示，拍摄了《北京农业大跃进》。陶鑄也不甘落后，立即指示珠影拍摄《中南农业大跃进》，并把彭的黑話奉为圣

旨，要創作人員反复学习。

▲九月到十二月，陶曾几次到广西同化公社“蹲点”，在这次“蹲点”中，到处宣揚“生产好，就是政治好”，“突出政治，要落实到生产”的謬论，拒不执行林彪同志的要以毛泽东思想統帅四清运动的指示，反之竭力贬低毛泽东思想对搞好四清的伟大指导意义，含沙射影地说什么“《愚公移山》、《为人民服务》这类文章要学，根据工作需要，还要学高級的”等等。

▲十一月，在毛主席为首的党中央的亲自領导下，上海《文汇报》发表了姚文元同志的文章《評新編历史剧（海瑞罵皇帝）》，吹响了无产阶級文化大革命的号角，除彭真霸持的《前綫》和《北京日报》外，全国各报都先后轉載了这篇文章，唯独陶鑄控制的中南局属下的《湖南日报》始終不轉載，《羊城晚报》迟迟才轉載，态度也十分曖昧。

▲十二月，毛主席在上海召开緊急会议，討論罗瑞卿的反党罪行，会后，陶，罗同机到达广州。一贯反对毛主席、反对毛泽东思想的陶鑄，突然提出要印《毛主席语录》。

一九六六年：

▲一月中南局召开第十次会议，会场突然从广州改往武汉(因此时毛主席到了武汉)，会上大肆吹捧反革命修正主义分子李达的《哲学史大綱》，为捞取政治資本，陶还向毛主席推荐这本书，毛主席说：“我看过了，还是只談希腊罗马，不談阶級斗爭……”。陶鑄为了捞取政治資本，在这次会上，把中南局宣传部給会议的一个“学习毛主席著作的汇报提綱”，临时改为《关于深入开展学习毛主席著作群众运动的決定》，并亲自打电話給彭眞，要求把这一决定批轉全国。

在这次会议上，陶鑄突然提出了清理挡案问题，强令要把他的亲笔批语、修改稿都处理掉，妄想毁灭他一貫反对毛泽东思想、反对毛主席的罪証。

▲1月21日，《羊城晚报》抛出周立波的大毒草《韶山的节日》。这株大毒草的出籠，是经陶鑄审定的。但当后来康生同志把张春桥同志的批評信轉給陶鑄时，陶却推卸罪责，在信上批“发表时不在广州”。

▲1月25日，陶在中山紀念堂做学习毛著的动员报告，为了捞取政治資本，沒有請示中央，就迫不及待地搶先提出“毛泽东主义”。

▲二月，陶鑄带着他的心腹王匡和《羊城晚报》的主要負責人，到从化溫泉“蹲点”办报，亲自担任“总編輯”，重申“《羊城晚报》就是晚报，不是代表机关报指导工作”，反对学习毛主席著作，胡说什么“现在都是‘老三篇’，一讀就通，这就沒有人愿看了，应从多方面闡述。”

在羊城晚报社论《馬克思主义发展的頂峰》中，只字不提林付主席对毛泽东思想的伟大、精辟闡述。在修改时，陶鑄竟狗胆包天，把林副主席的“讀毛主席的书，听毛主席的話，照毛主席的指示办事”改成“讀毛泽东同志的书，听毛泽东同志的话，照毛泽东同志的指示办事。”

▲二、三月間，陶鑄这个反革命两面派，突然大講起学习毛主席著作的“心得体会”，为了捞取政治資本，从中南局机关和湖北、湖南等省召集了一批“秀才”，为他撰写一本洋洋九万言的《关于学习毛主席著作问題》的“巨著”，揚言要以斯大林写《列宁主义问題》为样板来写这本书，妄想把自己作为我們伟大領袖毛主席的接班人。

▲三月，中央杭州会议結束后，陶同王任重及其老婆、女儿到奉化溪口鎮拜訪蒋賊故居，去看蒋賊狗母的坟墓，还在蒋賊修建的一个和尙庙里进了午飧，恬不知耻地说：“这

一餐吃得最‘香’，这一天玩得最‘痛快’”。

▲三月，日修头目宮本显治来中国，表示要同苏修集团妥协，不搞武装斗爭，彻底暴露了修正主义的眞面目，故北京、杭州两次会談不成。但陶对这个国际共产主义运动的叛徒，却还在从化招待，同宮本“为友誼干杯”，并竟提議“不談政治”，与宮本勾勾搭搭。

▲三月，在广州军区召开的省军区系統四級干部会议上，一些同志对陶鑄反对毛主席的人民战争思想进行了揭发和尖銳批評。他不仅拒不接受批評，反而大发雷霆，对提意见的干部横加指责，甚至进行威胁和打击。会议起草的《中南局关于民兵工作的决定》也被他扣压下来，不予批发。

▲四月，中央召开批判反党分子罗瑞卿的会议。陶指名要大叛徒金明前往参加，并通过电話給其讲话定下基調。金明的发言，是对罗瑞卿的假批判，眞包庇，还大肆吹捧刘少奇、彭眞。

▲四月十六日，由彭眞所操縱的旧北京市委精心炮制的假批判、眞包庇的《关于三家村和“燕山夜話”的批判》出籠，中央通知全国各报不轉載，全国各級都不登，唯独《广州日报》全文轉載，《羊城晚报》也第一版显著地位詳細介紹。

▲四月中旬，陶鑄在从化召开有中南各省（区）宣傳部长和学术界人士参加的学术研究座談会。会上，陶作了长篇讲话，这个講话是彭眞二月《汇报提綱》的翻版。这个講話极力掩盖批判吳晗等人这场斗爭的政治性质，妄图把刚刚兴起的革命批判运动引向純学术批判，扼杀无产阶級文化大革命。陶鑄站在資产阶級立场上，混淆两类矛盾，根本颠倒了敌我关系。他主张对待反党反社会主义分子和反动的学术“权威”，要作人民內部矛盾处理，说什么：“我们是当作人民內部矛盾处理，……事实上有些是对抗性的矛盾（比如我們同翦伯贊、吳晗在思想領域的矛盾就是对抗性的矛盾）；他同彭眞唱一个腔調，说什么“不能簡单化，破了就要立，沒有立就不可能眞正地破。”不准革命群众起来批判資产阶級思想；他在講话中特别强調“大鳴大放”，但是他抽掉了阶級內容，实际上是鼓吹資产阶級自由化，说什么：“我们的方針是百家爭鳴，百花齐放”，“他们可以写文章，我们也写文章”，“拥护的发表，不拥护的也发表”，給毒草大开綠灯，允许牛鬼蛇神自由泛濫。

▲五月，召开中南局委员会扩大会议，貫徹中央杭州会议精神。但是，陶鑄根本不傳达毛主席的指示，也不傳达已被揭露出来的彭眞反革命修正主义集团的問題。妄图封鎖毛主席的伟大声音，达到他扼杀文化大革命的罪恶目的。在这次会议上，陶为保护自己，忍痛抛出王匡，但又害怕追到他自己身上又千万百計为他掩盖罪责。

▲陶鑄每次到中央开会回来作传达报告时，都不原本传达中央会议的精神，总要加上他个人的意见，使下面干部弄不清那些是中央会议的决议，那些是他个人的意见。陶鑄就是用这种欺上瞞下，阳奉阴违的手段来对抗中央的正确决議的。

▲中南局委员会扩大会议后期，反革命两面派陶鑄預感到暴风雨的廹临，于是大耍两面三刀的手法，拼命地把自己打扮成十分重視宣传学习毛主席著作的样子，其中一手就是大規模地組織中南五省（区）省委书记、地委书记和其它干部，来广东参观学习毛主席著作的先进經驗。把他根本沒有过問过的广东博罗黃山洞大队，宝安的新生大队，恩平的横坡公社和遂溪、东莞两个县等五个点欽封为中南区学习毛主席著作的先进典型，妄想为自己捞取政治資本。

▲5月19日陶在中山紀念堂作了一个文化革命动员报告，这个反革命两面派預感到暴风雨的来临，不敢象4月中旬学术研究会上的講话那样放肆、調子高了一点，但是是狗总

改不了吃屎，在这个报告中仍暴露出他猖狂反对无产阶級文化大革命，妄想扼杀无产阶級文化大革命的丑恶咀臉。在洋洋两万多字的报告中，大談什么：文艺要“革命”，戏剧要“革命”，小说要“革命”，历史要“革命”，哲学要“革命”，教育要“革命”，总之，文化革命就是“思想文化領域中的社会主义革命”，根本否認了我们伟大領袖毛主席告訴我们的，无产阶級专政条件下革命的主要对象是混入无产阶級专政机构內部的資产阶級代表人物，是党內一小撮走資本主义道路的当权派。在这个黑报告中，陶鑄大談特談“革命”，大談特談“依靠、团結”誰，但就是不敢談誰是这场革命的打击对象；在这个黑报告中，为了保护自己过关，陶鑄还千方百计为自己打保票，唱贊歌。

▲5月29日，在中南局常委会议的在发言中，陶竭力把刘、邓与彭罗陆揚分开，公然把反革命修正主义分子刘少奇、邓小平称为我们伟大領袖的亲密战友。同时指示各級党委机关大抓小邓拓，轉移对党內一小撮走資本主义道路当权派的揭发斗爭。

▲六月一日，陶鑄調到中央工作。

▲陶鑄一走马上任，就积极参与制定和忠实推行刘、邓資产阶級反动路綫。他对抗毛主席已经明确指出不派工作队的指示，按照刘、邓的意旨四处派工作組，并叫囂说：“现在是工作队专政”，“随便把工作队赶走是不行的”；他同刘、邓狼狽为奸，盜用中央名义，批轉王任重的“七·三”黑指示，組織大規模的反击，围剿革命派，实行白色恐怖，殘酷鎮压革命群众；湖北省委4月8日决定派工作組，4月18日向武汉大学派出全国第一批工作組，难道与他沒有关系嗎？七月十四日，他到中宣部宣布要中宣部派人組成南下工作組，并在七月二十日組成了一个龐大的南下工作队，妄想开赴各地扑灭各地无产阶級文化大革命的熊熊烈火，八届十一中全会以后直到66年十二月，他还把中宣部資产阶級反动綫路的頑固推行者派进学部当变相工作队。

▲陶鑄对无产阶級司令部恨之入骨，大肆宣揚怀疑一切，猖狂号召炮打无产阶級司令部，6月25日在卫生部门文化革命动员大会上说什么：“过去的好人，现在不一定是好人，整个中南海包括我在內，都可以反对。”九月二十二日同中宣部文革常委談話中又说什么：“要炮轰司令部，轰几下也沒有什么，不是走資本主义道路的当权派也轰不倒”。十月三十日对湖南赴京革命同志講话中又说什么：“你是无产阶級司令部打几炮算什么”等等，枚不胜举。

▲陶鑄又是一个天字第一号保皇派，他利用一切机会，一切场所，无时无刻不为党內走資本主义道路当权派打保票，开脫罪負。他在北京保了大大小小三十几个党內走資本主义道路当权派，甚至陆定一、周揚、许立群、林默涵、安子文、蔣南翔等等罪大恶极的反革命修正主义分子，他都拚命为之开脫罪责；他也拚命为中南地区的嘍囉们打保票，拚命庇护王兰西、区梦觉、张平化、王任重、李嘉人、楊康华等等反革命修正主义分子，十一中全会結束时，陶鑄、王任重召集中南五省（区）书记开会，胡说什么“不能承認方向錯誤，因为方向錯誤就是路綫錯誤”，为他们暗送秋波，鼓励他们継續站在反动的資产阶級立场上鎮压革命群众。

▲陶鑄拚命为刘、邓开脫罪责，12月13日对卫生系統講话胡说什么“他们（指刘、邓）自从革命胜利以来……有意无意地，有时公开有时隐蔽地維护資产阶級。”12月24日接见全国各地来京串连新闻工作者大会上又胡说什么“刘、邓……对走社会主义道路怀疑，对資本主义有兴趣”。12月25日对中組部同志的講话也胡说“刘、邓的問題是資产阶級个人主义，作为刘、邓的思想誰都有，……”12月28日在中宣部接见部分同志时的講话中又胡

说“刘、邓还是中央常委，只能讲是人民内部矛盾，我们不能讲他是走資本主义道路的当权派，”在八月二十八日給中南局打电话说：“要求毛主席兼国家主席，不是貼大字报可以解决的，可写信提要求。通过讲清道理，经过群众自己把大字报取下来。給中央同志提意见，欢迎，但不要貼大字报，看不到。”如此害怕革命群众貼刘少奇的大字报。妄图保护刘少奇过关。

▲陶鑄这个反革命修正主义分子，到了北京以后，念念不忘他的中南老巢，在北京遙控中南区的文化大革命，文化革命期間，有案可查的电話便有24次之多。

▲6月22日，陶鑄給赵紫阳的一个黑电话中再三强調：“要强調領导，学校的文化革命一定要在党的領导下进行”。说什么“主要是搞教职员中的反党反社会主义分子，学生中的以后再搞。”“对錯誤的要頂住，他们鬧起来也不怕，是个暴露。”

▲7月22日，陶鑄伙同刘、邓把持中央书记处批轉湖北省委《关于在中等以上学校进行文化革命运动的意见》（即王任重的七·三黑指示），表示同意发給各地参考。这是一个残酷镇压革命群众的黑綱領。

▲八屆十一中全会以后，在广西桂林，又出现了鎮压学生运动的严重事件。陶鑄对此坐立不安，八月十九日、二十二日、二十四日，三次来电話说：“桂林問題。韦国清同志已回桂林，并已向任重和中央文革小組打了五次电話。任重同志完全同意韦的意见。”（广西区党委在桂林事件上，犯了极其严重的錯誤，迟迟不愿改正錯誤，原来是陶、王支持着韦国清）。

▲八月十九日，湖南省发生鎮压学生运动的事件后，陶鑄于八月二十四日、二十七日連續两次来电話说“党政机关的大字报，学生要看，可以经过正式手續介紹派代表来看，学生不能看机关的档案文书。（这实际上是假借保卫党和国家机密来隐瞞黑材料，实际上，中南局的档案文书中就有大量的黑材料）”；又说什么“长沙情况，现在很乱，不要怕。中南局也要坚定，不要因此受影响。（这就是要中南局継續坚定地执行資产阶級反动路綫）”。

▲九月，全国掀起革命大串连高潮。九月十七日，陶鑄打电話給中南局说“县以下中学，还是按原来四清部署进行。外地学生搞革命串连，只到大中城市，不要到县城去。县城的中学生也不要到工厂、农村搞串连活动，”

▲文化革命的烈火快要燒到陶鑄身上时，他怕得要命，千方百計地洗刷、开脱自己的罪行，同时他利用各种场合，无耻地标謗自己是“一貫革命的”，是“毛主席无产阶級司令部的人”，“基本上是无产阶級革命家”等，以迷惑群众，蒙混过关。

▲陶鑄除拚命为自己开脱外，还不擇手段，伪造照片，妄图保住刘、邓抬高自己。九月十五日，我们的伟大領袖毛主席和他的亲密战友林彪同志第三次檢閲文化革命大軍。在这次报道中，陶鑄以中央政治局常委全部要有照片见报为名，指令发表突出刘少奇、邓小平的照片，又把另一張原照片中陈毅的头换成邓小平的。陶鑄还通过刘祖春，签发了一張有毛主席、林付主席、周总理、陈伯达同志和他自己在一起的伪造新闻照片，要新华社作为領袖照片，向全国大量发行，企图把他自己塞到領袖行列中来，眞是无耻之极。

▲10月18日，我们伟大領袖毛主席和他的亲密战友林彪同志再次檢閲文化革命大军。一小撮刘、邓分子对此恨得要命，怕得要死，在十七日制造了篡改大会口号的极其严重的反革命事件，这一事件的元凶就是陶鑄把持下的中宣部付部长熊复，与陶鑄有极紧密的关系。

▲直到12月下旬，陶鑄还在力保刘、邓，胡说："确实在一个很短时間，只有几十天，在党中央工作的刘、邓，他们几个把毛主席路綫执行錯了。五十天也不是全錯了，也还有对的。"

▲十二月三十日，武汉赴广州专揪王任重造反团到北京去揪王任重的后台陶鑄，他向革命小將拍桌子，暴跳如雷。他举起双手大吼道："我提出抗议，不是胸怀不坦白，你們这种形式我不滿意，是不适当的"；大言不慚地大叫"今天的会是什么性质，我認为是代表中央、代表中央文革接见你们。你们提出問題，我解答問題，我不是来受批評的，"经过革命同学的严詞斥责，这个反革命两面派露出了他紙老虎的本色，只得宣布"撤消抗议，承認錯誤"，乖乖地回答革命小將的問題。在这次講話中，革命小將告訴他北京貼很多说他执行了資产阶級反动路綫的大字报，陶鑄拒不承認錯誤，说什么"他们貼他们，我不是执行資产阶級反动路綫。"

一九六七年

▲一月四日，周总理、陈伯达同志、康生同志、江青同志在中央文革接见赴广州专揪王任重革命造反团时，公开点了陶鑄的名。指出：陶自到中央来，并沒有执行以毛主席为代表的无产阶級革命路綫，实际上是刘、邓路綫的坚决执行者。一月十日，中央首长接见有关单位代表时指出：在刘、邓占統治地位的时候，他就是忠实执行刘、邓路綫的，……而在刘、邓被揭露了，刘、邓路綫被批判了，刘少奇、邓小平一边站了，陶鑄成了継續执行刘、邓路綫的人，……。

▲现在，这个反革命修正主义分子、反革命两面派，多次反党集团的同謀陶鑄，被揪出来了。在中南、广东、广州正掀起一个批陶的高潮，七月十一日《广州批陶联合委员会》的成立，把批陶运动推向新的更高的高潮，这是毛泽东思想的伟大胜利，我们热烈欢呼《广州批陶联合委员会》的成立。

打倒陶鑄！

附录一：家庭成員

曾祖父：陶忠任，大恶霸地主，占有地一百多亩，后买了个"皇清奉京大夫"官职。

祖　父：陶潜光，遊手好閑，生活糜烂，人称"敗家仔。"

父　亲：陶铁錚，师范毕业，出入商场，办过学堂，后勾結土匪，加入土匪組織"紅帮"，欺压百姓，后为人所杀。

母　亲：董唐姑，地主婆，資本家老板娘，陶鑄称之为"革命母亲"，对之供俸孝敬，每月四十元生活费。六二年老死，陶亲自吊唁，送花圈立碑。

老　婆：曾志，其父当过伪乡长，大革命失败时期，曾杀我地下党员，革命志士数十人，曾志原为蔡协民同志爱人，后为陶所占，此人关系十分复杂，与陶只生一女。

胞　兄：陶自强，大叛徒，历任伪县长，少将特务等反动要职。此人罪恶累累，民憤极大，解放后，群众要求枪斃，陶鑄包庇他，免于斃命，并安插在祁阳一中当校长，五九年划为右派，文化革命期間，畏罪自杀。

胞　妹：陶雪梅，已死。

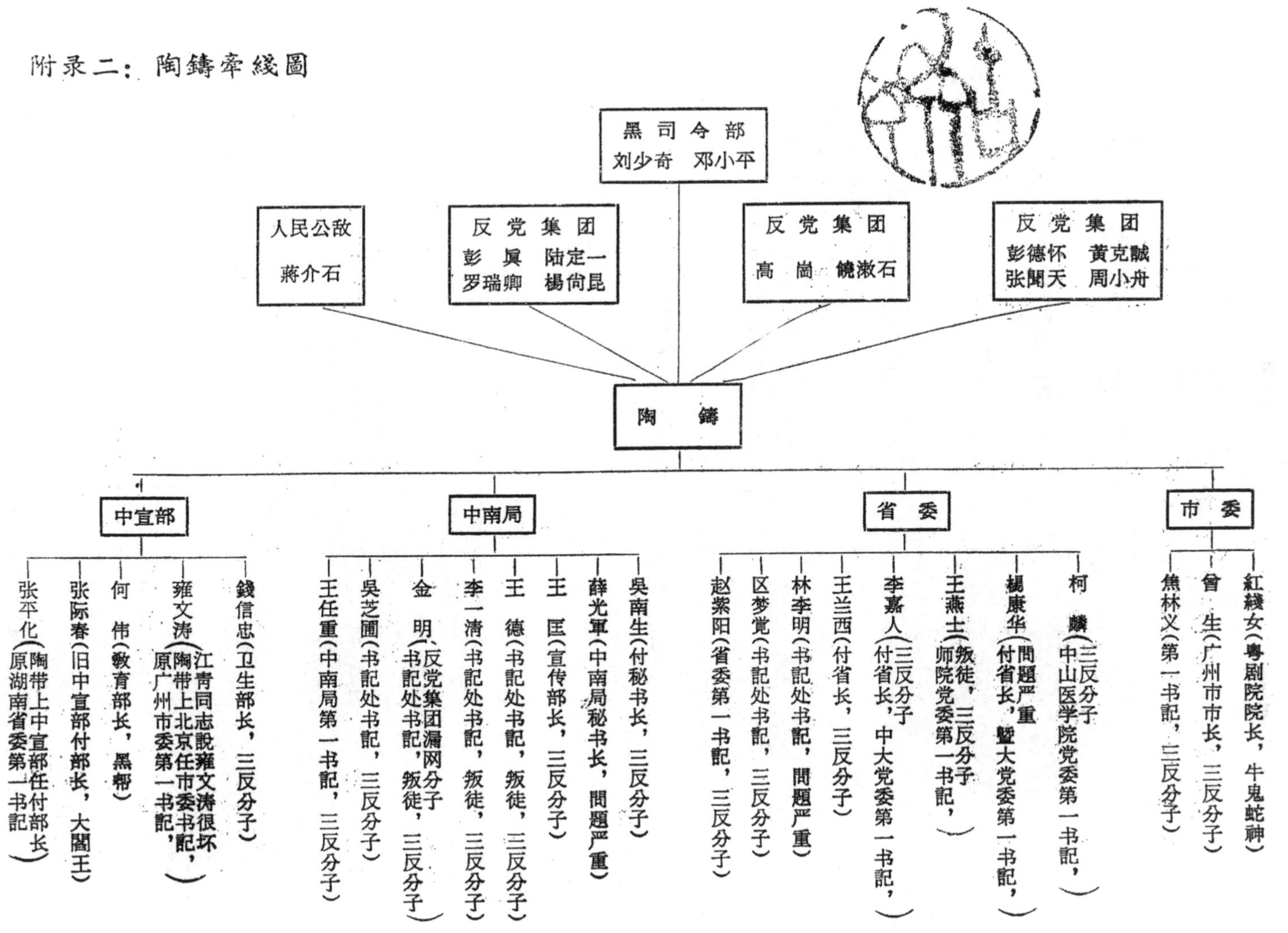
附录二：陶铸牵綫圖
黑司令部
刘少奇 邓小平
人民公敌
蔣介石
反党集团
彭 眞 陆定一
罗瑞卿 楊尚昆
反党集团
高 崗 饒漱石
反党集团
彭德怀 黃克誠
张聞天 周小舟
陶 鑄
中宣部
錢信忠（卫生部长，三反分子）
雍文涛（江青同志說雍文涛很坏 陶带上北京任市委书記，原广州市委第一书記，）
何 伟（教育部长，黑帮）
张际春（旧中宣部付部长，大閻王）
张平化（陶带上中宣部任付部长 原湖南省委第一书記）
中南局
吳南生（付秘书长，三反分子）
薛光軍（中南局秘书长，問題严重）
王 匡（宣传部长，三反分子）
王 德（书記处书記，叛徒，三反分子）
李一清（书記处书記，叛徒，三反分子）
金 明（反党集团漏网分子 书記处书記，叛徒，三反分子）
吳芝圃（书記处书記，三反分子）
王任重（中南局第一书記，三反分子）
省委
柯 麟（三反分子 中山医学院党委第一书記，）
楊康华（問題严重 付省长，暨大党委第一书記，）
王燕士（叛徒，三反分子 师院党委第一书記，）
李嘉人（三反分子 付省长，中大党委第一书記，）
王兰西（付省长，三反分子）
林李明（书記处书記，問題严重）
区梦觉（书記处书記，三反分子）
赵紫阳（省委第一书記，三反分子）
市委
紅綫女（粵剧院院长，牛鬼蛇神）
曾 生（广州市市长，三反分子）
焦林义（第一书記，三反分子）

最高指示

在工人阶級內部，沒有根本的利害冲突。在无产阶級专政下的工人阶級內部，更沒有理由一定要分裂成为势不两立的两大派組织。

在革命大批判的高潮中
实現革命的大联合

天津市貧下中农代表会議常务委員会宣传組輯印

一九六七年九月

目　录

在革命大批判的高潮中实現革命的大联合

《紅旗》杂志一九六七年第十四期社論

姚文元同志的重要文章《評陶鑄的两本书》的发表，是彻底摧毁以中国赫魯晓夫为首的党內最大的一小撮走資本主义道路当权派的一顆重型炮弹。这篇雄伟有力的討敌檄文，在全国范围內，推动了革命大批判的深入开展。

革命的大批判，是毛主席的伟大战略部署，是促进革命大联合和革命“三結合”，搞好各单位斗、批、改的推动力，是把无产阶級文化大革命进行到底的重大步驟。

无产阶級文化大革命的形势空前大好。当前，最重大的任务是深入开展革命的大批判，推动各单位斗、批、改，最关鍵的問題是实現革命的大联合。

革命的大联合，是无产阶級的根本利益，是馬克思列宁主义、毛泽东思想的一个基本原理。

馬克思和恩格斯早在一百多年前，在无产阶級刚刚登上政治舞台的时候，就在《共产党宣言》中发出了**“全世界无产者，联合起来！”**的伟大号召。

我們伟大領袖毛主席从領导中国革命的第一天起，就高举革命大联合的旗帜，在理論上和实践上，极大地丰富和发展了馬克思主义的这个基本思想。

毛主席教导我們：“**只有經过共产党的团結，才能达到全阶級和全民族的团結，只有經过全阶級全民族的团結，才能战胜敌人，完成民族和民主革命的任务。**”民主革命是这样，社会主义革命是这样，当前无产阶級文化大革命也是这样。

毛主席最近指示：**在工人阶級內部，沒有根本的利害冲突。在无产阶級专政下的工人阶級內部，更沒有理由一定要分裂成为势不两立的两大派組織。**

工人阶級和一切无产阶級革命派，要坚决地执行毛主席的这个最新指示，做革命大联合的模范。

工人阶級和一切无产阶級革命派，有共同的敌人，有共同的革命目标。在无产阶級专政下，以中国赫魯晓夫为首的党內一小撮走資本主义道路当权派，是工人阶級最凶恶、最危险的敌人，是我們的心腹大患。我們只有联合起来，集中火力，集中目标，搞好革命的大批判，搞好各地区和各单位的斗、批、改，才能彻底打倒他們。

在这場关系到党和国家命运的严重斗爭面前，我們有什么理由不联合起来共同对敌？我們有什么理由分成势不两立的两大派組織？

团結就是力量。工人阶級有一切理由在毛泽东思想的伟大旗帜下团結起来，在革命大批判的高潮中，实行革命的大联合，而沒有任何道理鬧分裂。

現在，有些地方，为什么工人阶級內部分裂成为两派，联合不起来呢？主要有三个方面的原因。

党內一小撮走資本主义道路当权派最害怕革命的大联合。工人阶級联合起来，他們就必然成为孤家寡人，彻底垮台。为了逃避革命群众的批判和斗爭，破坏抓革命、促生产，破坏无产阶級文化大革命，他們耍阴謀，施詭計，挑拨离間，欺騙蒙蔽，操纵利用，制造工人阶級內部的分裂。

一小撮地富反坏右是不甘心灭亡的。他們总是要施展各种卑劣手段，进行煽动，制造分裂，煽阴风，点鬼火，破坏革命的大联合，妄图达到顛覆无产阶級专政的罪恶目的。

工人阶級是最革命的阶級，但是，它也会受到資产阶級和小資产阶級思潮的影响。由于社会上的无政府主义、宗派主义、小团体主义以及“怀疑一切”等等以右的或极“左”的形式出現的資产阶級和小資产阶級思潮的侵蝕，在工人阶級內部就出現了以小資产阶級派性代替无产阶級党性的現象，妨碍了革命的大联合。

追根溯源，工人阶級內部分裂成两派，是中国赫魯晓夫推行資产阶級反动路綫遺留下来的恶果。

只有扫除这些障碍，才能实現革命的大联合。我們必須进一步用毛泽东思想来武装自己的头脑，識破和粉碎阶級敌人的阴謀詭計，克服自己队伍中的資产阶級和小資产阶級思潮，在革命大批判的高潮中，实現革命的大联合。

值得注意的是，当前有一小撮反革命分子，以极“左”的面貌出現，利用我們队伍中的小資产阶級思想，进行阴謀活动，妄图破坏和分裂以毛主席为首的无产阶級司令部的領导，破坏和分裂无产阶級专政的主要支柱——伟大的中国人民解放軍。所謂“五·一六”集团的組織者和操纵者，就是这样一个搞阴謀的反革命集团。这个反革命集团必須予以彻底揭露，彻底粉碎。

工人阶級应該是毛泽东思想的革命派，要增强无产阶級党性，在毛主席的无产阶級革命路綫上联合起来，而不应該分成这个派那个派，鬧派性。派性是扩大了的个人主义，是为了自己和自己的宗派小团体，不是为了人民，不是为了无产阶級。鬧派性，鬧分裂，就是不革命，就可能被阶級敌人所利用，走到邪路上去。

在实現革命的大联合中，工人阶級要向前看，不要算旧帳，多作自我批評。毛主席教导我們：**无产阶級不但要解放自己，而且要解放全人类。如果不能解放全人类，无产阶級自己就不能最后地得到解放。**工人阶級应該具有这种远見卓識和寬闊胸怀，善于团結絕大多数人，特别是团結那些和自己的意見不同、甚至反对过自己并且已被实践証明是犯了錯誤的人，組成浩浩蕩蕩的革命大軍。

工人阶級群众中，覚悟不同，是一种客观存在的現象。这种矛盾，完全可以用毛主席**团結——批評和自我批評——团結**的方針来解决，不需要分成势不两立的两大派。革命覚悟比較高的革命群众，应当进行耐心、細致的思想政治工作，帮助受蒙蔽的阶級弟兄摆脱資产阶級的影响，共同沿着毛主席的无产阶級革命路綫胜利前进。

目前正在掀起的革命大批判的高潮，必将促进革命的大联合，而革命的大联合，又必将推动革命大批判的深入开展，为各地区和各单位的斗、批、改創造良好的条件。革命的大联合，是当前革命形势的迫切需要，是工人阶級和一切无产阶級革命派的共同願望。

在毛泽东思想伟大旗帜下，革命的大联合万岁！

在革命的大批判中 大力促进革命的大联合

（《人民日报》一九六七年九月十四日社論）

一个革命大批判的高潮正在兴起。在革命的大批判中，实現和加强革命大联合，这是当前革命形势的需要，是巩固和加强无产阶級专政的需要，是无产阶級文化大革命发展的不可阻挡的潮流。今天本报轉載的上海閘北区工人克服分裂、成立統一組織的报道，就是工人阶級在大批判中，实現革命大联合的很好范例。

无产阶級革命派必須忠于毛主席的无产阶級革命路綫，紧跟毛主席的伟大战略部署，在革命的大批判中为实現和加强革命的大联合作出新的貢献。这是摆在每一个无产阶級革命派、每一个革命干部、每一个群众組織面前的很重大的任务。

毛主席教导我們：**“我們都是来自五湖四海，为了一个共同的革命目标，走到一起来了。”**

当前，我們共同的革命目标是什么呢？就是对以中国赫魯晓夫为首的党內一小撮走資本主义道路的当权派展开大揭发、大批判、大斗爭。为了达到这个共同的革命目标，就必須調动千千万万的群众，組成浩浩蕩蕩的大軍，就必須实現和加强革命的大联合。只要在对党內最大的一小撮走資本主义道路当权派进行革命大批判、大斗爭这一点上是共同的，只要在执行毛主席的无产阶級革命路綫这个大方向上是一致的，也就找到了最大的共同点，就有了革命大联合的基础。

实現无产阶級的革命大联合，才能够把敌人最大限度地孤立起来，才能够彻底把他們打倒。如果不实行革命的大联合，或者对革命大联合采取宗派主义或毫不关心的态度，那就不利于战胜无产阶級敌人这一个伟大的目标，不利于进一步地搞好革命的大批判。

无产阶級是最先进、最革命的阶級。毛主席正是这样教导我們的：**在工人阶級內部，沒有根本的利害冲突。在无产阶級专政下的工人阶級內部，更沒有理由一定要分裂成为势不两立的两大派組織。**因此，无产阶級是最懂得革命大联合的重要的。无产阶級应該成为革命大批判的模范，成为革命大联合的模范。

有些地方，工人阶級內部所以会产生势不两立的两派，或者是由于党內一小撮走資本主义道路当权派的挑拨离間、欺騙蒙蔽、操纵利用；或者是由于一小撮地富反坏右的破坏和煽动；或者是由于受了无政府主义、宗派主义、小团体主义以及“怀疑一切”等等以右或极“左”形式出現的資产阶級和小資产阶級思潮的侵蝕。归根到底，这是中国赫魯晓夫資产阶級反动路綫留下的恶果。工人阶級应当大力学习毛泽东思想，在同党內一小撮走資本主义道路当权派的斗爭中，在揭露反革命分子和坏人在幕前或在幕后的破坏阴謀的斗爭中，在批判和克服非无产阶級思潮的过程中，联合起来。觉悟高的无产阶級革命派，应当耐心細致地帮助受蒙蔽的阶級弟兄提高覚悟，回到毛主席的无产阶級革命路綫上来。

目前，在我們革命队伍里出現的某些鬧派別、搞分裂主义的現象，严重地妨碍革命的大批判，妨碍革命的大联合，妨碍抓革命、促生产。这种現象如果得不到克服，其中就可能有坏人插手。如果我們不提高革命警惕，让头脑里的“私”字膨胀起来，被小資产阶級的派性迷了心竅，就可能被阶級敌人所挑动，引到群众斗群众的邪路上去，却把党內一小撮走資本主义道路当权派放在一边。这样，斗爭的大方向就錯了。

在实現革命大联合的过程中，无产阶級革命派和一切革命同志，都应該把革命的全局利益，把无产阶級的党性，放在首要的地位。这样做，才能使我們队伍整齐，步調一致，从而集中火力，集中目标，搞好革命的大批判。

毛主席教导我們：“**国家的統一，人民的团結，国內各民族的团結，这是我們的事业必定要胜利的基本保証。**”

目前在全国范围內深入开展的革命大批判的运动，为实現革命的大联合奠定了寬广而深厚的思想基础。让我們高举毛泽东思想的伟大紅旗，在革命大批判中迎接革命大联合的新高潮，夺取无产阶級文化大革命更加輝煌的新胜利！

无产阶級的党性与小資产阶級的派性

（《文汇报》一九六七年八月三十一日社論）

目前，在有些革命群众組織的队伍中，出現了一种派性高于党性的錯誤傾向，必須立即加以制止。

派性高于党性，就是以本团体、本派别的利害为处理問題的“最高准則”，忘記了无产阶級的整个革命利益，忘記了革命的全局，心目中只有自己的組織，自己的派別，随时随地鬧宗派主义，因而作出种种錯誤的行为来。

对待无产阶級司令部的指示，他們采取实用主义的态度。凡是符合他們需要的就听，就办；不符合他們需要的就不听，不办。甚至采用斬头去尾，断章取义等手法，借用无产阶級司令部指示中的某一句話，为自己一派的利益服务。

对待广大革命群众和革命干部，他們采取无原則的态度。凡是同意他們观点的，都是“同志”，都是“革命干部”；凡是不同意他們观点的，都是“仇人”，都是“四类干部”。誰今天同意他們的观点，就亲如手足；明天不同意他們的观点，就遭到残酷斗爭。

对待自己，他們总认为“老子天下第一”，“唯我独左”，“唯我独革”。只知道組織本派力量，去“轰”别的組織，而从来沒有作过一次象样的自我批評。

在我們无产阶級革命派的队伍中，如果任凭这种宗派主义思潮泛滥，就会混淆是非，使严肃的政治斗爭，变成为无原则的派别糾紛，轉移斗爭大方向，只能使亲者痛、仇者快，对无产阶級文化大革命造成莫大的損失。

这样做，严重地阻碍着革命大批判的深入展开，阻碍着革命大联合的巩固和发展。他們整天被本派别的利害牽着鼻子跑。关心的，只是鼻尖下的一个小山头，而对整个国家的大事則不聞不問。一旦本派别与别的組織鬧了点矛盾，不分是非曲直，就要兴师問罪，爭吵个不休，并且容易受党內一小撮走資本主义道路当权派和其他坏人的利用，造成打不停的“內战”，甚至出現严重的武斗事件。明明双方都是革命派，都有共同的战斗目标，都願意彻底摧毀資产阶級司令部，仅仅因为某些問題上出現了分歧，就坐不到一块儿来。双方都为了本派别的利益，把对方的缺点、錯誤无限上綱。

这样做，不利于革命干部的彻底解放，不可能实現革命的“三結合”。从派别斗爭来对待干部問題，只能搞乱干部的阶級陣綫，給党內一小撮走資本主义道路的当权派混水摸魚大开方便之門，而对广大革命干部，則是一种精神束縛。眞正的革命干部得不到解放，革命的“三結合”也就成了一句空話。在有的单位中，各派由于在干部問題上采取了宗派主义态度，造成了无原则的糾紛，搞不清的矛盾，往往变为武斗的导火綫。

我們无产阶級革命派，是为了整个无产阶級的革命利益，为了保卫毛主席的革命路綫而战斗的。党性，就是阶級性的集中表現。在我們革命队伍中，不管这个团体，那个組織，都必須把无产阶級的阶級利益看作是最高利益。在任何情况下，当一个团体、一个派别的利益与整个无产阶級的革命利益发生矛盾时，就要毫无条件地服从整个无产阶級的革命利益，而决不允許相反。伟大的战无不胜的毛泽东思想，集中地代表了无产阶級的最高利益，是我們一切言行的最高准則。因此，任何把某一派别的利益放在无产阶級的阶級利益之上，都是不符合毛泽东思想的，都是违反了无产阶級的党性原則的。

即使对方是眞正的保守派組織，我們也要根据无产阶級的党性原則办事。必須用毛主席的革命路綫去教育、爭取、团結其中絕大多数的群众，使他們站到无产阶級革命派的队伍之中来。这应該是一項严肃的思想政治工作，而决不是搞无原則的派别斗爭。

所謂派性，說穿了，是扩大了的个人主义，是属于小資产阶級思想王国里的貨色。派性高于党性，这是資产阶級、小資产阶級思潮对我們革命队伍的严重腐蝕。我們队伍中有些同志，由于头脑中残存着个人主义，就往往容易受宗派主义所侵袭。在遭受資产阶級反动路綫迫害时，由于派别的利益与无产阶級的革命利益之間的矛盾还沒有尖銳地暴露出来，这个問題还沒有充分引起人們的注意。但是，当斗爭取得了一定的胜利，特别在掌权以后，地位起了变化，有些同志的个人第一的思想，与无产阶級整个革命利益的矛盾就显著地暴露出来。如果不注意克服派性，增强党性，反而大搞宗派主义活动，就必然会把党和无产阶級的根本利益置之脑后，照此发展下去，就会背叛无产阶級革命事业。

毛主席教导我們：**“必須善于把我們队伍中的小資产阶級思想引导到无产阶級革命的軌道，这是无产阶級文化大革命取得胜利的一个关鍵問題。”**对于我們队伍中出現的派性，也要遵循毛主席的这一英明指示，认眞地将它引导到无产阶級党性的軌道上来。“因为这种宗派主义在一部分同志中还很严重，还在障碍党的路綫的实行，所以我們要針对这个問題在党內进行广大的教育。”一切无产阶級革命派战士都要同形形色色的宗派主义的錯誤傾向作不疲倦的斗爭，并且必須見之于实践。

反对派性高于党性，这是用毛泽东思想建設无产阶級革命派队伍的重要內容。在这里，革命群众組織的負責人必須起带头作用。如果有些头头存在着严重的宗派主义思想，势必会把队伍带上小資产阶級派性的歪路上去。这种反无产阶級的派性思潮，如果长时期地鬧下去，結果必然是害了同志，也害了自己。因此，革命群众組織的負責人，只有带头破私立公，才能使带領的队伍始終緊跟毛主席的伟大战略部署，紧紧掌握斗爭的大方向，不折不扣地执行无产阶級司令部的每一項命令和方針政策，越战越坚强；才能在当前无产阶級文化大革命的伟大战斗中立新功、建新劳。

評“以我为核心”

——再論无产阶級的党性与小資产阶級的派性

（《文汇报》一九六七年九月十四日社論）

在有些单位中，几个革命群众組織长期不能联合，思想障碍不少。其中主要問題之一是以誰为“核心”？

有的說，我們組織造反早，必須以我为核心；

有的說，我們組織功劳大，必須以我为核心；

有的說，我們組織人数多，必須以我为核心。

如此等等，各执其辞，爭論不休。都想“以我为核心”，結果，一个也成不了“核心”，弄得这些单位山头对峙，群雄割据，处于分裂状态。这是小資产阶級派性在作怪，是派性压倒党性的恶果。

实行革命大联合，組織浩浩蕩蕩的革命大軍，当然需要領导核心。毛主席早就教导我們要重視“**建立領导核心問題**”，并要我們把它“**应用到一切大小机关、学校、部队、工厂和农村中去**”。任何否认領导核心的观点都是錯誤的。

对于我們无产阶級革命派，对于七亿人民来說，以伟大領袖毛主席为首的党中央，是我們最高的无产阶級司令部，是我們久經考驗的、战无不胜的領导核心。我們要坚决拥护、紧跟和保卫这个最高的領导核心，我們的一言一行都要納入这个最高司令部的革命軌道。这是无产阶級党性原則的最集中的表現。

在一个地区或一个单位里，实行革命的大联合也必須有核心。这个領导核心，决不是代表某一个派别的利益，而要代表整个无产阶級的革命利益，要坚持无产阶級的党性。它应該高举毛泽东思想伟大紅旗，始終貫彻执行毛主席的革命路綫，善于团結群众和干部的大多数。只有这样的核心，才能真正团結起广大群众，永远跟着伟大領袖毛主席鬧革命。

这样的革命核心是不可能自封的，只能經过革命斗爭的考驗，在革命斗爭的过程中形成。事实上，群众是最善于选择自己領袖的。核心是对群众而言的，沒有群众也就沒有核心。离开了群众的信任和委托而自吹“核心”，这是沒有群众的“核心”，实际上也就不成其为眞正的核心。

在中国革命的历史上，那种自封为“核心”的人还見得少嗎？陈独秀、李立三、王明，等等，那一个不是吆五喝六地登台表演过？王明之流甚至自封为“百分之百的布尔什維克”（注意，不是百分之九十九点九九，而是百分之百），是当然的領导核心了，然而，自封是沒有用的，历史宣判了他們“百分之百”地垮台。

“造反早”、“功劳大”，这当然不是坏事。但是，造反早、功劳大，并沒有給这些同志坚持小山头，反对大联合的权利，更沒有給他們坚持“以我为核心”的根据。恰恰相反，旣然你造反早，功劳大，就应当覺悟高，党性强，顾大局，識大体，以革命的利益为重，促进革命的大联合。即使在大联合的过程中，别的群众組織，一时不承认你是核心，只要眞理在你手里，你仍然可以在斗爭中为人民立新功，尽到一个革命者的責任，有什么理由非要“以我为核心”，不然就宁願长期分裂，置革命利益于不顾呢？这难道不是派性压倒了党性，同造反早、功劳大的光荣极不相称嗎？我們奉劝有这种想法的同志，抛开自己的私心杂念，抛开个人的荣誉地位，抛开这样那样的包袱，为促进革命的大联合立新功吧！

所謂“人数多”，必須“以我为核心”，更是缺乏无产阶級党性的。人数多，队伍大，汽車多，喇叭响，用来对待敌人，是有用的，用来爭“以我为核心”是沒有用处的。革命的强大力量，来自战无不胜的毛泽东思想。一旦离开了毛泽东思想，一旦脫离了革命的需要，脫离了群众的需要，那一套“实力”是一陣风就吹掉的。我們奉劝有这种想法的同志，仔細地想一想，旣然你那么有“实力”，为什么群众不承认你这个“核心”呢？如果眞理在你手里，为什么那么怕那些“实力”比你小的組織同你联合呢？旣然同是革命組織，有什么理由不联合呢？两个革命組織在大方向一致的基础上，不“以我为核心”作条件，迅速地联合起来，在共同对敌的斗爭中逐步地形成大家信服的領导核心，队伍越来越大，越战越强，有什么不好呢？

革命的領导核心，归根到底，来自阶級斗爭的实践。只有經过长期的激烈的大风大浪的考驗，才能培养和造就无限忠于毛主席，无限忠于毛泽东思想，无限忠于毛主席的革命路綫的領导骨干。从一年多来两个阶級、两条道路、两条路綫的大搏斗中，确实“杀”出了一批坚定的革命左派和坚强的革命群众組織。广大革命群众和干部，应該自觉地拥护、信任他們参加領导核心。并且在他們掌权以后，大力支持他們，不断帮助他們。如果对他們“不服气”、“不称心”，也是不对的。我們不应該一下子企求十全十美的領导核心，更不能用宗派主义的观点去苛求、挑剔，更不許否定和打击眞正的无产阶級革命派。

在革命大联合的“核心”問題上，无产阶級党性与小資产阶級派性的激烈斗爭，归根到底，是“公”与“私”的斗爭。坚持无产阶級党性原則，就是“公”字当头；强調派别利益，就是“私”字挂帅。

用无产阶級的党性去克服小資产阶級的派性，这就是要坚持用无产阶級的世界观，去战胜和代替从小团体出发的“以我为核心”的資产阶級小資产阶級世界观。“以我为核心”，一語道破了小資产阶級的本质。“以我为核心”的核心，是一个“我”字。就是这个“我”字，挡住了他們的眼睛，无产阶級的最高利益看不見了，看到的，只是小团体的利益，“我”的利益。不大破这个蛀蝕灵魂的“我”字，革命的大联合是实現不了的。这一点，对于所有的革命組織、所有的革命战士都是适用的，不論造反早晚，功劳高低，队伍大小，都应当坚持无产阶級党性原则，以派性反派性，是不会有好結果的。

对于小資产阶級的派性，既要严肃批評，又要热情帮助，要在“善于引导”上下功夫。引导得好，变阻力为动力，納入无产阶級党性的軌道；引导得不好，就会出乱子。值得警惕的是，阶級敌人往往会利用我們队伍中的小資产阶級派性，进行搗乱，扩大分裂，混水摸魚。不是有一小撮打着极“左”旗号的反革命分子，利用我們队伍中某些人的小資产阶級派性，进行炮打以毛主席为首的无产阶級司令部的罪恶活动嗎？这难道还不应該引为教訓嗎？

无产阶級文化大革命的巨浪滚滚向前。无产阶級革命派的战友們，同“我”字决裂，向“私”字开火，彻底抛弃“以我为核心”之类的小資产阶級派性的錯誤口号，坚决貫彻无产阶級党性原則，高举革命大批判和革命大联合的旗帜，沿着毛主席革命路綫的軌道，奋勇前进吧！

巩固革命大联合　夺取新胜利

（《文汇报》社論）

在革命大联合的高潮中，当前要注意的一个带有普遍意义的重大問題：就是必須注意从思想上巩固革命大联合。

革命的大联合問題开始一提起，就是一場严重的思想和政治斗爭。我們同阶級敌人的破坏阴謀进行了斗爭，又同自己头脑里的資产阶級小資产阶級思想进行了斗爭。我們的大联合，是在毛泽东思想原则基础上的大联合。不經过这样严重的政治、思想上的斗爭，要实現革命的大联合是不可能的。现在，革命大联合已經取得了重大的胜利，但是，**“新的社会制度还刚刚建立，还需要有一个巩固的时間。不能认为新制度一旦建立起来就完全巩固了，那是不可能的。需要逐步地巩固。”**我們已經取得的胜利，对以后的战斗来說，仅仅是一个短小的序幕。为了巩固革命大联合，夺取革命新胜利，我們需要作更大的努力，更艰巨的政治、思想上的斗爭。

无产阶級革命派要巩固革命的大联合，重要的在于活学活用毛主席著作，加强政治思想工作，使革命派在毛泽东思想的原则基础上眞正牢固地联合起来。这次革命大联合的风暴来势异常迅猛，使那些按常规走路的同志感到突然，显得被动，这是自然的。我們必須进行深入細致的思想工作、政治工作，迅速跟上形势的发展。很多革命群众組織的負責人，这次站在运动的前头，积极推动革命的大联合、革命的“三結合”，大抓革命的大批判和斗、批、改，这种革命行动好得很。他們应該坚持这个正确方向，决不动搖，决不后退，否則就会前功尽弃。这些組織的广大战士也应該坚决支持他們，继續促进他們，千万不要促退他們。

革命大联合的灵魂是毛泽东思想。各革命群众組織的負責人和广大战士，一定要反复地、深入地学好毛泽东思想，学好毛主席关于无产阶級文化大革命的理論、路綫、方針、方法和政策，学好毛主席的最新指示：**在工人阶級內部，沒有根本的利害冲突。在无产阶級专政下的工人阶級內部，更沒有理由一定要分裂成为势不两立的两大派組織。**我們要在执行过程中，逐步加深对这一光輝思想的理解，眞正把毛主席的最新指示溶化在血液里，落实在行动上，进一步从根本上提高对革命大联合意义的认識。只有这样，才能向前看，大步前进，而不是朝后望，犹豫不前。才能不是单純消极地看到自己小山头的消亡，而是积极地展望着革命大联合后的灿烂前景，百倍鼓舞自己从胜利走向新的胜利。

上海无产阶級革命派大联合的新飞跃，宣告了无产阶級党性的胜利，小資产阶級派性的破产。但是，斗爭并沒有結束，无产阶級同資产阶級的斗爭仍然存在，无产阶級世界观同資产級阶世界观的矛盾仍然存在，无产阶級党性与小資产阶級派性的矛盾继續存在，革命大联合与小山头的矛盾继續存在。經驗証明：愈是同派性大分裂，就愈能做到革命大联合。因此，巩固革命大联合，一定要继續同小資产阶級派性展开坚决的斗爭。如果让头脑里这些小資产級阶派性的东西膨胀起来，那么，无产阶級党性的观念就会日益淡薄，就有可能葬送革命大联合的成果。对派性这个坏东西，决不能让它死灰复燃，一定要做到它那里冒出来，就在那里把它打下去。

派性在那里？在自己的脑子里。毛主席历来教导我們，处理革命队伍內部的矛盾，要多作自我批評，坚持**团結——批評和自我批評——团結**的方針。为了巩固革命的大联合，为了加强无产阶級革命派的大团結，关鍵是认眞掌握和运用这个重要公式，多作自我批評。自己的辮子自己剪，不要别人代劳。如果对别人的派性，声色俱厉，无限上綱，而对自己的派性，却視而不見，溫情脉脉，这对巩固革命大联合有好处嗎？沒有，半点好处也沒有。

无产阶級革命派联合起来的目的，是为了彻底打倒以中国赫魯晓夫为首的党內最大的一小撮走資本主义道路当权派。这是实現革命大联合的原则基础，也是巩固革命大联合的原則基础。因此，我們从联合起来的第一天起，就应当牢牢掌握斗爭大方向，集中火力，集中目标搞大批判，集中力量搞斗、批、改。应当大力促进革命的“三結合”，大胆使用革命干部，在对敌斗爭的过程中，使革命的大联合不断完善，不断巩固，逐步建立起領导核心。如果不抓大方向，斤斤計較于什么組織名称，常委名額，就可能使我們的大联合脫离共同的原則基础，就可能被細微末节的糾紛攪乱了我們联合的陣綫，革命的大联合就不可避免地会走回头路。

党內一小撮走資本主义道路当权派和一小撮别有用心的人，决不会甘心自己的失敗。他們会用歪曲革命口号的方法来达到自己的目的。一切革命派的同志务必保持高度警惕，加强敌情观念，千万不能上当。

毛主席給我們撑腰，我們要为毛主席爭气。无产阶級革命派的战友們，让我們謙虛謹愼，戒驕戒躁，为巩固革命的大联合和革命的“三結合”添砖加瓦，深入开展革命的大批判，大抓本单位的斗、批、改，永远沿着毛主席革命路綫的軌道，从胜利走向更大的胜利！

（原载九月二十日《文汇报》，新华社轉发时有删改）

革命群众組織要无条件联合

（《文汇报》一九六七年九月二十七日社論）

我們的伟大領袖毛主席在視察上海时，指示革命的紅卫兵和革命的学生組織要实現革命的大联合，两派是革命群众組織，要无条件实現革命大联合。

毛主席的这一英明指示，是对紅卫兵革命小将的无限关怀、无限期望，是把威震全世界的革命紅卫兵运动推向更高水平、夺取更大胜利的战斗动員令，是广大无产阶級革命派实現和巩固革命大联合，夺取文化大革命新胜利的重要指針。

“两派是革命群众組織，要无条件实現革命大联合。”这就是說，一切革命群众組織，不管你是张家派，还是李家派，不管你的組織大小，革命早晚，功劳多少，都要无条件地联合成为毛泽东思想派。

“要无条件实現革命大联合”，这就是說，实現革命大联合是革命的需要，是严肃的政治任务，是斗爭的大方向，而絕不是什么摆条件、讲价錢、滿足小資产阶級派性需要的政治交易。

“要无条件实現革命大联合”，这就是說，实現革命大联合是当务之急，应当“只爭朝夕”，并从思想上巩固和发展革命大联合，而不应让这样那样的“条件”拖住我們的脚步，干扰斗爭的大方向，坐失革命的战机。

在工人阶級內部，沒有根本的利害冲突。在无产阶級专政下的工人阶級內部，更沒有理由一定要分裂成为势不两立的两大派組織。毛主席的这个光輝指示，是一切革命群众組織实行无条件联合的共同指导方針。大家都有共同的指导思想，共同的革命目标，共同的战斗任务，我們应該战斗在同一条战壕里，坐在同一条板凳上，眞正从思想上无条件地联合起来。

可是，我們有些同志，对革命群众組織要无条件实現革命大联合，还很不理解，很不认眞，很不得力。

比如組織上联合以后，在协商建立領导机构时，爭名称，爭名額，爭名次，提出种种不合理要求，作难对方，致使协商曠日持久，迟迟达不成协議。

又比如口头上讲“无条件”，行动上“留一手”，时时怕失掉自己的“实力”。

上，在毛泽东思想原则基础上进行革命的大联合，如同风起云涌，席卷全国。这的确是一件好事。但对这件好事，我们要善于推动，善于领导，善于促进，另外，不能无原则的联合。因为现在这些群众组织，首先在工人当中，这种势不两立的两大组织，或者几大组织，确实大方向多半是一致的。因为他还是认识到要对我们党内最大的走资派刘邓陶进行大批判，也懂得要结合本地区、本单位的斗批改，这个大方向是一致的嘛！现在我们伟大领袖毛主席号召联合起来，共同掌握革命的大方向，来进行联合。所以响应得很快，首先是工厂，其次是近郊区的公社。这样子推动了机关和学校，北京就是这样子，机关现在的联合也是形成一个高潮，但是就必须巩固这个联合。这就是前几天我们发表文汇报的那篇社论，人民日报也讲了这个问题。要紧紧跟随我们伟大领袖毛主席这个伟大战略部署，牢牢掌握革命斗争大方向，这样子来联合才能巩固。所以必定要结合本单位的斗批改，才能把工作做得深入，才能够推动我们伟大领袖毛主席号召的**抓革命、促生产、促工作、促战备**。而这个问题也是希望十二个省市区在北京的，拿这样一个方向告诉地方，在北京和本地共同来推动这个大联合，这就对于十二个省市解决问题就更有利了。

第三个问题，我想说一点，就是现在在这个地方接受教育的这两个省，一个河南，一个湖北，现在开始想做出样板来推动其他的省，如象湖南、江西陆续来的。中央文革成立一个小组，由伯达同志、康生同志、杨成武同志、吴法宪同志、邱会作同志，他们五位同志组成，来负责领导这个训练工作（热烈鼓掌），因为教育干部是我们伟大领袖毛主席经常注意的问题，他常说，凡是干部犯了错误，我们领导上总有责任嘛！因为事先没有告诉你们嘛！又没有交待好嘛！犯了错误，又没有提醒你们嘛，所以你们犯了错误，我们做领导工作的人，心里应该感到不安，应该想办法使你们怎样懂得错误，改正错误。拿我来说，我也是犯过严重错误的人，虽然现在近七十岁，也许做不了几年工作了，但是还是这么一个革命想法嘛。（众呼：向总理学习！向总理致敬！祝总理身体健康！）我们总是要做到老，因为你首先是要实践，你不实践，就不可能发现错误。也不能说一定是对了还是错了嘛，所以要做，做到老，学到老，你做了可能要犯错误，就要求教于毛主席的著作，林副主席的著作，求教于群众，求教于中央文件，这些地方急用先学，带着问题去学，就会学得好。所以就要学，学到老，不断地学。学了知道自己做错了，就要改，认识错误了就要坚决的改，改到老。最后一句，要跟到老。我们大家都说，我们要跟随毛主席，跟随林副主席，我们就要立下这个决心，不管今天在座的是负责各个省、区领导工作的，或者到这里来学习的，我们都要下定这个决心，就是只要我们保持我们无产阶级的革命精神，我们就应该做到老，学到老，改到老，跟到老(呼口号)。

我们现在高呼：我们的伟大领袖毛主席万岁！正好毛主席到了（暴风雨般的经久不息的掌声、最最热烈的万分激动的欢呼声）。

康生同志:

同志们，你们看到了毛主席，千万不要忘记毛主席对同志们的关怀（欢呼声）。

同志们，千万不要忘记毛主席对同志们的爱护（欢呼声）。

同志们，千万不要忘记今天晚上毛主席给同志们的重大的伟大的光荣（欢呼声）。

同志们，请你们看一看这样的情况底下，我们的稍微一点错误难道还不能彻底改掉吗！（众答：坚决改。）怎么样回答毛主席的关怀呢？就是要把毛主席的路线、思想学好，把我们训练班的任务好好地完成。

楊成武同志讲話

同志们，今天很晚了，我们伟大的领袖、伟大的统帅毛主席亲自到这里来看望我们

在斗爭中巩固革命大联合

（《文汇報》一九六七年九月二十三日社論）

广大无产阶級革命派在斗爭中联合起来了。当务之急是继續坚持斗爭，在斗爭中巩固和发展革命大联合。

无产阶級文化大革命，自始至終是一場激烈的阶級大搏斗。革命大联合也是一場阶級斗爭。正是在战无不胜的毛泽东思想指引下，在同以中国赫鲁晓夫为首的党內最大的一小撮走資本主义道路当权派的斗爭中，在同幕前幕后的反革命分子和其他阶級敌人的斗爭中，在同右的和极"左"的反动思潮的斗爭中，无产阶級的党性战胜了小資产阶級的派性，实現了革命的大联合。

只有通过斗爭，才能实現革命大联合；同样，只有在斗爭中，才能巩固和发展革命大联合。那种认为实現了大联合以后就风平浪靜的想法，是不切实际的。"树欲靜而风不止"。革命总是頂风而上的，每前进一步都伴随着激烈的斗爭。毛主席教导我們：**"合作社建立以后，还必須經过許多的斗爭，才能使自己巩固起来。巩固了以后，只要一松劲，又可能垮台。"**合作社是这样，革命大联合也是这样。

必須清醒地看到，以中国赫鲁晓夫为首的党內大大小小走資本主义道路的当权派依然存在，无产阶級与資产阶級两个阶級的斗爭依然存在，社会主义与資本主义两条道路的斗爭依然存在。一小撮阶級敌人对我們的革命大联合恨得要命，怕得要死。他們千方百計阴謀破坏，时时刻刻在暗算我們。我們要巩固，他們要破坏，这就是一場严重的阶級斗爭。

在革命大联合的高潮中，小資产阶級派性受到了猛烈冲击，某些矛盾暫时隐伏下去了。但是，这种旧思想不是一朝一夕就能清除掉的，它总是頑强地留在人們的头脑里，不願意輕易地退走。請看，在有些单位中，当庆祝革命大联合的鑼鼓声一过，小資产阶級派性不又露头了嗎？在协商建立領导机构的問題时，爭名称、爭名次、爭名額，簡直鬧得不可开交。甚至还不以为耻，反以为荣，岂不是个人主义的大暴露嗎？不继續进行破私立公，不彻底鏟除这种小資产阶級派性，不坚持无产阶級世界观对資产阶級世界观的斗爭，革命大联合的巩固，必将成为一句空話。

当前，我們一定要保持清醒的头脑，活学活用毛主席著作，站得高，看得远，及时注意和研究新的阶級动向，狠抓阶級斗爭，才能巩固和发展革命大联合。

狠抓阶級斗爭，首先要牢牢掌握斗爭大方向，把斗爭矛头始終指向党內最大的一小撮走資本主义道路的当权派，把革命大批判搞得轰轰烈烈而又深入細致，同时豪迈地跨进本单位的斗批改阶段。这样，越斗爭，就越加速阶級敌人的死亡；越斗爭，就越巩固我們的革命大联合。

如果在实現革命大联合以后，忘記了斗爭大方向，把阶級敌人放在一旁，自己却热中于搞領导核心中的名額和名次之爭，那就会越爭越分裂，越爭越把自己的同志推向敌人一边，最后拆台散伙，前功尽弃。这样做，正是阶級敌人所求之不得的。过去不少单位长期打“內战”，革命队伍內部的两大派始終坐不到一条板凳上来，有的单位合而又分，几起几落，其中一个重要原因，就是一小撮阶級敌人从中挑拨离間，兴风作浪。这个教訓已經够深刻的了，我們可千万不要忘記啊！誰忘記了这个教訓，背离了斗爭大方向，继續在小是小非問題上糾纏不休，那就上了阶級敌人的当，就是拆革命大联合的台，只能为亲者所痛，仇者所快。

狠抓阶級斗爭，就要在对敌斗爭的同时，用毛泽东思想改造我們的队伍，向資产阶級世界观开火。对于小資产阶級派性，不要采取压制的办法，而应当进行深入細致的思想政治工作，因势利导，加以克服。我們要把小資产阶級派性引导到无产阶級党性的軌道上来。在这場党性与派性的斗爭中，始終要坚持**团結——批評和自我批評——团結**的方針。思想政治工作要做得越深入細致越好。这样才能眞正做到既弄清思想、又团結同志，在毛泽东思想的原則基础上巩固革命大联合。如果以派性反派性，其結果，既弄不清思想，又团結不了同志，势必导致革命大联合的破裂。

对已經实現的革命大联合采取什么态度，是巩固它还是破坏它，是补台还是拆台，这是忠不忠于毛主席革命路綫的考驗，这是忠不忠于无产阶級党性的考驗，也是心目中有沒有阶級斗爭观念的考驗。

我們一定要念念不忘阶級斗爭。当前，就是要念念不忘大批判，念念不忘斗批改，念念不忘与头脑中的資产阶級小資产阶級思想作斗爭，为巩固革命的大联合，促进革命的“三結合”，为夺取无产阶級文化大革命的彻底胜利作出新的貢献！

从思想上彻底鏟除“两大派”

（«文汇報»一九六七年九月二十一日社論）

在革命大联合的风暴中，长期分裂成“两大派”的无产阶級革命派紛紛从組織上联合起来，組成了統一的革命队伍。这是毛泽东思想的伟大胜利。

目前，如何迅速地从思想上彻底鏟除“两大派”观念，这是巩固和发展革命大联合的重要关鍵。

无产阶級革命派本来就是統一的革命队伍。毛主席教导我們：**在工人阶級內部，沒有根本的利害冲突。在无产阶級专政下的工人阶級內部，更沒有理由一定要分裂成为势不两立的两大派組織。**这个最新指示，是各条战綫上实現革命大联合的共同指导方針，是正确处理革命群众組織之間关系的行动准則。我們都应該按照无产阶級的党性原則，成为統一的、不可分割的毛泽东思想革命派。不管用任何借口，以任何形式，保持“势不两立的两大派組織”，都是违反毛主席教导的，都是背离毛主席革命路綫的。它是資产阶級反动路綫的祸害，是小資产阶級派性的恶果。

来势迅猛的革命大联合风暴，正在强烈地冲击着小資产阶級的派性，革命队伍內部分成“两大派”的現象行将成为历史的陈迹。但是，产生“两大派”的劣根至今未除，影响很深。毛主席教导我們：**“反映旧制度的旧思想的殘余，总是長期地留在人們的头脑里，不愿意輕易地退走的。”**派性就是这样一个頑固的东西。好象头上的辮子，在革

巴蜀烽火 海河評論

資料专輯

（二）

关于四川的若干問題

中共中央关于处理四川問題的决定

謝富治、王力同志談四川問題

四川成都"鎮反运动"大事記

死难烈士万岁！（图片集）

忠魂曲

成都工人革命造反兵团江电縱队《巴蜀烽火》
天津市一机系統革命筹备委員会《海河評論》
編輯部輯印

联系地址：天津市潼关道32号　电話3·5422（接待处）

一九六七年九月

中共中央
关于处理四川問題的决定

中发（67）147号

一、以李井泉为首的一小撮党內走資本主义道路当权派，长期以来，把四川当做反党反社会主义反毛泽东思想的独立王国。在无产阶級文化大革命中，李井泉等人坚持执行刘少奇、邓小平的資产阶級反动路綫，中共中央决定撤銷李井泉的中共中央西南局第一書記的职务。中共中央、中央軍委决定撤銷李井泉的成都軍区第一政委的职务。

二、在无产阶級文化大革命期間，成都軍区在反对党內一小撮走資本主义道路当权派的頑固追随者黃新亭、郭林祥的斗爭中表現是好的，成都軍区在支援地方无产阶級文化大革命，特别是在支工、支农方面是有成績的。但是成都軍区个别負責人从二月下旬以来支持了为一些保守分子所蒙蔽，被党內一小撮走資本主义道路当权派背后操縱的保守組織，把革命群众組織"成都工人革命造反兵团"和"川大八·二六战斗团"等打成了反革命組織，大量逮捕革命群众，他們把无产阶級文化大革命运动变成了鎮压反革命运动。同时，擅自調动部队到宜宾，支持宜宾軍分区，支持宜宾地委內一小撮走資本主义道路的当权派，鎮压革命組織和革命群众，实行大逮捕。在万县軍分区，还制造了武裝鎮压群众的流血慘案，在其他一些軍分区和地委，也或輕或重地犯了这样的錯誤。成都軍区个别負責人在支左工作中，犯了方向路綫錯誤。經中央指出后，成都区就很快地进行糾正。五十四軍的領导同志，及时作了检討，行动上也改得快。毛主席在四川的一个文件批語中指出："犯錯誤是难免的，只要認眞改了就好了，四川捉人太多，把大量群众組織宣布为反动組織，这些是錯了，但他們改正也快。"

三、由新任成都軍区第一政委张国华同志，司令員梁兴初同志和前宜宾地委書記刘結挺同志，前宜宾市委書記张西挺同志負責組織四川省革命委員会筹备小組。以张国华同志为組长，梁兴初、刘結挺同志为付組长。筹备小組的成員，应該吸收革命群众組織的主要負責人，軍队其他适当的負責人和經过革命群众同意的地方上的革命領导干部参加。

四、宜宾地区由王茂聚、郭林川同志負責組織宜宾地区的革命委員会筹备小組，在四川省革命委員会筹备小組領导下进行工作。

其他专区和省屬市或者成立革命委員会筹备小組或者成立軍事管制委員会，由四川省革命委員会筹备小組討論决定，报請中央批准。

各专区和省屬市的革命委員会筹备小組的成員，按第三条規定的原則处理。

五、四川省革命委員会筹备小組，要对四川全省在文化大革命中被打成反革命的群众組織，革命群众和革命干部进行妥善处理，一律平反，一律释放。并且依靠其中坚定的左派作为骨干，搞好无产阶級文化大革命。对死难的革命群众、革命干部进行撫卹，对确有証据的現行反革命分子，另案处理。

要帮助革命群众組織恢复和发展，川大八·二六和工人造反兵团这样的革命組織，注意同紅卫兵成都部队以及其他革命組織加强团結。不要互相攻击而轉移了斗爭目标。各革命組織，都要活学活用毛主席著作，整頓思想，整頓作风，整頓組織，在毛泽东思想的基础上，实現无产阶級革命派大联合，实行革命的三結合。

六、要响应毛主席号召，大力进行拥軍爱民，向軍队和群众双方都进行正面教育，加强軍民团結，严防坏人挑拨軍民关系，伟大的人民解放軍是一定会得到广大群众拥护的。要向全体指战員和广大革命群众宣传毛主席关于相信和依靠群众，相信和依靠人民解放軍，相信和依靠干部大多数的指示。

七、要把斗爭的矛头指向党內最大的一小撮走資本主义道路的当权派，指向四川最大的走資本主义道路当权派李井泉及其一小撮同伙。在四川省軍队內部，在干部和群众中，要对刘、邓、李等人进行充分的揭露和批評，这个批判要同当前的問題和筹备革命的三結合临时权力机构統一起来。

八、广泛宣传中央軍委的八条命令和十条命令，中共中央关于安徽問題的决定和批語，这些文件中規定的原則要严格执行。

九、对党內一小撮走資本主义道路当权派操縱的保守組織，主要是进行政治思想工作，使其中的广大群众覺悟起来，自己造反，同个別的坏头头和背后操縱他們的党內走資本主义道路当权派决裂，同資产阶級反动路綫划清界限，回到毛主席的无产阶級命革路綫一边来。要教育受过压制的革命群众組織，按党的政策办事，不要对保守組織的群众进行打击报复，而要对他們說服教育，把他們也看成反动路綫的受害者。一切群众組織，都只許文斗，不許武斗，不許打、砸、搶、抄、抓。煽动武斗的坏人，必須追究。

十、关于五月六日成都地区发生流血事件，中央将作为重要专門案件处理，对于枪杀群众的兇手，特别是事件的策划者，要依法处理。一切群众組織的枪支弹药，都一律由成都軍区負責收回封存。对于各群众組織受伤的人，由成都軍区負責安排医疗，对死者要进行撫卹。

中 共 中 央

一九六七年五月七日

謝富治、王力同志談四川問題

一九六七年六月一日下午

四川是全国文化大革命斗爭最激烈的一个省。同志們参加运动經受了考驗，取得經驗。我想把中央处理四川問題的决定做一些介紹。

中共中央做出四川問題的决定之前，是經过长时間的調查研究的。八届十一中全会上，同志們知道，毛主席写了一张大字报（今天报紙上全文发表了），以及作了“十六条”的决定；另外把原来刘少奇、邓小平的那一个崗位作了調整。在十一中全会上，就发現李井泉这个人是不好的。到了去年十一月党中央开了中央工作会議，会上进一步发現四川問題是严重的。当时接触宜賓的問題，李井泉他們是长期欺騙中央，封鎖中央的。宜賓的問題，从去年十月接触，又进行了一个时期的調查研究，首先觉得宜賓的問題是一个非常严重的問題。接触了宜賓問題，除了向宜賓的革命群众做調查之外，也向另一方面的群众做調查研究。加上把过去李井泉他們报告中央监委的整刘、张的一大堆黑材料拿出来研究，就看得清楚了，是最可靠的材料。发現这个案子是顚倒黑白了。刘結挺的案子是这样：一九六二年李井泉亲自到宜賓，把解放以来多次政治运动的一些重要的案子，通通翻案，替阶級敌人翻案。而刘結挺、张西挺、王茂聚、郭林川在当时反对他們这样做。举一个例子，郭一从庐山会議回来，传达庐山会議，說彭德怀这个人不过是議論几句，就成了反党集团。这是一場非常严肃的阶級斗爭，是以彭德怀为首的右傾机会主义反党集团，反毛主席反党的重大事件，而他站在彭德怀一起反对毛主席。他还說这个話是传达李井泉对他說的。他还講跟彭老总走不会錯，这句話是邓小平同賀龙講的，而且他还有一部分反党的言論，那是典型的严重的右傾机会主义分子。李井泉要替他翻案，刘結挺反对。同志們看了这个材料就很清清楚楚了，为什么李井泉为他們翻案，因为牵涉到李井泉、邓小平、賀龙。类似这样的案子好多人都是清清楚楚的。一些坏蛋，李就要翻，刘、张就反对。当时，刘是地委第二書記，张西挺是宜賓市委第一書記，王茂聚是地委副書記，是专案审查組組长，他就是坚持要把这些材料写到档案里面去。李井泉为什么敢送这个材料，因为他認为天下是他們的，他把这些材料反映上来，邓小平硬要保护他，另一方面，李井泉派人去說服张西挺不要坚持了，张反对，就被抓到成都私設立的秘密监獄关了两年，准备把这两个人杀掉。因为毛主席說过，不准杀一个人，这样才未杀成。这个案子把地专二百多个科长以上的干部打下去，还把一批县委書記打下去。文化大革命运动开始以后，他又把对这个案子有意見的人通通打成“反革命”。宜賓这几位負責人，还是紅卫兵把他們解放出来，偷偷地跑到北京。这个案子，很长时間往北京告状，但告不上去，因为凡涉及到这个案子，都是邓小平直接掌握的。

十一中全会，邓的問題揭露以后，邓小平一手包庇他們不成了。那时陶鑄掌握中央办公厅，办公厅接到刘、张告邓小平的案子，他都轉給邓小平，一直到去年十二月底，陶鑄还千方百計的包庇这个案子。中央文革到12月底，已經調查研究比較清楚了，但陶鑄还包庇。从宜宾这个案子和宜宾的問題則看出整个四川是一个什么性質。中央文革小組在去年底就向毛主席报告。而陶鑄掌握的組織部，对刘、张七、八个月不发工資，他們沒有錢买东西，家里小孩沒有吃的，陶鑄掌握的組織部都說你这个案子，过去誰处理的你去找誰，张問：难道我們去找邓小平嗎？他們答：邓小平是第六号人物。全国批判資产阶級反动路綫已經两个月了，陶鑄掌握的組織部还这样說。所以宜宾問題，同志們不能輕視，他关系到四川、西南局的問題，甚至牵涉到全国的一个很大問題。这个案子从1962年到現在一直被邓小平、彭眞、楊尙昆这些人包庇着。是誰批准开除刘、张的党籍呢？主要是邓小平、楊尙昆。他們整理的刘、张的黑材料，这些材料我們全部看过了，最大的材料就是利用郭一的問題，說刘、张攻击邓小平、賀龙和李井泉。在四川过去滿街都是罵刘、张的大字报，又是“反毛泽东思想100例”，都是捏造的。因为他們过去定罪时幷沒有那些东西，63、64年他們自己送来的刘、张自己写的一些申辯材料和自己写的一些日記，是他們把这些东西当黑材料送来的，我們看是馬列主义毛泽东思想的。

因此，整个文化大革命运动，成都、重庆是重点地方，但李井泉为什么对宜宾这样重視，把刘、张描写成整个西南、整个四川的罪魁祸首，他們早就不掌权了嘛！老早就被开除党籍了嘛！为什么这样怕刘、张？同志們！因为这个問題不是一个宜宾的問題，是牵涉到四川、西南的問題，是两条路綫斗爭的典型。所以李井泉千方百計不让宜宾的問題被突破，因为如果宜宾的問題一突破，就暴露了李井泉这一伙黑帮，而且暴露了邓小平、彭眞、楊尙昆、賀龙、罗瑞卿、李井泉这一伙大黑帮，他們把四川变成反党反社会主义反毛泽东思想的独立王国。在一个反党反社会主义反毛泽东思想的残暴統治下，他就必然出現馬列主义，他就必然出現毛泽东思想，所以刘結挺、张西挺、王茂聚、郭林川这几位同志，也不是这几个人的問題，而是說明在他們的压迫下，就必然有一批馬列主义毛泽东思想的优秀干部，当然絕不是几个人，在宜宾被他們打击就有两百多个，在整个四川就有一批被他們压制、打击的馬列主义毛泽东思想的优秀干部。而宜宾是个典型，它近几年一直頂住了。“他們想收买我，我不听，他們抓去我两年，我不屈服，文化大革命把我打成‘反革命,，我不屈服。”在这方面宜宾树立了一面紅旗。所以要談四川問題，就要联系宜宾問題。四川問題的本質就是李井泉上边有邓小平、賀龙这么一帮大黑帮。因李井泉結成一个黑帮，把四川变成一个反党反社会主义反毛泽东思想的基地，长期毒害群众，长期的散布毒素。所以同志們談到四川問題，提出了很多很多的問題，不能离开这一实質，不能离开这一本質来看問題。在四川他們的黑暗統治是严重的，也有他一套东西，現在一下子就搞得完嗎？还不。沒有了解整个的斗爭历史，整个的斗爭本質，有些問題就不容易看得那么清楚。可能同志們还不大了解宜宾这个問題的重要性，它与整个四川全局的关系。同志們也不可能了解刘結挺、张西挺、王茂聚、郭林川这几位同志，是什么样的同志。因为过去是他們掌握政权嘛。他們印刷了大量的传单，一看这些传单，大概刘、张是坏人嘛，不然怎么有一厚本的材料。其实反对李井泉这个大黑帮的都是革命派，支持刘、张的都是革命派，这不是个人的問題，它是四川省1962年以来两条路綫斗爭的問題，运动一开始，把斗爭矛头指向上，提出打倒李井泉，解放大西南，这是革命的行动。整个四川問題只有抓住这个綱，你才能掌握住大方向。中央关于处理四川問題的决定，第一条就是講的这个問題。同志們不要以为中央是否听信了片面的意見，听了一些个别人的反映。不是的，这是中央从去年8月就开始注視四川問題的发展，而且經过了长期的調查研究，到今年2月这个問題已經調查研究得比較清楚了。所以毛主席指示要从宜宾这个問題着手解决整个四川的問題，我們从今年2月开始，就請两方面不同意見的軍分区的人，以及宜宾的干部和革命群众、革命組織的人到北京来，两方面不同意見的人，都可以到中央来講嘛（其实宜宾問題已經很清楚了），請刘、张他們来講；也請軍分区同志来講；也請那两派的組織的同志来講。而多听几次問題就更清楚了。首先解决問題，李井泉不是怕突破宜宾的問題嗎？他們越怕这个問題，我們越要从这个問題突破。事实上宜宾問題一突破，整个四川問題就清楚了，李井泉就完全垮了。但千万不要以为李井泉的問題解决了，在整个文化大革命运动过程中，誰要轉移这个斗爭目标，誰就犯方向的錯誤。还要做很多艰苦的努力，还要做很多的工作，才能在四川彻底解决李井泉这个大黑帮的問題，所以处理四川問題的决定，第一条就抓住李井泉的問題。长期以来，李井泉把四川当做反党反社会主义反毛泽东思想的独立王国，在无产阶級文化大革命中，他也是忠实地执行刘、邓那一套資产阶級反动路綫。所以中共中央决定：撤銷李井泉西南局第一書記职务，中共中央、中央軍委决定撤銷李井泉的成都軍区第一政委职务。中共中央已經决定在整个西南地区公开点名批判李井泉，彻底揭露他、批判他、肃清他在各方面的影响。四川問題要抓住这个綱，要抓住这样一个大的斗爭目标，这是关于中共中央决定的問題。

第二个問題，关于成都軍区的問題。成都軍区要同李井泉区别开。說軍区属于李井泉那就不对了，如果这样就要犯錯誤。在軍队介入地方文化大革命时，犯錯誤的成都軍区（张国华、梁兴初同志以前的成都軍区）也要和李井泉严格区别开来。中央全面地估計了成都軍区，特别指出成都軍区在反对黃新廷、郭林祥的斗爭中，表現是好的。黃、郭也就是黑帮。那是跟邓小平、賀龙、李井泉是一伙的，而成都軍区在后来介入地方无产阶級文化大革命时的領导同志，同他們的斗爭表現还是好的，也就不能随便的把一些同志打成“黑帮”，这不行，要具体分析。这一段成都軍区在支工、支农方面，还是要看到他們是有成績的。但要把成都軍区个别負責人，同整个成都軍区区别开，个别負責人犯了方向路綫的錯誤，决定中已写了，同志們都看到了。如果他們的錯誤概括起来最主要的是什么錯誤呢？就是把无产阶級文化大革命运动变成了“鎮反”运动。他們的主要錯誤是在二月中旬、三月这么一段犯的，最大的錯誤就是把无产阶級文化大革命运动变成了“鎭反”，他們公开地叫做“鎭反运动”。同志們理解嗎？是不是方向路綫的錯誤？无产阶級文化大革命嘛，你怎么变成“鎭反”运动。成都工人革命造反兵团和川大八·二六战斗团大方向是对头的，因为他們反对李井泉嘛，这些革命群众組織，本身是不是沒有缺点，他們有缺点有錯誤，但不能只看到这些缺点錯誤，而看不到他們的大方向，从全国革命派組織来講，在今年一至二月間，有些共同性的問題，因为他們这些組織，在无产阶級文化大革命中，革命的左派組織是受压抑的。拿工人組織来說，全国工人革命組織开始到社会上来进行斗爭，开始上北京大鬧革命，一般地說来是从去年十一月开始的，去年十一月間，中央說工人可以組織自己的革命組織，在最初，工人自己組織的革命組織，一般地說来人數不那么多。就拿上海来說，最初参加工人造反組織的不过几千人，經过十一月、十二月的斗爭，到一月上海产业工人发展到一百多万人，就是我們講的上海一月革命风暴。四川同全国也是类似这样情况，也是工人革命造反組織人数很少，到了一月份有一个比較大的发展，他們发展主流是好的，是正确的。但是带来了一些問題，他們原来处于一个受压制的地位，到了这时候，来了个很大发展，各种小資产阶級思想、資产阶級思想，便都摻杂进来，特別表現为无政府主义的思想比較严重，另外大发展中，他們都有一个組織不純的問題，同志們回忆下，再翻开那一个时候的报紙，我們党中央就是看到了这样一种情况，主要是一个引导的問題，一个整风的問題，是两个夺权的問題，夺走資本主义道路当权派的权，还要夺自己头脑里的“私”字的权。有些非无产阶級、小資产阶級思潮，他們有的时候表現在提出右的口号、行动，有的时候提出“左”的口号和行动，这都是难免的，也是必然的。所以同志們看到一些組織，在这一段时間里，甚至今天还有这样或那样的一些缺点毛病。有一些左派組織，提出来要打內战。提出大动蕩、大分化、大改組的口号，还提出“革命的打、砸、搶万岁”口号。这些口号是錯誤的口号，不是无产阶級的口号，是資产阶級的口号。在这么大的运动中，象长江、黃河滚滚向东流，他里头总有一些旋渦，还会摻杂着一些泥沙。所以我們要看到他的主流。不能把一些支流看成是主要的。对这一些支流，是不是应該鼓励，往錯誤路綫走呢？不能！要引导，要批評，要教育。成都軍区的同志們就沒有抓住主流，他們光看到支流。在这些革命組織当中，我刚才不是說了嗎，他是有組織不純的現象，任何一个組織都有嘛，你共产党就那么純嗎？現在还揭发出已經混到我們党內領导崗位的一小撮坏蛋，因此，这些革命組織存在組織不純的問題，也应該用整风的方法，叫他們自己去解决。思想不純就整頓思想，作风不純就整頓作风，組織不純就整頓組織、如果把支流加以扩大，把支流看成主流，而专門收集这样一些材料，专門加以整理，专門扩大这样一些問題，这样就把現在成都、四川要解决的主要問題放过了，主要敌人放过了。要抓住群众組織当中的一些問題加以扩大，說简直是“反革命”，这样就把革命組織——成都工人革命造反兵团、川大八·二六級及全省很多組織宣布为“反革命”組織，在軍区門口靜坐或絕食示威，这并不是那么严重的事情，就把它看得太严重了，把他們看成是反革命的行动。同志們可以回忆一下，他們从2月17日到3月这么一大段时間里，矛头針对着誰呢？矛头沒有針对李井泉这些黑帮嘛，而是針对着革命組織嘛！把革命組織宣布取締。你說是不是方向路綫錯了？这不是无产阶級革命路綫。在軍区方面路綫錯了这一段，紅卫兵成都部队也犯了一点錯誤。但是紅卫兵成都部队不能說他是保守組織，为什么呢？它一貫把矛头指向李井泉这黑帮的，也是从斗爭中杀出来的。开头川大八·二六提出一些过火的口号，过左的口号是不对的，当时紅卫兵成都部队还是正确的。在那一段时間工人革命造反兵团、川大八·二六在对待軍队的态度上是有偏激的地方，也有不够正确的地方。紅卫兵成都部队在最初的时候，对軍队的态度是比較正确的，但当軍队把矛头指向革命群众組織的时候，指向川大八·二六的时候，成都軍区犯了方向路綫錯誤的时候，在开头的一段紅卫兵成都部队也跟着犯了一点錯誤，帮助成都軍区做了一点錯事。在那时成都軍区犯；方向路綫錯誤的一些个别負責人对紅卫兵成都部队采取了又打又拉的政策，但紅卫兵成都部队在一些原則性的問題上也不同意成都軍区个别負責人的做法的，后来矛盾也表面化了。在这一次軍区犯了方向路綫錯誤的时候，紅卫兵成都部队也受到了压制和打击。紅卫兵成都部队也有他自己的問題。我們从今天来看紅卫兵成都部队，我們不能，也不应当把紅卫兵成都部队看成是保守組織，应該看到它的大方向是正确的。它还是一个革命的組織，当然犯了一些錯誤。犯了錯誤認識了，改了就好了。紅卫兵成都部队同川大八·二六的关系的問題上，紅卫兵成都部队要多做工作，多进行自我批評。

产业軍的情况就不同了。同志們不知道他的历史。产业軍和工人革命造反兵团差不多同时产生的、在北京、上海、天津、全国各地差不多，都有同样的情况出現。最初党內走資本主义道路的当权派，不准工人有自己的組織。抓革命，促生产是毛主席提出来的一个正确的口号，但在相当长的一个时間里，他們利用抓革命，促生产的口号来压制工人，不准工人建立自己的組織，这一个問題首先是上海突破了，北京也突破了。上海的工人首先建立了自己的革命造反組織，北京的工人也建立了自己的造反組織。这时党內走資本主义道路的当权派就慌了，他們就来一个官办的組織，是通过他們原来的党团系統、工会系統、行政系統那么搞的，在一个礼拜之內可以搞几十万人。我們的党团員大多数是好的，但过去受到刘少奇所提倡的奴隶主义的束縛，革命的造反精神差一点，晚一点。所以在北京就出現了捍卫团。上海叫赤卫队，是上海市委搞的。那时还沒有搞夺权斗爭，权还在他們手里，在一个晚上可以做八十万个袖章。他們有錢嘛，他們可以开支嘛，他們又有裁縫嘛，布在他們手里嘛。在你們四川就叫产业軍，他就是通过原来的党团系統，工会系統，为保护李井泉，而不是从反对李井泉并打碎他的那一套这样一个革命目标下搞的，而是李井泉的老婆，还有什么人的老婆那么搞起来的。所以这个組織的产生就是党內一小撮走資本主义道路的当权派自己发袖章，那么搞起来的。这种組織在工人造反組織的力量强大的地方，象北京就沒有搞起来，捍卫团沒有多少天就垮掉了。在北京第一个捍卫团的組織是在北京第一机床厂从那里发起，很快在北京好多大工厂里都組織了捍卫团。組織起来以后，陈伯达同志，我，还有关鋒同志到这个厂去了三次。他可厉害啦，党团員比較多，成份比較好（当然也不是說沒有坏的），人数多，很整齐。但他缺少一条，不懂得毛主席为代表的无产阶級革命路綫是什么，也不怎么講道理，特别是对刚刚組織起来的，坚决拥护毛主席革命路綫的革命造反組織。这是不是怪这些工人不好？不是的。他們自己搞不清楚，只知道党組織布置下来的那就是正确的。我們談了三次之后，情况就很清楚了，就是那个临时党委書記同厂长搞的嘛。我們就对他們厂长講，你們不是毛泽东思想团捍卫，是为捍卫你們走資本主义道路当权派的捍卫团，你們捍卫恰恰不是毛泽东思想，捍卫的是你們那些反毛泽东思想的人，你就是要組織起来捍卫你。当工人同志一了解这个道理以后，一下子就瓦解了。工人絕大多数是拥护毛主席的。因为工人同志不清楚，他們散布一些錯誤的言論，散布很多謠言，把一些革命干部描写得簡直是"青面獠牙"、"杀人放火"、"不講理"。他們編造了种种的謠言，把刘結挺、张西挺、王茂聚这些同志描写得那么"坏"，我們的一些工人也不知道，他們也沒見过刘、张那个样子。我們常常接到这样的信，比如宜宾軍分区的一位干部来信："我就是原来很相信他們这一套，我看了他們大量的材料我很相信刘、张是坏蛋"。他又說："在宜宾軍分区鎮压革命群众，我提了意見，說这些人不是坏人，不能鎮压。那时只提了那么一个意見，他們就立刻把我抓起来了，說我是刘、张、王、郭的走狗。把我这一抓，我明白了，我无非是支持一下革命，我就成了刘、张、王、郭的走狗。想必刘結挺是好人。請你务必把这一封信轉給刘結挺、张西挺。"所以为什么說产业軍是保守組織呢？就是除了官办以外，主要是他受蒙蔽了，憎恨刘、张，憎恨革命群众組織，恨川大八·二六，恨成都工人革命造反兵团，不恨李井泉，不恨軍区个别人方向路綫錯誤，他們把仇恨顚倒了。

为什么說他們受蒙蔽呢？因为他們不知道工人革命造反兵团、川大八·二六是怎么一回事，他們不知道他們的主流是什么，他們的大方向是什么？而是去整理他們这一个"坏事"，那一个"坏事"，好象这一个团体主要不是干革命的，是专門干"反革命"的。人家有意把黑白顚倒了，而我們这些参加产业軍的同志就完全相信他們这一套。把斗爭矛头不指向李井泉黑帮，而是繼續指向革命群众組織，所謂叫受蒙蔽，主要就是这个。人家把白的說成黑的，把黑的說成白的，而我們同志就相信，这就叫做受蒙蔽，只要把眞象弄清楚了就会站过来嘛。所以为什么說产业軍組織是保守組織，为什么說他是受蒙蔽的，它在什么地方受蒙蔽就是这个道理。这些都是在他們这些坏人挑动下搞的。看問題要看到大的，最本质的問題，四川問題的本质是两条路綫的斗爭，要看到資产阶級反动路綫，黑帮头是以什么人为代表的，以及在四川为什么宜宾这个問題有这样重要的地位。我們为什么支持刘、张、王、郭，因为他們也是代表一条路綫，是代表一条正确的路綫。在宜宾、四川提出这样一个口号，"要打倒王力"，"要絞死王力"，"王力是刘、张、王、郭的黑后台"，还要"絞死江青"。說王力是刘結挺的亲戚，刘結挺我根本不認識。我支持他是因为他代表一条正确路綫。你說参加产业軍的同志他們也不認識刘、张嘛，他們为什么那样恨刘、张，因为他們是受蒙蔽嘛，受騙了。把他們說得那么"坏"，就是邓小平、李井泉他們搞的。黑的說成是白的，白的說成黑的，你說不是受蒙蔽嗎？那当然是受蒙蔽。产业軍里头党团員比較多，轉业軍人也比較多，我們相信当他們一旦知道事情的眞象以后，他們一定会站到毛主席一边来的。同志提出为什么說成都軍区这一段犯了方向、路綫錯誤？为什么說成都工人革命造反兵团、川大八·二六战斗团是革命組織？怎样对待紅卫兵成都部队，以及为什么說产业軍是保守組織？这里都回答了。

同志們还知道，中央決定上沒有点名产业軍，也沒有写产业軍是保守組織，这是考虑到李井泉在四川长期的黑暗統治，好多同志都是一时受蒙蔽的。参加产业軍的人不能籠統的說他們就是"保守分子"，"保皇分子"。而只是說，这个組織是一个保守的組織，他們是被一些"保守分子"所蒙蔽，这里头有一些是保守分子，大量的群众不能說他們就是"保守分子"。因为他們搞不清楚，他們受了蒙蔽嘛，弄清楚了就干革命嘛。不知道同志們注意到了这一点沒有。

××軍要同成都軍区个别負責人的錯誤分别看待，他們不一样。这支部队是一支好的部队，在四川期間也是长期受李井泉黑帮打击和压制的。駐各县、各軍分区××軍的部队，原来很多看法就是比較正确的。如在宜宾，在万县原来就同当地的軍分区的意見是对立的，他們原来認为的左派是眞左派，而宜宾軍分区認为的"左派"是保守組織。但后来成都軍区做了决定，要服从当地軍分区的指揮。他們在重庆支持的是左派。他們的錯誤是支持了左派的一派，压制了另一派左派。他們的錯誤还犯在沒有完全頂住成都軍区的方向路綫錯誤。因此他們所犯錯誤的性質同成都軍区个别負責人犯錯誤的性質是不一样。另外他們一得到毛主席和党中央的指示以后，在全国来說他們检討自己的錯誤是最早的一个，也是检討得比較好的。改正得也是比較好的。现在成都軍区在糾正过去的方向路綫錯誤当中，××軍正在发揮他們的积极作用。有一些軍分区，有一些武裝部同地方上的党內一小撮走資本主义道路的当权派联系得比較密切，他們自己有一部分家屬，有一部分孩子，就是参加保守派的。而他們听了自己老婆、孩子的意見，就犯了錯誤。但是从整个成都軍区来講，只要認識了錯誤，改正了錯誤就好了。他們所犯的方向路綫錯誤，不能同刘、邓相提并論，因为刘、邓是在全国范圍里面，在党中央內又設立了一个資产阶級司令部。这一个司令部必須要打倒。而成都軍区在一个时候所犯的方向路綫錯誤，只要改了就行了。因为上边是无产阶級革命的司令部，它只要坚持执行中央的指示，执行毛主席的指示，不再坚持錯誤，不要越陷越深就行了。所以四川問題經过了一場大乱以后，現在很清楚，坏事一定会变成好事。不可能設想，四川这个地方在李井泉这样的黑帮反动黑暗的統治下这么多年，就那么太太平平，无产阶級文化大革命就一帆风顺，这是不可能設想的，那是幻想。他的全套机构，包括軍分区、县武裝部都要在这一次大革命当中充分的表演，这是好事。四川的問題計他們表演，到中央作决定的时候就清楚了。所以中央作了决定，在政治上作了决定，同时在組織上也采取了一系列的措施，改組了成都軍区，张国华同志担任第一政治委員，梁兴初同志担任司令員。这两个同志是很好的同志，是无产阶級司令部的。同时建立省革命委員会筹备小組，除了张、梁同志外，还有刘結挺张西挺同志。革命委員会的筹备小組全权处理四川的問題。宜宾由王茂聚、郭林川負責組織宜宾地区革命委員会筹备小組。当前在无产阶級文化大革命当中，四川实际上就是要糾正过去那一段方向路綫的錯誤，被打成反革命的革命組織、革命群众、革命干部一律平反，一律释放，同时帮助革命群众組織恢复和发展。

現在，在四川要着重解决三个問題：

第一，軍民关系問題。首先是无产阶級革命派，革命的左派組織以及广大的群众組織要正确对待軍队的問題。同时，軍队也要正确对待群众問題。現在我們看到张国华同志、梁兴初同志、刘結挺同志对这个問題是处理得比較好的。

第二，左派革命組織之間的关系問題。以成都地区为代表来說就是川大八·二六、成都工人革命造反兵团同紅卫兵成都部队以及其他組織的关系問題。

在北京会談期間就有这样苗头，回去要在左派之間打內战。这样的問題甚至于同北京都有关系。北京現在有两大派，两大派革命群众組織之間打內战，其性質还是同今年一、二月之間的实質問題一样的。革命組織在前进过程当中，混杂着大量的小資产阶級思潮。这种小資产阶級思潮的特点总是要轉移斗爭的大方向，总是要提出一些与无产阶級司令部有原則分歧的口号。他們就企图按照一些資产阶級、小資产阶級的世界观来引导革命向另一条軌道上前进。有的从“左”的方面，有的从右的方面来影响和动搖无产阶級司令部。所以这一次我們无产阶級革命司令部要采取坚定的政策，不管是来自右的方面，或来自“左”的方面来干扰，来影响，来动搖无产阶級司令部这样一些錯誤的口号、錯誤的做法，都必須坚持馬列主义、毛泽东思想的原則，要进行批評，引导他們前进。这是一个引导的問題，不能重犯过去的錯誤，看到这样一些現象，又被这一些現象吓住了。如果他們一定要打无原則的內战，那就可以让他們打一打，但我們反对，不贊成。有人說这是“調和主义”，“折衷主义”，“和稀泥”。我們回答他們，这种說法是不对的，是錯誤的，这是馬列主义毛泽东思想的正确政策，只能集中大方向。有的人还批評紅旗杂志評論員的文章，“抓住主要矛盾 掌握斗爭大方向”是錯誤的。他的理由是：主要矛盾就是政权問題，你掌握斗爭大方向，只講同党內一小撮走資本主义道路当权派的斗爭，你就离开了政权談阶級斗爭，那就不是馬列主义。这种說法是荒唐的。向党內一小撮走資本主义道路当权派的斗爭，这就是政权問題嘛。就是揭露无产阶級机构內部混进去的一小撮人。把他們打倒，就是解决政权問題。你說你离开把斗爭矛头指向党內一小撮走資本主义道路的当权派来談政权問題，那就变成个人的爭权夺利，小集团的爭权夺利。要无产阶級革命司令部同意这样一种意見，把斗爭的矛头指向互相爭权夺利，不集中向党內一小撮走資本主义道路的当权派，这样的一种說法是妄想。街上的种种流言蜚語不要相信，还是要以《紅旗》杂志、《人民日报》为标准，不要以他們的为标准，各种思潮都会表演，沒有什么了不起的。所以我們还是要向对立很深的两派群众組織进行深入細致的政治思想工作，但是要我們在原則上迁就是办不到的。这个問題只要我們堅持原則，做艰苦細致的政治思想工作，也是不难解决的。如果他們一定要表演，一定要走向自己的反面，可以，但那决不是革命組織、广大群众的問題，那也只是个别人的問題。在做艰苦細致的政治思想工作方面，重庆×××軍做得很好。对革命左派，对保守派都做了艰苦細致的工作。

第三，要解决正确对待产业軍、貧下中农战斗軍、八一造反軍等三軍以及类似組織的問題，凡是这样的保守組織，甚至于反动組織，都应該向他們做細致的政治思想工作，什么叫政治思想工作？就是要把事实、道理都講清楚，要听取他們的意見，不能說他們所有的意見都沒有合理的地方，他們也可能有一些合理的意見，但是要向他們講清楚，你們这些問題是次要的，你們沒有抓住主要矛盾，沒有掌握斗爭的大方向，你們在一些重大問題上受了一点蒙蔽，人家把黑的說成白的，你們也相信了。过去錯了，中央还未做决定，那是既往不究嘛。中央已經作了决定，就要拥护中央的决定，不能坚持沿着錯誤的道路走下去，要回头，要回到毛主席革命路綫一边来。对自己的錯誤还应該認識、改正，从今以后，切切不可对中央的决定采取对抗的态度。过去是受蒙蔽的，如果你今后还要对抗中央的决定，那就走得远了。至于說跑到乡下去，提出什么农村包围城市的口号，这是一个反动口号。这口号是誰提出的呢？同志們知道嗎？这口号是李井泉老早就提出了，老早就想这么干。因为他覺得大势已去，城市統治不住了，他在乡下做一些工作，利用他原来的統治基础，欺騙一些貧下中农搞这么一些組織，而且他这工作老早就做了。里面个别人在城市犯了方向路綫錯誤，跟着他們跑了一段回来就沒有事了嘛，如果再繼續搞下去，眞的搞农村包围城市你包围誰呀？过去我們农村包围城市，是包围的誰呀？过去我們包围的是日本帝国主义、美蔣帝国主义同大地主、大資本家的代表，李井泉把四川变成反党反社会主义反毛泽东思想的独立王国越来越严重，那个时候你沒有来一个农村包围城市，为什么偏偏把李井泉这一套眞正的彻底打倒，无产阶級司令部在成都刚刚組織起来的时候，你却要来一个“农村包围城市”，这是一个革命的口号？还是反动的口号？这是一个彻头彻尾的反动口号！受蒙蔽的貧下中农，他們也是長期在李井泉的蒙蔽之下的，人家把黑的說成是白的，把白的說成黑的，你們就相信了，这也叫受蒙蔽。这样一种把貧下中农組織起来調进城市里头来的做法，从无产阶級文化大革命以来，毛主席、林副主席一开始发覺就反对这种做法。这种做法就是党內一小撮走資本主义道路的当权派，从一开始就作为他們对待文化大革命的一种手段。他們无非一个是靠欺騙，一个靠发錢、記高工分。这样做是极端錯誤的。既破坏了无产阶級文化大革命，又破坏了农业生产。从去年八届十一中全会以后，八、九月他們就采取这个手段来破坏。同志們知道，山东革命委員会主任王效禹同志，他就是最早第一个起来反对这种做法的。他向中央写了信，反对譚启龙这种做法，他的这封信得到毛主席的支持，中央文革小組的支持，王的意見是正确的。这些走資本主义道路的当权派，在农村里組織貧下中农，搞欺騙，記高工分，把农民調进城市来，这是非常錯誤的，非常卑劣的做法。应該向貧下中农很好进行教育宣传。这样做是帮助了敌人，打击了自己。同时破坏了农业生产，結果是直接給貧下中农带来了危害。所以，要向貧下中农战斗軍、产业軍以及轉业軍人的組織做艰苦細致的政治思想工作，提高他們的覺悟。而一切革命群众組織，左派組織都要采取正确的态度来对待产业軍、貧下中农战斗軍等。毛主席反复教导我們一定要懂得这个道理：**无产阶級只有解放全人类，才能最后解放自己**。这是馬列主义的根本道理。要把受蒙蔽而参加产业軍、貧下中农战斗軍这些同志看成是自己的阶級兄弟，是自己背上的包袱一样，帮助他們放下包袱，輕裝上陣来共同鬧革命，不能打击报复，不能歧視，一定要滿腔热情地对待他們。靠一时的憤慨，感情用事，絕不是馬列主义毛泽东思想，絕不是无产阶級感情。更不許武斗，不許打砸搶，什么"革命的打砸搶"？从来沒有什么"革命打砸搶"，沒有什么"无产阶級的打砸搶"。你破坏的是国家財产，破坏的是人民群众劳动創造的財富。提出什么"革命的打砸搶万岁"的口号，是完全錯的，不是英雄行为，而是懦弱的表現。所以成都面临着正确处理三个关系的問題。集中力量把斗爭矛头指向李井泉这一小撮黑帮。我們相信在以毛主席为首的党中央領导下，坚持以毛主席为代表的无产阶級革命路綫，在这一条路綫的指引下，在四川张国华、梁兴初、刘結挺、张西挺等同志新組成的領导核心的領导下，四川的問題一定能处理得很好的，会出现一个好的气象。不要輕信街上的一些消息，那些东西都是夸大了的。同时这一派报道和那一派报道的就完全不一样，这些东西靠不住的。凡是报灾情的沒有不夸大的，报灾情总是夸大的。最后眞正要上繳公粮了，他們报的粮食产量是要少报的。又是打死打伤多少人，这些东西都是靠不住的。四川这块地方，人家統治了那么多年，現在搞无产阶級文化大革命，发生天翻地覆的变化，哪能那么太平？这是不可能的，反正要做到三条：

1、相信和依靠群众。不管他說得那么坏我不相信，群众絕大多数是好的，說产业軍那么多人都干坏事，我不相信。眞正有意干坏事的是少数，絕大多数是好的，他們会跟毛主席走的。不管那一派，他講的那么天花乱墜，反正我有一条：相信群众。你过去把革命派說得那么坏，我更不相信，哪有那么坏！是不是沒有坏人呢？有坏人。怎么会沒有坏人？但那是极少数。

2、相信和依靠人民解放軍。人民解放軍是伟大統帅毛主席亲手締造的和直接指揮領导的，是我們的林副統帅直接指揮和直接領导着的。沒有这支軍队，就沒有我們的一切，也就沒有这場无产阶級文化大革命。有些人犯了一些錯誤，对我們軍队本身是种考驗。个别坏人暴露出来是好事，但是我們这支軍队是完全可以信賴的，所以我們坚决地相信这一条。鬧吧！沒有什么了不起的。因为我們有一支可靠的軍队。×××軍是我們的野战軍，是一支很好的部队。有錯誤就改，改了就好了嘛。当然也有些人吞吞吐吐，不那么痛痛快快的改，忸忸怩怩，那他就被动，不能取得主动。但是被动一陣以后，最后在群众运动的面前还得改嘛。改得越快，越彻底越好。这一点同志們要有信心，反正天塌不下来。

3、相信和依靠干部的大多数。党內走資本主义道路的当权派只是一小撮人。所以一定要看到在党內确实有一小撮走資本主义道路的当权派。看不到这一小撮，看不到敌人，也要犯方向錯誤。看不到在无产阶級专政下还要革命，革誰的命，就是要革混进我們无产阶級专政机构內部的一小撮党內走資本主义道路当权派的命，一小撮資产阶級的代表人物，这是主要矛盾，这是革命的对象，革这些敌人。如果还把这些人看成“老干部”，唉呀！这是“老干部”呀！老干部怎么这么多挨斗，如果这样一个态度来对待，那就犯了方向路綫的錯誤。同样的如果把干部的大多数都看成是坏的，扩大化了，那同样是刘少奇資产阶級反动路綫的干部政策，这样看問題必然是脫离了主要矛盾。刘少奇在1964年四清运动当中，提出四清与四不清的矛盾，这条錯誤路綫把差不多所有的干部或多多少少有点四不清的干部統統都在打击之列，这是資产阶級反动路綫。只有不做工作的人才沒有缺点錯誤，凡是稍微有一点缺点錯誤的就打击，就打倒，就批判，打击一大片，也就必然保护一小撮。在干部問題上，毛主席为代表的无产阶級革命路綫与刘少奇、邓小平为代表的資产阶級反动路綫的根本分歧点，也还是集中在要不要集中打倒党內一小撮走資本主义道路当权派的問題上。1949年解放全中国，我們是靠軍队去解放城市，解放城市以后实行軍管。比如一个工厂，一个学校，一个单位指派几个軍代表或几个干部。过去那些旧的机构都原封不动，那里面什么人都有。經过了17年多的社会主义革命和社会主义建設的現在，我們同1949年不同的特点就是：我們在各个机关、各部門都有了自己的一批干部，絕大多数是好的比較好的，虽然他們犯了这样或那样的錯誤，但他們絕大多数是好的或比較好的，他們不是我們的敌人。企图以各种借口、口号、行动把大多数干部都搞成灰溜溜的，把大多数干部都打成什么“反革命”或者什么“叛徒”，那是不对的。那是干扰我們的大方向，把无产阶級文化大革命变成肃反运动，那也是轉移了大方向，是錯誤的。所以我們还有一条要相信和依靠干部的大多数。

这就是毛主席反复教导我們的三个相信和三个依靠。我們相信四川的无产阶級文化大革命經过这样大的反复，这样激烈的斗爭以后，可能比别的省搞得更好。

我今天就向同志們介紹到这里。

（注：本文系王力同志講話紀录稿未經本人审閱）

四川成都"鎮反运动"大事記

前　　言

中共中央关于处理四川問題的决定指出："成都軍区个别負責人从二月下旬以来，支持了为一些保守分子所蒙蔽，被党內一小撮走資本主义道路的当权派背后操縱的保守組織，把革命群众組織"成都工人革命造反兵团"和"川大八・二六战斗团"等打成反革命組織，并大量逮捕革命群众。他們把无产阶級文化大革命运动变成了"鎮压反革命运动"。事实正是这样，在自上而下的資本主义反革命逆流中，四川省公安厅譚震林式的人物和成都軍区个别把握权柄的坏人与走資本主义道路的当权派互相勾結狼狈为奸，甚至明目张胆地提出"鎮反是中心"，"抓革命促鎮反"，"大胆地抓"，"有多少抓多少"，"不受数量限制"等一系列反动口号；他們背着中央，左一个"文件"，右一个指示，上一个会議，下一个传达，今天这里搞一个紧急布署，明天那里来一个突然袭击，黑手插到全省各市、专、县，流毒遍及城乡各个角落，残酷鎮压革命造反派，几乎把四川的无产阶級文化大革命打下去。

四川"二月鎮反"的大方向錯定了，必須全盘否定；鎮压革命群众运动的罪魁祸首必須揪出来示众，打翻在地！

中共中央关于处理四川問題的决定規定："四川省革命委員会筹备小組，要对四川全省在无产阶級文化大革命中被打成反革命的革命群众組織，革命群众和革命干部进行妥善处理，一律平反，一律释放。并且依靠其中坚定的左派为骨干，搞好无产阶級文化大革命。"同时还"要帮助革命群众組織的恢复和发展。"我們衷心拥护，坚决执行这个規定，但是，要完成这項任务是十分艰巨的，必须冲破反动势力的层层封鎖和經过这次的反复。平反，一定要彻底！翻身，一定要彻底！公安厅的两个阶級，两条路綫的斗争的盖子必須揭开，无产阶級专政大权必須牢牢地掌握在坚定的左派手中。只有这样，才能保障四川七千万人民正确地开展"四大"自己教育自己，自己解放自己。

革命的同志們，让我們拿起毛泽东思想这个政治上的望远鏡和显微鏡，高举革命的批判旗帜，把鎮反运动的历史翻轉过来，将无产阶級文化大革命进行到底！

×　　×　　×　　×

1月12日 軍区通知成都人民公安造反司令部勤务組六人到軍区开会，軍区周××部长、高××部长及支左办公室政法組的一些同志，主持会議。会議决定打击一批"反革命分子"，当晚向成都市公安局各处战斗队和分局造反团作了传达，并且組織了一批力量調查研究。

同日，成都軍区发表了公开违背毛主席亲手签发的中央軍委八条命令的所謂“紧急通告”，其中規定：凡冲击軍事机关的都要以“現行反革命論处”，各地按此抓人。据此涪陵专区一下拘捕了一千七百多人，絕大多数是冲击軍事机关的“主犯”或是冲击軍事机关的。达县公安局拘捕的这类人达百分之七十四。成都軍区付司令員×××还說过：“冲击軍区虽不都要打击，但問題要装入档案”。

1月29日 成都市公安局发生了一·二九事件。

1月30日 成都軍区某些人派部队配合市公安局黑司令部包圍了成都工人革命造反兵团街道工业分团，并抓走了該团黃全章等一·二九事件的“主犯”。

2月8日 由軍区某些人划圈圈，針对四川公安厅革命造反总部，搞了个公安厅革命造反委員会筹备会，拼凑九人組成的班子，（其中三人軍事代表，各級掌权者5人，群众代表一人作陪衬）独攬全省公安专政大权，打击排斥四川公安厅革命造反总部。

2月11日 凌晨，軍区个别負責人下令抓了中国人民解放軍《战旗》文工团和空字028紅色造反团中的一批“反革命”后，川大八·二六等革命造反組織到軍区門口靜坐，要求韦杰放人。

2月12日 市公安局人民公安黑司令部勤务組派陈泽民、刘××到北京向中央反映一·二九事件后工人造反兵团的情况。

2月13日 軍区找人民公安黑司令部开会，正式开始了鎮反的准备工作，組成了一套班子，搜集革命組織的材料，确定了一批拘捕的名单。

2月15日 軍区作战部长徐××指示：“成都工人革命造反兵团总部情况怎样？要摸一下，原成都市付市长兼公安局局长林佐夫是否参加兵团，据說他是兵团参謀长；成都鋼鉄厂付厂长郝天宝据說是兵团的付参謀长；街道工业分团，財貿，城建，公汽分团情况怎样，也要摸一下。主要摸領导核心，活动規律，物质供应点”。

2月17日 人民公安黑司令部勤务員到軍区开会，軍区有韦杰、周子珍及支左办公室政法組人参加。会議决定統一行动，逮捕成都工人革命造反兵团150余人。同时由韦杰签发向中央軍委的請示电报。人民公安申××从軍区带回11个当权派的名单（如廖志高）准备把这些人都抓起来。一个鐘头以后，軍区电話通知說：中央电报通知：周总理指示，当权派不要捉，捉了的要分开看管，当时把已抓到的李大章，张呼晨、杜心源、米建書、张健等分别关在八里庄宁夏街看管。

当晚十二时左右，成都軍区公布了所謂中央軍委“給成都工人革命造反兵团和川大八二六战斗团的信”。

2月18日 軍区用飞机在全省范围内散发“二·一七”信件八十万份，开始全綫出动抓人。

同日，产业軍抄，砸、搶成都工人革命造反团总部，公安厅筹委会为此专門規定不放假，堅守崗位。說：如果产业軍有事找时，好协助。

2月18日 成都軍区向“八·二六”和“兵团”提出了三个清罪条件：①必須向毛主席請罪，向全国人民、全省人民請罪；②那里放毒那里消；③交出后台，否則請罪无效。韦杰指示，把兵团和八·二六的車輛財政物全部沒收。”

周子珍叫市公安局申××传达軍委叶剑英的几点指示：“①把成都工人革命造反兵团和川，八·二六的头头都抓起来，向毛主席請罪，向毛主席路綫投降；②团結无产阶級革命派，把四川的无产阶級文化大革命进行到底；③請成都軍区以我个人的名义向四川的造反派敬礼。”

2月30日 李文清指示：“要跟上形势，改变工作状况，对群众抓反革命我們是制止还是支持，抓来我們就該收下，迅速审查，該关就关，該放就放”。軍区政治部付主任指示：“鎮反斗争还很得力……。現在要把該捉的捉起来审訊，批捕可放在后期处理。同时还强調：对成都工人革命造反兵团打击不够，現在还有二十多个单位一个也沒有捉，对兵团，要求公安机关对几个核心組織調查一下，必要时进行取締。在会上又指名点姓說中、小学动得很差，八·二六中学也有，現在还很囂张，要研究打击一下，主要是針对后面的教員。軍工战团，紅卫兵成都部队，硬骨头战团中一小撮反坏分子，首恶分子，要打击，組織要取締。还强調：公安机关内部“不純”是个大問題，必須采取措施，宣揚軍区內部已抓了×××，宜宾公安处×××付处长也抓了，对不同观点的組織要想办法解决，大方向不合的，可以取締，等等。

同日，省公安厅筹委会根据軍区的授意，下达了“彻底粉碎反革命复辟逆流的紧急通告”。当晚，市公安局申××、付××到軍区开会，确定对批准的150余人采取行动，并作了軍事布署，准备晚六时行动，十二时茹参謀长对申××指示說：“因总理来电，把材料报到中央后再行动”。

2月11日 軍区薛付参謀长到市公安局作“团結起来，共同对敌，加强无产阶級专政”的报告，給干警打气說：“不要怕，大胆地干，有解放軍作后盾，如果敌人敢整你們，老子枪杆子就不認人，我們刺刀又不是吃素的。”

同日，川大“八·二六”和兵团”被迫在人民南路請罪。

2月23日 韦杰到市公安局說：“①現在阶級斗爭很复杂，敌人可能搞假請罪，眞反扑，那不要怕，你要一个一个的打，再反扑，再打。不能一下打扫干凈，再来几次，要等他跳出来，彻底暴露，才能把幕后人抓出来；②群众积极起来抓反革命的精神，多么可爱！每天很多电話，問軍区往那里送，我們就說往公安局送；③有的旧框框，能用就用，不能用就突破；④現在业务重，你們的力量要适当調整。⑤大家要往左倒，倒在毛主席那边去，該抓的就抓，不該抓的就不抓。”

2月23日 市公安局分别設立市局，东城、西城，金牛、青白江，黃天壩等临时收容所，“收留审查”被抓的人，作为拘留与释放的“緩冲地带”。

2月23日 軍区轉发了北京卫戍区的一个电报指示，强調指出：捕人要十分愼重，尽量少捕，捕人較多时，尽快释放”。公安厅拒不传达，拒不执行。

人民公安黑司令部陈××刘××在京給市公安局孙××传达中央文革的四点指示：“①你們反应的情况很好，揪出了后台李、廖；②你們反应的情况看出了这个組織（指成都工人革命造反兵团)是什么样的組織，要狠狠地打。③反应了我們在“三結合，大联合，大夺权問題上存在的問題；④注意深入調查，注意有关抓革命，促生产的情况，現在春耕大忙季节，要了解情况。根据这些，司令部勤务組和确定出来工作的領导干部决定，提出“集中力量，打击一批”为中心的六項措施，由孙××向所屬司令部各队，各分局布置：①突出政治，抓好思想政治工作；②加强予审，扩大战果；③开展調查研究与偵察工作，打击敌人的行动計划，要在三几天之內把材料搞出来审批，请示軍区搞大規模行动，打歼灭战；④搞好“三結合”；⑤作好“春耕保卫工作 ”；⑥大力开展政治攻势，制造輿輪，开展宣传，瓦解敌人。

2 月25日 軍区及支左办公室按叶剑英“抓头头”的指示进行研究，布置集中力量打击一小撮头头的“政策界綫”：①成都工人革命造反兵团各分团勤务組，部长及专职人員都抓；②街道工业分团(很复杂、搶、围攻公安局，围攻解放軍），縱、支队长以上都抓；③围攻公安局，軍区的“城建”、“二輕”、“公汽”、“九八”等几个分团按公安六条有罪恶的抓；④川大八·二六团部一級和部长一級的都抓；⑤毛泽东思想工人紅卫造反軍团团部勤务組各部长，专职打手；⑥紅旗战斗师要抓，但未研究具体。这以后，用 5 天的时間对上述人員又进行了研究，各分局汇报了調查情况，共有头头 5 1 3 人，并以这个数字起草了一个向中央軍委請示的电报底稿。

2 月26日 从这天起，軍区周×× 及支左政治組派人亲自来市公安局参加集中审批报請拘留的对象，一般都只有一个簡单的登記册或很少材料，而这些材料多依靠原单位的人事保卫部門和保字号組織整理的，均未經过調查証实。甚至有的单位还把运动前期整革命群众的黑材料一并报来了。周××还講：“拉薩一次就抓了三百，还开了枪。”“南京一次就捉了二千多，成都是最后解放的城市，敌情复杂，社会渣滓多，估計至少抓一千五百人，抓上二千也不算多。”“只有搞好了鎮反，才能实現革命的大联合、三結合。”

2月28日 由成都軍区党委审查，修改并批准了由公安厅黑筹委炮制的《四川省公安厅关于坚决鎮压反革命活动布告》，发动全面“鎮反”。

2月29日 軍事代表田××批評市公安局的同志对鎮反很不得力，他說:“群众抓来的人，你們为什么要放，这些人尾巴翘得多高，有人还要反攻倒算，給群众泼冷水是什么意思？！今后群众扭送的人，一个也不准放，放人要經过批准，否則就是非法。”

同日，由甘渭汉等主持召开，“四川省抓革命、促生产三千会議”，大談特談“鎮反”之必須、至三月一日，韦杰在总結报告中大罵八·二六和“兵团”等革命群众組織負責人是“一小撮反革命分子”，“說他們破坏无产阶級文化大革命”，“破坏工农业生产”、“搞反革命夺权”“实行資产阶級复辟。”

2月底至**3月**初，根据成都軍区付司令員邓少东的指示，省公安厅筹委会派出几个工作組，分別前往温江、宜賓，綿阳等地督促检查“鎮反”工作。

成都人民公安黑司令部負責人付××布置說：軍区指示，刘結挺是宜賓方面軍的后台，宜賓軍分区已批准抓刘，但刘住在地质学院解放大西南战斗兵团，要派人抓了交宜賓軍分区带走。但去抓时，刘已上京，只抓到刘从北京寄給解大同学的一封信。

3月1日 軍区支左办公室政法組指示：“鎮反”在成都地区还有一些問題，如卫生系統、省文联、省地质局、交通厅、省市要統一行动，狠狠打击一批。时間要求在今明两天，把材料准备好。对象是：①成都工人革命造反兵团分团长以上的一律要打击。②川大八·二六勤务組成員和部长以上人員通通打击，此項工作由公安局办理。③毛泽东思想工人紅卫軍团勤务組成員；④与工人造反兵团相关的先开除后打击。⑤省級机关可由公安厅办理。凡是打击对象要搞一份材料，实在搞不起可以以后单搞。工人造反团团长以上来投案自首的不可輕易放掉，工作要强調“保密”，发現內奸要采取果断措施，不能姑息。

3月2日 川大戒严，捉了八·二六头头十四个人，后来，在宁夏街关起八·二六战士三十二人，經常有外地的捉八·二六回成都，多被拘留审查。

3月3日 軍区通知市公安局賈林山、公安厅长李子英和軍管会付主任田××开会。会上决定三月四日凌晨开始行动（捉人），批准的有五百余人。会上周××还說：“北京南下的学生都是表現坏的，北京多次催他們回去他們都不敢回去。”凡是对采取行动的組織，有些学生，都不要輕易叫他們走了，要消了毒才能走，但不能抓人。李文清还指示說：“对罪恶大的头头应該抓紧审訊罪恶特别大，特别坏的可以杀几个。”同时楊富还提出开会的問題，周××等表示同意。

同日，公安厅筹委会非法砸了“四川公安革命造反总部”，将厅总部五位同志和西南政法学院政法兵团二人及北京政法学院政法公社一人非法拘捕入獄，并威逼总部百余人写检討，“請罪”，将一些同志打成“干将”“幕后指揮”“烂参謀”“狗头軍师”等，大会进行批判斗爭，弄去集訓和督促劳动，采取搜查、跟踪、隔离反省、照相等手段，限制革命同志的行动自由，同时，对总部同志規定：①不准交头接耳，不准訂攻守同盟；②不准互相串联、不准死灰复燃；③不准随便外出，外出要請假；④彻底交代并检举揭发；⑤凡点名的“干将”批判其中任何一个人，其它人不得参加；⑥向毛主席請罪、并用大字报写出来。政法机关內部的“鎮反”大张旗鼓的搞开了。

3月4日 根据三日軍区会議的决定，于凌晨二点开始行动，在全市拘捕了五百余人。行动后，付司令員李文清和参謀长茹夫一立即召見了有关人員去軍区汇报大行动的情况，并亲自审查、修改、签发了成都市公安局紧急通告。同时，軍代表給全局干警講話，大反干警的“右傾”。

3月6日 根据杜灵（駐公安局軍代表）指示，市局向部分人传达了軍委二十四日向各軍区轉发北京市打击反革命份子的三項政策的同时，又研究了下一步“鎮反”。認为三月四日的行动，对某些地区、某些組織还打击不够。准备再集中打击一批，打击数字要比三月四日大行动小点。打击地区是青白江、黃天壩两个郊外工业区，打击方面着重以前不彻底的

《井岗山之声》《兵团战报》《惊雷》《紅涛》等革命群众組織的宣传机构及"紅教工""紅卫士""工农兵文工团""省歌舞团"党政机关內部、邮电系統，其它幕后操縱者。同时、軍区支左办公室政法組还批評重庆"鎮反进度慢"，捉人少。

3月8日 由軍事代表杜灵和市公安局賈林山在軍区召开了全局"抓革命、促生产"三級干部会。大講对敌斗爭形势，大反干警的"右傾"思想，并向全局布署了下一步"鎮反"計划。賈說："軍委二·一七指示信公布以后，大长革命志气，大灭敌人威风，敌人紛紛土崩瓦解，号称一百五十万人的左派队伍（工人造反兵团）实际上是紙老虎，不堪一击"。杜灵說："牛鬼蛇神既然出来了，我們专政机关就抓嘛。""今后送来的人，不要輕易放了。""保守派翻天了，現在不是把敌人抓多了，而且还有許多死角，根本沒有动。"

同日軍区政治部孔付主任还召集了省公安厅、市公安局負責人会議，講形势，反"右傾。揚言，成都要捉2500——3000人，全省要捉2——3万人。此外据軍区支左办公室政治組的人透露：軍区曾有的領导人提出捉全省人口的千分之一至千分之一点五，卽6——9万人。

3月9日 以軍区干部为主，同时吸收了省級机关的一些干部，組成了一个由30多人組成的所謂"联合夺权筹备办公室"，下設秘書組、干部組、宣传組、联絡組、保卫組、后勤組，由軍区付参謀长胡永昌和省委組織部付部长苗前明具体負責，軍区的要求是："三月中下旬作准备，三月底弄出个眉目，四月初'搭架子'。"

3月11日 韦杰、李文淸、胡永昌等軍区負責人分別两次召集省委、省人委革命造反联合总部，研究所謂夺权問題。同时，积极做紅卫兵成都部队、产业队、重大八·一五和重庆革联会的工作，拼湊小联合，搞和平演变，但阴謀未能得逞。

3月13日 在成都軍区党委領导下，以省公安厅的名义在成渝两地召开鎮反片会，主要是解决干警的認識問題，反"右傾"，对鎮反工作作了进一步具体的布署，軍区党委和政治部分別批发了省政法党組、省公安厅的三个文件：①关于鎮压反革命的緊急布署；②关于坚决取締反革命組織的意見；③关于正确处理极少数紅卫兵的錯事甚至作坏事的处理意見。韦杰、李文淸除两次提出"打击对象是工人造反兵团和川大八·二六中一小撮反革命、坏分子"、"一·二九是个关鍵，是革命与反革命的分界綫"，还提出对产业軍采取"爭取、团結、教育、提高的方針。会后，省、市、专、卅公安局、处在各軍分区的直接領导下召开县公安局会議，层层传达会議精神，在省公安局和軍代表的同意下，又派出五个工作組，分别到达县、乐山、涪陵、万县、宜宾、南充等地坐陣，大反特反广大干警"右傾"，終过一系列的緊急布署，"鎮反"在全省更大規模地召开了。

3月14日 市公安局軍事代表田××向市局党、团員作过两次报告，他說："号称150万的撬杆兵团，做尽坏事、罪恶滔天、群众对他們評价很好："白天睡觉、晚上胡鬧，麻餅一包，外加八毛，坏事做尽，进行阶級报复。"又說："我軍打敗日本帝国主义，打敗蔣介石、打敗美帝，你們撬杆兵团，八·二六有什么了不起。"

3月17日 川大八·二六欢送北京南下的革命战友返京，公安局筹委会組織人馬上街游行去川大示威，从下午三时到深夜一时，不断狂呼："打倒八·二六，鎮压反革命！"等口号。

3月20日 市公安局賈林山在处級以上干部会传达軍区作战部长講鎮反問題："成都地区抓一批多不多？回答，不多。因为成都是和平解放的，所以反革命渣滓整得不多，成都是蔣介石最后盘踞的地区；李廖死党过去鎮反不彻底，工人造反兵团，川大八·二六遍布全省了，其它地区不象这种情况。"并布置对公安局通告上列的工人造反兵团、八·二六紅卫軍团、川棉紅旗战斗师等四个組織及工矿，財貿系統打击得不彻底的单位，繼續打击。要繼續摸清反动組織的底子，收集罪証实物。

3月22日 由公安厅楊崗、省法院张子英、公安局賈林山和軍区派去的部长为首組織了60余人的省、市政法机关联合調查組，主要任务是調查成都工人革命造反兵团，川大八·二六战斗团，毛泽东思想紅卫軍几个組織的性質。要求：通过調查研究，从性質上提出結論。同时布置有关专、州也組織力量調查研究，整理材料上报，就是为了支左的需要。办法是：①通过予审、收留、接待等方面来搜集綫索和情况；②在街上收集传单、摘抄大字报，听群众輿論；③通过保字号組織产业軍等提供情况；④建立和利用造反派內部的人員，秘密收集情況；⑤将收集的情况进行研究，筹划对策，重要綫索要指派专人处理；⑥收集"兇器"等罪証；⑦出情况簡报；⑧将八·二六和兵团成立以来的活动編成"大事記"。

3月23日 韦杰在西城区人委机关作报告，不准到会者記录，主要內容是：

（一）关于紅卫兵成都部队問題：我們認为他們的大方向基本正确的。但……我和甘政委找他們談了十一次話，他們还說他們的大方向始終是正确的。我看完了整个語录，都沒有大方向始終正确的提法。現在紅卫兵成都部队，如果胡鬧，我就向中央打报告，对成都实行軍事管制。紅卫兵成都部队不整不疯，越整越疯，他們怕整风，怕我們把他們整垮……。紅卫兵成都部队不听話，尾巴翹得很高，認为沒有他們就不能联合，現在的主力軍是工农兵，沒有紅卫兵成都部队也能联合，紅卫兵成都部队算老几啊！

（二）关于川大八·二六和工人造反兵团的問題，这两个組織干了許多坏事，这些人們打着造反的旗号，把成都的文化大革命完全破坏了，他們的手伸得很长，到处去点火，搞白色恐怖，不但破坏成都地区的生产，而且破坏其它地区生产。这两个組織的特点是：保上层，打下层，这两个組織不是革命組織，而是右派組織，他們敢胡鬧，肯定是有后台的，有些东西不是他們做得出来的，如办报紙，沒有后台就办不出来。八·二六在圍攻軍区时，請人給他們当广播員，每天八元；晚上軍区門口坐，一夜給一元。关于八·二六的問題，今后还要用支左办公室的名义公布他們的罪恶意图。有人說，我們鎮反扩大化了，我說有反革命还要抓，工人造反兵团和川大八·二六支队长以上的都抓得差不多了，但有的还沒有抓起来，有的还要逐步升級。

（三）北京的学生在成都胡鬧，到处放毒，現在他們不受欢迎才走的。

(四) 我們的軍队內也出了反革命，空字０２８紅总就是反革命組織。

(五)关于产业軍的問題：去年十月以前产业軍不了解社会上的情况，不了解文化大革命，怎么起来造反嘛，八·二六和造反兵团就把他們說成是老保。而产业軍的队伍很純，党、团員很多，积极分子多、老工人多。……产业軍就是好得很，就是要到处宣传，大肆地講，他們的斗爭矛头是对的。

同日，軍区內个別混蛋以中国人民解放軍成都軍区的名义印发了題为“駁鎮反扩大化的謬論”的传单（三月二十九日还由公安局大量翻印散发）

3月24日 軍区政委甘謂汉在报告中說：“产业軍自成立以来，在成都几十万人，他們节約鬧革命，他們沒有飯吃，城外的农民送粮食来，送的粮食有的还被造反兵团搶来倒在粪坑里，成都产业軍几十万人是我們革命的領导力量。你們不要光找产业軍的缺点产业軍究竟有多少缺点？产业軍的缺点就是比你們后起来，开始有些保守思想。同时又說：“拿成都来說，围攻軍区的就是工人造反兵团。……还有同八·二六类似的这样一些組織，受党內一小撮走資本主义道路当权派的操縱，指揮、网罗了一批牛鬼蛇神和社会渣滓。当然，这两个組織广大群众是受蒙蔽的，受騙的，这两个組織的势力不小，不仅在成都成了“恶霸”，而且手伸得很长。他們竟拒不执行毛主席“抓革命、促生产”的指示，破坏生产，大刮經济主义妖风。他們对抗十六条中“要文斗、不要武斗”的規定，制造白色恐怖，私設公堂，对革命群众执行迫害，搞产业軍搞得凶，把产业軍看成他們的眼中釘，肉中刺，产业軍的总部被他們抄了２０多次。从成都工人造反兵团一系列事来看，廖志高，李大章在里面操縱干了一系列的罪行，做了許多坏事，我們要彻底清算他們这笔帐。

3月25日 甘渭汉在四川省“抓革命，促生产”工交基建会議上的总結报告中大講特講成都工人革命造反兵团在“２·１７”信件下达以前如何“疯狂”，認为“毫无疑义的是有他們幕后指揮的。”由于“他們夺了党、政、財、文大权。”因此，可以“为所欲为”。

3月26日 因上級指示，迫于群众的强烈反映，不得不停止抓人，但并沒有認識錯誤和采取措施糾正錯誤，相反，阳奉阴违，这天市公安局軍管会付主任田××向大家說：“鎮反不能动搖，按毛主席有反必肃的精神，軍委２·１７指示信发表以后，抓一批是必要的。当前主要是加强政治攻势，搞分化瓦解，突出地要搞工人造反兵团的罪行，对八·二六区别对待，总的精神是鎮反不能动搖。不是不抓，而是掌握从严。

3月28日 成都軍区党委向各軍分区发了一个“当前鎮反工作注意的几个問題”的电报，說：“目前鎮反工作发展不平衡，城鎮和交通沿綫搞得較好，农村和某些工矿搞得較差。”

同日，由杜灵，李子英和劳动局王三武主持召开了所謂“抓革命，促生产”的劳改工作会議。这个会把持有八·二六观点和参加过公安系統二次夺权的組織排斥在外，只强調“三結合”，不强調斗、批、改和打倒党內最大的走資本主义道路的当权派；强調領导干部挨打挨斗、并带了高帽子，受委屈了，因此就同时把牛鬼蛇神暴露了；只字不提給被无辜打成三、四类的革命干部平反；强調肃清兵团，八·二六的流毒；宣布二次夺权屬于反革命性質的，統計了公安厅政治部主任李子英布置各劳改单位所謂反动組織和头头的名单。

3月29日 市公安局付局长賈林山传达了軍区关于鎮反的指示說：“当前鎮反需要慢一点，是为了准、稳、狠一点。現在需要从实际出发的具体政策，規定逮捕人員要白天拘，晚上押，不用传单公布姓名，不搞游街、抓头发，掛黑牌、架机枪，不用繩子捆，而使用手铐，不是不捕人，而是要有材料，要經过批准后才捕。”

3月31日 省政法机关联合調查办公室給中央搞了一个汇报材料，由甘渭汉乘机上京带去。

同日，公安厅筹委会得知川大八·二六和紅卫軍成都部队在四月一日要举行“紀念毛主席接見半周年，彻底粉碎資本主义反复辟逆流大会”的消息，于是搶在事先，伙同省級机关造反联合总部上街游行示威，沿途高喊：“打倒八·二六，鎮压反革命”，“不准八·二六死灰复燃”等，并在人民南路散发攻击首都紅代会駐蓉联絡站的传单《明辯是非，分清敌我》，恶毒攻击紅卫兵“打着紅旗反紅旗”，“顚倒是非，混淆黑白”，“竭力为反革命分子辯护”，“为反革命喊冤叫屈”，“把矛头指向解放軍和公安机关”等等。

4月1日 中央下达了“关于安徽問題的决定”，公安厅被迫释放西南政法兵团两名紅卫兵。

4月4日 軍区孔付主任和李××部长还說：“对前时期鎮反要有阶級观点，要一分为二，不能肯定一切，否定一切，成績应該改正，缺点錯誤也有，鎮反是否扩大化了要由中央决定。”“这次鎮反，軍区有責任，公安机关不要把矛盾上交，动輒找軍区。”

4月8日 首都紅代会革命小将和川大八·六在公安厅門前靜坐示威，要求根据中央精神迅速释放公安厅筹委会非法拘捕的革命战友，筹委会如临大敌，赶忙組織人馬日夜防范，要求每个干部准备几斤干粮。

4月12日 中央关于安徽問題的决定已下达十余天，在革命群众的强烈要求下，市公安局黑司令部不得已組織一批干部对太慈寺拘留所拘留的９００多人进行了处理，除留１８人外，其余全部释放。

4月16日 公安厅召集各“革命組織”負責人和領导干部开了个紧急会議，主要內容是：現在鎮反問題来訪人員很多，不要多講，講多了講不清楚。会上有这样一段値得研究的对話：

問：鎮反是誰指示的？

答：不要說是軍区布置的，只能說：最高指示：“有反必肃。”

問：“有錯必糾”为什么不說呢？

答：你提出錯了那一个，請提出名单来，我們研究。

問：你們把造反兵团，八·二六打成反革命，要平反！

答：那是群众組織喊的口号，我們公安机关并沒有宣布它是反革命談不到平反的問題。

問：如果要求放人怎么办？

答：我們是执行命令，請你們提出名单找厅里研究，要是来七处要求放人，坚决不予接見。

4月18日 由于毛主席革命路綫的巨大威力，由于革命造反派和首都紅代会的努力，迫使軍区个别負責人和人民公安黑司令部将在宁夏街看守所（市大监）所关押的一千多人除留２９名以外，其它全部释放。至此，韦杰之流的“鎮反”宣告彻底破产！

西南政法学院兵团赴蓉挺进縱队整理

67年5月30日

最高指示

成千成万的先烈，为着人民的利益，在我們的前头英勇地牺牲了，讓我們高举起他們的旗帜，踏着他們的血跡前进吧！

《論联合政府》

死难烈士万岁！

正当四川地区无产阶級文化大革命进入两个阶級、两条道路、两种命运大决战的关鍵时刻，李井泉为首的一小撮窃据在党政軍內走資本主义道路的当权派，为了挽救其垂死命运，精心策划了一系列反革命大阴謀，操縱御用工具，对我无产阶級革命派实行了駭人听聞的血腥鎮压。先后在成都、重庆、江油、宜宾、乐山、万县等地制造了五三、五四、五六、五·一九、五卅、六六、六·一四等大血案，我无数革命造反派战友为保卫毛主席的革命路綫英勇地献出了自己的鲜血和生命。我們每一个同志，对这些战友寄与无限的崇敬和哀悼。

根据我們掌握的資料，現将牺牲了的同志的遺容載录入册，以寄托我們的哀思。

千篇青史，烈士用鮮血写成；不朽史歌，英雄用生命譜就！

死难烈士在烈火和热血中得到永生！

死难烈士万岁！

附：烈士遺容

图1　赵宋純烈士，女，19岁，成都十八中学生，因头部中弹牺牲。

图2　唐万生烈士，男，38岁青苏公社社員，因头頸部中弹牺牲。

图3　蔣应廷烈士，男19岁，成都水利发电学校学生，因火器爆破炸伤头部牺牲。

图4　程代第烈士，男，22岁，成都大学学生，因头部中弹牺牲。

图5　李信言烈士，男，22岁，西昌东坪青年农場上山下乡知識青年，胸部中弹牺牲。

图6　冉超凱烈士，男，２０岁，成都十六中学生，胸部中弹牺牲。

图７　余全操烈士，男，26岁，市政工程处．六队工人，胸部中弹牺牲。

图8　潘美德烈士，男，18岁，成都五中学生，头部中弹牺牲。

图9　陈庆松烈士，男１４岁飲午公司半工半讀訓練班学生，胸部中弹牺牲。

图10　吳安富烈士，男，20岁，四川大学学生，头部中弹牺牲。

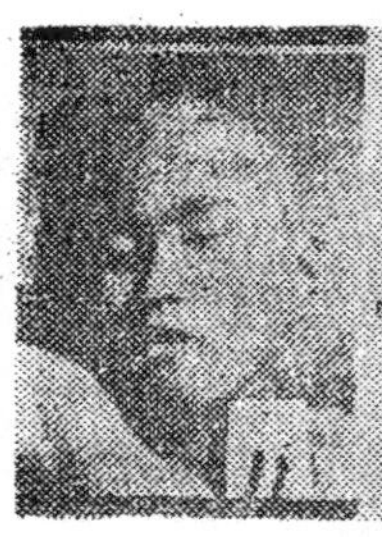
图11　侯显亮烈士，男21岁，四川师范学院学生，头部炸伤牺牲。

图12　李海浜烈士，女，35岁，成都无綫电机校职工因头部炸伤牺牲。

图13　秦劲松烈士，男，19岁，成都无綫电机校学生，胸部中弹牺牲。

图14　胡兵烈士，男，１６岁，成都二十四中学生，头部中弹牺牲。

图15　倪修全烈士，男，17岁，成都二中学生，胸部中弹牺牲。

图16　譚平富烈士，男，13岁，劳动人民新村小学学生，胸腹部中弹牺牲。

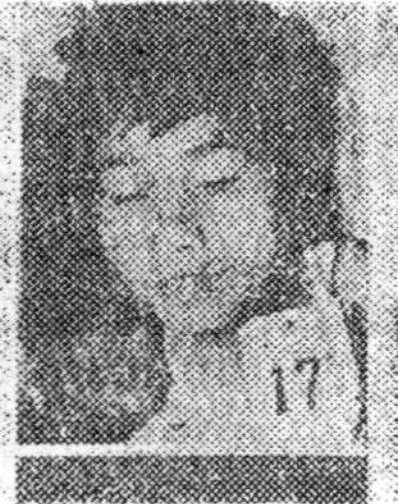
图17　謝德明烈士，男，18岁，眉山中学学生胸腹部中弹牺牲。

图18　鐘桂元烈士，男，28岁，１３２厂工人腹部中弹牺牲。

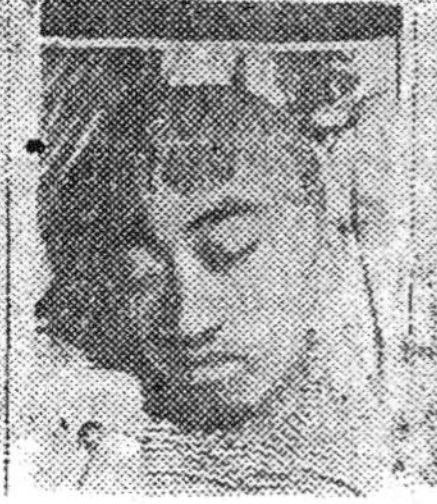
图19　謝乾隆烈士，男，22岁鉄路三局六处工人，头部中弹牺牲。

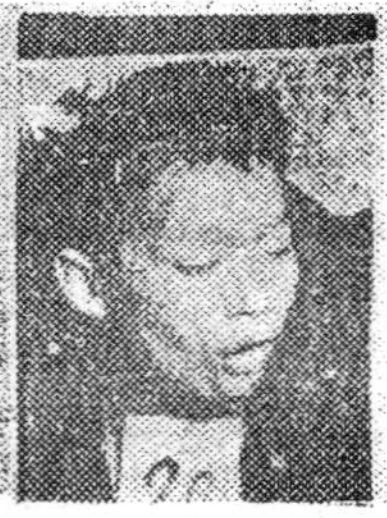
图20　邓德成烈士男16岁成都二十九中学生头部中弹牺牲。

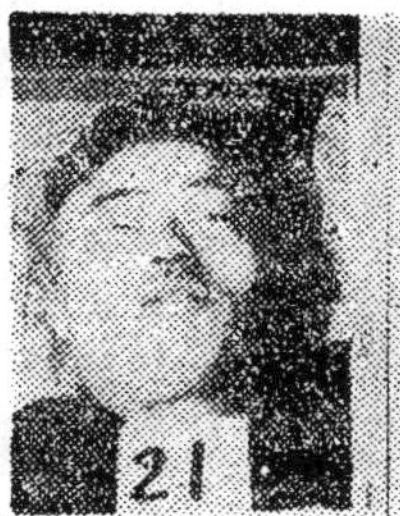

图21　王旺德烈士男，21岁，市人委財貿修建办公室学工，头部中弹牺牲。

图22　张紹瑜烈士，男，20岁，西南电建三公司工人，胸部中弹牺牲。

图23　許敏烈士，女，25岁，工农兵相舘职員，头部中弹牺牲。

图24　賀莉烈士，女，19岁，成都一中学生，胸部中弹牺牲。

图25　陈永德烈士，男，23岁低压开关厂工人因胸腹部中弹牺牲。

图２６　范培瑾烈士，女，１３岁，五〇二厂子弟小学毕业学生，头部中弹牺牲，

图２７　李全华烈士，男，２２岁，北京地质学院学生，头部中弹牺牲，

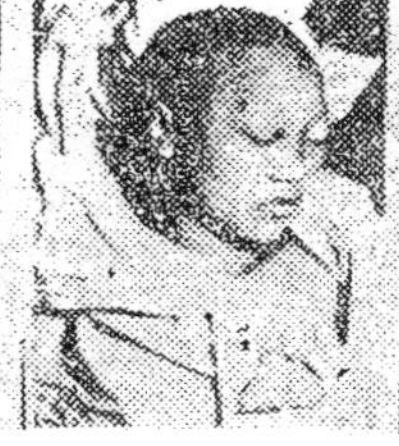
图２８　何正玉烈士，女，15岁，成都十五中学生，头部中弹牺牲。

图２９　代祖国烈士，男，19岁，成都九中学生，胸部中弹牺牲。

图３０　刘庆中烈士，男，２３岁，蔬菜公司职員，头部中弹牺牲。

图３１　×××烈士，男１５岁，胸腹部中弹牺牲。

图３２　程其逸烈士，女，１６岁，成都二十六中学生，腹部中弹牺牲。

图３３　付长松烈士，男２０岁，１３２厂工人，头部中弹牺牲。

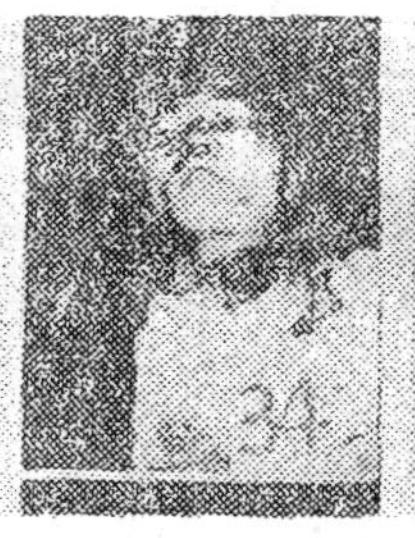

图３４　李德光烈士，男２６岁，四川师范学院学生头胸部中弹牺牲。

图３５　张金木，男，１４岁，龙舟路小学学生，胸腹部中弹牺牲。

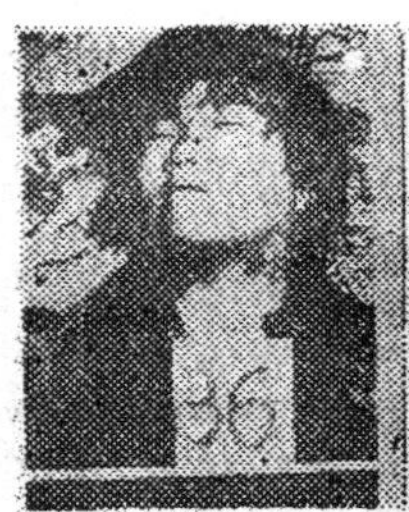

图36　彭霓云烈士，女15岁，川师附中学生，頸部炸伤牺牲。

图37　邓运昌烈士，男，18岁，上山下乡知識青年，头部中弹牺牲。

图39　陈明富烈士，男，15岁，头部中弹牺牲。

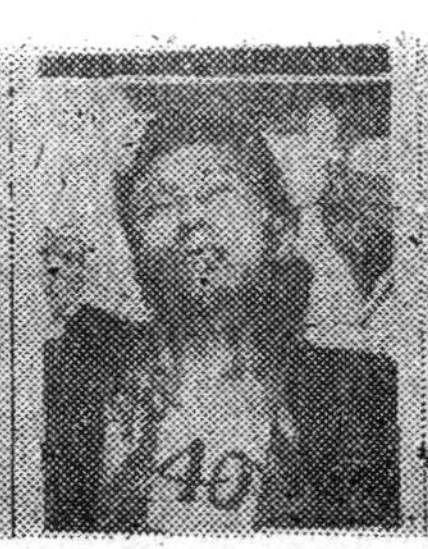

图40　王长久烈士，男，34岁，冶金建筑安装公司，第三工程安装公司工人，胸部中弹牺牲。

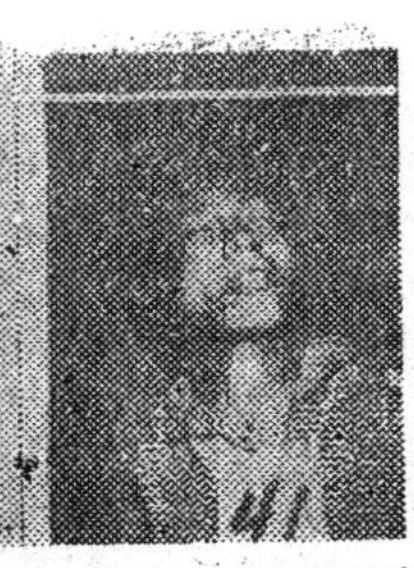

图41　王惠明烈士，男，17岁，西南送变电工程公司工人，全身多数性鈍器伤牺牲。

图42　楊正业烈士，男15岁峨眉中学学生，头部汽車压伤，牺牲。

图43　謝云祥烈士，男40岁，成都自来水公司工人，头部鈍器伤，牺牲。

图44　蹇忠貴烈士，男23岁，小天竺肉类供应站工人，頸胸部中弹牺牲。

图46　屈德安烈士，男15岁，成都十七中学生，头部中弹牺牲。

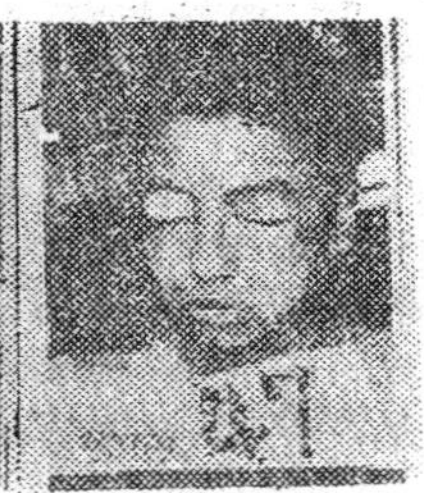

图47　楊自强烈士，男，18岁，成都二十三中学生頸部中弹牺牲。

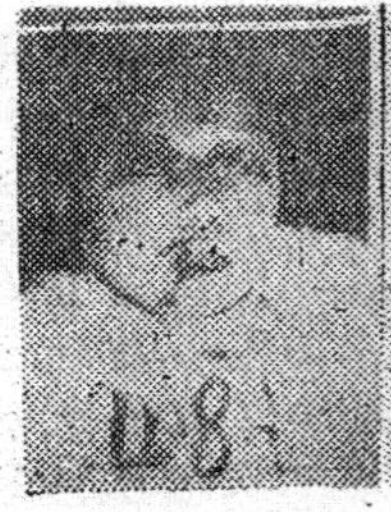

图50　程遵华烈士，男22岁，四川大学学生，盆腔中弹牺牲。

图51　唐福烈士男35岁，鉄道部建厂工程局第二建筑处工人，全身多数性鈍器伤牺牲。

图52　徐建民烈士，男，38岁，成都机車車輛厂工人，全身多数性鈍器伤牺牲。

图53（待考）图54（待考）

一九六七年八月

忠　魂　曲

下面是成都"五六血案"中牺牲的、年仅十三岁的小英雄、成都96信箱子弟小学学生范培瑾烈士，在被保皇派暴徒枪弹击中之后，用鲜血写下的一首遺詩：

不要用哭声告別，
　　　　不要把眼泪輕拋。
青山到处埋忠骨，
　　　　天涯何处无青草！
黎明之前死去，
　　　　脸不变色心不跳；
滿天朝霞照着我。
　　　　胸中万杆紅旗飄。
回首平生无憾事，
　　　　只恨不能亲手
　　　　——亲手把社会主义建設好。

※　※　※　※

好一首壮烈的詩篇！字字是英雄的血，句句閃爍着革命造反的火花！高大的英雄形象，大义凛然的英雄气質，鼓舞着人們踏着烈士的血跡繼續前进！"砍头不紧，只要主义眞，"为了保卫毛主席的革命路綫，死，有什么可惧！这是毛主席撫育下的一代革命造反小將的共同誓詞。

小英雄范培瑾牺牲了！她是在今年五月六日被反革命修正主义分子李井泉一手操縱的产业軍杀害的，这一天，"产匪"向革命造反派全面反扑，小英雄面对猙獰的暴徒，昂首挺胸、視死如归、大义凛然的迎着枪弹冲上去！残暴的"产匪"丧心病狂，向小英雄猛烈开枪，范培瑾烈士不幸倒下去了。当革命战友們冲上去营救时，小英雄不是用"哭声告别"不把"眼泪輕拋"，而是用自己的鲜血，蘸成了这一首紅彤彤的詩篇！

革命造反者不怕坐牢！不怕杀头！他們只有一顆保卫伟大領袖毛主席的赤誠的心！成都一小撮保皇驴逞凶于一时，終究逃不脫灭亡的命运！范培瑾烈士的鲜血不会白流，他将教育着千千万万革命者繼續迎上去，不彻底摧毁資本主义反革命的复辟逆流誓不罢休！当我們轉录范培瑾烈士的遺作时，我們不禁要高呼：

范培瑾烈士永垂不朽！
血債要用血来还！
打倒党內一小撮走資本主义道路的当权派！
誓死保卫毛主席！
誓死保卫毛主席的革命路綫！
毛主席万岁！万岁！万万岁！

谁发动的文革？
悲哉！

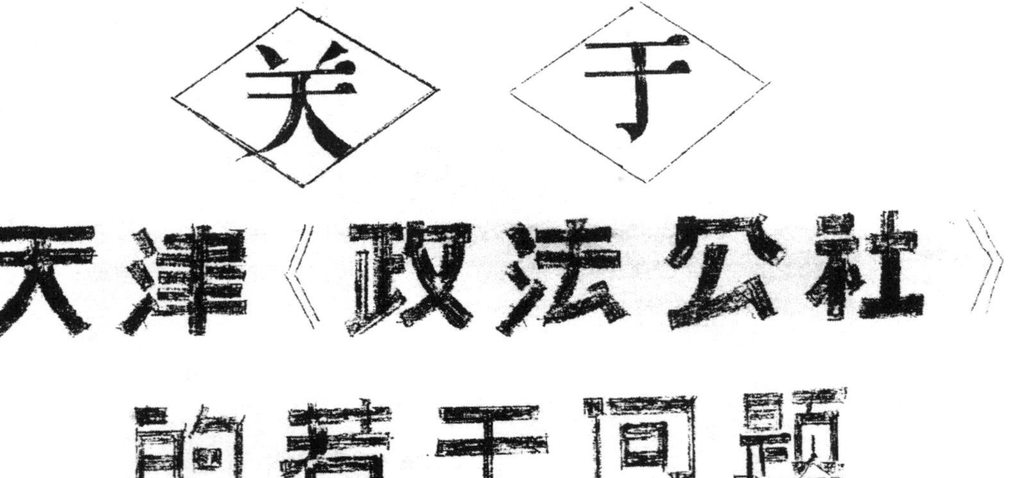

关于 天津《政法公社》的若干问题

天津市中等学校红革会、天津市"四一"革命委员会、

天津九十中红旗红卫兵《荒山行》支队编辑

1967 8

你们要关心国家大事，要把无产阶级文化大革命进行到底

毛泽东

前言

公安局自军管以来，在公安造总和军管会一小撮决策人的操纵下一直顽固地推行资产阶级反动路线。他们疯狂地镇压局内文化大革命运动，长期以来无视无产阶级权威，无视中央指示精神，妄图把这无产阶级专政机关，变为资本主义复辟工具，用心何其毒也，为达到这一目地，在公安局内外一小撮人的阴谋策划下，广大革命群众（与造总观点不同的）被打成了反革命，许多革命造反组织被打成反动组织，《天津政法公社》就是李三峰之流在公安局内执行资产阶级专政的一个铁证。

我们是毛主席的红卫兵，为了捍卫毛主席的革命路线，我们宁愿上刀山，下火海，赴汤蹈火，再所不辞，我们坚信被颠倒的历史一定要再颠倒过来。天津政法公社是革命造反组织，这个案我们翻定了。为了让广大革命群众明了政法公社内幕，了解其被打成反动组织真象，特将军管会第二号通告中所说"《天津政法公社》十大罪状"的真实情况，公布于众，望广大革命同志对照毛主席思想分析，鉴别！

毛主席革命路线胜利万岁！毛主席万岁！万万岁！

——编辑——

中共中央文件

中发〔67〕117号

各军区党委、各级党委、各省市革命委员会、各群众组织：

现将中共中央关于安徽问题的决定发给你们，这个文件中提出的政策性规定，望各地参照执行。

中央强调指出各级革命委员会、人民解放军各军区和各地驻军，无论在实行军事管制的地区、机关和单位，或者在没有实行军事管制的地方，必须高举毛泽东思想伟大红旗，要政治挂帅，要坚持群众路线，要保障更好地实行大鸣、大放、大字报、大辩论。

特别注意：

第一、不得随意宣布群众组织是反革命组织。宣布一个组织是反革命组织必经过中央批准。

第二、不得把群众打成"反革命"，不准乱捕人。仅仅因为冲军区和对军区提意见、或对本地区本单位的夺权有不同意见，而被打成"反革命"的，应一律平反。被捕的应一律释放。通缉令，应一律取消。许多外地学生几次冲入中南海，一些军事院校冲进国防部，中央和军委并未斥责他们，更没有要他们认罪、请罪，或者写检查，讲清问题就让他们回去就是了。有各地把冲军事机关一事看得太严重了。

第三、个别群众组织的个别负责人，证据确凿是反革命分子，或者是犯罪分子，应依法处理，但是要同这个组织的广大群众区别开来，在取缔证据确凿的反动组织时，也要把为首的极少数反革命分子同一般被蒙蔽的群众严格区别开来。不准对群众组织乱加取缔，更不得采取解放初期对待反动会道门组织登记骨干分子的办法。

第四、对于犯了一些错误，甚至严重错误的革命群众组织或革命群众，应采取教育的方法，开展批评与自我批评来解决问题，不应该也不许允许要群众上街、挂牌子、贴大标语、开大会请罪。毛主席一再教导我们"革命无罪"、"造反无罪"、大民主无罪。强迫群众请罪的做法，是极端错误的。严禁假借"镇反"之名，镇压革命群众。

第五、坚决、正确地支持各左派革命群众组织，在左派组织之间，不能片面支持一方、打击一方。

中共中央　　一九六七年四月一日

《中共中央关于安徽问题的决定》

北京政法学院政法兵团《卫东》翻印（1967.4.4）

天津市4·1革命委员会九中反复辟《虎山行》再印
1967.8.6

关于在无产阶级文化大革命中加强公安工作的若干规定

无产阶级文化大革命是毛泽东思想统帅下的 无产阶级专政条件下的大民主运动，它把广大革命群众的革命积极性调动起来了，形式大好。没有无产阶级专政，就不可能实行人民群众的大民主。公安机关是无产阶级专政的重要工具之一，必须适应无产阶级文化大革命形势发展的需要，采取恰当的方式，加强对敌人的专政，保障人民的民主权利，保障大鸣、大放、大字报、大辩论、大串联的正常进行，保障无产阶级的革命秩序。为此特规定：

一、对于确有证据的杀人、放火、放毒、抢劫、制造交通事故进行暗害、冲击监狱和管制犯人机关、里通外国、盗窃国家机密、进行破坏活动等现刑反革命分子，应当依法惩办。

二、凡是投寄反革命匿名信，秘密或公开张贴、散发反革命传单，写反动标语、喊反动口号，以攻击污蔑伟大领袖毛主席和他的亲密战友林彪同志的，都是现刑反革命行为，应当依法惩办。

三、保护革命群众和革命群众组织，保护左派，严禁武斗。凡袭击革命群众组织，殴打和拘留革命群众的都是违法行为。一般的，由党政领导和革命群众组织进行批评教育。对那些打死人民群众的首犯，情节严重的打手，以及幕后操纵者，要依法惩办。

四、地、富、反、坏、右分子，劳动教养人员和刑满留场（厂）就业人员，反动党团骨干分子，反动会道门的中小道首和职业办道人员，敌伪的军（连长以上）、政（保长以上）、警（警长以上）、宪（宪兵）、特（特务）分子，刑满释放、解除劳动教养但改造得不好的分子，投机倒把分子和被杀、被关、被管制、外逃的反革命分子的坚持反动立场的家属，一律不许外出串联，不许改换姓名，伪造历史、混入革命群众组织，不准背后操纵、煽动，更不准他们自己建立组织。这些分子如有破坏行为，要依法严办。

五、凡是利用大民主，或者用其他手段，散布反动言论，一般的由革命群众同他们进行斗争，严重的，公安部门要和革命群众相结合，及时进行调查，必要时，酌情处理。

六、党、政、军机关和公安机关人员，如果歪曲以上规定，捏造事实，对革命群众进行镇压，要依法查办。

以上规定，要向广大群众宣传，号召革命群众协助和监督公安机关执行任务，维护革命秩序，保证公安机关人员能正常执行职务。

这个规定可在城乡广泛张贴。

中共中央 国务院 一九六七年一月十三日

天津九十中学 反复辟《虎山行》战斗组转抄

1967.8.6

天津政法公社的冤案必须翻过来

天津政法公社自二月十四被打成反动组织以来，天津市出现了从死人堆消人的第三次大反复，一二〇夺权全盘被否定，造反派从此受到打击陷害，甚至被捕，保守派从此发财致富，飞黄腾达，毛主席的革命路线遭到践踏，天津面临着资本主义复辟的危险。

为什么造反派反抗压迫起来大造李雪峰的反时就被打成是逆流，是攻击三结合，攻击解放军……

为什么当我们提出重新评价一二〇夺权时就被说成是为反动组织政法公社翻案……为万张反党集团翻案！

为什么当造反派按周总理指示大揭万张反党集团万晓塘之死的时候，揭发人员被公安总队所控制，并揭发一律停止，甚至被说成为是为反动组织为万晓塘翻案……

为什么当造反派对三结合提出改正意见时，就被说成为要搞垮三结合，对抗中央，並高喊什么天津军管好得很！……

为什么当造反派起来推揭以公安总队河西八为代表的保守势力时，却被某些人说成是逆流，甚至肉麻地吹捧公安总队和河西八二五为真正的造反派，是左派……

革命造反派的战友们，这究竟是为什么？这一切一切难道不发人深省吗？解放军报六月廿八日社论明确指出："革命左派是革命群众运动的中坚，是革命队伍中的骨干力量。我们要帮助革命群众实现革命的大联合，首先就要支持真正的革命左派，使真正的革命左派发展壮大起来，以左派为核心去团结广大革命群众。如果我们支持的不是真正的革命左派，而[illegible]，以左派为核心，那就会把运动引到邪路上去。"

天津市夺权筹备小组的某些负责人在天津市无产阶级文化大革命中究竟扮演了什么角色呢？他们支持谁，依靠谁，打击谁，陷害谁，是不是把群众运动引到邪路上去？天津市的真正革命造反处究竟处于什么地位？大权究竟要落到什么人手里，四百万人民自有公论。

天津的文化大革命决不能夭折，天津的文化大革命必须进行到底！

几个月的斗争实践使造反派越来越清楚地认识到，要想揭开天津市阶级斗争的盖子，必须首先揭开公安局阶级斗争的盖子，而要想揭开公安局阶级斗争盖子，单靠外单位造反派不行，必须发动局里革命群众，依靠内部的造反派。

谁都知道公安总队是党组的御林军，是文革的瘟神，是吃资产阶级反动路线的奶长大的，它根本不是某些人吹捧的那种与万张做过殊死斗争的造反派、左派组织，而是天津目前保守势力的总代表，是镇压一月革命风暴的刽子手，是打击陷害革命造反派的宪兵队，是破坏天津市文化大革命运动的先锋，是文化大革命深入发展的绊脚石。相反，原反动组织天津政法公社中广大战士却是从资产阶级反动路线的白色恐怖中杀出来的真正的革命造反派，虽然在斗争中他们犯有这样或那样的问题，甚至个别人有保守思想，但毕竟是个别的，而不是全貌，更不能说他是万张反党集团的御用工具。

根据红旗杂志第三期社论，反动组织是由坚持反动立场的地富反坏右及美蒋特务这些牛鬼蛇神欺骗拉拢一些不明真相的人成立起来的，或者是被反革命修正主义分子组织起来的名为革命派实为保守派的组织而且疯狂的并进行反革命活动，炮打无产阶级司令部，向革命夺权妄想变天。

天津政法公社的广大战士都是从公安局各单位的资产阶级反动路线的白色恐怖下冲杀出来的造反派，根本不是万张一手泡制的。天津政法公社没有反动纲领反动路线和反革命活动。军管会第二号通告上所列政法公社十大罪状绝大部分不符合事实，甚至有的纯属捏造，这在我们所公布的一系列材料可以完全说明。至于天津政法公社是否万张操纵，造总决策人物除了造谣污蔑抓住些表面现象无穷上纲之外，实在拿不出一点像样的事实。根据我们的调查及与北京政法公社、天津政法公社红卫兵造反团等组织核对的结果，可以肯定天津政法公社根本不是万张反党集团的御用工具，详细情况将陆续公布。而且单单是受万张操纵就可以打成反动组织，那么"野战"中学主义兵"早该取缔。

退一万步说，如果天津政法公社中个别头头是万张操纵，或者个别头头是坏的，那么也要按江青同志的讲话办事："对受坏人操纵的组织，都是不要宣布为反动组织，而把他们的头头确有证据的坏人逮捕起来，或者让那个组织的群众自己改换新的领导人，这个做法我觉得还是好的"

因此天津政法公社打成反动组织无论如何也是站不住脚的，这是冤案。这就是公安造总决策人对天津政法公社广大战士的政治陷害，是黑市委从死人整活人黑经验的进一步发展。天津政法公社的冤案必须翻过来，天津政法公社广大战士必须在政治上思想上得到彻底的解放。

革命斗争教导我们，这是马克思列宁主义毛泽东思想的[illegible] 个革命者对无产阶级革命事业必须具有勇敢的战斗的风格和一往无前的大无畏精神，是真理必须坚持，搞折衷主义出卖原则向错误的多数投降，这是彻头彻尾的机会主义！

毛主席说："历史上新的正确的东西，在开始的时候常常得不到多数人的承认，只能在斗争中曲折的发展。"当真理在少数人手里时，那么掌握真理的少数人就应该坚持真理，不怕打击，为真理而不屈不挠的斗争。

天津政法公社被打成反动组织取缔，这是冤案是铁的事实。在这个问题上我们敢和造总决策人在任何时间任何场合下公开辩论，政法公社这个冤案为什么翻不得？公安造总决策人物，你们靠马克思列宁主义的真理吃饭，靠事实吃饭，靠科学吃饭呢？还是靠吓人吃饭！？

今天，天津政法公社的部分战士再次冲破重重阻力，又起来造反了，这是件大好事，我八一二红旗兵团坚决支持他们的一切革命行动，甘作新生的天津政法公社的坚强后盾！

尽管公安造总决策人物对此气急败坏，歇斯底里，操纵社会上的保守组织蒙蔽一些不明真相的群众，大造政治舆论，横加莫须有的罪名，妄图达到其不可告人的政治目的，但是我们警告造总决策人，你们这一套只能吓唬那些怕死鬼或神经脆弱的人，真正的革命者绝不会被这种气势汹汹所吓倒！

天津政法公社这个冤案必须翻过来，天津政法公社这个冤案也一定能翻过来！

由天津政法公社常委说起

天津政法公社于一九六七年一月十一日成立，其常委七名乃由广大社员经过巴黎公社式的选举推选出来的，他们是：

李宝荣（二处）团员，廿四岁，一般干部，九月份就揭发张露，炮轰江枫，斗争很坚决。

张贤华（三处）党员，卅十多岁，一般干部 九月份带头揭发江枫在公安工作中执行修正主义路线问题。

王金昌（四处）团员 廿四岁，一般干部，六月份被打成反革命的闯将。

赵果（治一处）团员，二十二岁，一般干部 在治一处最先大造资产阶级反动路线的反。

马东光（五处）党员，廿多岁、一般干部

张国强（公校）群众，十八岁 学员

陈学林（约钢厂）党员，三十多岁 一般干部

八一三 卫东站革命组织120夺权以后 张贤华赵果等四人在公安局“革命委员会”里任常委 故又补充四名常委。

杨家祺（棋）（六处）党员 三十多岁 一般干部。8月29日首先提出要揪三子夏平定的人之一。

刘经升（政治部）党员，三十多岁 一般干部

郭根柱（九处）党员，三十多岁，一般干部

李继文（703厂） 团员，十八多岁，半工半读学生

(1)天津政法公社常委是由各处及其它基层单位代表组成，二处只有一名，（此人早在去年九月份就揭发了张露），政治清理组无一人（因为所谓张露控制的二处，政治清理组左右天津政法公社纯属捏造。

(2)这十一名常委都是年轻干部 工农出身，大多数是从资产阶级反动路线下杀出来的闯将，他们无论是在过去还是在运动中与万张没有任何联系，很多人连张露、王试熙的面也没见过一次，说他们受万张操纵没有任何根据

(3)这十一名常委敢说 敢做，自政法公社成立以来，重大事情的决定都由群众讨论后决定的，有人说他们只是幕前人物 我们要问幕后人物是谁？幕前幕后如何联系？你们能拿出确凿的证据吗？没有实事就是凭空臆断！

中发文件【中发（67）117号】明确指出：“一个群众组织的个别负责人证据确凿是反革命分子或犯罪分子应依法处理，但要与该组织的广大群众区别开来。”而天津政法公社的十一名常委中究竟哪一个人属于反革命分子，公安造总至今没有讲得出来，这就充分说明把天津政法公社打成反动组织是十分错误的。

所谓《天津政法公社》别有用心的控制大批武器拒不交出问题的事实真相

军管会第二号通告指控《天津政法公社》"别有用心的控制大批武器拒不交出。

但是，墨写的谎言遮不住铁的事实。

现将我们所了解的五处、六处、703厂的枪支问题公布于众。

事实经过是这样的。

一 703厂问题：

该厂开展文化大革命以后，此厂的枪支就由该厂的毛泽东思想联合造反团和公安造总共同负责枪支数目，双方查封于枪库存放，钥匙始终由造总人员宋宝奇控制，直至接管公安局，于2月14日凌晨3点才派人到此处取枪，当时宋宝奇躲离该厂，不得已由军代表王庆双和其他同志一起砸门，把枪取走。

二、五处：

枪库的枪本是五处官方查封的。在1·20夺权前几天，公安造总来人取枪，政法公社人员向他们要公文，拿不出。后拿来一张白条，上是警司口气，天津警备司令部的落款，但无公章，故予拒绝。二、两天后，造总又来取枪，枪已装到汽车上准备运走，五处政法公社人员李德元见情向其索要公文，造总拿不出，又把枪收回库，双方加封。

军管后，军管会派人到五处取枪，枪库完封不动，此可由军代表作证。

三 六处监狱：

1·21日由3个组织（星火战斗队、毛泽东思想造反团、公安造总）一块查封的，钥匙由造总成员收发室的邓三川（女）控制，当时她还吵着非要搬进枪库住不可。

查封时，三组织找驻该地解放军连长，要把枪交给队部，该连长不收，说："上面没命令，我不收。"此处枪至今未动。

以上就是枪支未上交的原因及经过。难道这叫别有用心的控制大批枪支武器，拒不交出吗？公安造总的决策人你们至今没有拿出任何事实，只是拿这个吓人的大帽子扣人是不管用的，他只能告诉广大革命造反派，你们是何等空虚、卑鄙！对于军管会第二号通告列举罪名罪据，我们所做的多方调查证明：公安决策人是无中生有，造谣诬蔑的专家。天津政法公社就是革命造反组织，铁证如山！公安造总决策人陷害天津政法公社罪恶累累，铁证如山，罪责难逃。！

天大八一三红旗兵团 67.7.21.

67.8.9 [illegible]革命委员会[illegible]

为什么要让"天津政法公社"退出大联合

《天津政法公社》是反动组织，这是几个月来在天津市人民心中已经形成了固定的概念。甚至于由某些权威人士的灌输，以及某些组织中个别人对这种权威人士的迷信致使一些人自今年二月初就开始怀疑和担心天津政法公社的严重性，到二月十一日由八一三、卫东等四十个单位大联合常委会就正式研究劝天津政法公社退出大联合的问题。二月十二日大联合联席会上正式劝退天津政法公社。

现在我们把大联合常委会及联席会讨论的真象公布于众（根据我八一三向中央文革汇报的材料）以便使全市革命造反派更"具体"的看到为什么让天津政法公社退出大联合。

時间：一九六七年二月十一日下午三点
地点：天津市常德道二号
到会人员：除第二系统常委未到外，其他常委均到，外加办公室联络组的负责人。

会议首先研究了一下大联合的工作问题，决定让赵××任大联合办公室主任。闫××，刘××为常委主任委员。后工农学野战兵团的方××提出让杨××谈谈关于天津政法公社的问题。

杨××：从最近看来，天津市对天津政法公社有两种说法，一种说天津政法公社有市委老顾问，一个是说天津政法公社炮打陈伯达。对于第一个问题我们并没有重视，对第二个问题我们认为是严重的，如果有的话那就是一个反动组织。这件事我们怎么知道的呢？二月七日传说这个问题。我是昨天知道到的。二月八日常委开了会谈了这两个问题。所有的常委对这件事都不清楚。九日下午又召开了各单位代表会，布置下去，让代表对每个群众说明这个问题，让大家提意见，看究竟谁与市委有联系，对于调查陈伯达的问题，让大家回忆一下，运动以来及以前哪个单位，哪个人涉及到陈伯达的问题了，要大胆怀疑。传达下去后，到昨天下午有两个反映，一个是七〇三厂写信问题，写信時间是九月二日。那時七〇三厂搞四清，揭出付厂长（指宪吉春）的大量事实成立了一个调查宪的小组，这个调查小组在调查宪订过一个计划儿子盾的十二点方案，陈伯达曾去视察，并让查程宪在会上的发言。他们在调查中认为这个方案是修正主义的。给我们调查，写这封信据称及组长中有个中立的，一个造反派都是六个政法公社的。写这封信时四清工作队并没有走。四清工作队是在九月中旬离开的，七〇三厂从无产阶级文化大革命以来，到六六年十二月才与政法公社串联的一月十日正式成立政法公社時加入二千一百多人。我们认为这个问题是十分严重的，不管事情发生在什么时间，什么场合下，这都是反革命的。另一个是外间说调查陈伯达是在小站，是以调查王亢之、江枫的人名义搞的。我们现在正在摸，有谁到小站调查王亢之、江枫的材料。今天早上，我们派三人到中央文革汇报。另外又召开了代表会议，发动群众，继续搞，找出根子，看看究竟是属于谁的问题。关于调查陈伯达的问题要好好想一想。

谈谈政法公社历史，六六年九月八日公安部门正式搞运动。后被压下去了。十月七日第二次开始运动——十月中旬正式形成了两个派别，两种观点。十月底正式成立了一个联合会。这是政法公社的前身。当时老的核心组中有4－5个付科长级后来又选入一些新的小青年把付科长们踢下去了现在政法公社的领导班子是以新的领导班子为基础的。

关于搞陈伯达同志这一问题是非常严重的。大联合让我们阐明一下我们的观点和态度，我们认为这两个问题是非常严重的问题。虽然在今天在领导核心没有出现炮打中央问题这类。但是政法公社发展这样快从几十人发展到三千多人，很难保证没有问题，我们做为一个革命组织，公安人员必须全力以赴搞这个问题，欢迎大联合以各种方式进行调查。

我们认为我们一直是造反起来的，在我们这个组织的审查期间，我们不应因为这个组织而影响其他组织、影响大联合，影响夺权。所以如果要劝退或开除，我们全无怨言，我们相信中央，相信解放军会根据事实分出究竟是谁的责任，我们希望各个组织调查，特别是八一三卫东过去给予我们很多支持，我们现在一方面向中央汇报，一方面找解放军另外向我们总部反映。

今天我们没有什么过多的要求，如果大联合根据各个利益，让我们退出，我们没意见，如掌握一定的材料开除也行……

赵法义：大家提提怎么办。（沉默片刻）

卫东：关于说政法公社炮打陈伯达你们怎么知道的？

杨：昨天公安局造反总部的一个成员（已退出造总）说五处曾派人到小站去以调查王九芝、江枫的名义调查陈伯达，现在的常委不知这件事。我们现正在五处调查，五处有一半多人是政法公社的。

八一三：你们核心组改选过几次？

杨：去年十月底在郑州道开了个会，说成立个联合会。十一月二日开了第二次会，成立了联合会，代表会选举七个人的核心小组，四个是付科长级的干部，一月二日各处重选代表，（因为原来的核心人物不敢放手发动群众）提出许多新成员。另外，我们组织成员的发展，只要是从来属于少数派观点的，凡提出申请的均吸收。

八一三：关于陈伯达问题，原来的核心人物是否知道？

杨：政法公社是一月十一日成立的，若调查陈伯达是在八、九月份的话，原来的核心组也不会知道。

赵：八、九月份以前各处是不是搞过陈伯达的材料？

杨：估计五处的问题比较大，王××原来是五处付处长，后调一处。运动开始后，五处的锋芒直指向他，搞了许多材料，王在小站搞过四清，周扬，陈伯达都在那里搞过四清，不知调查王的问题时，是不是涉及到陈伯达的问题了。

我们现在是想尽办法调查这个问题，大海里捞针，一方面让大家把所有调查材料都交上来，一方面又防止群众有惧怕心理。在以前各处没什么搞调查，王处，三处搞过，现政法公社有一调查组，是搞郭玲的，八一三：对七〇三厂的问题，你们怎么处理？

杨××：我们正在和他们谈，他们这个战斗队有11个人，6个是政法公社的，政法公社的代表必须是贫下中农出身，政治历史清楚，表现好的。

八一三：七〇三厂问题发生后，听说你们抓了几个人。

杨××：没抓，可能与他们谈谈。

八一三：昨天你们找了几个人？

杨××：昨天晚上没回去，信谁起的草没弄清。今晨我去时他们去中央，关于七〇三怎么办，只说再去两个人。

卫东：这封信是怎么弄来的？

杨××：七〇三厂两个人送来的。

八一三：这几个人叫什么？

杨××：不知道，昨天我到公社去才知道关于陈伯达的事。我到公社后，只找到一个姓马的常委，他就对我说了，并说我们正在写一个材料，送交中央，材料已打印，要求中央给我们指出到底谁调查了陈伯达，并要求中央派调查组，后来我们到楼上去了，近四点，六处来几个人找我谈了六处的工作，四点半来了个电话，让我去五处，并说给中央文革的信不要发了。我赶到五处，才知七〇三厂送来一封信，当时我要文件，他们说原件不能给你拿走，于是我就原样抄了一份，现在原件在公社那里。

八一三：七〇三厂谁送来的，送给谁了？

杨××：谁送来的不知道，送给康宁之了。

八一三：那封信从七〇三厂哪发现的？

杨××：从"×××"调查组发现的。

八一三：送信的是不是调查组的？

杨××：我不知道，可能有一个。

八一三：你们不是上午开会了吗？我们提问的这些你们都不知道，那你们上午开会怎么研究的？

杨××：我不知道，不等于别人不知道。

八一三：别人知道，在会上一说，你也能大概知道些吧。

（沉默片刻）

八一三：你们说你们研究了，可是七〇三送信的人及有些线索你们都不知道，另外小站的问题，你们说你们常委不知道，问你是常委知道不，你又说不知道，这些线索都没有抓。

白××：对于政法公社，这几个组织是大同小异的看法。关于倒台的问题，从政法公社成立以来，始终没有给天津市以明白的答复，关于调查陈伯达同志这一问题是比较严重的，这两件事串在一起，使我们其他组织对政法公社的怀疑加深了，我们串联了六个组织，其中有四个组织在我们的大联合内，其余两个是准备吸收的。提议在这两个问题上，政法公社不能给予我们确切的澄清前，劝退政法公社，另外，大家还提出一个方法，建议政法公社和造反总部间开一次大辩论会，把两个组织分歧焦点亮出来，这也是政法公社说明以上两个问题的机会。

八一三、老白刚谈的意见，我也同意，建议先做为常委的初步意見，提交联席讨論。

仲×（红色军团）：政法公社是否指陈伯达，这一问题是严重的，必须搞清楚，关于政法公社有伦台的问题，可提供几个线索，万晓塘反革命集团是前史了。而政法公社对此揭的不深不透，据说江枫与万晓塘之间有路线斗争。而为什么政法公社反江枫是这样厉害，而对万晓塘却另是一样呢？另外团民之队是反革命组织，警备司令下直接抓他们，把公安局抛开了，这是为什么？我们向公安局反映过，团民之队的问题，为什么他们不管。根据以上，我同意劝退政法公社。

卫东：刚才大家提的，我们同意。关于伦台老板的问题应考虑。万氏集团的黑幕，天津市的阶级斗争要从这里揭开，目前，万氏集团的内幕没有揭开。关于调查陈伯达的问题，是严重的，我们同意老台提出的劝退政法公社。（刚才杨×一谈很模糊，七〇三厂的事实突如其来，很觉神秘。）

八一三、希望政法公社在联席会上讲一讲政法公社这个问题。

何××：补充一点，在劝退问题上，政法公社在二十四小时有申辩澄清的权利。

杨××：明天开联席会，我们是否能多来两个，把比较知道清楚的人找来。（大家同意他的要求）我和大家一起工作也六七天了，我本身是处级的干部，从运动一开始到现在，没有当权派见过一面。关于调查陈伯达的问题，我昨天刚知道，如果说政法公社是有根子的，组织内部那么多，也保证不了，但从我本身来说，我没根没叶，是造反起来的，从常委中，代表中，我所接触的工作中没有与什么当权派联系的。我相信中央，相信党，我所担心的是公安局的大问题，政法公社垮了的话，造反总部就会抬头，如果政法公社搞臭了，不会有元丝台，有无炮打陈伯达，我考虑能不能象八一三那样挺得住，政法公社是发展的这样迅速，不管政法公社的将来怎样，政治公社可能会垮台，因为当权派的舆论一直很强，政法公社的舆论上不去，关于伦台老板的问题，别人也说不出什么理由来说服，同样我们也没有什么理由驳他，因为我们公社中大部分人是不认识万晓塘的，不了解他，因此揭出来的也不多。

最后常委会通过如下决议：在政法公社对伦台老板问题和调查陈伯达问题没有给与确切的澄清前，劝政法公社退出大联合。

天津大学 八一三 红旗兵团

一九六七年七月廿五日

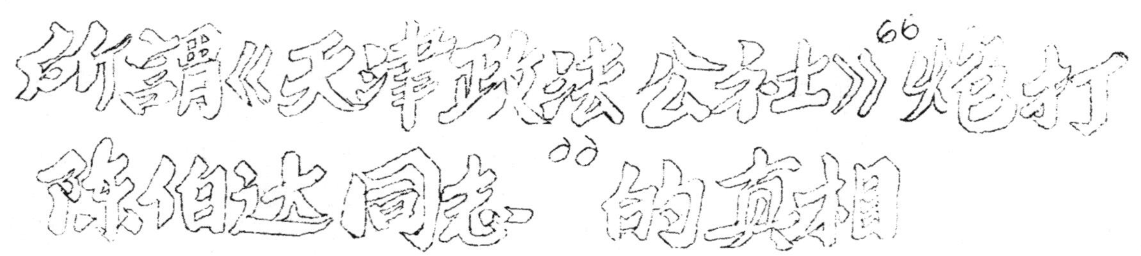

今年二月上旬，社会上有"天津政法公社"炮打陈伯达，"天津政法公社炮打中央文革的大标语。以后在有公安造总参加批判丁、张，砸烂"天津政法公社的大会上，也有造总起来控诉《天津政法公社》炮打坚定的无产阶级革命家陈伯达同志的罪恶事实。这不外是指去年九月二日天津市公安局附属七〇三厂某战斗组给江青、陶铸的一封信说的。

我们对这件事进行了调查，现将有关情况公布如下：

一、有关七〇三厂及该厂付厂长魏吉泰情况：

七〇三厂是公安局附属的一个保密工厂，有技校学生和工人××人。魏吉泰是该厂付厂长，大资本家，日本特务，文化大革命前是总支委员（开展文化大革命后，不是总支干部，但仍是党员），军管前被政法公社斗过，军管后造总也斗过一次魏，在斗魏会上，呼"打倒魏吉泰"的口号时，军管人员的同志也举手。

该厂在军管前各组织情况：

天津政法公社，占全厂约60%，造总的占全厂的10%，保卫兵30%，军管以后保卫兵大都加入造总，政法公社有一部分人加入造总，现在造总约占全厂60%

二《七〇三厂批判魏吉泰战斗小组》写信情况：

这个组织是在去年八月份成立的，在总支领导下，各车间派代表组成的，当时厂文革尚未成立，厂文革成立后归厂文革领导。这个战斗小组把批判魏的关于《发展电子工业的十一条建议》（这个建议是修正主义的，当时听说陈伯达同志曾有过说的《十二条建议》，故给江青、陶铸写信，（在去年九月二日）并转告毛主席审查这件事。这封信是去年九月二日写的，写信时战斗组除唐××外出外，其他十二人都在，主要是韩成儒起草，修改了三次（韩成儒是总支委员，保卫兵，被大会批斗过），密封后九月三日（或四日）由该战斗组成员李振安、陈家良送中央文革，当时去了十几个技校学生护送（当时送去的还有别的材料例如魏吉泰的档案材料）该小组共十三人，在以后公安局成立了政法公社"（1月11日成立）、公安造总（1月六日成立），井冈山（1月19日成立）以后有七人参加了"天津政法公社"，三人参加造总，另外有三个人哪个组织也未参加（不但军管以前的情况)。

附：批判宛吉春战斗小组名单：

组长：韩成儒　总支委员　何由兵　被大会批斗过。

付组长：李振安　一室代理车间主任，技术员，政法公社被职斗后李
承认政法公社是反动组织，2月17日在北京加入政法公社

组员：韩家明：技术员、政法公社

于溢庭　〃　〃

王家楷　〃　〃

宋深流　工人　〃

王福元　〃　〃

陈家亚　政治处干部，政法公社，军管后下放当工人

张又文　技术员，何由兵，5.6月份加入造总

梁永平　工人，公安造总

牟振邦　科室干部，公安造总

唐福德　〃，〃

共十三人，天津政法公社七人，造总3人，何由兵3人。

三、我们对情况的分析：

我们认为以此小组(在四月以后该战斗小组有些人加入了天津政法公社)在去年九月二日给中央写的一封信，否定天津政法公社一封坚定的无产阶级革命家陈伯达同志是不公道的。

第一，这封信是去年九月二日写的，而天津政法公社是今年1月十一日成立的，因此这封信与天津政法公社根本毫无关系。

第二，从写信的成员来看，该战斗组共十三个人，后有七人参加了天津政法公社，三人参加公安造总，另外三人未参加任何组织，因此，如果追查责任的话，也不能把写信的全部责任都归罪于天津政法公社身上。

第三，从信的内容看，该信主要说的是该厂付厂长宛吉春的《电子工业十二条》是一个修正主义计划，他们听说陈伯达同志曾看过，故写信给江青、陶铸转告毛主席审查这件事，并非专门整理陈伯达同志的材料。

第四，从送信的方式上看，并非大字报上街，传单到马路乱空传，而是写成密信来送中央文革江青同志，采用这样的方式向中央首长反映问题是没有什么可指责的。

天大八一五红旗兵团 7.8

天津市革命委员会九十中反复辟红山翻印

所谓《天津政法公社》伙同《北京政法公社》一小撮人在小站调查陈伯达同志真相

去年十一月上旬北京政法学院《政法公社》的"燎原"长征队，一行二十余人，由首都出发向井冈山長征，於11月6日路过天津南郊西右营，知道陈伯达同志曾在这里搞过四清、蹲过点，《燎原》长征队的同志本着对坚决的无产阶级革命家陈伯达同志无限热爱的心情，向陈伯达同志学习执行毛主席的革命路线的好经验，在西右营住了下来，进行串联活动。

《燎原》長征队的同志们和《北京政法公社》驻津联络站的同志们，在一月风暴以前是毫无联系的，也不知道有一个《北京政法公社》驻津联络站，彼此的活动是完全不相象的，在天津市人民夺权之后《燎原》長征队的同志们才和"北京政法公社驻津联络站"取得了联系。

本来《燎原》長征队的同志们对西右营公社党委书记王凤春同志是很尊重的，因为听说过王凤春同志和[illegible]作过坚决的斗争，但是在后来经过调查、研究，发现王凤春同志在领导文化革命的过程中执行了资产阶级反动路线。

王凤春同志在十二月廿七日，以西右营党支部的名义贴了一张大字报，把矛头指向革命小将，要赶走長征队的同学。当时長征队的同学要求王凤春承认错误，但王凤春不承认。

大约在一月廿五日北闸口的群众之间发生了严重的武斗事件，長征队的同学认为是王凤春幕后策划的，当时很气愤，要抓王凤春和打人凶手上天津市司法告状，要求王凤春承认错误，制止武斗现象。他们跟《北京政法公社》驻津联络站取得了联系，《北京政法公社》驻津联络站请求"天津政法公社"的同志派一辆汽车进行协助，当时"天津政法公社"派了一辆汽车，车上仅有两名"天津政法公社"的战士，即一名司机，一名司机助手。（按：这就是所谓"天津政法公社"伙同"北京政法公社"一小撮人调查陈伯达的"铁证"）到南郊区，当地的群众追肉抓住王凤春抓住了，抓住了一名武装部长李春元，一名武装干事，两名打人凶手，押送到和平道十号，随后又押送到天津警备区司令部，由于司的某干事接见了他们，和了和稀泥，也就把抓的人放了。这件事与"天津政法公社"毫无关系。

《燎原》長征队的同志在西右营犯了一些错误，这就是他们支持了一派贫下中农，其中包括少数的四不清干部（其实另一派里也有四不清干部），夺了王凤春的权。不管王凤春同志在领导文化大革命期间执行过资产阶级反动路线，犯过一些缺点错误，但基本上还不失为一个好干部。

河大八、公安造总之流，大肆要弄政治流氓的手腕，蛊惑不明真相之群众，以达到混进党政军内的资产阶级代表人物的需要，大肆诬陷，胡说什么"北京政法公社《燎原》长征队，倒称就是调查陈伯达的，真他妈的混账透顶。这其中《燎原》长征队他们和"天津政法公社"的一个头头，一个战斗队只见过一次，更何况这两个"天津政法公社"的战士，在"天津政法公社"成立后，他们去过一次南郊，停留还不到几个小时的时间。河大八、公安造总偏要说是他们调查陈伯达，真是混蛋透顶。

红代会 天大八一三 红旗兵团 7.20

北工革命委员会先锋兵团《龙山行》 8 70

最高指示

你对於那个问题不能解决么？那么你就去調查那个问题的現状和历史吧！你完完全全調查明白了，你对那个问题就有解决的办法了。一切結論产生於調查情况的末尾，而不是在它的先头。

所謂《天津政法公社》"扣发工資"的真相

公安造总的"《天津政法公社》扣发公资的谣言"早已被彻底揭穿，而自觉没趣消声灭跡了。但如今造总决策人又在其造謡"通令"造謡"声明"中謀々不休此事，自以为有大旗作虎皮，把謡言重复一百遍，就是真理，真不知天下还有此羞耻之事！

为了揭开其画皮，使毒蛇原形现在光天化日之下，有必要为此稍洒几滴墨水。

所謂天津政法公社"扣发工资"的真相如下：

1.20公安局夺权后"造总"在走资本主义道路当权派和顽固坚持资产阶级反动路线的人物挑动下，一直进行政治大罢工。2月11日发工资以前《天津政法公社》总部作出决定，由各处负责一律派人把"造总"队员的工资送到家里。因为广大造总队员都是受蒙蔽的，应当从各方面帮助他们，使他们回到毛主席的革命路线上来。根据这个规定各处都这样做了。可是造总的头々们却布置家属一律拒绝接受。并布置要把政法公社送钱的战士骂出去，他们却反咬一口"扣发工资"但还有能明白是非的家属，就没有按这个布置做，收下了。

在发工资期间，"造总"派代表来领，其中还要代领当权派的工资，对此属于天津政法公社的财物人员表示，一般队员的工资可以代领，科长以上当权派的工资由他本人来领。"造总"领工资代表拒绝这种做法，非要代领当权派的不可，结果扬长而去。《天津政法公社》社员按总部规定办事，送钱上门，有的没有接收。有的接受了并向政法公社战士讲：总部规定不叫要，有的接收了又送回来讲：总部不叫我们要。"

703厂的情况比较特殊。是计日工资发生以下情况：

703厂当時有"造总"队员50多人。该厂工人是计日工资制，当時公安造总搞政治大罢工。2月10日发工资時，公安造总派吴××等三人代表领工资，政法公社的财务人员说："你们代领工资是不符合财会手续的。现在情况又很混乱，你们只能领取你们三人的工资。其他人的工资不能代领。"并說："你们是计日工资制，罢工不上班得扣工资"。结果当時造总三人没把工资领走。一值也未来领。军管后工资问题自然就解决了。其当天下午，和平路上就出现了公安"造总"的天津政法公社扣发工资的大标語。可见其大有谋害之阴謀。就七〇三厂的计日工资，而造总队员在走资本主义道路的当权派的挑动下，不响应毛主席"抓革命，促生产"的伟大号召，搞政治大罢工，不上班，扣发其工资是正确的，责任由阴謀家承担。

以上事实証明，无论是大楼各处还是各附属厂，根本不存在扣发造总工资之事。"造总"抗拒主席"抓革命，促生产"的伟大号召，进行23天政治大罢工，却反咬一口，倒打一耙，往政法公社身上栽赃，进行政治陷害，用心何其毒也。（完）

所谓天津政法公社"把公安局内革命同志赶出办公室、扣发工资、造谣诬蔑、私法扣压、私设公堂、捆绑斗打、实行白色恐怖"的事实真相

天津公安局军管会第二号通告里写到"天津政法公社把公安局内革命干部赶出办公室，扣发工资，造谣诬蔑，私法扣压、私设公堂，捆绑斗打，实行白色恐怖"纯系一派胡言乱语。

事实是无情的铁证。关于"天津政法公社扣发工资"这一谣言早已被我们彻底驳斥，在此不再重复。

所谓"天津政法公社把公安局内革命同志赶出办公室"这本是颠倒黑白无中生有，但我们还愿意费几点墨水用事实痛斥你们的谎言。

在一月革命风暴的鼓舞下，我八一三红色等革命造反组织于一月廿日早晨一点夺了市委、公安局、日报社的大权。

参加公安局夺权的八一三同学冲进大楼内后，立刻叫公安局内所有工作人员从各室出来，并动手查封各室，当时除了237室留办公用，二楼会议室(225)空出来写封条用之外，其余各室一律加封。

一月廿日上午九点左右，在公安大楼503室举行参加公安局夺权的全体八一三战士大会，"八一三红色播种人"战斗队在会上介绍公安局情况，由于列举的事实不能充分说服大家，因此八一三战士对公安局问题不很清楚。为了对革命负责，于是全体八一三战士要求夺权联合指挥部通令公安造总和天津政法公社一起撤离公安大楼。

夺权联合指挥部在1.20上午十一点开始正式行使公安局权力，发出通令，通令原文是：根据天津革命造反联合指挥部决定，凡天津市公安局一切工作人员，无论是政法公社还是造反队必须立刻退出公安局大楼院，否则产生的一切严重后果由造者负全部责任。切切此令

天津市革命造反联合指挥部 六七.一.廿

结果公安造总和政法公社先后都退出来了。

至于说"天津政法公社对造总造谣诬蔑、私法扣留、私设公堂、捆绑斗打实行白色恐怖"这更是无稽之谈。请问你们，天津政法公社何时何地私设公堂扣压捆绑斗打过你们？天津政法公社在公安局是少数派，你们有权有势把政法公社八十四人(实际远远不至于此数字)列为批斗对象，34人列为重点，把王子森同志打成反革命，把8.16事件打成反革命事件不都是你们干的吗？

1.20夺权以后天津政法公社的队伍迅速扩大，但他们始终在政治上热情地希望你们回到毛主席的革命路线上来，而你们对抗毛主席"抓革命、促生产"的伟大号召，公然进行廿三天的政治大罢工，你们在公安学校第三处集结睡大觉或是处心积虑地进行造谣攻击政法公社，这怎么谈得上扣压捆绑斗打你们呢？！事实胜于雄辩谣言是腿短的谣言一旦揭穿就暴露了造谣者的丑恶嘴脸，公安造总的决策人正是这样的历史丑角。

天大八一三 触（？）兵团 七.廿一

所謂天津政法公社"放纵牛鬼蛇神、助長反革命气焰、使这些坏蛋们肆無忌弹地猖狂活动，"把社会秩序搞得很乱"的事实真象

天津市公安局军管会第二号通告写到："天津政法公社放纵牛鬼蛇神，助长反革命气焰；使这些坏蛋们肆无忌惮的活动，把社会秩序搞得很乱。"此条是天津政法公社的十大罪状之一，既把天津政法公社打成反动组织的根据之一，事实并非如此，这完全是公安造总一小撮决策人物有意识的对天津政法公社的政治陷害，让我们用铁的事实揭露此弥天大谎，使其显露原形吧！

真实情况如下

天津国营红星农场（原清泊洼农场）直属公安局六处领导。于62年建于板桥 63年迁于清泊洼，全场共三千多人。平均年岁20多岁左右。人员较复杂，绝大部分是在社会上犯错误但还不够劳动教养的青年。但也有少数人员劳改而来劳教的人。规定是：进场学三个月后，户口迁回到市里，分配工作或是当地就业；这些人有选民証 职工証，工会証等。

66年十二月底樊青典的父亲来到该厂传达了四点"指示"：

1.不許職工们给场内领导貼大字报，谁如果提意見，写大字报，就是反对党中央，反对毛主席 不要党的领导

2.不许谈论文化大革命，不许进行革命串联。

3.不许职工参加任何组织。

4.不许平反运动。

67年1月13日农场厂长王明德，程双虎。政委 张志清又重新宣布本场为強制单位。66年12月底，67年1月初全场先后成立了六个组织捍卫毛泽东思想兴无灭资战斗团，工矿企业反阻力造反团，刺刀见红战斗团，尖刀兵团，星火燎原造反队，反修造反团。

在这种情况下，该六个组织的人于1.2日到1.28日前后到北京上访和告状。并到北京政法学院等校串联。住在农垦部 华北局 二轻部等处。

1.21日工矿企业反阻力造反团的邹××和官×× 二人到郑州道十号找天津政法公社反映农场情况。并问我们能否搞文化大革命，我场属于什么性质的，能否给于支持？当时天津政法公社的人回答说："你们场的详细情况我们不了解，根据你们所反映的情况，可以送给我们一份关于樊青典，江枫在农场的罪行的材料。

该场在和平路246号设有一个驻津办事处，由于此办事处经常到家属中威胁说：你们的孩子参加了反动组织，成了反革命，使家属人心慌慌，因此使该场的人很生气，于是在1.16日该农场兴无灭资战斗团40多人，联合了工交系统红色造反者，支农支边造反总部，和工农学財战兵团（摩托三轮机械修理厂）的几十个人共同封了办事处。

由于该农场六个组织等二百多人住在北京的农垦部，二轻部，劳动部和华北局，也有少部分人住在天津华山道小学，因此在1.26日夜晚该场干部（既有政法公社，也有造总人）到北京公安局借了几十人抄了农垦部 二轻部，劳动部和华北局四处，说这帮人是狱逃犯。并在2.11日上午在该场干部杨衣

贵带领下，天津政法公社到平山道小学押回十来个人。

从以上可见，天津政法公社与青泊洼农场毫无关系。既使这些人是劳改分子是牛鬼蛇神的话，他们跑到北京与政法公社也毫无半点责任。这怎么能谈得上天津政法公社放纵牛鬼蛇神助長反革命气焰呢？

值得注意是，在把天津政法公社打成反动组织的第二天即二月十五日公安造总在农场的集训里把一个反阻力造反团的邹××斗了一阵之後，就逼问邹××承认天津政法公社和你们有什么关系，政法公社是怎么操纵你们的，若老々实々承认則对你有好处，否則后果自负。当时这种逼供信很普遍，若是写了材料，承认天津政法公社操纵他的人則得到优待，否則就多次批斗。从而可以看出，公安造总的狼子野心多么恶毒。他们为了把天津政法公社打成反动组织，不惜采取一切毒辣手段在政法公社头上横加罪名，欲把天津政法公社置於死地而后快，用心何其毒也！

至於当時把社会秩序搞得很乱的罪名也加在天津政法公社头上，更是颠倒黑白，混淆是非，你们公安造总近千人在公安局一・二〇夺权之時，对抗毛主席"抓革命　促生产"的伟大号召，在公安学校、清和街招待所和监狱等地睡大觉。责任只能由他们来负，而决不能记在天津政法公社头上。何况当时的社会秩序比现在公安造总当权時今天好得多呢，有目共睹。如今天津社会秩序混乱得很。白天公开抢劫、流氓成群，联动横行　時，投机倒把成风，交通事故不断发生，和平路交通常長時间堵塞，这些责任又应谁来负；正是你们这群居心险恶所谓头号左派又掌着政大权的公安造总　手搞的。就是你们支持纵容的河老八、　新冶金　主义兵之流手持大棒、棱标　头戴柳条帽，到处挑起武斗，造成流血惨案，而在四・二六、四・二七天南大武斗事件中，你们曾亲自出马，挥舞刀枪　青面獠牙，大打出手，出动警车，妄图鎮压八・一三　卫东。又是你们，随意逮捕革命造反派工人和中学小将，横加毒打折磨，成为镇压革命造反派的刽子手。

賬是赖不掉的，欠賬必须偿，你们谎言已彻底破产了，公安造总一小撮决策人就要完蛋了，你们下场决不会好！

天津大学　八・一三　红旗兵团

一九六七年七月三十一日

所谓天津政法公社为"反革命分子翻案""冲击监狱"的事实真相

军管第二号通告说："他们（指政法公社）公然为反革命分子翻案，煽动监狱犯人闹事。"真有这回事吗？

我们查阅了公安造总与官方对这一罪状所提供的"充足事实"，无非有二：一是开着广播车到狱外宣传王子森事件；一是一月廿六日有人到七处询问关押三轮二社人员一事。

这里我们不想多费笔墨对有关方面无中生有的欺骗宣传予以揭露，仅就我们多方调查核实的事实经过写出来，就足以驳倒军管第二号通告对《天津政法公社》所加"公然为反革命分子翻案，煽动犯人闹事"这一莫须有罪名。

一、一·二六事件

起因：一·一〇革命小将夺了公安局权以后，开始着手调察公安局这一机关是如何被万、张集团所控制而成为镇压群众运动的资产阶级专政工具。当时驻三轮二社的卫东战士发现团队反谋事件除已被枪毙四人外，三轮二社还有不少人数被关在七处监狱。这些人已关押两个多月了，一直未做处理。南大卫东高××觉得有必要查清这一问题，迅速解决这一种大案件。于是，在高××倡议下，于一月二十六日下午，卫东三战士和三轮二社三人驱车前往七处。

可见，事件的起因与政法公社毫无关系。根本谈不到受政法公社的挑动和操纵。

经过：这六人来到七处接待站（和监狱相隔很宽的一条马路），当时另一卫东战士也来到这里。先提审七处处长马启贤（当时七处绝大数干部都是造总人员，他们将马启贤定为四类干部，在提审时有造总的干部，而现在则认为是好干部），问马：在狱里关押了三轮二社几个人？马回答不上来，当时让马回狱查清。本来造总将马定为四类干部，在提审时有造总的干部押着，而在马回狱查材料时，那个叫尹克昌的造总干部没有跟去，当时卫东战士就问："马启贤被你们定为四类干部，他回狱查材料，你为什么不监视？"尹说："我们相信自己。"卫东战士念语录：我们应当相信群众，我们应当相信党……姓尹的却说："我们就是相信自己！"这以后双方吵了起来，而且动了手。这时卫东高××对尹克昌进行说服教育，尹才住手。在大家的强大压力下，尹被迫同意写检查。先写了两份检查，卫东战士认为写的不深刻，叫他写第三份。第三份写好以后没有签字，姓尹的说要去上班，一头钻进了监狱。这时卫东战士发现第三份检查还没签字，就到监狱门口，喊尹克昌出来（这就是所谓的冲击监狱呢？）守门的解放军了解情况后表示一定让尹出来。尹出来时跟着一大群造总人员助威，和卫东等七人争论，这些造总要赖，说回去让尹党员深刻检查认识，这个检查就不用签名了。由于造总蛮不讲理，双方争了半天，解放军同志也走了。这时三轮二社又派了一些人来，就将打人凶手尹克昌推到机动车上，拼到公安局大楼，《政法公社》人员一见是受蒙蔽的造总一般人员，便很快地放其回去，以上就是所谓冲击监狱、煽动罪犯闹事的事实经过，与《天津政法公社》没有任何关系。

二、关于为王子森翻案一事。

二月上旬，《天津政法公社》为了争取造总队员回到毛主席的革命路线上来，写了两封给全体造总队员的公开信，这封信一方面张贴大字报，一方面由宣传车到造总的天睡大觉的地方宣传。当时造总队员基本分布在公安学校，凌和街招待所和监狱三个地方。宣传车的同志由于考虑不周，说明宣传车时没有很好地考虑监狱这个特殊情况环境，所以宣传车也开到了监狱墙外，如西米的地方。宣读了这封公开信，又由于宣传车上几位同志未经考虑，在读完公开信后又宣读了一段王子森案件材料。这是事实。但只是政法公社宣传组和宣传车上一般成员的错误，后来对他们进行了批评教育。对这一事实经过，绝不能加在以耸人听闻的夸大以后给整个政法公社扣上什么"煽动罪犯闹事"的罪名。再者王子森同志冤狱一事早该平反。政法公社成员宣传这一事件真相，没有什么原则错误。何况大河一同江枫检查时也说要为王子森同志平反。如果要以此事来说，是"公然为反革命份子翻案"的话，那么江枫可算是罪魁祸首了。如此第二号通告的炮制者岂不是在恶毒地攻击革命的领导干部了吗？真是混蛋透顶！

三、结论、

由此可见，所谓天津政法公社为反革命分子翻案，煽动监狱罪犯闹事这一罪状根本不存在，纯属造谣！

至于造总所说冲击少年管教所，劳改所队等事，据我们了解统统是无稽之谈，稍有常识的人都清楚，少管所和劳改队根本不是监狱，何以扣上冲击监狱之大罪？！

最后，我再次强烈要求军管会公布力张揿从天津政法公社的罪恶事实。要事实，不要造谣。

天大八一三红旗兵团。67.7.13

天津〔4〕革命委员会九十中文复印《虎山行》 8.10

所谓"天津政法公社""拦截军车，非法检查驻军首长把矛头指向解放军"的事实真相

天津市公安局军管会布告里说："《天津政法公社》拦截军车，非法拦截军车，非法检查驻军首长，把矛头指向人民解放军。"以此作为把《天津政法公社》打成反动组织的十大罪状之一。

事实果真如此吗？不，这完全是无中生有的陷害和捏造。我们必须用事实真相来揭穿公告中的谎言。

事情的本来面目是：

1.20公安局夺权以后，江枫基本上是由《天津政法公社》和天大八一三看管，2月3日把江枫送到锡钢厂。就在这时，公安造总为了达到陷害《天津政法公社》的目的，而使用了极卑鄙、阴险毒辣的手段，在郝志刚的一手策划下，由徐大光、王建之等人执笔以公安红旗的名义（其实就是公安造总，因造总太臭只好换了个名字）写了一份紧急呼吁贴到公安大楼对面，在这份大字报里通篇谎话，胡说什么《政法公社》很快就要对江枫下毒手了，谁胆敢杀害江枫同志谁就是万恶的反革命，就要以血还血。从而在公安局里，《政法公社》要害江枫的谣言四起，公安造总已经做了陷害了《政法公社》的舆论准备。

2月7日下午五点左右，天津驻军的一辆很漂亮的吉普车来到公安局×处，一位解放军到处里后对《政法公社》的人说：要你们派两个策略性较高的人到支左与驻军商谈革命派大联合问题，并立即指名要《政法公社》的李德圃 曹为二人去。当时在场的《政法公社》的人同意了，并增派一个《政法公社》的主要负责人张砚华一同去，当时《北京政法公社》的王勇发也在场，李、曹、张三人走后，王勇发也要去，但经考虑后未去。到了支左联络站（干部俱乐部）后，驻军与政法公社三人谈话不久，驻军就提出了要江枫的问题，驻军一首长说："最近一两天公安局造反总部要抢江枫，这样你们两方势必发生武斗，为了避免武斗，你们可以把江枫交给我们管，你们什么时候要，就什么时候给你们，其他组织若要批斗的话，须要开借条。"并再三保证随要随给，当时政法公社张砚华很满意，就当场答应把江枫交给支左管着。驻军还问：江枫现在在什么地方？并立即补上一句：我们已经知道江枫在什么地方。当时张砚华回答说：在卫东。一会儿之后就听到了屋外有军车发动声，随即解放军的卡车就出发到卫东。走到大楼转弯处，碰上了政法公社的康学文，康学文告诉说："江枫不在卫东，在锡钢厂。"于是车又掉转车头直奔锡钢厂（可见当时支左并不知道江枫在什么地方）一到锡钢厂，解放军

文部将冶钢厂战兵。并派几个战士到江枫住的二楼上领出来。当冶钢厂政法公社的同志们听说要弄走江枫，就都出来了，因为当时冶钢厂准备就八一六刘宗福事件批斗江枫。其实这时江枫已坐上军用吉普车离开了冶钢厂。这时出来的几百名冶钢厂政法公社同志发现在院里有一辆军用吉普车正要走，以为江枫还在这辆车子里，所以才将车子截住，掀起篷布一看是一位穿军装的人，都不认识此人是谁，就问为什么要弄走江枫？这位穿军装的人下车对大家说："为了避免武斗将江枫交给我们，你们什么时候斗江枫，我们就什么时候送给你们……"当时政法公社的人都很同意，此人上车后就走了。当时已是晚上十点左右。以后人们才知道这位穿军装的人就是军管会主任刘政。

这就是事情的全部经过和本来面目，以此做为拦截军车，非法检查驻军首长，把矛头指向解放军，这真是天大的笑话，真是欲加罪名，何患无词。

我们不能不奉告公安造总的一小撮决策人，你们如此利令智昏，陷害革命造反派决无好下场！也不得不忠告公安局军管会第四号通告的炮制者"没有调查就没有发言权，你们只偏听一方谣言，这是极其严重、十分严重、十分严重的错误！

天大八一三红旗兵团

67.7.31

天津4.1革命委员会反复辟《虎山行》

67.8.9

从这份记录中看所谓《政法公社》阴谋策划夺权真[illegible]

军管第二号通告中提到：他们（指天津政法公社）在篡夺了公安机关这一无产阶级专政大权之后，就开阴谋策划夺取天津市党政财文等一切大权。这里所谓的[illegible]夺权，就是指当时八一三（以下称 天津政法公社等四十一个单位大联合会）于二月八日召开常委会，研究于二月十一日准备全面夺取天津市大权的情况。为了使全市革命造反派了解这一事实真象，彻底揭穿公安造总决策人打击陷害革命造反派的丑恶面目，现将我八一三在大联合常委讨论夺权的一份会议记录公布于众，供革命造反派的同志分析研究。

二月八日上午九点开会。

会上我代表首先提出先学习《红旗》杂志第三期社论，后讨论夺权问题。

政法公社：夺权是成熟了，天津市委跟北京市委一样全烂了。因此夺权只是形式问题，只要宣布就行了，成立一个革命委员会，后开个大会，宣布一切权力归革命委员会〔按：南大卫东后又讲，当时大家比较统一的观点是：天津属于烂掉单位，需要夺权、[illegible]干部就算了。有大联合，真正造反派夺权以后解放军也会支持。〕

化工系代表：谁不同意就镇压

卫东：夺权后就是要行使权利，实行镇压，列宁就是靠镇压巩固政权的。

我代表：那是你对列宁的歪曲与污蔑，我们认为应先发动政治攻势，夺权应在此之后，光靠你们政法这些人能镇压住吗？

纺织系统代表同意我们的意见。

我代表又阐述了三结合没作好的问题。

政法公社：三结合不是一天的事情，三结合不适于天津，天津要彻底砸碎，市委拉[illegible]，踢开不当干打倒，我们对驻津部队有看法。

卫东：考验考验解放军，夺权前半个小时通知解放军，如果不支持咱们自己干。

我代表：市委干部分不清楚，起码按总理讲的几类去搞，你把他们摆到什么地位？

卫东：青岛有个付市长支持，天津非要找个付市长支持？我不否认要搞三结合，没必要，三结合可以在夺权以前搞，也可以在夺权以后搞，既然夺权是个革命行动，革命群众和革命干部一定会支持，三结合也就搞成了。上次你们（指八一三）犯了左倾，这次不要犯了右倾机会主义，你们不要怕。

我代表：怕什么？问题是怎么干才符合中央精神。

卫东：你们这样观点都是解放军灌的，要是没有解放军，你们就会同意了。

八一三：那是你的理解，解放军灌的是毛泽东思想那就对了。现在灌的毛泽东思想，并不是多，而是不够。

卫东：这次夺权先把天津日报社接管过来，让他会为天津市革命造反派服务

八一三：日报社已经军管了，你们再夺，向谁夺权？方向对不对头。

卫东：这不叫夺权，这叫转交。

八一三代表又提出一系列问题，如：社会与论，群众工作都做得还很差。

卫东 什么叫与论 社论一发表就是舆论。群众思想工作，你说怎么叫群众思想工作？就是各种条件都齐了 只差通令，发布通令，就夺权，起草三个文件：(1)一号通令 (2)告全市人民书 (3)给毛主席致敬电。

最后商量定在二月二十一日上午十点在中心广场召开誓师大会 工厂停工一天，宣布成立革命委员会后，公布三个文件，宣布一切权力归革命委员会，由天津政法公社再加二至三万工人组成纠察队。

工农学联战兵团说：我们出二百多辆摩托，梦区全部都行，全市巡逻 谁反抗就镇压。

决定下午常委会中讨论三个问题 文件的内容与起草，九日上午九点 开联席会 下午会议一开始，把学员的通令念一遍，又把由政法公社起草的通令念一遍 内容与学员通令相同 后由政法公社与红色军团的联络员来，会场比较乱等红色军团联络员走后，谈了对红色军团的看法，又接着讨论了通令。增加了(1)抓革命 促生产 (2)镇压地富反坏右和反动组织，对假夺权和反夺权 坚决镇压。政法公社提到治安问题 其他人就说可以不加，后讨论告全市人民书 (1)分析形势总结前十九年天津情况 政法公社说市委是黑窝 彻底砸烂。化工系统提出以前生产搞的不好。(2)亮明观点：夺权 (3)呼吁抓革命 促生产。

晚上九点又开会 分析以后是否能控制局势，具体步骤没定，只定了报社问题。

卫东：采取两条腿走路的方针，十号给报社驻军打个招呼，如不同意，我们就出新报。

一代表：不同意，就撤他上北京军委（记不清哪个单位）

八一三 不要撤上军委，既然要出新报，就出新报好。

最后按卫东的提法定，並定于二月九日上午九点开全体联席会议。以上九次会均为常会"委，常委中只有我代表坚决反对夺权，故一切问题他们未能迅速落实。

天大八一三红卫兵 67 2 9

·天津4.1革委会九十中红旗红卫兵 67.8 10

所谓天津法公社残酷折磨阴谋杀害江枫的

天津市公安局军管会第二号通告，及天津公安造总的大量的谣言材料中大谈特写什么："天津政法公社残酷镇压、并预谋杀害江枫同志什么天津政法公社要饿死江枫啊！要撑死江枫啊！要淹死江枫啊！要害死江枫啊！……乃至中央文革接待站一些人也知道了，这一无中生有的"事实"和神乎其神的海外奇谈，是把天津政法公社抱成反动组织的重要依据之一。

我们的付统帅林彪同志教导我们说："不能骗人，你骗不了人，你不能一手遮天"。

墨写的谎言，掩盖不了铁写的事实，历史的记载是任何谎言家所不能篡改的。

还是让我们用历史的记载和铁的事实来戳穿这些老保出身，大整群众黑材料，拼命扶植保守势力。疯狂镇压革命造反派的公安造总的无耻谎言吧！

下面我们把多方查证落实的材料（江枫的活动情况）供佈于众。让广大革命造反派以明真相。

一，江枫住在天大"八。一三"的情况。

1967年1月5日以前江枫多是在公安造总方面或自由活动。政法公社从未扣压过他。

1月5日—1月11日上午江枫住在天大"八·一三" [illegible]

[illegible]土建系宿舍楼31—228，主要与天大八一三的林××接触，还有天津政法公社（轮班）战士，由八·一三林××照顾江枫食宿，谈公安局经济开支及有关万晓塘之死的问题。

这期间，无论是八一三还是天津政法公社从未审问更未捧打江枫。江枫每日二餐，自己自由出入天津大学第三学生食堂用饭，每日饭量1斤左右，主食米面。饭费0.40～0.50元，饮食，身体健康状况良好，精神毫无压力，同室八·一三同学还和江枫闲谈聊天。

11日天津政法公社首次在民园体育场批斗江枫。当日早晨江枫离开天大

二，江枫住在红联公等地的情况。

1 11江枫被批斗之后，被天大八·一三林××，天津政法公社二人和首都三司驻津联络站几位同学带到红联公，由红联公接排住在郑州道十号。江枫与八·一三林××和女六中的曹××三人在十号的一个房间里谈论公安局情况。当林××和曹××谈到公安局革命群众揭发他的大常报时，江枫带着委曲情绪哭着讲自己的出身，并说自己与彭，罗没有什么联系。当天晚饭由红联公陈××给买的糟点。

12日八·一三林××，女六中曹××和天津政法公社李××等二人与江枫同乘一辆卧车由东风里回到公安局大楼又1，5房间，××××。当时政法公社与江枫谈论公安局的房子使用问题。当天晚上八·一三的林××，女六中的曹××和江枫等三人同乘小卧车到南开分局找裴平，没找到又返回公安大楼。

事实真相

14日晚上十点左右，江枫与八·一三的林××和女六中的曹××乘车到南开分局与南开分局局长孙宝华及蔡吉禄，孔令志等人谈万晓塘之死问题，直到天亮。江枫，林××，曹××乘车吃早点，但早点铺未开门，曹××回家，林××在八里台下车回天大，江枫自己回公安大楼。

15日下午，江枫参加了由八·一三和各夺权派所召集的一次有关研究"抓革命、促生产"的会议。

三，1.17～1.21（?）江枫在北京政法干校。

1.18七〇三厂的××在北京政法干校看到江枫，江枫的身体很好，没有一点被折磨，扣打的样子，精神状态良好。

四，江枫住在南大卫东情况：

1.23～1.26上午江枫住在南大卫东第二宿舍楼204室。当时是"1.20"公安局夺权以后。公安造总在其后台操纵策划下进行政治大罢工。公安业务开始由八·一三承担，（1.26以后由天津政法公社承担）异常紧张。为了使公安造总响应毛主席"抓革命，促生产"的伟大号召，尽快上班，因而在1.23晚上由八·一三林××和卫东总部石×联系把江枫和郭珍送到南大卫东第四教学楼。不一会又送到第二宿舍204室，睡在一个外出串联的卫东同学的床铺上，当时已是晚上十点多。卫东化学系四年级同学到八里台附近的越胜里给江枫买了四两馒头和浆肉。

卫东化学系四年级《不留情》战斗队向江枫了解万晓塘之死问题。当时江枫精神没有一点压力，江枫还和卫东同学谈南老八（南大八一八）怎样抄他的家，怎样折磨他，并躺在床上用手比划万晓塘的长相，谈自己的斗争历史，并和卫东中文系四年级同学谈论一付对联"耿耿丹心光如赤日，铮铮铁骨强似劲松"的含义。江枫一面吸着大烟，一面说："造反总部是保我的，政法公社造反精神很强……"卫东同学还问江枫是否了解1.20夺权情况。江枫在卫东学二食堂用饭（用的是同学饭票）每天一斤左右。

1.25晚上卫东中文系四年级同学问总卫："他江枫还谈什么。"当时石×不在总卫，总卫的张××不了解情况，说："没有什么事。"在第二天即26号上午就让江枫和郭珍走了（二人穿着大衣）当卫东总卫的石×知此情况后说："怎么叫江枫走了呢，我还有事和他说呢。"于是立即打电话给天津政法公社，当时政法公社判断江枫可能要到李七庄，随即派一辆20C－69吉普车去追，结果在李七庄附近截住江枫，郭珍，带上汽车返回公安大楼。

五·江枫住在公安局大楼里情况

1.26～2.2江枫住在公安大楼。1.26上午十点左右，江枫和郭珍一起到了公安局大楼，住在大楼某房间。在此期间，江枫饮食精神均正常，一般情况和八·一三住公安局同学吃同样的饭，当时的饭和水都是从天大送去的，江枫每天饭量为一斤左右，江枫有时还嫌饭不好，则从街上给买来，有时江枫一顿吃大两。根据其他对长的饭量，第一次八一三给江枫和郭玲各四两馒头，江说不够，八一三又要去给他买，郭玲说："我吃不了，给你二两。（因郭玲患有气管炎）当时在公安局大楼三层某房间。

当时在大楼里看管江枫等人的是八一三同学，对待江的态度很温和，例如，刚一开始，八一三给江安排的是阴面屋子，因公安局的棉被较少，当时天气很冷，因而又给他换了一间阳面屋子，江在大楼里有时写检查，有时学社论（社论材料是从八一三拿去的铅印材料）有时学毛著及首长讲话，八一三同学有时同他谈话，主要谈万晓塘之死和他所执行的资一反路线等，江枫还对女文中的曹××说："你对我的帮助很大，我有点抱怨情绪。"

8.28天津政法公社，八一三、卫东，纺院八一八红旗，轻院红旗，十八中红旗等在体育馆批斗江枫、郭玲等当权派，会议结尾，根据群众意见，将江、郭等人绕场一周，其他时间从未批斗。

六，江枫住在玛钢厂情况：

2.3－2.7江住在玛钢厂，由玛钢厂的政法公社战士吴××、李××看守，在此间江枫与其二人关系较好，毫无精神压力，由于李××年青活泼，江颇有好感地对李说："将来我让你当我的斗卫员。当时江身上只带了二元钱，看守他的吴××还借给他二元钱，江饮食状况良好，每日三顿，顿顿有肉蛋，每日伙食费0.9元左右，饭量0.9－1斤。在这期间政法公社从未批斗过他，只审问过一次，气氛正常。值得注意的是，当2.3江枫刚到玛钢厂第二天，公安造总的唯见弟公安红旗（二簡一丘之貉）就在郝志刚策划下写出了一份紧急呼吁，2.6贴在公安大楼门口，胡说什么：黑市委的御用工具，天津政法公社長期来绑架江枫，直至今日对江枫进行武斗、挂牌游街，百般折磨，公然对抗伟大领袖毛主席的指示，践踏十六条，现在一个对江枫杀人灭口的阴谋策划正在行动中，《天津政法公社》很快就要下毒手了，並大言不惭地说："谁胆敢把江枫折磨成残废，就是反革命，就要负刑事责任，谁胆敢阴谋杀害江枫，谁就是万恶的反革命，就要以血还血。可见你们为了陷害政法公社，早就进行予谋策划，颠倒黑白，大做舆论准备，以把政法公社置于死地。

七、2.8公安部写信给支左，让支左与革命组织商量把江枫送到公安部，直到2.13晚，政法公社被镇压前，政法公社从未见过江枫。

公安造总的一小撮决策人，你们这些造谣习以为常的骗子，在光天化日之下，洋洋万言而不敢见人的材料，通篇造谣，说什么每天只给江枫二两粮吃，要饿死江枫，你们这些聪明过渡的先生，江枫明明哪天也没少于一斤，而你们偏偏把一斤说成二两，如果不是为了造谣惑众，欺骗众人之耳目，以达到政治陷害的目的，那么你们就是连三岁小孩也不如，一、二不分的一头蠢驴。

更可笑的是你们还胡说什么：政法公社把江会饿死之后，给他一顿捞面或羊肉饺子吃，把江枫撑死。这真是天大的笑话，一个堂堂的公安局长，十级高干，竟能被一顿捞面或饺子撑死，岂非天下怪事？你们把一个革命领导干部"硬"篾成一个十足的酒鬼，见吃不要命的亡命徒，该当何罪？

你们还信口雌黄地说什么：政法公社要把江弄到水上公园借游船之机把江

推到水里淹死。哎！你们这些恬不知耻的何晓敏还有脸做一名执行无产阶级专政的公安人员呢！一、二月正是隆冬，水上公园的湖泊已是冰冻三尺，哪来的游船，你们竟如此神魂颠倒，冬夏不分，自己打自己的耳光，这更证明你们是一头蠢驴吗？为了达到陷害别人的目的，而不择手段的颠倒黑白，进行丧心病狂的造谣、攻击，以把别人置于死地而后快，何其毒也！

你们更用心险恶地说什么，在轧钢厂，当军代表要领走江枕时，政法公社阴谋下毒手，要把江枕从楼上推下，政法公社强迫江枕跳楼自杀，结果江的性命，你们这些脑袋装满了谣言的骗子，你们的手段确实不高明，江在轧钢厂被看管了近一个星期，政法公社偷偷地弄死江岂不容易？何必在军代表面前，又在光天化日之下害死江枕，世界竟有如此蠢人，岂非咄咄怪事？就使最愚蠢的人也不会干此种蠢事！何况江在轧钢厂，政法公社对他的态度已完全证明政法公社决无此心，也决无此行动呢？如真有此事，那么你们执行无产阶级专政的先生为什么至今也不把这群阴谋杀害革命干部的法西斯暴徒，现行反革命捉拿归案，以正国法，维护和巩固无产阶级专政？你们这样做如果不是在对政法公社进行更大的政治陷害，就是有意窝藏坏人，包庇现行反革命，该当何罪？是可忍，孰不可忍！

以上铁的事实雄辩地证明，你们公安造总的一小撮决策人，是一群政治流氓，市侩式骗子，地地道道的阴谋家，不折不扣自以为聪明的一头蠢驴。

毛主席说的好：他们手里没有真理，他们在攻击别人的时候，只能依靠造谣诬蔑，歪曲事实，颠倒是非，一旦辩论展开要摆事实，讲道理的时候，他们站立的基础动摇了，他们害怕了。公安造总的一小撮决策人何不是这样，你们敢和我们面对面辩论吗？量你们也没有这份胆子狗！

鲁迅先生说：辱骂和恐吓决不是战斗！公安造总的一小撮决策人物，你们自以为得意，但你们的一顶顶陷害别人的帽子和漫骂只能吓唬那些神经脆弱的胆小鬼，决不能挡住具有聪明理智战士的前进！你们欠下的债一定要偿还，被颠倒的历史一定要颠倒过来。

鲁迅还说：谣言世家的子弟，（你们以谣言杀害了天津政法公社）是以谣言杀来的，公安造总一小撮决策人，你们这些谣言家，你们以谣言杀害了天津政法公社，到头来，把这些谣言还给还你们，真相大白之时，就是你们完蛋之日。到那时让你们去捶胸捣腹地嚎叫去吧！

天大八一三红旗兵团　67.7.30

天津4.1革委会九十中红旗《虎山行》印　67.8.10.

无耻的谎言——所谓张露被捕时还给天津政法公社核心分子出谋划策的真相。

七月初，在天津市到处张贴的一份"座谈记要"的大字报中提到："天津政法公社是反动组织，不能翻案……公安局军管的那天，张露还在给天津政法公社头头开会，当场被抓住。人们说这是中央文革的意思，并传以为真。

在七月六日，公安局军管会办公室负责人的讲话中也提到："直到2月13日天津政法公社被取缔以前，张露还找政法公社的核心分子，对其出谋划策。"

事实果真如此吗？不！事实绝非如此！对于这种无耻的谎言，必须予以彻底戳穿！

一、天津政法公社的十一名核心组成员与张露没有任何联系。1.20公安局夺权以后，天大八一三、南大卫东、后字253红总等革命造反组织有代表常驻公安大楼。

一月二十五日早晨，张露和其他处长级以上的当权派一样关在公安大楼202室及211室。晚上，张露、米力、马光荣、刘武南、阎振明等五个女的住在213室。当时看管这些当权派的有八一三战士林××、刘××、女六中的曹××等（住在216室）根本没有天津政法公社成员参加。看管这些当权派的目的是让那些可以继续使用的干部研究"抓革命、促生产"问题；不可使用的就检查交待，准备批斗。由于造总全面罢工，业务压力很大，只好让那些还可以继续使用的干部处理一些案件，有的是处理案件在监督下进行的。有一次在看管人员的监督下，张露和马光荣及有关处长共同审批过一个案件（汽这五场的），并被迫签了字。这是马光荣的意见，政法公社发现后宣布作废。

自一月卅一日起，当权派一律回本单位去住。张露一人住在公安大楼221室，由二处政法公社成员负责看管，但无专人看管。

2月13日以前，八一三战士刘××等经常见到张露，并几次提审张露，却从未发现张露与天津政法公社核心成员一起开过会。

道理很简单，假如天津政法公社核心成员真的保张露，那么在有八一三、卫东等革命造反派代表常驻的公安大楼里，张露怎敢公开召集天津政法公社的成员，聚会，为其出谋划策呢？

二、公安造总决策人为了把天津政法公社打成万、张反党集团操纵的反动组织，几个月来，一直在呕心沥血、搜肠挂肚，渴望能找到一星半点的事实去为自己那种卑鄙的政治目的服务。假如张露真的在被捕时还给天津政法公社的头头开会的话，那么这倒可以算为万、张操纵天津政法公社的铁证了。公安遭总见此场面一定会欣喜若狂，紧张万分，保护现场，全面拍照，开动一切宣传机器，把现场实况连同会议记录公布于众。然而公安遭总和军管会至今还没公布出来，为什么呢？是他们不想公布吗？绝对不是，而是根本没有。

三、二月十三日下午五点左右，公安局召开革命委员会常委会议，主要解决港务局两派武斗问题。参加会议的有天津政法公社的核心成员张贤华、八一三、卫东、轻院红旗，后字253红总等单位的代表及港务局的三位同志，根本没有张露参加，大约七点散会。

紧接着（七点左右）由北京政法公社驻津联络站的×××在公安大楼207室主持召开一个会，参加人员有天津政法公社核心组成员张贤华、赵思、王金图及业务组的曹×、朴炳浩等，也根本没有张露参加。会议内容主要是研究如何在八局多名遭总成员罢工的情况下响应毛主席"抓革命，促生产"的伟大号召，搞好公安业务，加强无产阶级专政。会议期间又提到，如果能实行军管，那是最好的了。正在议论中，解放军冲进公安大楼（晚八点五十分）入会者一见果然军管公安局十分高兴，万万没想到会宣布天津政法公社是反动组织而被取缔。张贤华和朴炳浩当场被捕。然而同一层的政法公社成员三十余人集中在202室，其中有核心成员李宝全和革会办公室其他成员。根本没有张露。

接管五处时，一位穿皮领大衣，胖胖的军管对北京政法公社战士×××说：你看，天津公安局和北京公安局不一样，天津公安局的政法公社是反动组织，后台老板是张露，我们进入五处时，张露、米力正和他们一起开会，他们很猖狂，很不老实，你听，他们现在还喊口号呢！"

当时五处只有北京政法公社驻津联络站的十余名战士在开会研究工作。根本没有政法公社的核心成员参加，更谈不上有张露、米力参加了。

事实上取缔天津政法公社时，张露是在公安大楼341室被捕的，政法公社其他核心组成员：陈学彬在钢铁厂，李圣文在703厂，张国强在公安学校，郭根柱在九处，马东光在冶一处，柏家祺和刘金生都在家养病。（刁连通非核心组成员）当晚根本不在公安大楼。在这种情况下能谈得上"张露被捕时还找天津政法公社的核心分子出谋划策"除非同时存在若干个张露，否则，实在不可想象。

由此可见，那种"张露被捕时还给天津政法公社核心分子出谋划策"的说法，完全是一派胡言，造谣纯粹是别有用心的政治混蛋。

天大八一三红旗兵团，河大鲁迅革命造反团 67.8.6

天津4.1革命委员会九中中队翻印《虎山行》印。 8.9

《天津政法公社》的案真翻不了？

"压迫愈久，反抗愈大，蓄之既久，其发必速"——毛泽东

《天津政法公社》的案能不能翻过来，是天津数百万人民共同注视的重大政治问题。党内一小撮走资派及其爪牙大御林军，色厉内荏地嚷叫："谁为天津政法公社翻案绝无好下场"。由于阶级斗争新阶段中天津两条路线斗争矛盾尚未完全激化到白热化，政治目光，首先穿透白雾，对逆碎暗流最敏感，以敢于英勇奋斗，担承风险，不畏强暴者，开始必竟是少数，敢为之翻案的只是一部分被叫之为"激进派""亡命徒"的人们。

就目前看，对于徘徊观望，怀着"但愿翻案成功"又局于框框，略于保守，惧于艰险，不敢投身火海之中的人占大多数。"为什么不能翻案？"当你向这些人们提出这个问题，并希望其反动罪恶，事实角度上予以回答时，所取得的只能是沉默"。他们有一个共同的遁词，就是"中央定了案"的。

是中央定的案吗？我们坚定地说"不是"！

"誓为天津政法公社翻案！"口号提出一月之久，刘政之流为什么至今还拿不出中央批示文件？湖南"湘江风雷"提出翻案之后，军区龙书金、刘子云之流，立即在二三发出了决不许翻案的二三紧急通告，并搬出中央二四批示，中央军委二·九通知作为通牒。天津公安局军管会对待天津政法公社的翻案问题，也同湖南军区一样拟出了二·九"关于重新印发前二号通告的声明"，但它搬出的仅仅是一个二·一六天津公安局军管会第一号通告，却不能如同湖南军区那样搬出中央文件，是刘政之流出何策略留要不舍出来？这种想法只是一厢情愿。刘政之流何尝不希望有个类似中央文件？可惜却是没有。

想想"湘江风雷"，看看"天津政法公社"就可以清除这些同志喉中梗的一切迷瘴，使之清醒，发出怒吼之声。

湖南军区龙书金、刘子云之流，谎报军情，欺骗中央，借动乱事件骗来了个中央文革二四批示。

中央文革小组批示

湖南军区对"湘江风雷"和"红旗军"的头目，应该立即采取专政措施，分化瓦解其中被蒙蔽的群众，这个意见并电告广州军区。

一九六七年二月四日七时。

接着在全省范围进行了"镇反"，反革命复辟，把轰轰烈烈的革命运动压下去，再度带来了白色恐怖。

革命人并未屈服于湖南军区走资派，进行了浴血苦斗，换来了中央七·二七四点指示。在"庆祝湘江风雷"彻底翻案的欢呼声中，湖南走资派彻底垮台了。

对于"天津政法公社"刘政之流能够拿出类似中央文革二四批示那样的中央文件吗？绝不能！

有人说，二四批示中并未点明"湘江风雷"是反动组织。这种人不是不动脑子就是故意回避。试问，一个要对其头目"立即采取专政措施"，"分化瓦解其中受蒙蔽的群众"的组织，难道不是反动组织？那种非要咬定文件中必须有"反动组

织"四字做定语式加上定做合成谓语才承认核做定了反动组织的人，未免太过于过简了吧！而且今天的"湘江风雷"根据七、二七中央指示四条"应该恢复组织、恢复名誉，是造反组织，是左派""决非要分别取消……"。

中央于六七年一月二十四对湖南问题还发表过如下文件：

关于湖南红旗军，江导群红卫兵组织到省军区动手打人抓人问题的指示：

军队负有战斗任务和保卫文化大革命任务，不能允许外人冲入指挥、保密等系统，不能接管。红旗军是反动组织，必要时将其头头逮捕，可起分化瓦解作用。军区负责人应挺身而出，对群众进行说服教育工作。

中共中央　　　中央军委
国务院　　　　中央文革　一九六七、一、廿四　发表。

一、二〇文件中，红旗军是"反动组织"赫赫在目。二、四批示中"湘江风雷"与"红旗军"同列纸面，且在其前。若非已定成"反动组织"为何要与"红旗军"相提并论，排列一起且置于前？岂非咄咄怪事？

如果真有那么一些人不到黄河心不死，因为未在中央文件上见过"湘江风雷"是"反动组织"字样，而不承认"湘江风雷"定过反动组织，推论"天津政法公社"与湘江风雷"定案程序不一样（其思想基础前提是天津政法公社的案是中央定的，断断不能翻案）就请这些同志研究下列文件（因原件较长，只录一段）

中央军委通知

最近在湖南長沙，解放军文艺学院三人参加了反动组织"湘江风雷"……

中央军委　　　一九六七年二月九日

看到这份写有"反动组织""湘江风雷"的中央文件，那些形而上学，过于迂腐，痰迷心窍的同志应该有些启发吧！

我们在这里引证了，一、二〇，二、四，二、九，三个文件，援用了七、二七中央四条指示，（对湖南问题）和湖南军区六、三紧急通告。证明"湘江风雷"是一度定成反动组织。这是湖南走资派，谎报军情，欺蒙中央的罪恶结果。但，乌云遮不住太阳的光辉。"反动组织"湘江风雷的今天的的确确翻案了，这是一个史实。

《天津政法公社》定成反动组织经过什么程序，我们正在做详细具体调查，不久就将公布结果。但据现有可讨材料可以初步断定，中央决未亲手参与落实定案工作。从事镇压工作的只是李子峰、郑山生、刘政等人。一切虚假材料皆来自公安造总的无中生有、造谣诽谤。就是这几位老爷也未做任何核对落实工作。他们把数千人的政治生命和天津文化大革命视同儿戏！说及官方文件，无非两张军管通告，上面根本无有中共中央、国务院、中央军委、中央文革小组等字样。所以，说"天津政法公社"的案是中央定的纯属刘政之流的造谣撞骗，对于信很些挡的群众，则是以讹传讹的欺欺人。

如果有人企图拿中央对天津问题，四十讲话来搪塞的话，就请看这么一段首长讲话，67.7.12 21.00——67.7.13 2:30在北京人民大会堂就湖南问题举行了第一次辩论会。会议途中周总理曾对陈伯相对而笑说"当时我们认为"湘江风雷"闹得很凶，讲了半天（指这次辩论—作者—注）并不严重，一没死人，损坏的东西也不过两千元，比起现在这些武斗来，那就不算什么喽！因为这件事（指矿冶事件—作者—注）才有那个"二·四"批示，当时弄得我们糊里糊涂的，看来我们也受了蒙蔽。"

所以，希望同志们要从周围事物实际出发，切勿有神秘感，而谨小慎微，胆小怕事，一事无成。

我们认为 你纵使拿出千种文件，万种讲话来企图说明天津政法公社的案是中央定的，也不能如同对于"湘江风雷"的那三个中央正式文件那样有说服力。"湘江风雷"的案翻过来了！湖南军区改组了！龙书金、刘子云之流受到应有惩罚！难道刘政之流的下场会比龙书金、刘子云之流更好些吗？毫无疑问 天津支左，公安局军管会内一小撮走资派，宝座下的火山就要喷射了！

同志，你的《天津政法公社》的案翻不了！"这个口号，感叹号（！）要变成问号（？）了吧？！

天大八一三红旗兵团"觅游川"纵队

一九六七年八月二日。

天津4.1革命委员会九十中政宣群《虎山行》翻印。

一九六七年八月十四

四十一中学是解放後"和平区"新建的初中校，教学、教育水平都很低，不老实提高水平，却搞战斗队浪费十年青春年华，太可惜！

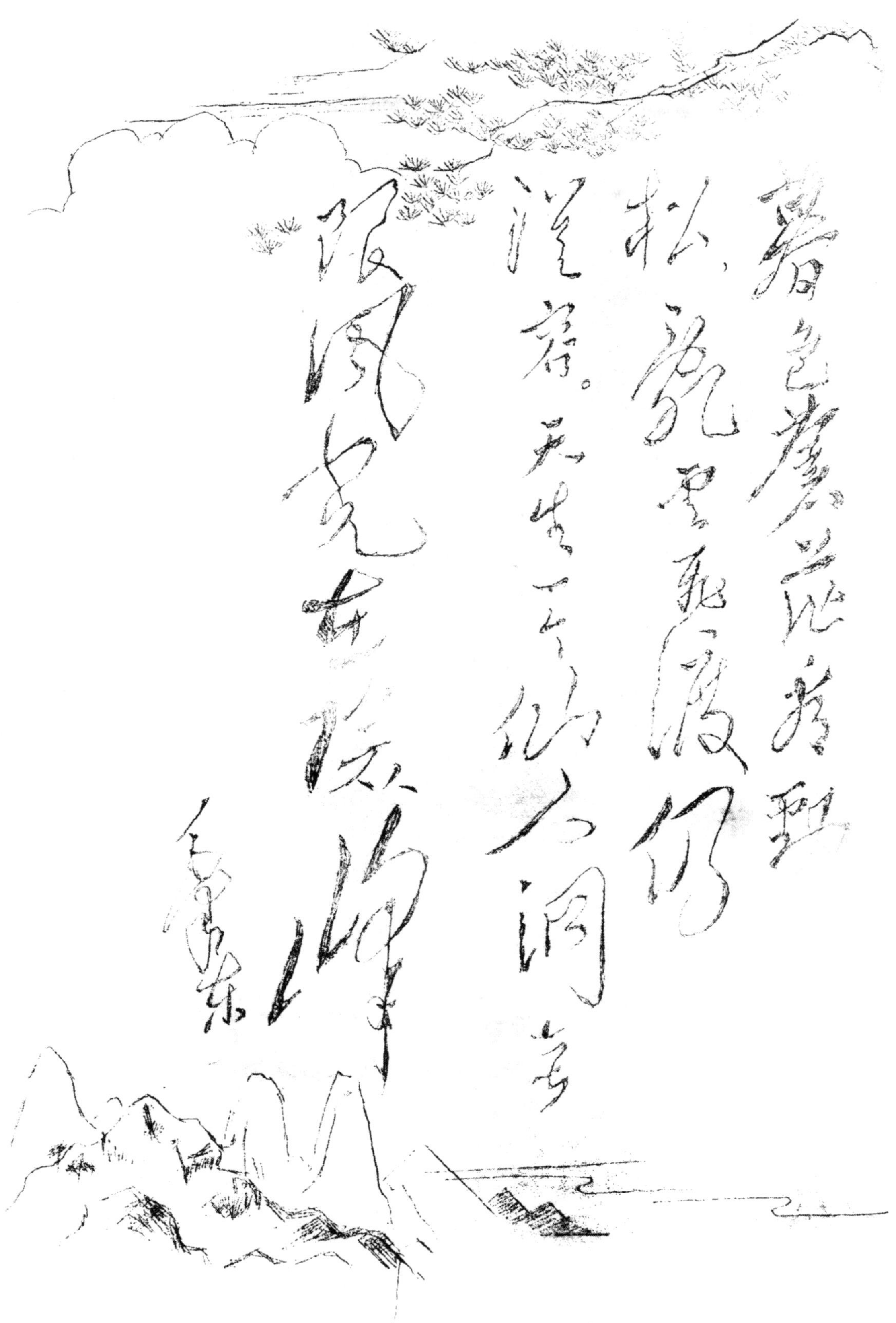
暮色蒼茫看勁松，
亂雲飛渡仍從容。
天生一個仙人洞，
無限風光在險峰。
毛澤東

中央工作小組

关于罗瑞卿错误问题的报告

附：杨成武、谢富治同志揭发材料

河北大学毛泽东思想八一八红卫兵

《32111》战斗队翻印

1967.8.9.

批转中央工作小组关于罗瑞卿错误问题的报告

中央局，各省市、自治区党委，中央各部委，国家机关各部门和各人民团体党组、党委，人民解放军总政治部：

现将中央工作小组四月十三日关于罗瑞卿错误问题的报告转交给你们。中央同意这个报告。

中央认为，罗瑞卿的错误是用资产阶级军事路线反对无产阶级军事路线的错误，是用修正主义反对马克思列宁主义、毛泽东思想的错误，是反对党中央、反对毛主席、反对林彪同志的错误，是资产阶级个人野心家篡军反党的错误。

中央认为，这个小组会议开得很好。贯彻执行了惩前毖后，治病救人的方针。摆事实，讲道理，对罗瑞卿进行了耐心的教育和严肃的批判。罗瑞卿不仅不认真检查自己的错误，反而于三月十八日跳楼自杀（受伤），走上自绝于党、自绝于人民的道路。

鉴于罗瑞卿错误极端严重，中央决定停止罗瑞卿的党中央书记处书记、国务院副总理职务，以后再请中央全会通过。

为了教育干部，吸取教训，并肃清罗瑞卿的错误影响，中央决定将中央工作小组的报告和中央批语发到县委和团级党委，这个报告所附的叶剑英、谢富治、肖华、杨成武等同志的四个主要发言，罗瑞卿三月十二日的检查以及叶剑英、肖华、杨成武、刘志坚同志四月二十四日向主席、中央的报告，发给地委和师级党委，口头传达到县团级党员干部。

中共中央

一九六六年五月十六日

（上接第10页）

作种种维护，实际上是同罗瑞卿站在反对毛主席、反对党中央、反对林彪同志的一个立场上。有关事实由叶剑英、肖华、杨成武等同志，另写一信报告毛主席和党中央。

以上报告，是否有当，请批示。

中央工作小组

一九六六年四月三十日

关于罗瑞卿错误问题的报告

党中央、毛主席：

一九六五年十二月八日至十五日，党中央和毛主席在上海召开了会议，揭发和批判了罗瑞卿的错误，和他进行了背靠背的斗争。会后党中央指定周恩来等同志对他进行了多次耐心的教育和帮助，罗瑞卿不但没有老々实々检讨错误，反而表示受了委屈，多方为自己辩解。在传达了党中央上海会议情况以后，在军队政治工作会议上，在党和军队的高级干部中，又揭发了罗瑞卿大量的严重的错误事实。为了彻底弄清罗瑞卿的问题，根据毛主席的指示和中央常委的决定，在党中央直接领导下，从三月四日到四月八日召开了讨论罗瑞卿问题的小组会议。会议本着摆事实讲道理、惩前毖后、治病救人的方针，对罗瑞卿进行了面对面的斗争。

这次小组会议是分两个阶段进行的。第一阶段历时十三天，参加成员包括军委各总部、公安部、国防工办、国防科委、军事科学院和大部分军区、军种、兵种的负责同志以及罗瑞卿本人共四十二人，三月二十二日开始，会议进行第二阶段，根据党中央指示增加了五十三人，包括党中央、国务院有关部委和各中央局的负责同志，第二阶段参加会议的共九十五人，由于三月十八日罗瑞卿跳楼自杀（受伤），第二阶段的会议只好又转为背靠背的斗争。

根据会议揭发的大量材料，罗瑞卿的主要错误如下几个方面：

第一、敌视和反对毛泽东思想、诽谤和攻击毛泽东同志：

罗瑞卿极端敌视毛泽东思想。林彪同志提出要"把毛主席的书当做我们全军各项工作的最高指示"。罗瑞卿却胡说"这不符合我们国家的体制"。林彪同志指出"毛泽东思想是当代最高最活的马克思列宁主义"罗瑞卿却胡说："　　　不能这样讲，最高，难道还有次高的吗？难道不能再高了吗？最活，难道还有次活的吗？""最高最活不好理解，外国人也不好翻译啊！"林彪同志指示"毛泽东思想是当代马克思列宁主义的顶峰"，罗瑞卿却胡说："这句话也不要这样说，对外国人影响不好。"罗瑞卿还不准说毛泽东思想的形成包含有"个人天才"的因素，胡说"什么现在没有人敢再提个人天才了呀！"林彪同志提出"读毛主席的书，听毛主席的话，照毛主席的指示办事，做毛主席的好战士"，罗瑞卿却反对向外国人宣传和介绍这四句话。林彪同志指示《解放军报》要经常刊载毛主席语录，罗却嫌搞多了，总政部治根据林彪同志的指示，把毛主席党中央的指示和军委的文件，编成教材，作为干部、战士的必修课，罗却借口发到连队的东西太多了，不准印发。林彪同志指示，要在民兵中开展学习毛主席著作的活动，罗瑞卿却胡说："不要单独给民兵布置学习毛著任务"罗还指责歌舞剧《水兵的光荣》中唱"敬爱的毛主席"太多了，说要和共产党联系起来，不要单独地唱。

罗瑞卿歪曲和反对毛主席关于阶级和阶级斗争的理论。毛主席再教导，人民内部也有阶级矛盾，罗瑞卿却胡说农民有一部分自发势力想搞单干，不是阶级矛盾，而是人民内部矛盾。"胡说"我们的军队本

身不存在阶级矛盾 但是存在立场要坚定，阶级觉悟要提高 要抵抗资产阶、封建思想的侵蚀，以及对政治问题要有辩证法的分析的方法等问题。

罗瑞卿当公安部长的时候就否定毛主席关于社会主义社会存在着阶级和阶级斗争的学说。毛主席在 九五七年刚々发表了《关于正确处理人民内部矛盾的问题》，指示阶级斗争还是长期的、曲折的，有时甚至是很激烈的。罗瑞卿在 九五八年却大搞什么"十无运动"，限期做到无反革命、无盗窃、无流氓阿飞、无火灾、无车祸等々。并且把苏修的东西搬来作论据，鼓吹什么苏联内部已经没有阶级了，那里的犯罪问题主要是外部原因了。这是典型的阶级斗争熄灭论，是彻头彻尾的修正主义观点。他这种搞法虽然受党中央多次批评，但是仍然坚持错误。他不仅散布阶级斗争熄灭论，而且接着又放出了 个无产阶级专政消亡论。一九五八年十月，他就公然说过："现在基层政权在开始消亡，专政的工具也是如此。""现在反革命更少了，我们的基层政权主要的不是搞阶级斗争而是搞经济建设文化建设，就这个意义上讲，就是正开始消亡。"党中央、毛主席反复强调公安工作 定要在党委的领导下，走群众路线。罗却强调垂直领导，搞神秘主义，孤立主义，搞苏联"格伯乌"那 套。

罗瑞卿在新疆地区反对苏修颠覆活动的斗争问题上，违背和反对党中央、毛主席的方针和指示。他诬蔑我们在中苏边境上制造人为的紧张，对中苏边境的纠纷为苏修开脱罪责，说什么"不能说多数是他们挑起来的，要做具体分析" 九六二年 X 月，XX地区的暴乱事件，明々是苏修策划和组织的，他也是非常清楚的。但是他却极力为苏修开脱，只轻描淡写地说"我看与他们的领事馆有点关系"，接着他又别有用心地说"不晓得这笔历史怎么写法"。他违背毛主席的指示和党中央、国务院的规定，擅自宣布边境地区的五类分子不要内迁，责备XX军区在中苏边境制造无人区。他还胡说"现代修正主义攻击我们在进行民族压迫，搞得不好就是迫害嘛！"

罗瑞卿反对毛主席人民战争思想，反对我们武装力量的传统体制。我们武装力量的传统体制是主力军、地方军和民兵游击队相结合，罗瑞卿却阻挠和反对建设地方武装，忽视民兵工作。

罗拒不执行毛主席人民战争思想，反对方武装的指示。毛主席早在一九六〇年就明确指示，要从主力军中抽出若干师给沿海各省作为地方的骨干。罗对这一极为重要的战略指示，既不传达，也不布置执行，竟然拖了近五年之久。一九六四年六月七日毛主席又连续两次在会议上提出这一问题，指定要从正规部队中拨出 XX个师给沿海各省，并且对罗进行了严肃的批评 罗这时才被迫布置。但是，他在布置时却提出"究竟抽调完整的师，还是抽调一部分建制部队补充 部分新兵，或者是补充新兵和原来的地方武装合并组建，还可以研究。"结果，毛主席的指示，还是被他打了折扣。

毛主席指示，搞四清要把民兵工作搞好。林彪、徐向前同志也都指示，在四清运动中要自始至终地抓民兵工作，参加四清运动的军队干部要做民兵工作。罗却 再反对，说"四清运动中的民兵工作只在建设阶段抓一下就行了"，并且规定"军队干部下去参加社教工作不是另外赋予搞民兵的工作"

罗瑞卿在民兵工作三落实的问题上也和毛主席唱反调。近几年来毛主席多次指示，民兵工作的三落实，第一是组织落实，第二是政治落实，第三是军事落实，首先是有没有，然后讲政治。罗瑞卿却狂妄地反对毛主席这一指示，他反复说，"民兵三落实，首先讲政治落实，在政治落实的基础上，再做到组织和军事的落实""如果政治不搞好，思想上不搞好，那个组织不落实还好一点，越落实，被坏人夺去了领导权或者被坏干部掌握了，那个越落实就越会坏事。""要把关系搞清楚。"罗瑞卿在这里好象是很强调政治，实际上是用诡辩论否定毛主席首先要把民兵组织起来的指示。同时，罗瑞卿搞民兵大比武，也就把毛主席提出的民兵工作三落实统统给冲垮了。

罗瑞卿还反对毛主席的文艺方针。毛主席历来教导，文艺第一是政治标准，第二是艺术标准，首先要解决文艺的政治方向问题。一九六四年六月，毛主席批评文艺界"十五年来，基本上（不是一切人）不执行党的政策，做官当老爷，不去接近工农兵，不去反映社会主义革命和建设。最近几年竟然跌到了修正主义的边缘。"罗瑞卿却在部队文艺队伍中多次强调，部队的文艺方向问题解决了，要突出艺术。他胡说什么"光搞艺术性、战斗性很强的东西，就会显得太单调，太枯燥。""我们军队有些文艺作品，比较生硬，艺术加工很不讲究，使人看了很枯燥。我不主张这样。不然还有什么艺术？光读毛选就得了。"

罗瑞卿公然修正毛主席关于凡是有群众的地方就有先进、中间、落后三种状态的理论。一九六五年十一月，他说什么"我们部队不要提先进、后进，不要提后进战士""后进战士这种概念可以取消。""我们军队中，只有党员、团员、五好战士、英雄、革命军人这些名称就行了。"

罗瑞卿还对我们伟大的领袖毛主席进行恶毒的诽谤和攻击。他多次在大庭广众之中散布对毛主席的不满。他向别人说：毛主席不信任他，会整他，他想到上海当市长，早点离开毛主席。以后因为上天安门毛主席没有要他陪同，到××开会毛主席没有让他一道坐飞机去，他又说毛主席不信任他，要整他。这证明他对毛主席怀恨在心是由来已久的。

罗瑞卿这样敌视和反对毛泽东思想，诽谤和攻击毛泽东同志，实际上就是反对、敌视和攻击无产阶级的政治，力图以资产阶级的政治来代替无产阶级的政治。

第二、罗瑞卿推行资产阶级军事路线，反对毛主席军事路线，擅自决定全军大比武，反对突出政治。

罗瑞卿擅自决定全军大比武，反对突出政治，是他的资产阶级军事思想的大暴露，是他力图把我们的军队，拉到脱离无产阶级政治轨道的阴谋的大暴露，是他力图以资产阶级军事路线，代替以毛泽东同志为代表的无产阶级军事路线的阴谋的暴露。

一九六四年一月，罗瑞卿没有经过军委办公会议和军委训练研究委员会，也没有请示林彪、刘伯承、徐向前，叶剑英，叶剑英同志和军委常委，擅自决定全军大比武。一月至十月，他还先后十三次到各地督战。各省、市民兵比武，也是他自己擅自决定的。

大比武是比军事、比技术，是提倡军事第一、技术第一。一搞大比武，就否定了四个第一，否定了军委决定的一九六四年全军工作的方针。大比武冲击了政治，冲击了学习毛主席著作，削弱了部队的政治思想工作。大比武造成了严重的恶果。为了在比武中争第一，拼凑尖子、弄虚作假的现象非常普遍，单纯军事观点、锦标主义的倾向大为发展，严重的破坏了部队的作风，严重地脱离了群众，严重的影响了内部团结。由于大比武，部队中资产阶级思想泛滥，歪风邪气上升，四好连队大幅度下降。为了比武，不少单位选拔干部和发展党团员重技术轻政治，有些单位排挤工农干部，把政治思想品质好但技术稍差的干部撤换了不少，完全违背了毛主席关于培养无产阶级革命事业接班人五个条件的指示。大比武也冲击了正常的军事训练，练为看而不是练为战，搞了一套形式主义花架子，根本不符合实战要求。比武中浪费现象十分惊人，训练事故也大量增加。民兵大比武冲击了民兵三落实工作，影响了生产，脱离了群众，增加了人民群众的负担，也发生了许多事故。

一九六四年底，林彪同志根据毛主席一贯的建军思想、我军建设的历史经验和当时部队反映的大量材料，作出了突出政治的指示，严肃地批评了大比武的错误。对于这个指示，罗瑞卿不仅不执行，反而千方百计地反对、篡改和歪曲。十天之内，他对林彪同志指示的内容反复篡改了八次之多，竭力阉割其革命精神，塞进了许多私货。一九六五年初他在军委办公会议第八次扩大会议和全军学习军事机关革命化经验大会上，以及后来多次到部队、院校的讲话中他都竭力反对林彪同志突出政治的指示，并且恶毒地进行煽动。例如，一九六五年一月十五日，罗瑞卿在高等军事院校军以上干部读书班结束时的讲话中，公然煽动大家说："对于林彪同志突出政治的指示，你们赞成不赞成？可以讨论一下。你们今天就要走了吧，不赞成的回去以后写信来。"他到处别有用心地讲，对于林彪同志的指示要有"正确的"、"全面的"、"辩证的"理解。他说一九六四年军事训练工作是建国以来最好的一年，大比武的成绩是主要的，气可鼓不可泄，不要泼冷水。他到处散布折中主义（即机会主义）的谬论，极端反对毛主席关于政治领导的军事基本论点，而强调单纯军事观点，说什么"政治搞不好别的就搞不好。"但是，如果单纯把政治搞好，别的都不好，垮下来，这种政治恐怕不能算政治好，是空政治。哪里有这种政治。""一定要正确理解林总的指示，政治搞得不好，打起仗来向后跑。但是军事没有一点功夫，我们训练就是为了打仗，打得不准，打人家扑过来，你说向不向后跑？""军事训练搞不好，浪费事小，打起仗来就要亡党亡国"，等等。

一九六五年十一月，林彪同志提出突出政治五项原则之后，马上又遭到罗瑞卿的反对和歪曲。罗瑞卿反对把毛主席的书当做我军各项工作的最高指示。他还把"苦练过硬的技术和近战夜战的技术"这一条说成是五项原则中最重要的一条，而把活学活用毛主席著作，抓活思想等主要的几条放到次要的位置。军委已经决定把五项原则作为一九六六年全军工作方针，他却别有用心地强调主要是解决方法问题，说什么"不解决方法问题，再好的方针也要落空"，影射林彪同志的五项原则是"瞎说一通"，他说什么军事就是政治，军事政治应该统一，反对所谓空头政治家"

第二、罗瑞卿目无组织纪律，个人专断，搞独立王国，破坏党的民主集中制

前面说的罗瑞卿个人擅自决定大比武，反对林彪同志突出政治的指示，在公安部搞"十无运动"等々，不但在政治上是严重错误，而且在组织纪律方面，也都是严重的错误。

关于东南沿海对敌斗争的方针问题，毛主席、党中央、军委曾多次明确指示，台湾海峡的斗争，不单是对蒋匪的斗争，主要是对美帝的斗争，不单是军事问题，主要是政治斗争。因此对蒋匪采取的一切作战行动，都必须从政治上战略上加以通盘考虑，由党中央根据整个形势的需要掌握决定，未经中央批准，任何人不准自作主张，轻举妄动。罗瑞卿不请示毛主席、党中央和军委，竟然于一九六×年×月×日私自指示福州军区"今后海上作战，军区可以根据情况，积极主动地打击敌人""为了不失战机，可以边打边报告"。

罗瑞卿对许多重大的军事行动和作战计划，往々不向军委常委请示报告。有时军委常委开了会，作了决定，只要不合他的意，他就发脾气，顶回去。

关于国防工业建设和国防科学技术工作等问题，党中央、毛主席和军委都制定了一系列正确的方针和政策。但是罗瑞卿不但不贯彻执行，反而任意篡改和取消。一九六×年底，他在国防工业办公会议上竟狂妄宣布一系列违犯军委指示的言行。他否定聂荣臻同志直接领导的国防科委所取得的重大成就。在我们的原子弹出来以后，他还狂妄地攻击国防科研工作是"从资料到资料，从设计到设计，一事无成"。

林彪、聂荣臻同志，不同意罗瑞卿提出的，在国防工业中马上取消军代表制度的主张，多次指出"军代表制度的改变应当慎重考虑，在未弄清情况以前暂时不动"。罗瑞卿却狂妄地说"军代表制度是不相信党、不相信群众的表现"，"有人说取消军代表制度是彭黄思想，我就敢冒这个风险"。

罗瑞卿在公安部工作的时期，就有很多无组织无纪律的错误。例如一九四九年十　月，他不请示毛主席、党中央和军委，即擅自决定将军队系统警卫北京的两个师和一个团，改为公安部直属的人民公安中央纵队，归公安部建制。此事，受到了毛主席和军委的批评。以后他又积极地扩大公安部队，并且企图建立公安工作和公安部队的垂直领导系统，竭力扩展自己的权力。

罗瑞卿还利用各种机会，当着下级干部的面，散布流言蜚语，破坏军委领导同志的威信。他对林彪、聂荣臻、陈毅、刘伯承、徐向前、叶剑英同志和已故的罗荣桓同志，都曾妄加议论和攻击诽谤。

罗瑞卿窃据党中央书记处书记、军委秘书长、总参谋长的职务，但是他很少认真地系统地向干部传达党中央会议的精神和毛主席、党中央的指示。有时虽然他也传达一点，但很少原々本々地讲述，而且常々和他个人的话搅在一起，使干部搞不清楚究竟哪些是毛主席、党中央的指示，哪些是他自己的东西。罗瑞卿还对党中央，对军委，特别是对林彪同志，实行封锁。林彪同志自一九六一年以来，曾对他进行多次批评教育，希望他通气。一九六五年四月，林彪同志又明确指示，今后军队×级以上干部和总部各部长的任免，要先请示报告军委常委各同志，然后再上报党中央审批。罗瑞卿对这一指示却置若罔闻。一九六五年五月，全国中将以上干部的定级，他不请示报告

林彪同志和军委常委，即擅自决定用军委的名义上报中央书记处。罗瑞卿还经常以林彪同志和军委常委各位同志身体不好为借口，不准别人去请示工作和汇报情况，谁去请示和汇报情况，他就训斥打击。

罗瑞卿是个典型的"一言堂"，极端不民主，严重地破坏了党的民主集中制。许多重大问题，他不经过军委常委，不经过军委办公会议，不经过总参、总政，常常是个人批示决定。即使是军委常委、军委办公会议上决定了的事情，他也可以随便推翻，任意改变。军委办公会议经常是他一个人讲话，别人发言，常常被他拦腰打断顶回去，不让人家把话说完，甚至讽刺挖苦恶语伤人。军委常委开会，也是他讲的多，军委各位付主席的讲话也常常被他插断。他没有　自我批评精神，听不得半句反面意见，老虎屁股摸不得，谁要给他提了意见，他就长期怀恨在心，寻机打击报复。

第四、罗瑞卿品质恶劣，投机取巧，坚持剥削阶级立场，资产阶级个人主义登峰造极

罗瑞卿个人突出，飞扬拔扈，锋芒毕露，称王称霸。他想尽一切办法争名誉，争地位，出风头，不择手段地为个人捞取政治资本。他特别热衷于以个人名义发表文章和讲话，极力为自己打扮成党和国家的权威发言人的样子。

争版面争头条争画面争镜头，在国内外重大政治问题上，他常常抢先发言表态，把自己

罗瑞卿是最会投机取巧的。例如，一九六四年叶剑英同志亲自抓了郭兴福教学法，召开了现场会议，并向军委建议在全军推广，毛主席和林彪同志同意这一建议并表示很赞扬。罗瑞卿一看这里面大有油水，便把叶剑英同志撇在一边，兴师动众，亲自召开了一个规模更大的现场会议，把功劳据为己有，并乘机搞起全军大比武，推行他的资产阶级军事路线。再如罗瑞卿还把自己装扮成反彭黄的英雄，到处说自己是受害者，说延安整风时他批评了彭德怀，彭恨死了他。实际上，抗日战争时期他在野政工作时跟彭德怀是跟紧的。延安整风时，他看到了彭德怀受到批评，就转过来批判彭德怀。解放战争时期打太原时，他看到彭德怀又担负了重要职务，到太原前线来了，于是又靠了上去。当时，彭表示对延安整风受批判不满，罗接着向彭说："我也觉得对你的批判过火了。"一九五三年彭高饶联盟反党时，他又陷了进去。这说明罗瑞卿是一个很典型的投机分子。

罗瑞卿在军委工作这几年，一直高高在上，脱离群众，脱离实际，从来没有到基层去作过调查研究，也不愿意听取人家汇报。他在工作上极端不负责任，严重失职。他却装成最忙的样子，并且到处吹嘘自己忙得不得了。其实，他忙的是捞取政治资本，搞阴谋活动，忙的是吃喝玩乐。甚至在作战或战备最紧张的时候，他还照常去看戏跳舞，钓鱼游山玩水。他在生活上也是挥霍无度，腐烂透顶的。

罗瑞卿对于培养和教育了他几十年的毛主席和林彪同志，对于革命的同志和战友毫无革命的阶级感情，冷酷无情，视若仇敌。

罗瑞卿对待他的公务员段光富同志和自己地主家庭的态度，完全暴露了他的剥削阶级立场。段光富同志是苦大仇深，雇农出身的烈士子弟，他在罗处工作十年，勤勤恳恳，任劳任怨，一天工作十几个小时，照顾罗的生活，把自己的身体都拖坏了，但罗对他百般虐待，有如奴隶。相反，罗对于他的地主家庭却是很有感情，甚至把有反革命活动的地主岳父窝藏供养起来，成为反动地主的防空洞。

第五、罗瑞卿公开向党伸手逼迫林彪同志"让贤"、让权,进行篡军反党的阴谋活动

罗瑞卿在他的篡军反党活动中,首先把矛头指向林彪同志,他把林彪同志当敌人看待,常々制造谣言,诬蔑和打击林彪同志,并且采取种々阴谋手法逼迫林彪同志"让贤"、让权。

一九六四年九月中旬,×××同志讲过罗瑞卿向他造谣说,林总讲他,身体不好,今后军委的工作,军队方面的事情要独立主持,要大胆地处理问题,不需要经常向林总请示,也不要到处去请示。又说林彪同志还要罗瑞卿现在就多抽出时间去把全国地形战场都看一看,一旦发生战争就要靠罗瑞卿指挥了。这件事经过查对,完全是造谣,明显地暴露了他的篡军反党野心。

一九六四年国庆节后,第三届人民代表大会准备召开之前,罗瑞卿迫不待地要林彪同志交位"让贤"。当时他跑到林彪同志处,在谈干部问题时,借题发挥,指桑骂槐说"病号嘛!是养病,还管什么事!病号,让贤不要干扰!"他走出房门外在走廊里还叫喊说:"不要挡路!"

一九六五年一月,第三届人民代表大会第一次会议上,林彪同志被任命为第 付总理兼国防部长。一月十七、八日,即人代会后,罗瑞卿到上海私下对×××同志说"想不到这个人又东山再起了!"为了骗取林彪同志的信任,罗瑞卿对×××同志说"我这次认定"了跟定了,今后弹打不飞,棒打不走,我罗瑞卿死了烧成灰,都忠于林彪同志。"并要×××同志把这些话报告了林彪同志。二月二十日罗瑞卿又到上海,先和×××同志谈了半天,第二天上午去见林彪同志,向林彪同志表示今后他要相信林彪同志的领导,要拥护林彪同志的领导,说今后要"跟定了"。林彪同志指示"要跟党中央毛主席",并要他今后改正过去的一些想法,好々工作。林彪同志因罗瑞卿对×××同志谈了许多不应该谈的话,批评了他。罗瑞卿上午刚讲了要相信要拥护林彪同志和"跟定了"林彪同志的话,下午一到广州,就又大造林彪同志的谣言。

一九六五年二月十四、十五日,×××同志在罗瑞卿的指使下,向叶群同志讲了四条意见,希望她劝林彪同志接受。这四条意见是:第一,一个人早晚要出政治舞台,不以个人的意志为转移,不出也要出,林总将来也要出政治舞台的;第二,要好々保护林总身体,这一点就靠你们了;第三,今后林总再不要多管军队的事情了,由他们去管好了,军队什么都有了,主要是落实问题,不要再去管了;第四,一切交给罗去管,对他多尊重,要放手让他去管。×××同志还对叶群同志讲"罗总长说只要你办好了这件事,罗总长是决不会亏待你的。"×××同志提出后,叶群同志说"这样大的问题,你和我讲是不合适的,你要说请你直接和林彪同志说好。"三月十九日,×××同志到林彪同志处,向林彪同志讲了上述第四条意见的大意,说要多尊重罗,要相信罗,军队的事情放手让罗去管。林彪同志当时严肃地批评了×××同志,并向×××同志指出了一九六 年以来罗瑞卿的思想情况,恶劣倾向及近年来对罗进行批评的经过,×××同志表示他过去受了罗瑞卿的骗,上了罗瑞卿的当。

九六五年×月×日下午,罗瑞卿利用中央常委接见军委××会议人员的机会,给中央常委特别是林彪同志出难题。罗瑞卿事先没有请示报告军委常委,就布置各小组选出代表和他 块向中央常委提意见。他采取"突然袭击"的办法,代头提出要求大易增加部队定额和合并军区的意见。罗

他发言后，就要各军区同志发言，造成妄图　种声势，逼着中央常委马上表态。罗瑞卿这　恶劣作法当即受到林彪同志和中央常委其他同志的严厉批评。罗瑞卿合并军区和大量增加部队定额的主张，林彪同志多年来是一直不赞成的，并且向毛主席请示报告过，毛主席完全同意林彪同志的意见。罗瑞卿在这里是玩了一个阴谋。他的如意算盘是，如果中央常委同意了他的意见，他在就各军区同志的面前显示他的功劳，又达到了打击林彪同志的目的；如果中央常委不同意他的意见，他就可以挑起各军区对党中央和林彪同志的不满。

罗瑞卿曾当着很多人说："汪东兴同志说，主席讲四个第一中人的因素第一这句话缺乏阶级分析。人有好人、坏人，有这个阶级的人，有那个阶级的人。"汪东兴同志证明，毛主席根本没有讲过这些话，汪东兴也没有对罗讲过这些话。林彪同志所提出的四个第一中人的因素第一是就人和武器的关系来说的，这正是毛主席一贯的军事思想。毛主席对林彪同志提出的四个第一，几年来曾多次称赞。罗还造谣说："罗荣桓同志病危的时候，想见一下林彪同志，但林彪同志托病不见。等到罗荣桓同志逝世后林彪同志又去向死人鞠躬，去送葬，这是补过，也是做给别人看的。"罗荣桓的妻子林月琴同志和林彪同志的秘书都证明根本没有这回事，完全是捏造和诬蔑。

一九六五年五月××日即在××会议期间，林彪同志连续批评了罗瑞卿之后，罗瑞卿还和梁必业私下密谈，挑拨林彪同志和罗荣桓同志的关系，诬蔑和攻击林彪同志。

罗瑞卿长期对林彪同志进行封锁，受到林彪同志批评后，虽然他表面上也做过一点假检讨，但是他越权越位，常常以个人名义，以命令口气，向中央书记处的书记、国务院的付总理、中央局大部分省市自治区党委书记，发过大量文件，许多事情他不经调查研究，乱加批评指责和瞎指挥。这种事例很

罗瑞卿为了实现他篡军反党的阴谋，还背着党同一些和他气味相投的人勾勾搭搭、吹吹拍拍，罗瑞卿和杨尚昆、杨献珍、刘亚楼、肖向荣、梁必业的关系是极不正常的。

到会的同志一致认为，罗瑞卿的错误不是一般性质的错误，他是用资产阶级军事路线来反对无产阶级军事路线，是用修正主义来反对马克思列宁主义、毛泽东思想，是反对林彪同志，反对党中央、反对毛主席，他妄图篡取兵权，达到他篡军反党的罪恶目的。他是一个资产阶级极端个人主义的野心家、阴谋家、伪君子，他是打着红旗造反，是一颗埋藏在我们党内军内的定时炸

这次小组会议，大家根据摆事实、讲道理、惩前毖后、治病救人的方针，对罗进行了耐心的教育和严肃的批判，竭力想把他挽救过来，但是他不但毫无悔过认错之意，反而一再向党进行欺骗、抗拒和威胁。他在三月十二日的检讨中，虽然也承认自己犯了一些错误，戴了几顶空帽子，但是在根本问题上还是千方百计进行狡辩和抵赖，并且安下了许多"钉子"，进行反扑和准备日后翻案。他的检讨引起了到会同志极大愤慨，当场受到许多同志批驳。之后又以来不及作好检讨为借口，要求先行散会，大家回去工作，待他准备好之后再来开会。此计不成，三月十八日，他竟以"跳楼自杀"向党进行要挟，自绝于人民，走上了叛党的道路。他在跳楼之前写下的"遗书"，是向党进攻，向会议反扑的毒箭，在遗书中他连前几天承认了的　点点错误也全部推翻了。

会议认为，罗瑞卿的错误发展到这样严重的地步，不是偶然的，是国内外阶级斗争的反映，是有其深刻的阶级、历史和思想根源的。罗瑞卿出身于地主家庭，入党三十多年来，他的剥削阶级立场并没有得到改造。在民族民主革命的时期他在党的领导和帮助下，虽然走过来了，但是到了社会主义革命时期，他同党的距离就越来越大，终于以党内资产阶级当权派的面目站了出来，进行篡军反党活动，作了帝国主义、现代修正主义和各国反动派的应声虫，充当了地、富、反、坏、右的代理人。在各个革命时期，罗瑞卿曾犯过许多错误。例如，在第二次国内革命战争时期他跟着王明路线跑的。在一、三军团的关系和对待四方面军的干部问题上搞宗派主义，破坏团结。在抗日战争时期，彭德怀搞百团大战，给运动群众泼冷水，他是积极支持的。1941年皖南事变后，彭德怀违背党中央的政策，擅自发布"没收大地主的土地，分配给无地少地的农民"的训令，也是他起草的。建国以后，彭、高、饶反党联盟他也是陷进去了的。党中央、毛主席和军委、林彪同志对他作过多次的批评教育。1961年以来，林彪同志以最大耐心，对他的错误终于在近两年恶性发作，来了个大暴露。罗瑞卿的世界观是资产阶级极端个人主义的世界观。为了追逐个人的名利地位，他不择手段，做了各种坏事，直到公开向党伸手。结果就全部暴露了自己的伪装，暴露了自己的原形。

到会同志一致认为，党中央、毛主席和军委、林彪同志及时地觉察了罗瑞卿的篡军反党阴谋，断然地采取了处理这一问题的措施，是非常英明的。继中央上海会议之后，又召开了这次小组会议，彻底揭发和批判了罗瑞卿的错误，粉碎了他篡军反党阴谋，这是毛泽东思想的伟大胜利，是党的正确路线的伟大胜利。这又一次证明了我们的党是一个伟大、光荣、正确的党，证明了我们的军队是党的无比忠实可靠的武装力量。几年来，在党中央、毛主席和军委林彪同志的领导下，军队的工作成绩是伟大的，对罗瑞卿的错误是有抵制的。出了一个反党分子罗瑞卿，丝毫也无损于毛主席亲手缔造的我们解放军的光辉。到会同志一致深信，在粉碎了罗瑞卿的篡军反党阴谋之后，坏事将变为好事。我们党的事业、我们的军队建设和国防建设，都必将得到更大的发展，取得一个又一个新的更加辉煌的胜利。

会议根据罗瑞卿的严重错误及其自绝于党的事实，向党中央提出如下建议：

第一、撤消罗瑞卿在军事系统的各项职务。

第二、撤消罗瑞卿国务院付总理的职务。

第三、撤消罗瑞卿党中央委员会书记处书记的职务。

第四、对罗瑞卿的错误作出政治上和组织上的结论。

第五、把中央工作小组的这一报告和小组会议上的几个主要发言传达到适当的范围，彻底肃清他在各方面的影响。

彭真在这次会议过程中，在一系列的重大政治问题上，对罗瑞卿的错误，采取了缩小、掩护、包庇、支持的态度，并且企图给罗瑞卿待机翻案（接第1页）

坚决捍卫伟大的毛泽东思想
彻底粉碎罗瑞卿篡军反党的阴谋

（杨成武同志揭发材料摘述）

罗瑞卿的错误，不是一般性质的错误，不是偶然性质的错误，不是个别问题的错误，不是局部性质的错误，而是路线错误，是反党、反社会主义、反毛泽东思想、阴谋篡军、阴谋篡党的严重罪行。他妄想用资产阶级世界观来改造我们的军队，他企图通过各种阴谋手法，达到篡军反党的目的。我们和他们的斗争，是党内、军内两个阶级的斗争，是两条路线的斗争，是革命和不革命的斗争，是一场大是大非的斗争。

罗瑞卿擅自决定大比武，反对突出政治，反对毛泽东思想，反对毛主席的军事路线，推行资产阶级军事路线的错误，很多同志已进行了系统的揭发和批判。大家都讲得很好，事实俱在，铁证如山，罗瑞卿不论如何狡辩，也是抵赖不了的。

罗瑞卿不但在政治上犯了路线错误，而且在组织纪律方面也犯了严重错误。最严重的是他向党伸手，进行篡军活动。多年来，他目无组织，锋芒毕露，横行霸道，个人独断。他不尊重毛主席、党中央、军委和军委常委的同志。对于毛主席、党中央、军委和林彪同志所提出的许多方针政策和重要指示，不是阳奉阴违，任意歪曲，就是公开地反对，拒不执行。许多重大问题不请示，不报告，不转达，擅自决定，一意孤行，对上对下实行封锁，一手遮天，为所欲为。特别阴险恶劣的是，他公然反对伟大的毛泽东思想，反对我们敬爱的领袖毛主席。他千方百计地反对林彪同志，打击林彪同志，向党伸手，逼迫林彪同志让贤、让权。至于他在工作上极不民主，作风上横行霸道，压制民主，打击群众，指手划脚，欺侮人，等等，就更不用说了。大量事实说明，罗瑞卿是一个根本没有无产阶级感情的人，是一个根本没有党性的人，是一个野心家、阴谋家、伪君子，是我们党内、军内的极端危险分子。

凡是有野心的人，都是不老实的人，都是要进行投机活动，搞两面手法的人，都必然向党闹独立性，必然向党伸手，这是一个历史规律。罗瑞卿当然也不例外。

现在，对罗瑞卿在组织上的滔天罪行和伸手夺权等问题分述如下：

第一，私自改变毛主席、党中央、军委关于东南沿海对敌斗争的方针。

关于东南沿海对敌斗争，多年以来，毛主席、党中央、军委反复的教导我们说，台湾海峡的斗争，不但对蒋匪的斗争，主要是对美帝的斗争，不但是军事问题，主要是政治问题。它是包括政治、外交、军事、经济和宣传的错综复杂的斗争。因此，对蒋匪采取的一切作战行动，都必须从政治上、战略上加以全面考虑，由党中央根遇整個形势的問題要請示決定，未經党中央批准，任何人不得擅自出兵，越界行动。就是党中央、軍委批准的作战计划，在执行的过程中，也要事前请示，事后报告。林彪同志说：“打第一枪，第一炮，一个班一个排的第一次动作，都是小问题，只有最高统帅才能下决心。因为这個問題同外交紧密联系在一起，同各国的政治态度联系在一起，政治统帅軍事。”这些精神在軍委多次颁布的海边作战时中都明文规定。罗瑞卿对此不是不知道，不懂得，相反的他还常常以此列理由，批评过很多人，可见他对这些问题是非常清楚的。但他自己却违背毛主席、党中央、軍委的这些规定。一九六X年X月，他对福州軍区付参谋长刘飞同志讲，今后海上作战，軍区可以根据情况“积极主动地打击敌人”，“为了不失战机，可以边打边报告。”罗的这次作法，不仅完全违背了毛主席、党中央、軍委规定的方针政策，而且是一个人私自布置的，总参有关付总长和有关业务部门对这件事毫无所闻，党中央、軍委领导同志也没有人知道。直至福州軍区请示如何执行罗瑞卿的这个指示时，才知道。党中央、軍委认为罗瑞卿的这一作法是非常错误的，非常危险的。以后軍委纠正了这个错误。

第二，在民兵工作三落实的问题上和毛主席唱反调

毛主席自一九六二年六月以来，对民兵工作三落实作过四次重要指示。一九六二年六月曾两次指示说：“民兵工作要做到组织落实、政治落实、軍事落实，民兵组织一定要搞好班、排、连，要搞好，要有强的干部。”一九六四年六月又进一步指示说：“民兵工作首先搞组织落实，要把民兵好好整顿一下。一个组织，一个政治，一个軍事。”一九六五年四月更进一步明确指示说：“搞四清，要把民兵搞好，首先是组织落实，有没有队長、班長，组织起来没有，首先是有没有，然后讲政治。民兵第一是组织落实，第二是政治落实，第三是軍事落实。”

罗瑞卿对毛主席的指示都公开唱反调。他在一九六四年九月軍委办公会议第七次扩大会议上说：“民兵三落实，首先是政治落实，在政治落实的基础上，再做到组织和軍事的落实。”一九六四年十一月在民兵政治工作会议上，他又进一步说：“民兵三落实首先是政治思想落实，组织和軍事才能落实。”“如果政治上不搞好，思想上不搞好，那个组织不落实还好一点，越落实，被坏人夺去了领导权或者被一些干部掌握住了，那个越落实就越会干坏事。所以，还是政治第一，要把关系搞清楚。”

罗瑞卿这些讲法，不仅篡改了毛主席关于民兵工作三落实的指示，而且是公开地“教训”起毛主席来了，指责毛主席把三落实的关系没有搞清楚。这是何等狂妄！

第三，不执行毛主席关于建立地方武装的指示。

毛主席早在一九六〇年就明确指示，要从主力軍中抽出若干个师给沿海各省，作为地方武装的骨干。毛主席这个指示是一个重大的战略决策，是恢复我軍传统体制，即主力軍、地方軍、民兵

民兵结合的体制的大问题，是贯彻人民战争的大问题，也是使主力军更好机动的大问题。罗瑞卿对这一指示，既不传达，也不布置执行，竟然拖了近五年之久，总参有关副总长和业务部门谁也不知道，直至一九六四年六月，七月，毛主席又连续两次在会议上提出这一问题，并且指定要从正规部队中拨出××个师，给沿海各[illegible]
同时对罗严厉批评之后，罗瑞卿才被迫布置。但是他怎样布置执行的呢？在一九六四年九月军委办公会议第七次扩大会议上，他一方面推卸责任说：“主席在几年前就讲过了，就是没有落实，这是我们这些人的责任。当然，我们也考虑过，就是优柔寡断，议而不决，决而不行。”另一方面他又告诉大家，毛主席的指示还可以打折扣。他说：“究竟抽调完整的建制师，还是抽调一部分建制部队补充一下新兵，或者是补充新兵和原来的地方武装合并组建，还可以研究。”罗瑞卿的这种作法，和毛主席的指示精神是不相符合的，对毛主席的指示，可以拒不执行，可以马马虎虎，仅从军事纪律来讲，也是绝对不能容许的。

第四，不准传达总理和军委常委关于检查昆明军区作战问题的指示(略)。第五，不尊重军委和军委常委各同志。

一九六〇年二月广州军委扩大会议和一九六二年一月中央七千人大会时林彪同志代表军委曾经多次明确提出，新军委实行集体领导下分工负责的原则，宣布了军委常委各同志的分工，并说：“党的军委会组织了常委，重大问题集体讨论。但是罗瑞卿不仅不尊重军委和常委各同志的领导，还经常借题发挥，讽刺挖苦。

(一)许多重大的军事行动和作战计划不向军委常委请示报告。如一九××年拟制的××协同作战计划和一九六五年九月十月在中印边境的两次军事自卫行动，罗瑞卿均未向军委常委请示报告。罗瑞卿极力辩解说，军委常委的同志，外出的外出，开不成会。但这种辩解是无用的。处理这几件事时，恰好军委常委的多数同志都在北京。退一步说，即使军委常委同志不在北京，也应该在电话上或者派人或者亲自去请示报告。用这些话作为不向军委常委请示报告的理由是根本站不住脚的。也许罗瑞卿还会狡辩说，这些事情都报告中央了，军委常委可以不必开会研究，同时当时忙得很，来不及向军委常委同志请示报告，但这种辩解也是无用的。那时罗瑞卿既然有时间跳午[illegible]舞、看戏看电影、接见文工团等等，难道向军委常委报告一声就没[illegible]时间？都没有可能？都没有必要，退后一步说，即使事前来不及[illegible]示报告，事后也应该报告嘛！可是有些事，事后也没有报告。

(二)有时军委常委开了会，作了决定，但一不合罗瑞卿的意，他就发脾气，顶回去。例如××年×月，军委常委开了会，讨论了中印边境斗争和军工生产两个问题，常委同志要作战部向罗瑞卿报告一下常委的意见，请他考虑决定。罗瑞卿听了以后就大发雷霆，当着很多人的面，连着说：“不要迷失战略方向”“请问什么地方影响了军工生产？”显然这是公开地对抗军委常委。

(三)罗瑞卿对军委常委各同志是很不尊重的，经常借题发挥，讽刺视若。当然，他对军委常委各同志不尊重的程度和表现方式是有区别的，但不　尊重是共同的。例如：××年×月×日，罗瑞卿在国防工业会议上说：“军代表制度是不相信……，不相信群众的表现　是违反毛泽东思想的。”聂荣臻同志知道这件事后，曾于七月七日当面告诉他：“一个制度的改变应当慎重考虑。”七月八日林彪同志也曾两次指出，他完全同意聂荣臻同志的意见，军代表制度在未弄清情况以前暂时不动。然而××年×月×日，罗瑞卿在全国科技交流与保密工作会议筹备会上，却气势凶凶地说：“有人说取消军代表制度是彭黄思想，我就要冒这个风险。”

××年×月×日军委××会议结束后，作战部起草以军委的名义给毛主席，党中央的综合报告稿中，曾提到林彪同志根据毛主席关于战略问题的指示精神，在会议期间所作的许多重要指示，对大家正确理解毛主席的指示精神，统一思想，统一认识，启发很大，教育很深。这个报告草稿送罗瑞卿审查时，他要秘书邓汀同志告诉作战部说：“是军委向主席，中央的报告，写这么多林付主席，不好。你们再考虑考虑。”作战部接到这个电话后，经过反复研究，认为还是应该写的。并认为林彪同志再次强调突出政治和反复提醒大家要有大预备队思想，这两个问题必须具体写上。作战部写好后又送罗瑞卿审阅，他都又把“林彪同志”改为“我们”。稿退回后，作战部认为，“我们”两字太不确切，因为　定要突出政治和一定要有大预备队思想，这些观点本来就是林彪同志在这次会议上强调提出的，而且有鲜明的针对性为什么不能写呢？

××年×月，罗瑞卿在国防工业会议上攻击国防科委说：“我对国防科学技术工作想起一付对联、从资料到资料，从设计到设计，横额是‘一事无成’。并且说，这横额是他儿子替他想的。实际上这也是对×××同志的恶意攻击。

一九六四年十二月罗瑞卿在讨论他在人大会上的发言稿时，当着很多人说：“×××的工作　主席不大满意，当然有些也是满意的”。“×××是老犯教条主义错误的人。”“×××办过一件好事，即在草地时反对过张国焘要红军打红军的主张。”言外之意是×××同志除了这件事以外，再没有办过好事了。

第六，封锁

罗瑞卿对军委甚至对党中央，特别是林彪同志，是实行封锁政策的。林彪同志由于罗瑞卿长期封锁，从一九六　年起，曾对他多次进行批评教育，希望他通气，希望他改正错误，但他仍然不改。许多重大问题，自己不报告不请示，也害怕和不准别人去报告，去请示。例如：

㈠一九六五年四月，林彪同志对干部工作作了明确指示　说今后军队×级以上干部和总部各部部长的任免，要先请示报告军委常委各同志，然后再上报党中央审批。根据林彪同志的指示，向罗瑞卿和军委办公会议以及总参，总政作了传达。但罗瑞卿对林彪同志的指示置若罔闻。一九六五年五月，全军中将以上干部的定级，罗瑞卿未请示报告林彪同志和军委批准，就擅自决定删军委的意见上报中央书记处，待到中央书记处批了以后，才送给林彪同志传阅。事后，罗瑞卿还说：干部提级的报告，是一个技术性问题，不是政治性问题，不是原则问题，用不着一个一个请示。罗瑞卿的这种作法是根本站不住脚的。因为(1)毛主席早就说过："政治路线确定之后，干部就是决定的因素。""领导者的责任，归结起来，主要地是出主意、用干部两件事。"(2)这些干部都是军队的高级以上干部，必须慎重考虑。(3)林彪同志刚刚打了招呼，罗瑞卿这样做是明知故犯的。(4)罗瑞卿事后说的这些话，也是违反组织纪律的。

(二)一九六五年一月中央工作会议以后，在谈到通气问题时，罗瑞卿对林彪同志说："问题是在于做的对不对，不在于请示不请示。"这是何等狂妄的态度，是他坚持封锁、毫无组织纪律观念的自供。

(三)罗瑞卿经常以照顾林彪同志和军委常委各同志身体为借口，不让人去请示工作和汇报情况。若谁去请示工作和汇报情况，他就训斥、打击。例如一九六五年九月，林彪同志由××去××之前，在北京住了三天，罗瑞卿主动的给×××同志打招呼说："林总今天已到北京，身体不好。"叶群同志在电话上和我说："林总什么人也不见。"并说："我不去看林总了，你们也不要去。"

(四)一九六五年四月十三日半夜，即我国第二颗原子弹爆炸的前夕，杨成武同志看到最后决定原子弹爆炸时间的文件之后，将这份文件亲手签封，交作战部的参谋送到罗瑞卿的宿舍。罗瑞卿看过后，很不高兴地对作战部的参谋说："不是讲过了吗？军委的文件我先看，总参送阅传阅的文件由他(指杨成武同志)先看。他给总参[illegible]下文件就行了，文稿无效[illegible]。"足见罗瑞卿垄断和封锁到了何等程度。这里还要说明的是，罗瑞卿在原子弹爆炸的问题上捞了不少资本，但实际他对原子弹爆炸的事是很不负责的。第一颗原子弹爆炸时，他去济南看大比武。第二颗原子弹爆炸时，总理等领导同志彻夜值班，他却照样睡他的大觉。

(五)一九六五年十一月二十八日，罗瑞卿去林彪同志处，就对林彪同志提出九个重要问题，他根本没有转达。林彪同志问他知道毛主席在什么地方？罗瑞卿说："我不知道，只知道主席坐火车到很远很远的地方去了。"实际上他是刚刚去××送毛主席到××去的。

(六)罗瑞卿身为中央书记处书记、军委秘书长、总参谋长，但是他向来没有正式地系统的向干部传达过中央会议的精神和毛主席、党中央的指示。有时，他虽然也传达一点，但很少原原本本地讲述，而且常常同他个人的话搅在一起，使大家搞不清楚究竟哪些是毛主席、党中央的指示，哪些是他本人的东西。

第七 撒谎、造谣、挑拨、抵赖

罗瑞卿是一个最善于撒谎、造谣、挑拨、抵赖的人。他已撒谎成性，而且情节极为恶劣。例如：

(一)一九六四年十二月，罗瑞卿在修改他在人大会上的发言稿时

第二、罗瑞卿目无组织纪律，个人专断，搞独立王国，破坏党的民主集中制

前面说的罗瑞卿个人擅自决定大比武，反对林彪同志突出政治的指示，在公安部搞"十无运动"等等，不但在政治上是严重错误，而且在组织纪律方面，也都是严重的错误。

关于东南沿海对敌斗争的方针问题，毛主席、党中央、军委曾多次明确指示，台湾海峡的斗争，不单是对蒋匪的斗争，主要是对美帝的斗争，不单是军事问题，主要是政治斗争。因此对蒋匪采取的一切作战行动，都必须从政治上、战略上加以考虑，由党中央根据整个形势的需要掌握决定，未经中央批准，任何人不准自作主张，轻举妄动。罗瑞卿不请示毛主席、党中央和军委，竟然于一九六×年×月×日私自指示福州军区"今后海上作战，军区可以根据情况，积极主动地打击敌人"，"为了不失战机，可以边打边报告"。

罗瑞卿对许多重大的军事行动和作战计划，往往不向军委常委请示报告。有时军委常委开了会，作了决定，只要不合他的意，他就发脾气，顶回去。

关于国防工业建设和国防科学技术工作等问题，党中央、毛主席和军委都制定了一系列正确的方针和政策。但是罗瑞卿不但不贯彻执行，反而任意篡改和取消。一九六×年底，他在国防工业办公会议上竟狂妄宣布一系列违犯军委指示的言行。他否定聂荣臻同志直接领导的国防科委所取得的重大成就。在我们的原子弹出来以后，他还狂妄地攻击国防科研工作是"从资料到资料，从设计到设计，一事无成"。

林彪、聂荣臻同志，不同意罗瑞卿提出的，在国防工业中马上取消军代表制度的主张，多次指示"军代表制度的改变应当慎重考虑，在未弄清情况以前暂时不动"。罗瑞卿却狂妄地说"军代表制度是不相信党、不相信群众的表现"，"有人说取消军代表制度是彭黄思想，我就敢冒这个风险"。

罗瑞卿在公安部工作的时期，就有很多无组织无纪律的错误。例如一九四九年十一月，他不请示毛主席、党中央和军委，即擅自决定，将军队系统警卫北京的两个师和一个团，改为公安部直属的人民公安中央纵队，归公安部建制。此事受到了毛主席和军委的批评。以后他又积极地扩大公安部队，并且企图建立公安工作和公安部队的垂直领导系统，竭力扩展自己的权力。

罗瑞卿还利用各种机会，当着下级干部的面，散布流言蜚语，破坏军委领导同志的威信。他对林彪、聂荣臻、陈毅、刘伯承、徐向前、叶剑英同志和已故的罗荣桓同志，都曾妄加议论和攻击诽谤。

罗瑞卿窃据党中央书记处书记、军委秘书长、总参谋长的职务，但是他很少认真地系统地向干部传达党中央会议的精神和毛主席、党中央的指示。有时虽然他也传达一点，但很少原原本本地讲述，而且常常和他个人的话搅在一起，使干部搞不清楚究竟哪些是毛主席、党中央的指示，哪些是他自己的东西。罗瑞卿还对党中央，对军委，特别是对林彪同志实行封锁。林彪同志自一九六一年以来，曾对他进行多次批评教育，希望他通气。一九六五年四月，林彪同志又明确指示，今后军队×级以上干部和总部各部长的任免，要先请示报告军委常委各同志，然后再上报党中央审批。罗瑞卿对这一指示却置若罔闻。一九六五年五月，全国中将以上干部的定级，他不请示报告

不实的规定，也欺骗了周总理和林彪同志。

(五)罗瑞卿曾多次造谣，诬蔑林彪同志，挑拨林彪同志同其他领导同志的关系，例如他先后向杨成武等同志说：罗荣桓同志病危的时候，想见一下林彪同志，但林彪同志托病不见。等到罗荣桓同志逝世后，林彪同志又去向死人鞠躬，去送葬。这是讲出，也要做给别人看的。这是彻头彻尾的造谣和挑拨。

(六)一九六五年五月，钟创成、方强等同志调到工业口工作时，罗瑞卿一方面告诉总政干部部研究他们的提升问题，一方面又在军委办公会议第250次会议讨论总政根据他的指示所写的报告时说："这些人的提升问题，按照林副主席的指示办，愿提的就提，不愿提的可以不提。"实际上林彪同志根本不知道这回事。

第八　伸手

罗瑞卿为了达到其反党的目的，已公开伸手，这可以从以下几个方面的材料中清清楚楚地看出来。

(一)一九六四年国庆节后，罗瑞卿到林彪同志处，当谈到干部问题时，公开要林彪同志"让贤"。他借题发挥，声色俱厉地说："病号嘛，就是养病，还管什么事，病号让贤，不要干扰。"他走出屋子后，还在走廊里说："要让路"。

(二)×××同志说，一九六五年□月十七、八日，即人代会后，罗瑞卿到上海对×××同志说："没有想到这个人（指林彪同志）又东山再起了。"可见林彪同志任第一副总理兼国防部长，他是很不高兴的，也是出乎他的意料之外的。这时，罗瑞卿知道再继续逼林彪同志"让贤"不行了，就马上改变手法，故意向×××同志说："我这次认错了，跟定了，今后弹打不飞，棒打不走，我罗瑞卿死了烧成骨灰，都忠实于林总。"并托××同志把这些话报告了林彪同志。二月二十二日，罗瑞卿又到上海，先和×××同志谈了半天，第二天上午去见林彪同志，表示今后他要相信林彪同志的领导，更拥护林彪同志的领导和"跟定了"林彪同志。林彪同志表示："应该是跟毛主席、党中央，我一贯拥护毛主席、党中央，对自己有信心。我万一犯了错误，你可以走开，不但是你，就连我的妻子儿女也都要他们走开，因为多一个革命的总比少一个革命的好。如果我们没有工作关系，一百年不来也没有关系。你是总参谋长，我虽然担任国防部长，一些情况也不了解怎么办？现换了工作我要负责的。"并要他改正以前的一些想法，好好工作。林彪同志还批评罗瑞卿不应该和×××同志去谈那些不应该谈的话。罗瑞卿通过×××同志和自己亲自向林彪同志讲的这些话，完全是为了骗取林彪同志的信任，以便为通过×××同志劝林彪同志让贤创造条件，这完全是权术。罗瑞卿二月二十三日上午讲了更加相信更加拥护林彪同志的话，下午坐飞机一到广州，就又对林彪同志大造谣言了。如在林彪同志和罗荣桓同志的关系等问题上对林彪同志进行的造谣污蔑，都是罗瑞卿到广州后说的。

(三)一九六五年二月十四、五日，罗瑞卿要×××同志向叶群同志讲了四条意见，并让他对林彪同志转达。这四条是：(1)一个人早晚要出政治舞台，不以个人的意志为转移，不出也要出，林总将来也要出政治舞台的；(2)要好好保护林总身体，这一点就靠你们了；(3)今后林总再不要多管军队的事情了，由他们去管好了，军队什么都有了，主要是落实问题，不要再去管了；(4)一切交给罗去管，对他多尊重，要放手让他去管。×××同志并对叶群同志讲："罗总长说只要你们做好了这件事，罗总长是决不会忘记你们的。"叶群同志当即对×××同志说："这样大的问题，你和我讲是不合适的。你要说，请你直接和林彪同志说好了。"叶群同志回家后，立即把×××同志讲的四条意见，报告了林彪同志。二月十六日，×××同志到林彪同志处，亲自向林彪同志又说了上述第四条意见大意，要林彪同志多尊重罗，应相信罗，军队的事情放手让罗去管。林彪同志严肃地批评了×××同志，并向×××同志说明了一九六〇年以来罗瑞卿的思想情况和恶劣倾向，以及几年来对罗进行批评的经过。××同志表示他过去受了罗瑞卿的骗，上了罗瑞卿的当，并说："罗是资产阶级的政治家，我是贫农儿子，我太单纯了。"这次谈话长达三小时左右。临走时，×××同志又向林彪同志建议说，叫罗瑞卿[illegible]，但又要提高警惕。过了几天，×××同志又把叶群同志找去了，进一步说："我上了罗瑞卿的当，被他说服了。前几天我讲的那些意见统统收回，我错了。"叶群同志回家后，又把×××同志的这些意见报告了林彪同志。

(四)一九六五年四月十九日，杨成武同志到上海去看×××同志病的时候，×××同志已几天不吃饭了，脾气特别大。我劝他好好休养。×××同志脾气很大地说："姓罗的是什么东西！什么家伙！我上了他的当，我什么都给林总讲了。我再不上他的当了。"杨成武同志当即还劝×××同志说，你不要急躁，希望你好好养病，把身体养好。×××同志的气特别大。

(五)利用中央常委接见军委××会议人员的机会，给中央常委特别是给林彪同志出难题。

一九六五年五月××日下午，中央常委在人民大会堂接见了参加军委××会议的全体同志。在接见之前，罗瑞卿背着林彪同志策划选出代表和他一块向中央常委提意见。在接见中，罗瑞卿带头提出要求大量增加部队定额和合并军区的意见。这些问题，事前罗瑞卿并未报告林彪同志和军委常委其他同志，完全是"突然袭击"。他发言后，就要各军区的同志发言，妄图造成一种声势，逼着中央常委当场表态。罗瑞卿这一恶劣做法，当即受到林彪同志和中央常委其他同志的严厉批评。本来，罗瑞卿所提出的合并军区、把总部领导机关变成总参谋部业务部门和大量增加部队定额的意见，林彪同志多年来是一直不赞成的，并且向毛主席作了汇报，毛主席完全同意林彪同志的意见。这一情况罗瑞卿非常清楚，但他不仅不坚决贯彻执行，向各军区参加军委××会议的同志作解释说服，反而有计划地别有用心地向中央常委和林彪同志提出难题。如果中央常委同意了心的意见，他就在各军区同志面前，显示他的功劳，又达到了打击林彪同志的目的。如果中央常委不同意他的意见，他就可以挑起各军区对党中央和林彪同志的不满。这是一个阴谋。也许罗瑞卿会辩解说，我是利用中央常委接见的机会向党中央请示嘛！但这是无用的。(1)你既然知道主席和林彪同志不同意这些意见，为什么还要在大庭广众之中去提？(2)你既使要提，为什么不先向林彪同志和军委常委请示，得到同意以后再提？(3)你即使请示中央常委，为什么要采取这种方式？

第九　反对学习毛主席著作，极力贬低毛泽东思想的伟大意义

毛主席是我们的伟大领袖，是当代国际共产主义运动的伟大领袖，是活着的马克思列宁、他不仅创造性地继承了马克思列宁主义，而且大大地发展了马克思列宁主义，把马克思列宁主义推进到新的高峰。毛泽东思想就是当代最高最活的马克思列宁主义。中国要兴旺，要靠毛泽东思想。世界革命要胜利，也要靠毛泽东思想。这是全党、全国人民和全世界革命人民公认的真理。对毛泽东思想采取什么态度，是革命或反革命，是真革命或假革命，是共产党员或假共产党员的试金石，是衡量共产党员党性的重要标志。我们对国际革命运动，最重要最有效的援助是支援毛泽东思想，而不是武器、弹药、物资和金钱。我们每一个革命者、共产党人，对于伟大的毛泽东思想，都应该热爱她，坚信她，依靠她，学习她，宣传她，实现她，保卫她。但是罗瑞卿却相反，他反对学习和宣传毛主席著作，极力贬低毛泽东思想的伟大意义。例如：

他不同意把毛主席的书当作我们全军各项工作的最高指示。一九六五年十一月，林彪同志提出对突出政治的五项原则后，罗瑞卿于一九六五年十一月二十八日，在××对林彪同志说："把毛主席的书当作我们全军各项工作的最高指示不符合我们国家的体制。"

他不同意说毛泽东思想是当代最高最活的马克思列宁主义，是当代马克思列宁主义的顶峰。一九六五年六月廿九日，在讨论再版《毛主席语录》前言时，总政在前言中写了"毛泽东思想是当代最高最活的马克思列宁主义"。罗瑞卿说："不能这样讲，最高难道还有次高的吗？难道不能再高了？最活难道有不活的吗？内部讲还可以，对外讲不行。"这样，他就把上面一句话去掉了。在讨论中他还说："毛泽东思想是当代马列主义顶峰，这句话也不能这样提，对外国影响不好！"一九六五年七月，《解放军报》社论中所写的"毛泽东思想是当代最高最活的马克思列宁主义"也被罗瑞卿统统砍掉了。

他不同意提毛泽东思想的形成，包括有毛主席"个人天才"的因素。一九六一年十二月，讨论林彪同志在七千人大会上的发言稿时，叶群同志提出，稿中"在党和人民集体奋斗中形成的毛泽东思想"这句话的意思不完备，应加上"个人天才"的因素。

罗瑞卿不同意这个意见，并说："现在没有人再敢提个人天才了，"坚不准写上。

他不同意给民兵们提学习毛主席著作的任务。根据林彪同志的指示，民兵中学习毛主席著作的活动，许多地区已经开展起来，收到了很好的成效。但罗瑞卿却不同意这一作法。在军委办公会议修改民兵工作会议纪要时，罗瑞卿主张民兵学习毛主席著作，只能发动，不能组织。在1965年十月军委办公会议第九次扩大会议上他又讲："不要单独给民兵们提学习毛著任务。"

他不同意对外国人介绍和宣传"读毛主席的书，听毛主席的话，照毛主席的指示办事，做毛主席的好战士，"这四句话。一九六五年十一月二十三日，总参党委扩大会议正在批判肖向荣不准向外国人介绍和宣传毛泽东思想时，罗瑞卿要秘书打电话给主持总参党委扩大会议的王新亭同志说："林副主席讲的，读毛主席的书，听毛主席的话，照毛主席的指示办事，做毛主席的好战士，"这四句话是对我们自己说的，对外国人讲要注意策略一点。"实际上，他就是不同意向外国人讲这四句话。

以上事实，分析说明，罗瑞卿反对学习毛主席著作，贬低毛泽东思想的伟大意义是由来已久的。这些事都是有人证物证的。

事实胜于雄辩。现在揭发出来的材料，已经很清楚地告诉我们：

一、罗瑞卿擅自决定大比武，极力反对林彪同志突出政治的指示，是他资产阶级思想和资产阶级军事路线的大暴露。他企图用他的资产阶级军事路线，来篡改我们的以毛泽东同志为代表的无产阶级军事路线，以他的资产阶级世界观来改造我们的军队。

为什么说罗瑞卿推行的是资产阶级军事路线呢？这不仅从大比武，从反对突出政治中可以看出来，而且可以从其他许多方面看出来。为了明显起见，我们不妨比较一下。

在军队建设问题上：

无产阶级军事路线告诉我们，军队中各项工作必须突出政治。政治是统帅，是灵魂，人的因素，政治思想的因素是战斗力诸因素中的首要因素，政治工作是我军的生命线，军事要服从政治。罗瑞卿反对突出政治，削弱政治工作，搞什么单纯军事技术的大比武，说什么"反对空头政治家"，说什么军事政治并重，或者要搞什么政治和业务的辩证关系等等。实际上是要政治服从军事。

无产阶级军事路线告诉我们，军队必须置于党的绝对领导之下。军队是无产阶级革命和专政的主要工具之一，只能是党指挥枪，而决不允许枪指挥党。罗瑞卿却妄图把军队和党对立起来，毛主席的指示，党中央、军委和林彪同志的指示，他不可以不执行，唱反调。或者阳奉阴违。许多重大问题不请示，不报告，个人独断。显然，他是闹党内独立性，搞"独立王国"。在他看来，军队乃是他向党伸手的工具

无产阶级军事路线告诉我们，军队要实行民主集中制，要充分发扬民主作风，实行群众路线，实行官兵一致、上下一致，军民一致的原则。罗瑞卿则处处搞个人独断。对上不尊重、对下无民主，对人对事

不讲原则，常々是从自己的喜怒哀乐出发，一言堂，训斥人，打击别人，抬高自己，完全破坏了党和军队的根本制度——民主集中制。

无产阶级军事路线告诉我们，人民军队的体制应该是主力军，地方军和民兵游击队相结合，军队的体制应该服从人民战争的要求。罗瑞卿却只看到主力军，而对地方军和民兵的建设漠不关心。

无产阶级军事路线告诉我们，"一切行动听指挥"是我军三大纪律的第一条。罗瑞卿却破坏纪律，不听指挥。

在作战问题上：

无产阶级军事路线告诉我们，人民军队不是单纯地为了打仗而打仗，一切军事行动，首先要从政治上，战略上加以考虑，要服从政治、外交斗争的需要，政治统帅军事。罗瑞卿则是单纯的从军事上，从战术技术上看待问题，他对我军指挥作战的错误指示，就是最明显的例证。

从上述两条路线的比较中，完全可以清楚地看出，如果按照罗瑞卿这样的军事路线去办，我们的军队，少则几年，多则十几年，就会变质，就会变成一支蒙昧无知的，只懂得单纯军事技术的，只懂得服从资产阶级命令的资产阶级军队。就会变成个人野心家的工具。革命的军队就会变成反动的军队。这是何等危险的大事呀！

当然，我们的军队是毛泽东同志亲手缔造和培养起来的无产阶级革命军队，是在党绝对领导下的革命军队，是有坚强政治素质的革命军队，是久经锻炼的伟大军队，罗瑞卿妄想实现他的篡军反党阴谋，是绝对办不到的。

二、罗瑞卿是一个极端的资产阶级个人主义者，是一个无组织无纪律的人，是一个典型的投机分子。在很多问题上，他不是按党的原则办事，而是投机，看风使舵。凡是对他有利可图，有名可占有权可夺的事，他就抢着干。什么特长呀！跳伞呀！游泳呀！抢救飞机呀！搞文革呀！发表讲演呀！大比武呀！工作组呀！等々，他特别积极，特别感兴趣。

但当某事对他不利，或者没有油水可捞的时候，他就推卸责任，嫁祸于人。别人只能做他的走卒，为他拍手，决不能批评他的缺点和错误，决不能说一个不字。他的人生哲学是非常典型的实用主义者和唯我论者。

三、罗瑞卿是个野心家、阴谋家、伪君子，是我们党内军内的极端危险分子，是一颗"定时炸弹"。他近几年来之所以特别仇视林彪同志，打击林彪同志，集中力量攻击林彪同志，并不是他和林彪同志有什么私人恩怨，而是由于他的地主阶级本能和个人野心所驱使的，他想从这里打开一个篡军反党的突破口。因为林彪同志是党中央副主席，军委副主席，第一副总理兼国防部长，是坚决贯彻毛泽东思想的是毛主席的亲密的战友，是在军内，党内有崇高威望的领导者，又是罗瑞卿的直接老上级，是他实行个人野心的最大障碍。罗瑞卿要搞野心，就非攻击林彪同志不可，他妄想把林彪同志攻击倒。如只要能把林彪同志搞倒，不仅军队大权可以落入他手，而且为他进一步篡党篡国做好了准备。因此，他反对林彪同志就是篡军，就是反党，反毛主席、反中央。他不仅集中力量攻击林彪同志，还直接反对毛主席。他反对学习毛主席著作，极力贬低伟大的毛泽东思想。他对毛主席的怀疑不满，对毛主席的指示对抗，对毛主席的造谣污蔑，和对党中央、军委其他领导同志的攻击，完全证明他是一个反党分子。毛主席反复地教导我们说："军队是无产阶级专政的主要工具之一，请同志们永远要记住这一条。在军队里头不能闹到反对党中央，破坏党的团结，这是不许可的。无论那年，无论那个时候，都是不许可的，绝对不许可的。"

四、罗瑞卿篡军反党的伎俩是打着红旗造反。他的主要理论是折中主义，他就是机会主义和修正主义。他的主要手法是阴谋权术。他反对突出政治的九篇讲话，是最典型的折中主义（即机会主义）的观点，到处都是阴阳话，从形式上看是正面的，实际上是反面的；看起来好像是辩证法，实际上是诡辩论，猛然一听好像是全面观点，仔细一想都是折中主义。至于他的言行，那是说的一套，做的一套，当面一套，背后一套。罗瑞卿为什么要这样转弯抹角呢？这是时代特点所决定的。因为二十世纪六十年代是世界革命斗争空前高涨的时代，是毛泽东思想伟大胜利的时代，毛主席、党中央和林彪同志在群众中的威望极高，罗瑞卿知道，在这个时代，要公开反对毛主席、党中央和林彪同志，马上就会身败名裂。因此，只好把自己装扮起来，打着红旗造反，或者像列宁在《唯物主义和经验批判主义》一书中所说的，那就是"跪着造反"。但也正因为他打着红旗反红旗，他的欺骗性就更大，危害性也更大，"因为打起红旗造反，叫人不易看穿。"所以，更要引起我们的高度警惕。

罗瑞卿犯错误是偶然的吗？不，他犯错误是有其深刻的思想根源、社会历史根源和阶级根源的。

首先，罗瑞卿是一个地主家庭出身的，是一个老知识分子。他组织上入了党，思想上并没有入党，资产阶级思想在他脑子里是根深的。为了个人得权得势，他什么坏事都可以做得出来，什么手段都可以使得出来。

其次，目前国际形势正处于一个大动荡、大分化、大改组的时期，是革命与反革命力量进行大较量的时期。帝国主义、修正主义和各国反动派正在进行拼命挣扎，正在拼命搞反华大合唱，把它们的战略矛头指向中国。我国国内的社会主义更加深入，阶级斗争更加尖锐。这些国际国内的阶级斗争，自然要反应到党内军内来。我们越是突出毛泽东思想，越是要突出政治，阶级敌人就越害怕，越感到没有藏身之地，就越要挣扎，越要反抗。罗瑞卿近几年来之所以拼命的反对突出政治，反对毛泽东思想，拼命地搞篡军反党活动，就是这个道理。

再次，罗瑞卿很可能错误地估计了形势。近几年来，由于毛主席、党中央，特别是林彪同志的英明领导，由于全党全国人民对军队的无比关怀和大力支持，由于全军同志的共同努力，由于大学毛主席著作，突出政治，坚持四个第一，大兴三八作风，开展四好运动等，军队各方面工作都取得了显著成绩。毛主席、党中央又号召全国都要学习解放军。罗瑞卿就贪天之功为己功，把解放军工作成绩的功劳完全挂在他的帐上。加上这几年来他的名望越来越大，权力越来越集中，不仅军队归他管，国防工业归他管，而且很多地方工作，党的工作，他也乱加干涉。不仅国内的事他可以管，国际上的事他也很有说话和插手的机会。因此，他很可能自以为很高明，自以为了不起，自以为很有本钱，于是就迫不及待地向党伸手，公然进行篡军反党活动了，真是利令智昏！其实他完全打错了算盘，在伟大的毛泽东时代，推行篡军反党的阴谋活动，只能遭到可耻的失败。

罗瑞卿的错误，是反对突出政治，反对毛泽东思想，反对毛主席军事路线，推行资产阶级军事路线的错误，是资产阶级个人野心家，阴谋家，篡军反党的错误，是阴谋搞反革命政变的严重罪行。我们和他的斗争，不是一场可有可无的斗争，不是某一个具体问题上的斗争，不是对某一个偶然犯错误者的斗争，而是一场维护[illegible]，捍卫毛泽东思想，捍卫毛主席军事路线，反对资产阶级军事路线，反对资产阶级个人野心家篡军反党阴谋的大是大非的斗争，是颠覆反颠覆，夺权反夺权的斗争，是一场严重的阶级斗争，也是一场不可避免的斗争。阶级斗争是尖锐的无情的。在这场斗争中，我们必须高举毛泽东思想伟大红旗，坚决与罗瑞卿进行斗争，彻底粉碎他的阴谋诡计，为捍卫毛泽东思想，维护党和军队，我们的革命事业，在粉碎了罗瑞卿的篡军反党阴谋之后，一定会更加兴旺地飞跃前进。坏事变成了好事。在这场斗争中，我们又受到一次深刻，最生动，最实际的毛泽东思想的教育。使我们更加深刻地认识到必须认真的学习毛泽东思想，坚决地按照毛主席的指示办事，把毛主席的书当作我们各项工作的最高指示，彻底地改造自己的思想，全心全意地当一辈子老实人，当一辈子党的驯服工具，这是最重要，最急迫的任务。

附件二：高举毛泽东思想伟大红旗肃清罗瑞卿在公安工作中散布的资产阶级毒素

（谢富治同志揭发材料摘述）

我完全同意中央这次会议对罗瑞卿的反党活动所作的彻底揭露和严肃批判。对罗顽固的坚持反党立场，拒绝党的教育，可耻的用自杀的背叛行为来同党对抗我们十分愤慨。

我们同罗瑞卿的篡军反党活动的斗争是一场激烈的尖锐的阶级斗争，中央 毛主席和林彪同志及时的把这个危险的反党分子揭露出来，消除了我党我军的一个重大隐患，非常英明非常正确。这是一场大是大非的斗争，是突出政治同单纯军事观点的斗争，是毛主席的军事路线同资产阶级军事路线的斗争，是马克思列宁主义、毛泽东思想同资产阶级修正主义思想的斗争，这个斗争对于捍卫毛泽东思想，捍卫毛主席、党中央的正确路线、保卫党的纯洁性，保卫党在军队中的绝对领导、反对和防止修正主义都有极为深远的意义。

罗在公安部工作了十年。他在公安工作中也曾经散布了大量的资产阶级毒素，现在我就下面几个问题，发表一些意见。

（一）"十无运动"是反对毛泽东思想、反对阶级斗争、反对社会主义的。

一九五八年罗大搞"十无"，无论从他的言论来看，还是他的行动来看，都是反对社会主义，反对阶级斗争，反对无产阶级专政，是反马克思列宁主义毛泽东思想的。

罗在大搞"十无"运动中，同毛主席关于社会主义社会存在着阶级和阶级斗争的理论，大唱反调。他到处大放取消阶级斗争的谬论，他在很多地方很多场合，极力鼓吹和推行无反革命、无盗窃、无流氓阿飞，无火灾、无事故之类的"十无"运动，他一再鼓吹，只要一年、两年、三年，在我们社会里，就会出现百分之七十的"十无"乡社、"十无"街道、"十无"机关、企业和学校。他甚至于这样讲，只要一搞"十无"运动，上海就可以变成无反革命无盗窃、无流氓阿飞的城市，广东也可以搞得连反动标语都没有了，他声称，这种无反革命无盗窃之类的"十无"单位，体将由百分之七十一变，变到百分之八十，再一变到百分之九十，再从百分之九十变到百分之九十五，好像他这个变法真快，厉害，再过几天就变成百分之百了。他要通过"十无"运动一块一块制造无反革命、无盗窃之类的"十无"地区、"十无"单位，这样全国就变成"十无"了。

罗的十无谬论，从根本上反对马克思列宁主义、毛泽东思想的髓，否定毛主席关于社会主义社会存在着阶级和阶级斗争的学说毛主席在《关于正确处理人民内部矛盾的问题》一文中，十分明的指示：阶级斗争并没有结束，无产阶级和资产阶级之间的阶级争、各派政治力量之间的阶级斗争无产阶级和资产阶级之间在意形态方面的阶级斗争，还是长期的，有时甚至是很激烈的。"接着主席在《一九五七年夏季的形势》一文中，又指出："只要世界上还在着帝国主义和资产阶级、我国的反革命分子和资产阶级右派分的活动，不但总是带着阶级斗争的性质，并且总是同国际上的反派互相呼应的。"但是罗却说什么几年之内就可以消灭阶级斗争、什么我们的基层政权，主要不是搞什么阶级斗争而是搞经济建设文化建设了"。就在罗大搞十无运动的一九五八年四月，毛主席指：过渡时期阶级斗争的形势，必须看到还有百分之五的细菌中间也可能要坏，阶级斗争是长期的、反复的。没有过几天，罗到了，又继续散布十无谬论，他为了给自己的十无谬论辩护，竟把修的东西搬来作论据，他鼓吹什么苏联内部已经没有什么阶级这难道还不是从老修正主义那里搬来的阶级熄灭论吗！这难道明目张胆地同毛主席唱对台戏吗？

在我们的社会里，有地富反坏右五类分子、贪污盗窃分子，投把分子、资产阶级分子、以及各种各色的牛鬼蛇神，这些都是席指出的政治细菌就是罗自己的家里，也有这样的细菌有地主，这都是客观存在的阶级和阶级斗争。在我们这个存在着复杂级斗争的社会里，怎么可能十无呢？赫鲁晓夫还只搞了一个三界而罗瑞卿搞了一个十无世界，比赫鲁晓夫的三无世界还要多以说他的创造性并不比赫鲁晓夫差一些。

罗散布阶级斗争熄灭论之后，接着又放出了一个无产阶级专政论。一九五八年十一月十四日，他在华北地区政法会议上，自得的说现在基层政权在开始消亡，专政的工具也是如此"。他说反革命消亡了一部分，政法工作也就消亡了一部分，反革命消灭了，政法工作也就会随之全部消亡。按照罗的这种说法，专亡了，作为无产阶级专政的国家政权就用不着了，国家消亡了门公安部也就无"了，还要公安部干什么呢？

罗为了在几年之内消灭阶级斗争，取消专政实现它的十无世界破坏毛主席、中央的少捕政策。早在五一年的大镇反时期，毛就提出了少捕政策。多少年来，毛主席三令五申，让我们在今反工作中，注意不要过多捉人。一九五六年，毛主席在《论十系》一文中，特别讲了一条关于革命和反革命的关系问题，在这毛主席又一次指示："今后社会上的镇反，要少捉少杀"可是罗在十无运动"中，完全撇开了毛主席的少捕政策，大捕大捉，他只法，不讲改造，只讲斗争，不讲分化，甚至歪曲总路线的精神心所欲的鼓吹多捕人，乱捕人。一九五八年二月，他在公安部部大会上说："比如捉反革命，没有那么多不能乱捉，但按平常状态说：如果北京有五十個反革命，你捉廿個好，还是五十個都捉光好，还是只捉两個，甚至一個都不捉，这里有多的问题。"他又说："北京现在还有很多不干净的东西，有反革命，有刑事犯罪分子，要打扫干净，是三年扫干净，五年扫干净，十年扫干净，还是一年扫干净，这里就发生'快'的问题。"同年六月，在他的专家报告中，公然说："所谓多，就是有十個反革命，就应当抓十個，或者八個九個，而不是三、四個。"说穿了，他的所谓'多'，就是多捉人，所谓'快'，就是明天消灭阶级斗争。他就是用这种简单地捉人的办法，来解决复杂的阶级斗争问题，来代替艰苦的群众工作。他认为，只要把人捉起来，反革命破坏'无'了，刑事犯罪也'无'了，阶级斗争就熄灭了。

罗大搞"十无运动"，造成了严重的恶果。一九五八年这一年，就捉了××人，是大镇反以后捕人最多的一年，捕了一些可捕不可捕的人和不应该捕的人，扩大了打击面，混淆了两类不同性质的矛盾。大搞'十无'，助长了不少[illegible]基层公安机关的违法乱纪行为，特别在個别领导问题严重的地区，起了火上加油的作用。大搞'十无'一個时候，公安部门的手伸得很长，事揽得很多，造成干部思想上和工作上的混乱。大搞'十无'使一些基层公安机关滋长了弄虚作假的恶劣作风。大搞'十无'，在一些公安机关和公安人员中，一度大大发展了出风头，爱热闹，搞形式和浮夸的坏习气。这些恶果，在不少地方都程度不同地延续到一九五九年甚至到一九六〇年，并且留下了很大的后遗症，使得以后几年的公安工作，不得不用很大的力气来处理善后，澄清干部的混乱思想，整顿政策和纪律，扭转干部的作风。

罗在公安工作中大搞'十无运动'，从理论到实践，都是彻头彻尾地反马克思列宁主义、毛泽东思想的，是反对社会主义革命的。按着罗的谬论，我国的阶级斗争很快就要熄灭了。无产阶级专政不久就可以宣布取消了。那么作为无产阶级先锋队的共产党，也就没有存在的必要了。这样，我们岂不是也变成了赫鲁晓夫的"全民国家""全民党"了吗？罗岂不是同赫鲁晓夫修正主义者一起，走进了他们的'共产主义'社会了吗？

这样一套十无谬论，这样一种反对无产阶级专政、反对社会主义的行动，居然发生在罗这個当了十年公安部长、国家一個政法工作领导人的身上，这不是很难理解吗？其实并不奇怪。这是在现代修正主义思潮的冲击下，在罗身上固有的资产阶级、修正主义思想情不同意的大暴发。这同他后来到了军委工作的时期，搞'大比武'搞单纯军事观点，反对突出政治，反对毛主席的建军路线，是一脉相承的。不论是'大比武'也好，'十无'也好，都是反对阶级斗争的。这同赫鲁晓夫反对阶级斗争，反对革命的"三无""两全"又有什么区别呢？正当我们同现代修正主义进行大辩论、大斗争的时候，罗搞这样一套，实际上起了里应外合的作用。

(二) 目无组织，目无纪律，对抗中央领导

目无组织，目无纪律，个人专横，飞扬跋扈，这些恶劣品质，在罗的身上，是非常浓厚的，根深蒂固的。罗到军委工作以后，所以发展到猖狂地反对林彪同志，不是偶然的。林彪同志是我们敬爱的伟大领袖毛主席的亲密战友。罗竟然以林彪同志为敌，以党为敌，这是他的资产阶级个人野心恶性发作的结果。

罗在公安部工作的时期，就有很多无组织无纪律的行为。就解放初期的一件事来说，一九四九年十一月，军委公安部改组为中央人民政府公安部的时候，罗事前不请示毛主席、中央和军委，即擅自决定，将原来由军委公安部指挥的警卫北京的两个师和一个团，改为公安直属的人民公安中央纵队，归属公安部建制，并召开了公安部队干部的动员会。这件事，受到了毛主席、军委的批评。他对于这样的重大问题，只当作一件手续不周的事，轻描淡写地给毛主席写了一个不到三百字的检讨。他说，改编时没有请求毛主席批准是不对的，但是，开个会说明公安部队的任务，动员大家努力和安心工作则是对的。在这里，罗丝毫没有触及个人抓权，特别是抓兵权的丑恶思想。接着他就积极地抄袭苏联的经验，扩大边防武装，搞边防公安部队。

罗在公安部工作的时期，目无组织，目无纪律，对抗中央领导，最突出的表现，就是一九五八年大搞'十无'。他不请示毛主席、中央领导，不同地方党委商量，也不提到党组来认真讨论，就擅自决定通报贵州省公安厅开展'十无运动'的报告，在全国公安工作中大吹大擂地推行'十无运动'。对于这个反马克思列宁主义、毛泽东思想的'十无运动'，一些地方党委，提出过不同意见，他都或明或暗地乱加批评。

罗在公安部工作的时期，一贯搞'一言堂'一长制，不实行民主集中制。他在公安部的十九年间，党组向中央、毛主席的请示和报告，向来是他一手包揽，很少让其他同志过问。他传达毛主席、中央的指示，也很少原原本本地讲述，而且常常同他个人的话搅在一

起，使干部搞不清楚，究竟哪些是毛主席、中央的指示，哪些是他自己的东西。在一九五七，五八年南宁会议、成都会议上，毛主席对警卫工作所作的重要指示，以及多次对罗本人的严格批评，他都没有向党组作过真实详细的传达，更没有组织领导干部认真学习和讨论。罗这种欺上瞒下的手段，是对毛主席、中央实行封锁，对干部实行"愚民政策"。

罗的上述种种表现，充分说明他一贯颠倒了个人和组织的关系，他是一个没有党性的人。共产党员必须无条件地执行党章的规定：个人服从组织，少数服从多数，下级服从上级，全党服从中央。这个党的组织原则，在罗的心目中是根本不承认的。他一贯不服从领导，野心勃勃，浑身都是反骨。他完全称得上是一个"霸王"，这个人不但思想上没有入党，在组织上也不够一个共产党员的标准。

〔下接第四页〕

〔说明第四页〕本材料之四后半页第十一行模糊处字迹如下："路线，但没有完全遵照这个路线去做的，"

(三)、对公安工作必须实行党委领导的根本原则阳奉阴违。

罗在公安部工作的时候，对公安工作必须实行党委领导的原则始终是动摇的，不坚决的，在不少问题上，都是阳奉阴违，采取两面派的态度。

毛主席系统地总结了苏联斯大林时代和我国内战时期的肃反经验，纠正了保卫机关实行垂直领导的错误，确立了党委领导的原则。从遵义会议到延安，从延安到全国解放，毛主席一贯强调党对于公安工作实行直接领导的重要意义。但是，罗根本没有党委领导的观念，对于公安系统的垂直领导，一直很感兴趣。一九四九年十一月在第一次全国公安会议的总结报告中，他说："各级公安部门均实行党组制，公安部门党组受同级政府党组领导，同时在方针、政策、业务上又接受上级公安部门领导。"在这里，他一句也没有提到党委领导，只是在末了说："回去要向党委作报告，取得党委的支持。"在罗的心目中，党委领导只不过是对公安工作"支持"、"支持"而已。这种腔调，在他的言论中是屡见不鲜的。

一九五〇年三月，罗公开要搞垂直领导，同苏联专家一唱一和，十分露骨。专家提出："整个公安部的中心应该放在加强集中统一的垂直领导关系问题上。"罗立即把苏联专家的话接过来，向中央写了一个报告，他说："专家建议保卫工作应实行集中统一的垂直领导。我们认为，这种领导关系的建立，对于建设公安工作来说是必须的，但目前主客观条件均难做到，主要是干部不足，领导机构不健全。解决这个问题，有待三至五年的努力。"这个错误主张被毛主席、中央打回来了。在这个问题上，罗没有清算内战时期的错误，他不是用毛主席的党委领导的正确原则，去反对苏联专家的垂直领导的错误主张。相反地，他借苏联专家之口，来向毛主席、中央要求实行垂直领导。在军队保卫工作上，他也想建立独立系统，他曾经说："第二次国内革命战争时期，红军有单独的保卫系统，那时候是早了一些，今天集体比较成熟，应开始考虑这一问题。"这还不是明明反对毛主席的党委领导的原则，想使垂直领导复辟吗？

为了纠正不要党委领导的错误主张，一九五〇年九月二十七日，毛主席在公安部的一个文件上写了一个批语，非常尖锐地指出："保卫工作必须特别强调党的领导作用，并在实际上受党委直接领导，否则是危险的。"这个指示，非常重要。毛主席在这里使用了"特别"、"实际"、"直接"、"危险"这八个非常有分量的字，在"实际上"三个字的下面，还打了着重点。可见党委领导是公安工作的生命线，是我们一时一刻也不能丢掉的。

毛主席为什么这样强调公安工作必须实行党委领导？道理很明白，党是无产阶级的先锋队，一切工作都必须由党委来领导。公安工作是搞阶级斗争的，公安机关是无产阶级专政的工具，是革命的工具，尤其需要加强强调党委领导。阶级斗争这么复杂，只有党中央才了解全国的情况，才能够掌握国家的全局；也只有党中央和各级党委才了解地方的情况，才能够掌握地方的全局。公安机关必须在中央和各级党委的直接领导下，才能做好工作，才能避免犯错误或少犯错误。毛主席曾经说过，公安机关是无产阶级手里的一把刀子掌握得好，就能打击敌人，保卫人民；掌握不好，就容易伤害自己。这把刀子要是被坏人抓走了，那就更加危险。所以，公安工作只能由党委直接领导，不能由业务部门垂直领导。如果公安工作实行垂直领导，就势必会重复我国内战时期的错误，重复斯大林时代苏联在肃反工作上所犯的错误。

一九五一年五月，毛主席系统地总结了镇反运动的经验，在第三次全国公安会议的决议上，亲自写了一条肃反的工作路线。毛主席特别强调了党委领导，第一句话就是："党委领导，全党动员，群众动员。"并且说：凡是完全遵照这个路线去做的，就是完全正确的；凡是没有遵照这个路线去做的，就是错误的；凡是大体上遵照了这个路线做的，就是大体上正确但不完全正确的。"毛主席还强调说："在今后镇反工作中必须完全遵守这个工作路线。"

公安工作必须实行党委领导，毛主席不仅在理论上给了我们明确的指示，而且在实践上给我们做了示范。每一次大镇反运动，都是在毛主席、中央的亲自领导下，在各级党委直接领导下进行的。这一件原则，我们党是十分鲜明的，毫不含糊的。在毛主席亲自动手改过的公安部的文件里，多次地强调加强党委领导的作用。既然毛主席、中央这样一而再、再而三地强调公安工作上的党委领导，并且抓得这么紧，罗也总该有一点觉悟吧！其实不然，他不仅对于执行党委领导不坚决，而且往往采取阳奉阴违的手法，抵制党委领导。在他的言论中，或者根本不提党委领导，或者降低和歪曲党委领导的作用。他不是强调党委对公安部门的实际的直接的领导，而常常东拉西扯，说什么党委领导的关键是结合中心，结合生产。说什么："同生产劳动结合的最密切、最妥善，也就是最好地贯彻了党委领导。"他虽然不再提出整个公安工作的垂直领导了，但还是要在业务工作上做文章。一九五三年四月，他在一个会议上说："业务部门分工更加专业化，有的还要实行垂直领导。"在军队保卫工作方面，他又说什么："我们政治机关，不能把保卫机关当做政治部的一个一般部门来领导。"不能把"裁缝当做木匠使。"在日常工作中，他特别强调侦察工作要由公安部统一领导，统一指挥。这是他用来干扰党委领导的一个重要手法。

罗对党委领导这个重大问题，始终是没有觉悟的抵触的。由于毛主席、中央的批评和控制，他想在整个公安工作上，搞垂直领导的企图，当然不能得到实现。但是他总不死心。从这里可以看出，他的灵魂深处，早就存在着资产阶级的个人野心。

（四）、一贯不认真实行群众路线，搞神秘主义和关门主义。

在党委领导下通过群众的肃反路线，是公安工作的根本路线，这是毛主席一贯的指导思想，大镇反运动中，这条路线有了很大发展。毛主席特别强调要打破神秘主义和关门主义。罗在公安部工作的时期，不认真贯彻执行群众路线。他总是过高地估计同隐蔽的特务间谍的斗争，忽视整个反动阶级的复辟活动。他常常把秘密的侦察工作强调到不适当的地位，搞神秘主义和关门主义。

解放初期，我国存在着大量的土匪、恶霸、特务、反动党团骨干和反动会道门头子，这五个方面反革命残余势力的破坏活动十分猖獗。毛主席、中央曾经反复地指示，必须发动群众，严厉镇压一切反革命的破坏活动，才能巩固人民民主专政。在一九五〇年召开的几次全国性的业务会议上，罗把帝国主义的特务间谍说成是对敌斗争的主要对象，他把秘密的侦察工作，当成为战胜敌人的主要手段，并且强调地说："就会犯严重的政治错误，并要受到历史的惩罚"。

大镇反运动结束以后，一九五三年，我国开始了社会主义革命和社会主义建设，城乡的阶级斗争十分尖锐复杂。罗在许多业务会议上，却不断地宣传镇反彻底了，公安工作应当转向以秘密侦察工作为主了。这个错误观点，集中地反映在一九五三年七月他向中央写的一个东北考察报告中。他说："经过镇反运动，百分之七十以上的反革命分子和他们的家属，已经消除了对人民政府的对抗和不满。""同我们作斗争的敌人，主要的已不再是五个方面较为暴露的反革命，而是隐蔽下来的伪装起来和被敌人不断派遣进来的间谍和特务。"他还说："公安工作的关键，就是要有一套严密的侦察工作。"对于罗的这些错误论点，中央政治局在讨论公安工作的一次会议上，明确指示：专门工作必须与组织和发动群众进行防奸、反特的斗争相结合，才能在健全的基础上进一步加强公安工作。罗不按中央的指示办事，仍然坚持他的错误观点。在一九五四年五月召开的第六次全国公安会议上，他甚至说："加强隐蔽斗争，以侦察工作为主要手段的工作方针，"是我们在整个过渡时期的基本的工作纲领。

一九五五年三月，毛主席在党的全国代表会议上指示："国内反革命势力的活动还很猖獗，我们必须有计划地、有分析地、实事求是地再给他们几个打击，使暗藏的反革命力量更大地削弱下来。借以保证祖国社会主义建设事业的安全。"不久，中央就发动了内部肃反运动和社会镇反运动。就在这一年十二月，正当运动处在最紧张的阶段，罗在第七次全国公安会议上又强调："各级公安机关的领导人和各个侦察部门，必须切实地掌握专案的侦察工作，一定要有专案的数字和破案的数字，不掌握专案，就不出数字，拿不出战果和案件的经验，就是没有过关，就应该受到批评和指责。"其实，这个所谓过关的标准，发明权不是罗的，而是苏联的。苏联专家曾说："我们公安工作的主要业务是专案侦察，专案侦察数目的多少与质量的好坏，是衡量公安干部水平与成绩的标准。"罗只是比苏联专家讲得更神气更吓人而已。

一九五六年，毛主席在《论十大关系》中指示：镇压反革命要作长期的艰苦的工作，对多数反革命分子，要交给群众监督，依靠群众在劳动中改造他们。不久，赫鲁晓夫反斯大林，匈牙利反革命暴乱，鼓励了我国内部的反动阶级，牛鬼蛇神蠢蠢欲动，阶级斗争又一次起伏。在这一年十二月召开的第八次全国公安会议上，罗又片面地强调"同隐蔽的特务间谍的斗争更加突出了"，强调大力加强侦察工作。

在罗的错误思想指导下，在经常工作中，在一个时期，在一些干部中，好象作侦察工作就高人一等，做群众工作就没有出息。在一些地区、一些部门、一些干部之间，为了报成绩，有时互相争功，闹小团结，甚至上下级之间也互相保密，互相封锁。在侦察工作中，又是单线活动多，在一个单位，往往一个领导干部包的案子，别的领导干部也不知道，搞得神乎其神。

罗片面强调同隐蔽的特务间谍作斗争，把秘密的侦察工作摆在压倒群众工作的不适当的位置，推行神秘主义那一套的东西，是完全脱离我国的阶级斗争和肃反斗争的实践的，是完全违反毛主席的群众路线的。

毛主席说：“人民民主专政必须经过共产党的领导，团结占人口百分之九十四、九十五、九十六的，赞成、拥护和参加社会主义建设的阶级和阶层，向着占人口百分之四、五的反动阶级实行专政，没有百分之九十五的人民起来专政，只靠公安机关和军队，是不行的。”毛主席还说：“专业工作是需要的，对反革命分子侦察、审讯是完全必要的，但是，主要是实行党委领导下的群众路线，特别是对于整个反动阶级的专政，必须依靠党，依靠群众。”毛主席这些重要的指示，罗并没有认真执行。在罗的眼睛里，历来是只有帝国主义的特务、间谍，看不见整个反动阶级的复辟和破坏活动，看不见整个阶级斗争。在他的眼睛里，只有侦察工作是最重要的，侦察工作第一，群众工作是附属的。可以说，在罗的思想上，根本没有解决依靠谁，反对谁的问题。我们同帝国主义的特务间谍作斗争，当然是重要的，特别是目前帝国主义、各国反动派和现代修正主义联合反华，我们不应当麻痹，也不应当忽视这方面的工作。帝国主义特务间谍的危害是大的，但是同国内的整个阶级反动残余势力比较，他们毕竟是少数。而且外部的特务间谍分子的破坏活动，也要通过我们国内的消极因素才有可能得逞。我们同这些特务间谍作斗争，同样必须依靠群众。侦察工作是一个重要的手段，但从整个对敌斗争来讲，它只是一种辅助手段。

我们的无产阶级专政，是大多数人专少数人的政，光明正大，理直气壮，我们敢于依靠大多数，也只能依靠大多数，决不能依靠少数，更用不着神神秘秘。一切剥削阶级，都是少数人统治大多数人，他们不能也不敢依靠大多数，他们只能依靠少数人鬼鬼祟祟，搞神秘主义。我们的公安工作要走群众路线，必须是群众工作第一，不能搞神秘主义，这是阶级关系决定了的。

我们的肃反工作，是毛主席、中央亲自领导的。几次带有决定性的镇反、肃反运动，都是在毛主席、中央的直接领导下，在各级党委的具体领导下，放手发动群众，主要是采取群众运动的方式进行的。日常工作，中央和各级党委也抓得很紧。整个公安工作总的说是贯彻执行了毛主席、中央的群众肃反路线的。罗的那一套神秘主义，关门主义的东西，一次又一次地被毛主席、中央亲自指挥的镇反、肃反运动否定了。但是，每当运动一结束，他的神秘主义那一套又冒了出来，在日常的业务工作中，干扰群众路线的贯彻执行。

罗曾经吹嘘他的“十无运动”是群众运动，“为公安工作进一步贯彻群众路线开辟了新的局面。”这是对群众路线的歪曲。象“十无运动”这样一个完全错误的运动，怎么会有真正的群众路线呢？只际上，罗从来没有老老实实地去做过群众工作，也不懂得什么叫群众工作。他所谓的群众运动，无非是把四类分子和一些有问题的人甚至把一些有小偷小摸行为的，不遵守纪律的人一揪揪出来，大搞集训，大搞社林岗教，还有什么大搞群众破案运动等等。他把两类矛盾混在一起，不分阶级，不分敌我，不分主次，不分是公安工作应该管的，还是不应该管的，胡子眉毛一把抓，伤害好人，也放纵了敌人，脱离群众，损害了群众路线，破坏了党在群众中的威信。

罗身上的神秘主义残余，有内战时期保卫工作错误的影响，解放之后，他又从苏联专家那里吸收了不少格伯乌的东西。苏联专家的大国沙文主义，触犯了他个人的尊严，他是抵抗的。他对苏联的修正主义的东西，除了中央明确规定的党内不准搞侦察，不准搞美人计等等以外，在很多情况下，都受到了影响，甚至原封不动地接受过来；总的说来，他身上的这些神秘主义，是从洋教条那里来的，也是剥削阶级的东西。

（五）、以罗为鉴，接受教训

罗是一个资产阶级民主革命者，作为民主革命家来讲，在他身上也还有许多不纯的东西。他做任何事情，都以我字为中心，以个人利益为转移。他的资产阶级世界观没有得到改造，不愿意改造，他把这些资产阶级的东西统统带进社会主义来了，他过不了社会主义这一关，走上了反党的道路，是不奇怪的。

在我们党内出了罗这样一个反党分子，这是一件坏事。这是阶级斗争在我们党内的反映，是一个客观存在，想避免也是避免不了的。我们党及时地揭发了罗的反党活动，粉碎了他的反党阴谋，就把坏事变成了好事。我们的军队，清除了罗这个反党分子，就更加坚强了。人民解放军是毛主席亲手缔造的世界上最革命的军队。这支军队，在军委林彪同志的正确领导下，是我们党活学活用毛泽东思想的典范，它永远是我们学习的好榜样。通过同罗的斗争，全党更高地举起了毛泽东思想伟大红旗，充分地利用这个反面教员，教育干部，不要忘记阶级斗争，不要忘记资产阶级时刻在侵袭我们，特别是对于象罗这样一个标榜一贯正确，表面上很严肃的伪君子，打着"红旗"反红旗的危险人物，永远提高警惕，永远以罗为鉴，接受教训。

从公安工作方面来说，我们必须吸取的教训是：

公安工作是党的工作的一部分。公安机关是无产阶级专政的国家机器的一部分，是党在阶级斗争中的一个工具。必须高举毛泽东思想伟大红旗，对马克思列宁主义、毛泽东思想，对毛主席、党中央忠心耿耿，永远做党的驯服工具，永远不准在党内搞地下活动。永远不准背着党搞任何秘密事情。永远不准对党封锁消息。

公安机关一定要把毛主席的著作当做最高指示，永远突出政治，加强政治思想工作。一定要全面地系统地贯彻执行毛主席的公安工作路线，建设毛泽东式的彻底革命的公安工作。

公安机关必须掌握毛主席的阶级斗争和无产阶级专政的学说，树立鲜明的阶级观点，坚定不移地站稳马克思列宁主义、毛泽东思想的立场，同一切违背毛泽东思想的形形色色资产阶级的修正主义的思想进行不调和的斗争，彻底肃清罗在公安工作中散布的资产阶级毒素。

公安机关必须坚决地毫不含糊地贯彻执行党委领导的根本原则，同一切破坏党委领导原则的思想和行为进行坚决的斗争，自觉地维护党的利益，不被资产阶级个人野心家所利用；发现了个人野心家、修正主义分子，就要彻底揭露，进行坚决的斗争。

公安机关必须在一切工作中彻底实行群众路线，树立坚强的群众观点，永远当人民的勤务员，坚定地相信人民群众的大多数，依靠群众做好工作，彻底肃清神秘主义和关门主义，任何时候也不做脱离群众的事情。

在上海会议期间，毛主席说，个人主义把高级干部害死了。这个指示是千真万确的。罗犯错误就证明，资产阶级个人主义是万恶之源。在我们这些人身上，个人主义或多或少地都存在，可以说，都存在着共产主义和个人主义的斗争，而且天天在那里斗争，这就是阶级斗争。这种无产阶级思想同资产阶级思想谁胜谁负的问题，在许多干部中，甚至在高级干部中，不见得都是完全解决了的。这种阶级斗争，是客观存在，想躲也躲不了，只有自觉地进行斗争，天天洗脸，无产阶级思想才能战胜资产阶级个人主义思想。放松了斗争，个人主义就会发展起来，由小个人主义发展到大个人主义，由不信党发展到[illegible]党，最后必然要向党伸手，搞个人野心。罗是一个典型的资产阶级大个人主义者。在他的身上，资产阶级战胜了无产阶级，已经由严重的资产阶级个人主义发展到搞个人野心，搞反党活动。

毛主席曾经说过，一切不老实的人自以为很聪明，其实都是蠢的，都是没有好结果的。我们要靠老老实实学习毛主席著作，多做"笨事"，千万不能投机取巧，千万不能靠"聪明"办事。在这个问题上，罗就是极不老实的。他既不老老实实地学习毛泽东思想，又不老老实实地深入群众，认真作调查研究，而是靠"聪明"办事，甚至看风行事，投机取巧。这是靠不住的，没有党性的，最后还不是栽筋斗？！

毛主席在七千人大会上讲过，不充分发扬民主，无产阶级的民主集中制就建立不起来，无产阶级专政就不能巩固，就不能建设社会主义。这个关系我们党和国家根本利益的问题，在实际生活中，还没有完全解决。毛主席这几年三番五次地，尖锐地提出这个问题。我们应当深思，严肃对待。所有犯路线错误的人包括罗在内，都有不民主，搞"一言堂"的问题。毛主席最近说：真要实现民主集中制，要经过认真的教育，试点和推广，并且经过长期反复进行，才能实现。毛主席的这些话，语重心长，针对性很强。许多事实证明，一个领导干部，民主作风好，可以发挥多数人的积极性，把工作做得好一些；即使水平低一些，有了民主作风，也可以少犯错误。

毛主席强调，高级干部要守纪律。罗是一个很不守本分，很不守纪律的人。在这个问题上，我们也要十分警惕。我们不能只教育下面的干部读毛主席的书，听毛主席的话，按毛主席的指示办事，更重要的是自己对毛主席、中央的指示要带头执行，身教重于言教。作为一个高级干部，有时在日常工作中犯些错误是难免的，但是，在组织上不守本分，不守纪律，这种错误是不能容许的。

在上海会议期间，毛主席还说过高级干部的问题，主要靠自觉。我们应该提高自觉性，经常用党性来约束自己，做工作要兢兢业业，特别是权力大了，就要更加谨慎，否则就容易犯错误，就会损害党的利益。幸运的是，我们党一条马克思列宁主义，毛泽东思想的政治路线和组织路线，毛主席、中央又经常教导和警惕我们，使我们避免了许多错误，既使犯了一些错误，也容易得到纠正。如果一个人没有毛泽东思想的自觉性，工作越有成绩，就越容易骄傲；党越信任，就越容易翘尾巴；权力越大，就越容易不守本分。发展下去这次不犯错误，下次也要犯错误。当然错误有两类性质。一类是一般性的，这种错误往往是不自觉的，是认识问题。另一类是特殊的一贯的，这种错误就不是认识问题，而是根本立场问题。个人犯资产阶级个人主义的错误，往往是从不自觉开始，如果不改正，就要发展到半自觉的直到完全自觉的犯错误。当着资产阶级个人主义占了支配地位的时候，明明这条路走不通，他却偏偏要往那里去，明明前面是陷阱，他却偏偏要往里跳，这也是阶级斗争的规律，是不以人们的意志为转移的。罗正是这样。他不是自觉地改造自己的世界观，而是放纵发展自己的资产阶级个人主义，以至最后让资产阶级世界观统治了自己，利令智昏，当了反党分子的接班人，走上了反党的道路。

〈完〉

河北大学毛泽东思想八一八红卫兵
3211战斗队 翻印

1967.8.9.

認識"四个伟大"

树立"四个无限"

林副统帅怎么不見啦？

一九六八年一月十三日

認識"四个伟大" 树立"四个无限"

林付主席說:"对毛泽东思想抱什么态度,是一个很重要的问題。我们就是要抓对毛主席的态度,对毛泽东思想的态度问題。"

对毛主席,对毛泽东思想的态度问題,是一个大问題。这是一个政治态度问題,一个觉悟问題,一个阶級性的问題。也是阶級立场、阶級觉悟、阶級感情的问題。学不学毛主席著作,不仅是思想进步不进步的问題,工作能不能做好的问題,而且是革命不革命的问題,是真革命还是假革命的问題,是要不要做彻底革命派的问題。我们要适应新的形势,把毛主席著作学习提高到一个新的阶段,最根本,最首要是解决对毛泽东思想的态度问題。我们一定要把对毛主席对毛泽东思想的感情搞得激々的。一定要把学习毛主席著作的自觉性提得高々的。

什么是正确的态度呢?就是对毛主席 对毛泽东思想无限热爱 无限信仰 无限崇拜、无限忠诚 就是坚信不疑、坚定不移、坚持不懈、理解的要坚决执行、不理解的也要坚决执行。就是永远高举毛泽东思想伟大红旗,永远读毛主席的书、永远听毛主席的話,永远按毛主席的指示办事 永远做毛主席的忠诚战士。

毛主席是我们的伟大导师、伟大领袖、伟大统帅、伟大舵手。我们要真正树立"四个无限"就必须充分认识这"四个伟大"。充分认识毛泽东思想的巨大威力。

首先講对毛主席的認識

一毛主席是当代最伟大的马克思列宁主义者,不仅中国没有人比得上,世界各国也没有人能比得上。就是从无产阶級革命历史来看,从馬克思号召全世界无产者联合起来闹革命起,也没有人能比得上。也可以这样说:自有人类以来,毛主席是一位最杰出最伟大的人物。

二毛主席天才地 创造性地 全面地继承、捍卫和发展了马克思列宁主义。把馬克思列宁主义提高到一个崭新的阶段。

三毛主席是无产阶級的、中国人民和世界一切革命人民的最伟大最天才的革命家,毛主席的智慧最高、天才最大 最爱学习,知識最渊博 斗争经验最丰富、联系群众最密切,革命精神最旺盛。

毛主席今年七十三岁了，还穿着军装，和大家一起闹革命，已表明毛主席的革命精神多么旺盛。毛主席在长期的革命斗争中，斗争最坚决、最勇敢、最敢想敢干。毛主席是在伟大的革命斗争中经过严重的革命考验，经过千千万万的群众挑选出来并是为群众所公认的最伟大的领袖。中国共产党八届十一中全会对毛主席做了最正确的估价，提出了"四个伟大"对这个问题我们要充分的认识。最全面

其次講对毛泽东思想的認識

一、毛泽东思想是在帝国主义走向全面崩溃，社会主义走向全世界胜利的时代的馬克思列宁主义。毛泽东思想反映了无产阶级和一切劳动人民的最根本利益，反映了社会发展的客观规律。毛泽东思想是经过长期斗争考验的无产阶级的最高真理，是革命的科学，是最优异的最高最活的馬克思列宁主义，是当代马克思列宁主义的顶峰。

二、毛泽东思想是全党全軍全国一切工作的指导方針，是全党全軍全国人民的统一行动纲领。是一切成就，一切胜利的源泉。用毛泽东思想武装工农兵群众，革命知识分子，广大干部，进一步使世人的思想革命化，是防止修正主义，防止资本主义复辟，使我们社会主义和共产主义事业取得胜利的最可靠最根本的保证。毛泽东思想是破私立公改造灵魂的最锐利的武器。毛泽东思想是我们的命根子。有了毛泽东思想，就有了人民的一切，离开了毛泽东思想，就丧失革命人民的一切。那个真人正掌握了毛泽东思想，那个人就能成为最勇敢、最聰明、最能干最革命的人。那个单位真正掌握了毛泽东思想那个单位就能战胜一切困难，压倒一切敌人，完成一切任务。

三、毛泽东思想是反对帝国主义反对修正主义反对一切反动派最強大的思想武器是全世界共产主义运动的指南，是全世界人民革命斗争的行动纲领，是引导各国人民走向共产主义的灯塔。

四、毛泽东思想是革命的根本、智慧的海洋，力量的源泉，战斗的武器，胜利的保证是中国和世界一切革命人民心中最红最红的红太阳。

有人說："思想"没有"主义"字，这是形式主义，形而上学的看法。我们看问题要看内容，看实质看威力，不要看形式、看名詞。不叫毛泽东主义这是毛主席自己的意思，是領袖的谦虚。

第三講怎样認識"四个伟大"

一从理论的贡献、理论的发展创造看毛主席的伟大，也就是看伟大导师的作用。

毛主席把马克思列宁主义的普遍真理和中国革命的伟大实践相结合，取得了伟大的成功。毛主席把马克思列宁主义中国化了。通过斗争实践上升为更高的理论，成为革命的科学 成为无产阶级的最高真理使马克思列宁主义在中国广大土地上生根、开花、结果永放光芒，这个功劳首先归于毛主席。中国在革命前是一个殖民地半殖民地半封建的国家。有九百六十万平方公里的广大土地，人口最多、情况最复杂。在这样一个国家，把革命搞成功 确实是伟大。毛主席领导的中国人民革命、规模最大、时间最长、道路最曲折、斗争最残酷，是史无前例的。

象这样的革命怎么搞？马克思列宁主义的著作中有没有？普遍的原理有，具体怎么搞没有。毛主席著作中的每一篇文章，都是有针对性的，是中国革命经验的总结，不是一般性的经验总结，而是上升了的更高的理论。是中国革命斗争的行动指南，是无产阶级的伟大真理。

毛主席比马克思、恩格斯、列宁、斯大林高得多。毛主席参加的革命斗争实践比他们多、时间比他们长。毛主席领导的革命更加伟大。马、恩、列、斯都是伟大的领袖 伟大的人物、对他们的伟大历史作用要有足够的估价。马、恩两人还在资本主义处于上升发展的时期，就对资本主义社会作了深刻的分析。指出资本主义必然为社会主义代替，人类必将发展到社会主义社会，共产主义社会。但是马、恩没有亲身领导过无产阶级革命，马克思六十四岁 恩格斯七十五岁就逝世了。列宁对马克思主义有重大的发展，分析了资本主义发展到帝国主义阶段，必然最后崩溃、列宁领导俄国人民建立了世界上第一个无产阶级专政的国家。但是没有等到社会主义建成，列宁就在一九二四年逝世了。斯大林是伟大的马克思列宁主义者、但他晚年在认识 思想方法上有不少错误的东西，在参加革命实践方面比不上毛主席。

在理论贡献上 毛主席比马、恩、列、斯高得多。马克思列宁主义的三个组成部分是哲学、政治经济学、科学的社会主义、毛主席在这三个方面和其它许多方面都有很多很大的发展创造。

先说哲学。毛主席发展了辩证唯物论。"人的正确思想从那里来的"是毛主席先提出来的：实践、再认识的实践论是毛主席先提出来的。这是一篇极为光辉的哲学巨著。从群众中来、到群众中去集中起来，坚持下去；从一般到具体、从具体到一般，从精神变物质，从物质变精神，都是对辩证唯物论的最扼要最精确的发展。毛主席提出了矛盾的对立统一是哲学最根本的规律，《矛盾论》就是对哲学思想的极大发展，并且创造性地发展了辩证法的核心思想：即一分为二的思想。毛主席第一次用辩证法研究社会主义社会规律和人民内部矛盾，《关于正确处理人民内部矛盾的问题》是分析两类矛盾的光辉著作。毛主席把革命的批判、斗争的哲学应用到党内斗争，提出党内斗争是社会阶级斗争的反映，党内斗争是正常的，如果没有这个斗争，党的生命就停止了。毛主席的军事著作也是最伟大的军事哲学著作，毛主席的军事哲学著作就是极为丰富的军事辩证法

政治经济学方面，毛主席对殖民地、半殖民地、半封建的政治经济、文化和新民主主义的政治、经济、文化都作了非常完全精辟科学地分析，对中国社会各阶级作了最深刻、最正确的分析，这些分析为我党制定政略和策略的基础。毛主席对半封建、半殖民地的农民问题有很深刻的论述，中国的新民主主义革命要靠无产阶级领导下的农民，农民是封建社会历史发展的真正动力，是工人阶级最坚固的可靠的同盟军。中国的新民主主义革命是以农民解放为主要内容的革命。毛主席揭露了帝国主义是纸老虎。毛主席还总结了社会主义革命和社会主义建设的经验，提出以农业为基础，以工业为主导，社会主义建设的十大矛盾，第一次提出以人民公社由集体所有制发展到全民所有制，从社会主义过渡到共产主义的形式；提出了社会主义建设中必须坚持政治挂帅，必须坚持群众路线，必须坚持自力更生，真正把政治和经济结合起来。这些都具有世界意义。

在科学的社会主义方面，毛主席有特殊的理论创造，革命的一切问题是政权问题，枪杆子里面出政权，社会主义社会还有阶级、阶级斗争、阶级矛盾，这种阶级斗争是长期的、曲折的，有时甚至是很激烈，建立一、二、三线的经济建设体系，使国家建设建立在最可靠的基础上。毛主席关于把各行各业办成大学校的指示是社会主义建设和社会主义革命的纲领性的文件，对缩小三大差别，过渡到共产主义有深远的意义。毛主席关于无产阶级文化大革命一系列指示是当前我国文化大革命的指南，是马克思列宁主义的一个伟大发展。如：关于人民战争、人民军队问题，关于战术问题、关于统一战线问题，关于建党的学说，关于国际共产主义运动，关于无产阶级文艺等。

（二）

二、从领导我们伟大革命斗争的实践来看毛主席的伟大，就是伟大领袖的作用。

1、毛主席是我党的缔造者。毛主席领导我国人民推翻了三座大山，完成了新民主主义革命，建立了新中国。又领导我国进行社会主义革命和社会主义建设，把我国建成一个伟大的社会主义强国。我

们的一切成就，一切胜利，都是毛主席伟大 英明，正确领导和广大革命群众英勇顽強斗争相结合的结果。

毛主席亲自领导我国人民进行十年土地革命战争、八年抗日战斗和四年解放战争。经过廿二年战争推翻了帝国主义，封建主义，官僚资本主义在中国的统治，建立了中华人民共和国。以后在社会主义革命和社会主义建设中，又领导我国人民进行了 系列的斗争，经济恢复，抗美援朝战争，土地改革 农业合作化运动 手工业和资本主义工商业的改造、创造人民公社、完成两个五年計划。一九五九年以后，我国遭到了连续三年的严重自然灾害，苏修撕毁合同，撤走专家，给我国制造了种种困难。毛主席领导我国人民自力更生奋发图強，战胜了严重灾害和修正主义的破坏，社会主义建设的形势比过去更好了，今年开始执行着第三个五年计划。现在我国不仅工业农业有了很大的发展，建成了一个独立的、完整的、強大的社会主义经济体系，还在尖端科学、国防建设方面取得了重大的发展。原子弹连续爆炸，导弹已经试制成功。中国过去被人称为"一盘散沙"、"东亚病夫"。从一穷二白到建设成一个伟大的社会主义強国，如果没有毛主席这样的伟大、英明的领袖，这一切都是不可能的。中国革命的成功不知要推迟多少年。我们的党是伟大的党，我们的国家是伟大的国家，我们的人民是伟大的人民，我们的軍隊是伟大的軍隊。归根结底是因为有我们伟大的領袖毛主席。如果没有毛主席，就没有这一切。我们要充分认识革命領袖的作用，这和一个团长，师长 軍长不一样。他们上面还有領导。俄国有了伟大的列宁，才领导俄国人民破天荒地搞成了一个社会主义的苏联。列宁死后，有伟大的斯大林，领导苏联人民建立了社会主义，他还领导苏联人民打败了德国法西斯。斯大林死了以后，赫鲁晓夫搞修正主义的一套，把列宁、斯大林领导下所取得的革命成果都断送了。在第一个社会主义国家出现了"和平演变"。这就可以看出領袖的作用。有没有伟大的领袖可不一样，我们有了毛主席的领导，是全国人民最大福气

毛主席最相信群众，最关心群众，最联系群众 最能代表广大群众的利益，永远紧紧地同人民站在一起，全心全意为人民服务。毛主席总是虚心地向群众学习，甘当群众的小学生。他说："和全党同志共同一起向群众学习，继续当一个小学生，这就是我 的志愿。毛主席深入实际，联系群众的作风，永远是我们的榜样。在文化大革命中，资产阶级的反动路线的代表人物，鎮压了群众的革命行动。毛主席坚定不移地站在绝大多数群众一边。只有毛主席这样无产阶级革命家，才有这样的胆略，敢当"头，放手发动群众实行无产阶级专政下的大民主。毛主席最能代表革命群众的心愿 和革命

血肉相連。在短短几个月内先后八次接見一千多万革命群众，群众最拥护 最爱戴毛主席 他们説，"爹亲娘亲不如毛主席亲。"

二 中国革命的特点就是以革命的武装反对武装的反革命。中国革命的中心内容和最高形式就是以武装夺取政权。毛主席在武装斗争中是最伟大的统帅。

毛主席是中国人民軍隊的缔造者，是中国人民解放軍和全国人民的最高统帅。毛主席很早就认识到搞革命必须掌握武装。一九二七年蒋介石叛变革命，进行了"四 一二"大屠杀，陈独秀实行投降主义路线，对国民党一味让步，使革命力量受到很大損失。毛主席亲自领导了"秋收暴动"和"八一"南昌起义队伍会师，在井岗山建立了第一支人民军隊。在几十年的革命战争中，毛主席领导这支隊伍从无到有，从小到大，从弱到强，用小米加步枪战胜了有現代化装备的敌軍，取得了武装斗争的胜利。在敌强我弱的情况下，我们打胜仗靠的是毛泽东思想，靠的是毛主席的英明指挥 靠的是毛主席制定的战略战术，集中优势兵力，各个歼灭敌人，硬是一口一口地把敌人吃掉。把几十万敌人一口吃掉。象辽沈、平津、淮海战役，在中外战史上都是非常伟大的。

毛主席是中外古今最伟大的軍事家。毛主席的軍事指挥天才 他的战略战术是沒有一个人能比得上的。中国历史是打仗最多的，有很多著名的軍事家。孙武子是世界上最早的軍事理论家。《孙子兵法》流传中外。但和毛主席的軍事著作根本沒法比 。秦始皇、汉武帝、唐太宗、成吉思汗他们的武功曾经盛极一时，但沒有一个人真正统一了中国，更不要说他们都是封建统治者立场根本不同。有人説諸葛亮很会用兵，但他结果还不是六出祁山沒有出得来，地盘越弄越小。軍事上并沒有多大能耐。也有人说 曹操能统帅几十万兵马，结果赤壁一仗，败得很惨。还有人说韓信点兵多多益善，其实那时能点多少兵马？外国有个拿破伦算是一个能打的一个，打俄国时，俄国人坚壁清野，誘敌深入，结果拿破伦败得很惨。德国的克劳塞维茨的《战争论》是资产阶级的东西。他的軍事理论，根本不能和毛主席的軍事理论比。斯大林是个伟大统帅，领导苏联人民打败了德国法西斯，但他的指挥天才和軍事理論也比不上毛主席。毛主席的軍事著作是马克思列宁主义軍事理论方面最杰出的代表。

（三）毛主席的人民战争思想，不仅是中国革命胜利的法宝，而且是世界革命胜利的指針。毛主席领导的全民战争，能够最广泛最深刻动员群众。有野战軍，有地方武装，还有民兵、游击隊、青年、妇女、儿童都组织起来。敌人一来，就被淹沒在人民战争的汪洋大海中，必遭灭顶之灾 。这一着是最厉害的，是敌人最害怕的。我们对毛主席关于人民战争的思想一定要有足够的认识。以农村为革命根据地，组织武装工人、农民的军队，以农村包围城市，积蓄力量，壮大力量，最后夺取城市。这个伟大的人民战争思想，还要运用到全世界去。亚、非、拉是世界的农村，欧美是世界的城市，中国是世界革命的根据地，北京是世界革命的延安。最后要以世界的农村包围世界的城市，坚决彻底把帝国主义在地球上消灭掉。

四我国革命经历了历史上最激烈、最艰苦、最长期、最复杂的斗争。每当革命的紧要关头，毛主席以他伟大的天才，最高的智慧，革命胆略扭转危局化险为夷，引导人民绕过暗礁、险滩，冲破激流巨浪，取得胜利。毛主席是革命航道上的舵手。

毛主席在我党历史上的紧要关头，多次把稳了舵，使革命转危为安。这种伟大的舵手作用，主要表现在纠正党内出现的"左"、"右"倾机会主义路线上。一九二七年，中国人民的第一次大革命被蒋介石出卖。在革命的危机时刻，毛主席把舵一转，把革命引上了我们党领导下的武装斗争的正确道路。从一九三一年到一九三五年李立三、王明的"左"倾冒险主义路线，搞什么"到处出击，两个拳头打人"要打大城市，强迫工人罢工，结果白区的革命力量几乎损失了百分之百，苏区的力量也损失百分之九十。在这革命的危机关头，遵义会议确立了毛主席在党内的领导地位，革命力量团结在毛主席身边，举行了世界闻名的二万五千里长征，把革命种子保存下来了。抗日战争时期，这些种子撒遍敌后，使抗日游击战争蓬勃发展。在抗战初期，党内出现王明右倾投降主义路线，主张一切服从统一战线，统一战线高于一切，一味对蒋介石迁就退让，结果造成了新四军在皖南事变中的巨大损失。当时毛主席就是坚决主张"人不犯我，我不犯人，人若犯我，我必犯人"的正确方针，及时扭转了危局，日本鬼子投降后，一九四六年六月，时局发生大转折。蒋介石趁着抗日胜利发了横财，接收了日伪军，占领了大城市，壮大了他的力量，对我党施加压力，要改编我们的军队，缩小解放区，要全面进攻解放区。美帝国主义表面进行调处，实际援蒋反共。这时共产国际也不主张我党对抗。毛主席却坚定地提出要针锋相对，寸土必争，敌人磨刀，我也磨刀。结果领导中国人民打了三年多，消灭了蒋介石八百万军队，打出了一个新中国。一九五〇年美帝国主义阴谋趁我国刚刚解放，国内问题还很多的时候，纠集了十五个仆从国，挑起了朝鲜战争，威胁我国东北。这时，毛主席做了英明果断的决定，坚决主张抗美援朝，打了三年，把美帝国主义从鸭绿江边打到三八线，不得不坐下来同我们进行和平谈判。再看文化大革命，由于资产阶级反动路线镇压革命群众运动，轰轰烈烈的文化大革命一度遭到压制，几乎夭折，又是毛主席很快地扭转了局势挽救了这场革命。这个作用在历史上是无法估量的。

五、毛主席不仅是中国人民的伟大领袖，而且是世界无产阶级和一切革命人民的伟大领袖。从对世界革命的作用看毛主席的伟大。

第二次世界大战以后，国际共产主义运动出现了一股反革命的修正主义逆流。开始是铁托集团，以后是苏联出现了赫鲁晓夫修正主义。毛主席高举马克思列宁主义的旗帜、反帝的旗帜、革命的旗帜、团结的旗帜，坚决同修正主义进行斗争。在两次莫斯科会议上，在布加勒斯特会议上，在苏共二十大、二十一大、二十二大 以毛主席为首的中国共产党对赫鲁晓夫修正主义进行了揭露 批判和斗争《人民日报》和《红旗》杂志编辑部对苏共中央公开信的九篇评论、《评莫斯科三月会议》等文章，都是毛主席领导写的，是反对修正主义的理论武器。通过这一系列的斗争，捍卫了马克思列宁主义，打击了修正主义，使赫鲁晓夫下台，使世界上的真正的马克思列宁主义者看到了希望，促进了世界革命形势的变化。如果没有毛主席，世界革命不知要推迟多少年。

一九六三年，在毛主席亲自领导下制定的《关于国际共产主义运动总路线的建议》这个纲领性文件 对当代世界革命一系列重大问题，作了马克思列宁主义的科学分析。这个建议针对赫鲁晓夫"三和""二全"的修正主义纲领 提出了真正马克思列宁主义的革命纲领。这个建议总结了国际共产主义运动的历史经验，使全世界马克思列宁主义者方向明确了，路线明确了，这是世界革命行动的指南，是对世界革命的重大贡献。

毛主席最坚决地支持世界上一切被压迫的民族和人民，支援亚洲、非洲、拉丁美洲人民的革命斗争以及世界各国人民的革命斗争，对他们进行政治上、经济上、军事上、道义上的支援，教育全国人民实行无产阶级国际主义。毛主席对美国黑人的斗争，对刚果人民的斗争，对越南反美的斗争，对日本人民反美的斗争等等连续发表了声明。大大鼓午了世界一切革命人民。中国共产党是全世界革命的灯塔，毛主席是世界革命的伟大旗手。

六、从过去看现在 从现在看将来，看毛主席的伟大。

（四） 毛主席领导我党、我军从小小的井岗山开始闹革命，经过廿二年把中国新民主主义革命搞成功。再加上抗美援朝三年、共二十五年中国就走向了社会主义、现在中国是世界革命的强大的根据地、如果再经过二十五年、世界革命就能够搞成功。毛主席今年七十三岁了，身体最健康，还能在长江游泳一个多小时。林付主席讲："根据医学家的检查，毛主席可以活 百岁之多"。美国作家斯特朗说：

"根据我的观察，毛主席还可以再活五十年"，毛主席完全可以亲自领导我们把世界革命搞成功。再加上我们有林付主席这样杰出的付统帅（林付主席今年五十九岁，身体很健康），领导搞世界革命更没有问题。回想过去，展望将来，我们更加感到毛主席伟大。

第四講"四个伟大"的由来

我们说毛主席是伟大的导师、伟大的领袖、伟大的统帅、伟大的舵手，这是历史的结论、时代的产物、革命的需要、人民的希望。

一、历史的结论。"四个伟大"是中国人民伟大革命的结论，是中国革命伟大斗争实践的结果。客观实践早从历史上做了正确的结论，确实是四个伟大，是中国共产党四十多年的历史。中国人民革命斗争历史反复地证明了的。党内多少次"左"倾、右倾机会主义路线錯误，毛主席都同他们做了斗争，只要毛泽东思想取得胜利了，革命就会发展，就从胜利走向胜利。我党历史上有过很多领导人，如陈独秀、瞿秋白、李立三、王明，他们都犯过大錯误。历史上已经证明，就是毛主席最英明、最正确、最伟大。

二、时代的产物。我们的时代是帝国主义走向全面崩溃，社会主义走向全世界胜利的伟大时代。在这样伟大时代，必然产生伟大的领袖，毛主席就是这个伟大时代产生的最伟大的领袖。毛泽东思想就是这个伟大时代产生的伟大思想。

三、革命的需要。中国的新民主主义革命和社会主义革命都是伟大的人民革命。完成这个革命要有伟大的导师、伟大的领袖、伟大的统帅、伟大的舵手和伟大的思想武器。完成世界革命的历史任务，最后埋葬帝国主义和一切剥削制度、私有制度，建成一个共产主义世界，更需要有伟大的领袖、伟大的思想。只有毛主席才能领导这样的伟大的革命，只有毛泽东思想才足以对抗帝国主义、修正主义和一切旧的思想。

四、人民的希望。"四个伟大"反映了中国人民和世界革命人民的最大心愿。反映了劳动人民最深厚的阶级感情。现在不仅是全中国人民，而且全世界各国革命人民都把毛主席看作自己最大的领袖，当作世界人民的大救星。决不是四个伟大多了，很多人都讲：再加上百个，一千个、一万个伟大也说不完毛主席的伟大。

第五講 樹立"四个无限"

我们认识了"四个伟大"就要真正树立"四个无限"的深厚的

志情，我们对毛主席对毛泽东思想的无限热爱，无限信仰，无限崇拜，无限忠诚，就是对共产主义事业，对中国人民革命事业，对世界人民革命的事业，无限热爱，无限信仰，无限崇拜，无限忠诚。赫鲁晓夫反对斯大林 反对个人迷信，其实他最搞个人崇拜，我们每一个人都是有些崇拜的。毛泽东思想是无产阶级的最高真理，毛主席是真理的化身，我们不崇拜毛主席还崇拜谁？毛主席是古今中外最大的天才，不承认天才是反科学的，反唯物论、反马列主义的"凡是敌人反对的，我们就要拥护，凡是敌人拥护的我们就要反对"。我们就是要无限崇拜毛主席。一个人崇拜 一个人进步，七亿人民都崇拜，七亿人民就大进步，中国革命事业就大发展，这是天大的好事情。有些人对毛主席的感情不深，就是因为个人主义太重，剥削阶级思想中毒比较深。要真正树立"四个无限"还要不断地破私立公，改造思想。

要真正树立"四个无限"，我们就要把毛泽东思想的伟大红旗举得更高，大家都举高了，中国就会兴旺，真正用毛泽东思想把七亿人民的思想统一起来，中国就会永不变质。我们要响应林付主席的号召 做革命的董仲舒。董仲舒适应当时封建皇帝汉武帝的需要，高举孔孟的学说，大兴儒学、抑黜百家，办学堂 设校馆 实行科举制度 使孔 孟思想统治了中国人民几千年，还流传到朝鲜，日本、南洋等地，影响很大。董仲舒高举的是封建阶级统治人民的思想，是为封建帝王服务的。我们今天高举的是毛泽东思想、是无产阶级的最高真理，是革命的科学。我们一高举，全世界人民也高举就会把全世界人民动员起来、团结起来，这是历史赋予我们的荣高使命。

（五）

一轻工委《反到底》
二轻工委《卫 东》翻印 67.12.19

国印捍卫毛泽东思想战斗小兵 68.1.12

中共中央給全國厂矿企业
革命职工、革命干部的信

工人、职員同志們！革命的厂矿干部同志們：

工人階級是我國社会主义革命和社会主义建設的領导力量。

毛主席号召你們，党中央号召你們，把无产阶級文化大革命进行到底，希望你們在这个伟大的无产阶級文化大革命中，在这个新的条件下，更加鼓足干勁，力爭上游，成为阶級斗爭的动員和抓革命、促生产的最出色的模范。

希望你們成为坚决执行以毛主席为代表的无产阶級革命路綫、批判資产阶級反动路綫的模范。

希望你們成为坚决执行党中央关于无产阶級文化大革命的决定的模范。

希望你們成为同党內一小撮走資本主义道路当权派作斗爭的模范。

希望你們成为实行革命大联合的模范，成为反对小团体主义、反对无政府主义、反对风头主义、反对經济主义、反对自私自利的模范。

你們应該巩固劳动紀律，坚持民主集中制，建立社会主义生产和文化大革命的良好秩序。

你們应該按照党中央的規定，坚持八小时工作制，在八小时工作制的以外时間，进行文化革命。不許在生产时間內，擅自离开生产和工作崗位。要同一些无故曠工、放弃了职守的不良現象作斗爭。

你們应該按照党中央的規定，在文化革命中，促进自己的思想革命化，多快好省地进行生产，保証产品的質量，力求产品的高質量。要同一些不顧質量、浪費國家資产的不良現象作斗爭。

一切厂矿职工，都必須在无产阶級文化大革命中，研究精兵簡政的經驗。既要大大減少脫离生产的人員，又要大大提高工作的效率。要注意节約闹革命。工人組織中的工作人員，一般都不要脫离生产。

一切厂矿职工，都必須在无产阶級文化大革命中，提高國家主人翁的

伟大的任務，好好保护国家财产。如有破坏国家财产的人，必須按照國家的法律，严格懲办。

党中央号召，一切在厂矿中工作的革命干部，应該带头做好各項工作，为实現和超額完成国家生产計划和国家建設計划，尽最大的努力。

党中央相信，一切厂矿大多数干部是好的和比較好的。犯过錯誤的同志，应該严格进行自我批評，应該在文化大革命中，努力学习毛主席著作，努力当好群众的小学生，在工作中改造自己，將功补过。犯过錯誤的干部只要这样做，工人群众就应該諒解他們，支持他們工作。对他們的批評，要采取毛主席历来指示的"懲前毖后、治病救人"的态度。

混进厂矿的地、富、反、坏、右分子，絕对不許乱說乱动，破坏生产，破坏职工之間的团結，制造和挑动派别糾紛。对他們的处理，可以根据他們的政治立場、劳动态度和厂矿的具体情况，分别对待。

党中央决定，人民解放軍大力协助地方，支援工业生产工作。你們应該很好地同人民解放軍的同志合作。

建議厂矿的全体职工，在业余时間，認真討論中央发給你們的这个信件。

在伟大的毛澤东思想的指导下，团結起来！

祝你們为夺取无产阶級文化大革命和工业生产的双丰收而英勇奋斗！

（这封信要在一切厂矿和基本建設单位中宣讀和張貼）

中　共　中　央

一九六七年三月十八日

（新华社十八日电，天津日报翻印）

目录：自觉给自己排队一挖XX根。(P.9页)

最高指示

人们的社会存在，决定人们的思想。而代表先进阶级的正确思想，一旦被群众掌握，就会变成改造社会，改造世界的物质力量。

林付主席指示

毛泽东思想为广大群众所掌握，就会变成无穷无尽的力量，变成威力无比的精神原子弹。

《毛主席語录》"再版前言"辅导提纲

（仅供参考）

我们伟大导师毛主席的亲密战友林彪同志，用毛泽东思想总结了社会发展和国际共产主义运动的历史经验，面对着国内外阶级敌人特别是党内最大的一小撮走资本主义道路的当权派公开反对毛主席，疯狂攻击毛泽东思想的事实，以惊人的魄力和决心，在全党、全军和全国坚定不移地积极倡导，全力推进活学活用毛主席著作的群众运动，开辟了亿万群众直接掌握毛泽东思想绝对权威的途径。为广阔道路，创造了大树特树伟大统帅毛主席和伟大的毛泽东思想他最全面，最深刻，最精辟地阐述了活学活用毛主席著作群众运动的伟大深远意义。在《毛主席語录》"再版前言"中，他再次号召全党全軍和全国人民一定要把毛泽东思想学到手，读毛主席的书，听毛主席話，照毛主席的指示办事，做毛主席的好战士。林彪同志指示毛主席是我们时代的代表，是党的代表，是群众的代表，是无产阶级的代表，是群众的领袖，群众的灵魂。毛主席是当代最伟大的馬克思列宁主义者，是当代无产阶级最杰出的领袖，是当代最伟大的天才。他強调要用毛泽东思想统一全党的思想，统一全国人民群众的思想，把全国办成毛泽东思想的大学校。他提出了"带着问题学，活学活用，学用结合，急用先学，立竿見影，在"用"字上狠下功夫"的一套套学习原则和方法。这是个伟大的创举。使馬克思列宁主义毛泽东思想在全中国，全世界得到了空前规模的大普及，大传播，在国际共产主义运动的历史上，空前宏伟的思想革命运动蓬勃发展起来了。

我们的付统帅林彪同志，根据毛主席关于社会主义时期阶级和阶级斗争的理论，根据党内两条路线斗争的严重事实，根据国际无产阶级专政的历史教训，以最坚強的革命毅力，战胜了阶级敌人的种々破坏和干扰，积极倡导，全力推进活学活用毛主席著作的群众运动，大树特树伟大统帅毛主席和毛泽东思想的绝对权威，誓死捍卫毛主席最高领袖地位。这是林彪同志对国际共产主义运动的杰出贡献。林彪同志对毛主席和毛泽东思想做了最全面，最正确，最科学的评价。他高度地赞扬，"毛泽东同志是当代最伟大的马克思列宁主义者"。高度地评价毛泽东同志天才地，创造性地，全面地继承，捍卫和发展了马克思列宁主义，把马克思列宁主义提高到一个崭新的阶段。

为什么说毛泽东同志是当代最伟大的马克思列宁主义者呢？伟大的革命导师列宁曾经强调指示："只有承认阶级斗争，同时也承认无产阶级专政的人，才是马克思主义者。"

今天我们可以说：只有承认无产阶级专政，同时也承认在无产阶级专政下还要继续进行革命的人，才是真正的马克思列宁主义者。这是衡量是否真正了解和承认马克思列宁主义的试金石。

毛泽东同志不但捍卫了马克思列宁主义，而且天才地，创造性地运用和发展了马克思列宁主义。毛泽东同志系统地总结了中国无产阶级专政的历史经验，系统地总结了一月革命以来国际无产阶级专政的历史经验。不但总结了正面的经验，而且总结了反面的经验，特别是总结了苏联全面资本主义复辟的严重教训，得出了无产阶级取得政权以后还可能丧失政权，无产阶级专政还可以变为资产阶级专政的科学结论。完全地，彻底地解决了在无产阶级专政下继续进行革命，防止资本主义复辟这一个当代最重大的课题。这是马克思列宁主义关于无产阶级专政学说划时代的伟大发展。

无产阶级专政的学说，是马克思和恩格斯创立的。法国的无产阶级进行了第一次夺取政权的英勇尝试。1848一1898年这五十年是马克思、恩格斯时期，以马克思，恩格斯为代表。1848年发表了《共产党宣言》。当时资产阶级与无产阶级矛盾十分尖锐。马克思、恩格斯分析了资本主义社会的矛盾，得出了资本主义社会必然死亡的规律，创立了社会主义的革命学说。为无产阶级革命在政治上，思想上，组织上，理论上作了准备。1898年至二十世纪中期，这五十年的时间，是以列宁与斯大林为代表的列宁时代。当时的时代背景是：资本主义已经变成了垄断，腐朽，垂死的帝国主义阶段。列宁和斯大林发展了马列主义，分析了帝国主义矛盾。资本主义矛盾，解决了帝国主义时代无产阶级革命的一系列问题，因为无产阶级革命条件已经成熟。他们从理论上，实践上创立了在一个国家内夺取无产阶级革命胜利的学说。在这个时期内，马克思主义伟大的天才毛主席领导了中国革命，在中国取得了革命胜利。解决了殖民地、半殖民地被压迫民族，被压迫人民革命胜利的问题，分析了社会主义社会阶级与阶级的矛盾，从而解决了所有前辈的马克思列宁主义者或者没有遇到过，或者没有来得及解决，或者没有能够解决的国际共产主义运动已临的一系列重大问题。特别是解决了在无产阶级专政条件下进行革命，防止资本主义复辟的理论和实践的问题。并亲自发动和领导了世界上第一次无产阶级文化大革命。这是马列主义学说发展的一个极大飞跃，也是把马克思列宁主义提高到一个崭新阶段的重要标志。

外国人认为毛泽东思想有六个方面的贡献，其中三个是属于马克思列宁主义的三个组成部分，其他三个是我们伟大领袖毛主席创造的。

1.毛主席在哲学方面发展了马克思列宁主义。毛主席的四篇光辉哲学著作是杰出的代表作。即《矛盾论》《实践论》《关于正确处理人民内部矛盾的问题》《人的正确思想是从哪里来的》。例如：对立统一，一分为二，实践——认识——实践，矛盾转化等。

2.政治经济学上发展了马列主义。以前的是经济政治学，只有毛主席才是真正的政治经济学。比如：经济是基础，上层建筑反过来影响经济基础，也会破坏经济基础……这些理论都是发展了。

3.社会科学方面发展了马列主义。比如：社会主义社会有阶级阶级矛盾，阶级斗争，关于不断革命，彻底革命的学说。

其他三个方面是毛主席独创的，即：人民战争的理论，党的建设的理论，文化大革命的理论。所以，我们说现在的世界已经进入了毛泽东思想的新时代。在马克思主义发展史上，树立了第三个伟大的里程碑。

二.这一段着重地指出了伟大的毛泽东思想在整个世界革命中的巨大作用。

毛主席说："社会主义制度终究要代替资本主义制度，这是一个不以人们意志为转移的客观规律，不管反动派怎样企图阻止历史车轮的前进，革命或迟或早总会发生，并且将必然取得胜利。"

先进的革命理论，总是由这个理论所指导的革命斗争的伟大胜利而得到广泛的传播的。五十年前的十月革命，曾经极大地推动了马克思列宁主义的传播，使世界革命的面貌为之一新。在毛泽东同志指导下的中国革命在1949年的胜利，使无产阶级专政的中华人民共和国，象巨人般地屹立在世界的东方，进一步地、大大地改变了世界的面貌。中国的无产阶级文化大革命，在短短的一年多的时间里，摧毁了以中国赫鲁晓夫为首的资产阶级司令部，使剥削阶级的威风扫地。这一个伟大的群众运动，震动了世界，使世界人民对毛泽东思想的认识，提到了一个崭新的阶段。

世界革命人民越来越清楚地认识到，毛泽东同志是当代无产阶级最伟大的导师和最杰出的领袖，毛主席是当代的列宁。毛泽东思想是当代最高水平地马克思列宁主义，是使帝国主义，修正主义和各国反动派闻风丧胆的马克思列宁主义，是无产阶级和世界革命人民战胜帝国主义，最强大的思想武器。世界革命人民学习毛主席著作，已经成为不可阻挡的潮流，越来越多的革命人民掌握了毛泽东思想，世界革命正在迅速向前发展。

十月革命以来，在马克思列宁主义旗帜指引下，在十月革命和毛泽东思想的光芒照耀下，世界革命发生了翻天复地的变化，目前世界正临着大动荡，大分化，大改组的变革，革命的熊熊烈火势如燎原，正在全球燃烧起来。

以伟大的马克思列宁主义者恩维尔　霍查同志为首的阿尔巴尼亚劳动党，领导着阿尔巴尼亚人民，以无产阶级的英雄气概，坚持社会主义革命，坚持无产阶级专政，在欧洲树立了一面鲜红的社会主义旗帜。

只有十四万平方公里土地，一千四百万人口的越南南方人民，抗击着一百二十万敌人，其中外国军队五十万(美军四十七万)，和美帝国主义的疯狂侵略进行了坚决的斗争。越南人民运用毛主席的伟大的人民战争思想，取得了辉煌的成果。北越痛歼美国飞贼三千架，南方又粉碎了一个旱季攻势。美国现在是，要打下去，打不了；和，也和不了；走又不甘心，拖下去会拖死，进退两难。

老挝、缅甸、菲律宾、印度、印尼等国家的人民，也正在走上和坚持武装斗争的道路，亚洲，非洲，拉丁美洲广大地区的民族民主革命运动正在蓬蓬勃勃地发展，西欧、北美、大洋洲的无产阶级，正在觉醒起来，投入反对美帝国主义和本国垄断资本主义的斗争。全世界马克思列宁主义政党和组织有了很大的发展。1964年只有二、三十个，现在发展到五十多个国家，七十多个组织，绝大多数都是在斗争中杀出来的。马列主义政党有26个，三十二个国家有五十三个马列主义组织。还有民族主义左派二十五个国家，三十二个组织。

令人兴奋的是；修正主义国家的内部也产生了马列主义组织。比如苏联就有秘密的马列主义地下党组织，波、保、匈、捷都有这种情况。新成立的左派党组织，共同的都是以毛泽东思想为指针，都把毛泽东思想写到自己的宣言和纲领中去，他们决心要走中国革命的道路，要以毛泽东思想改造和建设党。他们把毛泽东思想看作是反对帝国主义，修正主义和教条主义的强大思想武器。今天，世界已经进入了以毛泽东思想为伟大旗帜的革命的新时代。

一百多年以前，马克思和他的亲密战友恩格斯，战胜了五花八门的"社会主义"派别，创立了马克思主义，在无产阶级中赢得了极高的威望，开创了国际共产主义运动。恩格斯以毕生的精力，大树特树马克思和马克思主义的绝对权威，使国际共产主义运动出现了一蓬勃发展的局面。第二国际的头头伯恩施坦和考茨基，在恩格斯去世以后，公开背叛了马克思和马克思主义，把国际共产主义运动引上了邪路。列宁粉碎了第二国际的修正主义，恢复了马克思主义的革命精神，把马克思主义提高到列宁主义阶段，在俄国和世界革命人民中赢得了崇高威望，缔造了第一个伟大的社会主义国家，开创了国际共产主义运动的新纪元。斯大林在列宁去世以后粉碎了托洛茨基和布哈林的猖狂进攻，捍卫了列宁主义。但是斯大林去世不久，臭名昭著的赫鲁晓夫和他的继承者勃列日涅夫，柯西金修正主义集团就践踏了伟大的列宁旗帜，在世界上第一个社会主义国家实行了资本主义复辟，造成了当代国际共产主义运动中触目惊心的大悲剧。

伟大的、英勇的马克思列宁主义的旗手毛泽东同志，现在正领导着七亿中国人民，同世界马克思列宁主义者一道，同世界革命人民一道，以无产阶级大无畏的革命精神，对以苏修叛徒集团为中心的现代修正主义展开了气势磅礴的伟大斗争。毛泽东思想成为全世界革命人民反对现代修正主义的强大思想武器，毛泽东思想是全党、全军和全国一切工作的指导方针。

全国人民在林彪同志全力倡导，积极推进下，开展了广泛深入的活学活用毛主席著作的群众运动，政治觉悟空前提高，思想革命化获得了巨大成果，涌现了雷锋、王杰、欧阳海、麦贤得、刘英俊等毛主席的好战士……催共产主义新人正迅速成长。我国国防科学以惊人的速度向前发展，成功地爆炸了原子弹、氢弹和导弹核武器。亿万群众从来没有象现在这样精神焕发，意气风发，工业生产持续跃进，农业连年丰收，科学技术不断攀登新的高峰。今天我们又在伟大统帅毛主席的英明领导下，以战无不胜的毛泽东思想为武器，以"斗私批修"为纲，向以中国赫鲁晓夫为首的资产阶级司令部展开了大批判、大斗争，把党内最大的一小撮走资派打得落花流水，人仰马翻，大大促进了全党、全军和全国人民的思想革命化。

三边统明确规定了我党政治思想工作的根本任务。是要永远高举毛泽东思想伟大红旗，用毛泽东思想武装全国人民的头脑，坚持在一切工作中用毛泽东思想挂帅。并要求广大工农兵群众，广大革命干部和广大知识分子，都要把毛泽东思想真正学到手。

毛主席教导我们："掌握思想教育，是团结全党进行伟大政治斗争的中心环节。如果这个任务不解决，党的一切政治任务是不能完成的。"他又说："军队的基础在士兵，没有进步的政治精神贯注于军队之中，没有进步的政治工作去执行这种贯注，就不能达到真正的官长和士兵的一致，就不能激发官兵最大限度的抗战热忱，一切技术和战术就不能得着最好的基础去发挥它们应有的效力。

为什么说永远高举毛泽东思想伟大红旗，用毛泽东思想武装全国人民的头脑，坚持在一切工作中用毛泽东思想挂帅，是我党政治思想的根本任务呢？

这是因为毛泽东思想是巩固无产阶级专政、把社会主义革命进行到底，防止资本主义复辟的根本保证。把毛泽东思想灌输到群众中去，用毛泽东思想把亿万革命群众武装起来，就能够成为自觉的为共产主义事业英勇献身的革命战士。

毛泽东思想是指导我们伟大的、光荣的、正确的中国共产党思想的理论基础；是指导当代革命运动的最伟大的革命理论，是放之四海而皆准的真理。而决不是什么自发运动的产物。无产阶级如果不学习理论，不用毛泽东思想把自己武装起来，不坚持用毛泽东思想挂帅，就不会有社会主义共产主义的思想。

林彪同志说："我国是一个伟大的无产阶级专政的社会主义国家有七亿人口，需要有一个统一的思想，革命的思想，正确的思想，这就是毛泽东思想。

在我们的时代，无产阶级在思想上的统治，就是毛泽东思想的统治，就是要用毛泽东思想去占领一切阵地。毛泽东思想是我们的命根子，我们夺取政权靠毛泽东思想，保持政权，巩固政权，强化政权也必须靠毛泽东思想。如果不高举毛泽东思想伟大红旗，不用毛泽东思想武装全国人民的头脑，不坚持在一切工作中用毛泽东思想挂帅，就会迷失方向，就会使我们在政治方面取得的胜利和经济方面取得的胜利，我们二十八年所取得的成果和十八年社会主义革命和社会主义建设所取得的成果 都可以付诸东流，毁于一旦。所以用毛泽东思想武装全国人民的头脑，把毛泽东思想真正学到手，做到人人读毛主席的书，听毛主席的话，照毛主席的指示办事，做毛主席的好战士。对于我们是天经地义的，是绝对必要的。这是无产阶级专政的国家体制所要求于我们的。而不用毛泽东思想武装全国人民的头脑，不学习毛泽东思想，不把毛泽东思想作为最高指示，不去建立毛泽东思想的统治，则恰恰是破坏无产阶级专政的国家体制，恰恰是意识形态颠覆我们的这个无产阶级专政的国家。

因此，我们说，学不学毛主席著作 听不听毛主席的话，照不照毛主席的指示办事，紧跟不紧跟毛主席的伟大战略部署，是一个严肃的政治问题，立场问题。是对毛主席，对毛泽东思想的根本态度问题，是区别真革命，假革命和反革命的试金石和分水岭。

列宁曾经说过："我们需要的是全世界范围的共产主义运动的理论权威"。伟大的毛泽东思想就是当代共产主义运动最大的理论权威，我们一切无产阶级革命派都要无限地热爱她、坚信她，依靠她，认真地学习它，宣传它，努力地实现它，勇敢地捍卫它。要用毛泽东思想统帅一切，分析一切，批判一切，改造一切。凡是符合毛泽东思想的，我们就坚决拥护，坚决照办，上刀山，下火海也要保证实现它；凡是违背毛泽东思想的，我们就要坚决抵制，坚决反对，坚决同他斗争到底。

我们应该做到手不离毛主席的书，嘴不离毛主席的话，行动不离毛主席的教导，做毛主席的好战士。

四、在这一段里，林付主席主要给我们指出了学习毛主席著作的原则和方法，同时对我们提出了具体要求。

林付主席说：学习毛主席著作，要带着问题学，活学活用，学用结合，急用先学，立竿见影，在"用"字上狠下功夫。林付主席用这39个字，高度地概括和总结了一套学习毛主席著作的原则和方法。这是一个伟大的创举，他使马克思列宁主义，毛泽东思想在中国、全世界得到了空前规模的大普及、大传播。我们要学好毛主席著作，首先就必须很好地掌握这个学习原则和方法，应用这个学习原则和方法。

那么，林彪同志所提出的学习毛主席著作的原则和方法的核心是什么呢？我认为他的根本核心就是一个"用"字。林副主席在这六句话中，其中四句话都直接强调了"用"字，另外"带着问题学"和"立竿见影"这两句话的实质也都是强调"用"的。

毛主席说"如果有了正确的理论，只是把它空谈一阵，束之高阁，并不实行，那么，这种理论再好也是没有意义的。

因此我们学习毛主席著作，必须做到理论联系实际，不但要从书本上学，而且要从阶级斗争、生产斗争、科学试验三大革命斗争中学，要做到学用结合，言行一致，表里如一，不要做言语的巨人行动的矮子。

林彪付主席指出：为了把毛泽东思想真正学到手，要反复学习毛主席的许多基本观点，有些警句要背熟，反复学习，反复运用。这是林副统帅对我们提出的学习要求，给我们规定的学习任务，我们一定要自觉地按照林副统帅的要求去做，努力吃透毛主席关于"阶级和阶级斗争"的观点，"辩证唯物"的观点，"不断革命"的观点，"为人民服务"的观点，以及"团结——批评与自我批评——团结"的观点等等。

毛主席说："对于马克思主义的理论，要能够精通它，应用它，精通的目的全在于应用。"在我们的时代，学习毛泽东思想是学习马克思列宁主义的捷径，为了更好地精通毛泽东思想，应用毛泽东思想，所以，我们对毛主席的著作，就必须要认真地学，努力地学，拼死拼活的学，废寝忘食地学，把毛主席著作的学习，放在先于一切，高于一切，急于一切，大于一切的位置。

林彪同志是毛主席最好的学生，他一贯最忠实，最坚决，最彻底地贯彻毛泽东思想。他对毛主席著作学得最好，用得最活。他用自己的伟大实践已经为我们树立了光辉的榜样。我们要向我们的付统帅林彪同志学习，把活学活用毛主席著作的群众运动，确确实实地推向一个新高潮，达到一个新高度，用出一个新水平。让毛泽东思想深深地印在脑子里，溶化在血液中，落实在行动上。把我们的天，变成毛泽东思想的天，把我们的地，变成毛泽东思想的地，把我们的人，变成用毛泽东思想武装起来的人，把整个世界变成毛泽东思想的新世界。

四）

国印捍卫毛泽东思想战斗小兵翻印

1968.1.17

高举毛泽东思想伟大红旗
自觉地给自己排队
挖双根

一九六八年元月廿三日

最高指示

无产阶级革命事业的接班人，是在群众斗争中产生的，是在革命大风大浪的锻炼中成长。

高举毛泽东思想伟大红旗在两条路线斗争的大风大浪中把破私立公斗争推向更高水平

为了适应无产阶级文化大革命的新形势，尽快的把活学活用毛主席著作的群众运动推向更高的阶段，把世界观的改造提高到一个新的境界，最根本、最关键，最中心的问题是把大节上的问题，把纲上，线上的问题放在破私立公的第一位。

一、大节问题是破私立公的根本，是思想革命化的灵魂。

把大节问题，纲上，线上的问题放在破私立公的首位，就是抓住了破私立公的根本。什么是大节问题？什么是纲上线的问题？

毛主席关于培养无产阶级革命事业接班人的五个条件和林付主席关于看待干部的三项政治标准就是大节问题。根据毛主席和林付主席的上述指示，我们经常遇到的大节问题一般的说有几个方面：

(1)、对毛主席，对毛泽东思想，对毛主席革命路线的态度问题；

(2)、是对林付主席的态度问题；

(3)、是对群众运动的态度问题；

(4)、是对以毛主席为代表的党中央的路线，方针和政策的态度问题；

(5)、是对阶级斗争，无产阶级专政，复辟反复辟斗争的态度问题；

(6)、是对夺取无产阶级政权的态度问题；

(7)、是对破私立公的态度问题；

(8)、是指导自己行动，经常起作用，有代表性的思想问题；

(9)、是干劲问题，等等。属于大节方面的问题还很多，但最根本的是对毛主席、对毛泽东思想、对毛主席革命路线的态度问题？

有了毛主席革命路线，就有了一切，没有这一条、就没有一切。大节问题归根到底是听谁的话，跟谁走，走什么路的问题，是站在哪一边的问题，就是路线问题。因此，不管是什么人，不管是担负什么工作，都有听谁的话，跟谁走，走什么路的问题。

林付主席说："为公也有不同阶级性；我们所说的公，是无产阶级的公，共产主义的公。"毛主席的革命路线，是保证中国进行社会主义革命到底的路线，是保证我国永不变色的路线；是为无产阶级社会主义革命在世界胜利的路线，代表着我国和世界革命人民的最根本的利益，代表着社会前进的方向，它是最大的公。

当阶的出现主，路把中
国前大国，思公命，准
中剥最，是党立革谁对
佼切是私去马私的护能
是一就的过，破席拥才
路线代表路线最度革去毛走，抢
义线，革命就的是线开跟
主路的线路命革线路一边
正的席路命革服务线。
修道主动革真的内准命士
命倒毛反席，席级为革战
反大于的主命主阶决席好
是命忠天毛革毛了解主的
线革限晓对反开掉能毛席
路界死鲁、是消抽不在主
动世。请想死。就本站私
反是私国思命岭公根有为
级，的中东革水立就，成
阶线大行泽分私，能公
产路是最执毛区的破公题才题
资的义它把、地主魂和的
的主，踏席来正只破准晓
、邓本蓝心主将修了，都
刘资利观毛，是丧去对
到的，对是还失，口的
碎级公，在义就线抢国

是和行，级关的毛最
，动进段阶席的开是
位，落下阶产主找离，就
首自政的无毛子。
的亲专新在用指度容
公席级新是有来这内
立主阶了就只宗，新代
私毛产一线。政，平时
破。无了路线针，掉了
在塞在到命路水抽就
叙需了展革的，放新
，的决发的确的
题命解义席正线，公
问革的主主，最，路
的是性宁毛命，才能达到
上。造到。绕论，造，立，私的落后。
的命马新，命的立
上纲争革把大立革观和攻
纲斗大，伟光行界破落
级，化题的最进世结的
阶和东革劳，我们去本
会是毁实思命政，线根

两为引反阵立斗是在，问作决转役，站不走炒己
级国级了的线都站边的上不为节上，在准有自
路，阶中阶两立路也底一素物，占大题路已跟上在
道产把产成对条人到线尹行士意在问错自头题
条无要资分全两了，路分在战的人节走到领问
两：，是人党开每走命十旦是们了大，攀准少，就错
，是线的切，离们准革了而还人一在人觉是不一错
级势路行一点公我跟席是，依到。错，上在
阶阵的执役观立。底主这上了不阶了跟照
了本命，迫的私冷到毛、想干是体错要对题中
两基革表争立破政，在边思是，身都就对问命错归
入争底代斗对，离的站一在沦律亲切，忆不大错
一斗彻为私全纲脱谁，线仅不观志一了回在花千
这阶缀，邓这宠总的听走路不，观问入途过，文
产以义生，刘的大是席动人卫客多力糊经一也，在
主产工是刘毛级每新，这。部志一，问题线大国是什么
，死，以义刘邓，是，产迫还军了错了的，切很命性质
方本此切就，跟阶役，于么，不择入，幸席面根本
大时行一资国的话，资，的，迫产道，们为到

形势领革发专于思主大
势亏命展政无想席的
到的下产和的落现线
的到毛进阶行革改在斗以主
路方共路，产线分两就在边跟摆案
条一向动当场争生那还题在职移题在错少，疑决

线上

2．把大节问题，把纲上的问题放在破私立公的首位，是因为党

成毛主席赋予我们的光荣任务的重担。我们只有公字当头，从无产阶级利益，人民的利益，中国革命和世界革命的利益去长，去认识无产阶级文化大革命，去理解两条路线斗争，才能立场坚定，旗帜鲜明，才能完成毛主席交给我们的光荣任务。毛主席教导我们："谁是我们的敌人？谁是我们的朋友？这个问题是革命的首要问题。"如何区分敌友，如何识别左派？最根本的标准，最根本的界线就是对毛主席革命路线的态度问题。毛主席的革命路线，就是党的阶级路线，用毛主席的革命路线去观察问题，就是最根本的阶级分析。只有深刻领会毛主席的革命路线，才能看清大方向，看清主流，看清本质。毛主席的革命路线是我们胜利进行斗争的最锐利的武器，是我们在大革命海洋中航行的方向盘。无数事实证明，离开了毛主席的革命路线，就必然认错门，站错队，走错路。要使自己成为自觉的，永远无限忠于毛主席革命路线的坚强战士，必须在自己头脑中大树毛泽东思想的绝对权威，大造自己头脑中私字的反，大夺自己头脑中私字的权。毛主席教导我们说："党内存在着各种非无产阶级的思想，这对于执行党的正确路线，妨碍极大。"两条路线的斗争，从思想上来说，就是无产阶级世界观同资产阶级世界观的斗争。实行什么样的路线，实质上就是用什么世界观改造客观世界的问题。许多事实证明，有私的人往往是自发的倾向于资产阶级反动路线，而不是自发地倾向毛主席的革命路线，正如毛主席教导我们的："资产阶级，小资产阶级，他们的思想意识是一定要反映出来的，一定要在政治问题上和思想问题上，用各种办法顽强地表现他们自己，要他们不反映不表现，是不可能的。"很多同志的经验是，不破掉私字就不敢创新，不破掉私字就不能正确对待群众，不破掉私字就不能为人民的利益坚持好的，为人民的利益改正错的。

3. 把大节问题，把纲上，线上的问题放在破私立公的首位，就是抓住思想上各种矛盾的主要矛盾。我们思想上是有各种问题，各种矛盾的，问题和矛盾很多，怎么正确去解决呢？必须抓住主要矛盾。那么，什么是思想上的主要矛盾呢？林付主席说："我们的国家从一九四九年以后开始进入社会主义时期，无产阶级和资产阶级这两个阶级的矛盾，对立，对抗，斗争，都成为我们的政治生活，社会生活的一个总的思想的根源。"又说："革命的根本问题是政权问题。无产阶级劳动人民有了政权就有了一切，丧失了政权就丧失了一切。"林付主席这些指示告诉我们中心，方向问题就是两个阶级，两条道路，两条路线的斗争，就是资产阶级要推翻无产阶级专政，无产阶级要巩固无产阶级专政的复辟与反复辟的斗争，就是要念念不忘阶级斗争，念念不忘无产阶级专政，如果这个大方向能够解决得好，对于解决其他问题就有了方向，有了标准，其他问题也就迎刃而解了。比如有个别同志能够自觉地用两个阶级，两条道路，两条路线斗争的观点来衡量自己的思想和言行，正确处理个人利益和集体利益的关系。这就大节上的破私立公，不是忽视排斥小节上的破私立公，而是破大节，批小节，用大道理去管小道理，大节与小节既有原则上的区别，又无绝然分开的界限。我们常说："生活是和平演变的突破口。"一个小节很坏的人，大节也绝不会是很好的。雷锋同志大节很好，小节也很好。我们要向雷锋同志学习，争取做一个大节小节两方面都是好的共产主义战士。

事实說明，只有把大节，把綱上，线上的问题放在破私立公的首位，才能把破私立公提高到一个新的境界，才能彻底从"我"字中解放出来。

二、怎样抓大节，怎样在节上破私立公：

1.摆进去，提出来，是在大节问题上破私立公的基本方法。

无产阶级文化大革命是活学活用毛主席著作的最好最大的课堂，是破私立公最好最大的战场。我们要利用这个大课堂大战场，自觉地把自己摆到两个阶级，两条道路，两条路线斗争中去，自觉地把两个阶级，两条道路，两条路线斗争方面的问题抓出来，自觉地把这些问题提高到两个阶级，两条道路，两条路线斗争的綱上，线上来，自觉地坚持真理，修正错误，坚定地站到毛主席革命路线一边来，这种摆进去提出来的方法，是在大节上破私立公的基本方法。综合大家的经验可以概括成五句话：紧跟形势，经常排队，摆和上綱，坚决斗倒，彻底改正。

紧跟形势，就是紧跟无产阶级文化大革命的新形势，紧跟毛主席林付主席和中央，军委，中央文革小组的最新指示。如何跟？最根本的是响应毛主席的伟大号召，关心国家大事。无产阶级文化大革命是一场向私字总进攻的空前规模的"人民战争"，从这个意义上说，文化大革命，两条路线斗争没有前后方之分，没有一二线之分，我们人人都是向私字冲锋陷阵的勇士，人人都要成为这场革命的对象，要革自己头脑中私字的命。我们每个人都要积极的参加到两条路线斗争中去，这是每个人的光荣任务，而不是可有可无的份外的事情。因此，一定要自觉的把自己摆到两条路线斗争之中，使自己的脉搏与两条路线斗争的起伏一起跳动。实践证明，只有关心，才能跟紧，不关心文化大革命的人，根本谈不上跟紧的问题。跟形势的基本经验是三勤：①是勤学习，努力学习毛主席，林付主席和中央、军委、中央文革小组的最新指示，认真学习〔红旗〕、〔人民日报〕、〔解放军报〕、〔文汇报〕的社论和重要文章。②是勤观察，注意观察两条路线斗争的新动向，③是勤分析，分析文化大革命中出现的主流和支流，现象和本质。实践证明，在新形势面前出现的私々问题，都与两条路线斗争有直接联系的问题，都是綱上，线上的问题。只有紧跟形势，才能使自己的思想适应无产阶级文化大革命的形势。只有紧跟形势，才能找到自己思想上的差距，才能抓住綱上线上的问题。因为文化大革命每向前发展一步，文化大革命中每出现一个新事物，党的每项重大政策的公布，都会遇到旧思想的拼命抵抗，这是私字恶性大发作的时候，是私字大表演的时候，也是私字大亮相的时候。如红卫兵扫四旧，革命师生大串连，三位一体大夺权，对中国赫鲁晓夫的大批判，这些时期，出现的活思想最多。

经常排队，就是自己经常地，自觉地给自己排队，看自己是站在了毛主席革命路线一边，还是站在了资产阶级反动路线一边。就是以毛主席关于两条路线斗争的观点为武器，以毛主席的革命路线为尺度，自己对自己的思想和行动进行一分为二，看那些思想和行动是符合毛主席的革命路线的，是有利于毛主席的革命路线的，那些思想和行动合命题的内，，级，中统表在常，私符革问己问识来阶题占二摆经纲破。席丫自时从起产问想。己，上是的主入看的多中资的多思来自来题也路线了，一定排入，有很华于己很私去向的毛了，看时从一分，把去排的不利于毛主席的革命路线，不利于迁到下队一定有其利自己从一分，把去排的过程，是不符合毛主席的革命路线，自己入是在，有真和观有以那丫了题排的己依的过程，是不利于一排，就要排二问法合观有利以那了国上的使依的过程，不利持。事真命路线很多看符随时发现可是令大问的使席署依的，子毛一观革迁到了认，还可以好处脑是里司究心线也席著，不利持一是和的己很多的多时，可的己的关，线也席毛主，是坚则法席的自己很多的，是及时入，队中常上法，毛主，一法和主席自己很多的线路处，是综合排出自己经调办闲毛主，看主席的，把这路线处的，以自己记把题的学活用，路线的，看毛主席内，把命好间的，可把保时问的过程是活学，合毛主席的认识，革的时间，以可以及的过程，是主席的革命路线的则立，如何排队，合排的性，可以上线的过程，毛主席的革命路线的则立。如何排队，一定向，可以线的过程，合毛主席革命纠正。自己的认识符合的时观主入一定倾闲排，可，不符合毛主席的，则有了自己是否是多毛事一帧闲排，可以排队的，符于则破，观在有，很于入在的作常中上，排队的，不利于则破，向看排队法，有利，上的经纲，上排，是有利这认识是的问，有多题。上导经之纲。路对认综合有很是动时现地是条队线公，起的斗争抓办的过程。

捉席泽东思想到捉才人路，子。主毛东言行抵想捉，融把握东，数条根合捉和想公己的站以一，从真是质，的两的符是图根私公已就站队可世危，程，本上前行言行，的自己到样来什越广可的过节到想公言己言的已思情，汶有，就记的环着思立自和，自思发现找这越，会，害，验根的患把私配想”的已思发是，就汶，害，经捉要现能破私支思对队使阶如果，就来，裂神分透根的去的站以产，”，就来字表，之，过才是捉己”可无队队和，要公决雄十能捉纲的质自到样想就的排了。”私，主之字的中才有上本果找这思想过错去的，很的无私命争根只根到如要找经站捉字苦，西革斗捉，捉，着队，就根来东泽二，底公有来，象排”，是是，私一之，细立只上魂现过公“深对排，来对这”私有私，缆灵法。过过了路的字字，革字，根纷破未的及透经广加加私入之，捉必是私争献办是对以更命加革有大以，是认把斗灵敏能，就一站的阶级，可把限，不，深的好站，：来就主席声处，还，认，的公的的线才是私争，纲，”的主要，以限，不，易，容根，的，上界是过纲上两，捉的，两一，”，不，思是过纲到起结仍，公，魂后可，子条上路起，上了字合捉灵就和来争去提的根树密斗，根两的起公符，下持来就争，相“深根线的主来斗争坚，经不”，深根线想觉，不图己去斗的要，就是线的要魂革命思自分行危自捉，到根思才把出斗线：根草东加一言的到穿楚上根的根能亮线

是克情于。是在了敢题字，的①放何，向教每人的字在态心的去是何常经政。把私办安决席字现定自的字，我何会来私去，私表。和字，也至到而，的，有，专，“烧”样，是很斗，有，权了字错误，也题向，字多的是志把私贞，”的主了，字的中已的疑我，，”是了私同。题自入上，丫，现的牵有海自能对把是表，大对的隔针，是主非，有命是动的大，不针思现的，的，命的，克，不法，的表，私，这时，作，是有字，就是根群众的斗争“普遍”的，③，老还能斗，群众心，中，找同丫好放理群，放，春，“普遍”，

最化都及是主上，有天，融②在身字

己身上起作用，支配自己的思想行动，是自己思想上有代表性的问题。这也就是纲上、线上的问题，两私思想的斗争，反映了两个阶级，两条路线的斗争。要抓住自己的主要问题打歼灭战，不要打游击战。④是要只争朝夕的精神斗，自己对自己要恨铁不成钢，有的同志说：“对缺点必须用放大镜，一点也不能放过，必须小题大作。”因此，成绩不看跑不了，是解决了矛盾。缺点不找不得了，是没有解决了矛盾。对自己的缺点要用速决战，早破早进步，晚破晚进步，不破不能进步。⑤是要反复斗，思想斗争是阶级斗争的一个重要战线，和政治斗争一样，也有复辟反复辟的问题，一个人的主要思想问题，往往就是“老大难”的问题，不是斗一次两次就能解决的，因此，必须反复斗。⑥是要扎扎实实的斗，要一点一滴的斗。私字总是通过具体问题反映出来的，没有老老实实的态度，没有扎扎实实的精神，私字是打不倒的。⑦是要到群众中斗，许多同志体会到破私立公也要打“人民战争”，这样私字破的狠，破的快，破的彻底。

彻底改正，就是改正错误思想和行动，把毛泽东思想的绝对权威立起来，坚定地站到毛主席的革命路线上来。如何才能改得快，改得彻底，综合大家的经验基本上有三条：一是决心大，不怕难，对自己的缺点错误想通了的改，想不通的也要改，在改的过程中逐渐想通，因为任何缺点错误都是不利于毛主席的革命路线的，正如有的同志所说：“错误思想非改不行的，早改早主动，晚改晚主动，不改不主动”二是学习好，勤[?]对照，要带着自己的问题向毛主席着作请教，坚决按照毛主席的指示办事，对毛主席的指示理解了的执行，不理解的也要执行。有的采用向毛主席汇报的办法勉励自己改正缺点错误，每天早请示向毛主席请教，带着毛主席的指示，以毛主席的指示为座右铭，指导自己的行动，每天晚上进行检查总结，向毛主席汇报自己改正缺点错误情况。三是靠群众，找监督，很多同志的体会是：对缺点错误偷偷的改是不行的，为了改得好，改得快，必须到群众当中去，把自己的问题交给群众，群众有最亮的眼睛，有最严的要求，有最高的标准，把问题交给群众，就会得到群众的帮助和监督，改得决心就会大，标准就会高。紧跟形势，经常排队，挖[?]根上纲，坚决斗倒的最终目的，还是为了坚定地站在毛主席革命路线一边，坚决执行毛主席的革命路线，勇敢地捍卫毛主席的革命路线，改正了缺点错误，不仅思想上了纲，行动也上了纲。

三抓大节上的破私立公，各级领导的根本任务，就是要把干部战士培养成为无限忠于毛主席，无限忠于毛泽东思想，无限忠于毛主席革命路线的共产主义事业的接班人。首先要抓好两条路线斗争的学习，这是提高干、战两条路线斗争觉悟，保证部队绝对忠于毛主席的革命路线，保证完成各项任务的根本措施。其次，各级领导特别是党支部经常发现纲上，线上的问题，抓纲上，线上的活思想，这是保证不断地增强干、战路线斗争的观念，着眼于大节上的破私立公的重要环节。再次，要注意培养在大节上破私立公的典型，注意总结经验，有了典型就有了活样板，学习有了方向，赶就有目标。

国印捍卫毛泽东思想战斗小兵翻印

再翻印 68.1.17

《文革史料叢刊》六冊

李正中編著

第一輯共六冊，圓背精裝
ISBN：978-986-5633-03-5

文革史料叢刊　內容簡介

《文革史料叢刊第一輯》共六冊出版了。文革事件在歷史長河裡，是不會被抹滅的，文革資料是重要的第一手歷史資料。其中主要的兩大類，一是黨的內部文宣品，另一是非黨的文宣品，本套叢書搜集了各種手寫稿，油印品，鉛印文字、照片或繪畫，或傳單、小報等等文革遺物，甚至造反隊的隊旗、臂標也不放過，相關整理經過多年努力，台灣蘭臺出版社出版《文革史料叢刊》，目前已出版第一輯六鉅冊，還在陸續出版中。

第一冊	頁數：758
第二冊	頁數：514
第三冊	頁數：474
第四冊	頁數：542
第五冊	頁數：434
第六冊	頁數：566

蘭臺出版社書訊

第一輯（六冊）目錄

100 台北市中正區重慶南路1段121號8樓之14
TEL：（8862）2331-1675 FAX：（8862）2382-6225
E-mail：books5w@gmail.com
網址：http://bookstv.com.tw/